中大哲学文库

作为"知识"的近代中国佛学史论
——在东亚视域内的知识史论述

龚隽 陈继东 著

2019年·北京

图书在版编目（CIP）数据

作为"知识"的近代中国佛学史论：在东亚视域内的知识史论述 / 龚隽，陈继东著. — 北京：商务印书馆，2019
（中大哲学文库）
ISBN 978-7-100-17183-0

Ⅰ.①作… Ⅱ.①龚… ②陈… Ⅲ.①佛教史－研究－中国－近代 Ⅳ.①B949.2

中国版本图书馆CIP数据核字（2019）第044024号

权利保留，侵权必究。

中大哲学文库
作为"知识"的近代中国佛学史论
——在东亚视域内的知识史论述
龚　隽　陈继东　著

商　务　印　书　馆　出　版
（北京王府井大街36号　邮政编码 100710）
商　务　印　书　馆　发　行
三河市尚艺印装有限公司印刷
ISBN 978-7-100-17183-0

2019年6月第1版　　开本 680×960　1/16
2019年6月第1次印刷　印张 37 3/4

定价：78.00元

中大哲学文库编委会

主　编　张　伟

编　委（按姓氏笔画排序）

马天俊　方向红　冯达文　朱　刚　陈少明

陈立胜　吴重庆　赵希顺　徐长福　倪梁康

龚　隽　鞠实儿

总　序

中山大学哲学系创办于 1924 年,是中山大学创建之初最早培植的学系之一。1952 年全国高校院系调整撤销建制,1960 年复系,办学至今。先后由黄希声、冯友兰、杨荣国、刘嵘、李锦全、胡景钊、林铭钧、章海山、黎红雷、鞠实儿、张伟教授等担任系主任。

早期的中山大学哲学系名家云集,奠立了极为深厚的学术根基。其中,冯友兰先生的中国哲学研究、吴康先生的西方哲学研究、朱谦之先生的比较哲学研究、李达与何思敬先生的马克思主义哲学研究、陈荣捷先生的朱子学研究、马采先生的美学研究等,均在学界产生了重要影响,也奠定了中大哲学系在全国的领先地位。

复系五十多年来,中大哲学系同仁勠力同心,继往开来,各项事业蓬勃发展,取得了长足的进步。目前,我系是教育部确定的全国哲学研究与人才培养基地之一,具有一级学科博士学位授予权,拥有"国家重点学科"2 个、"全国高校人文社会科学重点研究基地"2 个。2002 年教育部实行学科评估以来,我系稳居全国高校前列。2017 年 9 月,中大哲学学科成功入选国家"双一流"建设名单,我系迎来了难得的发展良机。

近几年来,在中山大学努力建设世界一流大学的号召和指引下,中大哲学学科的人才队伍也不断壮大,而且越来越呈现出年轻化、国际化的特色。哲学系各位同仁研精覃思,深造自得,在各自的研究领域均取得了丰硕的成果，不少著述还产生了国际性的影响，中大哲学系已逐渐发展成为哲学研究的重镇。

"旧学商量加邃密，新知涵养转深沉。"为了向学界集中展示中大哲学学科的学术成果，我们正式推出这套中大哲学文库。中大哲学文库主要收录哲学系现任教师的代表性学术著作，亦适量收录本系退休前辈的学术论著，目的是为了更好地向学界请益，共同推进哲学研究走向深入。

承蒙百年名社商务印书馆的大力支持，中大哲学文库即将由商务印书馆陆续推出。"一元乍转，万汇初新"，我们愿秉承中山先生手订"博学、审问、慎思、明辨、笃行"的校训和哲学系"尊德问学"的系风，与商务印书馆联手打造一批学术精品，展现"中大气象"，并谨以此向2020年中大哲学系复办60周年献礼，向2024年中山大学百年校庆献礼！

中山大学哲学系
2018年1月6日

目 录

导论　作为近代"知识"的中国佛学..1

第一编　近代佛学经史学新论

一、探寻释迦原典——近代佛学的形成与中日互动..........................21

二、近代经史之学与佛典研究：一种思想史的解读..........................40

三、宏观佛教知识的建构：民国时期的佛学概论与通史......................79

四、有关在日本举行的杨文会居士追悼会之资料............................114

五、清末日本传入佛教典籍考..127

六、日本《大藏经报》中杨文会之资料考................................165

第二编　近代佛学知识之灯塔：以人物为案例

七、从《訄书》初刻本（1900年）看章炳麟的早期佛教认识................187

八、欧阳竟无内学思想中的几个论题....................................222

九、胡适与近代知识形态禅学史的书写..................................241

十、太虚的世界佛教运动与文明论述：以20世纪20年代为中心............273

十一、经史之间：印顺佛教经史研究与近代知识的转型..................300

十二、逆转的历史是如何开始的——小栗栖香顶《中国传教前景》之

考察..341

十三、近代东亚佛教共同体之构想——小栗栖香顶《北京护法论》之

考察..371

第三编 《大乘起信论》与近代东亚佛学

十四、章炳麟与《大乘起信论》真伪之辨..421

十五、译经中的政治——李提摩太与《大乘起信论》.......................439

十六、铃木大拙与东亚大乘观念的确立——从英译《大乘起信论》

（1900年）到《大乘佛教纲要》（1907年）...................................468

附 录

重估太虚法师（引论）——以"中国第二历史档案馆"所藏民国

教育部档案为中心..502

后 记..591

导论 作为近代"知识"的中国佛学

一、不同语境下的近代中国佛教研究

近代中国佛学史的研究已经渐成为海内外东亚佛教学术的热点之一,近年来,国际佛学会议的讨论中,有关近代中国佛学史的议题也有增加的趋势。如在国际佛教研究协会(简称"IABS")的议题中,就不断出现有关中国近代佛学史的论题,2011年在中国台湾法鼓召开的IABS会议中,就有好几个分会论坛是与近现代中国佛学史研究相关的。从现有近代佛学史的研究来看,其大都是以教理史、宗教社会、政治史等角度来展开讨论的。在汉语佛学界,有影响力的著述都以通史性的论述为主轴。这类研究的长处是能够对近代中国佛学史做整体地呈现,让我们对近代中国佛教的思想、制度与社会历史等,有较有系统的了解。而问题在于,通论式的研究无法带来有效的知识增长,我们对于近代佛学史的许多重要议题很难有学术意义上的突破。正如有学者指出的,汉语佛学界有关近代佛学史的研究"总是充当着太浓的历史教科书的责任",而在旧有套路中无法创新。葛兆光教授在评点20世纪90年代几部有代表性的中国近代佛学史著时就这样说:"有很多现成的套数,使人们不必再考虑新思路,特别是我们常常沉溺在现成框架和旧有套路中,常常不用心发掘新文献，也不用心关注新研究。"[1] 唐忠毛也发现，在近三十年来中国近代佛学史的研究中，有代表性的作品都集中在近代佛教与社会思潮的关系方面，而"以问题为中心"的研究则相对较少。[2] 汉语佛学界的这些研究，虽然不局限在教理与观念的范围内来讨论近代佛学史的议题，而注意到近代佛学史的研究要重视佛学史外部的"历史语境"，但总体论述的结构，还是概论或通史性为主的，问题研究的深度还有待加深。当然，汉语佛学界的研究中也偶尔出现一些专题性的论述，而近年来从社会政治史、制度史等视角来讨论近代佛学史的著述有一些新的表现，如陈金龙的《南京国民政府时期政教关系——以佛教为中心的考察》（中国社会科学出版社，2011年）、蒋海怒的《晚清政治与佛学》（上海古籍出版社，2012年）及新近出版的邵佳德的《近代佛教改革的地方性实践：以民国南京为中心（1912—1949）》（台湾法鼓文化，2017年）等，就属于这一类型的学术成果，这些研究都不同程度地推进了近代中国佛学史的研究视野。

日本有关中国佛学史的研究一直把重点放在与他们传统有关的中古佛学史方面，而对于中国近代佛学史的讨论则相当薄弱。他们于近代对中国佛教所做的最有代表性的工作表现在踏查与访华记录等资料的整理方面，如常盘大定的《支那佛教史迹踏查记》（东京国会刊行会，1972年），水野梅晓的《日本佛教徒访华要录》（东京日本佛教联合会，1928年）以及福井康顺的《支那寺观之现状》（东京外务省文化事业部，1934年）等，都是一时名著。近来从东亚传统，特别是中日交流史的视角来解读近代中国佛学史的重要学者，主要是陈继东教授。他从中日近代佛教交流的场域中对杨文会以及日僧小栗栖香顶等

---

[1] 参见葛兆光：《关于近十年中国近代佛教研究著作的一个评论》，《思与言》（台湾）第37卷第2期，第259—278页。

[2] 参见唐忠毛：《近代中国佛教思潮研究述评——以大陆近三十年来的研究为例》，《觉群佛学》，宗教文化出版社2009年版。

的探究，在资料挖掘与历史分析方面，都有重要的突破。而于日本新近出版的《中国文化中的佛教——中国Ⅲ 宋元明清》中，他负责撰写的近代佛教部分（该书第六章"中国佛教现状"），从清朝佛教一直叙述到现代，对杨文会、小栗栖香顶与太虚的近代佛教运动与思想法流等，都做了简要的阐述。① 而他有关近代中国佛教学术史的重要研究，大多以论文的形式发表在中外学刊，这些研究不仅发掘了近代中国佛学史中许多重要的新文献，也开启了一些新的视域与研究议题。

再来简要审读下近来西方学界的相关研究。西方有关中国近代佛学史的关注近来有升温的趋势，各类研究成果、工作坊等陆续出现。维慈（Holmes Welch）有关近代中国佛教的研究问世②，为西方近代中国佛学史的研究创立了典范。维慈对于中国近代佛学史的研究重心，主要是以宗教社会与制度为中心议题的探讨，在资料的取证上传世资料与口述访谈相结合，这与传统的立足于教理与教史的研究思路有很大的不同。如其《中国佛教之实践：1900—1950》即是以口述史的方式，对近代中国佛教实践中的种种仪轨方式等，展开了详细的描述与阐释。后出欧美有关中国近代佛学史的研究中，比较有价值的成果也多集中在以宗教与社会科学的方向来展开的论述，如 2014 年德国哥廷根大学主办的以"近代中国佛教：反抗、世俗化与新信仰"（Buddhisms in Modern China: Between Resistance, Secularization & New Religiosities）为主题的工作坊，就以研究中国佛教实践在 19 世纪末以来，在遭遇欧美、日本之影响的全球化语境中的变化，以"现代性"脉络为框架，以社会科学的方法来讨论佛教的近代化实践与"生活史"。这种社会与宗教史的研究方式正在不断扩大到更多的领域，如近

---

① 冲本克己、菅野博史编，辛如意译：新亚洲佛教史第 8 卷《中国文化中的佛教——中国Ⅲ 宋元明清》，台北法鼓文化 2015 年版。

② 参见 Holmes Welch, *The Buddhist Revival in China*, Harvard University Press, 1968; Holmes Welch, *The Practice of Chinese Buddhism 1900-1950*, Harvard University Press, 1967。

来有关中国佛教僧教育的研究主题也在悄然兴起。在欧美有关近代中国佛学史的研究中，作为近代中国佛教社会活动中最活跃的学僧太虚，自然也独超众贤而成为其研究的重点。太虚及其所领导的佛教社团所发起的宗教改革与各类社会运动等，一时成为欧美近代中国佛学史研究的重要议题之一。维慈在他的《中国佛教之复兴》（The Buddhist Revival in China）一书中就设有专章来讨论太虚及其佛教运动。① 而近来甚至出现有关太虚的研究专著与博士论文②，最有代表性的太虚研究是白德满（Don A. Pittman）的《迈向近代化的中国佛教：太虚革命》一书③。该著系统地从西方学者的视角论述了太虚的佛教思想运动。而近代中国佛学史上的另外一座思想高峰——欧阳竟无及其所领导的支那内学院，在欧美近代佛学史的研究中尚未受到像太虚那样的重视。维慈在他的《中国佛教之复兴》中略有提及（见该书第六章），但并未深入讨论。反倒是一些注重从思想史角度研究近代佛学史的学者，比较注意近代中国佛教思想中的唯识学复兴，以及相关联的欧阳竟无与内学院的重要意义。如在 Makeham 以近代中国佛教唯识学为主题的研究中，就对包括章太炎、谭嗣同、太虚、欧阳竟无、吕澂，乃至于新儒家之梁漱溟、熊十力等人的唯识观进行了讨论。④ 而毕业于哈佛大学的博士艾威（Eyal Aviv），则以欧阳竟无为专题而完成博士论文，他试图从学术与思想史的传统来论究欧阳竟无的佛学意义，这在北美学界可谓具有一定的开拓性。⑤

---

① 参见 Holmes Welch, *The Buddhist Revival in China*，第三章。
② 博士论文可参见 Eric Stephen Goodell, *Taixu's (1890-1947) Creation of Humanistic Buddhism*, University of Virginia, 2012。
③ Don A. Pittman, *Toward a Modern Chinese Buddhism: Taixu's Reforms*, University of Hawaii Press, 2001.
④ 参见 John Makeham, *Transforming Consciousness: Yogacara Thought in Modern China*, Oxford University Press, 2014。
⑤ 参见 Eyal Aviv, *Differentiating the Pearl From the Fish Eye: Ouyang Jingwu(1871-1943) and the Revial of Scholastic Buddhism*（2008 年哈佛博士论文）。

我们在这里无法一一详叙与评论西方有关近代中国佛学史的研究，而从其总体研究的趋向来说，西方有关中国近代佛学史的研究，在问题意识与研究方法上都有许多足资启发的方面，特别是他们善用社会科学与宗教学的研究方法，并提出、发现了在汉语佛学界传统内部许多以教理、教史为中心的研究中所隐藏或埋没了的重要问题和面向。我们相信，近年出版的大量有关民国佛教的期刊与报刊影印资料，将会更大程度地推动这一佛学史研究的进展。从思想学术史的层面来说，西方学界的研究中虽略有触及，但他们的佛教学者对中国近代学术思想史的知识还存在相当大的局限，这方面的研究成果还未能如人愿。近代中国佛教思想与学术史的一些论题，如果不从晚清以来中国学术史的脉络来进行内部阐析，而只是单一地从历史语境上去做外部的探究，这显然是不够的。

二、新知与旧学：近代佛教学术中的不同法流

近代中国佛学史的一个重要方面，是逐步建立起与传统佛学不同的、新的有关佛学史的知识观念与方法，这类近代意义上的中国佛教学术史不仅颠覆性地重建新的知识典范，而且也重新塑造了我们对于传统佛教观念与佛教历史的新图式。我们会关注和讨论近代佛教学术或知识史的议题，乃在于这种近代佛教学术史的建构仍然有意或无意地宰制着我们对于佛学史的理解与论说。可以这样说，阐明近代佛教知识史的形成与构建，对于我们佛教史的研究来说具有元史学的意义。有关近代佛教学术史的讨论，学界虽然有所阐发，而大都为罗列式的成果介绍[①]，学术史的分析不足，尚有许多未发之覆。如何对近代中国佛教学术史的形成与建构进行深入阐释，成为我们近来工作的一个焦

---

① 陈兵：《中国 20 世纪佛学研究的成果》，《宗教学研究》1999 年第 3 期。

点。作为知识形态的近代中国佛教学术史图式呈现出相当复杂的情形，我们不能简单地以近代新知去加以概述，实际上，近代中国佛教学术史是传统佛学与近代新知之间一种复杂交织下的产物。我们认为，必须把近代中国佛教学术史的流变放置于近代中国知识史的场域里来照察，尤其是从晚清以来经史之学的架构中去做细密的思想史阐释，才可以找出比较合理的解读。对晚清以来的中国佛教知识学人来说，建立新的学术规则之最现成的方式，无非就是从清代经学中吸取资源，然后融合近代新知。[①]

晚清以来中国学术史上有一重要的学术转型，这就是传统经、史之学的易位，近代西方传来的新历史学逐渐取代经学独尊的地位而别开新局，史学成为近代中国学术史领域的翘楚。这一变化对于近代佛教学术史的形成产生了重要的影响。可以说，中国近代佛教知识史的问题纠缠在西方新知（特别是转从日本传来的新知）与传统旧学之间，而呈现出经史学特有的复杂关系。本书在讨论中国近代佛教知识史时，比较倾向于从经史学的内在紧张与流变中去做探究。[②] 经与史的关系安排不仅涉及传统与现代性的关系，同时也关涉佛教思想内在的世间法与出世间之间的关系。我们从以欧阳竟无、太虚等为代表的内学院与武昌佛学院的佛学研究中，可以清楚地感受到经学与史学在近代的这

---

① 在《菿汉微言》中，章太炎就表示他对佛学的研究"与平生朴学相似，易于契机"。（转引自石峻、楼宇烈等编：《中国佛教思想资料选编》第三卷第四册，中华书局1990年版，第264页）

② 值得注意的是，Eyal Aviv 的博士论文特别把欧阳竟无的思想放置到晚清以来经学流变中去加以观察，这是相当有洞见的。只是作者对于晚清以来的中国经学，乃至经史学的复杂变化了解不够，又加上其参考的经史学研究只是西方学界二手研究的成果，因而对于相关议题的论述，还较为肤浅。另外，近年来IABS也多次设近代中国佛教史的专业议题，有趣的是，2008年IABS的会议中还专门组织一个以"二十世纪中国佛教经学的复兴"（Rebirth of Buddhist Scholasticism in Twentieth-Century China）为主题的分会，讨论了欧阳竟无、吕澂、印顺乃至牟宗三等的佛教经学的问题。这些讨论虽然涉及一些思想史的讨论，但多在教理学的范围内做论究，许多复杂的问题还没有触及。

种紧张关系。

中国历史上六朝、隋唐之佛教学术著述,大体以经学(包括注经、论著、译著撰集、经录等)为中心,佛教史地学虽有所发展,却是辅助性的。宋代随着中国历史学撰述的成熟,佛教史学亦趋发达,但传统僧传之外的历史撰述,仍然以宗门史的格局为主。明清佛教学术相对衰微,晚明以来佛教内部有关"知识"概念的展开,主要还是针对传统禅教对立关系而论经学之重要性。禅宗不重经典、不习文字、束经不观,甚至游谈无根、言行不检,造成宗门之坏,并对经教的研究产生了相当恶劣的影响。明末中国佛学出现一点复兴的迹象,许多禅宗丛林中都出现了藏经楼,大量地搜集佛教要典,可见其内部已有了经学研究的要求。① 而更重要的在于当时一批佛教学僧对"经教即佛心"这一观念的进一步确认②,主张"以文设教"、以语言文字而入"文字三昧",从而提高了经教在佛教中的地位。清代对于经典知识的提倡,依然延续晚明的法流,依据传统经教义学来批判狂禅不习经典、"孤祖提印"等作风,提倡"以佛知见为归,以经论为导"。③ 一直到杨文会对经教的倡导,仍是以禅门为祸首。他批评近时禅门"目不识丁,辄自比于六祖"的作风是滥附禅宗,妄谈般若。④ 因而主张设立佛学研究会,开办释氏学堂,要求学佛者一概丢开从前学禅见解,"俟经论通晓后",才能"处处有着落"。⑤

晚明以来佛学有关经教"知识"的强调,严格说还不是近代意义上的佛教知识研究或佛教学术史研究。作为近代知识意义上的佛

---

① 陈垣:《明季滇黔佛教考》卷二,中华书局1962年版,第86页。
② 如憨山就明确表示过"教说一心""斥教者不达佛心"的看法。(《憨山大师梦游全集》卷六,卷二五,《卍续藏经》第73卷)真可也提出"文字般若,即缘因佛性"。(《紫柏尊者全集》卷一,《卍续藏经》第73卷,第148页上)
③ 龚自珍:《支那古德遗书序》,《龚定庵全集类编》,中国书店1991年版,第53页。
④ 《释氏学堂内班课程刍议》,《杨仁山全集》,黄山书局2000年版,第334页。
⑤ 《答释高质疑十八问》,《杨仁山全集》,第412页。

学的兴起，可以说是从晚清到民国才逐步建立起来。杨文会、梁启超、章太炎、沈曾植（1850—1922）、夏曾佑（1863—1924）、文廷式（1856—1904）等人对晚清以来佛教知识史的拓展都起了重要作用。

起初，晚清知识学人对佛教经典知识的阐扬还倾向于传统教理与教史学的解读，而所谓新知，主要表现为以西方哲学作为参照，来阐发佛经思想之幽微，如梁启超、章太炎就以西方大哲康德的思想来"格义"佛理。民国以前，中国的学术仍然是经学独尊的时代，佛学的形态也是如此。新学还多倾向于西方观念性的哲学为主。进入民国，新史学渐成为中国学术史中主要的知识类型，而解放了经典在经学中的旧局，经典被视为一种可以进行历史批判研究之史料。这直接影响到佛教学术的观念，传统教理与教史意义下的佛教经学，都以不同的方式面对与因应来自新的历史语言学的批判，由此而形成了近代中国佛教学术史上丰富多彩的思想法流。

重于新知的，如梁启超、胡适等一批学人所倡导的新史学运动，对于传统佛教学史的研究具有颠覆性的一个观念，就是经典不再作为可以独立于历史、语言之外的绝对真理的载体，而必须降格为一般史料，从语言、历史的批判性研究中，去阐明其法义与流变。以梁启超、胡适、汤用彤、陈寅恪、陈垣等为代表的近代佛教历史学研究，几乎都在近代新知的意味上去引申章学诚"六经皆史"的观念，并开展佛学经史的批判研究。作为新史学的知识类型，佛经被还原为历史文献，在新史学的意识中，经史间并无高下之分，佛经也不一定是载道之文，经典都需要重新放在历史与理性的精密勘辨中去做新的理解。这实际上是取消了佛典在传统佛教经史学研究中所拥有的那种特权。从方法上说，史学家们把经学研究的"训诂明而后义理明"这一典范引向佛学史领域，全面推行"考而后信"的原则，完成经学向史学的转变。如陈寅恪就表示自己对于佛教研究的重心在史学而不在经学，他之所以认为清学不如宋学，就在于清代学术重点在经不在史，没有宋代史学的风范。他对佛教的研究,也可以说是他对中国中古政治制度史的一种辅助性研究。胡适也非常鲜明地说他治学的立脚点在历史,①故他在经史上简直就没有轻重、正统异端的分别,在方法上也能更彻底地贯彻无征不信和批判怀疑的作风。他多次明白地表示,他的佛学史研究就是要与佛教徒的思想史区别开来。他对日本现代禅学史研究的不满,正可以从批判的历史学方面来了解。柳田圣山曾回忆说,胡适对宇井伯寿在禅学研究史中不肯接受他对神会的看法表示诧异,他与铃木大拙之间有关禅学研究方法的著名论争,也都可以看作是以近代批判的历史学方法为己任的"史家"与"佛教徒"的历史观之间的不同。②

内院(支那内学院)与武院(武昌佛学院)是我们讨论近代中国佛教知识或学术史的典范。他们与新史学的佛学研究不同,对于新知采取了更为谨慎的接纳态度。欧阳竟无就提出佛学研究除了"整理旧存",还需要"发展新资","广采时贤论"。③我们不能简单以趋新或守旧来定义他们的佛教学术立场,而必须做出具体的思想史分析。内院与武院在学术与方法上虽然存在许多分歧,但在佛教经史学的研究上都反对新史学法流中那种好做疑古的作风。如内院与武院的佛学经史论究,虽然都重视近代史学与语言学的重要性,但仍恪守经史间存在的界限,治经断不可驳经。欧阳竟无所说"结论后之研究",太虚对于近代《大乘起信论》(简称《起信论》)研究的批判及其表现出的反对用西方进化论和科学历史学的方法来讨论佛教经典等,都是明显的例证。

另外,为了保持佛教经学精神性的高度,内院与武院还力图以新的方式与观念保留住佛教经学中的法义阐释,而不至于把佛学的研究

---

① 胡适:《致吴稚晖函》,载姜义华主编:《胡适学术文集·中国哲学史》下册,中华书局1991年版,第1185页。

② 柳田圣山:《胡适博士与中国初期禅宗史之研究》,《胡适禅学案》,台北正中书局1980年版,第6—7页。

③ 《今日之佛法研究》,《欧阳竟无佛学文选》,武汉大学出版社2009年版,第30页。

单一化为一种历史学的知识。关于这点，欧阳竟无说得很明白，他主张为学要"处处须得真相，即处处须以教理为断"①。不过，他们坚持经学的解经，重视玄理阐微，并没有一味沿袭传统佛教经学的旧义与方法，而别为新解。他们批判传统佛教经学缺乏经典语言学的训诂释义，指出这种不经由文字而直趣教义的方法是颟顸的学风，因此应该有所批判地采摄。"由教引起，演绎而不离其宗，非徒凭直觉随意立义可以相拟。教里皆为研究探讨之所取决，故公认熟于教理者有批评之职，乃属当然之事。"②此外，他们还反对传统佛教经学中判教释经的宗派格局，而提出佛教经史的阐明需要有整体佛教的学术视野。这可以说是给近代中国的佛教经典释义创造了新的空间与内涵。

内院与武院对于新知的态度是复杂的。他们对新史学方法在佛教研究上之运用，也存在着一个渐进地接受与融摄过程。从经史学的关系看，大致可以说第一代（欧阳竟无、太虚）比较重经轻史，而到了第二代（以吕澂、印顺为代表）则倾向于经史融合，以史论经。如吕澂就提出佛教经学的研究"一方依义理推阐，一方依历史开展"，他以经学为理，历史为事，主张"理事兼至"才是完整的佛教学术。③印顺也表明，在"方便演化"的意义上，他对于"历史考证"也"确乎对之怀有良好的感想"。④因而，从20世纪40年代他所出版的第一部专著《印度之佛教》开始，他就确立了他的佛学研究志业即是要"从佛教史的发展中去理解佛教"。⑤

中国佛教知识史的形成，是一个异常复杂的思想史课题。一方面，

---

① 《支那内学院研究会开会辞》，《欧阳竟无佛学文选》，第24页。
② 欧阳竟无：《支那内学院研究会开会辞》，《内学》第一辑，支那内学院1924年版，第2页。
③ 吕澂：《内院佛学五科讲习纲要讲记》，《吕澂佛学论著选集》（二），齐鲁书社1991年版，第642页。
④ 《谈入世与佛学》，《无诤之辩》，《印顺法师佛学著作全集》第8卷，中华书局2009年版，第151页。
⑤ 印顺：《妙云集序目》，《般若经讲记》，台湾正闻出版社1992年版，第6页。

晚清经史学关系的流变，一直左右着近代佛教学术史的发展；另一方面我们必须特别注意的是，近代中国佛教学术的兴起与形成离不开世界佛学，尤其是日本近代佛学的影响。晚清以来，佛学与其他人文学科一样，受到西方近代启蒙思想的冲击，而佛学则大都是转从日本而取得近代性知识的"思想资源"与"概念工具"。近代以来由日本输入的资源已经为中国学术史或知识史"奠下了新的文化基层建构（cultural infrastructure）"①，这在佛学研究领域尤其明显，正如严复所说，近代中国学界从日本转手去获取新知，已经到了"沛然率天下学者群而趋之"②的局面了。日本明治以后的佛学转型对中国近代佛学的形成起到了相当重要的影响，并成为中国近代佛学的一个重要知识来源。于是，要深入理解与阐析近代中国佛教学术史，明治后日本佛学的因素成为一个重要的参考指标。从晚清到民国，中国佛学界有关经典、教史等议题的研究与论争，大多是"辑译日本学者所说介绍于我学界"③。如梁启超引发的关于《起信论》真伪问题的辩论等，尽管早先有章炳麟针对日本学界的独特思索和回应，即可视为近代日本佛学议题的中国延伸。但民国时期最先出版的几部有关佛学史的著述，显然是日本佛学影响下的产物，甚至不少成果就是直接把日本佛学史的著述译介改编过来。应该承认，近代中国佛教学术史必须放到东亚近代佛学的脉络中，才可以获得较完整的论述。从近代中国佛教之父杨文会通过南条文雄收集遗失的佛教典籍，吸收欧洲近代古典佛学的方法，一直到内院、武院的佛学研究，都不同程度地受到日本近代佛学研究的深刻影响。本书对于中国近代佛学史的观察与阐明，在诸多方面都要特别关联到中日近代佛学交涉与互动

---

① 王汎森:《"思想资源"与"概念工具"——戊戌前后的几种日本因素》，《中国近代思想与学术的系谱》，河北教育出版社 2001 年版，第 168 页。
② 严复:《与外交报主人书》，《严复集》第三册，中华书局 1986 年版，第 561 页。
③ 梁启超:《〈大乘起信论考证〉序》，《饮冰室佛学论集》，广陵古籍刻印社 1990 年版，第 368 页。

的场域中去做开展,原因也正在于此。

三、知识与价值:近代中国佛教学术史的一些反思

随着清代经学与近代史学方法逐渐风靡于佛学领域,近代中国佛学发展呈现出鲜明的学术性和专业化特点,经验的、客观的知识学理念已逐渐使传统佛教教理与教史之学转向了具有现代性意味的知识论述系统。近代中国佛教学术的这一变化,很有点像艾尔曼(Benjamin A. Elman)所说的清代儒学经由理学而转向了朴学。[1] 无论是以汤用彤、陈寅恪、胡适等为代表的具有新史学倾向的佛学研究,或是以内院、武院为代表的佛教经史学论述,他们都部分地融摄了清代经学重于实证的方法,借此对佛教古经、古史,包括历史已成定论的教史之论、师门之说采取慎思明辨、重新评估的态度。他们乐观地认为,佛教的思想原义是可以还原为经典,并通过对经典进行历史考证和语言学分析等方法而得到真传的。

在本书的讨论中,我们发现,无论内院和武院两系在对待近代知识概念的开放程度上有怎样的不同,在佛学史的研究中,他们都有意识,同时也有限制地使用现代性关于知识的理念。他们对佛学史的研究吸收了近代历史学的方法,但同时又把它限制在事相解释的方面,而不是道体的方面。以胡适等为代表的现代历史学的佛学研究类型则不同,胡适借助于现代历史学的方式开辟佛教研究,背后其实有强烈的瓦解佛教信仰和反传统的意识形态,这使他的佛学史研究并没有严格遵守近代历史学所期待的那种价值中立。

具体说,内院与武院的佛教学术探究,可以看作是经史论道,他

---

[1] 参见艾尔曼:《从理学到朴学——中华帝国晚期思想与社会变化面面观》,赵刚译,江苏人民出版社1995年版。

们力图把佛学的知识研究与佛教的宗教性联系在一起,希望透过佛学史的知识论究来扶翼佛法的宗教信仰。研究的目的不单是为知识而知识,知识的论究背后有强烈的道德与价值追求。所谓假知识以成圣性,期于宗教理想的完成。所以他们并不一味盲从新知,而是力图在新知与旧学中寻找某种平衡。他们的研究可以说是经学传统与现代性的交织。坚持经学的立场,是为了维持佛教与世法的不共法,或者说维持佛教超越性和神圣性的一面,使佛教研究不至于变成缺乏精神价值的学术论述;而有条件地接纳现代性学术方式,乃是他们有感于宋明以来中国佛教义学传统只重玄学,实证不足的学风而希望予以某种程度的扶正。他们认为,义理不能仅仗心性的内省,还必须借助经典的训释来完成。这使得学术经史的研究在佛法的信仰价值下成为可能。像其辨法相唯识不同义、辨二谛三性义等,皆是以考据来说义理,以因应现代性的挑战,把信仰建立在扎实教理与教史知识的基础上。

这种为佛教学术史的研究附带价值与精神意义的承担,使得他们的佛教学术论述中充满了某种紧张性。如欧阳竟无对于佛教知识的论述,一面强调文字训诂与历史学的意义,如他提出的"圣言至教量,应以经解经,一字不苟"和"由文字历史求节节近真,不史不实,不真不至"的治学原则[①],正可看成是汉学家的治学三昧。而当涉及教理释义时,又充满了对近代知识的怀疑,而表现出对语言历史方法的焦虑和不信任,他在《孔学杂著》中就多次表达了这种担忧。[②]

同样,作为成熟和有深度的学者,武院系统的印顺也绝不是简单的现代知识意义下的佛学研究者,他深刻地感受到现代性知识方式与

---

① 《欧阳竟无大师纪念刊》,转引自《中国哲学》第六辑,生活·读书·新知三联书店1981年版,第315—316页。

② 欧阳竟无在这里提出了"离言行义"的佛教学术原则,他在《复蒙文通书(三十二年二月一日)》中说"直探第一义,依文缀字,三世佛冤"。他担心徇于章句之学的后果,只会空持名相以兴诤论,于生命的真际无关,"徒博观经论而不图切实证会"。(参见《孔学杂著》,《欧阳竟无佛学文选》,第376页)

宗教内在超越面向之间的紧张。印顺肯定了历史知识的意义，同时又要把这种历史主义的方法严格限制在有关佛教事相的方面，认为佛法作为宗教还有其超越性的一面，而这些方面必须从传统内证的立场去加以观照。所以他反复强调，佛学研究必须把知识与内在经验相结合，才能够使其达到"更充实的更有力的阶段"。如他说"专考证而忽视实际意义的佛学，结果也不会好多少的！"而他所理解的"实际意义的佛学"，就是要赋予佛学研究一种伦理性的道德力量和解脱性期望，所谓"佛法的探求真实，在解脱自他的一切苦痛，这需要兑现。如把真理放在书本上、口头上，不能净化自己的身心，治学、办事、待人、接物，还是和从前一样，这显然没有把涅槃一事放在心中，并没有体验真理，实现解脱的企图。佛法研究，是不应如此的"。[①] 又如对于经典的文字，他也不停留于一般知识的意义解读上，而"要把文字所显的实义，体会到学者自心；还要了解文字的无常无我，直从文字去体现寂灭"[②]。这种主场贯彻在他的禅学史研究中，他对于现代性知识的意义和边界就有相当明确的定位，对于禅的知识和禅的经验也相当有分寸地进行厘清，这正是许多现代学者所体认不到的。于是，他的禅学研究就在一面重视"禅法的方便施设与演变"中，把禅学史中许多可以考寻的事实，视为"禅史的重要部分"，交了历史的方法去考察；一面又指出，必须充分照顾到禅者"自心体验"的超越性，主张"禅宗史的研究，必须弄清楚超时空的自心体验，现实时空（历史）中的方便演化，才能恰当处理禅宗的历史事实"[③]。这一原则可以说是对于近代学术史的新知有了自觉而深入的抉择。

而近代新史学一流的佛学倾向于把佛学研究中比较语言与文本研

[①] 《谈入世与佛学》、《无诤之辩》，《印顺法师佛学著作全集》第8卷，第158、167页；《以佛法研究佛法》，《以佛法研究佛法》，《印顺法师佛学著作全集》第7卷，第9页。
[②] 《以佛法研究佛法》，《以佛法研究佛法》，《印顺法师佛学著作全集》第7卷，第8—9页。
[③] 印顺：《中国禅宗史——从印度禅到中华禅》，江西人民出版社1990年版，"自序"。

究引向历史与社会政治史的阐明,而自觉或不自觉地忽视对佛教经典义理的体究。陈寅恪"喜读内典",但对佛典的玄理了无兴趣,他探究经典的宗趣却在研究历史,把佛经作为历史资料,就其作者、年代及内容做周密考证。他自己就说对于佛教"至其微言大义之所在,则未能言也"[①]。汤用彤虽认为佛史研考不应徒在文字考证上寻求,而必须有心性之体会、同情之默应,但他也承认自己的佛史研究主要取自于考证,于义理有所未逮。[②] 作为历史学研究者,他们的立场比较单纯。他们本来不关心历史知识中的价值问题,但在近代以来中国佛学史的历史写作中,现代主义的目的论却在有意和无意间、以各种不同的方式左右着佛教史家的思想论述。胡适就是最明显的例子。与内院、武院试图通过严密的历史文字学方法和知识探究去建立佛教的信仰价值相反,胡适在他的历史学写作中,有意识地导入西方启蒙以来的现代性观念。正如他以"注重效果"的成见来写中国哲学史一样,对佛学的研究,他也是有意识地要化神奇为臭腐,以"捉妖""打鬼"为佛学史研究的使命,借着考据辨伪的方式去推翻佛教经典的根据和价值信念。他曾这样总结自己研究禅学的基本立场:"大体上说来,我对我所持的对禅宗佛教严厉批评的态度——甚至有些或多或少的横蛮理论,认为禅宗文献在百分之九十五以上是欺人的伪作——这一点,我是义无反顾的。在很多的场合里我都迫不得已,非挺身而出,来充当个反面角色,做个破坏的批判家不可。"[③] 这完全可以说是根据个人的理想愿望,对历史知识做出一种目的论的解释。胡适的佛教史学研究表明,近代中国佛学研究的历史学方法并没有达成他们所期待的那种客观的知识理想,其中所包含的现代性修辞和过于注重社会效果的价值诉求,已

---

① 陈寅恪:《金明馆丛稿二编》,生活·读书·新知三联书店2001年版,第360页。
② 汤用彤:《汉魏两晋南北朝佛史·跋》,上海书局1991年版。
③ 唐德刚:《胡适的自传》,《胡适哲学思想资料选》(下册),华东师范大学出版社1981年版,第263—264页。

给他们的学术史研究的科学成分打了折扣。

近代中国佛教学术史所呈现出的许多问题到现在仍然是一个未解决的问题。本书的旨趣也正是试图对作为近代知识的中国佛教学术史进行深入地阐析与反思，而特别要从晚清以来经史学的脉络下加以细究。我们并不是要完成一部系统全面地介绍近代中国佛教学术史的著述，毋宁是要对近代中国佛教学术史上一些重要论题进行思想史的阐明。

关于本书的结构安排，我们需要略加说明。第一编是以近代中国学术史的经史传统为主轴，从东亚视域范围来重新论察近代中国佛教学术史的形成与特色，特别对于近代中国佛教学术史之经典学与历史学的建构，做出了新的思想史分析。另外，关于近代中国佛学知识史的研究，在日本有许多重要而又不易为一般读者所理解的新资料。此次我们特别提供了晚清杨文会等相关资料，并做出了新的考订。这些在近代中文佛学研究领域中被长期忽略的资料，都具有重要的学术史参考价值。

第二编是有关人物案例的研究，本书所甄选的均为近代中国佛教学术史上影响深远，而又有所不同的代表性人物，我们依据于新、旧资料和不同视角，对这些人物的学术思想做了细密的思想史考察与阐析，以此对佛教学术史进行具体而微的阐发。

第三编是专门讨论《起信论》与近代佛学的问题。作为对中国佛教思想影响深远而又引发近代法海波澜的《起信论》，对于中国乃至东亚近代佛教学术史来说，有着相当丰富的历史与思想内涵。近代东亚佛学界对于《起信论》真伪的论辩，所涉及的不仅是经典文本的问题，而且包含了相当丰富的思想与宗教史的意涵。特别是该论在近代两度由不同身份的译者传译成英文，这背后存在着非同寻常的宗教策略和意味深长的思想史故事。于是，我们把近代不同背景下的《起信论》研究与译传作为一种"思想史的事件"来进行讨论，试图从这一被遗忘的近代佛教经史学的事件中，去体会《起信论》在近代是如何被塑造为一具有象征性的世界宗教圣典。此外，附录部分虽然并不直接关乎近代佛教学术史，而由于我们应用新发现的太虚档案材料，并与传世资料进行比照研究，揭示了太虚佛教思想与运动中一些鲜为人知的面向。我们相信这对于太虚研究将会起到一些新的刺激，因而收录到本书中，便于读者批判。

  本书的这些研究多与时下的近代佛学史研究风格与旨趣有较大不同，我们确信无论在新资料的发现方面，还是学术问题与方法的呈现方面，我们的成果都可以为近代中国佛学史的研究带来一些新的思考方向与研究的生长点。但由于时间及各种条件的限制，本书对于近代中国佛教学术史的研究还存在许多不足，我们多次想对书中的一些旧文做较大的修补，并扩展一些新的内容，但都因为各种原因而无法完成。收集在本书中的论文，可以说反映了我们对于近代佛学知识史问题的探索历程。在此出版之际，对部分原作中的错谬做了订正，并增入了必要的注释，以传递最新研究的动向。我们期待这部书的出版，能够对近代中国佛学史的研究开启一个新的起点。

[第一编]

近代佛学经史学新论

一、探寻释迦原典
——近代佛学的形成与中日互动

18世纪后期至19世纪前期，随着西方对亚洲支配的进展，佛教也作为亚洲大多数地区共同信仰的宗教而为西方人所"发现"。正如耳蒙德所说，"19世纪的上半叶，西方'发现'了佛教"[1]。这一发现，是由于梵文、巴利文的佛教文献，在印度、斯里兰卡、尼泊尔等地得到了前所未有的发掘和收集，从而使有关佛教的知识得以系统化，对于佛教的理解有了飞跃的进展[2]。

1844年，法国学者彪饶夫（Eugène Burnouf，1801—1852），撰写了《印度佛教史导论》(*Introduction à l'histoire du Buddhisme indien*)，该书成为佛教古典文献研究的基础，被称为这一领域的开创者[3]。依据洛佩兹（Donald S. Lopez）的最新研究，彪饶夫的贡献在于将佛教研究印度化（indianizaton）、梵文化（sanskritization）、文本化（textualization）

---

[1] P. C. Almond, *The British Discovery of Buddhism*, Cambridge University Press, 1988, p.7.

[2] 下田正弘：《近代仏教学の形成と展開》，《仏教の形成と展開》（《新アジア仏教史》02，インドⅡ，东京佼成出版社2010版），对西方佛学（佛教学）的形成与展开以及问题点做了历史的考察。粟屋利江：《仏教の形成と展開·近代から現代へ》（《新アジア仏教史》02，インドⅡ），第335页。

[3] 下田正弘：《近代仏教学の形成と展開》，《仏教の形成と展開》（《新アジア仏教史》02，インドⅡ），第30页。

和人间化（humanization）①。所谓印度化，即是直接用梵文、巴利文的文献确定佛教的内涵及其与印度文化的关联。梵文化则不仅揭示了梵文与欧洲语言的同源性，而且指出汉语、藏语以及其他语言的翻译，在很大程度上失去了梵文的原义，因此促使梵文成为佛教研究的共通语言。更为重要的是他依据梵文经典的品质，区别出了"单纯的经典"（simple sutras）和"发展的经典"（developed sutras）。他认为单纯的经典是用优质的梵文写成的比较短小的韵文，而这正体现了佛陀原初的教义。而"发展的经典"即大乘经典，他认为其韵文则较为粗野，是不太通梵文的僧人所作。因而，他得出了如下结论，即这些大乘经典不论是在时间上还是空间上，都是远离佛陀时代的作品。换言之，在他看来，首先有一个纯粹的起源，离此愈远，则愈失其原义，因此不可避免地走向衰颓。文本化指的是佛教研究的依据不再是田野调查，而是文本。即通过文本与文本之间的比较研究，在佛教和印度的其他文本对照中，来确定特定用语的含义。最后，人间化则是认为佛陀是人而非神，从而摈除了神话传说，确定了佛陀的历史性。彪饶夫的研究可以说奠定了西方佛教研究的方向，也揭开了近代佛教研究的序幕。因此，在19世纪后半叶，搜寻梵文和巴利文的佛教原典，成为佛教研究的最为重要的动向。1881年，伦敦成立了巴利圣典协会，其宗旨是认为依据巴利语佛典的上座部佛教才是原初纯粹的佛教，而大乘佛教文本是后世偏离之作。而牛津大学的马克斯·缪勒（Max Muller，1823—1900）则依据印欧语比较语言学的方法，对印度的神话进行研究，开创了比较宗教学这一新的学科。

　　上述欧洲的佛教研究动向，也影响到了亚洲佛教。日本的佛教界，随着立志学习西方的明治国家的诞生，也把目光投向了西方。1872

---

① Donald S. Lopez, "Burnouf and the Birth of Buddhism", *The Eastern Buddhist*, vol. 43, nos. 1 & 2, pp. 25-34. ドナルド・S・ロペス：《ビュヌフと仏教研究の誕生》，载末木文美士编：《近代と仏教》，国际日本文化研究センター2012年版，第21页。

年，东本愿寺的年轻法主现如，带着几位心腹，悄然航行西方，途经印度，历访法国、英国、美国等地，察觉到了西方佛教研究的动向。归国之后，便拟派送僧人去西方学习梵文经典。经过了数年的酝酿，终于在1876年，派遣南条文雄（1849—1929）、笠原研寿（1852—1883）这两位年轻的僧人前往英国。而这一年，真宗东本愿寺派也在上海设立别院，开始了在中国传教的历史。南条和笠原，在伦敦经过了两年多的英文学习，最终决定前往牛津大学，在缪勒门下研习梵文和佛教经典①。途中，笠原不幸因病逝去，南条肩负起了本宗的所有期待。熟知汉译经典的南条，在缪勒的指导下，很快掌握了梵语，开始了梵文经典的研究。缪勒多次建议他，应该在日本，甚至到中国的西藏等地去寻找佛教原典。南条认真地接受了这一建议，不仅在日本搜寻到了《阿弥陀经》、《金刚经》和《心经》等梵本，而且还在1879年，写信给曾在中国传教的本派前辈小栗栖香顶，要求他协助在中国的西藏等地调查梵文经典。南条在这封信中，不仅介绍了西方佛学研究的盛况，而且对于东方（日本、中国）的佛教研究的守旧无知进行了批判，诉说了梵文原典研究的重要性。这无疑预示了佛教研究在东亚的新变化。

与此同时，中国也出现了搜寻佛教原典的新动向。19世纪80年代初期，苏州的著名居士许息庵委托另一位居士沈善登，写信给远在伦敦驻英大使馆任职的杨文会居士，要求其在西方寻找梵文典籍，以求释迦原义。而此时，杨文会业已与南条在伦敦相识，交往密切，热心讨论西方佛教原典研究的状况。从他们的议论中可以看出，通过原典研究，重新理解释迦原义，成为两人的共识。

从上述中日佛教界的新动向可看出，西方佛教研究的新趋向，不是孤立而起的，日本、中国都以不同方式做出了回应，而且相互之间有着

---

① 林寺正俊《南条文雄・笠原研寿の留学目的とF・マックス・ミュラーの期待》（《インド哲学仏教学》第十八号，北海道印度哲学仏教学会2003年版），对于南条、笠原之留学目的，缪勒的期待做了详细考察，值得参考。

错综复杂的联系和互动,表明以汉译佛典为中心的东亚佛教研究开始把目光转向印度原典,呈现了一幅黎明时期的东亚佛教研究转型的图景。

然而,上述中日佛教学者的两封信,学术界至今尚未给予应有的关注,甚至这一黎明时期的新动向也不为人知,故本文将介绍其内容,考察中日佛教者之间的交叉关系,从而揭示中日佛教学者是如何加入到这一历史性转型的潮流之中的。

(一)来自牛津的信——寻找梵文佛典与对汉译佛典的批判

明治九年(1876),南条文雄与笠原研寿,受净土真宗东本愿寺(大谷派)的派遣,由横滨乘船前往英国,学习梵语和佛教研究。笠原半途因病逝去,南条便肩负起本宗派的所有期待,潜心研习,于1884年学成归国。在其赴英留学两个月后,东本愿寺为向中国传教,又命小栗栖香顶等人前往上海,创建了东本愿寺上海别院。从此西方留学和中国传教成为近代日本佛教发展的两个新方向。

日本的佛教界,从西方获取佛教研究的方法,建立了不同于以往研究传统的近代佛学。据此,佛教研究开始与佛教信仰相分离,成为独立的学问。这一新型的近代佛教研究正是在对传统佛教研究的批判过程中形成的。南条文雄是这门学问的先驱。他在牛津大学比较宗教学创始人缪勒的指导下,接受了严格的研读梵文文献的训练,翻译了《无量寿经》、《阿弥陀经》等多种大乘梵文经典。随着他的回国,依据梵文的文本研究也传入了日本。他所移植的文献学—历史学的研究方法,结束了千百年来仅以汉译佛典为依据的传统佛学研究的历史。正是在这个意义上他被誉为"日本近代佛教学之鼻祖"[①]。

[①] 樱部建:《怀旧录·解说》,东京平凡社1979年版,第327页;宫本正尊:《明治佛教思潮》,东京佼成出版社1975年版,第86页。

然而，居于近代佛学核心地位的梵文经典研究，是如何展开对汉译佛典的反省和批判，换言之，近代佛学在其成立过程中，与传统的佛教研究的断绝与连续的问题，并非是一个业已明确的问题。特别是南条文雄自身的思考并没有得到应有的关注和讨论。事实上，随着梵文知识的进展，南条对于汉译佛典的批判性认识也得到了深化，对寻求梵文原典显示了更大的热情。在1879年3月23日南条写给小栗栖香顶的信中，反映了他对上述问题的认识。这封信是了解尚处黎明期的东亚佛学动向的重要文献。

南条文雄与小栗栖香顶早在1868年就相识了，二人常以汉诗唱和，颇为投洽。在英期间，南条也十分关注小栗栖在华的传教活动，尊其为"本派僧侣中支那布教之巨擘"。1905年，小栗栖去世之际，南条撰写了《三大院香顶》，详细介绍其生涯和两人交往的历史。这封信收录在小栗栖日记《八洲日历》第五十三号[①]，笔者曾对之进行整理，发表在《武藏野女子大学佛教文化研究所纪要》（第19号，2003年）上，以下据此介绍其内容。

1. 对中国传教的支持和期待

此信一开头提及曾请求修正诗作的往事，继而回述了赴英留学的经过，接着对小栗栖因病归国，过早地终止了在中国传教的重任深表遗憾，并希望他早日康复，以重返中国传教。他说：

> 然本月文雄得本山报知，曰：十数生徒，骎骎进业在于江苏教校。以此观之，则学师创业之志，一以贯之者非耶？学师今若平安，愿有再行，鼓舞教徒，使中国全国人民，闻知我宗祖大师之慧眼，能见佛祖之真面目，且使士女老幼，相率得能度彼岸。

[①] 笔者曾在小栗栖的寺院妙正寺，搜集到了近百册《八洲日历》，现为大谷大学图书馆收藏。

若然，则可谓中国布教之能事了矣。

不仅如此，南条还从语言学的角度，指出在中国传教，使用上海方言固然重要，然而就整个中国而言，全国皆可相通的北京话则更为重要。他说：

> 虽然，今有一难事，曰音韵学是也。闻中国十八省，其韵不同，是所以向日有直律教校之设也欤。然去年本山废之，使其生徒归上海。是以假令卜数生徒，能谙知上海地方之音韵，而恐当不能使北京及他省之人，明了闻知其谈论也。学师定有深虑在焉，当待学师再行之日而观之也。

2. 伦敦留学生活与牛津印象

然后，这封信汇报了南条与笠原来英两年半的学习状况。即1876年8月抵达伦敦后，两人暂时一起生活，翌年三月两人分开，各自住到英语教师的家——南条称之为"家族住居"（homestate）学习英文与历史。而自"本年二月"（确切地说是1879年2月27日），南条经人介绍前往"阿斯佛府"（牛津），投奔"比较语言学"（comparative philology）的"麻久须无罗留"（马克斯·缪勒），开始了梵语学习。他说：

> 文雄与研寿在英国已二年有半，未曾为病魔所困，健全消阴，请学师幸放虑焉。文雄以达英京明年三月，与研寿分居，各寓师家。饭食起居，与师及其家族俱，是英人所谓家族住居也。尔来讲史书，习文学，有日于此。而本年二月，文雄得一学士之绍介，始到阿斯佛府（オックスフード），逢比较语言学（コムパラティウフィロロヂー）マクスムラル（麻久须无罗留）氏，请以梵语

传习之事。①

牛津的城市风貌给南条留下了强烈的印象。仅有三四万人口的城镇，大学、天文台、博物馆、基督教各派的教堂却鳞次栉比。仅学校便有二十余所，其课程科目从"学术文艺教法"到"古今万种言语文字"，"包括该罗，殆如无遗也"。进而，还设有"梵语博士"、"支那博士"等职衔，有博士之衔的竟达四十二人。他引述了当时的欧洲学界流传的说法，以说明牛津梵文研究的兴盛。他说：

> 欧人常有言，若欲学梵语，则不若赴英之阿斯佛府。若欲学中国语，则不若赴法之巴里府。其梵语学之盛，亦可以察知也。

牛津盛隆的学术景象，无疑让这位来自东方的青年倍感惊叹，令其完全震服。

3. 师事马克斯·缪勒博士

尽管在南条写这封信时，由伦敦移至牛津路程才不到一个月，然而他已深深感到佛教研究中梵文的重要性。关于这一点，可从南条对缪勒学问和研究的详细介绍中窥见。

> 而文雄所逢之博士者，日耳曼人也，来在此地已二十年。博士之著书，其数颇多矣，而其系梵语者，自文法书、以到数多之读本，其裨益后进，实不为鲜矣。力荷吠陀者，婆罗门教徒四吠陀之一也。古来曾无刊而自公行诸世者，博士实成其事，且已泽

---

① 南条文雄：《怀旧录》，第 101—105 页有相似的叙述。

其数篇以英语。

此段文字介绍缪勒是德国人,移住此地业已二十年。其著述丰富,其中有梵文的文法著作。除了将婆罗门教四吠陀之一的"力荷吠陀"翻译成英语之外,还致力于收集梵文经典,甚至也在日本进行过搜寻。日本所存悉昙梵字固与现存的梵语相异,但悉昙与现存的"散须久栗登"(Sanskrit)为同一语言。而上古正音则为"佐无须久栗多",缪勒皆能读之。而且缪勒告诉南条,梵语经历了三次历史的变化。第一次是上古时期以四种吠陀为巨擘,其文法用语最为值得潜心留意。第二次是佛教的三藏(经律论)时期,比较单纯易学。第三次则是其变化大约始于千年前的现在梵语。而南条要学的三藏梵语,只要花上三年,用心于此,便可成为"一梵学者"。正是在缪勒的鼓励下,南条决心离开伦敦,移居牛津,在缪勒门下研习梵语。① 同年三月,缪勒又为他安排了一位梵语教师②,直接指导他从文字到文法的学习。这无疑为他打开了从未有过的新天地,他全身心地投入了其中。他说:

> 尔来汲汲,夜以继晷。而今所学者,乃才自文字之结成,语尾之变化,以到文章之体格,流传之历史,率系初学之业。抑梵语之为文法也,大与希腊罗甸古语合,是以欧人之通二语者,往往比较以学之,是其成业之所以或速也者欤。

4. 到中国寻找梵文原典

但是,这封信的主要目的并不在于上述的近况汇报,而是要小栗栖香顶协助在中国寻找梵文经典。南条在介绍欧洲佛教研究状况的同

---

① 南条文雄:《怀旧录》,第 119—120 页也有相近叙述。
② A. A. Macdonell(1854—1931),参见南条文雄:《怀旧录》,第 120 页。

时，对日本僧人的无知和无所作为以及汉译佛典的缺点做了批判。

信中说道近日拜访缪勒师时，两人偶尔谈及汉译三藏梵典的问题。缪勒告诉南条，自己曾从中国搜集到了数部梵文经典，可是在印度却一无所获，而印度所存的尽是近古写本，所以很想找到以往三藏法师们带到中国的原典。闻此，南条告诉缪勒，去年8月日本佛教杂志《明教新志》上载有一文，提到中国现有汉、藏、满三种大藏经，除此之外，五台山真容院喇嘛寺还藏有梵文大藏经。这篇令人难以置信的记事作者，正是小栗栖香顶。因此，南条向小栗栖确认此事，若此言可信，则希望先得到书目，待日后再去誊抄。事实上，1874年，小栗栖曾在雍和宫喇嘛的帮助下游历过五台山，后来将从中国带回日本的物品，整理出一份目录，撰文做了介绍，连载在1878年（明治十一年）8月发行的《明教新志》第676—685号上。在8月16日发行的第682号上有如下说明：

清朝有三种藏经，一中国译，二西藏译，三满洲译。此外，五台山之真客（容）院有梵本一代经。

若此为事实的话，南条与缪勒应该最为明白，这对于正在印度、尼泊尔致力于发掘梵文经典的欧洲学界而言，将会是一件无比震撼的事件。所以，"博士亦大奇之，励文雄不已"。缪勒听了此事，也大为惊奇，强烈希望南条去搜寻。南条在信中重提小栗栖与喇嘛僧的关系，要他直接取得五台山僧人的协助，而且南条自己也敦请东本愿寺教育课参与抄录"五台山梵本三藏目录"一事。

如闻数年前，学师始到中国之日，经北京大喇嘛之介绍，而入五台。五台之大喇嘛江曲布淋沁，善遇学师，使学师恣五台之游焉。然则梵本一代经之现存于此者，学师闻诸于江氏亲话也必矣。本月文雄寄书本山教育课长，请以得五台梵本三藏之目录，且撰能通悉昙者，使遣以就誊写之业之事。而后以为得书目之事，不若直请诸学师之速也。请学师有为谋诸江氏焉。欧人之功于博古也。我佛教徒，若缓其搜索，则恐为彼所先，遂到欧洲新译之三藏，亦不可保必无之也。英人今汲汲于改译两约书之业，是由希伯来希腊语文学之益加精密，其于梵语，亦或当然。

在这段话中，南条在敦促小栗栖与五台山僧取得联系，着手搜寻梵文一代经的同时，也指出此事事关佛教徒之声誉。因为，欧洲学者功于博古，尽力搜集梵典，在不久的将来很可能会重新翻译三藏，而"我佛教徒，若缓其搜索，则恐为彼所先"。这无疑表明了南条对欧洲学者的竞争意识和急迫的危机感。

5. 对日本佛教和汉译佛典的批判

不仅如此，南条列举了欧洲学者翻译梵典的众多著述，而且指出他们也涉足汉藏典籍。面对欧洲学者的斐然成绩，南条不得不去反省日本自身的佛教研究。他说：

且夫悉昙之传于本邦者，千百余年于此，而梵语之始为欧人所知者，不过仅仅三四百年前。而今日之势，遂倒使我不得不学诸于彼，岂可堪慨叹乎哉。

又说：

玄奘之新译，已过千余年，且玄奘一人之业，亦未可保全无其讹误也。然而回顾本邦僧徒，学俱舍唯识者之外，往往不知有新旧译之差。而如彼观世音之当为观自在，龙树天亲之当为龙猛世亲，则为今日欧洲梵学者之常识。法人有慈宇利衣牟氏者，能通中国文学，距今二十余年，始译出玄奘西域记。西域记中屡举旧译之非，是所以有欧人之常谈也，虽然注意于古言如此者。本邦之僧侣，岂可向欧人不愧乎。

在这一段话中，南条对既存的汉译佛典展开批评，公然断言即使是居于不动地位的玄奘新译，其中也难保无误。而日本僧人虽饱读俱舍唯识，却不知新旧译的差异，如观世音与观自在、龙树·天亲与龙猛·世亲皆指同一人物，这都是欧洲梵文学者的常识。法国一学者早在二十年前就翻译出了玄奘的《西域记》，欧洲学者十分关注其中对旧译的批评，为今欧洲学者之常谈。在博古的欧洲学者面前，日本僧人应感到惭愧。这一自省的态度，固然显示了南条的好学精神，也折射了这位具有强烈自尊心的东方青年所蒙受的屈辱感。而其中对玄奘新译的微词，无疑是日本僧人千余年来首次评判。其实，关于这一点，其师缪勒也多次表示同样的看法。缪勒指出，要么是因中国的译者没有理解原典中所使用的特殊梵文，要么是因印度的译者没能正确地用汉文进行表达的缘故，大多汉译佛教圣典是"极为不完善的"[①]。这对南条对汉译佛典的批判无疑也产生了影响。

在英国留学不过两年半，而梵文学习尚不足一月，南条文雄耽于研习西方勃然兴起的近代佛教学，敏锐地认识到了其效用与意义，迅速地获取了对汉译传统的批判立场。他所介绍的欧洲学术动向与对汉译佛典的批判，对于当时的日本佛教界而言，都是全新的知识和方法，预示了佛教研究在东亚将迎来新的时代。

---

① 缪勒：《南条先生颂德纪念》，南条先生颂德纪念会1942年，第10页。"BUNYU NANJIO", *The Collected Works of F. Max Muller* (vol. 6), London: Longmans, Green, and Co, pp.183-184.

（二）一封未发出的信 —— 求梵典以明汉译之源

在杨文会随曾纪泽出使英法期间，苏州著名居士许息庵委托沈善登居士代写书信致远在伦敦的杨文会，希望杨能在英伦为之搜集梵文佛典，将之收入其新编大藏经之中。然因息庵老居士闻知翻译梵典颇为烦费，而杨文会也因任期将满回国，未必能从容为此，故本信撰成之后，并未发出。此后，沈善登将之收入自著《报恩论》中，题名为《致杨仁山书代许息庵》，并作后记，叙述了原委。这封信未明记撰写年月，然杨文会于1889年期满回国，故此信之写作当在此之前。

据信中所述，许息庵从在中国传教的日本僧人那里得知英国搜集印度梵文佛典的状况，以及"东僧"即南条文雄译经的事实，并向南条致信，希望他将西方发现的梵文原本三百余种书目，翻梵为华，意欲收录到新编大藏经之中。西方佛典研究经由日本进入到了中国，激起了非同寻常的反响，这是极具历史意义的事件。

许息庵是少数热心与日本僧人交往的中国佛教徒。他曾自费刊刻了小栗栖香顶用汉文撰写的在华传教手册——《真宗教旨》，与日僧松本白华有密切的交流①。此信中也提及松本的协助。更为重要的是在信中，他表达了搜寻梵文经典的动机。

1. 欲重新编纂大藏经

在与松本的交往中，许息庵得到了日本最新刊刻的《缩刷大藏经》，令其"豁目爽心"。这部藏经是由日人岛田蕃根自1877年（明治十年）编辑刊行，主要依据智旭《阅藏知津》的体例，综合了宋元明藏及高丽本，并收入了日本撰述，成为当时最为详备的大藏经。然

---

① 参见高西贤正等编：《东本愿寺上海开教六十年史》，东本愿寺上海别院刊1937年版，第35、58—59页。

而,"重译互见之本,往往虚列其数,体例殊疏,检寻亦大不易"。所以许息庵打算在其基础上重新编纂。他说:

> 觉尘(沈善登)适于去腊迁居来吴,相与商榷,依其所分门类,稍稍移易增省之,益以历代目录所载。及明季至今,若缁若素,未入藏诸作,勒为一编。其中国失传诸书,乃至日本撰述,现有刊本,未入藏诸书,亦函属笙洲(松本白华)钞目,甄拣附入之,而一一志其存佚。别其部居,提其纲要,辨其疑伪。使当来见闻随喜之者,若信若疑,悉有依据,不复启伪替混滥之嫌。如是则二千年来,中日两国相传教文,并其古有今无诸经目,庶几其大备矣。

其目的在于编成一部更为便利、更为充实的大藏经,以彰显中日两国两千年来相传教文。

2. 搜集印度梵文经典附入大藏

与此同时,许息庵又从杨文会和日僧处得知,英国广求印度梵典,得三百余种,小乘居十之八,而大乘仅有数种。其中东僧即南条文雄业已译出《金刚经》和《阿弥陀经》。但是息庵认为英国在此时大肆搜罗,传习梵学,其本意并不在于"宏利","而推其经营藩部,到处护持先佛遗迹之盛心"。即出于经营之殖民地之目的,而热心护持佛教遗迹。息庵向杨文会表达了欲依照书院体制,开设梵馆,广授生徒的愿望。而且,还希望得到尚存的三百余种梵典书目,收入将来编纂的大藏经中。他说:

> 爱不自量,愿托慈照末光,得读所称三百余种之首题名字,具载录中,华梵并存,用备参考。其间同名别行之本,重出误收之本,残缺失次之本,统求悯念众生,勘详开示,存校录之实,

决方来之疑。

为此，息庵还致函南条文雄，希望南条为之抄录书目。但是对南条的精力与汉文水准尚无把握，所以希望杨文会从中协助。他说：

> 兹事非旦夕可成。初不敢仰劳神用，前曾函乞文雄上人录示所见。笙师介绍之，计达到矣。今思上人游历数载之间，学通三国语言文字，译成两经，则岁月已淹。奚暇遍观余部。且乍习华文，彼此又非雅故。故或来教未达，存疑不可，遣疑又不能，必出于再三之渎，心云何安。是用复欲大慈，筹量方便，或借院中存日。径翻华言，或浼肄业诸徒，转度英语。计每经但取题名，无过四五千字，文义本不连贯。译手应尚易求，笔札供养多少若何，先乞裁定示下。

3. 梵文经典的意义

许息庵在信中表示，梵文经典的存在，为回应儒家对佛家的攻击，提供了坚实的依据。许息庵认为，迂儒动辄怀疑佛典三藏是抄袭窃取六经、《论语》、孟子、老庄之言而作，是中国僧人的润色附会。而东僧（南条）之新译，与旧译大致相同，证明了历代译师并非以私意而杜撰，佛经也非释迦灭后，"番僧师弟，向壁虚造"之物。因此，对于中国佛教徒而言，梵文经典的发现，有着双重意义，即不仅使印度境域的"秉教遗民"有所依据，恢复信心，而且可以消解中国宋儒以来对佛教的诋毁[①]。

[①] 儒家对佛教的攻击，至清代仍未息鼓。这一状况，可从彭蕴章《佛法论》（《归朴龛丛稿》卷三）窥知。"先儒言释典，皆惠远僧肇之流，窃庄列之言而为之，非真从西域来。盖西域与中华文字不同，释典皆出重译，但堪得大略。……其他幽眇之论惝恍之说，皆六朝及唐学佛者之所作也。至所谓禅者，乃晋人清谈之余绪，原本庄老而托于佛氏，故其言与儒相似。吾未入其中，何知而辨哉"。彭蕴章（1792—1862）乃《居士传》作者彭际清的后裔，曾官至工部尚书。

（三）回归释迦原典 —— 杨文会与南条文雄的交流

杨文会于1866年在南京创办了金陵刻经处，认为要重建因太平天国运动的打击而更加衰落的中国佛教，刊刻和流通佛教典籍是首要任务。他逐渐扩大其事业，为佛教的研究和教育的振兴竭尽全力，从而成为清末佛教界的中心人物。

然而，杨文会在佛教研究、佛典出版、佛教教育等方面的贡献，与南条文雄的协助是分不开的。这是近代中日佛教交流史上最为重要的事情之一。1881年6月30日，他们经日本传教僧人的介绍，并通过在英国的日本外交官的安排，在伦敦相识了，此后30年一直保持着良好的关系。这两位后来分别成为各自国家的近代佛教研究的代表人物，在当时支配整个世界的中心之地伦敦相识是非常有象征意义的。

1878年，杨文会作为清朝的外交官赴伦敦和巴黎勤务，前后达六年之久，欧洲的经历使得他成为最早以世界的眼光来观察和发展中国佛教的中国佛教徒。南条文雄则于1876年6月赴伦敦留学，在掌握了英语之后，于1879年2月，转入牛津大学，在缪勒教授的指导下，学习梵文，于1884年回国。两人从一开始就热心讨论欧洲的梵文佛典研究状况。南条文雄将所学的梵文知识和梵文佛典的研究成果传达给杨文会，并针对古代汉译经典的得失陈述了自己的见解。有深厚佛教信仰的杨文会从南条文雄的介绍中受到了巨大冲击，开始对欧洲的佛教研究抱以极大关心。东亚的近代佛教研究实际上正是从这时开始的。

南条文雄与笠原研寿受东本愿寺派遣，其目的是掌握梵文，将欧洲兴起的佛教研究移植到日本。但笠原研寿不幸途中病逝，南条文雄不得不担起所有的期待。他不负众望，随着他的回国，依据梵文研究佛教原典的方法也带回了日本。在此之前的将近千年的时间里，东亚的佛教研究只依靠汉译和汉文注疏来进行，由他导入的文献学和历史学的研究方法在局限于传统研究的佛教界引起了巨大震荡。

以崭新的知识和方法登上历史舞台的南条文雄，在回国后的几年中，接二连三地发表了系列充满近代学术气息的研究论文，令人耳目一新，强烈地宣传了梵文的有效性和新型佛教研究的意义。获得了一定声誉的南条文雄，于1891年开始将留学生活连载于杂志上，并公开了在伦敦与杨文会交换的书信和笔谈。从而使得我们能了解到他们之间所讨论的问题，以及这些问题是如何影响到后来东亚佛教研究的发展的。

自古以来，从梵文翻译的汉文经典成为东亚佛教的基础和根据，然而，欧洲兴起的梵文原典研究却强烈地吸引了南条文雄和杨文会。他们两人就梵文原典研究的一般状况、梵字的古今异同、声明学、梵文经典、汉译佛典的得失等展开了广泛的讨论，这也是在他们的长期交流中最富有学术性的内容。

18世纪末，清朝乾隆皇帝发布诏书，指出古来汉译中的梵文音译——特别是咒文——不符合印度正音，要求按照西藏佛教所保存的纯正梵文发音全部进行改正，为此编辑了一本梵文、藏文、蒙古文、汉文对照字典，即《同文韵统》。这对中国佛教产生了不小影响。杨文会便随身携带此字典，想尽可能地了解欧洲的研究成果。南条文雄置身于梵文研究的最前沿，又有深厚的汉文教养，对杨文会来说是难得的向导。

南条文雄对杨文会开列的问题单，首先介绍了梵文原典研究的一般状况。当时的欧洲学术进步，其学者恰如当年的鸠摩罗什和玄奘，熟读梵文三藏经典，从事于翻译。印度东北部和尼泊尔发现了大量梵文原典，而南印度和斯里兰卡流行巴利文小乘典籍，与大乘佛典不同，这些在欧洲都已是常识。

其次，就中国佛教设立的"唱诵"科目和清代寺院中盛行的咒文，虽然没有发现相应的原典，但是缪勒的梵文文法书和Monier-Williams的 *Sanskrit-Englishi Dictionary* 可以做参考。而且梵字字形也有变化，古今不同。梵文音韵的重要意义,可以从婆罗门教得到说明。印度的婆罗门教不是以文字来传承,而是以声音来传承其教义,所以若发音不正确则教义全非。佛教深受其影响,自古就重视唱诵,其文字也是从唱诵中记录下来的。由于这样的历史背景,所以印度佛教设有"唱诵"一科,这也是中国佛教"唱诵"科目的由来。

再次,南条文雄把自己所整理的数部大乘梵文原典的进展,做了详细介绍。他指出,梵文经典在传抄过程中,不仅有抄写的错误,而且因地区和方言的问题,使得同一经典有很多不同,这也是汉译佛典中同一经典有不同译本的原因。而且,由于梵文语法与古代汉语完全不同,汉语很难准确表达原意,又因翻译的形式即直译或意译的不同,即便是同一经典,译文也有很大出入。杨文会曾刊刻了六种译本的《金刚般若经》,其中,有隋代译本,明代高僧智旭认为其译文极为拙劣。对此,南条文雄举例说明,这并非是译文错误,而是由于直译的缘故,按照梵文的语序机械地配置译文。在杨文会的要求下,南条文雄将该经的经名直译出来,原题中没有"经"(Sutra)这个字。当杨文会得知"经"字系中国人追加时,受到极大震动。因为此经在中国佛教史上是最受重视的佛经之一,保证其权威性和正统性的"经"字是后人追加的,这一结论对于虔诚的中国佛教徒来说是难以想象的。

最后,对中国佛教徒佛教研究方法进行了批判。杨文会在伦敦时,曾亲手转交了他深受影响的两部中国佛教徒撰写的书。一部是唐代法藏的《起信论疏》,一部是清代彭际清居士的《净土三经起信论》。杨是因读了《起信论》而归信佛教的。所以,他十分关心该书的梵文原典至今还存否。当南条告诉他尚未发现梵文原典时,他十分失望。彭居士的净土信仰也给了杨文会极大影响。南条在阅读了彭的书后,将批判意见寄给了杨。彭的书中,对于《无量寿经》的汉译五种译本做了重新校勘,试图确定一个新的文本。该经是净土信仰的基本的经典,有多种译本。宋代王日休居士曾以是否有益于净土信仰、译文的简洁性和表述的优美性为标准,对古来的四种译本进行删节,制作了新的版本。然而,明代的云栖则不满其肆意变动经文顺序和删除文字,没有采用,将魏译本刊刻流行。彭则在云栖的基础上,以魏译本作为底本,参照各个译本,对经文重新进行删减和增加。南条批评彭一面否定王的做法,一面又重蹈王的错误。译文的是与非必须在得到梵文原本,对各本进行比较考证之后,才可以进行判定。南条指出,这正是他本人以及欧洲学者努力搜求原本的动机所在。所幸的是他在欧洲已经得到了五种梵文原本,正在进行比较研究。

对于上述南条文雄的见解,杨文会深为佩服,认为,他不仅清楚地解释了众多历史上的疑难问题,而且,其所从事的工作也是中国数百年来无人能够做到的,杨文会高度赞扬了他的研究的独到性,并希望将他的研究成果在中国出版,介绍给中国的读者,而且,还表示将派遣中国青年到欧洲学习梵文。因为,他们相信梵文原典的研究可以恢复佛教的原貌。

从南条文雄的思考中,不难发现近代学术的方法论。这就是,在广泛地收集文献的基础上,驾驭语言知识,进行比较实证的研究,以及重视历史的考察。这也是继承了他的老师缪勒的主张。缪勒曾不断告诫南条文雄要历史地研究佛教,指出比较宗教学研究的重要性。换言之,不论是梵文佛典还是汉译佛典,乃至佛教教义,都有其形成发展的过程,而揭示这一历史过程便是历史研究的主要工作。这两种研究方法——文献学和历史学的方法——在南条文雄的佛教研究中得到了忠实地贯彻,在杨文会的著作和教育实践中也部分地得到了反映,并逐步为东亚佛教研究者所接受,使得东亚佛教研究发生了根本性的变化。后来,有中国佛教徒批评这种方法虽然使得佛教研究学术化,但是削弱了对修行实践和信仰的热情。这从反面说明了欧洲佛教研究方法在东亚佛教界深入渗透的事实。

找寻释迦原典，不仅反映了回归释迦这一潮流，而且也与中日两国佛教各自所面临的问题有关。简而言之，对南条文雄来说，索求梵文原典，为本宗派（净土真宗）在教义上的正统性提供根据，这是他的重要目的之一。与此同时，吸收西方的梵文经典研究的成果，跟进西方的学术进展，借此提高日本的佛教研究水准，也是为其宗派乃至整个日本佛教赢得尊重和社会地位的重要途径。在当时的日本，举国上下热衷于学习西方，对因明治初年"废佛毁释"的打击而失落的佛教而言，佛教研究的西方化（或国际化），无疑是挽回其颓势的难得机遇。而与此相对照，中国的佛教徒关心的不仅是释迦原典的出现可以印证其信仰的正确性，更重要的是借此回应来自儒家的批判，证明汉译经典的历史性和真实性。与此同时，将在西方发现的三百余种梵文经典纳入到新编的大藏经中，以此作为重新恢复大藏经编纂的传统，重新确立大藏经的正统地位的契机。因此，从中日佛教徒对释迦原典的不同态度上，可以看出佛教的本土化问题和地方性特征。也就是说，由于中日佛教的各自传统和现状，在面对同一释迦原典时，出现了不同的动机和立场。但是，不可忽视的是，释迦原典固然出自释迦的故乡，但却由欧洲的语言呈现了出来。中日两国的佛教徒从此不得不认真面对佛教国度之外的对佛教原典的解释。这无疑导致了东亚的佛教研究的根本变化，而伴随这一变化的随后的时代，对东亚而言，借用洛佩兹教授的话来说，不仅是单纯的补救的时代，也是丧失的时代[①]。

[①] Donald Lopez, "Burnouf and the Birth of Buddhist Studies", *The Eastern Buddhist*, vol. 43, nos. 1&2, p. 34. 笔者就此问题，在日文版《釈迦への回帰－近代日中における釈迦原典探索の始まり》（《インド哲学仏教学研究》，东京大学文学部インド哲学仏教学研究室2015年版）中，进一步探讨了东方主义与近代佛教研究的课题，可资参照。

二、近代经史之学与佛典研究：
　　一种思想史的解读

晚清以来中国经史之学的兴衰与佛学的复兴之间存在密切的关联。有清一代，学术出现了回归原典的运动，被学者们称为"经学复盛时代"。① 清代经学经由汉宋兼融，一变为汉学独尊，说经"皆主实证，不空谈义理"，再变而为今文经学，主以经世致用。② 而今文经学的复兴，连带而引发了佛学研究上的兴味，特别是对佛典的研究，就依附在儒家经学的复兴运动中成为思想界之一伏流。晚清以来类型各异的佛教学术运动背后，都不难发现其与经学之间的密切互动，此为近代学术思想史及佛学史研究者不可不注意的问题。

嘉道时期，龚自珍、魏源等今文经学家"多兼治佛学"，而以"微言大义"来加以诠解。③ 晚清不少学人发现，经典仍然是中国思想价值的核心，他们从西方文艺复兴的历史经验中领悟到，现代性是可以从古典复兴开始的。从戊戌变法到辛亥革命，康有为、梁启超、谭嗣同等今文经学者贯经术政事于一，并借用佛教经术来饰论政治，"应用佛

---

① 有关清代经学兴起及其与理学、考据学等复杂关系，参见余英时：《清代学术思想史重要观念通释》，《中国思想传统的现代诠释》，江苏人民出版社 1995 年版，第 197—227 页。
② 皮锡瑞：《经学历史》，中华书局 1989 年版，第 341 页。
③ 梁启超：《清代学术概论》，上海古籍出版社 1998 年版，第 99 页。

教"于焉而成为思想界的一种潮流。① 即使具有古文经学倾向的学人，如章太炎也不免受此流风影响，对佛典的研治并不倾向于在考证方面做拓展，而试图以此去建立起道德的"真界"。②

到了民国，佛学之风转为精研学理，佛学经典之研究益趋丰富，汉学的方式曾一度流行于佛典的研究上。与传统治经不同的是，这一时期的佛典研究不再是简单地回复到传统经学的形式当中，而是融合了近代新知。如传统汉学的治经重于文字训诂，而近代佛学治经则把西方佛典研究中之比较语言学的方法运用于治经学中；同时经史学关系的重大改变，也迫使佛典研究中的史学意识不断增强，论经不尚空疏，亦不局限于义理。学人们开始广刻唐人章疏，勤勘经典，异文研求，论辩义理，使佛学不断转趋翔实精纯。正如有人所说："宋元以降，纯佛学上研讨之风，未有如此时之盛者。"③ 佛教经学的研究此时也呈现出复杂而深刻的变化，新的佛教经史学典范逐渐而成。

（一）从儒门经学到佛典研治

1. 从今文经学到"应用佛教"

晚清佛教经典学研究之风的兴起，可以上溯到今文经学出身的龚自珍与魏源。龚自珍有感于自晚唐以来"昧禅之行"、"冒禅之名"的狂禅流行而导致的毁经伤教，主张提振佛教经学来加以对治。他批判狂禅不习经典、"孤祖提印"等作风，并依照天台"依经贴释，理富义顺"的释经原则，在佛学的风气上提出了"以佛知见为归，以经论为

---

① "应用佛教"一词乃出于梁启超评谭嗣同之佛学倾向，见其文《论佛教与群治之关系》，载石峻、楼宇烈等编：《中国佛教思想资料选编》第三卷第四册，第53页。
② 章太炎：《建立宗教论》，《章太炎全集》四，上海人民出版社1985年版，第403—418页。
③ 《太虚大师行略》，《太虚大师纪念集》，汉藏教理院1947年版，第5页。

导"的宗旨。①

治经的方面，龚自珍仍然是以今文经学家好"别树一帜以与之抗"的怀疑论方式②，对汉译佛经展开了颇有批判性质的讨论。有趣的是，龚自珍不谙佛典语文，又无校勘比照，却写了系列"正译"文章，就《法华经》《弥陀经》《大般若经》及密教经等的汉译问题加以批判指正。③ 如他对罗什所译《法华经》经文中的真伪、次序及经疏相混等现象，都进行了批判与删除。④ 实际上，龚自珍对译经或经义的批判勘定，并非像汉学治经所要求的那类，在经典语言与文本考订上下功夫，而更多是以他个人对经义的理解，特别是以天台教义为根本来展开的。

传统佛教经学中，除法相唯识一门，天台宗可以说是论理最为精密的一系。唯识一系久淹不传，晚明虽有复兴之意，却因经典散佚而不见起色，而中国化的经教观念很多还是受到天台观念的影响。晚清以来，最初恢复经学以对抗禅门，在治经的态度与方法上面，大都还是以延续天台的法流为主。

龚自珍特别推崇天台一系在经学方面的成绩，并希望借此理念来整理古德经论。⑤ 在对中国佛教诸宗派的论述上，龚自珍就刻意要提升天台宗教法的地位，以与禅宗相抗。如他多次提到，只有天台宗一家嫡传龙树正义，而可以开佛知见。⑥ 又说："天台观门，震旦雷行，不谈此观，知大指可以标月，而不知余指也"，"自达摩至慧能，有出于吾天台宗之外者欤？"⑦ 值得注意的是，不仅在教相上，龚自珍唯尊天

---

① 龚自珍：《支那古德遗书序》，《龚自珍全集》，上海人民出版社 1975 年版，第 384 页。
② 梁启超：《论中国学术思想变迁之大势》，《饮冰室合集》第 1 册，中华书局 1989 年版，第 98 页。
③ 参见龚自珍"正译"第一到第七诸文，《龚自珍全集》，第 357—363 页。
④ 《妙法莲华经四十二问》，《龚自珍全集》，第 363—371 页。
⑤ 《支那古德遗书序》，《龚自珍全集》，第 384 页。
⑥ 龚自珍说"天台龙树，龙树天台，大事出现，佛知见开"。（参见《双非双亦门颂》，《龚自珍全集》，第 398 页）
⑦ 《龚自珍全集》，第 404—405、407 页。

台,即使对于定学一门,他也多次表示自己是以天台止观为依归,而"疾证法华三昧"的。①在《最录禅波罗蜜门》一文中,他指出"欲知观心三千具,观心即假即空即中,有《摩诃止观》百轨则在"②。在龚自珍看来,天台宗教法不仅内涵佛教一切要义,对外还可以笼罩儒家心性之学。为此,他提出天台性具之义即是"天台之言性具也,儒家言性者十数宗,内典有贤首宗,莫能尚矣,莫能外矣"③。

魏源在佛教经学方面则致力编辑净土类经典,并以经叙形式来论究诸经之源流本末,不过,在思想方面,他也是倾向于会通天台教义来做阐解的。如在"观无量寿佛经叙"一文即表示要以"天台三观三谛释一切经"④。可以说,嘉道时期今文经学家对佛经的论议,大都表示了与天台法流合一的倾向。

龚自珍援引佛典的做法直接启发了晚清经学运动中的佛学意识。关于此,梁启超说得很清楚:"自龚定庵好言佛,而近今学界代表之数君子,大率与定庵有渊源,故亦皆治佛学。如南海、状飞及钱塘夏穗卿(曾佑)其人也,虽由其根器深厚,或其所证过于定庵,要之定庵为其导师。"⑤

今文经学家对于治经的兴趣,开始并不在佛典文本与经义的阐释方面,而是以佛学论议时弊。康、梁、谭等维新学人试图以今文经"微言大义"的方式来解读佛经,他们以"救世之心切"而"以图变法救国"为理想⑥,并转从佛教经论的思想中去寻找资源。他们常以佛教

---

① 《诵得生净土陀罗尼记数簿书后》,《龚自珍全集》,第391页。
② 《龚自珍全集》,第403页。
③ 《最录天台传佛心印记》,《龚自珍全集》,第407—408页。
④ 魏源:《〈观无量寿佛经〉叙》,《魏源全集》第20册,岳麓书社2004年版,第334页。此外,魏源还为《无量寿经》《阿弥陀经》《普贤行愿品》等净土经作了经叙,均见《魏源全集》第20册。
⑤ 梁启超:《论中国学术思想变迁之大势》,《饮冰室合集》第1册,第103页。
⑥ 关于康、梁、谭诸辈以佛学去做救世论述,参见孙宝瑄:《忘山庐日记》,上海古籍出版社1983年版,第392页。

论革命道德，而与佛教经史之学则未遑深论。如谭嗣同主要以"华严之菩萨行"与"相宗之唯识"教义，去参悟"即仁即智即勇"和"思救众生"的志业。梁启超就说谭"闻华严性海之说"而悟"舍救人外，更无他事之理"；又评其"闻相宗识浪之说"而悟"任事之勇猛"。①

实际上，晚清思想界以佛理论议时政的作风并非限于今文学家一流，而是当时知识界一大时尚。如章太炎在经学上虽然是古文经学的家风，而最初于佛学，也还是做"经世致用"的引申，从中去"寻求政术"，这种政治解经学就类似于今文经学家的手法。②明显的例子如章氏也提倡华严、法相两教，指出此两教门"在道德上最为有益"，易于激发出"勇猛无畏，众志成城"的革命道德③，而主张以"法相之理，华严之行"来"治恶见而清污俗"。④

2. 梁、章与佛教经学

进入民国，经学家则不喜轻言佛法议政，而由"应用佛教"之立场转向对佛教经史的研讨。经学家们各自立场不同，而对于佛教经教的研究也呈现出不同的特色。我们仅以今文经学出身的梁启超和古文经学出身的章太炎为例来略做说明。

梁启超对佛学的研究大致可以分为前后两期，他早年治佛"抱启蒙期致用的观念"，试图从佛教经典中"借经术以文饰其政论"。如他以佛教论"群治之关系"便是显例。20世纪20年代梁启超从欧洲游历回国之后，他对佛学的兴趣转到学术史的方面，曾经计划编撰一部佛教史，试图以新史学的方式来整理佛教思想。

---

① 均见梁启超：《谭嗣同传》，《饮冰室合集》第6册，第109、110页。
② 章太炎：《菿汉微言》，《菿汉三言》，辽宁教育出版社2000年版，第60页。
③ 参考章太炎：《东京留学生欢迎会演说录》，《革古鼎兴的哲理——章炳麟文选》，上海远东出版社1996年版，第144页。
④ 章太炎：《人无我论》，《章太炎全集》四，上海人民出版社1985年版，第429页。

关于佛学的研究，梁启超曾说"欲昌明佛法者，其第一步当自历史的研究始"①。这表面上看好像梁启超要以史代经，取消传统佛教经学上的意义。实际上，梁氏治佛正如他自己所说"颇失为经学而治经学之本意"②。这并不是说他对佛学的研究不再触碰经学，而意在融纳新知，以区别于传统的治经方式，特别是想要摆脱传统佛学中那种把经学凌驾于史学之上，唯经独尊的倾向。可以说，梁启超的教史研究大都结合到了佛教经学的开展，包含了"研究佛经成立之历史"③。尤其是受到日本学界的影响，他重视把佛史研究推进到对印度初期佛教史的探源，而密切联系到原始和部派佛教经典的研究上面。他所著《说四阿含》、《说"六足"、"发智"》(此为说一切有部论典)、《说大毗婆沙》等，即是属于此类的论述。《读修行道地经》和《那先比丘经书》则在形式上以传统经叙的方式，来考辨其思想与源流。④另外，涉及中国佛教史的方面，梁氏特别注意对译经及经录的研究，发表了如《翻译文学与佛典》《佛典之翻译》及《佛教经录在中国目录学之位置》等文章，而他著名的《大乘起信论考证》一书，更是应用近代日本佛学界相关学术成果，来讨论这部在中国佛教思想史传统中意义极为重要的论典。梁氏有关佛教经学的讨论，方法上是以近代史学为主导的，正如他谈到《起信论》的研究方法时所说"吾侪以史家之眼"，"分别部居，溯源竟流"。⑤对于经教思想哲学的论议则较少，偶尔在经史论中做"大义"的阐明。明显的例子就是他对《大毗婆沙》的研究，即尝试以这部具有"绝对的主知主义"思想倾向的论典，去会通欧洲近

---

① 梁启超：《〈大乘起信论考证〉序》，《饮冰室佛学论集》，第368页。
② 梁启超：《清代学术概论》，第6页。
③ 梁启超：《说四阿含》，《饮冰室佛学论集》，第260页。
④ 梁启超受到日本近代佛学研究影响而治印度初期佛教史，关于此可以参考森纪子：《梁启超的佛学与日本》，载狭间直树编：《梁启超·明治日本·西方》，社会科学文献出版社2001年版，第184—217页。
⑤ 梁启超：《〈大乘起信论考证〉序》，《饮冰室佛学论集》，第366、368页。

代之心理学。①

有趣的是,"少时治经,谨守朴学"的章太炎,在佛教经学研究的重点却并不在经史的考证上。他的佛教经学研究除了像《大乘佛教缘起考》、《〈大乘起信论〉辨》等少数几篇论文是出于汉学方法外,其他大量佛学论文与其说是史学的,不如说是哲学的。他治经也是"想把考证学引到新方向"②。他说过这样的话:"佛法只与哲学家为同聚,不与宗教家为同聚",故而研究佛学必须"发明一种最高的哲理出来"。③这表明他治佛经一面"专崇古文"而实际又不屑"与笺疏琐碎者"为同流,更重于大义玄理的阐发。④在佛教解经方面,章氏并没有完整系统的注疏之作,《菿汉微言》中有若干条是就佛教经论思想所发的议论。如对《起信论》中无始无明的问题,《观所缘缘论》中的境识关系问题等,这些问题的性质与疏释也多是哲学阐发一类的,我们在此就不做细论了。⑤

章太炎在对佛教经典的理解方面有一点可略加提点,即他特别感愤于把经解"尽以委于禅"的做法,而倾向于理性主义的解经观。所以他解经虽然重义解与理证,却不是传统一类的玄论,他认为佛理是要在情量范围,即经验与理性内来做出阐明。他这样说"吾辈说佛学,与沙门异撰。……竞重科学,言必征实,徒陈奢大,未足厌望。是故被机起信,莫如《大乘起信》、《楞伽》、《深密》及相宗诸论","佛典如《楞伽》、《密严》、《解深密》诸经,《大乘起信》、《瑜伽师地》、《摄大乘》、《辩中边》诸论,言虽高妙而切理厌心,契当不易,未尝超出情量以外,此所谓通解妙达之论也"。⑥这一倾向大抵表示了章太炎

---

① 梁启超:《说大毗婆沙》,《饮冰室佛学论集》,第292、293页。
② 梁启超:《中国近三百年学术史》,《饮冰室合集》第10册,第30页。
③ 章太炎:《论佛法与宗教、哲学及现实之关系》,载《中国哲学》第六辑,第300页。
④ 章太炎:《菿汉微言》,《菿汉三言》,第60页。
⑤ 章太炎:《菿汉微言》,《菿汉三言》,第3、7页。
⑥ 章太炎:《菿汉微言》,《菿汉三言》,第11、40页。

受西方近代启蒙哲学的影响，而力图把传统经解中的玄论引向到近代理性主义的架构之中。

3. 法尊台、贤而法相

近代佛教思想史有一值得注意的现象，即经学家虽好言佛，而所缘之教理则经历了由宗主天台而华严，最后转入法相之嬗变。与龚、魏等今文经学者会通天台的意趣不同，晚清经学的儒佛会通，更倾向于华严、法相的融合。如康有为在佛学思想方面就"以华严宗为归宿"。① 作为晚清近代中国佛学启蒙意义的人物杨文会则"教在贤首"，以华严为归。杨文会对于传统义学之天台宗虽略有微词，对于华严宗却是忠实的信徒。他的疏经在教义的判释上贯穿了以华严为宗旨，来释论一切经义的倾向。如他对《坛经》自心净土论的解读就以华严理事关系来加以论究。② 在中国佛教义学传统中，自古以来台、贤两家就经常在释经上互争高下。特别可圈可点的是，杨文会的释经表示了以华严为宗而有意识地反天台的教相。他在《阐教编》中就明确指出"台教一派，尚能讲经，惟泥于名相，亦非古法"。③ 更有意思的是，他对天台宗《法华经》的诠解，也有意地表示了华严的观念，而以理事法界来说"释迦"、"多宝"之义。④

杨文会之学"大而化之以华严，会通之以唯识"⑤，可以说一面教宗贤首，对于法相一门却也是相当重视的。⑥ 他以为近代解经"不宜笼统和会"，因而主张只有融会法相唯识之学，才能够一洗传统经解之颠顶

---

① 梁启超：《南海康先生传》，《饮冰室合集》第1册，第70页。
② 《坛经略释》，《杨仁山全集》，第186页。
③ 《杨仁山全集》，第522页。
④ 《读〈法华经〉妙音品》，《杨仁山全集》，第477页。
⑤ 张尔田：《杨仁山居士别传》，《杨仁山全集》，第574页。
⑥ 梁启超就说杨文会是"深通法相、华严两宗，而以净土教学者"。（梁启超：《清代学术概论》，第99页）

笼统之风。① 如他论《法华经》授记成佛义的解释，就指出要以《密严经》《深密经》等和《瑜伽论》《唯识论》等去"证《法华》深义"。②杨文会对于法相的重视，影响到近代佛教经学，特别是他嘱具有法相学倾向的欧阳竟无来负责经论的勘写研究，而使得法相学在近代被推到一个未曾有的高度。到了欧阳竟无时代，则别有意味地把中国佛教传统中教下三门（台、贤、法相）的台、贤两宗做了新的料简，以为"自天台、贤首等宗兴盛而后，佛法之光愈晦"③，并指斥此二宗立说"更无足恃"④。欧阳竟无在佛教义学上，是以恢复法相一宗为根本的。他在阐述内学院研究宗旨时，就提出"以精研法相者"作为学术方面的传承⑤，20世纪20年代初，他甚至以"法相大学"为名义来组建他的佛教学院。

此外如章太炎虽然曾以华严、法相并举，而其在思想理论方面就是"以法相为其根核"而"专修慈氏世亲之书"，以"达大乘深趣"。⑥他不仅重视唯识法相一系的经论传统，还特别要以此为依据，去会通一切经义。他自称"一字千金"的《齐物论释》，即是在"多与法相相涉"的方式下来加以论究的。⑦

近代法相学之兴除了杨文会从日本取回散佚的法相经典外，还有思想上的原因，即法相学乃是因应了时代学术之变迁。桂伯华就说

---

① 杨文会发现法相一门"以五位百法，摄一切教门。立三支比量，摧邪显正，……自不至颟顸佛性，儱侗真如，为法门之大幸矣"。因此他试图以法相学的精究名相来一洗传统释经的笼统之气。他指出因明、唯识二部"为学佛之楷模，不至于颟顸笼统，走入外道而不自觉，实振兴佛法之要门"。（分别参见《十宗略说》《与桂伯华书二》，《杨仁山全集》，第452页）

② 《与释幻人书二》，《杨仁山全集》，第152—153、427页。

③ 《唯识抉择谈》，《欧阳竟无佛学文选》，第37页。

④ 《法相大学特科开学讲演》，《欧阳竟无佛学文选》，第27页。

⑤ 《支那内学院研究会开会辞》，《欧阳竟无佛学文选》，第24页。

⑥ 分别参见章太炎：《答铁铮》，《章太炎全集》四，第369页；《菿汉微言》，《菿汉三言》，第60页。

⑦ 章太炎：《自述学术次第》，载石峻、楼宇烈等编：《中国佛教思想资料选编》第三卷第四册，第266页。

"今世科学论理日益昌明,华严天台将恐听者藐藐,非法相不能引导矣"。章太炎也明确表示,治法相乃"应机说法,于今尤适"。[1] 这种理性主义的风气,使得近代学人认为,传统牧歌式的义学传统有颠顶笼统之弊,唯有精研名相的法相一门不仅被视为最合乎时代潮流的一种学说,而且被塑造成佛学西来的"正统"。章太炎有一段很少为学界所注意的论述,明确地表达了这一意趣:

> 若夫词章之士,多喜浮华,如曩日龚定庵辈,宗法天台,无过爱其词藻,于思想则不能如法相之精深,于行事则不能如禅宗之直截,……然欲研寻其理,则法相自为西来之正宗,必不得已,犹有般若,无取天台之杂揉涅槃、般若为也。[2]

近代中国佛教经学由天台而法相的转变,可以看成是近代中国佛教经史之学中一种意味深长的思想史事件,值得我们去作更深入的探究。

(二)以史化经:民国新史学脉络下的佛教经学

传统佛教经学具有重经轻史的倾向,以传统中国佛教经学最有代表性的天台宗释经为例,智者大师经解方法中的"五重玄义"(释名、显体、明宗、论用、判教相)是一套细密的解经方法,已形成比较成熟和完整的释经系统。其中对于经典之诠释,重在义学与宗派判释,而并没有突显历史的意识。如天台的"四文消义"(因缘、约教、本

---

[1] 均见章太炎:《自述学术次第》,载石峻、楼宇烈等编:《中国佛教思想资料选编》第三卷第四册,第266页。唯识之兴于近代是另外一个议题,这里不做深论。可参见 John Makeham, ed., *Transforming Consciousness: Yogacara Thought in Modern China*, Oxford University Press, 2014; Holmes Welch, *The Buddhist Revival in China*, p.113。

[2] 章太炎:《答铁铮》,《章太炎全集》四,第370页。

迹、观心），即强调从经教的宗教性与经验性方面来进行经典释义，特别是"消义"之观心释，把解经与禅观实践融为一体，表示了解经与超历史时空的自心体验融合，完全化解了经解中历史的内涵。

近代中国学术史一项重要的"典范转移"即是经史易位，传统独尊的经学逐渐为史学，特别是来自西方观念下的新史学所渗透和宰制。[①]这一流风所及，对近代中国佛教知识的观念产生了明显的影响，出现了一批教史之作。[②]问题是，近代的史学之盛并没有完全动摇到经学在佛教学中的地位，经学仍然成为民国时期佛教学研究的主眼之一。虽然民国佛学在治经的方法和手段方面已有别于传统经学，而有了新史学的意识，特别是在治经的手法方面更多地照顾到经典文本的语言、文献及历史流变等诸多方面。但应该说，史学并没有成为民国佛教学研究中的一宗独大。本节并不在阐析近代佛教史学的成就，而主要把佛教史学中有关佛典学的研究呈现出来，并略加分析。

以胡适、陈寅恪、汤用彤、陈垣等为代表的佛学研究类型，可以说是这一时期最有代表性的史学著述。尽管这些以史学为重的佛教史学者之间并没有形成统一的研究纲领，而且在学术背景、动机与方式上也不雷同，但几乎都在"六经皆史"这一观念下来开展佛学史的批判研究。他们对经教的研究重心有所不同，但其倾向都是以近代史学为典范，而表现出尊史抑经或以史化经的倾向，佛典在传统经学中的独尊已被拆解，而被视为思想史与社会史中的材料而已。[③]如果说以内学院与武昌佛学院为代表的佛教经史学研究仍恪守经史间存在的界

---

① 关于此，参见罗志田：《清季民初经学的边缘化与史学的走向中心》，《权势转移——近代中国的思想、社会与学术》，湖北人民出版社1999年版，第302—341页。

② 参见拙作《民国时期佛学通史的书写》，《世界宗教研究》2013年第6期，第1—8页。

③ 胡适、顾颉刚等于二十世纪初所掀起的"整理国故"运动，一面重视对传统经典的研究，而同时提出要以"历史进化观"、"用科学的方法"去寻出其学术思想发生与变化，其目的就是要把经典还原为史料，取消其"神圣经典"的性质，而看作是"社会史的材料""文化史的材料"等。参见胡适：《新思潮的意义》，《胡适文存》第一集，黄山书社1996年版，第527—534页。

限，治经断不可驳经，那么佛教史学家们则意在取消经史间的这种高下之分。在他们看来，经典的集成也因循了历史的流变，佛经也不一定是载道之文，苟有所失，亦无妨箴而砭之。这实际上是消解了佛典在经学研究中所拥有的那种特权。从方法上说，史学家们把经学研究的"训诂明而后义理明"这一典范引向佛史领域，全面推行"考而后信"的原则，完成经学向史学的转变。

梁启超是近代新史学的开创者之一，他也是较早把新史学的方法应用于佛学研究的代表。民国之后，他有关佛学主要的讨论大都是在"新史学"架构下来进行的，涉及佛教经学方面，也都以历史考证为中心。胡、陈、汤等的佛教学重心在教史方面，他们也略为涉及佛教经藏的处理，而大抵以文本语言与考据为主，并未能深入经义。如胡适对于中国思想经典之治学途径一开始"即走向了考据的方向"①。他对中国佛教史的研究重心也同样是在文本与史料的考订与阐明，而于佛教经学的处理也大都是如此。像其著《〈四十二章经〉考》《〈坛经〉考》等，都是重于经史而疏于经义的诠解。②

作为民国最博学的史家陈寅恪就表示过自己学术的重心在史学而不在经学，他之所以认为清学不如宋学，就在于清代学术重点在经不在史，没有宋代史学的风范。陈寅恪早年治学就特别重视史学与佛教，他在1923年发表的《与妹书》中，就明确地表示自己对于学问的方向：

> 我所注意者有二：一历史（唐史西夏），西藏及吐蕃，藏文之关系不待言。一佛教，大乘经典，印度极少，新疆出土者亦零碎。

---

① 余英时：《中国近代思想史上的胡适》，台北联经出版社1984年版，第37页。
② 另外，胡适对于佛教经典的讨论，如关于《楞严经》《圆觉经》《阎罗王受记经》《四愿经》《六度集经》等论述，都是考据的小文。（参见姜义华主编：《胡适学术文集·中国佛学史》，中华书局1997年版）

及小乘律之类，与佛教史有关者多。①

可见，陈寅恪对佛教的重视是联系到经典学的方面。据学者研究，陈寅恪早年居南京，因为受到内学院的影响而泛涉佛典，后游学国外而深受欧洲近代宗教史研究中比较语言学方法的影响，于是更进而为译本佛经之研究。②他发现"西洋语言科学之法"的成效要较乾嘉朴学的小学训诂"更上一层"。③陈寅恪治佛教经典，倾向于以比较语言学的方式去批判传统义学之误读经义。其中最有名的例子如他在《大乘义章书后》一文中，就通过对梵文"悉昙"的语义学分析，批判了天台《法华玄义》中对此概念的错解。④

不过，从他所发表的多篇关于佛经研究的论文来看，陈寅恪对佛教经典的探究走的并不是经学式的由训诂明而义理明，而是试图以文字校勘和考证去阐明佛教历史及其与中国中古社会文化现象之关系。⑤陈寅恪就说他"喜读内典"，而宗趣却在研究历史，他把佛经作为历史资料，就其作者、年代及内容做周密考证，至于佛学中的玄理，他的兴趣则非常淡漠。当年俞大维曾将舍尔巴茨基（Stcherbatsky）有关法称因明学及由藏文所译龙树《回诤论》念给他听，他都不感兴趣。⑥陈寅恪在《论许地山先生宗教史之学》中，也说到自己对于佛教经典的研究并未触及经典的哲学思想：

---

① 陈寅恪：《书信集》，生活·读书·新知三联书店 2001 年版，第 1、2 页。
② 蒋天枢：《陈寅恪先生传》，载《陈寅恪先生编年事辑》附录二，上海古籍出版社 1997 年版，第 220 页。
③ 陈寅恪：《与妹书》，《书信集》，第 1 页。
④ 陈寅恪：《大乘义章书后》，《金明馆丛稿二编》，第 1 页。
⑤ 陈寅恪有关佛经研究相关论文，可以参见《金明馆丛稿二编》。又，关于陈寅恪佛教经学研究与社会文化史关系，参考胡守为《陈寅恪史学论文选集》所写前言，见《陈寅恪史学论文选集》，上海古籍出版社 1992 年版，第 11—17 页。
⑥ 俞大维：《谈陈寅恪先生》，转引自汪荣祖：《陈寅恪评传》，百花洲文艺出版社 1992 年版，第 83 页。

>寅恪昔年略治佛道二家之学……于佛教亦止比较原文与诸译本字句之异同，至其微言大义之所在，则未能言也。①

民国以来有关教史研究，汤用彤的《汉魏两晋南北朝佛教史》可以说是典范之作。他的佛学研究是以史为重，而对教理思想方面则如他自己所说"有志未逮"。②涉及佛教经典之论也多是"考证之学"为主，如其《汉魏两晋南北朝佛教史》第三章考证《四十二章经》就是显例。与胡适、陈寅恪等佛教史学者不同，汤用彤虽然以史学见长，而他曾"寄心于玄远之学"，对于佛典也喜疏寻其思想脉络。他认为一部理想的教史应该是"哲学精微"与"语文史地"相映成趣。③而且，他对佛教经史的探究，也没有像胡、陈一样，多限制在中国史或中国思想史的范围内来加以论述，而是上溯到印度佛教史和印度学的脉络里来开展。实际上，在发表中国佛教史著前，汤用彤也参照了日本及近代西方学界的研究成果，究心于印度初期佛教，而对早期部派佛教经论略做疏释，其《佛教上座部九心轮略释》《〈胜宗十句义论〉解说》《南传〈念安般经〉译解》等文，均是以比较语言学为基础而作的解经学之作。④这些都具有比较鲜明的史家释经的意味。

这些具有新史学倾向的史家，治佛经史大都具有批判史学的意味。他们从怀疑唐宋佛教义学和禅宗开始，并进而受欧洲和日本的影响，由汉文佛经的研究回溯到梵、巴、藏文等佛典的比较，学愈推而愈古。他们试图借此填补与印度佛学的时间距离，获得正解，凡是不取证于经书，不经过严格汉学考证和比较文字学训释的佛学写作，都有可能被视为师心自用。他们把经学中的汉学方法认作"科学的实证

---

① 陈寅恪：《金明馆丛稿二编》，第360页。
② 汤用彤：《汉魏两晋南北朝佛教史·跋》。
③ 汤用彤：《汉魏两晋南北朝佛教史·跋》。
④ 汤用彤：《汤用彤学术论文集》，中华书局1983年版，第82—122页。

法"，借此对佛教古经，包括历史已成定论的大家之言、师门之说，一概采取慎思明辨、重新评估的态度。可以肯定，他们以史治经的方式表示了对于传统佛教经史学的怀疑与批判。

（三）支那内学院与佛教经史

从民国佛教经史学的研究来看，支那内学院与武昌佛学院可以看作最有代表性的两个学术共同体。[①] 可以说，他们虽然都有条件地接受近代学术的法则，而最终还是要保持住经学的优越地位。两院均有各自的学脉传承，从经史学的关系看，大致可以说第一代（欧阳竟无、太虚）比较重经轻史，而到了第二代（以吕澂、印顺为代表）则相对走经史融合[②]、以史论经的道路。本节拟对这两代的佛教经学研究做些较为具体的讨论。

1. 两院经学之异同

对于内院与武院的佛学研究来说，经典之学成为他们的核心，他们无论在研究方法还是结论方面，都参考了近代学术研究，特别是日本近代佛学研究的成果，而又能够自立权衡。他们重视教史，但与新史学派以史化经的立场不同，而着力最深的还是经典文本与经典史的探究。他们也不同于传统佛教经学，他们重视的是在历史的源流探究

[①] 这一点，欧阳竟无也提到民国佛教研究与教育机构中唯有武院与内院能够秉承杨文会以来的学术传统。他在《法相大学特科开学讲演》中说"今兹所存，惟武昌佛学院与本院，实承祇园精舍而来也"。（《欧阳竟无佛学文选》，第64页）太虚也说"唯从民国八年起，我与欧阳渐突起为佛学界的双峰"。（《太虚自传》，《太虚大师全书》第30册，第259页）

[②] 内院第二代研究者除吕澂外，还有王恩洋等有大量关于经典注疏的作品，不过，无论从学术高度还是治经方法方面，都远未达到吕澂的水平，限于篇幅，关于王恩洋佛学研究将另文讨论。武院当然还有史一如等一批学者，他们在佛教经史方面的研究也远没有印顺有成就，暂且不论。

中，去解读经典的思想及展开，以史抉经。在他们看来，圣典教义也是在历史中展开的法流，与历史阐明可以取得一致。如印顺就说"契合于根本大法（法印）的圣教流传，是完全契合的史的发展，而可以考证论究的"①。

这表现在经论的研究上，两院都力图突破传统宗门意识和判教方式，有系统地重新组织和抉择教典教义。判教可以说是中国佛教义学解经的一种惯用的"解释策略"（hermeneutical strategy）。罗佩兹（Donald S. Lopez）就发现，大乘佛教解经通常都在经典原文与自家宗派的哲学思想之间进行复杂的辩证式交互诠释，以经典解释作为对自宗思想合法性的支持。②内院与武院对于佛教经论疏解虽各有倚重，但倾向上都尽量不拘一宗一派，而对法义做出整体性的判释。大致而言，内院以恢复印度佛教，特别是那烂陀寺的佛学教育为理想，在佛教经论的研究范围上，努力包含小大、空有、显密诸宗，"以期成一整体之佛教"③。关于大乘经教方面，内院与武院都革新传统经教的判教体系而别抒新意，不过，内院与武院在佛教圣典的组织结构或判释方面表现出明显不同。内院坚持印度大乘只有般若、瑜伽两系，并不承认如来藏思想为独立一系，因而其判论经典，都会归到此两系中来进行疏解。武院则坚持以大乘三系来组织大乘经典，太虚分为法性空慧、法相唯识与法界圆觉三系，印顺则分为性空唯名、虚妄唯识和真常唯心三系。这样，他们就分别从不同佛学构架来组织经典体系及论疏。

近代史学对于内院与武院经学研究的影响之一，表现在古史探源的意识左右着他们对于印度佛教，特别是原始部派佛教圣典研究的热

---

① 《游心法海六十年》，《华雨集》（五），《印顺法师佛学著作全集》第 12 卷，第 33 页。
② Donald S. Lopez, "On the Interpretation of the Mahayana Sutras", in Donald S. Lopez, ed., *Buddhist Hermeneutics*, Honolulu: University of Hawaii Press, 1988, pp. 51, 52.
③ 《谈内学研究》，《欧阳竟无佛学文选》，第 33 页。

情。两院都批判了传统以来中国佛教经学重大（乘）轻小（乘）的倾向，意识到印度佛教经史的重要性，认为只有先明小乘部派之学，才能够历史地理解大乘法义，于是特别提倡对于原始及部派佛教圣典的研究。欧阳竟无就说"佛灭度后，二十部小乘兴诤。此皆切实可资研究。今人对于大乘立义，每有望尘莫及之叹，而小乘思想接近，亦可藉以引导也"①。吕澂的佛教学研究与教学，基本就是在这一大纲下做细密的经学抉择的。他所治的经论中，就有专门关于《阿含经》及部派教典的。吕澂认为，对于佛教经典要获得正解，必须历史主义地推到原始佛教，特别是《阿含经》传统之中。他还指出，中国化的佛教义学一向重大乘而轻视小乘，就是不尊重历史，而对法义也易产生错误的理解。如他作《杂阿含经刊定记》，就认为《阿含经》"实乃三乘共教"，是一切大小乘佛教所共同依循的法义，因而也成为理解一切佛法经义的基础和根本所在。②

武院一系的情况有点不同，太虚在宗系上虽然不是某一宗派的徒裔，而于印度佛教与中国佛教的关系方面，却是明显有偏重的。对于近代史学影响而导致学界重印轻中的倾向，他表示了不同的意见。③他仍然以中国佛教传统为宗主，而对经论的判释也大都在中国佛教义学的基础上来做开展。印顺则不同于太虚，他坚持从印度佛教法流中去抉发经教的真趣。印顺重视印度教史，他对有关圣典形成流变的历史考察，再到他有关经论的各类注疏与专论，都鲜明地表明了他佛学研究的倾向性。他说自己"尊重中国佛教，而更重于印度佛教"。他也

---

① 《今日之佛法研究》，《欧阳竟无佛学文选》，第30页。
② 参见吕澂：《杂阿含经刊定记》，《吕澂佛学论著选集》（一）。
③ 如太虚就批评印顺以原始佛教经典为依归，乃是"以声闻为本"，而不是"以佛陀为本"。有关太虚与印顺关于此问题的论辩，参见太虚为《印度之佛教》写的评论，及印顺的回复《敬答〈议印度佛教史〉》（1943年），其中印顺说他与太虚格量佛教之不同在于"其取舍之标准，不以传于中国者为是，不以盛行中国之真常论为是，而着眼于释尊之特见景行，此其所以异乎"。（《无诤之辩》，第122—123页）

批评过去学界重大轻小的倾向，主张初期圣典才是大乘佛教思想的法源。① 这一点上，印顺与内学院立场较为接近，表现了民国佛教史学研究的一种探源性观念。② 于是，在佛教治经方面，他特别重视对《阿含经》及原始部派圣典进行经史学的探究。当然在研究方式上，内院专精而严密，更具论师的风格，并且能够广泛应用近代比较语言学的方法来勘定经典文本；而武院则重博洽，倾向于通过历史的演化去理解经论的思想，在手段上只能充分利用汉译典籍来做比勘研究。③

2. 从启蒙到内学

近代意义上中国佛学经史的研究都离不开杨文会。因此讨论两院佛教经典学研究，首先要对杨文会的佛教经史学观念略做了解。作为近代佛教启蒙的重要人物，杨文会有感于晚清佛教的凋敝在于经学衰微，而大力倡导佛学经典研究之风。他特别批评当时禅门"目不识丁，辄自比于六祖"的作风是滥附禅宗，妄谈般若。④ 因而，他主张设立佛学研究会，开办释氏学堂，要求学佛者一概丢开从前学禅见解，"俟经论通晓后"才能"处处有着落"。⑤

杨文会在佛学经典阐释方面也提出了一些新的观念。他强调经教研究在佛法修学中的重要性，重视"文字般若""三藏教典"的作用，以为借此才可以"得开正见，不至于认贼为子"。⑥ 在佛典研究方面，

---

① 印顺：《说一切有部为主的论书与论师之研究》，台北正闻出版社1992年版，"序"第7页。
② 印顺：《说一切有部为主的论书与论师之研究》，"序"第4页。蓝吉富教授也指出，印顺对教史的研究是"直接从原始佛家经论之《阿含》、《毗昙》及印度空、有、真常三系经论去探求释迦本义，而不象旧式佛学者之但守中国古代高僧大德之注疏"。（蓝吉富：《印顺法师简介》，载印顺编：《法海微波》，台北正闻出版社2005年版，第326页）
③ 印顺就说他治学博而不精，重于考证和历史演化去了解佛法，参见其著《游心法海六十年》，《华雨集》（五），《印顺法师佛学著作全集》第12卷，第34页。
④ 《释氏学堂内班课程刍议》，《杨仁山全集》，第334页。
⑤ 《答释高质疑十八问》，《杨仁山全集》，第412页。
⑥ 《般若波罗蜜多会演说二》，《杨仁山全集》，第340页。

他重视网罗散佚经论，并对古本经论"雠校再三，重加排定"[①]，做细致的文本考订工作。他并没有广泛注疏经论，除了《大宗地玄文本论略注》外，他对佛典的研治主要是通过经论的叙、跋、题词及别记，或是书信等传统书写方式来加以表现的。杨文会治经取径上遵循了汉学一套由训诂而义理的路线，从文本的勘定而直接到经义的阐明，所以夏曾佑就说他"移士夫治经学小学之心"来研治法相一学。[②]

就是说，杨氏仍然是在经学的范围内来治经，而并没有触及史学的方面。他甚至批判西方近代史学对印度初期佛教史的考证方法是"但求形迹"而已。[③] 如他指出，西方近代学术在考究佛陀出生年代等问题上计较真妄，而导致"多种不同，莫衷一是"的争论，认为这类没有结论的佛教史学探究"亦不能得其真，但如烟云过眼而已"。[④] 不难发现，杨文会治经的经学立场，使他对于新知的接受是有很大的局限的。他把新学的价值仅仅局限在与经典理解密切相关的小学方面，具体说即是西方近代佛教学研究中比较语言学的那种方式。他在给南条的信中曾表示，经教的研究"非深研梵本者不能道"[⑤]。杨文会有关治经的许多原则性观念，实际上都在他的传人欧阳竟无所开创的内院佛学研究中获得了阐扬。

内院更愿意以传统的"内学"一词来称呼佛学。欧阳竟无治学的重点即在经学，"而尤致意捡除伪似，以真是真非所寄自信"。虽然他在佛学的立场与他的老师杨文会有很大的不同，甚至是对立的（如对于《起信论》的态度）。不过，仔细比较他们处置佛教经史学的方式，也可以发现许多一脉相通的地方。如他们都重视经典文本的勘定、比

---

① 《会刊古本〈起信论义记〉缘起》，《杨仁山全集》，第370页。
② 参考夏曾佑与杨文会书，收录在《与夏穗卿书——附来书》，《杨仁山全集》，第447页。
③ 《与夏穗卿书》，《杨仁山全集》，第448页。
④ 《与释遐山书》，《杨仁山全集》，第429页。
⑤ 《与日本南条文雄书》二，《杨仁山全集》，第319页。

较语言的应用、求之于法相学而弥补传统经解的笼统颠顸以及对近代史学的怀疑等。

欧阳竟无的经学是以宗教性为前提的。于是他对经典的研究是重视内在经验的。① 关于这点，欧阳在《与章行严书》中谈到内院研究的目的与"求学之方法"时，有很清楚的阐明：

> 佛法镜智但是现量……假圣言量为比量，多闻熏习，如理作意，以引生他日之无漏。由圣言浑涵中推阐以极其致，详前所略，厘前所杂，或疏失之纠修，或他义之资助，以期思想之大发达。②

研读经文最难通其大意而得其全体。欧阳竟无治经，形式上看主要还是沿袭传统"经叙"的方式，但是细究其有关经义宗旨的阐明及其经论系统的论述方面，实在有不少新的发明，而这是解经方面难度很高也颇见功力的一面。欧阳竟无根据他自己对于印度大乘思想的系统判释，而就他所认定的几部在佛教思想系统中至关重要的大乘经论（如《大般若经》《瑜伽师地论》《大般涅槃经》《维摩诘经》等），皆作了详密的经叙，以阐扬他对大乘思想、思想系统及其释经方法等问题的理解。

表面上看，欧阳竟无拒绝以西方的科学和哲学来讨论佛教，这在他的《佛法非宗教非哲学》中表现得淋漓尽致。不过，在佛学的建立上他并不是一味反对西方现代性的人物。他恰恰非常重视西方近代以来通过比较语言学所建立起的那套佛教学研究典范，并贯彻在他所领导的内院教学和研究当中。经典的思想或经义虽然是治经的旨趣，但是欧阳竟无特别强调要辅以汉学的考辨为基础。在《今日之佛法研究》

---

① 欧阳竟无说："内学所重在亲证也。然学者初无现证，又将如何？此惟有借现证为用之一法，所谓圣教量也。"（《谈内学研究》，《欧阳竟无佛学文选》，第31—32页）

② 参见《欧阳竟无佛学文选》，第335页。

中就提到，内学研究需要对经典文本进行"简别真伪""考订散乱"及"借助梵藏文"来对文本做出勘定。① 他还批评明清以来佛教释经学缺乏汉学的根本而"随情立教"，指斥这类笼统的解经是"随手拾一经一论，顺文消释，就义敷陈"。② 另外，对于佛教经典的体系，欧阳竟无已经形成了他特有的架构，他研治大乘经学的大纲即由《瑜伽》而《般若》而《涅槃》。③ 这可以说是对传统佛教经学教判形式的一种突破。

与传统佛教经学及新史学治经皆有不同，近代史法的以史化经，意在颠覆经典的神圣性，对于经典好做怀疑主义之批判。欧阳特别有意识地针对近代史学的这一风气，而提出内学研究"不可轻易违反旧说"，仍然恪守经学优先的意义。他指出"故于旧说，须抱发明主义，不可抱违反主义"。即是说，对于佛教经论的论究，只能在确保经典至上的条件下"推阐发挥"，而不能够"外于已定之结论"而别为新说。这就是他著名的"结论后之研究"方法。欧阳竟无阐明经学的方式并不需要特别经过史学方式的陶练，因为经是"由无漏智等流而出"，具有超越时空的一面。④

于是，与杨文会一脉相承的是欧阳竟无治经重在小学与义理，而不是史学，欧阳竟无还特别强调了小学（比较语言学）在佛学研究中的基础地位。即是说，欧阳竟无对经典文本探究由语言文本的考订，所指向的并不是史学的问题，而仍然是义理或哲学性的问题。虽然他自称其治学方式是"由文字历史求节节近真，不史不实，不真不至"⑤。

---

① 《今日之佛法研究》，《欧阳竟无佛学文选》，第 30 页。
② 《法相大学特科开学讲演》，《欧阳竟无佛学文选》，第 26 页。
③ 吕澂在《内院佛学五科讲习纲要讲记》中说欧阳竟无治经体系为"初讲《瑜伽》，次究《般若》，后阐《涅槃》"。（参见《吕澂佛学论著选集》[二]，第 585 页）
④ 《支那内学院研究会开会辞》，《欧阳竟无佛学文选》，第 25—26 页。
⑤ 吕澂：《亲教师欧阳先生事略》，载石峻、楼宇烈等编：《中国佛教思想资料选编》第三卷第四册，第 355—356 页。

而实际上，与其说他重视以历史治经，毋宁说他在治经的取径上采用的是传统汉学那类训诂明而义理明的路线，由"文字般若"下手而会通经义。他在叙及自己学术的"晚年定论"时还是坚持对于佛教经论的研治分为两段，即"前考据，后义理"。① 即是说，欧阳在经学的阐明上强调的是由文字而义理，并不是由史而通教义。他这样说治经的为学次第："文字般若能娴，而后观照般若不谬；观照般若既习，而后实相般若相应。故文字之功，斯为至大。"② 又说"一字不真，全体皆似；一语或歧，宗祧易位"。③ 可见文字的判读对于经义的理解是多么的重要。据学者研究，欧阳竟无所设立的"内学院"，其对内学的解读就不是在一般相对于外学的意义上而言，对欧阳竟无来讲，内学表示了形上学或性理学的意味。④ 于是，他对于佛教经典的判释通常不是以史为断，而恰恰是以教理为断的。"今之言学则不然。处处须得真相，即处处须以教理为断。"⑤

3. 吕澂以史论经和经学上的"性寂"观

如果说欧阳竟无确定了内院治经的格局和方向，那么具体而微的学术史论证更多的是到吕澂来完成的。严格说，我们根本无法把欧阳竟无与吕澂分开来论究内院经学的开展。吕澂的佛学研究也是以经学为主轴而又以史为辅论的，他认为"佛教研究之根本典籍，首当推藏经。所余之古人撰述，类皆由是流出派生"⑥。所以其研究成果也大多是围绕着经论方面而展开的。与传统治经，甚至与他的老

---

① 《覆陈伯严书》，《欧阳竟无佛学文选》，第 337 页。
② 《支那内学院院训释》，《欧阳竟无佛学文选》，第 144 页。
③ 《得初刻南藏记》，《欧阳竟无佛学文选》，第 287 页。
④ 维慈即考察了"内学院"之内学的特殊含义。关于此可以参考 Holmes Welch, *The Buddhist Revival in China*, p. 319。
⑤ 《支那内学院研究会开会辞》，《欧阳竟无佛学文选》，第 24 页。
⑥ 吕澂：《佛学研究法》，广陵书社 2009 年版，第 1 页。

师欧阳竟无不同,吕澂的佛教经学研究具有了比较鲜明的近代性特征,这表现在他把治经与近代史学结合起来。他明确表示,佛教经学的研究"一方依义理推阐,一方依历史开展",这样"理事兼至"才能够得尽其学。①

欧阳竟无所立定的从考证而义理的解经原则,吕澂特别加入了历史的维度。他认为经教的义理是"佛教研究之主眼",但是在对教理研究的取径上,吕澂综合文本考证、教义及历史于一体,而能够对西方近代佛教学所提倡的比较语言学与文本学的研究方式善加应用。他坚信,圣贤寄托在经典中的原义,是可以通过历史考证、语言学分析等方法得到真传的。故而其由研究汉文佛经进而回溯到研究梵文和巴利文、藏文佛典。关于此,吕澂做了明确的说明:

> 今谓教理由文字研究势不可废,训诂、达意二法亦不应偏重。但训诂应有比较的研究为之依据。译籍则异译之比较,原典之比较,得文句精确之解释,而后训诂为无病。又达意应由批判的见地尽其运用,或则以一部前后所说为批判,或则以著作家根本思想为批判,或则以当时一般思潮为批判,及至典籍流传之地域写本,古今学说之变迁交涉,种种方面皆当理解。而后观一部大意不致偏失,通全体之理论亦端绪可寻。如是得佛教教理,其真相矣。②

吕澂治经通常就是以汉、藏、梵等不同译本互勘,"比较研求,复备数益"而发现许多仅从译文而无法觉察出的问题,同时他又能够"出入注疏,彷徨旁论",以传统论疏为参考,对经典教义进行"章句

---

① 吕澂:《内院佛学五科讲习纲要讲记》,《吕澂佛学论著选集》(二),第642页。
② 吕澂:《佛学研究法》,第60页。

义解"。① 如他在治《涅槃经》时就提出，应该像研究般若、瑜伽学一样，"必须推极于陈那、护法、戒贤之传"来展开。②

在治经的形式上，吕澂已经突破了传统以来经学注经的格式，也不同于欧阳竟无以"经叙"来阐明经典。他除了以"讲要"的方式来疏通经义，不少论著都是以现代学术专题或论述的方式来表达他对经教的意见。在他为各类经论所作"讲要"中，也没有统一的体例格式，如《法句经讲要》就以"总辩经体""解析品次""抉择要义"而对经典进行三番讲述；而在《阿毗昙心论颂讲要》中，则又分别从"文献源流"、"学说系统"和"研习资取"三方面来开展论述。③

关于大小乘经论的判释，吕澂依其修习阶梯分为五门，即毗昙、般若、瑜伽、涅槃四科，另外单立戒学一门。在这里，毗昙限定在佛说范围，为声闻乘之学；般若科则谈智慧为主，瑜伽则言禅定，《涅槃经》"乃佛学究竟之目标"，而戒学经典则为实践之基。④ 对每一科，他又根据同类学说之经典，而作浅深不同的安排。吕澂的经典判释体系，基本是从欧阳竟无的思想中沿袭而来，不过他对此做了细密的具有近代学术史意义的论述。

内院虽然努力于整体佛教教义的组织与阐明，而实际上有着鲜明的法相学倾向，并对台、贤两家中国式的佛教义学进行了严厉批判。在经教思想的判释上，欧阳竟无是以法相为衡准来加以阐明的。如他在对一大藏教进行新的分类判释时，就批判传统经类的分法缺乏圣言

---

① 吕澂：《安慧三十唯识释略抄引言》《论奘译〈观所缘释论〉之特征》，《吕澂佛学论著选集》（一），第145、149、51页。值得注意的是，吕澂对于传统注疏也大多采取批判的方式，而以梵藏本经义为中心来勘校旧疏得失，抉择经义。如他作《入论十四因过解》就批判传统论疏"不获传其真"，而以梵藏诸本"治学探源，无须拘于注疏附益"。（《吕澂佛学论著选集》[二]，第637页）
② 吕澂：《内院佛学五科讲习纲要讲记》，《吕澂佛学论著选集》（一），第637页。
③ 吕澂：《吕澂佛学论著选集》（二），第643、675页。
④ 具体论述可参见吕澂：《内院佛学五科讲习纲要讲记》，《吕澂佛学论著选集》（二）。

量的根据,而主张以法相门的《瑜伽师地》五分、《摄大乘》三类来"严部"通括经律论的分判。① 他认为法相学最鲜明的优势在于论理精密而不笼统,"唯识、法相,方便善巧,道理究竟。学者于此研求,既能洞明义理,又可药思想笼统之弊,不为不尽之说所惑"②。为此,他多次批判天台,其中很重要的一项指控,就是认为天台释经"率意随情,不顾经论",即于经论的研判上"不事翔实",过于"笼统而风谈",从而导致对于经义"尔犹悬度",于"词语处处乖违"。③ 吕澂也着重批判了台、贤两宗对于经典的判读。如从历史方面看,他批判台、贤两宗疏经缺乏历史的观念,而一味判《阿含经》为小宗,而不加重视的观念。而从大乘经论来说,吕澂认为,台、贤也多所误判,如他指出天台的止观、华严的缘起等中国式佛学思想就是受到《楞严经》《圆觉经》和《起信论》一流如来藏思想影响而误入歧途。④ 最值得注意的是,天台以《法华经》为宗经而详为之解,而吕澂在所其著《妙法莲华经方便品讲要》中,多次对天台的《法华经》释义进行批判,认为天台注《法华经》"但拘泥文字,于此(法华)要义,多所淹没",又说《法华经》之观门"非天台家所执之空假中",而是"法性平等观",这些都可以说是想对天台宗作釜底抽薪式的拆解。⑤

吕澂还明确和系统化地把这一观念做了论述,他的经解对于中国传统义学思想充分应用了"批判的见地",并把批判的重点聚焦于"性寂"与"性觉"两个心性学的中心观念上。他提出"印度佛学精华,萃于法相、唯识",在治经的思想和方法上,他一以贯之地以法相学的性寂观念来疏解和判释经论的真伪高下。如他对如来藏系经典

---

① 《精刻〈大藏经〉缘起》,《欧阳竟无佛学文选》,第 290 页。
② 《唯识抉择谈》,《欧阳竟无佛学文选》,第 37 页。
③ 《〈大般涅槃经〉叙》,《欧阳竟无佛学文选》,第 256、258 页。
④ 吕澂:《〈楞严〉百伪》,《吕澂佛学论著选集》(一),第 370 页。
⑤ 吕澂:《妙法莲华经方便品讲要》,《吕澂佛学论著选集》(二),第 1108、1145 页。

的判释就鲜明地表示了这一宗趣，他对如来藏系的重要经典《胜鬘经》所做的唯识学化的诠解即是显例。他对该经中如来藏自性清净义的解释是，如来藏就是阿赖耶识的自体，而"所边赖耶法尔自性本寂，不与所执相符"；又说，"如来藏义当以此经归之自性净心为最主要之解释"。①

这一思想倾向尤其鲜明地表现在他对《楞严经》《起信论》思想的批判方面。吕澂通过他对经教的判释，以为印度佛教的法流在心性论上都是心性本寂（或本净）的传统，他提出"佛学根本之根本，即心性本净，客尘所染八字所诠"。他甚至认为这一性寂说是"全部佛学之根本"，从原始论典《阿含经》到大乘经的《般若经》《华严经》《涅槃经》等"皆作是说"。②而《起信论》以来中国佛学之所以偏离印度正统佛教思想的方面，就是错误地理解如来藏的概念，而引向了心性本觉的方向。③吕澂认为，《起信论》的错误根源在于对《楞伽经》误读。在实践的观心方面，《楞伽经》的法门是以观妄为要旨，而不是以真心为所缘的。而在《〈起信〉与〈楞伽〉》和《〈大乘起信论〉考证》两文中，则更从译文、文本流变等方面，试图表明《起信论》真心的观念乃是由于跟着魏译本《楞伽经》的误译而错上加错，以至于影响到中国佛学主流"成为一种消极保守的见解"。④

于是，他专作《〈楞伽〉如来藏章讲义》《〈楞伽〉观妄义》来阐明《楞伽经》的真正法流是性寂而非真心论的，并以此批判《楞严经》《起信论》的真心论。他说：

---

① 吕澂：《胜鬘夫人师子吼经讲要》，《吕澂佛学论著选集》（二），第943、945页。
② 吕澂：《内院佛学五科讲习纲要讲记》，《吕澂佛学论著选集》（二），第609页。
③ 吕澂在《大乘法界无差别论讲要》中说："安宁寂静者，心之本性原自尔也……谓觉与不觉，以心位判。非性也，《起信》、《楞严》性觉说，可知其妄。"（《吕澂佛学论著选集》[二]，第950页）
④ 关于此，参见吕澂：《〈起信〉与〈楞伽〉》《〈大乘起信论〉考证》两文，《吕澂佛学论著选集》（一），第292—369页。

> 今日讲《楞伽如来藏章》。如来藏义（藏为胎藏，佛由是而生也），可谓《楞伽》一经之心要，全经展转返复，不外发挥此义。非独《楞伽经》然也，全体佛法无不如是，全体佛学均建立在心性本净一义上……伪说乃谓此心之外另有真心。如《楞严经》开首……《起信》发端，另立如来藏心。①

内院的佛教经史学重于对中国佛教思想的批判，但我们不能把这些批判简单归约为宗派主义的论述，而应看成是一种具有强烈学术统系和经学立场的修辞。

（四）武昌佛学院之经学研究

武昌佛学院对佛教经史的研究，无论是在学术思想、教史的观念及研究方法等方面都与内院有交叉也有不同，甚至在不少思想方面有所对峙而相互评破。他们之间在佛教经史学上论辩与互究学理，实际上推动了民国佛教经史学的发展。武院的佛教经学研究，可以说是民国教界中首屈一指的典范。我们姑以太虚与印顺两代在经学方面的表现略加说明。

1. 太虚与经学护教

太虚早年就曾在西方寺做过系统阅藏而获得佛教经学的入门之道，《太虚自传》中就说"此为我蜕脱尘俗而获得佛法新生命的开始"②。可以说，治经之学终其一生不辍，《法相唯识学概论序》中说"盖大师殚志内典，历时二十余年"③。太虚对于经教的疏解，与内院不同。内院专深，

---

① 吕澂：《〈楞伽〉如来藏章讲义》，《吕澂佛学论著选集》（一），第357页。
② 《太虚自传》，《太虚大师全书》第30册，第188页。
③ 参见德元为太虚《法相唯识学概论》所撰"附识"，《太虚大师全书》第31册，第978页。

在方法上也是经由汉学的文本考据、语言比较学而转向义理的论究。太虚注经并没有在经论的语言与文本考证方面下功夫,乃是直探经义而重于经论思想的阐明。他自己就说:"其本因仍在从佛学的心枢,自运机杼,随时变化,不拘故常以适应所宜,巧用文字而不为文字粘缚,原不着脚在文字中讨生活。"①这种夫子自道表白了一个教徒的治经姿态。

对于教史,太虚一面维持中国佛教思想的合法性,而对历史上汉传佛教各宗大体都以包容而统摄的姿态来看待。于是,他对于佛教经论也试图不偏局于一宗一家,而对义教的各宗经论都有所抉择和疏释。他说"我初于台、贤、禅、净的撰集亦颇温习,如《法华玄义》、《文句》、《摩诃止观》、《十不二门指要钞》、《佛祖统纪》、《灵峰宗论》及《华严玄谈》、《疏钞》、《五灯会元》、《碧岩集》、《从容录》、《中峰广录》、《净土十要》、《十六观经妙宗钞》、《弥陀疏钞》等,尤于会合台、贤、禅的起信、楞严著述,加以融通抉择"②。

释经形式在民国佛教经学中可以说是不拘一格的,太虚经释在体例上也分别有"义脉""讲录""经释""述记""讲义""释义"等多种形式,而格式上大都分为"悬论"与"释经"两大部分。所谓悬论,一般都是就该经的宗趣、经题及译史等进行阐明;而释经则是科释经文,依据经文进行科判,标明经义主题,而后随文释义。也有依传统释经之缘起、正说、流通三分来组织架构和解说的,如他的《佛说八大人觉经讲记》就是这样的格式。

在教相判释方面,太虚并没有接续传统义学的判教,而是别具一格地因应时代变迁有所创新。在《般若波罗蜜多心经释义》"悬论"中,他认为天台、华严两家释经的判教"皆为适应当时的思想环境",不符合当今的需要。所以他要重新对佛说教理进行判释,而大分为三,

---

① 《太虚自传》,《太虚大师全书》第30册,第218页。
② 《太虚自传》,《太虚大师全书》第30册,第215页。

细分为六类。即从大小乘教统观可分为三教，分别为五乘共教、三乘共教和大乘不共法。① 有时，他又分别以五乘共学、三乘共学和大乘共学三类来加以说明。而大乘经教又可细分为特胜大乘、普为大乘及适应大乘，又称圆融大乘三科。② 他在《摄大乘论初分讲义》中又以法空观慧、法相唯识与真如净德三宗来说大乘三教，这种三教判释遂成为他及武院判说佛教经学的基本定式。

太虚的教判表示了与内院明显不同的立场，他的教判乃有所针对近代佛教史学研究中以回归印度佛教为尊，而贬斥中国佛教的倾向，有意识地把中国佛教各类经教都合法地纳入教判的体系内，甚至推为至尊。他对民国学界共推法相，贬斥台、贤的时流还特别作了评破。针对内院以批判如来藏思想来否定中国式佛教的倾向，太虚则特别抬高如来藏思想的地位。他提出如来藏思想不仅是一系统独立的佛学体系，而且为大乘诸系中最为圆满究竟的一系。③ 在他看来，内院等一系所激烈批评台、贤二宗在经教方面颟顸笼统之弊，正是其圆融周至的妙境。他说："此宗所明者，乃法空观慧所生、所显，法相唯识所明、所证之体也。摄有为无为一切无漏清净法。"④ 太虚对经解的判教，特尊如来藏的法流，可

---

① 他解释说："五乘共教者，即人乘、天乘、声闻乘、辟支佛乘、菩萨乘所共同之教理……此为全体佛法之大宗，其中最要者，为异熟因果的业报法，合乎此者即是佛法，违此者即非佛法，故为五乘所共之正法的法印。"（《教释》，《太虚大师全书》第 6 册，第 546 页）关于三乘共教，是指"声闻、辟支佛、菩萨皆由此而得解脱生死，平常称此为小乘法，其实是三乘的共法"。（《教释》，《太虚大师全书》第 6 册，第 547—548 页）

② 特胜大乘即指般若经类，太虚解释说："特胜大乘者，就因缘所生法中特明究竟皆空之最胜义，遍破外小及世俗相，如诸部明甚深空义之般若经是。"（《教释》，《太虚大师全书》第 6 册，第 548 页）普为大乘即指"深密、华严、法华、涅槃等所说者是"。（《教释》，《太虚大师全书》第 6 册，第 550 页）而圆融大乘即指"中国之台、贤圆教，即从法华、华严中大发挥斯义"。（《教释》，《太虚大师全书》第 6 册，第 550 页）

③ 应该指出，太虚判如来藏系统为圆教，对法相一学也是融摄而重视的。有学者研究发现，他所创办的武昌佛学院早期还是重视经的，1935 年之后则转向了对于法相论典的教学研究，这表示了他从作为宗教的佛教向作为哲学佛学的转向。（参见 Holmes Welch, *The Buddhist Revival in China*, p. 113）

④ 《教释》，《太虚大师全书》第 8 册，第 464 页。

以说是近代佛教经学中最鲜明的中国佛教的护教体系。

对于中国式佛教的护教还表现在他对疑伪经所做的信仰诠释学。有感于近代佛教经史学中的疑经主义思潮，太虚对中国佛教思想史上有重要影响的经典，都一概采用了教徒式的辩护。如近代学界对《四十二章经》存有怀疑，太虚则在《四十二章经讲录》的"悬论"中，对于近代学界的怀疑之论一一都做了评破。① 最鲜明的例子莫过于他对《起信论》的辩解了。值得注意的是，他对《起信论》的辩护不仅有教义教法上的考虑，同时也试图对近代性学术史方法进行颠覆。他批评日本望月等学者考证《起信论》的方法，认为这是"以毒迷于西洋人思想学术发达进化之偏说——即所云进化之论及科学之方法"②。

内院在佛法研究上保留了证量为上的合法性，而在经史研究的具体取径上则接受近代新知。太虚则不同，他认为佛法即为内证之学，原则上就不应该进入近代史学论列的范围。他曾多次严厉批判以西方近代史学观来研治佛教经论：

> 东方人由修证内心、索阐遗言得来之道术，其变迁历程，与西洋人之学术进化史，截然不同：一是顿具渐布，一是渐进渐备。于此义若能审谛不虚者，则原考证从学理上考察之说，无论其有百千万言，皆决然可一扫而空之矣。③

又说：

> 用西洋学术进化论以律东洋其余之道术，已方枘圆凿，格格不入，况可以之治佛学乎？吾以之哀日本人、西洋人治佛学者，

---

① 参见《四十二章经讲录》，《太虚大师全书》第3册，第5—7页。
② 《太虚大师全书》第25册，第27页。
③ 《太虚大师全书》第25册，第31页。

丧本逐末，背内合外，愈趋愈远，愈说愈枝，愈走愈歧，愈钻愈晦，不图吾国人乃亦竞投入此迷网耶！①

不难理解，当他的门下胡瑞霖在记其讲《维摩诘经》时，就专门批判以考证方法来研究佛典，在《再印四十二章经讲录序》中说：

顾学者曾有以考据而目此经为伪者矣！不知佛经之真伪，当以法印为衡，此佛所自定也。若不问经之义理如何，而但以文字断之，其不足据，无俟深辩！窃以考据之学，不适用于佛典，非一端也。②

原则上讲，太虚并没有一味地反对教史研究，如他于20世纪30年代发表的《佛学讲要》中也提到"教史"研究的必要性，认为经教的研究包括了"佛教史料的编考""各种文体经典的校订"等。③ 只是涉及经教，尤其是中国经教的合法性问题时，他就非得挺身而出，护教般地硬要在经史学之间划出一道鸿沟。而作为他后学相知的印顺，在佛教经史学上的出发点恰恰是试图去重新弥合这一裂缝。

2. 印顺与经史之学

印顺对于佛教经典的研究，重视了史学的"辨章学术，考镜源流"，而把经典放置到文本流变中去做抉择。他与教界一味"深闭固拒"地反抗近代历史考证方法的倾向不同，对所谓"史的科学之方法"给予了充分的肯定，认为佛法本身就是"出现于一定的时空中"，而具有"世谛流布"的一面。于是对佛教经典、思想与制度等事相的

---

① 《太虚大师全书》第25册，第29页。
② 胡瑞霖：《再印四十二章经讲录序》，《太虚大师全书》第31册，第932页。
③ 《佛学讲要》，《太虚大师全书》第1册，第264页。

研究，历史考证的方式还是必要的。①如他研究原始佛教圣典集成时，就本着历史主义的态度，以为原始经典并非佛的亲口宣说，而是经过由"说"到"集成"的历史过程，因而只能看作是"佛说的影象"。②当胡适的《坛经》研究引起教界一片哗然而广为争论的时候，印顺就对胡适的历史考据学方法以恰当的肯定，并指出佛教史的作家（除了玄学家）"还是会采取胡适的论断"，"否则，即使大彻大悟，也于事无补"。③

对于佛教经学的研究，印顺的论述大致可分为史论与经释两部分。在史论方面，他对佛教经典史的论究受到近代史观的影响，重视对印度教史上原始圣典到大乘经典集成与形成做历史的论述。所以他对教典与教史的研究重心还是放在印度的方面。印顺有关教史与圣典的研究是融合在一起的，他的教史著述，如《印度之佛教》《印度佛教思想史》《初期大乘之起源与开展》及一些相关教史论文，都有专门论述印度佛教圣典之形成及其性质方面的内容。而他的《杂阿含经论汇编》及《原始佛教圣典之集成》《说一切有部为主的论书与论师之研究》等，更是以经典专论的形式，旨在"探究佛教的原始法义"④。

经释的部分，印顺一方面仿照传统论师的著论方式，对于大乘三系的圣典思想和宗义做整体的论述，而不是依文帖释。这类作品中有关大乘空宗的，如《性空学探源》《空之探究》《中观今论》，唯识学的有《唯识学探源》，如来藏系统的则有《如来藏之研究》等。从分量的分配上看，印顺对于般若中观一系的经论是有所倚重的。另一方面，

---

① 印顺：《以佛法研究佛法》，《以佛法研究佛法》，台北正闻出版社1992年版，第3页；《谈入世与佛学》，《无诤之辩》，第229—230页。

② 印顺：《原始佛教圣典之集成》，台北正闻出版社1983年版，第11页。有学者也认为，印顺之《说一切有部为主的论书与论师之研究》即"纯持严格治史的方法而成"。（参见张曼涛：《〈说一切有部为主的论书与论师之研究〉》，载印编：《法海微波》，第96页）

③ 印顺：《神会与〈坛经〉》，《无诤之辩》，台北正闻出版社1992年版，第58—59页。

④ 参见印顺：《杂阿含经论汇编·序》，《印顺法师佛学著作全集》第20卷。

他还择选了若干大乘经论,作具体而微的释经学研究。如《般若经讲记》《宝积经讲记》《胜鬘经讲记》《药师经讲记》《中观论颂讲记》《摄大乘论讲记》《大乘起信论讲记》等,就属于这类释经的作品。在这里,武院系统所判大乘三系的经论大致都有照顾到。

从格式上说,印顺经解"讲记"基本就延续并综合了六朝以来科判三分的方式,即把全经结构分为"序分""正宗分"和"流通分"三部来进行分疏和章句。① 同时,他还在每一经论的"正释"前标列类似于"玄义"的"悬论",以对该经论之经题、传译、宗要,甚至关于该经在近代学术史上之研究状况等,都略加辨明。此外,还有一些零碎的释经作品,《华雨集》中就收有多种经论的讲记,可以参考。印顺对部分佛教经典,还进行了重新整理与校排,最重要的如《杂阿含经论汇编》及收录在《华雨集》(一)中的《精校敦煌本坛经》,这一类的研究,他除了重新校订经典文本,也根据自己对教义的体会来做重新编排。

印顺对经义的解释,并不因循传统义学经解,也不偏向于某一宗门的思想来做融会,而是历史化地予以阐释。他明确表示自己不做一宗一派的门徒。② 所以他对经论中的义理疏通,就表示不能够以一家一派的思想为标准来做抉择,而更多是本着佛教史的观念来做论究。他在《大乘起信论讲记》"悬论"中就说:

> 义理正谬的问题……站在唯识学的立场,评论《起信论》的教理不对,这不过是立场的不同,衡量是非的标准不同,并不能就此断定了《起信论》的价值。佛法中的大小乘,有种种派别,像小乘有十八部、二十部之多。……佛法流行在世间,因为时、

---

① 学界认为,六朝时道安法师始创此三分的科判格式,关于此,参见汤用彤:《汉魏两晋南北朝佛教史》,第550—551页。

② 在《空之探究·序》中,印顺说他佛学的一贯"方针"就是"不适于专宏一宗,或深入而光大某一宗的"。(印顺:《空之探究》,台北正闻出版社1992年版,第1页)

地、根机、方法的不同,演化成各部各派的佛法。现在来研究佛法,对各部各派的教理,可以比较、评论,但切不可专凭主观,凡是不合于自宗的,就以为都是不对的、错误的。这种宗派的独断态度,是万万要不得的。①

经典是历史形成的,同时也是思想的载体。印顺提倡佛教史的研究一面从事史的考证,"以探求真实为标的",而同时也"应重视其宗教性"。② 具体说,史的考证只能够涉及佛法事相的部分,而关于道体的层面,还是需要以义理来加以阐发。印顺就表示,他探究印度佛教就重在分别解说,以"确定印度经论本义,并探求其思想的演化"③。他对经典义理或思想的理解与传统经学之"玄义"略有不同。他认为经典的义理阐解虽然是思想的,但是探究不能够只做哲学性的玄论,而要用历史考证来做阐明。可见义解与历史考证在印顺的解经策略中是互资为用的。印顺之治佛学重于经史,而于经论的思想,除了用史学的方法来探讨,也是重视其思想义理的论究的。他提出佛教圣典中的论藏是"基于哲理基础的""分别经法、整理经法、抉择经法"。④ 他对于早期印度部派佛教论书的研究,就分别从论书形成史与法义两个方面加以综合论究。他自己就说其治学的方法是"从论入手"而"重于大义",这正是宋学的方法。⑤ 如他在解释《起信论》时就一面主张义理不能够直接从考证历史学中引出,而必须从法的高度来进行判释,但同时又坚持"用考证方法研究佛法……这种治学方法,是不应该反对的"⑥。印顺就这样透过融经于史来阐发佛教经典中的内在真

---

① 《大乘起信论讲记》"悬论",《印顺法师佛学著作全集》第3卷,第6页。
② 《游心法海六十年》,《华雨集》(五),《印顺法师佛学著作全集》第12卷,第33页。
③ 《游心法海六十年》,《华雨集》(五),《印顺法师佛学著作全集》第12卷,第9页。
④ 印顺:《说一切有部为主的论书与论师之研究》,第1—3页。
⑤ 《游心法海六十年》,《华雨集》(五),《印顺法师佛学著作全集》第12卷,第27页。
⑥ 《大乘起信论讲记》"悬论",《印顺法师佛学著作全集》第3卷,第4页。

理性。

在经教的判释方面，印顺不仅在思想上不拘于传统教史上的某一宗派，而且他对传统经学的判教方式也相当的轻视，更倾向于用印度佛教中大乘三系这一"学派的系统"的划分，去判释诸经在佛教思想史上的位置。如他就以三系平等，义理阐明，而不是别、圆分判的方式，来判摄《起信论》在教史中的位置。他在《大乘起信论讲记》中这样说："大乘法也有学派的差别，但分别大乘学派，要从义理去分别。"①

作为学问僧，印顺与太虚在经学的取径上不同，而于护教方面却有内在的一致性。与近代史家治佛典而惯于走向疑经的路向不同，印顺并不是要通过历史学的手段来对佛教圣典做怀疑论的解读，相反，他试图通过解经而把经学研究引向一种信仰的诠释方向。印顺受到过近代古史辨学风的影响，不过，他并不认同古史辨学者的疑古动机，并批评"疑古"为"心有所著"而"有所拘蔽"，免不了"疑心生暗鬼"。②可以说，他的佛教经史学重在以"释古"而信古。印顺对于印度佛教圣典史做了较为详密的"推演、抉择、摄取"，从原始圣典的集成到大乘经典的流出，都做了细密的经典史探究。不难发现其重视的是经典思想源流方面的阐明，即是说，他对于经典史的研究是偏向于思想史的论究，而不是近代历史学强调的语言、文本与历史的考察。其经典史论的目的论即在于说明，从声闻经论到大乘经论，如一定要完全用历史考证的方式去说明其真实性是不可能的，如他对于后出大乘经论的法流就做了这样的判释："了解圣典的性质，知道他怎样流布人间，那一定能信谅大乘的如实。"印顺把这一切的流变都看作是"释

---

① 《大乘起信论讲记》"悬论"，《印顺法师佛学著作全集》第3卷，第10页。
② 印顺：《中国古代民族神话与文化之研究·序》，《印顺导师著作总目》，台北正闻出版社2000年版，第123—125页。

尊的三业大用"，因而都具有宗教合法性的价值。① 于是，佛教圣典是历史的，不是本质主义的，"无所谓真伪，只有了义不了义，方便与真实与否的问题"②。这类经学史述与经释的结合，别有意味地把圣典史的论述诠释成为佛教护教的一种策略。

可以说，印顺对于近代佛教经史学中的疑经观采取了一种避实就虚的方法，把史学研究中有关经典真伪问题转化为了义与不了义的义理学问题。正如佛尔（Bernard Faure）所注意到的，从历史批判转向哲学意义的解释，恰恰是许多僧侣式的佛学研究，为保持其传统的合法性而采取的共法。③

（五）余论

近代以来，中国学术由经入史，史学一时间成为学术研究的典范。经与史、旧学与新知间的交错与紧张给传统的经学研究带来了不同程度的冲击，也带来了新的视域与融合。于是，近代中国佛学的知识生产就经常游移徘徊在经与史、新知与旧学之间，而呈现出异常复杂的学术现象。传统佛学中经学独尊的局面已经成为陈迹，但经学并没有消亡。近代中国佛教知识史的重塑，大都可以从经史学复杂关系中去获得部分的体认。

中国近代佛教经学的缘起，与晚清以来不同类型的儒家经学的复兴存在着深刻的关联。可以说，晚清以来儒家经学运动都不同程度地被援用到佛教，而使佛教成为晚清思想界的一大伏流。与传统佛学不同，近代重要的佛教知识生产不再是以教界为主导，而多数

---

① 印顺：《大乘是佛说论》，《以佛法研究佛法》，第179、188页。
② 印顺：《原始佛教圣典之集成》，台北正闻出版社1983年版，第3、876页。
③ Bernard Faure, *Chan Insights and Oversights: An Epistemological Critique of the Chan Tradition*, Princeton: Princeton University Press, 1993, p. 91.

都是出自世俗的知识共同体，或有知识的居士群体中，他们大都有过出入儒家经学的经历，因此有必要从更宽广的思想史视野，尤其是近代经学史的历史流变中，去重新审查近代中国佛教知识的形成及其形态。

我们以近代佛教经学研究为案例，大体从研究类型上分为两大范式来做论述。一类是以近代新知为主导的经史研究，这一典范强化了近代史学的宰制性力量，以史化经而试图把一切经典化作史料，取消传统经学的独立价值。另一类是以信仰为背景的佛教知识群体，试图在有条件地接纳新知的同时，以史论经或以史扶经，而努力在新的知识系谱中维系住佛教经学的命脉。

对于经学研究来说，思想与史考本来就是交互为用而不可二分的。实际上，中国近代以新史学为重心来研究佛教经学的一流，其成就大多得之于考证，而疏于论理。如胡适以西方近代性的叙事而建构出的佛教史学，在材料的发掘与史证的方面提出了许多具有开拓性的课题，但是他的化约主义方法（以史化经）和历史论述中的启蒙主义目的论，意在史论中瓦解佛教信仰和反传统的意识形态，这使得他在教史与教典研判中，并没有严格遵守历史学所要求的价值中立，无法尊重传统并予以客观性的阐明。[①] 正如他早年研治中国哲学史一样，他注重的只是史材及对史料做系统化的整理，对于经典的思想并未深入。在他对中国的哲学或思想史的论述中，甚至有意识地化约掉那些最有哲学或性理意义的思想论题。[②] 同样，他因为缺乏对佛教思想同情的理解，而

---

① 参见拙作：《意义与方法：近代中国佛学研究方法及其批判》，《二十一世纪》（香港）1997年10月号。

② 胡适在《中国哲学史大纲》序中把他治中国哲学史的方式分为"材料问题"与"形式问题"两大方面，而把哲学史的方法重心放在材料之审订与系统化的编成两点。而他所理解的哲学史的中心问题也只是与形式相关的"名学方法"。另外，他阐明哲学史的思想也以"效果"论，特别是实用主义效果论来议论，于是，哲学史上玄学与性理学等都被他视为没有实际效用的"达观的废物"。（参见胡适：《中国哲学史大纲》，载姜义华主编：《胡适学术文集·中国哲学史》上册，第1、5、11页）

对佛教经史的论判多失允当，经常流于偏见而颇遭非议。如他对《坛经》的讨论，其新材料的应用，确实多有发明，而结论却不免极端而不足取。

即使像汤用彤这样严谨治史的学者，强调了佛史研究中"考证之学"与"心性之体会"的结合，认为教史之研究如果"仅凭陈迹之搜讨，而无同情之默应，必不能得其真"。[①] 而实际上也很难把这一学术史的理想落实到史著中，从而使其教史在"推阐义理"方面，出现了"多所失当"的地方。[②]

内院与武院在佛教经史学的新知与旧传间，努力寻求融合与平衡。在他们看来，学术不必因缘主流而兴替。对于佛教经史的研究，他们有激于身心而出的一面，故当他们转求于道问学的方式来扶翼德性的时候，一开始就为自己知识的研究设定了某种超越的价值期待。因而他们并不想为了学术而牺牲信仰，为了历史而抛弃经学。他们发现，佛教经典虽然是在历史中产生的，但其价值与意义并不能简单或化约论式地从史学中引出。于是，在经史学的关系方面，他们持有一种谨慎的姿态，而并不像现代主义者那样全盘接受近代西方的知识概念。对他们来讲，经典的研究并不是恪守现代知识学所要求的那些规矩就可以了事的，而是要转升到存在性的宗教期望。正如尼采（Nietzsche）所说，历史研究"是为了生活和行动"，"服从于历史的同时，恰恰是要借历史而服务于生活"。[③] 正是这种要把知识与价值融贯的态度，使得他们在以新知论究经典，以史论经的同时，保留住了对于经典的思想与价值的关切，这给他们的经史学研究带来了更丰富的面向，同时

---

① 汤用彤：《汉魏两晋南北朝佛教史·跋》。
② 吕澂就较为具体地批判该史中一些义解方面的错误。（参见吕澂：《汤用彤〈汉魏两晋南北朝佛教史〉审查书》，《汉语佛学评论》第三辑，第6—7页）
③ 转引自 Michael Mahon, *Foucault's Nietzschean Genealogy:Truth, Power, and the Subject,* NewYork: State University of New York Press, 1992, p. 95。

也造就了一种深刻的紧张。

  应该这样看，内院与武院的佛教经学研究，虽然努力于融摄近代史学的方法，而终究无法摆脱经学独尊的心态，于是经常在新知与旧学、现代与传统的纠缠中游移不定。可以说，这种紧张表示了近代中国佛学研究中难以克服的宿命。如何融摄传统经学与现代新知去建立一种有深度的、中国式的现代佛教知识论述，对于我们佛学史的研究来说，仍然是一项没有完成的现代性计划。

三、宏观佛教知识的建构：民国时期的
佛学概论与通史

  知识是一个历史的概念。在传统佛教教义中，觉悟比知识更要紧，知识通常只是作为第二义而具有扶翼修道的作用。禅宗门里对知识障道的批判不用细论，即使是义学僧侣，对于经教的研究也绝非仅出于知识学上的兴趣，其大旨不过是要将经教中的道理与心中的解悟融合无间而已，法义的领悟有时候甚至是通过忘记知识才能够获得的。[①]这种对于知识多少有些贬斥性的观念，可以说代表了传统佛学的主流观念。

  近代以来，中国历史经历了巨变，受到西方或日本的现代化观念影响，知识观念也出现了革命性的改变，与理性相关的知识成为中国近代启蒙中最为核心的价值之一。佛学界也不例外，传统佛教中被作为附属性质的知识也逐渐独立出来，成为新的佛学思潮中最有力量的部分。近代学人普遍认为，中国佛学衰微的一个重要原因就是不重知识，"徒凭直觉，随意立义"，从而导致是非不辨的颟顸学风与相似佛

[①] 如像道安这样笃研经典，以"诠定音字，详覆文旨"为业的学问僧，也绝没有知识为上的观念。恰恰相反，他认为，如果以为考订章句就可以了解佛法大旨，那就完全错了。所以他这样说"或忘文以全其质者，则大智玄运，居可知也"。（参见慧皎撰，汤用彤校注：《高僧传》卷五，中华书局1992年版，第185页；道安：《道行经序》，《出三藏记集序》卷七，中华书局1995年版，第263页）

学的流行。[1] 于是，佛学的复兴需要重建作为"知识"意义的佛学，并在此观念下来重新书写佛教的概貌与历史。

（一）中国式的文艺复兴与佛学新知

正如梁启超所说，佛教自晚清以来作为一伏流而影响了中国思想学术界。[2] 作为传统价值信念的儒学在晚清已经极度衰微，而西方宗教大都被中国知识界理解为非理性的宗教而不为广泛接受，在这一信仰价值产生空隙之际，佛教找到了自己特殊的历史位置。[3] 这时佛学通常被解读为一种具有理性倾向的精神性资源，而具有了近代知识的兴味与道义的担当。章太炎就说"至所以提倡佛学者，则自有说。民德衰颓，于今为甚，姬、孔遗言，无复挽回之力，即理学亦不足以持世。……矫弊者乃憬然乎宗教之不可泯绝，而崇拜天神，既近卑鄙；……自非法相之理，华严之行，必不能制恶见而清污浊"[4]。而步入民国，尤其是 20 世纪 20 年代之后，启蒙的观念深入人心[5]，于是又有不少学人以为，只要对佛教略加改造，就可以使之成为一种中国式

---

[1] 欧阳竟无认为，新的佛学应该通过研究与批判来抉择其教义是非，他说："教里皆为研究探讨之所取决，故公认熟于教理者有批评之职，乃属当然之事。"(《支那内学院研究会开会辞》，《欧阳竟无佛学文选》，第 25 页)

[2] 梁启超称佛学为"晚清思想界一伏流"。(梁启超：《清代学术概论》，第 99 页)

[3] 蔡元培 1900 年发表《佛教护国论》一文就表明了这一状况。他说："耶氏者，以其电力深入白种人之脑，而且印度佛氏之故虚也，浸寻而欲占我国孔教之虚矣。……儒佛之中，有能食文物而强大于体质以抵制者乎？儒之中，盖有知之者矣，然而儒者扼于世法者也，集网甚密也，资本无出也，……学者而有志护国焉者，舍佛教而何藉乎？"又蔡氏也批评基督教信仰的非理性倾向，"诮人之拜偶像，而不知其拜空气之同一无理也"。(蔡元培著，高平叔编：《蔡元培全集》第一卷，中华书局 1984 年版，第 106—107 页)

[4] 章太炎：《人无我论》，《章太炎全集》四，上海人民出版社 1985 年版，第 429 页。

[5] "五四"之后，中国思想进入了一个重要的启蒙时期，关于此，参见 Vera Schwarcz, *The Chinese Enlightenment: Intellectuals and the Legacy of the May Fourth Movement of 1919*, Berkely: University of Califfornia Press, 1986。

"文艺复兴"的思想资源①。如梁启超在20世纪20年代所作《清代学术概论》中,就把"新佛教"说成是中国近代启蒙的一大法流。②

具有近代"知识"意义的中国佛学之形成,主要被塑于20世纪20年代到40年代。当然,民国佛教的复兴并不是简单地复古旧学,而恰恰是经历了近代知识的洗礼,并重新做了结构化与系统化的论述。中华帝国的晚期佛教已是"入清转衰",而"于学术益无与也",作为知识的佛学在民国初年殆淹没无闻。③而就在这一时期,中国知识界正在发生知识与制度体系的重大变动。④人们关于知识的观念、形态及论述方式等都有了重要的转型,这一知识典范的革命导致了传统人文学科中许多重要的思想系统和论述形式的变化。如传统经史学的关系就出现了严重的移位,历史学替代了传统经学的独尊,一跃而成为民国人文知识研究谱系中的中心。而传统有关史学性质、作用及其书写方式等观念也产生了大的改变,形成了所谓"新史学"的典范。

佛学研究虽然没有成为当时人文学术中的主力,却也深刻感染了这一新的学术蜕变之风,新的知识形态与书写方式也很大程度地左右了民国佛学的知识生产。⑤有知识的佛教徒也希望中国佛学可以融入新知而成为一种启蒙的知识,太虚在20世纪20年代就称,晚清到民国初年因为

---

① 如20世纪20年代,梁启超与蒋百里就把中国可能出现的"新佛教"作为一种文艺复兴的新形式。关于此,参见周策纵著,周子平等译:《五四运动:现代中国的思想革命》,江苏人民出版社1996年版,第467—471页。

② 参见梁启超:《清代学术概论》,第100页。连对佛教采取批判态度的胡适有时也不免以文艺复兴的方式来论究佛教,如他把禅宗运动理解为中国思想史上一次中国式的文艺复兴。(参见本书"胡适与近代知识形态禅学史的书写"一章)

③ 梁启超:《中国佛法兴衰沿革说略》,《饮冰室佛学集》,第14页。19世纪下半叶,中国佛教的衰退之状,也可以参见葛兆光:《七世纪至十九世纪中国的重视、思想与信仰》,《中国思想史》第二卷,复旦大学出版社2005年版,第513页。

④ 关于晚清民国中国知识转型,参见桑兵:《近代中国的知识与制度转型》,载桑兵、赵立彬主编:《转型中的近代中国——近代中国的知识与制度转型学术研讨会论文选》,社会科学文献出版社2010年版,第3页。

⑤ 关于民国佛学研究中经、史学关系的变化,请参考本书第二编,第十一"经史之间:印顺佛教经史研究与近代知识的转型"。

新"思想输灌之影响",从而使民国佛学研究突破了传统宗派佛学之"拘蔽"而进入了"世界佛学之新时代"。①新时代的佛学理念并不一味盲从传统佛学有关教理与教史的模式,而主张融纳新知,以近代的知识方式去组织与抉发传统佛法的精义,并再造出新的佛学图式。②蒋维乔就发现,民国佛学"对古来相传之学术,亦多为之整理,有文艺复兴之现象"。这种以新知论究佛法的方式,致使民国佛学出现了一段"兴盛之曙光"。③

从知识史的意味来看,民国时期最具佛教知识学高度的太虚与欧阳竟无所领导的两个佛学研究团体(武昌佛学院与支那内学院),都表示了对新知的意趣,虽然他们对佛学的思想解读与论述方式存在着诸多对立。太虚对于新知的态度,是"抱定以佛教为中心的观念"去"旁及东西古今文化思想"及"随时代以发扬佛法之教化功用"④,这就明确表示了他要在佛学研究中融贯"新知"。1931年佛教书局所汇编的《海潮音文库》代表了太虚一系的佛学主张,该刊所撰之"编发大意"就比较明确地总结了这一旨趣。如其中解释《海潮音》之宗旨为"应时代之要求"阐扬佛法,明确了其"与近代潮流之关系",而要求佛学研究在方法上"适应潮流,如海之潮",把佛学"建立于科学哲学的基础之上"。⑤

欧阳竟无领导的内学院表面上对新知充满了批判与抗拒,如欧阳竟无与王恩洋就曾多次表示了对西方哲学与宗教传统的反抗⑥,因而这让不少学者以为,相对于太虚一系开放现代性的姿态,内院代表了近

---

① 《佛学概论》,《太虚大师全书》第1册,第21页。
② 正如近代中国启蒙思想下的新史学,其试图以科学、理性的知识形式来重构新的"过去"。关于此,参见 Q. Edward Wang, *Inventing China Through History: The May Fourth Approach to Historiography*, Albany: State University of New York Press, 2001, pp. 20-26。
③ 蒋维乔:《中国佛教史》,上海古籍出版社2004年版,第289页。当时也有人这样描述民国佛学的盛况:"宋元以降,纯佛学上研讨之风,未有如此时之盛者。"(《太虚大师行略》,《太虚大师纪念集》,汉藏教理院版1947年版,第5页)
④ 《新与融贯》,《太虚大师全书》第1册,第450—452页。
⑤ 《海潮音文库》第一辑"编发大意",佛学书局1931年版,第2、6页。
⑥ 关于此,参见欧阳竟无在1923年发表的《佛法非宗教非哲学》,及王恩洋在此基础上续撰而成的《佛法为今时所必需》。(《欧阳竟无佛学文选》,第1—18页)

代佛学立场上的保守主义。① 但其实内院对佛学研究的态度并非一味排拒新知，而是主张对于新知要有所抉择地加以融取。内院在佛学研究的理念上主张趣新但不能轻率地否定传统，在新知与旧学之间，欧阳竟无提出佛学研究应"抱发明主义，不可抱违反主义"，新知于古典旧义要"虚心容顺，不可轻易违反旧说"。可以说，内院是要在谨慎的意义上来融摄新知的。② 欧阳竟无在"今日之佛法研究"（1923年）中就说，佛学研究除了"整理旧存"，还需要"发展新资""广采时贤论"等。③ 从他们为学院开设的教学科目中也可以看出，内院除了保留某些旧学的传统科目外，特别设置了"印度哲学""印度历史学""梵藏英日文学"等具有近代佛学新知的科目。④

新知需要启蒙，传统佛学的知识谱系除了经典之外，主要是通过不同的教史与教理来体现。而于近代民国佛学来讲，新佛学启蒙最必要的是编撰出与传统佛学观念不同的教史与教论。系统性的概论与通史之作，是传统佛学书写中最薄弱的环节，于是，选择以新知的方式来撰述佛学概论与通史，可算是一种应时所需的启蒙了。吕澂在20世纪20年代初就提出"吾人治学先宜习其概论与历史，虽佛教亦无以异"⑤。为了与传统佛学局限于宗门立场来书写历史与教理的方法相区别，民国佛学倾向于佛学概论与通史的撰写需要跨越宗派意识，表现出佛法的整体性。如欧阳竟无就提倡佛学研究要"期成一整体之佛教"，而主张"今兹研究范围，应全概括诸教。范

---

① 如化声在1930年所发表的《佛学研究之历史观》一文中，就把内学院的治学方式称为"整理旧学"，而把武院的佛学研究方式说成是"适应新潮"。（参见张曼涛主编："现代佛教学术丛刊"第41辑《佛学研究方法》，台北大乘文化出版社1978年版，第91页）

② 关于此，参见欧阳竟无于1923年发表的《支那内学院研究会开会辞》，《欧阳竟无佛学文选》，第25—26页。维慈在讨论内学院的研究时也认为，欧阳竟无在佛学立场上对世学的开放与太虚一样，都可以说是"新潮流的典范"。（参见 Holmes Welch, *The Buddhist Revival in China*, p. 120）

③ 《欧阳竟无佛学文选》，第30页。

④ 《与章行严书》，《欧阳竟无佛学文选》，第336页。

⑤ 吕澂：《印度佛教史略》，商务印书馆1925年版，"叙旨"。

围不宽则易衰歇"①。这显然是针对传统佛学拘泥于宗派意识而发表的批判。

欧阳竟无对佛学的研究视野宏大，而下手处却主张整体与精微相结合，他的门生也是各就所长。而对于整体之佛教，内院于佛史与概论都非常重视，像吕澂于佛学就重于历史学的深究，而概论则主要由王恩洋来做阐述。此外，我们从内院为其大学部学生所开设的佛学课程中，也可以看出这一点，其对佛学的基础教育中特别重视佛教概论与佛教史的训练。② 太虚一系也基于中国佛教历史之经验，意识到传统佛教缘于其宗派主义的佛学论述之间"互相诋毁，积不相能"，从而造成了佛法"衰落凌替之势"。于是，复兴佛法即要树立起"佛法之全体"观念，而这一理想表之于佛学，即是重新构造佛教概论与通史。《海潮音文库》"编发大意"中就表示，昌明佛法的宗旨首先必须"本释尊循时代背景变迁之程序"（历史意识），而对于有志于学佛而茫然畏却者，示以新方法而"摘取佛法精要"或得以"重要之概论"。③ 不难理解，民国佛学之所以会倾向于选择概论（而非宗门教义）与通史（而非宗门史）两类知识形式作为开创佛学新知的启蒙或初阶，这显然是一种颇有针对性的策略。

（二）概论与融通

作为新知的教理论述，在程序上要先"得其大体为第一步"，以概论作为佛学新知"研究入门之阶梯"。王恩洋认为"融通佛理"的

---

① 《谈内学研究》，《欧阳竟无佛学文选》，第33页。
② 在《内学》第2、3辑（1925、1926年）的"本院概况"中，记内院为"大学部特科"开办的几门课制中，就有王恩洋开设的"佛学概论"与吕澂开设的"印度佛学史"，从其大学部的课程体系中可以明确表示其佛学研究之次第是先概论、通史，而后再进入具体经论之研究，这也反映了内院对佛学启蒙的基本观念。
③ 《海潮音文库》第一辑"编发大意"，第3—6页。

第一步，就必须以概论来示"治学之正轨"。① 于是，"概论"成为民国佛教教义研究之"最重要之事"。可是传统佛学中，能够阐明整体佛教的概论作品极少，即使有所概述又大都"偏于一家见解"。吕澂就说"在今日研究佛教，固将洞明其全体教理，依据其主要精神，而以为适应时代之运用。宗派之执，门户之争，已成为历史上之陈迹，今日形势全非，需求各异……故概论研究通达大体，诚属必要"②。

直到民国前，中国也没有近代知识意义上的佛教概论，而流行的是以《起信论》《原人论》等作入门的参考。蒋维乔就抱怨中国佛学几千年，却从来没有一本像样的概论入门书，他表示自己撰作《佛学纲要》，就是要弥补传统学术之空缺。③

实际上，晚清中国近代佛学之启蒙者杨文会曾循传统训蒙之书的体例而作《佛教初学课本》（光绪三十二年，1906），并发表了具有概论性质的文章《佛法大旨》与《学佛浅说》等。而仔细分析杨文会所作佛教概论之观念，基本还停留在传统旧学的架构内。④ 到民国初年，谢无量出版《佛学大纲》，佛学概论性质的著述才开始具有了新知的意味，而让当时学人意识到佛教学术风气"应事势之需"而为之一变

---

① 王恩洋：《佛学概论初辑发刊缘起》，《王恩洋先生论著集》第一卷，四川人民出版社1999年版，第197页。

② 参见吕澂：《佛教研究法》，广陵书社2009年版，第62页。

③ "凡是研究一种学问，总须先知道它的大体，然后再分门专攻；前者就是概论，初学的人，应由这入手；后者就是各论，那是专门深造。如今要研究佛教，也是这样。但是古来传下的佛教书籍，关于概论的极少，近代杨文会居士，他自己从大乘起信论入手，后来教授学人，就拿大乘起信论做入门书；然这部论说理颇深，又是一家的见解，决不能包括佛教全体。"（蒋维乔：《佛学纲要》，中华书局1935年版，第117页）

④ 杨文会之《佛教初学课本》乃改变明朝吹万老人之《释教三字经》而作佛教训蒙之书，结合杨文会《学佛浅说》等文的意思来看，他对佛教大体的意见延续了传统中国佛教，特别是宋明以来的法流。如他特别强调了儒佛不二，净土为上的观念。在《学佛浅说》中这样融合儒佛："先圣设教，有世间法，有出世间法。黄帝、尧、舜、周、孔之道，世间法也，而亦隐含出世之法。诸佛菩萨之道，出世法也，而亦该括世间之法"；又在《佛教初学课本》中以净土一宗为中国佛教诸宗派之"妙中妙"。（参见《杨仁山全集》，第107、326页）

了。① 谢无量的《佛学大纲》作为民国最早出版的佛学概论,已经具有了鲜明的"新知"色彩。这从他的《佛学大纲》的分类就可以看出,其"卷下"即以近代知识学科中之"论理学""心理学"和"伦理学"三科来统摄一切佛教的教义,而在解释的立场上,他与杨文会一系抗斥西方哲学的理念不同,反而自觉地以西方哲学观念作为比附或对比。如其论佛教因明学,开宗明义就说,西方亚里士多德的论理学与佛教因明学之间,"其推理方式,有相通者,亦今日言论理学者所不可不考也"。在论及佛教心理学时,他也认为佛教所谓智识作用"征诸哲学之术语,略与理性、悟性、睿知诸名相近"。②

进入民国,具有概论性质的佛学专书或论文如雨后春笋,以"概论""大纲"或"纲要""导论"等名目出版的专书就有多种,较有影响力的除了谢无量的《佛学大纲》(中华书局,1916年)外,王恩洋的《佛学概论》(内学院刊,1925年),蒋维乔的《佛教概论》(中华书局,1930年)和《佛学纲要》(中华书局,1935年),李圆净编述之《佛法导论》(苏州弘化社,1930年),黄士复的《佛教概论》(商务印书馆,1931年),黄忏华的《佛学概论》(商务印书馆,1935年),以及稍后印顺的《佛法概论》(1944—1949年)等,都是重要的代表。而各类佛学学刊所发表的有关概论性质的佛学论文就更多了,这里不一一详举。③

下面我们只就内院与太虚两系有关佛学概论的观念来略做分析。内院一系的王恩洋于民国期间作过多部具有概论性质的佛学论

---

① 参见张相为谢无量之《佛学大纲》所撰序文,该文一面叹清代佛学之衰,而以为晚清民国之际"学术风气之又将一转",并说通过谢氏《佛学大纲》之成书,可以"默察古今运会之微,而叹其足以应事势之需也"。(谢无量:《佛学大纲·序》,广陵书社 2009 年版)
② 谢无量:《佛学大纲》,第 106、140 页。
③ 如《微妙声》第七期(1937 年)刊许国霖所作《佛学论文索引》,就专列"概论"一目,其所录当时发表相关论文就不下数十篇之多。(参见《微妙声》第七期,《民国佛教期刊文献集成》第 85 卷,全国图书馆文献缩微复制中心 2006 年版,第 170—178 页)

述，如《唯识通论》（1924年）、《佛学概论》（1925年）、《佛学通释》（1930—1931年）等，而以《佛学概论》一书最具代表性，内院所办《内学》就连续刊载了王恩洋《佛学概论》的部分章节。王恩洋治佛学概论，可以说是近代佛学新知运动中一个有趣的例外，其最鲜明的特点可以概括为内学为上，法相唯尊。

王恩洋之概论尊内（内学）攘外（世学），而有意识地要与佛学新知一流打擂台。王恩洋认为，佛学只关乎"解决夫宇宙人生究竟之问题"，是纯粹精神性的学问，而一切新知皆属外学，无关生命问题之抉择。为此在研究的取径上，他反对以新知来论究佛法，主张佛学研究不能够"诬古趋时"。他特别谨防西方新知对佛学研究之渗透，说"时学之真象既明，而吾人治佛学之宗旨当详慎。切不可蹈西洋论学之弊，徒骛形式而不问内容，尚思辨而不事实践"。所以在《佛学概论》"叙"中，他给佛学研究（内学）确定了这样一个原则："依佛法学，依佛教学，依内明学，非世间学，非外道学，故曰佛学，或称内学。"作为人生根本问题——这于新知来讲即是哲学、宗教之形上学问题，在王恩洋看来，仍然只有内学才能够做出圆满解决，于是，他作《佛学概论》，与谢无量去格义西学正好相反，明确反对以西方哲学、宗教学等学门来论述佛学："不可以世间学问如科学哲学宗教等之见解附会佛法，以此等遍计较之凡情为更深执也。"而对于民国以来所流行的以历史学来探究佛学的方式，他也给予了激烈的批判。他指出"佛法为无历史观念"，"不与历史之本性相应"，因此不能以近代史学的方式来加以论究。而对于民国史学中盛极一时的进化论观念，他更是强力反驳，甚至提出"进化之说破，信解佛法之念弥坚"。①

王恩洋对新知如此极度化的抗辩，也许有他的难言之隐。不过民国

---

① 参见王恩洋：《佛学概论》，《王恩洋先生论著集》第一卷，第201—244页。王恩洋于1949年后写的《佛教概观》则完全改变了早年《佛学概论》的立场，而强调以历史、哲学甚至马克思主义的方法来研究佛学，因为本文论及民国期间的佛学，故《佛教概观》在此不做详论。

佛学新知化运动也确实呈现出异常复杂的情形，新知未必都比旧学更能解决佛学的问题，更何况肤浅地以新知去附会佛法，甚至批判佛法的做法也不断弥漫。欧阳竟无当年就批评说，以西方的宗教、哲学观念"勉强比附在佛法上面"是如何难堪。① 王恩洋激烈地拒斥应用新知于内学之研究，不仅可以看作是对这种以新说比附旧义做法的心理上的反弹，更重要的是他感受到，传统佛教的精神高度可能在新学潮流的冲击下被边缘化。于是，他的反叛乃基于一种新旧交织——现代知识与传统价值之间一种深刻的危机意识，这可以说是一种处于"边界的焦虑"。②

实际上，一概排斥新学来论究佛法并不能够代表内院的研究立场。欧阳竟无在提倡内学研究的观念上主张通古而融今，他虽然反对以西方哲学的方式来阐明佛法，却并不拒斥近代西方佛学研究所提倡的，以比较语言学、历史学的方式来探究内学。内院的另外一位主将吕澂，则更鲜明地表示佛学研究需要外学与近代知识的启蒙。他还特别反对把佛学研究拘泥在传统旧学的形式里，认为佛法不能够仅以"精神安慰为主"而不问"理性之应否"。与王恩洋强调佛法只讲修证的偏见不同，吕澂指出佛法讲修证也必须以理性来加以扶翼，因而必须融合近代新知来加以论察。③

---

① 《佛法非宗教非哲学》，《欧阳竟无佛学文选》，第1页。
② 佛尔发现，近代东西文明的交织，经常使处于不同思想交集边界的人产生一种"边界的焦虑"（boundary anxiety），关于此，参见氏著 *Chan Insights and Oversights: An Epistemological Critique of the Chan Tradition*，第二章，第一节。实际上，从杨文会到欧阳竟无，对晚清西方知识一直处于比较复杂态度。他们一面试图以西方近代新知来重振佛法，而特别对近世西方佛学研究中的比较语文与历史学方法颇有一定程度的认同，而同时又对以西方哲学来论究佛法表示了强烈的反抗。杨文会早就说佛教为出世间法，"与世俗知见，大相悬殊。西洋哲学家数千年来精思妙想，不能入其堂奥"。（《佛法大旨》，《杨仁山全集》，第325页）从欧阳竟无《佛法非宗教非哲学》一文中，可以明确地看出，欧阳竟无对科学、哲学等新知的批判，是基于一种佛法被新知边缘化的危机感。王恩洋《佛学概论》可以说把这一观念发挥到极致了。
③ 吕澂在《佛教研究法》（1933年）中这样说："况际现代盛行科学的方法之时，提倡研究而不求其合理，惟以精神安慰为标帜，不将令人疑佛教为神秘若迷信之事乎？抑佛教之实际，本具圆满道理，不厌精详探究，且愈以探究之详明，而愈能启人正信，发挥光大其教理。"（《佛教研究法》，第28页）

王恩洋撰作《佛学概论》，形式上看是把佛教史及佛教各宗系中重要的名相概念都列举出来加以阐释，而其实有了相当明显的偏向。即其《佛学概论》所选择的主要佛教名相以及对这些名相的释义，大都重在法相学之疏解方面。如其在解释教乘差别中的三乘一乘之争，以及相关的有性无性之辩时，他举天台与法相两家之义略作阐明，而认定如果要就"两家论辩"较其是非的话，则"法相理长"。又其《佛学概论》于多处论及佛教缘起之义，而都是本于唯识一家的说法，并有所针对性地批判真如缘起的说法。如他在解释"真如"一义时，就以唯识的立场而把其性质规定为无为体性，不作随缘，即"无为无有实，不起似空花"。[①] 这些做法不仅反映了他个人于佛学知识上的倾向，也表现了他作《佛学概论》是要以内院所尊奉之法相学为圭臬的。

再来看太虚一系。太虚关于佛学概论之作非常多，他于20世纪20年代到30年代间所撰述的具有概论性质的作品就有《佛法导言》（1915年）、《佛乘宗要论》（1920年）、《佛学概论》（1926—1930年）、《佛陀学纲》（1928年）、《什么是佛学》（1929年）、《佛学讲要》（1932年）、《佛理要略》（1937年）等。在这些概论性的著作中，唯《佛学概论》结构与内容比较周密完整，在结构与内容上也大体具备了近代佛学概论的一般性要求。即分别以教史（包括印度与中国教史）、教理（大小乘佛教各名相教义）来阐明佛学大要。

与内院王恩洋作概论而特别反对近代新知不同，太虚之作《佛学概论》表示了要以佛法为本位的趣新。他在《佛学概论》中就说"佛学可说是宗教、是科学、是哲学、非宗教、非科学、非哲学。宗、科、哲皆是佛学，皆非佛学。佛学是包括宗、科、哲，而又为一般宗、科、哲所不能及的"。这一说法显然与内院有所不同，先融摄新知，再讲佛学的超越性。因此，太虚在对佛学知识的建构中，较明确地表示了融

---

① 王恩洋：《佛学概论》，《王恩洋先生论著集》第一卷，第233、274页。

纳新知的一面。如他的《佛学概论》在论述佛学研究时，就把梵、巴、藏等比较语文法以及"欧美新研究派"的方式都加以统摄。①

太虚开放的佛学姿态一直影响了他的后学，虽然对于概论的组织与论说，他的门生也各自有不同的倾向。作为太虚的学生，印顺撰著《佛法概论》（1949年）时间虽然稍后，实是在他1944年所作《阿含讲要》的基础上修改扩充而成。印顺对于佛学的判释与太虚有很多的不同，他所作《佛学概论》也表示了自己一家的见解。与一般学人把《阿含经》视为原始或小乘的倾向不同，印顺表示"《阿含经》是三乘共依的圣典"。②即《阿含经》的教义跨越了大小乘的分别，于是，他的《佛学概论》以"如实相无所谓大小，大乘与小乘"的分别去阐发《阿含经》中的经义，并以此来作为整体佛法之概要。如他在该书十九章讨论具有大乘观念的"菩萨众的德行"时，也大都是引《阿含经》的教说而为经证的。③印顺这么重视从历史探源的意义上来论究佛学总体，与他对佛法整体的判释是一致的。他认为要确认佛法的要旨与流变，必须先从佛陀的原始教义中去再现"世尊之特见"，才有可能获得正确的理解。而他以原初圣典《阿含经》为主来论述佛法之概要，重视的恰恰是佛法的历史性，这表示了他对近代知识史观念的开放态度。④如他在阐解佛教经典语文的形成时，就没有简单依循传统佛教旧说，而是以"区域文化"与近代之佛教知识研究成果（"近代的考究"）为根据来重新立说。⑤

对于佛学来讲，新知重理性，而旧学尚内证，在新知与旧学的不同倾向间，印顺并没有单一地偏向于一方，而是选择了融合新旧的

---

① 《佛学概论》，《太虚大师全书》第1册，第68—70页。
② 《佛法概论》，《印顺法师佛学著作全集》第4卷，"自序"。
③ 《佛法概论》，《印顺法师佛学著作全集》第4卷，第165—175页。
④ 关于印顺"知识的学问"与佛学研究关系，请参见本书第二编，第十一"经史之间：印顺佛教经史研究与近代知识的转型"。
⑤ 参见《佛法概论》，《印顺法师佛学著作全集》第4卷，第25—28页。

中间道路。他在《佛法概要》的"自序"中是这样来抉择"佛法"与"佛学"（作为知识）的不同，他一面尊重佛法具有超越一切知识的方面，表示"佛法"具有修证与实践的意味，"是以身心的笃行为主"。而"佛学"在他看来，就是指近代知识意义上"学术化"了的概念阐明。他的《佛法概论》即试图在这两者中间建立一种关联，以近代知识的方式来阐明佛法的根本问题。[①] 从形式上看，印顺保留住了传统旧学的精神性价值，而就其概论的实际书写来看，却可以说是较为鲜明地表现了新知的倾向。难怪当时就有人评说这部概论"表现出以科学方法治学的精神"，"论证多而出处详"。[②]

本来，一部理想或完整的佛学概论，其基本结构一般可分为教史与教理两大部分，教史包括佛陀、原始佛教、部派形成，再到大乘诸系的演化，最后到佛教的弘传，特别是中国、日本佛教简史等；教理部分则择选重要教相而做简要的义理阐明。在教理的写法上，概论只是佛学新知的初步启蒙，在民国却并没有形成典范。我们从民国时期不同佛学概论的比较研究中，还找不出相对固定的章法和一致性的结构。如有的是先立宗门，而下述名相，有的是不顾宗系，而直接以不同名相为纲来做教义的阐解，甚至有以近代的知识系谱，如心理学、伦理学、论理学等来组织论义的，这些原则上讲都可以自成方圆。

重要的是各家撰作概论，并没有对佛学系统做中立或整体性的建构与阐释，而与佛教旧学的传统一样，大多是各有倚重地在表现自家对教义与教史的抉择与理解。因而作为新知的佛教通释，就在各类概论的名目下而有所迂回地重新做判教。如太虚重于中国佛学，特别是如来藏思想传统，因而其《佛学概论》"学理"部在讨论大乘不共学的"一实相印"时，就以如来藏系统的思想（他在本该论中称为"法界无

[①] 参见《佛法概论》，《印顺法师佛学著作全集》第4卷，"自序"。
[②] 续明：《读印顺法师的〈佛法概论〉》，《海潮音》第30卷9期。

障碍")作为大乘教法的究极圆满之义。① 而印顺以原始教义为依归,因而以《阿含经》作为《佛法概论》的根本来组织论说。内院对概论的论述,仍然表现出较为鲜明的法相学倾向。王恩洋的《佛学概论》是如此,吕澂重于新知,而在佛学的立场上还是有所偏向的。如他批判近代学者喜欢以具有如来藏思想性质的《起信论》和宗密的《华严原人论》作佛学概论之做法是"颠倒本末,争执门户",而他主张以具有法相唯识传统的《摄大乘论》(玄奘译本)和《瑜伽师地论菩萨地真实品》来加以取代,以为这才是"最适宜之概论"。② 可以说,无论是尊旧学或是崇新知,民国佛学原本试图不偏宗门地重新组织与系统化佛教教义的理想,却仍然被固封在各自思想或信仰的预设与局限之中。

(三)佛学通史与印度学意识的醒觉

以近代知识史的方式来探究佛学,这对民国佛学界来讲可以说是一种创新。③ 传统佛学研究的通弊,正如木村泰贤在 20 世纪初所讲的"每以研究渐趋精微,则于全体之注意反致散漫"④。民国学人对此是深有体会的,蒋维乔就说"中国佛教,向乏有系统之通史",他译著《中国佛教史》(该书于 20 世纪 30 年代由商务印书馆出版),作为民国第

---

① 参见《佛学概论》"学理"第三章,第四节"法界无障碍",《太虚大师全书》第 1 册,第 60—62 页。
② 吕澂:《佛教研究法》,第 62 页。
③ 以历史学方式考察佛教,在民国时期也被佛教学人视为"现时代之潮流",对佛学来讲,运用近代历史学方法可以说是一种新知了。(参见谈玄:《佛教历史研究法》,载张曼涛主编:"现代佛教学术丛刊"第 41 辑《佛学研究方法》,第 143 页)
④ 木村泰贤:《佛教研究之大方针》,载张曼涛主编:"现代佛教学术丛刊"第 41 辑《佛学研究方法》,第 94 页。木村的佛学著述对民国佛教史研究有重要之影响,他这一关于佛学研究的观念,也曾受到太虚一系的回应。(《读木村博士佛教研究之大方针书后》,《太虚大师全书》第 25 册,第 101—102 页)

一本系统阐明中国佛教的通史,其目的就是试图在这方面做出突破。[①]于是对于民国新佛教来讲,概论虽然不可或缺,教史也是重要的方面。梁启超在20世纪20年代初就提出"欲昌明佛法者,其第一步当自历史的研究始"[②]。

第一,如果从著史体例上说,中国传统佛学虽然不乏通史性质的著述,但大多为宗派意识下的宗门史,这些"以各宗为经纬的宗史"无法通观"佛教全体的历史","不得显露教史真相"。[③]蒋维乔就认为,历史学是近代学术的产物,而传统佛学史缺乏对材料做条理化和系统化的通观方式。他这样说:

> 近世经过西洋学者用科学的方法,逐渐整理,日本学者继之,佛教的历史,始有系统可寻。我国旧时的佛教徒,也受印度的影响,不晓得注意历史,就是偶有撰述,也只限于传记及编年,要从旧时典籍寻觅一部有系统的佛教通史,绝对没有,学者不胜遗憾。[④]

可以肯定,民国佛学界对于通史之例的呼唤,在当时是具有启蒙新知的意味。

民国佛学具有通史性质的著述,较早表现在梁启超于20世纪20年代所作佛学史的研究中。他当时拟撰著具有通史性质的中国佛教史,虽然这一构想最终未能完成,而其间他所撰著的关于佛教史的若干论

---

① 参见蒋维乔:《中国佛教史》,"凡例""叙言"。黄忏华在1937年为自己《中国佛教史》所撰"弁言"中也认为,蒋氏此作,为中国以近代治学方法编撰的第一部佛教通史。(参见黄忏华:《中国佛教史》,东方出版社2008年版,第1页)

② 梁启超:《〈大乘起信论考证〉序》,《饮冰室佛学论集》,第368页。

③ 参见吕澂:《中国佛学源流略讲》,《吕澂佛学论著选集》(五),第2443页。吕澂早在作《佛教研究法》时也认为,中国传统佛学史"有一通病,喜偏护所宗一派学说,而不能持公平的态度"。(吕澂:《佛教研究法》,第48—49页)

④ 蒋维乔:《佛学纲要》,第119页。

文，显然是为通史而做的准备。如他的《中国佛法兴衰沿革说略》一文就是有关中国佛教通史的纲要，其中从汉代佛教的初传，一直讲到晚清杨文会之再兴佛学。其后，蒋维乔译编与补撰的《中国佛教史》，黄忏华的《中国佛教史》(1937年撰成，1940年出版)及周叔迦的《中国佛学史》(稿本1930年)、《中国佛教史》(1930年)等[1]，都可以说是具有通史性质的著述。

内院之重史从欧阳竟无与吕澂那里就非常鲜明地表现出来。欧阳竟无所提炼出的佛学研究方法，正是"由文字历史求节节近真，不史不实，不真不至"[2]的治学原则，这可看成是近代知识史的治学三昧。吕澂所编撰的《佛教研究法》论佛史之重要，显然就具有破旧立新的意义。他发现中国传统佛学素来重视教理而忽略教史之研究，针对这一现象，他说：

> 一切学术之研钻，莫不以史的寻究为最先最要。……顾自来之佛教研究独异于是。所最重者，惟教理文句训诂解释，曲说繁辞，不以为病。苟有以历史眼光略加批判者，即大逆不逊视之。浸染此古陋偏见既深，遂至偏狭独断，附会荒诞，所说鲜当。以是佛教研究乖隔时代，背反理性，其进境远不及余学术，诚可憾也。[3]

从吕澂《佛教研究法》一书关于教史类所列书目来看，无论是印度或是东亚佛教研究（中、日佛教），都是以具有通史性质的著述为主。

太虚一系所倡新佛教，对于佛史的研究方面较早就具有了通史撰述的意识。太虚在宣统二年（1910）所作《佛教史略》，就把佛教之发展分为佛陀"创辟时代"（原始佛教）、"印度时代"（印度佛教）、"亚

---

[1] 此二稿现收录在《周叔迦佛学论著集》上集，中华书局1991年版。
[2] 《欧阳竟无大师纪念刊》，转引自《中国哲学》第六辑，第315—316页。
[3] 吕澂：《佛教研究法》，第28页。

洲时代"（中国佛教）及"世界时代"（日本佛教与现代佛教）四期，这显然是一个世界佛教通史大纲。① 此外，太虚的《佛教各宗派源流》（1922年），② 陆觉的《中国佛教小史》（1921年），印顺《中国佛教史略》（1947年）等，文章篇幅虽然都不大，但都是从佛教初传一直论述到近代的佛教观念，纯粹是通史的格局。③

民国佛教盛行通史之作，显然也受到当时学风的影响。民国新史学特别倡导通史的书写，并试图建立"新系统的通史"。④ 顾颉刚于20世纪40年代所撰的《当代中国史学》中就专门讨论到"通史的撰述"，并指出民国史学界所著通史不在少数。⑤ 这一观念就影响到不同专门史的书写，如当时文化史著也多有治通史者，最著名的如柳诒徵的《中国文化史》，即是一部由上古而直通近代的文化通史。实际上，新史学主要纲领由梁启超在20世纪20年代所提出，而他也几乎在同时开始了佛学史的论述，因而带动了民国佛教史书写的通史意识。

通史意识之流行，在于这一体例的撰述不仅可以对整个佛教的发展做出梳理，而且有助于从中去了见佛法兴衰的律则，获得历史之教益。欧阳竟无就提出，佛学研究之所以首先研究教史，正是为了"明递嬗之理"。⑥ 民国时期的新史学有一项重要的观念，即是重视阐发历史进程中的"通则"。⑦ 梁启超就指出，历史学需要阐明历史进化之"公理公例"，而对历史律则的认识，要求历史学具备通贯古今"以观

---

① 《佛教史略》，《太虚大师全书》第2册，第895—917页。
② 《太虚大师全书》第2册，第762—869页。
③ 张曼涛主编："现代佛教学术丛刊"第39辑《中国佛教通史论述》，台北大乘文化出版社1978年版，第1—5、41—108页。印顺一文实际由妙钦法师1943年初撰，印顺于1947年整理删补而成。
④ 参见桑兵：《近代中国的新史学及其流变》，《晚清民国的学人与学术》，第一章。
⑤ 顾颉刚：《当代中国史学》，上海古籍出版社2002年版，第81页。
⑥ 《今日之佛法研究》，《欧阳竟无佛学文选》，第30页。
⑦ Q. Edward Wang, *Inventing China Through History: The May Fourth Approach to Historiography*, p. 14.

其通"的眼光。这种观通的史观就不是断代史，而必须是通史才可以完成的。梁启超在《新史学》之"史学之界说"中就表示，要洞悉历史通则不能靠"知有一局部之史"或"局于一时代"，而需要"知自有人类以来全体之史"。①

佛学通史的书写在民国还处于启蒙的阶段，而于史中去探究佛史递嬗的律则，虽未成一时佛史研究之风，也为一些著史学人所注意。作为新史学的开山祖，梁启超就以此来论佛史，他提出"吾以为欲对于佛教史为系统的研究"应该"察其教理蜕进之所由"。②他关于《起信论》的判释就是本着进化论的原则，而所著"中国佛法兴衰沿革说略"也试图以"输入"（两晋南北朝）、"建设"（隋唐）、"转衰"（隋唐后）等三期变化图式，来阐明中国佛教沿革之规律。③吕澂也指出，佛史探究并非只是材料的堆砌与梳理，重要的是能够从中寻释出历史变迁之因由，所以他说佛史论述"盖由此知事实之因果关系，及其变迁发达，而后得合理且精确之解释也"④。当然，民国佛教通史的书写还处于启蒙拓荒的阶段，其基本还停留在引进新知，而对佛教史作结构性的安排和条理化的论述，至于如何从中去习察佛史递嬗之理，只有尚待来日了。

第二，近代知识史特别重视溯源性的古史探求，以为只有"回到人类存在可靠和原本的意义"中，才能够获得历史的正解。⑤民国初

---

① 梁启超：《新史学》，《饮冰室合集》第1册，中华书局1989年版，第10页。
② 梁启超：《读〈异部宗轮论〉述记》，《饮冰室佛学论集》，第251页。
③ 民国历史学撰述所盛行的进化论史观，对佛史的探究也引起不同程度的反响。梁启超将进化论的观念作为解释历史，包括佛教史的通则，如他提出"佛教两千年来，循进化之公例，常为不断的发展"（《读〈异部宗轮论〉述记》，《饮冰室佛学论集》，第251页），又如他关于《起信论》之讨论，也是循进化论的历史观念而发。而佛学界有不少学者对这一历史通则表示反对。如太虚就反对以进化论历史通则来讨论佛史，印顺则提出佛史有进化也有退化，不能够一概而论。关于此，请参见本书第二编，第十一"经史之间：印顺佛教经史研究与近代知识的转型"。
④ 吕澂：《佛教研究法》，第28页。
⑤ 参考福柯论"起源的隐退与回归"，Gary Gutting, *Michel Foucault's Archaeology of Scientific Reason*, Cambridge: Cambridge University Press, 1989, p.206。

年以来中国学术史界出现了竞言古史的局面,而引发了学者对于"古代宗教和神话的研究"。①这一流风所及也影响到民国佛学的知识生产方式。

佛教毕竟不是中国本土的产物,而是起源于印度。传统中国教史的论述大都以中国佛教为主轴,而略为提点印度教史。近代知识史观念的流行对于佛教通史书写的一个重要启发,就是治中国佛教史,必须会通到印度教史,甚至印度思想文化史(印度学)的探源中,才可以获得正解。木村泰贤所作佛教研究方针在谈及以历史学方式来研讨佛教时,就特别提出"当先定原始佛教或谓根本佛教之为何物是也",才可能对后出佛教思想之流变做出恰当的判释。②这一观念,在民国佛教史学的研究中产生了很大影响,悄然而形成了一股印度学的研究风气。汤用彤在他的《印度哲学史略》中就说"惟念中印关系,近年复渐密切,天竺文化,国人又多所留意"③。

其实晚清时期沈曾植的佛学研究中,就已经透露出这种溯源印度以观会通的意思。他于光绪末年东游日本,取回《大藏经》全帙后,融通梵释,而尤其于印度早期原始与部派佛教探幽索隐,试图贯通印、中佛教史籍来讨论佛教思想。④

把中国佛教史的书写与印度佛教,甚至印度学观念做结合,成为民国佛教史研究中的一个重要标志。梁启超的佛史研究也在做类似的尝试,如他提出要理解中国佛教史,需要洞明佛教输入中国后之不同于印度佛教的"种种异相",而这就必须"知其渊源所自"而到印度

---

① 参见顾颉刚:《当代中国史学》,第122、123、133页。
② 木村泰贤:《佛教研究之大方针》,载张曼涛主编:"现代佛教学术丛刊"第41辑《佛学研究方法》,第103页。
③ 汤用彤:《印度哲学史略》,上海古籍出版社2006年版,第5页。
④ 沈曾植有关佛学论述,不少就涉及印度学的考订,特别是对原始部派佛教的研究方面。具体可以参见沈曾植撰,钱仲联辑:《海日楼札丛》卷五,《海日楼札丛 海日楼题跋》(一),辽宁教育出版社1998年版。

佛教中去求阐释。① 于是，他在作中国佛学通史的过程中，也极力研究印度佛教，特别是原始佛教、部派佛教的观念与流变。他在20世纪20年代到30年代关于佛教史的书写中，就做了不少有关印度佛教的研究，如《印度佛教之概观》(1920年)、《佛陀时代及原始佛教教理纲要》(原题《印度之佛教》，1925年)、《读〈异部宗轮论〉述记》(1921年)等，都是这方面的研究成果。② 在论及印度佛教时，梁启超还特别意识到其产生与发展的文化、风俗及思想脉络等问题，为此，他在《印度佛教之概观》一文中，首先就探究印度史与佛教之关系，这些都表示了梁氏佛学史研究中所具有的"印度学"意识。

汤用彤治中国佛学史恰恰试图从中印文化交涉的关系方面来加以探究，他在撰著中国佛学史时就曾提出"研究佛教史，必先之以西域语文之训练，中印史地之旁通"③ 为原则。在20世纪20年代到40年代间，汤用彤除了讲授印度哲学与印度佛学及发表了《印度哲学史略》(1929年讲义，1945年重庆独立出版社出版)外④，关于印度学及印度佛教学的研究方面，他还下了相当多的功夫。如他在20世纪20年代编辑了《汉文佛经中的印度哲学史资料选编》⑤，他甚至考虑过就印度佛教史与中国佛教史之关系单独作一专书，惜未完成⑥。此外，作为民国时期撰述中国佛教通史的代表性人物之一的黄忏华，在他写作《中

---

① 梁启超：《印度佛教概论》，《饮冰室佛学论集》，第31页。
② 参见李国俊编：《梁启超著述系年》，复旦大学出版社1986年版，第196、245页；梁启超：《饮冰室佛学论集》，第1—69页。
③ 汤用彤：《汉魏两晋南北朝佛教史·跋》。
④ 参见屈大成：《汤用彤有关印度佛教的研究》，该文收录在《印度佛教汉文资料选编》附录四中，文章列举了汤用彤十种有关印度学与印度佛教史有关的文件，其中包括《印度哲学讲义》、《印度佛学概论》(抗战时期授课提纲)等，这些材料基本都是在20世纪20—40年代之间完成的，反映了汤氏民国佛学研究的观念。(参见汤用彤选编：《印度佛教汉文资料选编》，北京大学出版社2010年版，第410—422页)
⑤ 汤一介：《关于用彤先生编选〈印度佛教汉文资料选编〉的说明》，载汤用彤选编：《印度佛教汉文资料选编》，第388页。
⑥ 汤用彤：《一九六〇年版重印后记》，《印度哲学史略》，第156页。

国佛教史》之前,也对印度学下过一些功夫,而作《印度哲学史纲》(1936年)。

武院与内院对佛史的探究,更鲜明地体现了贯通印度学史的作风。太虚一系在20世纪30年代到40年代对印度佛学及印度学都有比较明显的兴趣,太虚自己在佛学的立场上虽然是以中国佛教为本位的,而他无论是作佛学之概论或是佛教史略,都还是试图把教史的论究追溯到佛陀和印度佛教当中。① 从代表太虚一系思想刊物的《海潮音》来看,20世纪30年代和40年代发表了不少关于印度佛学及印度哲学方面的论文。如唐大圆的《印度哲学叙论》(《海潮音》1930年第11卷第1期),谈玄的《佛陀以前之印度文化及其哲学》《印度哲学知识论》(《海潮音》1930年第11卷第3期,又1934年《海潮音》第2、3、4期又接着发表了谈玄一组有关早期印度哲学与思潮的论文),王与楫的《印度哲学概论》(《海潮音》1930年第11卷第10期),印顺的《印度佛教流变之概观》(《海潮音》1940年第24卷第2期,此后连续刊发其关于阿含的一组讲要)等。而武院史一如所译介日本近代佛学史著的内容,也包含有关于印度佛教史的。② 应该说,太虚一系有关印度佛教之研究,是在印顺那里达到巅峰。印顺的佛史探究,正如他自己所说,是"将心力放在印度佛教的探究上",以"确定印度经论本义,并探求其思想的演化"。③ 他在20世纪40年代作《印度之佛教》时就明确表示对佛法"探其宗本,明其流变,抉择而洗炼之,愿自治印度佛教始"④。

内院对于印度佛教的重视是与其力图澄清中国佛学之流弊与异

---

① 参见太虚《佛学概论》"学史",《佛陀纲要》及《佛教史略》,皆收录在《太虚大师全书》第1册中。
② 史一如1934年在武院译出境野黄洋的《印度佛教史》一书。
③ 《游心法海六十年》,《华雨集》(五),《印顺法师佛学著作全集》第12卷,第9页。
④ 《印度之佛教》,《印顺法师佛学著作全集》第13卷,"自序"第2、3页。关于印顺与印度佛学史研究,可以参考本书十一章"经史之间:印顺佛教经史研究与近代知识的转型"。

化的观念结合在一起的。所谓"佛法兴于印度,故学佛必以印度为根本"①。欧阳竟无早就提出了他佛学史研究的论纲,强调了会通中印的观念。他于20世纪20年代就提出佛学研究必须"渊源于印度"而融求小乘,即教史的探究必须回溯到印度大小乘,甚至原始佛教的传统去做判释。②为此,欧阳竟无在为内院建立教学科目时,也特别把"印度哲学"与"印度历史学"都纳进来传授。③吕澂于民国时期所做佛学研究的重点也在印度佛学方面。作为佛学研究的基础,他特别重视印度佛教的学史与教理探究。他除了编译《印度佛教史》以对治佛学研究中好作"玄远之谈,屑视历史为不足道"的粗漏学风④,自己还作《印度佛学史》(未刊稿),一面阐明"印度佛学说变迁",一面借此来厘清中国佛教思想之源流与异化。⑤关于研究中国佛教史必须会通到印度佛教的观念,最近公布的吕澂有关汤用彤《汉魏两晋南北朝佛教史》的审查报告中也非常明确地表示出来。他说"佛教东来,逐时演变,苟非洞晓本源,则于其递嬗之迹,鲜不目迷五色者,此中国佛教史所以难治也"。因此他提出如果研究中国佛教史而"于印度佛教面目认识未真",则难免会出现"重要处每每考证不得要领",而对于推阐义理,也会"空泛繁芜,多所失当"。⑥可以想见,在吕澂的教史研究观念中,佛学史的论究是不可能离开印度佛教史及印度学的脉络来加以阐明的。于是,作为民国新知类型的佛学通史,就这样被赋予了印度佛学和印度学的观念。

---

① 王恩洋:《佛学概论》,《王恩洋先生论著集》第一卷,第237页。
② 《法相大学特科开学讲演》,《欧阳竟无佛学文选》,第26、27页。
③ 《与章行严书》,《欧阳竟无佛学文选》,第336页。
④ 参见吕澂:《印度佛教史》,"叙旨"。
⑤ 吕澂关于"印度佛学史"的这篇讲稿,经高山杉整理,发表在《中国哲学史》2009年第2期,可资参考。
⑥ 该审查报告全文及其相关研究,参见《汉语佛学评论》第三辑,上海古籍出版社2013年版。

（四）概论与通史书写中的"宗"门系谱

当我们习焉不察地以宗门系谱来理解或论说中国佛教传统时，我们忽略了这样一个问题，即传统教史与宗史有关宗派建立的论述，实为不同宗门史家的虚构。其实，我们所津津乐道的中国佛教之八宗、十宗等诸种说法，很多是始于近代的制作。

近代佛学论述之使用到"宗"的意识盖始于杨文会。杨文会曾受13—14 世纪日本学僧凝然《八宗纲要》一书的影响，而根据他对佛学的理解作《十宗略说》，把佛教宗派析为十宗，从而把"宗"的意识纳入到近代佛学论述的视域内。杨氏之"十宗"分别为律宗、俱舍宗、成实宗、三论宗、天台宗、贤首宗、慈恩宗、禅宗、密宗、净土宗，而他以净土一宗作为圆满之教。① 杨文会自己的佛教立场为"教在贤首，行在弥陀"，他判净土宗为圆满，一面表示了自己信仰上的宗趣，同时也反映了净土一宗在晚近中国佛教界所具有的普遍性影响。

民国以来，无论作为佛学概论或是通史的书写，都或多或少地在延续杨文会所建立的这一"宗"门谱系。谢无量之《佛学大纲》在组织结构上虽然具有不少新知的意味，而论及东土所传佛教，仍然沿用了杨文会这一宗派分判的方式，以十宗来讲解中国佛教史。② 王恩洋作《佛学概论》也辟专章来讨论"诸宗流演"，但略提出了不同的分类方式。在讨论中国佛教宗派时，他根据大小乘之不同，把小乘分为成实、俱舍两宗，大乘则在杨文会原有分判的基础上，增加了地论、摄

---

① 《十宗略说》，《杨仁山全集》，第 149 页。此说后来受到学者的质疑，关于此，可详见汤用彤：《论中国佛教无十宗》一文。又，关于杨文会的"十宗"观念的研究，参见陈继东：《清末仏教の研究-杨文会を中心として》，东京山喜房佛书林平成 15 年版，第五章第三节第二项"十宗の统合"。

② 参见谢无量：《佛学大纲》，第三章。

论、涅槃三宗。① 太虚所作《佛学概论》单列一节来讲中国佛教之宗派，也同样接受杨文会所倡的大乘八宗小乘二宗，共十宗的看法。② 蒋维乔在 30 年代初所撰《佛教概论》，其中第三篇详述中国佛教，就是以杨文会的"十宗"为纲目，而简要阐明其源流与教相的。而其稍后出版的《佛学纲要》虽然在内容与结构方面都对他自己过去所作的《佛教概论》做了较大的改动，但是在谈到中国佛教宗派成立时，还是完全以宗派十分法，即小乘两宗（成实、俱舍）和大乘八宗（他按各宗成立的时间先后依次分为：净土、禅宗、三论、天台、律宗、法相、华严、密宗）来加以判释。③ 又，黄士复所作《佛教概论》根本就是《十宗略说》的扩展，全书只第一章"总说"部分就印度佛教及佛教传入中国略作说明，而余下诸章就直接以十宗为名而详加阐解，可以说一部佛教概论完全成为十宗概说了。④ 而黄忏华的《佛教各宗大义》（1934 年）从题名就知道是一部以中国佛教宗派为主题的概论。值得注意的是，他特别强化了"宗"的观念在佛学中的意义。他认为佛教的许多思想都是随历史而"不无变迁"的，但是佛教"各宗传统之学说"则是非历史，而"历千年未替"的。可见，他对佛教宗义所秉持的高度尊重。在黄忏华看来，对佛教各宗的研究，就是对整体佛教探究之关键，只有洞悉各宗教义，才能够对"佛法之全体大用"迎刃而解。因此，他的《佛教各宗大义》一书的主旨"即在将佛教各宗之教义，提要钩玄，并加整理，使成体系"⑤。实际上黄氏对宗派的析分，并没有

---

① 王恩洋：《佛学概论》，《王恩洋先生论著集》第一卷，第 238—241 页。
② 《佛学概论》，《太虚大师全书》第 1 册，第 20—21 页。代表太虚一系的《海潮音》在 1927 年第 11、12 期合刊上所载常惺长文《佛学概论》，其中论及中国佛教，也是"统观十宗"来组织论说的。(参见《海潮音》1927 年第 11、12 期合刊，《民国佛教文献期刊集成》第 169 卷，第 91—98 页）
③ 参见蒋维乔：《佛学纲要》，第七章第三节。
④ 参见黄士复：《佛教概论》第一章，商务印书馆 1933 年版。
⑤ 参见黄忏华：《佛教各宗大义》，台北文津出版社 1984 年版，"再版自序"第 15 页。

什么新意，他基本上也是以杨文会所列十宗为纲骨，而分别对其源流、宗义及名相等详加阐明。①

通史的书写同样也会自觉与不自觉地以宗派作为组织论述的架构之一。我们从梁启超作《中国佛法兴衰沿革说略》就可以看出，他早就拟设专章来讨论中国佛教"诸宗之成立"，而该大纲所论也侧重于从佛学思想史的内在关联，把中国佛教宗派判释为摄论宗、俱舍宗、法相宗、十地宗、华严宗、天台宗、禅宗、法华宗、涅槃宗、净土宗、律宗、密宗等十二门。②太虚甚至提出"各宗学之研究，无异佛学史之研究"③的主张。而他具有通史性质的《佛教各宗派源流》，则完全以宗系为纲骨，来通贯性地阐解从印度到亚洲各国的佛教历史。④蒋维乔译补的《中国佛教史》（1929年）作为民国第一部具有通史性质的佛教史著，最后两章有关近代佛教史的部分为蒋氏自己所补撰。有趣的是，近代中国佛教本来就已经宗系非常混乱，而蒋氏之论史，仍然沿用传统宗派的结构来加以组织。该书最后一章即以"近世各宗"为名，把近代中国佛教的状况分别以八宗（律宗、禅宗、华严宗、天台宗、净土宗、法相宗、三论宗、密宗）来做阐明。⑤作为民国另外一部完整的通史，黄忏华的《中国佛教史》（1937年撰）则本着"中国佛教之精华，在各宗派"的原则来进行撰述⑥，而整部佛史在大的年代史结构下，各章节都特别突出了宗派的意义，其通史之分析也以各宗派之教旨与传承为主干了。

---

① 另外，民国佛教也有以"八宗"来分判佛教宗义的，如周叔迦即作《八宗概要》即把印度与中国佛教上各重要流派析分为中观宗、瑜伽宗、天台宗、贤首宗、禅宗、真言宗、净土宗、律宗等，该文收录在《周叔迦佛学论著集》上集。

② 参见梁启超：《中国佛法兴衰沿革说略》，《饮冰室佛学论集》，第10—12页。

③ 《佛教各宗大意·序》，《太虚大师全书》第30册，第806页。

④ 参见《佛教各宗派源流》第六章"中华之大乘宗派源流"，《太虚大师全书》第2册，第822—856页。

⑤ 参见蒋维乔：《中国佛教史》，第十八章。

⑥ 黄忏华：《中国佛学史》，东方出版社2008年版，"凡例"第1页。

佛教宗派的形成，从现代学术史的考察来说，本来就是一个不断被建构出来的观念。汤用彤先生对此曾有过深刻的反思，他指出以十宗为说乃属传闻而非事实。汤氏发现"宗"义在中国佛教史上是一个充满了多义性和历史性的概念，以宗来组织讲说佛教史，乃始于南宋以来佛教宗派史家的制作。于是，如果不加区分地以宗的观念来论述中国佛教史，难免会与史实相违。① 实际上，民国中国佛教通史的撰写注重以"宗"为纲架来组织思想的论述，这一方式显然是受到近代日本佛学史写法的启发。如境野黄洋之《印度支那仏教小史》（东京鸿盟社，1915年）关于中国佛教史部的论述，及他的另外一部著作《支那の仏教》（东京丙午出版社，1918年）关于隋唐佛教的讨论，都是以佛教各宗，即三论、天台、华严、法相、律、念佛、禅、密八教为纲骨来组织结构与论述的。而无论是蒋维乔还是黄忏华的佛教通史，都同样是以日本学界所惯用的八宗，而不是晚清以来十宗的架构来论述佛史。20世纪30年代宇井伯寿在处理中国佛教通史的问题时，虽然一面以宗为架构来加以论述，而同时他也意识到，以宗门系谱来论述中国佛教史并非唯一法门，而只是一时之方便。② 可惜，民国佛学的论述，无论是概论的书写或是通史的撰述，都还来不及对其组织思想和历史论述的工具、概念框架等进行深入省察就匆忙照搬，可以说是一种简单的拿来主义了。

（五）礼失而求诸野：概论、通史与域外资源

民国知识典范的转移，很大程度是与外部世界知识观念与成果的

---

① 汤用彤：《论中国佛教无十宗》，《汤用彤全集》第二卷，河北人民出版社2000年版，第367—382页。又，关于中国佛教宗派之发展形成，可以参见蓝日昌：《佛教宗派观念发展的研究》，台北新文丰出版公司2010年版。

② 参见宇井伯寿著，李世杰译：《中国佛教史》，台北协志工业丛书出版股份有限公司1970年版，"绪言"第5—6页。

移植有关的。作为佛学，在东亚的历史中，都是由中国向外输送佛法的。近代以后则是相反，不仅中国大量散佚的佛学典籍在东邻的日本被再度发现，而日本近代的佛学研究也作为一种帝国学知蓬勃地发展起来。近代新知虽然大多源于西方，但最可注意的是，民国佛学新知则不是直接从西方移植过来，几乎都是取径于日本而传译到中国的。近代日本的佛学著述已经成为晚清民国佛学研究中重要的"思想资源"。即使民国佛学界对西方佛学状况的了解，也是经过日本学人的消化贩运而来。如《海潮音》有关欧美佛学的介绍，就是通过译介日本佛教学人渡边海旭的著作而来。[1] 正像严复所说，近代中国学界从日本转手去获取新知，已经到了"沛然率天下学者群而趋之"的局面了。[2]

可以肯定，日本明治以后在知识上取得了重大成就，在佛学的材料及研究方面均已领先中国，而成为民国佛教新知输入的重要源头。晚清和民国时期开始输入有关日本佛学的知识，最初主要的并不在专题研究方面，而恰恰是通论与史学方面居多。正是这些启蒙性的基本书籍，为民国以来佛学新知的形成奠定了"文化基层建构"。[3] 近代日本佛学界有关概论的著述不在少数[4]，民国佛教学者对日本近代佛学概论的书写也算比较了解。我们从当时蒋维乔精撰的《佛学纲要》来看，他所列举的参考书目中，基本还都是日本近代学人的相关著述。[5] 而黄忏华的《佛教各宗大义》则无论在书名、内容和体例上，几乎都是

---

[1] 参见《海潮音》1929年第4期（《民国佛教文献期刊集成》第172卷）中所发表的一组介绍欧美佛学之译文。

[2] 严复：《与外交报主人书》，《严复集》第三册，第561页。

[3] 参见王汎森：《思想资源与观念工具——戊戌前后的几种日本因素》，《中国近代思想与学术的系谱》，第163页。

[4] 蒋维乔就说"此类之书，在日本出版者，无虑十数种"。（蒋维乔：《佛教概论》，"例言"第2页）

[5] 《佛学纲要》书后所列参考书目包括境野哲（黄洋）的《印度佛教史纲》，高木俊一的《佛教概论》，金子大荣的《佛教概论》，姊崎正治的《根本佛教》，深浦正文的《佛教圣典概论》等书。

仿照日本平安专修学院编撰的《佛教各宗大意》（兴教书院，1926年）一书。① 此外，直到20世纪40年代印顺作《佛法概论》，主张以原始佛教之根本佛法作为理解整体佛教的基础，而以《阿含经》为"三乘共依的圣典"来组织对佛法的概说，这一点也与姉崎正治之《根本佛教》颇为相近，姉崎正治就是以《阿含经》为根本来论究佛法大旨的。②

不过，对于民国学人来讲，他们对日本学者在概论方面的成果都不算太满意。吕澂就指出当时并没有一部理想的佛教概论，即使在日本也"未见有善本"。蒋维乔于20世纪30年代初作《佛教概论》时，声称自己对于日本近代佛教概论之作"多半涉猎"，但他同时也认为，这些"概论"未必都适合"国人之用"，因而他自己才新撰《佛教概论》，对整体佛法的观念重新予以结构与组织。③

应该说，日本近代佛学影响民国至深的主要在佛教史学方面。日本近代佛教学受惠于西方19世纪以来佛学研究方式，而逐渐走出其传统"宗学"，形成了所谓"近代佛教学"。而佛教史学的研究，可以说成为其"近代佛教学"中的典范。从明治中期开始，村上专精等就开始提倡以历史学的方式来研究佛教，并与境野黄洋等发行期刊《佛教

---

① 参见平安专修学院编：《仏教各宗大意》，京都兴教书院1926年版。该书所列各宗中与中国佛教宗派有关的依次为：律、俱舍、成实、三论、法相、华严、天台、真言、禅、净土等十宗，此外还把佛教流传到日本所形成的宗派做了介绍。该书在编撰体例上，共分序论与本论两部分。序论三章，相当于对佛教各宗之概论，于本论下各章先介绍宗名、宗史，然后再详阐各宗宗义。黄忏华之《佛教各宗大义》从书名到结构，基本就是沿袭此书体例而来，当然在内容上，黄著有自己的发明，特别是对法相、密教的说明发明，师承了欧阳竟无、太虚一系的说法。实际上，日本近代相关著书还很多，如日早在19世纪末就开始以宗派为主题来论述佛教大义，如王树游乐的《各宗教要随问》，石村贞一的《仏教各宗大意》等，也主要针对中日佛教各宗派要义给予阐明，这些著述对民国佛学撰述体例与内容是有一定影响的。

② 《佛法概论》，《印顺法师佛学著作全集》第4卷，"自序"第1页。印顺写作《佛法概论》是否参考过姉崎正治的《根本佛教》，还需要做进一步考察。如果对照姉崎正治的《根本佛教》（东京博文馆1910年版）与印顺的《佛法概论》，在内容上有不少方面是比较接近的。

③ 分别参见吕澂：《印度佛教史略》，"叙旨"；蒋维乔：《佛教概论》，"例言"。

第一编　近代佛学经史学新论

史林》①，佛教史学的研究遂成为佛教新知的重要标志。同时，与佛学研究密切关联的"印度学研究"（イソド学），也随着佛教史学研究的深入，而发展成与佛学研究相辅相成的学门。于是，佛教史的研究，始由东亚佛教而渐次溯源于印度佛教史、印度思想哲学及文化史之探究，印度学、佛教学成为近代日本佛学研究中不可分割的两个部分。②

明治以后，日本关于印度与中国佛教通史的著述非常之多③，而其中不少重要作品也于民国期间被陆续译传到中国，并深刻地影响了民国期间有关佛学史书的撰写④。梁启超就提出，近代在以科学方法研究佛学方面，日本的成就要高于中国，于是他有意识地希望"辑译日本学者所说介绍于我学界"⑤。梁启超对于佛教史学研究中的问题意识、学术观念以及研究材料等，其实都直接受到日本佛学新成果的启发。而他在研治中国佛学史中所生发的印度学意识，显然也是受到当时日本佛学研究潮流的影响。⑥

内院与武院系统的佛教史学研究更是较大程度上受惠于日本近代

---

①　参见林传芳：《近代日本佛学研究的发展》，台北狮子吼杂志社1969年版，第36—37页。同时参见吉田久一：《近代仏教の形成》，《近代仏教概说编》第一卷，京都法藏馆昭和38年版，第10—116页。柏源佑泉：《日本仏教史——近代》第二章中关于近代日本佛教学的论述，东京吉川弘文馆平成2年版，第71—95页。

②　近代日本佛教学与传统"宗学"以及印度学关系论述，可以参见末木文美士：《仏教研究方法论と研究史》，《新アジア仏教史》第14册，《近代国家と仏教》，东京佼成出版社平成23年版，第306—352页。

③　参见吕澂：《佛教研究法》第三篇第二、三章，第四篇第二章所分析的书目。

④　20世纪20年代到30年代国内所译重要的日本佛学著述，如境野黄洋之《支那佛教史纲》（武昌佛学院，1922年）、岛地墨雷之《三国佛教史略》（佛学书局，1930年）、境野黄洋之《印度佛教史》（武昌佛学院，1934年）、高楠顺次郎、木村泰贤之《印度哲学宗教史》（商务印书馆1935年版）、木村泰贤之《原始佛教思想论》（商务印书馆1932年版）等，而《海潮音》等佛教学刊也陆续发表了不少相关佛学译文，此不详列。

⑤　梁启超：《〈大乘起信论考证〉序》，《饮冰室佛学论集》，第368页。

⑥　关于此，日本近来又有学者研究表明，梁启超对印度佛教，特别是印度原始佛教之重视，乃受到日本近代佛学研究，如姊崎正治、木村泰贤等著述的深刻影响。（参见森纪子：《梁启超的佛学与日本》，载狭间直树编：《梁启超·明治日本·西方》，社会科学文献出版社2001年版，第184—217页）

佛学的成就。如在印度佛学史方面，吕澂20世纪20年代就根据日本学者荻原云来《印度之佛教》之结构"重为编订"，而同时参考日本学者崛谦德、马田行启的《印度佛教史》，综合而成《印度佛教史略》一书。而他根据深浦正文的著述而编译出的《佛教研究法》一书，也对域外佛教学的研究做了较全面的启蒙教育。

太虚对日本近代佛学研究颇有赞誉，在《读木村博士佛教研究之大方针书后》中，称"日本佛教研究之现状，以吾人观之，已臻隆盛之域"。为此，太虚对于佛学研究的设想增加了不少新知，如他把佛学研究划为三个方面，其中教史就成为重要的一环。而于佛学研究的工具方面，他特别提出了要善用比较语文学、西方哲学、心理学及宗教学等新知。[①] 在民国时期译介日本佛学成果方面，太虚所领导的武院也起了很重要的作用，当时不少重要的佛学史论都是先由武院译出或由《海潮音》学刊发表的。如太虚在武院的主将史一如（慧圆居士）于20世纪20年代就把日本近世一些重要的佛学著述译介到中国，而从内容上看几乎都是关于中、印佛教史学方面的。如《中华佛教史》《印度佛教史》《小乘佛学概论》《印度六派哲学》等。而印顺所著的《印度之佛教》，则相当程度地参考了日本近代学界的成果。这包括吕澂的《印度佛教史略》，高楠顺次郎、木村泰贤合编的《印度哲学宗教史》，木村泰贤的《原始佛教思想论》，以及结城令闻所著有关唯识思想史的著述[②]。

中国史学写作在戊戌之后就潜移默化地使用日本史学的叙述方式作为"概念工具"，如传统史书以朝代更替作为时间线索来组织史书编撰，而日本史学的传入，使中国史学编撰开始运用章节体与历史分期

[①] 关于佛学研究的三项内容分别为历史、教理与实际，参见《太虚大师全书》第25册，第101页。

[②] 参见结城令闻：《唯识学探源》，台湾正闻出版社1992年版，"自序"第1页。

的方法。① 民国时期中国佛学史的叙述方式因受到日本近代佛学史著的影响，就有了这样的变化。几部重要的通史性史著，都是应用章节体与历史分期来建构或系统化其有关佛学史的论说。蒋维乔 1917 年赴日考察后，就有感于民国时期中国佛学与日本近代佛学研究之间的落差，承认中国传统佛学并没有提供可资参考的有关教史方面的"系统之典籍"，而使得近代中国佛学史的撰写无法从自身传统中激发灵思，寻绎出基本的组织架构与论述方式。② 因而，他撰写《中国佛教史》时根本无法独立撰述，而完全是在"借资于东籍"，取材于境野黄洋的《支那佛教史纲》编译补撰而成。③

20 世纪 20 年代到 30 年代正是日本关于中国佛教史研究的"全盛时代"，日本近代对中国佛教研究最具影响力的，当以常盘大定、境野黄洋、望月信亨等为代表，而以通史方式系统叙述中国佛教史的，则以境野黄洋为最早。境野于 1907 年出版的《支那佛教史纲》，从佛教东传述至宋代以后，成为一部系统论述中国佛教通史的典范。1922 年，史一如把该书译为汉文后，直接刺激了民国时期中国佛教通史的书写。可以说，民国时期几部重要的中国佛教通史之作大都是"取材并模仿日本"学术成果而来。

蒋维乔的《中国佛教史》作为民国第一部系统阐释佛教通史之作，除了对北魏隋唐某些造像、石刻资料的补充及有关近史之清代与民国教史两章为自己撰述补叙之外，整部佛教通史只能说是日本学术成果的译撰。黄忏华的《中国佛教史》实际上也不应看作是完全独立的创

---

① 参见王汎森：《思想资源与观念工具——戊戌前后的几种日本因素》，《中国近代思想与学术的系谱》，第 162 页。

② 蒋维乔说，从传统佛史著述中去找寻通史书写的方式，"正如暗中索物，不易获得"。（参见蒋维乔：《中国佛教史》，"叙言"）

③ 参见蒋维乔：《中国佛教史》，"叙言"。正因为这样，以至于当时就有人对蒋氏此作"独持物议，认系抄袭人家的著作，殊为不雅"。（参见释东初：《中国佛教近代史》，台北中华佛教文化馆 1974 年版，第 700 页）

作,而是仿照宇井伯寿的《支那佛教史》(东京岩波书店,1936年)而来。① 宇井伯寿之《支那佛教史》是一部关于中国佛教的通史,从佛教传入一直写到清朝。主要以"学系的相承"和"师资的脉络"为架构来加以组织,特别重视以宗派为中心来论述佛教之思想。该著是以近代日本佛学史书写所通用的八宗为要,来组织隋唐诸宗的论述。② 而比照黄忏华之《中国佛教史》关于隋唐佛教的书写,就是以"横述各宗派之内容"为主,而对诸宗之判释,基本都是照搬日本佛学史界以八宗为纲骨的观念。

即使在史观方面,我们也可以感受到日本近代佛教史著的影响。如平安专修学院所编《印度支那仏教史要》(京都兴教书院,1926年)一书,把中国佛教之发展从东汉到清朝分为东渐、传播、大成、保守与渐衰五个阶段,而宇井伯寿在《支那佛教史》中把中国佛教的发展递嬗分为前(佛教传入到罗什之前)、中(从罗什到隋唐前)、盛(隋唐八宗)、后(宋到清朝)四期。对照起来就不难发现,黄忏华的《中国佛教史》基本就援用了这样的佛教史观,而把中国佛教史的发展分为肇始、进展、光大与保守四个阶段,其相对应的朝代与时间也与日本学界的意见较为一致。

严复就说过"学术之事,必求之初地而后得其真"。民国佛学界假借东洋近代之知来塑造自己有关佛教的整体观念与历史图式,这在为民国佛学带来新知的同时,也意味着一种冒险。思想与学术移植的问题在于,如何对不同学术与思想发生的历史脉络做出有深度的反思。就是说,近代日本佛学新知的形成与建构,都深刻地植根于他们自身的思想、历史与文化土壤之中。无论是他们对西方新知的消化,还是对佛教观念及中印佛教史的理解与论述,都有其复杂的历史情景。这

---

① 吕澂:《中国佛学源流略讲》,《吕澂佛学论著选集》(五),第2462页。
② 参见宇井伯寿著、李世杰译:《中国佛教史》,"绪言"第5页。

种日本化了的近代新知给民国佛学带来的影响是双重的。它一面使民国佛学快速而简易地获得了新的知识形式和观念，同时，这种经过他人咀嚼过的新知，也难免会因为迂回而出现"隔尘弥多，其去真滋远"的现象。①

（六）结语：终之于未济

作为新知的佛教概论与通史书写，伴随着中国思想启蒙运动，而逐渐开展于近代中国佛学的复兴过程中。民国佛教学人试图以新的和完整的方式，纵横交织地来重新建构或体系化佛教认识的知识图谱，概论与通史之作应运而生。传统中国佛学虽略约具备类似的知识形式，却包含了相当复杂的宗派论述；而且大都详于中土而略于印度佛学流变的阐明。民国新佛学的书写，正是意图洗刷这种传统佛教编撰中的宗派修辞和地域局限而再作新议。于是，新的佛学图景已不再局限于传统以一宗一派为主的思想论述，其历史的流程也会通上溯于印度佛教，甚至是印度哲学与思想文明的大传统中去做探究。

实际上，"新知"这个语词在近代中国的意味，就是概指西学。而近代中国佛学的新知并没有直接源出于西方，虽然晚清时期的杨文会就期待佛教"学者兼通中西文，以为将来驰往天竺，振兴佛教之用"②。但是直到民国，具有新知意义的佛学研究最终还是转求于日本新学。这种间接的学习方式难免会使民国佛学在接纳新知的深广方面大打折扣，而从表现出来的成就看，也大都略逊于民国人文学的其他学门。③

---

① 严复：《与外交报主人书》，《严复集》第三册，第561页。
② 欧阳渐：《杨仁山居士事略》，《杨仁山全集》，第584页。
③ 可以发现，民国佛学的发展不仅受到域外新知的影响，也在不断努力跟进民国其他人文学门，特别是历史学所建立起的"知识典范"。如佛学重镇内院与武院等，就特别注重运用近代历史学等方法来论述佛学。

应该承认，民国有关佛教概论与通史的书写，作为佛学新知的启蒙而逐渐成长起来。不过，整体的学术成果还未见圆熟。无论是概论或通史，著书虽多而典范尤少。民国时期的佛学创造大多还处于新知输入的阶段，佛学中许多重要的议题、材料及论述结构几乎都是对日本佛学成果的抄移或模仿，并未消化而成为自己独立的论述体系。这最明显地反映在民国几部有代表性的佛教通史上。如果说在佛学的专题研究与断代史方面，吕澂与汤用彤的成就不容低估，那么相对而言，在概论与通史的写作上，民国佛学显然还没有出现经典性的论述。

从引进新知到融会贯通，新知与旧学之间需要经历相当时间的纠缠与融合。对于民国佛学来说，我们可以明确地感受到这种新知与旧学间错综复杂的交织。无论是概论与通史的书写，我们都可以看到这种紧张与对置。民国佛学一面试图以西方或东洋所传的知识体系来重新组织与梳理旧有材料，但他们对于新知的态度却多少有些迟疑。就是说，他们对于新知，既有期待，也有焦虑。毕竟新知给他们带来许多意想不到的知识成果，抉发了传统旧学的未发之覆。不过，通过日本佛学所带来的新知，其成就主要表现在历史学的方面，而于形上学等哲学传统来论述佛学，则显得非常不足。学术界同时也存在着滥用新学以为比附的现象，特别是在西方哲学与传统佛教教义之间，强为之解的情况不时发生，这也是民国一批优秀的佛教学人对于哲学与佛学间的比附尤其反感的原因。[①] 如王恩洋作《佛学概论》就反复提出佛学与科学、哲学性质"相异"的一面，而试图维持住佛学在"寻常知识"（新知）之外的内证独得。[②] 他们认为，佛学新知的表现只局限在具有经验性的历史学门方面，而无法为传统佛教的价值世界提供精微的论述。

---

① 民国学界有不少以外学，特别是西方哲学的观念来比附研究佛学的，从欧阳竟无对此风的批判，我们可以看到，当时学界以哲学，特别是西方哲学观念来论究佛法的风气还比较流行。

② 王恩洋：《佛学概论》，《王恩洋先生论著集》第一卷，第241页。

我们当然可以这样来做自我安慰，即民国佛学在旧学与新知之间的纠缠与交织，并不是佛学一门的处境，实际也反映了民国时期人文学术所共同面对的知识状况。但实际而言，民国佛学概论与通史的书写，虽然在结构上不同程度地突破了传统佛学的规式，而终究大都停留于抄择与模仿，自创不多。民国时期所造就的所谓佛学曙光，只能说是晚清佛学转衰后而出现的一段复苏，并不能说是巅峰，至少就佛学概论与通史的书写来说是这样的。

四、有关在日本举行的杨文会居士追悼会之资料

杨文会居士（字仁山，1837—1911）和日本净土真宗僧侣南条文雄（1849—1927）的交往作为近代中国佛教史，乃至近代中日佛教交流史上的一个重要史实，越来越为研究者所重视。众所周知，杨文会曾作为清朝政府的外交使者的随同人员，于1878和1886年两度去到欧洲。他第一次出使欧洲时，在英国伦敦结识了当时在牛津大学学习梵文的南条文雄。据南条文雄《学窗杂录》[①]记载，杨文会于1880年5月曾向南条和同在牛津习梵文的笠原研寿致信数封，询问梵字以及西方梵学之事，而二人是在南条文雄的友人末松谦澄的寓所相识的，时为1881年6月30日[②]。此后，二人互致信函，寄赠佛教经籍，讨论佛教义理，历时近三十年。《杨仁山居士遗著》中的《等不等观杂录》（下略称《杂录》）卷七、卷八还保留着两人的书信。从信中可知，杨文会生前曾多次打算去日本搜访佛教经籍，向南条文雄询问去日事宜，但未能成行（事见《杂录》卷七、卷八《与日本南条文雄书》九、十、十一、二十二）。南条文雄也曾数次到访中国，因来去匆匆，二人终未能再谋一面。

[①]《令知会》杂志，东京令知会编，1887年第10号，第69—70页。
[②] 原文此处有误，今据《学窗杂录》订正。

有关二人的交往，日本尚有不少记录，大多不为国内学者所注意。最近，由从事中国佛教史研究，现在日本京都大学人文科学研究所图书馆工作的日本学者梶浦晋先生处了解到日本方面的有关记载。其中，明治四十四年（1911）12月1日发行的《新佛教》杂志第十一卷十二号上载有署名为第三子的"杨文会居士追悼会"记事，并登载杨文会的一幅肖像照片。该记事记录了杨文会逝世后，南条文雄等有关日本人士和当时仍在日本讲学的章太炎（1868—1936）等中国人士，在东京共同发起举行了杨文会的追悼会。由于此一史实迄今不见有介绍，所以，以下将日文记事全文试译成中文，并对其中的内容做一些考证，以期对杨文会研究有所参考。同时，也借此向提供数据的梶浦晋先生表示感谢。

中文试译如下：

> 上月八日，于东京一桥学士会（馆），由大内青峦、高楠顺次郎、高岛米峰、妻木直良、南条文雄、村上专精、前田慧云、赤松连城、水野梅晓、岛地大等、章炳麟诸氏发起，为清仁山杨文会居士举行了追悼会。午后二时开会，高岛氏致开会辞，然后，与会者一同面向安放居士肖像及遗墨的祭坛就座。南条博士诵经之后，由妻木氏代读赤松连城寄来的挽诗，一一上前焚香。接着，有南条博士对故人的怀旧谈，至此，仪式结束。又于别室，水野梅晓氏叙述了当时在清国数次和居士会面的情形，以及释庆淳氏给故人门生教授密教之事。四时左右散会。与会者二十七名，章炳麟氏因故缺席，由其门生傅铜代理出席。赤松师的挽诗如下。

挽仁山杨大人

呜呼杨君，宗门之彦。身在金陵，德化远传。尝游泰西，百研千炼。虽则研炼，素质无变。深信真乘，弘通经卷。至老益坚，孜孜不倦。神交多年，未曾识面。通信惠书，不见犹见。嗟君逝矣，何耐悲恋。聊陈微词，以代菲奠。

——辛亥十一月赤松连城

记事中"上月八日"，当是指该号发行的上月即 11 月 8 日。检阅《杨仁山居士遗著》中的《杨仁山居士事略》，杨文会是于辛亥年八月十七日（阴历）即阳历 1911 年 9 月 12 日去世的。就是说，这次追悼会是在其去世后的两个月举行的。所记参加追悼会的日方人士除大内青峦（1845—1918）是曹洞宗的学者外，余皆是净土真宗东西本愿寺派的学者，也都是当时日本有影响的佛教学者。其中像高楠顺次郎（1866—1945）、高岛米峰（1875—1949）、妻木直良、村上专精（1851—1929）、岛地大等（1875—1927）正是当时倡导所谓"新佛教运动"的著名人物。南条文雄的一席怀旧谈，其内容虽不见记录，但是，在他的《怀旧录》里，却有较详的叙述。试译如下：

  当时驻英国的中国公使是侯爵曾纪泽，此人乃是以忠诚著称的曾国藩之长子。公使馆参赞陈远济是其妹婿。同公使馆的书记生杨文会是一位极其虔诚的佛教信徒。我是由末松谦澄君的介绍，在同君的寓居面晤陈远济及杨文会二君的。因不会中国语，所以用笔谈。于是，仁山君将自己刊行的一册《大乘起信论序》赠予我，告诉我他是依据《大乘起信论》而皈依佛教的，并询问其梵本存否之事。我不曾听说此书梵本仍现存于世，故如实地作了回答。闻此，仁山君显出相当失望的样子。

  后来，陈杨二君来游牛津，探访我们，我按前约将二君引至牛津大学出版社，一睹先前由麦克斯·缪勒博士校订出版的《梨俱吠陀》梵字的活字。其后又往复书信很久。一次，受该君的嘱托，将《阿弥陀经》的梵文直译成汉文，给他寄去。(事见《杂录》卷七《与日本南条文雄书》——译者)不久，仁山君归国，在南京开设金陵刻经处，致力于佛教书籍的刊行，并常常给我寄来书信，立志翻刻在中国已失传、尚现存于日本的佛书。受其委托，我也壮其志业，与赤松连城君连携，尽力提供方便。该君于中国佛教所遗留的功绩正在于此。

我寄给同君的日本刊本中，(金陵)刻经处着手翻刻的书目如下：

一、《赞阿弥陀佛偈》北魏昙鸾作

二、《往生论注》上下二册同上

三、《略论安乐净土意》同上

四、《安乐集》唐道绰作

五、《观无量寿经疏》四册唐善导作

六、《成唯识论述记》二十册唐窥基作

七、《阅藏知津》二十余册明藕益大师智旭作

往年自称是仁山君孙女的年少的中国女子访过我的旧宅，说是在东京的某个女校留学中。明治三十五年赴法属东京（即今越南河内一带——译者）时，拟往南京拜访仁山，由上海事先呈递了信函。可是，归途路过上海时，已值年末，又听说南京寒气甚峻，遂放弃了南京之行，遗憾没能达成目的。回到东京，即致送书翰，或因已是年迈病弱的缘故，以后，再也没能接到该君的书信。①

文中提到的"仁山孙女"即是杨步伟（1889—1981）。据杨步伟

---

① 南条文雄：《怀旧录》，第139—141页。

的自传 Autobiography of a Chinese Woman，她是1913年到的日本，在东京女子医学校（Tokyo Women's Medical School）攻读医学，于1919年回国，并在北京开设了一家医院。自传里没有言及访问之事，不过在《我的祖父》一节里讲述杨文会居士的外国友人时，有这样的一段话：

> 常来延龄巷的外国人中有 Li Timotai 李提摩太、Li Chiapo 李嘉白、Fu Kaisen 福开森，他们的英文名字分别是 Timothy Richard、Gilbert Reid 以及 John C. Ferguson。通过李提摩太，他（杨文会）结识了日本的佛教徒南条文雄，并从南条文雄那儿获得了不少顶重要的资料，用于大藏经的编辑和翻译。

其中所说杨文会与南条文雄的相识是通过传教士李提摩太（1845—1919）的介绍，此事不见其他记载。李提摩太于1869年来华，与杨文会合作英译《起信论》是在1894年。杨居士也曾将此事写信告诉过南条文雄。信中说"英人李提摩太在上海约弟同译《起信论》，李君写出英文刊布欧洲，应用华、梵、英合璧字典"。然而，没有确实的记载表明杨文会赴英国前已认识李提摩太，南条文雄现存资料中也不见有关此人的记载，因此，杨步伟的叙述有待证实。

《怀旧录》叙述了在伦敦时，某夜和陈杨二人聚于中国公使馆，一起对赋预汉诗的愉快场面。南条文雄自幼习汉诗，在英国留学期间，也不废吟咏，集有诗稿，曾示与杨文会等人，杨文会、陈远济、左秉隆也为其诗稿作题词。这些题词均收入后来结集的《航西诗稿》（1893年刊行，非卖品）中，今录于下：

奉题南条上人大稿即希吟正明治十二年时在英国茶陵陈远济

上彻重霄下九渊，灵山狮吼法音宣。浮来宝筏同杯渡，访取禅灯续钵传。蕙海慈潮笺入句，梵天花雨辑成篇。细披玄奘《西游记》，输子程途万八千。

南条上人寄示诗稿作此报之即希吟正池州杨仁山

业海横超仗愿船，宏施法雨润无边。古今贯彻声方妙，华梵融通义自圆。刻意穷经真佛子，无心得句亦诗仙。他年倘遂同游志，历览高风徧五天。

奉题南条上人大稿即希吟正左秉隆

宝筏寻师渡海云，埋头贝叶辨讹文。经传白马青鸳古，笔扫黄花翠竹纷。才学识兼诗作史，去来今悟我犹君。他年社结东林寺，兀坐匡庐对夕曛。

1884年3月，南条文雄结束在英国的留学，乘船回国，途中又作了不少怀念留学生活的汉诗，后汇入《航西诗稿》。其中有：

刻意穷经真佛子（仁山杨文会题我诗稿句），吾友仁山评我癖。陈氏松生（远济字子忍，为曾侯纪泽之妹婿，而驻扎英、法、鲁公使参赞官）亦吟侣，其诗富丽如金帛。左氏（秉隆字子兴，今在新加坡为清国领事）俊秀凰氏（仪字夔九，为在伦敦清国公使馆员）通，曾侯二子真联璧。笔谈英语解笑颜，厚情寄赠有书册。

《怀旧录》里也引了此诗，并在诗后写道：

仁山杨文会是清国驻英京的公使馆馆员，归国后在南京开设金陵刻经处，刊行了众多的佛典。他是华严学者，尤其推崇《大乘起信论》，曾问我有无此书的梵本，当我说"尚未见到"时，他露出了非常沮丧的神情。陈氏即陈远济，公使曾侯纪泽的妹婿，清国公使的参赞凰仪、左秉隆二氏也是公使馆的馆员。

从上可看出南条文雄和杨文会等人在英国时，交往极为密切，和诗谈佛，甚是契洽。后来，南条文雄将此诗集寄给杨文会，杨文会在《与日本南条文雄书》十三里谈及接读诗集后的感想：

> 展读《航西诗稿》，赞赏不置，拙作列于卷首，实为荣幸。四叠《亚儿碧》行之韵，鄙人亦在怀友之列中，此情直与太平海水而无极矣。

信中提到的"拙作列于卷首"，即是指曾为南条文雄诗稿所作的题词。"四叠《亚儿碧》行之韵"，乃是指南条文雄经美国乘"亚儿碧"号轮船归国途中所作的四首长诗。其第一首的开头就有"大舟呼曰'亚儿碧'，其长四百四十尺。来往桑港香港间，载去万里江湖客"等诗句。

然《怀旧录》里所记明治三十五年（1902）以后，再也没有接到杨文会的信，恐记忆有误。今据曾刊登在日本《大藏经报》上的杨文会给南条文雄及藏经书院的信函，至少可以确定直至1907年，二人仍有书信往来。日本藏经书院刊行续藏经时，杨文会也曾寄赠佛教典籍达百种，并应约写了《日本续藏经叙》。1912年，续藏即将刊成之际，南条文雄撰《大日本续藏经序》，叙述二人相识经过、互相寄赠佛教典籍之事以及杨文会刊刻经籍的艰辛，言辞恳切，怀旧情挚。其文虽广为人知，今不惮再录于下，其中说道：

> 余曾为君致书于金陵刻经处仁山杨文会居士，居士颇随喜此举，集藏外及未刊之书，邮致以充其材者，或可以十数也。顾

三十余年前，居士在英京为清国公使署员，余时在牛津，修梵文学。一日相遇末松氏之寓，尔来往复四十余回。居士曰："善导尊宿作《观经四帖疏》，中华未见，当求之贵国。"又曰："弟闻法以来，世业多而学力浅。大乘之机起自马鸣，净土之缘因于莲池。学华严则遵循方山，参祖印则景仰高峰。他如明之憨山亦素所钦佩者也。庐山之书，未曾多见。近日以念佛往生为正宗，以宏法度生为助缘，既无专师，但求不背经旨而已。"此可以见其安心之状也。又曰："弟募刻全部藏经之举系与一僧名妙空者同发是愿，至今十有三年，已成二千余卷。妙空已于去岁示寂。豫计刊完全藏之期，或在十年二十年，尚难悬定。盖官宪中，信崇佛教者甚鲜，既不能得官给巨款，只有集腋成裘之法，随募随刻，以期渐次圆成耳。贵国亦有印经之举，可谓不约而同。将来彼此交换，最为便捷。"此指弘教书院缩刷藏经之事，亦可知金陵刻经处之缘起也。明治二十四年以后，余与道友相议，所赠居士和汉内典凡二百八十三部，而居士翻刻却赠来者，殆及十余部。如昙鸾、道绰、善导、窥基之书，亦在其中。居士已熟知刊布之难，而藏经书院每月未曾误其发行之期，是居士之随喜供给其材料也。而居士已以去年易箦，不能见君之成，是为憾耳。

其中所引杨文会居士的自述，即是杨居士在英国伦敦时写给南条的信里的内容（参见《杂录》卷七，《与日本南条文雄书》二——译者）。负责编纂续藏的中野达慧在其"续藏经编纂印行缘起"里也叙述了二人为刊行续藏经搜罗经籍之事。

记事里的前田慧云（1855—1930）乃是当时藏经书院的院长，曾任日本东洋大学、大谷大学的校长。杨文会的《与日本南条文雄书》二十六中，提到的惠赠佛书的前田，当是此人。赤松连城（1841—1919），是西本愿寺派明治时期最早派往英国留学的僧人之一，曾任日本佛教大学的综理。正如南条文雄的《怀旧录》里所说,赤松连城也是向杨文会寄赠佛书的主要参与者,杨文会与南条文雄书信里也多次提到此人惠书之事(参见《杂录》,《与日本南条文雄书》十三、十四、二十六、二十八),并嘱南条文雄代为申谢,而且,赤松连城所求佛典,杨文会也尽力为之搜罗寄送。其挽诗中云"神交多年,未曾识面。通信惠书,不见犹见",即是指此事。不过,二人的直接通信,尚未见到。水野梅晓则是近代中日佛教交流的十分活跃的人物,曾到湖南和敬安(1852—1912)相识,1903年在长沙开办湖南僧学堂,后又办《支那时报》。时报中云,他曾多次面晤杨居士,现在尚未查到有关的记载。又记事云释庆淳氏给杨居士的门生教授密教之事,尤其值得注意。有关释庆淳氏的资料尚未查到,但是,其中所云门生,即是指杨文会的高徒桂伯华(1869—1916)无疑。太虚(1890—1947)的《中国现时密宗后兴之趋势》里提到清季桂伯华留日习密教之事。依《杂录》卷六中的两封《与桂伯华书》及《与某君书》,可知桂伯华曾在杨居士门下专习唯识,甚为杨居士所期待。

桂伯华去日时间,现暂不得知,但他是近代赴日调查和学习密教的最初之人,其后才有王弘愿、持松、大勇之留日。不幸的是桂伯华在完成其研究之前就已经逝去。

记事中,另一引人注目之处是章太炎的活动。查《章太炎年谱长编》《章太炎年谱摭遗》等,不见有关此事的记载。据《章太炎年谱长编》记载,1911年武昌起义爆发时,章太炎正在日本讲学,闻此革命消息后,即想回国,但当时上海尚未"光复",迟至11月中旬才乘船"回国返沪",从而结束了在日本将近六年的生活。因此,11月8日,和日本的佛教人士一同发起举行的杨文会的追悼会,正是章太炎回国的前夕,但终因故未能到场,改由其弟子傅铜代为出席(傅铜的资料有待查考)。章太炎和杨文会二人的交往,今可考者仅《杂录》卷八末所收的两封《代余同伯答日本末底书》,其中末底即是章太炎在日本时的别号。章太炎的信不是直接写给杨文会的，而是写给余同伯的。由于信中涉及杨文会，故杨居士有代答之事。章太炎在信里谈到了其在日本随一印度婆罗门师学习梵文，认为佛教和婆罗门应和为一家，又因苦于学费之昂贵，建议杨文会派弟子赴日一同学习梵文，相与支持。杨文会批评了章太炎的佛、婆一家的说法，以为"是混乱正法，而渐入灭亡，吾不忍闻"，言词甚厉。同时，告之由于经费不足，难以派人东渡学习梵语。从第二封居士的答复中，可以看出章太炎对此似有不满。章太炎学习梵文之事，周作人的《记太炎先生学梵文事》一文有记述。依据周文，1909年春夏之间，章太炎约周等一同从印度人习梵文，而上述杨与章的通信也大约是在同年的夏天。杨文会的弟子欧阳竟无（1871—1943）的《杨仁山居士》中说，居士门下多才，而习唯识法相的弟子中就有章太炎。据此，章太炎似也曾问学于杨文会居士。章学佛，起初是受其友人夏曾佑的影响，夏曾佑乃是杨文会的学佛弟子。其后，章太炎因从事反清活动，于1903年至1906年身拘牢狱，"专修慈氏之学，世亲之书"，其中就有金陵刻经处刊行的《成唯识论》。此后，章太炎鼓吹佛教思想，可能多少受到在佛理上提倡华严、唯识的杨文会的影响。

然而，章太炎又是怎样结识上述和杨文会有着密切联系，而且又是当时颇有影响的日本佛教人士的？他对佛教的看法与这些日本佛教学者有无关联？这对进一步了解章太炎的佛教思想似有探究的必要。日本学者中山久四郎在其《章炳麟和日本人》一文中的"章氏和日本先哲及近代学者"一节里列举了二十位和章有"相当深厚关系"的日本名人，名单里就有佛教学者村上专精。章太炎和村上专精的交往详情暂不得知，但章太炎在《人无我论》中，谈到法相名词可否用通俗语代替时，曾提及村上专精改旧译为新词之事。章太炎说：

如日本村上专精欲改因明之喻体、喻依为理喻、事喻，较诸原文，殊易了解。不知喻体本非是喻，今以理喻为名，翻其反矣。

章太炎显然是不赞成村上专精的做法。村上专精曾执教东京大学，后为大谷大学校长。他是较早运用西方历史学的方法研究佛教史的学者，后人称其为明治时期的"佛教启蒙家""佛教史研究的先驱"，其所著《日本佛教史纲》，被宇井伯寿评价为"具有指导地位"的著作。在佛教教理上尤其擅长因明、唯识学。从上面的资料可知，章太炎也注意过他的因明、唯织学方面的研究。他也是明治时期主张佛教改革的激进僧侣，因参与改革大谷派本愿寺的议论，1897年被削去学衔及教职。1901年，因发刊《佛教统一谕》触犯大谷派本愿寺忌禁，而自动脱离僧籍。当时兴起的"新佛教运动"，他又是重要的支持者。"新佛教运动"的主要人物高岛米峰在其《新佛教运动之回顾》一文中，回顾这一运动的历史和主张。据高岛的叙述，"新佛教运动"胎动于甲午战争的前夕，正式兴起于1900年，此后持续了十五年。他们以1900年7月创刊的机关杂志《新佛教》为阵地，公布了其所谓新佛教的六条纲领，即以健全的佛教信仰为根本，振作、普及健全的信仰智识和道义，致力于社会的根本改善，主张自由探讨佛教及其他宗教，决心剿绝迷信，不承认以往的宗教制度及仪式有保留的必要，反对在政治上对宗教的保护或干涉。据此，他们把既成的佛教教团，宣布为腐败堕落的"旧佛教"，斥之为"伪佛教"，而以自己所主张的"新佛教"为"真佛教"。其根本的精神乃在于"针对旧佛教之个人的、未来的、物质的、非科学的、反道德的（立场），彻底地阐明世界的、现世的、精神的、科学的、伦理的立场"。其成员在佛学研究上，也多是开风气的人物，如梵文的研究有荻原云来、渡边海旭、高楠顺次郎。日本佛教史的研究则以村上专精为中心，还有研究中国佛教史的著名学者境野黄洋。由于激进的改革主张，"新佛教运动"被旧势力非难为

"社会主义的别动队",并遭到了政府的弹压。不难看出"新佛教"所主张的"世界的、现世的、精神的、科学的、伦理的立场",和章太炎在同一时期强调佛教的无我、无畏、平等、理智等积极意义有许多相合之处。虽然到现在为止,我们尚难确定章太炎和"新佛教运动"的关系,但是章太炎与"新佛教运动"的成员一起举行杨文会居士的追悼会,而且《章炳麟和日本人》一文中又说章太炎与村上专精有着相当深厚的交往,其精神基础可由此推测。

此外,《新佛教》第十一卷十二号上登载的杨文会肖像照片,旁有"佛弟子杨文会"的墨笔题字,未明记撰写者名,似出自杨文会之手。该幅照片也曾登在日本藏经署员明治四十年(1907)2月8日发行的《大藏经报》第六十五号上。该号《大藏经报》同时登载了1906年12月3日藏经书院致杨文会的信以及1906年12月17日杨文会答复藏经书院的信。杨文会的答复即是《杂录》卷八所收《与日本藏经书院书》二。藏经书院的致信没有收入《杂录》。藏经书院的致信中表示欲汇集杨文会的著述,以《仁山全集》之名收入《续藏经》中,请杨文会"自序全集,付贵传及贵肖像"。由于此事,杨文会回信做了答复,并寄去43岁时摄于法国巴黎的肖像照片。可是,其后《续藏经》刊成时,并未收进杨文会的著述,具体原因不清楚。不过,这大概和其编辑方针后来发生变化有关,即《续藏经》中的日本著述只收到江户时代,中国著述则截止到清代的中期。因此相当于日本明治时代的著述不在收入之列[①]。

以上由《新佛教》上的一则记事,对其中的有关史实做了考证,仍有若干未能明确之处。然而,上述的考察表明,如何发掘见存于日本著述的有关中国近代佛教的文献,揭示两国佛教在思想上的联系,

---

① 此推测不确。实际上晚清人著述也有被收入《续藏经》之中的,如沈善登(1830—1902)的《报恩论》便是一例。《续藏经》未收《杨仁山全集》,或许与杨文会批判真宗有关。

不失为探明近代中国佛教形成、发展的又一途径。由于基本的史实尚有待查考、整理，因此，近代中国佛教的形成、发展和与日本佛教的关联，仍是值得不断深入探讨的课题。

五、清末日本传入佛教典籍考

清代佛教典籍刊刻可称述者有二，即官刻龙藏（即乾隆大藏经）和民间私刻。民间私刻又有清初和清末之分，清初私刻主要是承继明末径山方册本藏经未尽之业，可称为明藏之余绪。而清末私刻，虽有类似魏源发刊《净土四经》之举，然具系统规模、产生巨大影响的则要首推杨文会主持的金陵刻经处。杨文会募刻藏经，与前代又有不同。清代官私二刻，其数虽超过前代，但大都是明清人著述，于唐五代以来散逸之典籍，少有补遗，而杨文会等不仅复刻既有经论，以为流通，又广搜唐末以来所遗失的经论章疏，选刻入册，以补前代不足。其搜集之业实得益于日本净土真宗僧人南条文雄的协助。南条文雄等受杨文会之请，于日本代为收购唐末以来中土遗失佛典，数目竟达数百种。中国典籍由日本反输本土，引起强烈反响，遂成为清末佛教发展的一大要因。但是，杨文会所求的是何种佛典，南条文雄等所寄的又是何种佛书，其中始末，一直悬而未决，学者常常因不得其详而深感遗憾。今幸得抄阅南条文雄《赠书始末》和《清国杨文会请示南条文雄送致书目》二书，其中详记为杨文会代购佛书经过以及所寄书目，并录有二人有关书信，这些大多不见收于《杨仁山居士遗著》，可补其缺。由于二书仅记录了1890—1903年间的寄赠事实，所以上述问题只能暂得大致的解决。日本传入佛典，事关清末佛教的发展，其具体过程以及书目当有详加考清的必要。

考日本文献，大约先于南条文雄百年之前，已有日本临济宗僧大典显常（1719—1801）禅师等向清朝寄送佛书之事实，并留有详细之书目。由于当时的江户幕府统治实行锁国政策，最终寄书未果。上述新见二书中，均言及此事，此一事实与彼等清末寄书也颇有关联，故先略述大典等寄书之事，再详考清末所传来之佛典。

（一）

大典显常又称梅庄显常，是日本江户中期临济宗相国寺派僧侣，曾受幕府之命，出使过朝鲜。大典擅诗文，兼治儒佛，著述丰富。检阅其《北禅遗草》卷四末有《日本传来逸于彼者寄赠大清国请纳之名蓝以为学匠龟鉴状》一文，叙述欲向清国寄赠佛书事由，今全文抄录如下：

> 右虔以，吾觉王之道，自西竺而华夏而日本，所谓东渐者岂不大且盛乎哉。吾日本之尚佛久矣，以辅世教，以治人心，以破痴暗，以造真乘，则历历着古今焉。诸载籍类，多逸于彼者而存于我者，亦以道之能行已。古昔吴越钱氏，求致智者教疏于日本凡数百卷，而天台之法再炽于彼。慈云式公志其喜曰：大矣哉斯文也，始自西传，犹月之生，今复东返，犹日之升，素景圆辉，终环回于我土。而来有九百之余载，存于我者至今不失，而逸于彼者历世弥伙。夫吾觉王之道，犹两曜在天也，在东而西无不照，在西而东无不照，去其蔽塞以达光明，通其有亡以补缺典，也谓人能弘道也。常等于是戮力同志，考检诸部，凡数百卷，凭海舶寄赠，冀纳之名蓝，以供硕匠观，岂不刮目乎。其模而板之，或复购致于我，则千载不朽，永共法宝，式公之喜复在今乎。日本古德所撰，有裨益于法门者，亦兹附往，他犹有诸家诸记教疏禅录类。日本所撰亦不止于此，事涉浩繁，不遑一时顿辨，更期将

来，虽儒书间有斯类，并要寄致，庶几亦有翊乎同文同伦之化矣。常等无任悃切，翘望之至。

　　日本宽政五年癸丑某月，山城万年相国寺沙门显常、山城爱宕山白云教寺沙门慈周谨状。

大典、六如（即慈同）为申请向清朝输送的许可，将上述状文提交给京都奉行（衙门）。状文首先叙前人向中国返输佛书之功，次申寄书之由，即大典、六如等人搜集清朝已散失之佛书，加上日本古德的撰述共数百卷，打算由海船寄赠，交由清朝的名蓝大刹收纳，以供僧徒研读流通；不仅如此，还欲寄致失于清朝而存于日本的儒书，以期有益于同文同伦之教化。以上为状文的大要。文末所记"日本宽政五年"即乾隆五十八年（1793）。文中值得注意的有两件事，一是古钱氏求致佛典之事，一是大典、六如搜集佛典数百卷。下文对此二事略加考证。

状文中所说吴越钱氏即是北宋时代的吴越王钱弘俶。检阅《佛祖统纪》卷十（《大正藏》第49册，第206页中段）"吴越忠懿王钱弘俶"条，记有其向朝鲜（高丽）、日本求致智者大师教疏的事迹。文中载钱氏"闻智者教义，以典籍不全，慨然遣使赍众宝，求遗书于高丽、日本"。在同卷"法师谛观"条（《大正藏》第49册，第206页下段）中说钱氏曾向义寂法师问智者同除四住之义，义寂法师则答道"此是智者妙玄位妙中文，唐末典籍流散海外，今不复存"，于是，吴越王遣使致书，以五十种宝往高丽求之。

状文中言及的慈云式公即天台宗僧人慈云遵式（964—1032），传见《佛祖统纪》卷十、十二。《佛祖统纪》卷二十五（《大正藏》第49册，第258页上段）《山家教典志》第十一列举天台宗著述，其中有：

　　《大乘止观》二卷。唐末教典流散海外，本朝咸平三年（按即1001年），日本国寂照持此本至四明，慈云得之为作序云：初卷开止观之解，次卷示止观之行。

然状文所说求致于日本有数百卷，其具体书目已不得考，引述的遵式之语，尚不知出于何处。

其次，状文中说"常等于是戮力同志，考检诸部，凡数百卷"，其具体书目见载于江户时期秦鼎（号沧浪）著、牧墨仙编画《一宵话》第二卷。《一宵话》成书于1810年，即清嘉庆十五年，因此，此书离大典等送书年代不远，相隔不过17年。第二卷里，有题为《唐土所无图书》（《唐土に無き佛書》）一文，文中收录了送书目录以及上述状文。在该文之前，有一段说明文字，简略地叙述了大典等送书之事。现将日文试译如下：

> 如文初所说，唐土（即清朝——译者）绝无之书物，散在于我国者为数不少。佛书之事，近年京都相园寺常（即大典——译者）长老、白云寺慈周（即六如——译者）师，又有越中光严寺隐居洞水等，年来校索，相谋送渡唐土。然常周二师先后迁化，素志未遂，极为惋惜，今当置语于此。去年洞水和尚与我曾有通讯，今也无恙吧。

据此可知参与向清朝送书之事，除大典、六如外尚有隐居洞水和尚。六如为天台宗僧人，洞水事迹待查。以下录出寄赠书目：

一、《法华义记》光宅八册

二、《大乘义章》净影二五册

三、《十地义记》净影八册

四、《释摩诃衍论》龙树一册

天台家部

  五、《维摩广疏》天台智者十四册

  六、《维摩略疏》天台智者十册

  七、《维摩记》荆溪三册

  八、《禅门章》天台智者一册

  九、《三观义》天台智者一册

  一〇、《维摩略玄义》天台智者三册

  一一、《止观搜要记》荆溪八册

  一二、《随自意三昧》南岳一册

  一三、《涅槃三德旨归》孤山十册

  一四、《净明垂裕记》孤山十册

  一五、《十义书》四明二册

华严家部

  一六、《华严搜玄记》至相九册

  一七、《华严探玄记》贤首二十册

  一八、《起信论义记》贤首三册

  一九、《起信论海东记》元晓二册

  二〇、《十二门论宗致义》贤首二册

  二一、《五教章》贤首一册

  二二、《无差别论记》贤首二册

法相部

  二三、《唯识述记》慈恩二十册

  二四、《二十唯识述记》慈恩二册

  二五、《杂集论述记》慈恩十册

  二六、《法苑义林章》慈恩七册

二七、《唯识枢要》慈恩四册

二八、《唯识了义灯》慧沼十三册

二九、《唯识演秘》智周十四册

三〇、《因明大明大疏源记》慈恩八册

三一、《宗轮论述记》慈恩二册

三二、《弥勒上生经疏》慈恩二册

三三、《业疏》慈恩八册

三四、《同科》南山、灵芝二册

三五、《济缘记》南山、灵芝八册

三六、《行事抄资持记》南山、灵芝四二册

三七、《梵网疏》义寂

真言家部

三八、《大日经义释》一行十四册

三九、《供养法疏》不可思议二册

俱舍宗部

四〇、《俱舍论颂疏》圆辉十五册

四一、《俱舍论记》普光三十册

四二、《俱舍论疏》法宝三十册

四三、《俱舍论颂疏记》遁伦十二册

四四、《俱舍论颂疏记义钞》慧辉六册

四五、《梵汉千字文》义净一册

日本撰述

四六、《胜曼经疏并钞》上宫太子、唐明空六册

四七、《维摩疏》上宫太子、唐明空五册

四八、《法华义疏》上宫太子、唐明空四册

四九、《十卷书》弘法十册

五〇、《守护国界章》传教九册

五一、《显戒论》传教三册

五二、《显扬大戒论》慈觉七册

五三、《金刚顶经疏》慈觉七册

五四、《苏悉地经疏》慈觉七册

五五、《讲演法华仪》智证一册

五六、《菩提心义钞》安然五册

五七、《悉昙藏》安然八册

五八、《往生要集》惠心六册

五九、《大乘对俱舍钞》惠心十四册

六〇、《因明四相违释》惠心三册

六一、《选择集决疑钞》法然、良忠五册

六二、《无量寿经钞》望西七册

六三、《元亨释书》虎关十五册

六四、《兴禅护国论》荣西一册

六五、《圣一钞并年谱》二册

六六、《因明前后记》荣西六册

六七、《辨中边论述记》荣西四册

六八、《法华玄赞》荣西十册

六九、《瑜伽论记》遁伦二四册

七〇、《仁王经疏》良贲七册

三论家部

七一、《中论疏》嘉祥二十册

七二、《百论疏》嘉祥九册

七三、《十二门论疏》嘉祥四册

七四、《大乘玄论》嘉祥五册

七五、《法华论疏》嘉祥十二册

七六、《三论玄义》嘉祥四册

七七、《胜鬘宝窟》嘉祥六册

七八、《法华玄论》嘉祥十册

净土家部

七九、《无量寿经疏》净影二册

八〇、《观经疏》净影一册

八一、《往生论并注》昙鸾三册

八二、《安乐集》道绰二册

八三、《观经玄序定散义》善导二四册

八四、《净土法事赞》善导二册

八五、《往生礼赞》善导一册

八六、《观念法门》善导一册

八七、《般舟赞》善导一册

八八、《赞阿弥陀佛偈》善导一册

八九、《净土群疑论》怀感四册

九〇、《五会法事赞》法照二册

九一、《净土论》迦才三册

南山家部

九二、《合注戒本》南山一册

九三、《戒本记》南山八册

九四、《净心戒钞》南山六册

九五、《戒本科》灵芝二册

九六、《行宗记》灵芝八册

九七、《随机羯磨》南山一册

九八、《道元录》一册

九九、《佛国钞》一册

一〇〇、《梦窗录并年谱》四册

送书目录中,分为十部类,计无所属部四、天台家部十一、华严家部七、法相家部十五、真言家部二、俱舍宗部六、日本撰述二十五、三论家部八、净土家部十三、南山家部九,共一百种七百余册。所寄典籍除日本撰述外,余皆为中国著述,不仅数量极为可观,而且大都是各宗要典,对照明清藏经目录,大都欠落,未刊入藏中,若果真能返输中国,会激起什么样的反响,耐人寻味。遗憾的是大典为求得准许,虽多次上书京都奉行,但是所致请状皆如石沉大海,杳无回音[①]。大典曾致书友人,说道:

> 送书一件,来喻云云,是讹传也。盖佛教论类中古逸于彼而传存于我者,凡百有余卷,并皆古德述作,极为要领。于是与一二同志相谋,欲寄致之彼。既已采聚,具状诸官,而命未降。意欲成就,事涉繁冗,未遑缕陈,衲有赠言一篇,后容录呈。(《北禅遗草》卷七)

送书之事终因未得官府准允,没能实现。

值得追问的是,大典是根据什么了解到这些典籍在清朝业已散失了?大典文中仅提到"考检诸部",其所参照的大藏目录又是何目录,现在不得而知,因事关当时中日佛教交流的状况,所以具体史实有待

---

① 参见小畠文鼎:《大典禅师》,日本大阪同朋舍 1927 年版。

进一步考证。

然而,正如南条文雄在《赠书始末》中所说"天运循环,时机斯熟",约百年之后,中国佛教徒主动向日本求购本土散失典籍,才使得大批佛典,包括大典书目中之书籍重返故国。南条文雄在1893年2月4日致杨文会的书信中述及大典赠书之事,并将大典状文及目录寄给杨文会。信中说:

> 日本宽政五年癸丑,当贵国乾隆五十八年,公历千七百九十三年,则距今一百年前,有二僧,临济宗沙门显常号大典,天台宗沙门慈周号六如,将寄赠逸书一百部于贵国名蓝,以与学匠龟鉴,作文章及目录而隧不果,是为千古之遗憾也。文载大典《北禅遗草》,弟曾阅其目录,与君之甲、乙、丙三单及别单之书目大同小异,而弟等之未代购且寄赠者有二十九部而已,今作其一本,请阅览焉。①

信中说的"甲、乙、丙三单及别单之书目",即是杨文会求购佛典的主要书目。杨文会在同年7月3日的回信中说:

> 承写赠大典、六如书目一册并状文,足见宏法利生古今同心,百年前未尝之愿,一旦成之,想亦二公愿力加持也。(《与日本南条文雄书》十四)

《赠书始末》第一编有一段话,意味深长,试译如下:

> 显常、慈周二师于百年前亲自发起,欲寄赠佛书,因时节未

---

① 南条文雄:《赠书始末》六一一,御茶水图书馆藏。《赠书始末》第六编刊登在何种杂志,尚在调查中。

至而止。尔今由彼土来求，不可不说是时机纯熟之秋，故于课余弄笔，记下赠书始末，以示世上知己。

以上将大典、六如欲寄赠清朝佛书状文及书目所涉及的史实，做了简略地考察，以下叙述清末日本传入佛典的经过。

（二）

在具体考察传入佛典内容之前，先对南条文雄《赠书始末》和《清国杨文会请求南条文雄送致书目》（以下简称《送致书目》）二书的性质、著者和辑录者以及他们与杨文会的关系，分别略加考辨，然后再详述具体书目。

南条文雄《赠书始末》和《送致书目》，二书均见于《成堂簀善本书目》（御茶水图书馆，1932年），该书目于1992年又重新出版，名为《新修成簀堂善本书目》[1]。在旧书目中，《送致书目》名为《寄赠书目》，新修书目则依据原封面所题，改为现有书名，今分别译出如下：

《赠书始末》六卷南条文雄。明治年间写本，记录了明治二十三年至六年间，同氏将佚书赠予金陵刻经处杨文会等之始末。
《寄赠书目》明治年间写本。上赠书之目录，一部分为岛田蕃根手写，二部皆是田中青山伯寄赠。

又新修书目：

《赠书始末》（第一至六编）南条文雄记。田中光显（青山）

---

[1] 《新修成簀堂善本书目》，日本（财）石川文化事业财团・お茶の水图书馆1992年版。

旧藏。由田中青山老伯寄赠，有大正十五年六月苏峰手记。

《清国杨文会请求南条文雄送致书目》一卷一册，明治二十六年写，美浓小本，一部分为岛田蕃根手写，封面以及扉页是田中青山自笔。大正十五年由田中光显伯赠予苏峰。附有青山自笔书简，封面有苏峰手题。系自江户时代以来，选取中国所无佛典，致力寄赠之书目。

旧书目《赠书始末》条所说的赠书始末年代，对照所藏抄本来看，稍有出入，书中记载最初向中国寄送佛典的时间是明治二十年，即1887年，这次寄书是受居住苏州的翰林学士沈善登的托请。而书中所录最后一封信是南条文雄写于1894年1月14日的来书。

如成箦堂新旧书目所记，《赠书始末》共有六编，每编标题形式相同，即为"《赠书始末》第某编"，第一至第四编还写有"文学博士南条文雄"，第六编则有"明治二十六年九月二十二日后草之南条文雄记"。书中辑录了1890年至1894年间南条文雄和杨文会的往来书信，还录有南条与传递二人信件的苏少坡的通信和笔谈，每封信前大都有南条对往复信件的时间、事由的简短说明，信件总数达29封，其中杨文会致南条文雄的书信有10封，南条回复杨文会的书信有11封，余为南条和苏少坡的通信。因此，《赠书始末》可以说是一部书信集。上面提及的苏少坡是杨文会夫人的胞弟，1890年至1893年间在清朝驻日使馆工作，受杨文会的委托负责杨文会和南条二人的书信传寄和书籍寄赠。杨文会向南条文雄求购佛书，主要集中在这一时期，以后求购渐少，恐怕和苏少坡任满回国后，无得力之人居中协调有关。《赠书始末》六编的编写年代，分述如次。第一编的编写年代为明治二十四年12月5日，即1891年12月5日，收录1890年5月4日至1891年10月10日书信六封；第二编的编写年代是1892年10月2日，收录1892年9月25日至1892年10月1日书信六封；第三编辑有同年10

月 2 日至 11 月 10 日的往来书信 4 封；第四编辑有同年 10 月 12 日的信一封，以及 11 月 10 日至 12 月 4 日的往复书信 3 封，共 4 封；第五编于 1893 年 1 月 18 日写就，收录了 1892 年 12 月 1 日至 1893 年 1 月 9 日的往来书信五封；第六编收录了 1893 年 2 月 4 日至 1894 年 1 月 9 日的往复书简 16 封。《杨仁山居士遗著》中的《等不等观杂录》（以下省称《杂录》）卷七、卷八里收有《与日本南条文雄书》，标有 28 封，和《赠书始末》对照，仅有 6 封见于杂录，可知《杂录》遗漏颇多，而《赠书始末》未收信件也可从《与日本南条文雄书》得览，互相补充，但是，即便合计二书中往复书简，也绝不是二人通信的全部，因为二书中提到的一些书信现在已无从查到。对照的结果详见下表：

编号	写信人	收信人	书信年月日	《与日本南条文雄书》之有无
1—1	杨文会	那条文雄	1891 年 3 月 9 日	同书八
1—2	杨文会	南条文雄	1890 年 5 月 4 日	无
1—3	南条文雄	杨文会	1891 年 5 月 18 日	无
1—4	杨文会	南条文雄	1891 年 8 月 2 日	无
1—5	杨文会	南条文雄	1892 年 9 月 1 日	同书十一
1—6	南条文雄	苏少坡	1892 年 9 月 25 日	无
2—1	南条文雄	杨文会	1891 年 9 月 26 日	无
2—2	南条与苏	笔谈	1892 年 9 月 27 日	无
2—3	南條文雄	蘇少坡	1892 年 10 月 1 日	无
2—4	南条文雄	杨文会	1892 年 10 月 1 日	无
2—5	苏少坡	南条文雄	1892 年 10 月 1 日？	无
2—6	南条文雄	苏少坡	1891 年 10 月 10 日	无
3—1	南条文雄	苏少坡	1892 年 10 月 12 日	无
3—2	苏少坡	南条文雄	1892 年 10 月 12 日	无
3—3	杨文会	南条文雄	1892 年 10 月 23 日	无

续表

编号	写信人	收信人	书信年月日	《与日本南条文雄书》之有无
3—4	南条文雄	杨文会	1892年11月9日	无
4—1	南条文雄	苏少坡	1892年11月10日	无
4—2	苏少坡	南条文雄	1892年11月10日	无
4—3	杨文会	南条文雄	1892年12月1日	同书十九
4—4	南条文雄	苏少坡	1892年12月4日	无
5—1	南条文雄	杨文会	1892年12月4日	无
5—2	苏少坡	南条文雄	1892年12月16日	无
5—3	南条文雄	杨文会	1892年12月16日	同书十九附来书
5—4	南条文雄	苏少坡	1892年12月17日	无
5—5	杨文会	南条文雄	1893年1月9日	无
6—1	南条文雄	杨文会	1893年2月4日	无
6—2	南条文雄	苏少坡	1893年3月26日	无
6—3	南条文雄	杨文会	1893年3月28日	无
6—4	南条文雄	苏少坡	1893年6月12日	无
6—5	杨文会	南条文雄	1893年7月3日	同书十四
6—6	苏少坡	南条文雄	1893年8月？	无
6—7	苏少坡	南条文雄	1893年9月19日	无
6—8	南条文雄	苏少坡	1893年9月27日	无
6—9	南条文雄	苏少坡	1893年9月27日	无
6—10	南条文雄	杨文会	1893年11月23日	无
6—11	南条文雄	南条文雄	1893年11月24日	无
6—12	杨文会	南条文雄	1893年12月1日	无
6—13	苏少坡	南条文雄	1893年12月2日	无
6—14	南条文雄	苏少坡	1893年12月16日	无
6—15	南条文雄	杨文会	1893年12月16日	无
6—16	杨文会	南条文雄	1894年1月14日	同书十三

（笔者注：1—1即《赠书始末》第一编第一封书信，余皆仿此。又顺序笔者按年代略有调整）

据南条文雄在《赠书始末》中自述，书中的第一编和第二编的内容曾发表在当时的刊物上，第一编的全文曾分别发表在《佛教》杂志第三十六至三十九号以及《青年国华会》杂志第三至七号上，第二编则刊登在《明教新志》上。第二编的开头，南条写道：

明治二十四年十二月五日，草就《赠书始末》第一编，刊登在二十五年一月以来的《佛教》杂志第三十六至三十九号，以及《青年国华会》杂志第三号以下各期，今恐此第二编材料有可能丢失，所以一有所得，随时录出。

第三编的开头又说："壬辰（即1892年——译者）十月二日草就《赠书始末》第二编，刊登于同月《明教新志》"。刊登在《佛教》杂志上的第一编现在可全部查到，《青年国华会》杂志只能查到第七号，《明教新志》上的第二编也可全文查到，第三编以下不见发表于何种刊物。据南条文雄的记述可知，本书乃系南条文雄亲自辑录，至于编纂本书的缘由，南条在第一、二编中有清楚的说明，以下分别译出。第一编末尾说：

杨文会记下以上外晋支道林、竺道生诸种著述的书名，迫切想得到它们，于是来信请求，由于来信现在不存手头，所以不能一一列举所求诸论的书名，总而言之，是汉土诸师的著述，因为他只知书名，不见其书，所以来求，但愿能满足他的期望，同时也借此机会让他知道本邦乃是大乘相应法域，如此区区之怀而已。显常、慈周二师于百年前亲自发起，欲寄寄赠佛书，因时节未至而止，尔今由彼土来求，不可不说是时机纯熟之秋。故于课余弄笔，记下赠书始末，以示世上知己。

第二编末又说：

> 所幸的是，读者可以按（上述）书目，了解到中国人的著述在中国保存的情况，以及在本邦的流传状况，同时晓得时下正是法宝弘通之秋。

考《送致目录》内容，显然是对《赠书始末》书目部分的抄录，全书共有六部书目，即：

（1）杨文会的三个请求书目

甲字单二十一部，乙字单六十三部，丙字单一一八部，总计二〇二部。

（2）金陵刻经处主人仁山杨文会所请代购书目，计七十三部。

（3）大典、六如二师将欲寄赠清国书籍目录（文雄等未送了之部分如左），计二十三部。

（4）大典、六如二师将欲寄赠清国书籍目录，总计一百种。

（5）南条文雄等已寄赠清国书目录，计二〇四部。

（6）南条文雄等已寄赠清国书目录续编，计三十一部。

其中（5）（6）二书目，分别记录着寄送书箱的年月、部数，一些书目前写着赠书者的名字。所记最早寄送的年月是明治二十四年（1891），而最后的年月是1893年12月。书中大典、六如二师"将欲寄赠清国书籍目录"部分，将大典、六如状文、书目以及《一宵话》的有关内容全部抄录在中，有的书目上注有已寄的记号。其中有一段话，可视为对本书性质的说明，试译如下：

> 因此，从明治二十四年五月至二十五年十二月，由文雄和东海玄虎（最近改名为佐藤茂信）、町田久成、赤松连城三君商议，或为杨文会代购，或将佛书直接寄赠。书籍的目录附记如下，二

年间法宝弘通，举其一斑，以示古今之异。

依《送致书目》，清末杨文会向南条文雄所求的是何种佛典，南条文雄等所送的又是何种佛书，所求所送数量多少，发生于何时，便可一目了然。

但是前揭新旧书目，所记详略各有不同，对于《送致书目》的辑录者却语焉不详，仅述一部分为岛田蕃根手写，考岛田资料，不见有关这方面记载。对照二写本，大部分字迹相同，为同一人抄写无疑，此人或是南条文雄，或是南条所令抄写之人，而岛田蕃根则是二书的藏主，并做了添加。关于这点，也可参考青山致苏峰书简的有关内容，信中提到要将南条文雄的《赠书始末》等二册寄交苏峰收藏，并说"岛田蕃根翁助力颇多"，青山是如何得到此二书的，现在无法知道，但想必是从岛田蕃根处得到的。至于青山、苏峰的事迹，因事涉繁冗，又与本文主旨无关，容请省略。

然而，南条文雄和岛田蕃根以及杨文会的关系，有必要理清楚，因为他们都是上述寄书活动的当事人。南条和杨文会的关系，笔者已在"有关在日本举行的杨文会居士追悼会之资料"一章中略有交代，兹不赘述，需要说明的是南条和岛田的关系。因为像《送致书目》中提到的东海玄虎（后改名为佐藤茂信）、町田久成、赤松连城都是因南条的关系而加入了寄书行列，岛田本人也是如此。岛田蕃根（1828—1907）是日本著名的藏书家，尤以1881年至1885年主持刊印《缩刷大藏经》而名声远扬[1]。他和南条交往的具体情况不大清楚，然检阅《赠书始末》第一编，南条自述尝读《北禅遗草》大典、六如状文，方知百年前寄书之事，迫切想了解其中原委，于是造访岛田蕃根，从岛田处借来《一宵话》阅览，得知详细。此事约在编写第一编的前夕。

---

[1] 参见梶浦晋：《近代日本汉译大藏经出版史》，《しにか》1992年第6期。

因此，二人的交往似乎比较密切。查《赠书始末》第六编 1893 年 3 月 28 日南条致杨文会的信中，曾言及岛田。信中说："岛田君所望有二部，《御选语录》、《御选宗镜大纲》是也。岛田君曾掌领弘教书院缩刷藏经之事，有博览之名，今住东京。"这是南条初次向杨文会介绍岛田蕃根，自此以后岛田和杨文会互求书箱，颇为频繁，在南条和杨文会的书信中常常出现岛田的名字。此外，东海玄虎是出版《缩刷大藏经》的弘教书院的主干人物。据《赠书始末》，1891 年 5 月 18 日，南条在给杨文会的书信中首次提到参与寄书的有东海玄虎、町田久成，此信后又有追书，于中说道：

> 杨君台鉴，昨日作一信未及送，而苏君复过弊庐，时弘教书院主干东海君玄虎亦已在焉，互晤胸襟，殆知接贵语。东海君云，校订大藏经凡例中，偶缺一条，一、秘密部诸经（余帙初四册所编次）丽、宋、元、明四藏所无，均据传教等入唐日本僧八家目录编次之，尤其宜珍玩。东海君复寄赠二书如左。

后二人往来寄书，源源不绝。杨文会接到赠书后，给东海作了回信，中说"沙婆界中，共为释迦遗教弟子，虽未把晤，而志同道合，如出一辙"，并托请东海代购刻本，"有刻本者，则购之，否则请人书写"。南条在上述信中，对町田久成颇有介绍，信中说：

> 有町田君久成，曾为显官，今出家为天台宗僧。贵国前公使黎公应其乞为钟铭，铭文颇难解，今添一部，请君为解其铭文。町田君云，藏书中有《景佑天竺字源》写本，在西京，他日当作净写一本以呈贵处，又当搜索道林、道生等之诸论，而使弟请曰，愿得贵处所刻经书各一部，以藏其寺，请君幸容其请。

其中清朝前驻日公使所作的铭文释解一事，杨文会在 1891 年 8 月 11 日的复南条信中说：

> 町田君所示钟铭，已由敝友为之笔释，弟作一函寄町田君，奉赠经籍二百五十六本，图十三纸，共装一箱，请尊处转交，觅购旧书之事，烦町田君留意是幸。

而且，杨文会还给町田久成去了书信。杨文会致二人的书信，俱收在《杂录》卷八，即《与日本东海书》和《与日本町田书》。在《与日本町田书》中，杨文会称町田"身为显臣，而能抗志出尘，非具大丈夫作略，何克臻此"，又说"黎公钟铭，已由陈君锐清为之笺释，寄呈台鉴。陈君系敝处校经友也"。此事在南条文雄随后的回寄中也有表述，南条的信里说：

> 杨君座右前由苏君递到六月二十八日赐言，承赠町田君书信一通，经籍二百五十六本，图十三纸，又赠东海君书信一通，经籍二十本，又赠弟经籍五十本，珍重拜受。

信中所说的"六月二十八日"，系阴历，即阳历 8 月 2 日，南条的回信是同年 9 月 26 日，此系阳历。杨文会给南条的书信署记年月皆用阴历，而南条则用阳历。南条在信中还对释解钟铭一事表示感谢，他说：

> 承町田君所示钟铭，尊友已为之笺释，不啻弟与町田君均受洪益，邦人皆受其赐，欢喜无量。

赤松连城和杨文会的交往，笔者在上一章已有交代，今据《赠书始末》新见材料再略作补充。依南条记述，赤松是在1892年10月才参与寄书一事的，赤松居京都，京都代购书籍最多，这和赤松的协助也有极大关系。杨文会曾多次打算渡海赴日，在给南条的信中就说过"弟并拟西京及各处名蓝，收藏古本章疏之处，次第寻觅"[①]。《赠书始末》第四编说：

> 在此之前，十月十七日，余在西京（即京都——译者）向赤松连城谈及（寄书）的事情，希望借他的藏书寄给杨氏抄写，十一月二十日赤松师寄来书籍，后又收到寄赠书箱七部，因此连同这些书寄给苏氏，让他转送杨文会。

南条在12月4日给杨文会的信中，言及借书一事，并向杨介绍说"赤松君二十年前，游欧洲，为真宗宿老，常住京都，时布教各地，弟之先辈是也"。自此赤松连城和杨文会互送书籍，频有书信往来。杨文会在给南条的信中曾说：

> 承赤松连城君赠书八册，感谢无极，万里同风，作法门文字交，诚千古胜缘也。虽未能把臂倾谈，而展玩手写之本，不啻睹面亲承矣，晤时祈代述鄙怀。（5—5，1893.1.9）

杨文会去世后，赤松连城在"挽仁山杨大人"的挽诗中说"神交多年，未曾识面。通信惠书，不见犹见"，其缅怀之情，感人至深。遗憾的是二人的书信现在竟连一封也查不到了。

以上可知，东海玄虎、町田久成、赤松连城以及岛田蕃根都是因南条的关系，先后参与了为杨文会寄书的事业，或者代购，或者赠予，

---

① 杨文会：《等不等观杂录》卷七，《与日本南条文雄书》九。

或者借贷，或者抄录，同时也托请杨文会代为搜购日本所无典籍。由于有了他们的努力，大批佛书得以重返中国，刺激了中国学者研读佛典的兴趣，清末佛教才有了复兴之势，正如杨文会所说"益见弘法情殷，嘉惠支那学人无既"①，因此，讲述清末佛教不可不称述他们的事迹。而杨文会也积极为他们搜购、赠予佛书，对于充实日本既存三藏，同样功不可没。

（三）

详考杨文会托请南条文雄代购佛教典籍，主要始于1890年其舍亲苏少坡赴日任职之际，在此之前虽也有互赠经籍之事，但只是互赠一般佛书，不是代为搜购②。从1890年到1894年，杨文会先后向南条文雄提出四份求购书单，开列书目竟达221种，而南条文雄等代购、赠予的书籍达235种，数千余册。所得之数，乃前代未闻。

然据《赠书始末》，早在1887年5月，南条就受中国学者的请求，寄去以下五部净土典籍：

《无量寿经义疏》二册　隋慧远著
同一册　唐吉藏著
同经连义疏文赞三册　唐新罗璟兴著
同经抄七册　日本望西楼了慧著
同经会疏十册　同胜授寺峻谛著

按照南条的记述，这一年的4月自印度归国，途经上海，周游江

---

① 《与日本南条文雄书》二十六。
② 参见于凌波：《杨仁山居士评传》，台湾新丰出版公司1995年版，第211页。此书是研究杨文会生平事迹最新，也是最系统的一部著述，值得参看。本文所揭二文，该书著者似乎未见。

浙,在苏州曾拜访许息庵(灵虚),并同翰林学士沈觉尘(善登)笔谈,笔谈中,沈善登多次言及《无量寿经》的注疏里,已无善本,于是南条便告诉他日本仍存有慧远、吉藏、璟兴的注疏,沈学士当即表示想见到这些注疏。南条回国后,从京都将上述的五部净土著作寄赠给沈善登。数年后,杨文会在致南条的书信(1—4,1898.8.2)中曾提到此事。信中说:"善导观经疏,闻沈君云归国单行本与七祖圣教内刻本有别,沈君藏本已失,仍望购单行本一部,以备雠校发刻。"其中沈君即沈善登。沈善登与杨文会交往不得其详,但同好净土,想必无疑①。杨文会向南条求书,于净土、华严最为倾心,这也是清末佛教的一大特征。

苏少坡赴日时,带去了杨文会给南条文雄的信以及求购书单,这封信收录在《杂录》卷七,即是《与日本南条文雄书》七,并录有南条的回书。信中说:

> 因舍亲苏少坡赴贵国之便,特以奉赠《身心语》,……唐以前佚书,贵国间有存者。弟欲觅晋时支道林、竺道生著述,另开于后,如可觅得,祈代购数种。倘寺内尊藏之本,不能购买,可属苏君钞稿寄回,不胜盼祷。

南条的回书中说:

> 贵属支道林、竺道生著述,弟未见闻其现存,故无由钞出之。别单所记陀罗尼等诸书亦未保其尽存日本与否。

---

① 沈善登《报恩论》中有《致杨仁山书代许息庵》,委托尚在伦敦的杨文会搜购梵文佛典。据此可知二人至少在19世纪80年代就有交往。沈善登和许息庵与在华传教的日僧也有密切交流。

对照《赠书始末》，杨文会的来信和南条的回书均未收录，其中缘由，从前面引述的赠书始末第一编末尾一段文字可知，杨的一部分来信已"不存手头"。杨文会在收到南条的回书（1—1，1891.3.9）后，紧接着做了回复。信中说：

> 笺末所开经书十八种，渴望之至，惟《净土论大意》系日本文，弟不能读，其余十七种，均求代购，其价由苏君奉上。此外如有古时支那人撰述各种为明藏所无者，无论散单已开未开，均祈代为寻觅。支道林、竺道生论著甚为难得，贵国存诸古书之所，若有陆澄所集《法论》，则其中当得几种也。

可见求书心切。这一书单在二人之间称作别单，具体书目，不见列出，其一部分可以从《赠书始末》中南条复杨文会的信（1—3，1891.5.18）以及记述中辑出。南条的信说：

> 前书中所说经书十八种，前日已命西京书贾，其中除《净土论大意》，其他十七种中之未得者，近日当致诸苏君请转交也。今先赠呈九种，此均不要价也。

此次寄书多是赠送。以下辑出别单的一部分内容：

一、《大日本校对大藏经目录》
二、《七祖圣教》一帙三本（《往生论注》、《安乐集》、善导《观经疏》）
三、《维维摩经》二本　僧肇注
四、《大经会疏》十本　日本真宗僧峻谛述
五、《科注法华经》十本　宋守伦注

六、《净土论大意》

七、《莲门经籍录》二本

随后京都书肆将以下书籍直接寄往南京杨文会处。

《释摩诃衍论》十二本

《阿弥陀经通赞》二本

《般若心经幽赞》二本

《大乘法苑义林章》七本

《成唯识论述记》二十本

《因明入正理论疏》三本

《瑜伽论略纂》十五本

《弥勒六部经》七本

《妙法莲华经玄赞》十本

《净土论注显深义记》五本

《善导大师传》一本

《八宗纲要》一本

其中应包括别单中的大部分书目。据《赠书始末》第二编结尾部分记述，迄1892年10月2日，别单中的18种，尚有4部没有得到，这4部没有明记，后来是否寄去，不得而知。其中二一五为南条寄赠，一和七为东海玄虎赠予，《净土论大意》未见寄出。南条还寄去了以下书籍：

《七十五法名目》二本

《藏外目录》（写）一本

《维摩诘经义疏》五本　　　　　　　　日本圣德太子御制

《大经望西钞》七本　　　　　　日本净土宗了慧述
《大乘义章》二十三本　　　　　隋慧远法师撰
《阅藏知津》二十本　　　　　　明智旭汇辑
《因明正理论科本》一本
《因明入正理论科本》一本
《因明三十三过本作法科本》一本
《法宗源》一本

其中《藏外目录》为东海玄虎赠予，余皆是南条所赠。以上共计30种，176本，其余则经由苏少坡转送杨文会处。初次求购，便有如此大收获，令杨文会大喜过望。杨文会收到书后，便给南条文雄去信（1—4，1891.8.2），信中说：

南条上人法鉴，前由苏君递到五月二十赐函，承赠经籍八十六本，并东海君四本，有知名者，有未知名者，一旦得之，喜出望外，珍重顶受，不啻百朋之赐也。

其欢喜之情溢于言表。同时杨文会给町田书信一封，赠送经籍256本，图13张，赠送东海经籍20本，去信一封，又赠送南条经籍50本。赠送南条的经籍信中列有书目，即：

《梦游集》二十本
《观楞伽记》四本
《起信论纂注》一本
《起信论直解》一本
《居士传》六本
《善女人传》一本

《老庄批注》四本

《一行居士集》四本

《中庸直解》一本

《佛尔雅》一本

《肇论略注》二本

《圆觉经近释》一本

《心赋注》四本

南条接到书籍后，去信（2—1，1891.9.26）说：

贵赠经籍五十本，《居士传》之外，皆未见之书也。一旦得之，喜出望外，不知所谢。

杨文会又依据《藏外目录》开列甲乙两求购书单，寄给南条，从此开始了大规模的求购。杨文会的信中说："东海君所赠《藏外目录》其中欲得者甚多，开列甲乙二单，请先由书肆觅购，其不可得者，在甲单内即请人楷字抄写，工资由苏君照付。在乙单内即不写也。"南条在前信里说："《藏外目录》所载其本皆现存，然印刻之书甚鲜少，故待贵需而后可命誊写也。"因此，《藏外目录》对于杨文会了解日本现存佛典，有目的地求牌典籍，帮助极大，几可看作是杨文会的求购指南。对此书目，笔者虽多方查找，至今未得线索，犹恨努力不够。杨文会开列的甲乙二单，现据《送致书目》移录如下：

杨仁山（以下仁山语也）甲字单

（内经籍二十一种如刻本，即求代购，

否则请人书写，工资几何，祈先议定）

一、《大经义疏》二卷　　　　　　　慧远

二、《观经义疏》二卷	同
三、《小经疏》一卷	智𫖮
四、《华严经文义纲目》一	法藏
五、《金刚般若经疏》二	窥基
六、《胜鬘经宝窟》三	吉藏
七、《同经述记》三	窥基
八、《入楞伽心玄义》一	法藏
九、《大乘密严经疏》四	同
一〇、《同经述赞》三	窥基
一一、《游心法界记》一	法藏
一二、《义海百门》一	同
一三、《发菩提心章》一	同
一四、《华严经问答》一	同
一五、《五教止观》一	杜顺
一六、《五十要问答》一	智俨
一七、《一乘十玄门》一	同
一八、《华严略策》一	澄观
一九、《不空心要》	不空
二〇、《无畏禅要》	禅无畏
二一、《悉昙字母表》	一行

右二十一部皆见于《藏外目录》

杨仁山乙字单

（内经籍六十四种，祈向各书肆寻觅，如得刻本即请代购）

一、《大经义疏》一卷	吉藏
二、《同连义述文赞》三	璟兴
三、《观经记》一	法聪

四、《同疏》一	吉藏
五、《同疏》四	元照
六、《同正观记》三	戒度
七、《同扶薪论》一	同
八、《阿弥陀经义疏》一	元照
九、《同闻持记》三	戒度
一〇、《华严经搜玄记》十	智俨
一一、《同探玄记》二十	法藏
一二、《华严经刊定记》二十	慧苑
一三、《妙法莲华经义疏记》八	法云
一四、《同疏》十二	吉藏
一五、《同游意》二	同
一六、《同玄论》十	同
一七、《涅槃经三德指归》十九	智圆
一八、《大日经疏》二十	一行
一九、《同义疏》十四	同
二〇、《同疏》二	不思议
二一、《同序》一	崔杖
二二、《金刚顶经义决》二	不空
二三、《佛顶尊胜陀罗尼经疏》	法崇
二四、《大般若经游义》一	吉藏
二五、《同广疏》十	同
二六、《般若心经崆峒记》三	守千
二七、《维摩经义记》八	慧远
二八、《同垂裕记》十	智圆
二九、《同广疏》十四	灌顶
三〇、《同略疏》五	吉藏

三一、《无垢称经疏》六		窥基
三二、《胜鬘经义疏私钞》六		明空
三三、《楞严经释要钞》六		怀远
三四、《楞严经通义》六		善月
三五、《解深密经疏》六		元测
三六、《金光明经疏》六十		慧沼
三七、《梵网经戒本义疏》六		法藏
三八、《同义记》十		慧远
三九、《四分律行事钞》四十二		道宣
四〇、《无量寿经论疏》十四		
四一、《十地论义记》十四		慧远
四二、《中论疏》十		吉藏
四三、《百论疏》三		同
四四、《十二门论疏》二		同
四五、《瑜伽伦记》二十四		遁伦
四六、《成唯识论枢要》二十四		窥基
四七、《辩中边论述记》三		同
四八、《二十唯识论述记》二		同
四九、《百法论疏》二		普光
五〇、《俱舍论记》三十		普光
五一、《同疏》三十		法宝
五二、《顺正理论述文记》二十四		元瑜
五三、《宗轮论疏》一		窥基
五四、《华严传记》五		法藏
五五、《纂灵记》六		慧苑
五六、《禅门章》一		智𫖮
五七、《三观义》一		同

五八、《悉昙字记》一　　　　　　　　智广

五九、《不空表制集》　　　　　　　元照

六○、《大乘玄论》五　　　　　　　吉藏

六一、《劝发菩提心集》三　　　　　慧沼

右六十一部见于《藏外目录》

六二、《往生净土论》六　　　　　　道安

六三、《庐山集》十　　　　　　　　慧远

右二部见于《莲门经籍录》

乙字单原为64种，《送致书目》中少一种，对照《赠书始末》，知抄漏的是《杂集论述记》。甲字单21种，除五、九、一三外，其余皆求得寄出。其中三则是赤松亲手抄写，一二、一三、一五、一七也是由赤松嘱人抄写赠予的，四、一八、一九、二〇为东海代购，其余则是南条代购的。对照《送致书目》中的"南条文雄等已寄赠清国书籍目录"以及"续编"，再参以《赠书始末》记述，乙字单64种，寄出的有49种，书单中的四、二一、二四、二五、二六、三〇、三五、三八、四〇、五二、五四、五五、六二等15种未见购得寄出的记录。

随后，杨文会又开出数量更多的求购丙字单[①]，依《送致书目》移录如下：

杨仁山丙字单书目

一、《阿弥陀经疏》二卷　　　　　　唐窥基

二、《同义疏》　　　　　　　　　　唐善导

[①] 参见《赠书始末》二一一，御茶水图书馆藏，即1892年9月1日杨文会致南条文雄的信。又参见《明教新志》第3136号，东京明教社，1892年10月12日，第9页。

三、《妙法莲华经义决》一		唐慧沼
四、《同玄赞》十		唐窥基
五、《仁王般若经疏》三		唐嘉祥
六、《同疏》三		唐圆测
七、《同疏》三		良贲
八、《同法衡钞》六		遇容
九、《金刚经般若直解》一		唐慧能
一〇、《同六祖解义》二		唐普觉
一一、《维摩经略疏》十		隋智𫖮
一二、《同玄义》三		同
一三、《同记》二		唐湛然
一四、《同广疏》六		唐吉藏
一五、《同游义》一		同
一六、《楞严经集解熏闻记》六		宋仁岳
一七、《弥勒上生经疏》二		唐窥基
一八、《同新记》二		宋元照
一九、《金光明经顺正记》三		宋从义
二〇、《同疏》一		唐吉藏
二一、《药师本愿功德古迹》二		太贤
二二、《梵网经述记》二		唐胜庄
二三、《同疏证》三		宋与咸
二四、《同疏》三		义寂
二五、《同注》二		智因
二六、《同古迹记》二		太贤
二七、《四分律律钞批》二		八太觉
二八、《同济缘记》八		宋元照
二九、《同行宗记》八		同

三〇、《同饰宗记》十	定宾
三一、《十地论疏》一	唐法藏
三二、《同玄义》一	唐吉藏
三三、《十二门论疏宗致义记》二	唐法藏
三四、《法华论疏》十三	唐吉藏
三五、《瑜伽论略纂》十六	唐窥基
三六、《应理宗戒图》十三	
三七、《成唯识论演秘》十四	唐智周
三八、《同义蕴》七	道邑
三九、《同义演》十三	如理
四〇、《同古迹》八	亡名
四一、《同了义灯》一三	慧沼
四二、《因明论义断》二	唐窥基
四三、《因明前记》二	智周
四四、《同后记》二	同
四五、《同纂要》二	慧沼
四六、《俱舍论疏》五	神泰
四七、《同颂疏》十四	圆辉
四八、《同记》十二	遁麟
四九、《同钞》六	慧晖
五〇、《同序记》一	法盈
五一、《遗教论住法记》二	智周
五二、《释群疑论》七	唐怀感
五三、《游心安乐道》一	元晓
五四、《无量寿赞》十一	宋元照
五五、《义苑疏》十	宋道亭
五六、《五教章复古记》六	师会

五七、《集成记》六　　　　　　　　希迪

五八、《析薪记》二　　　　　　　　观复

五九、《焚薪》二　　　　　　　　　师会

六〇、《华严经骨目》二　　　　　　唐湛然

六一、《发微录》一　　　　　　　　宋净源

六二、《贤首传》一　　　　　　　　新罗崔致远

六三、《宗圆记》五　　　　　　　　宋了然

六四、《玄妙门》一　　　　　　　　隋智顗

六五、《法华传记》三　　　　　　　宋增祥

六六、《增修教苑清规》四　　　　　隋自庆

六七、《法门大义》一　　　　　　　晋罗什

六八、《二谛章》三　　　　　　　　唐吉藏

六九、《抉择章》二　　　　　　　　唐智周

七〇、《法苑补阙章》三　　　　　　唐慧沼

七一、《慧日论》四　　　　　　　　同

七二、《四分律比丘尼抄》三　　　　唐道宣

七三、《佛制六物图》一　　　　　　宋元照

七四、《义楚六帖》二六　　　　　　宋义楚

七五、《祖庭事苑》二　　　　　　　宋善乡

七六、《芝园集》三　　　　　　　　宋元照

以上七十六种见于《藏外目录》

七七、《八宗纲要讲解》六（和文）　福田义导

七八、《净土源流章》二

七九、《略述法相义》三　　　　　　闻证

八〇、《三国佛法传通缘起》一

八一、《称赞净土经驾说》四

八二、《易行品冠注》

以上六种见于《西村空华堂书目》，是支那文即请代购。

八三、《三论玄义》二		吉藏
八四、《阿毗达摩俱舍论图》一		（枚折）
八五、《诸宗总系谱图》一		（枚折）
八六、《唯识略解》十		吉藏
八七、《法苑义镜》四		
八八、《五教章旁注》三		法藏
八九、《同冠注》十		观应
九〇、《华严孔目章》四		智俨
九一、《悉昙藏》四		安然
九二、《悉昙揃》五		
九三、《法相大乘玄论》二		
九四、《起信论义记》三		法藏
九五、《同别记》一		贤首
九六、《同海东别记》二		元晓
九七、《同海东疏》二		同
九八、《同慧远疏》二		
九九、《同一心二门大义》一		智顗
一〇〇、《同教理抄》十		湛睿
一〇一、《略摄八转义》一		法住
一〇二、《释净土群疑论》		
一〇三、《律宗纲要》一		凝然
一〇四、《八宗论》一		（和文）
一〇五、《佛法简要快捷方式录》二		（和文）
一〇六、《梵网经要解》六		同
一〇七、《书籍目录》六		同
一〇八、《日本往生全传》八		

一〇九、《迦才净土论》三

一一〇、《杂集论述记》十

以上二十八种见于《文昌堂藏版目录》，是支那文即请代购。

一一一、《华严随文手镜》一百　　　　唐证观

宋人记载

一一二、《禅源诸经集》宗密

藏内仅有序，此集约有数十卷，贵国如有存者，请购一部。

一一三、《楞伽经疏》七（承代购《入楞伽心玄义》，即此疏之前也）　　　　唐法藏

一一四、《法华经疏》七　　　　同

一一五、《法界无差别论义疏》一　　　　同

一一六、《华严策林》一　　　　同

一一七、《同三昧观》一　　　　同

一一八、《华藏世界观》一　　　　同

以上六种见于贤首传

丙字单共118种，先后寄出的有82种，没有搜集到的有二、四、九、一〇、一五、一八、二五、二七、三〇、三一、三二、三六、三九、四〇、五〇、五四、五五、五七、五八、六四、六七、六九、七一、七七、九三、一〇四、一〇五、一〇六、一〇七、一一八等36种，其中七七、一〇四、一〇五、一〇六系日本文（和文）著述。

以上四个求书单即别单、甲、乙、丙总共开列书目221种，而搜集到手、寄往杨文会处的达145种，有76种没有搜集到。按《送致书目》的记录，至明治二十六年（1893）12月，寄送的书籍共有228种，此后又有6种，再加上抄漏的一种，总计达235种，其中近80种是杨文会没有求购的书籍。数量之巨，令人叹止。对此，杨文会在致南条的信（4—3，1892.12.1）中说道：

比年以来承代购经籍，千有余册，上自梁隋以至唐宋，贵国著述，罗列满架，诚千载一时也，非阁下及东海君大力经营，何能裒集法宝如此之宏广耶。

但这并不是杨文会和南条文雄之间求书、送书的全部，在此之后，求书、送书的事业仍在继续。如《与日本南条文雄寄》十中，杨文会又开列二十种书目，请南条为之代购。此信没录年代，然据信头所说"未通音问者两年余矣"以及"贵国寄来之书现已刊出几种"等语，加之所开目大都不见于以前书单，所以可以推断为1894年以后的两年，或再稍晚一些。此外笔者还查到刊载在《大藏经报》上的两人书信，得知至1907年二人仍有通信往来，时也有交换书籍之事。因篇幅的关系，1894年以后的求赠事实，以及"南条文雄等已寄赠清国书籍目录""续编"中其余寄送的八十多种书目，在此不再一一列举，留待另篇辑出。其赠书目录中记录的杨文会寄赠南条等人的书目，也请容后报告。

（四）

清末由日本传至中国的佛典，其数量有多少，现在无法确切地知道，因为，除了杨文会向南条文雄等求购外，尚有其他直接赴日搜求佛教典籍的文人官僚。如文廷式因参与变法活动，后逃至日本，在日期间，曾拜访过南条，尝搜集到天台三大部和《成唯识论述记》，打算让杨文会将之尽快刊刻入藏[①]。宋恕也曾拜访过南条，尤其留意因明、唯识的典籍和研究[②]。再如夏曾佑，不仅协助杨文会刊刻藏经，而且自

---

① 文廷式：《东游日记》，《文廷式集》下，中华书局1993年版，第1174页。
② 宋恕：《和南条文雄笔谈记录》，《宋恕集》上，中华书局1993年版，第359页。

己也曾在日本搜购佛典。据孙宝瑄在其《忘山庐日记》记述，夏曾佑购自日本的典籍就有冠导本《俱舍论》，又《唯识论述记》及《瑜伽师地论》三种①。当然，其中搜购最著者莫过于杨文会。依杨文会的叙述，自日本得来的佛典约有三百余种，而南条在"续藏经序"中则说有283种，因此，除南条的寄书途径外，恐怕杨文会还通过其他渠道搜集佛书。日本传来的佛书又有多少种刊行于世，由于至今未见到金陵刻经处的有关书目，不得其详。然依杨文会的说法，对日本传来典籍是有选择地加以刊行。他在给南条的信里说：

> 前明刻书本，藏经正藏之外有续藏三千余卷，其板毁于兵燹矣。此次弟等募刻藏经，拟将贵国传来之本，择其精要，刊入续藏，以为永远流传之计，区区鄙怀未知能否如愿，全杖护法天龙神力默佑也。（4—3，1892.12.1）

这些书返回中国后，产生的影响极大，论者也多有论述，兹不赘述，仅举一例略加说明。杨文会的求书单中有日本僧人凝然的《八宗纲要》，而且还有数部注疏此书的和文著述，可见杨文会对此书颇为注意。后来，杨文会著《十宗略说》，论述中国佛教宗派有十个教派，主要是依据了凝然的《八宗纲要》的说法。《十宗略说》的序言中明确地指出了这一点。序言说：

> 顷见日本凝然上人所著《八宗纲要》，引证详明，而非初学所能领会。因不揣固陋，重作《十宗略说》，求其简而易晓也。

中国佛教有"十宗"的说法，对后世中国佛教研究影响颇深，几

---

① 孙宝瑄：《忘山庐日记》，第304页。

乎成为常识，直至汤用彤先生作《论中国佛教无"十宗"》一文[①]，才澄清了这一问题。

杨文会刊刻佛典既有选择，那么就会反映他对佛教的认识和所持的立场，从他最先刊出净土、华严典籍，即表明了他的倾向。因此，探究佛典的刊刻和清末佛学思潮之间的联系将是今后的课题。

追记

笔者在搜集见存于日本的清末佛教资料时，曾得到京都大学的梶浦晋先生的帮助，其中所查到的《赠书始末》和《清国杨文会请求南条文雄送致书目》即是按照梶浦先生提示的线索找到的，本章引用其文章，也得到他的慨允，在此深致谢意。又，曾在北京大学留学的辛岛静志先生热情引见梶浦晋先生，得益匪浅，笔者在抄阅资料时，得到御茶水图书馆工作人员的协助，在此一并致谢。因交稿期的催迫，资料上恐有疏漏之处，笔者除自责外，望读者诸贤明察，吾人幸甚。

陈继东识。

[①] 汤用彤:《汤用彤学术论文集》，中华书局1983年版，第355—404页。

六、日本《大藏经报》中杨文会之资料考

金陵刻经处所刻《杨仁山居士遗著》（下略为《遗著》）中《等不等观杂录》（下略为《杂录》）卷七、卷八收有杨文会（1837—1911，字仁山）《与日本南条文雄书》（标有二十八封）及《与日本藏经书院书》（标有四封，但实有三封），然于年代均不见明记，书信中所及寄赠佛教典籍种类，也不得详细。学术界每论及此一史实，多说大概，具体书目和年代，竟不得而知。此前，笔者在日本搜集查找，发现了不少直接资料，经整理撰成了《有关在日本举行的杨文会居士追悼会资料》和《清末日本传来佛教典籍考》二文，曾刊载于《原学》杂志（中国广播电视出版社1996）第四、五两号，今收录为本书第四、五章，对上述史实做了考证。随后又查到日本的《大藏经报》，其上揭有杨文会致复南条文雄（1849—1927）书信四封，致复藏经书院三封，以及藏经书院致杨文会书信一封。对照《杂录》可知，后一封书信未为收录，余七封虽收进其中，但有出入，《杂录》有所删节。如原信中的落款年代，所列寄赠书目及其藏主名单，均不见载。依《大藏经报》所见数据，可以补足《杂录》，也可确定一部分书信的年代。此外，又查到《第二回大藏会陈列目录》，其上载有南条文雄所藏"杨仁山居士遗品"，共有八种。还有日本《现代佛教》杂志第十一号（1927年）上登载的《南条师〈怀旧录〉草稿短简》中有"仁山杨文会氏寄赠书目"一节，录有68种书目。由于这些资料皆不见于《遗著》，也不见

有后人补充,故今拾其遗阙,条列于文中,并对其中事实略加考证,追究其意义,或可于杨文会研究有所参考。

(一)

《大藏经报》是日本藏经书院的机关杂志,创刊于明治三十五年(1902)4月8日。该报为月刊,主要刊登与日本大藏经以及续藏经刊行有关的消息,如版本校对、藏经目录,等等。最早见之于《大藏经报》上的杨文会书信是该报的第四十五号,其后,又陆续刊登在第四十七、五十二、五十八、六十五、七十一号上。第四十五、六十五号上各载书信二封,余皆为一封。其中,第六十五号登载的两封信里,有一封是藏经书院致杨文会的。以下对其内容,分别述之。

1. 第四十五号

1905年8月8日发行的《大藏经报》第四十五号,刊载了杨文会致南条文雄的两封书信,冠有编辑按语。现将按语内容试译如下:

> 经由南条博士,屡屡寄来恳切书翰之中国金陵杨氏,身为外交官,久在英京(即伦敦——译者)勤务之时,凤归三宝,今七十有余,养老于故山,投巨资,创设金陵刻经处,深积硕德,亲承校正之任,频频印行绝版之佛典,于佛教界有非常之贡献。于弊院续藏之出版,尤寄予满腔之热诚,承其斡旋之芳志,从中国内地各处转借来数十种章疏。得此望外之便宜,不啻是弊院之至幸,亦并为全体佛教界广加深谢之事。今将来信之一二注销。

其中所说勤务英国之事,即是1878年和1886年,杨文会曾两度随清朝使节出使英、法,于1878年结识了正在伦敦牛津大学留学的南条文雄，此后，两人书信不断，交谊甚笃。其详细情形可参看本书第四章"有关在日本举行的杨文会居士追悼会资料"。

《杂录》所收书信均略去抬头暄辞及信末落款日月，因而后人不得知其年代。但这两封信的落款年月分别是"阳历五月十六日"和"阳历六月二十四日"。后一封信前，有一句编辑按语，书籍无事达到后，又经南条之手，转寄来如下手翰。

又"阳历六月二十四日"的信里面有"阳历五月十六日寄上一函并旧本经籍五包，想已达到，兹接《大藏经报》第四十三号"云云，因此，两封信为同年所写无疑。经查《大藏经报》第四十三号的出版日期为明治三十八年（1905）6月8日，和第四十五号同年。据此可确定，两信的年代分别为1905年5月16日和1905年6月24日。

对照《杂录》，所登载的两封书信即是其卷八中所收"与日本南条文雄书十八"（下略为"书十八"，其余皆仿此）和"书二十"。其中1905年5月16日的信即是"书十八"，1905年6月24日的信则是"书二十"，但内容有出入。5月16日的信共条列七项事情，并附有一寄给南条书籍的书目，而"书十八"则无第七项事，也没有收录书目。以下抄出不见于"书十八"的内容。

（1）第一项事情下有"此次遗漏，下次再寄"小字。

（2）第七项事为："七，此次度邮便局书籍凡五包，计付邮费二两八十钱，在存款内支用。"

（3）信末有："匆匆不尽欲言，勒此复次台安。弟杨文会顿首，阳历五月十六日。"

（4）第三项事中，言及已从国内藏书家处收集到三十余种经籍，作为藏经书院之借用，寄往南条之事，信后附有一详细书单。兹抄录于下：

楞严经集注（十卷）　　　宋思坦

楞严秘录（十卷）写本	一松	
法华大（八卷）折本	明通润	
法华文句纂要（十四卷）	清道霈	
法华大成（九卷）	清大义	
法华玄谶证释（十卷）	智铨	
金刚经疏记科会（十卷）	唐圭峰疏	宋长水记 明大璸科会
金刚三昧经通宗记（十二卷）	清震	
大乘本生心地观经浅注（八卷）	清来舟	
观无量寿佛经疏钞会本（三卷）	智者疏	知礼钞 明真觉会本
四十二章经疏钞（五卷）	清续法	
金刚经鎞（二卷）	明应伸	
金刚经演古（一卷）	清寂焰	
心经略疏小钞（二卷）	唐法藏疏	明钱谦益钞
梵网经直解（四卷）	明寂光	
大乘起信论续疏（二卷）写本	明通润	
成唯识论集解（十卷）	明通润	
（以上均已东渡）		
唯识开蒙（二卷）	元云峰	
毗尼关要（十六卷）	清德基辑	
四分戒本约义（四卷）	清元贤述	
宏戒法仪（二卷）	明法藏	
沙弥合参（三卷）	清济岳汇笺	
角虎集（二卷）	明济能	
宗镜录具体（二十四卷）	明陶奭龄删	明史孝复记
宗门占古汇集（四十五卷）	清净符汇集	

马祖百丈黄檗临济四家语录（六卷）		明解宁刻
万峰蔚和尚语录（一卷）	明普寿集	
笑宝禅师南北集（二卷）	明昙芝编辑	明真景记录
先觉集（二卷）	清陶明潜辑	
释氏通鉴（十二卷）	宋本觉	
南宋元明僧宝传（十五卷）	续禅林僧宝传	后清自融
补续高僧传（二十六卷）	明明河	
五灯全书（百二十卷）	清超永编辑	
佛法金汤征文录（十卷）	明姚希孟辑	

上述第二条内容中，提到"在存款内支用"，可知南条委托杨文会在中国代购藏经书院所需书籍，预先将供购书用的费用寄到杨处存放，以便随时支取。第四条中所列书目合计34种，大多是明清时期的著述。其中"已东渡"寄往南条处之书目，共有17种，拟寄出的尚有17种。据上引一条《大藏经报》之按语，又可知东渡的这批书在南条收到紧接其后的来信时，业已"无事到达"。

6月24日的信末有：

勒此奉阅，敬颂法安，统候示复，不宣。弟杨文会顿首阳历六月二十四日。

这封信里，杨文会就《大藏经报》第四十三号中寻求憨山德清著《华严经纲要》和李贽著《华严合论简要》两书的原本一事，答应将友人所藏的二书原本代借给藏经书院。为此，《大藏经报》在此信后，又加了一段感谢之词。

不意竟烦杨氏殷勤斡旋，诚为惶恐之至，又将得《华严合论简要》，倍感其好意。

2. 第四十七号

《大藏经报》第四十七号，明治三十八年（1905）10月8日发行。该号登载杨文会给南条的书信一封，信后附一书目和藏主名单，其落款时日为"阳历八月十六日"。信里共条陈九事，其第三项事中说"《华严合论简要》已觅得一部呈阅"，此事已见于第四十五号上的"6月24日书信"，故此信即写于1905年8月16日。信前有编辑按语，试译如下：

> 金陵杨仁山氏，素怀笃志，为本院续藏之编纂予以不少援助之事，已数次载于经报，今复经南条博士之手，转寄来新版书籍和六种释典。今注销其全文，深谢其芳谊。

其中所云杨文会事迹"已数次载于经报"，经查阅现存《大藏经报》（不全），该号之前，仅第四十五号有记载。此外，寄送来的新刊之书和六种释典之具体名目，记录在信末所开的书单中。又信中第八项，要求南条将续藏目录中第五二三《释摩诃衍论疏》三种写本寄来，辨其是否伪书。对此，编辑在信后缀一按语做了说明。按语说：

> 因云，第八项之《释摩诃衍论疏》慧远疏、法敏疏和守臻之通赞疏，皆是据本社顾问某师之依托，揭载于目录之中，其后提出借用原本，至今不得任何要领。若有持此书者，在此希急速借送给本社。

可见续藏目录虽有《释摩诃衍论》三种疏的书目，当时尚未得其刊本。对照《杂录》，这封信即是其卷八所收"书十六"，然第九项事以及所开书目、藏主名单均不见载其中。现抄录"书十六"所阙内容。

（1）信的抬头有"硕果上人台鉴"一句。

（2）第九项内容是：

九，借书家之芳名别单开列，至于编著之列传甚难查考，余不尽言，勒此复请道安。弟杨文会顿首，阳历八月十六日

（3）信后所附书目及藏主名单为：

计开
大小乘释经部

楞严秘录写本	石埭杨文会
法华大	四川僧玉
法华文句纂要	石埭陈镜清
法华玄谶证释	天台僧敏羲
法华大成	金陵秦谷
楞严经集注	怀宁叶子珍
金刚经疏记科会	石埭陈镜清
金刚三昧经通宗记	金陵费蓉生
大乘本生心地观经浅注	扬州尼宝来
观无量寿佛经疏钞会本	金陵尼圆音
四十二章经疏钞	金陵尼圆音
金刚经鎞	金陵僧空浩
金刚经演古	金陵僧彼岸
心经略疏小钞	杭州僧一愿

大小乘释律部

梵网经直解　　　　　　　　石埭杨文会

大小乘释论部

大乘起信论续疏写本　　　　石埭杨文会
成唯识论集解　　　　　　　石埭杨文会

增寄释典六种列左

御制柬魔辨异录	雍正皇帝四本普	陀僧印光寄来
金刚般若经解	唐慧能一本	长沙曹显宗
法华击节明德	清一本	石埭杨文会
华严合论简要	明李贽二本	石埭杨文会
佛祖宗派世谱	清悟进二本	焦山僧昌道
彻悟禅师语录	清际醒一本	

以上11本交邮便东渡，附戒律三本，尼戒律三本系拨华加圈之书共17本。

按"硕果上人"即是南条的别称，南条文雄的述中就有《硕果诗草》。书单中明记有8种17本寄去了日本，而所开列大小乘经律论之注疏，即是《大藏经报》第四十五号所载5月16日信中所记已东渡的17种书目，不同的是这里开出了提供典籍的书主名单。信中所列名单连杨文会在内共有15人，仅此一例，杨文会从国内各地搜罗经籍之广，及其不易可想而知。

3. 第五十二号

《大藏经报》第五十二号，明治三十九年（1906）3月8日发行。该号刊出杨文会给南条的书信一封，信后附有书单，信的落款日期是

"阳历二月九日"。信里条陈十事，信后开列寄送藏经书院的书单。其第三项事言及藏经书院寄还的《佛祖宗派世谱》《华严合论简要》等书"均已收到"，而转借此二书之事，已见于上述《大藏经报》第四十七号，故此信年代即是1906年2月9日。和前两号一样，信前有编辑按语，中文试译如下：

屡载于本报上清国南京之仁山杨文会氏，送来了给南条文雄师的书简和所提及的借贷给（藏经书院的）续藏原本之后半部分，以及本院于中国购入的原本，给予续藏出版以极大之便宜。兹注销该氏之来信，深谢其好意。

杨文会在信中的第一项事里，论及《金刚直解》之真伪，其第二项叙述了得到藏经书院刊行的《华严行愿品疏》之欣喜之情，并打算将经疏合刊，第五项提及《乐邦文类》，第四、六、七项则说到拟将藏经书院代购或者借用之书籍，寄送南条，然后转达藏经书院。对此，该号《大藏经报》在此信后又缀添编辑按语，对杨文会在信中论及的几个问题做了说明。其内容试译如下：

对于杨氏书简第一项之《金刚直解》（的论述），本报第四十八号刊登了古人的评论。

第二项之澄观述《贞元华严疏》以及本月发送的第十一套中《华严谈玄决择》，皆是七百年前后上梓之作，本院所用二部之稿本及其传写情况，都是从有关方面获许特别借用之秘籍。第五项《乐邦文类》，唐本简略，本朝版则冗漫，二本进行对照核实后再答复。第四、六、七项的好意，多谢多谢。又续藏经中撰者未详，或者史传也不得判明者，查询清楚后再答复。因此，第四项的书籍已到达，而此次借送的书目如下所记。

这封信即是《杂录》卷八所收"书十七"。现将不见于"书十七"的部分抄出。

（1）信的抬头有"硕果上人台鉴"。

（2）第六项事下有"此信延迟半月未发，各处书籍业已借到，即于今日同时发送，祈察收"。

（3）信末落款是"勒此敬颂道祺，弟杨文会顿首阳历二月九日"。

（4）信后开列的寄送书目及其藏主名单为：

法相宗著述部

| 唯识开蒙二卷 | 元云峰 | 扬州释观如 |

律宗著述部

毗尼关要十六卷	清德基辑	金陵释月霞
四分戒本约义四卷	清元贤述	金陵释空浩
沙弥合参三卷	清济岳汇笺	扬州释清梵

净土著述部

| 角虎集二卷 | 明济能 | 金陵释彼岸 |

禅宗著述部

宗镜录具体二十四卷	明陶爽龄删 明史孝复记	石埭女士明悟
宗门占古汇集四十五卷	清净符汇集	石埭女士深
马祖百丈黄檗临济四家语录六卷	明解宁刻	石埭杨文会
万峰蔚和尚语录一卷	明普寿集	石埭杨文会
笑宝禅师南北集二卷	明昙芝编辑 明真景记录	石埭杨文会
先觉集二卷	清陶明潜辑	石埭杨文会

史传部

| 释氏通鉴十二卷 | 宋本觉 | 秋浦女士郎宛卿 |

南宋元明僧宝传十五卷	续禅林僧宝传后	清自融杭州沈明哉
补续高僧传二十六卷	明明河	北京龙泉寺
五灯全书百二十卷	清超永编辑	石埭杨文会

杂著部

佛法金汤征文录十卷	明姚希孟辑	高邮释普航

以上十六部已交邮便局东渡共计五包。

这次寄出的十六部典籍，即是《大藏经报》第四十五号上 5 月 16 日信中列出书目的后 17 种。除了《宏戒法仪》不在之外，其余皆同。至此，1905 年 5 月 16 日的信里所答应转借的 34 种典籍，除一种外，其余全部兑现。

4. 第五十八号

《大藏经报》第五十八号，明治三十九年（1906）8 月 8 日发行。该号上刊登杨文会给藏经书院的书信一封，落款日期为"阳历七月二十七日"。信里说到赠送书院十本杨文会自著的《佛教初学课本》及其注，此书刻成于光绪三十二年春二月，即 1906 年的春天，所以此信的年代当是 1906 年 7 月 27 日。信前有编辑按语，试译如下：

> 六月发行的《大日本续藏经》第十四套第三册已下，所收唐朝周（"宗"之误——译者）密禅师撰《圆觉经大疏钞》系稀有之珍本，前号《大藏经报》上也有记述，此次接悉南京杨氏寄来的如下恳挚谢函。

对照《杂录》，此信即是其卷八"与日本藏经书院书一"，所阙内容仅开头和信末落款部分，但是内容上稍有出入，今抄出如下。

（1）信的抬头有"径启者"三字。

（2）信中"顷接尊处惠寄《圆觉大疏》二部"处，《杂录》为"顷接尊处惠寄《贞元华严疏》《圆觉大钞》各二部"。

（3）信末有"藏经书院御中，仁山杨文会阳历七月二十七日"。

其中第二项之不同，不知孰是。

5. 第六十五号

《大藏经报》第六十五号，明治四十年（1907）2月8日发行。该号上刊登了两封书信，以及杨文会的一枚肖像照片。两封信中，一封是藏经书院致杨义会的，其落款日期是"明治三十九年十二月三日"，即1906年12月3日，余一封是杨文会答复藏经书院的信，其落款日期是"阳历十二月十七日"，因此信的内容是直接答复上述藏经书院的来函，故此信的年代即是1906年12月17日。前一封信《杂录》未收，后一封则是《杂录》卷八《与日本藏经书院二》。

该号的编辑按语说：

> 对于《大日本续藏经》编辑，给予很多援助的南京杨仁山之情况，本报上屡有记载，深表谢意。这里又录出最近书信之赠答文，以此感谢该氏之厚意。

以下全文录出《杂录》未收之藏经书院致杨文会的书信：

> 杨先生台鉴，襄辱惠佛教初学课本十部感谢无已，乃颁之于编辑续藏诸子，且纳一本于京都帝国大学文库。奉请事项条列于左。
> 一、本书院欲汇集贵著各种，名《仁山全集》，以入续藏中，希尊台谅之。且续藏以同号活字一齐刷印，失原本样式，歉甚。故豫期撮影或刻版，其序跋并版式佳者数百纸为册，名留信谱。切请尊台自序全集，副贵传及贵肖像，见寄赠焉。

二、襄辱两回贷送章疏，本书院业已誊写，宜速完赵。然刷印之日仍要对照，希贵许每了刷印，逐次返壁。顾释经部当费四年许，况其他乎。若有贵需则特赐指示，当直送还耳。

三、贵赠《角虎集》，文字缺损难读者数处，请补入之，再赐送致。

四、东吴寂晓所撰《义门》四十一卷，请速赐送致，誊写之后，当即返还。

五、本书院所藏《宋祖心集》，《冥枢会要》三本，刷印太不佳，如有善本，则请赐贷送，将以照校也。

六、明曾凤仪撰《楞严经宗通》十卷，失其所在。贵邦如有之，则亦请赐贷送。

七、《释论法敏疏》二本，附邮送呈，希赐贵览。

屡琐清神，感铭无既，勒此敬候台安，不宣。

明治三十九年十二月三日　京都藏经书院

此信内容很重要，其一，藏经书院正式向杨文会提出欲汇集杨文会的著述，以《仁山全集》名义编入续藏中。杨对之也做了积极的答复，复信中表示"心感无涯"，介绍了自己著述刊刻的情况，以及将要撰写《释摩诃衍论集注》和《论语发隐》的计划，并说"贵院若欲翻刻拙作，均可听许，不论版权"。然而，在后来出版的续藏中，并没有收录《仁山全集》，仅将《大宗地玄文本论略注》收在续藏之中。而杨文会应邀撰写的《续藏经序文》，也未收用，不知何故有此变更。

其二，《楞严经宗通》在当时已"失其所在"，得此请求，杨文会很快将之寄往日本，答应所有借贷之书，"不求速返"，以便校对之用。为此，在杨文会的复信之后，该号又缀一按语，对寄来《楞严经宗通》，表示感谢。中文试译如下：

幸获杨氏肖像，兹载出，以向诸方君子介绍。其次，关于《楞严宗通》，去年六月发行的本报第五十六号上，登载了寻找记事，等待着迅速发现。此次，却由杨氏处邮寄来，使之得以编入续藏，诚为法幸之极。然续藏印刷已进行到第二十四套之一半，不能在适宜之处将之编入，令人遗憾。此二事一并告之于诸位。

此书后编入续藏经第二十五套"支那撰述"第一、二册中，印成之时，藏经书院还赠送两部给杨文会。此事见于《与藏经书院书三》。按语所言"幸获杨氏肖像"之事，杨在复信中说："奉赠肖像二纸，系四十三岁在佛京巴黎映出。尔时，精力强健，非近年衰老之相也"。

后来，《现代佛学》杂志上报道在日本举行的杨文会追悼会时，所注销的照片与此相同。

杨文会复信中，《杂录》所略部分，现抄录如下。

（1）信的抬头有"径启者"。

（2）信末有"勒此敬颂台安仁山杨文会顿首阳历十二月十七日藏经书院御中"。

6. 第七十一号

《大藏经报》第七十一号，明治四十年（1907）6月27日发行。该号为临时增刊，载杨文会致藏经书院书信一封，其落款日期为"阳历六月十日"。信中言及收到藏经书院新刻之《楞严经宗通》以及返还的原本，所以此信的日期是1907年6月10日。对照《杂录》，此信即是其卷八中"与藏经书院书三"。该号编辑按语说：

南京杨氏此次寄来以下书简，以及借用之书《维摩经注》，兹深谢其美意。

《杂录》所略部分，今抄录如下：

（1）信的抬头有"径启者"。

（2）信末有"勒此即请台安，仁山杨文会阳历六月十日藏经书院御中"。

以上考察了《大藏经报》中所载杨文会书信，并和《杂录》所收信函进行了对照，现将结果表示如下。

《大藏经报》	写信人	收信人	书信年月日	《杂录》卷八有无
第四十五号	杨	南条	1905.5.16	书十八
	杨	南条	1905.6.24	书二十
第四十七号	杨	南条	1905.8.16	书十六
第五十二号	杨	南条	1906.2.9	书十七
第五十八号	杨	书院	1906.7.27	与日本藏经书院书一
第六十五号	书院	杨	1906.12.3	无
	杨	书院	1906.12.17	与日本藏经书院书二
第七十一号	杨	书院	1907.6.27	与日本藏经书院书三

（注：杨＝杨文会，南条＝南条文雄，书院＝藏经书院）

上述资料的发现和考察，其意义首先是确定了《大藏经报》中书信的年代及其与《杂录》的对应关系，解决了《杂录》中相应书信的年代问题。其次，依据新数据，弥补了《杂录》中所删除的内容，尤其是具体书目和藏主名单的发现，不仅明确了这一时期杨文会为协助日本藏经书院刊行续藏所提供典籍的具体内容，也为研究杨文会和当时中国佛教界的联系，提供了具体的数据。因为，杨文会能在比较短的时间内，由许多经籍藏主那里收集到如此众多的佛典，这本身就从一个侧面反映了杨文会和佛教界有着十分广泛的联系。其三，《杂录》中未收书信，为我们研究杨文会和藏经书院的交流，提供了新资料。藏经书院主动提出要编辑《仁山全集》，以收入续藏之中，这不仅是杨文会和日本佛教界交流的一个重要结果，也显示了杨文会在佛教思想史上有其独自的价值和地位。

（二）

1916年11月4日，在京都的佛教大学举行了第二回大藏会，其《第二回大藏会陈列目录》上，载有南条文雄所藏"杨仁山居士遗品"，共有八种。现抄录如下：

> 杨仁山居士遗品八点　　南条文雄居士藏
> 一、游心安乐道一册
> 二、净土论一册
> 三、证道歌注一册
> 四、等不等观杂录一册
> 五、陈济远、杨文会二氏手书卷一册
> 六、杨仁山来信集一册
> 七、杨仁山刻施目录四枚
> 八、杨仁山寄赠书目一册

前三种并非杨文会著述，其与杨文会的关系暂不得知，余五种或是杨文会的著述，或是和他有关的遗物。其中，陈济远是曾纪泽的女婿，曾与杨文会一同出使英国，结识了南条文雄。南条文雄在其《怀旧录》中记述了交往情形，可参看本书第四章"有关在日本举行的杨文会追悼会资料"。此外，第六、八和南条辑撰的《赠书始末》是何等关系，也不得知，因为这些资料在1923年的关东大地震中都被烧毁了。这些有关近代中日佛教交流的贵重数据，竟化为灰烬，实在令人惋惜。

还有日本《现代佛教》杂志第十一号（1927年）上登载的《南条

师〈怀旧录〉草稿短简》中有"仁山杨文会氏寄赠书目"一节，录有68种书目，皆是杨文会寄赠南条文雄的佛书。南条还特意写了寄语，以说明此书目的来历。以下译出寄语，并抄录书目全文：

仁山居士杨文会氏寄赠书目

（金陵刻经处等刊行本于大正十二年九月二日夜大震火灾之际，皆悉烧毁，可惜。幸有目录免于灰烬，南条文雄誊写。大正十四年九月二十九日）

一、观楞伽记四册	明德清著
二、圆觉经近释	通润著
三、起信论纂注	明真界著
四、起信论直解	明德清著
五、佛尔雅	海宁周春黍谷
六、心赋注四册	智觉著
七、中庸直解	明德清著
八、老子直解	明德清著
九、庄子内篇注二册	明德清著
一〇、憨山梦游全集二十册	明德清著
一一、居士集六册	彭绍升著
一二、善女人传	彭际清著
一三、一行居集四册	彭际清著
一四、肇论略注二册	明德清著
一五、维摩诘所说经	
一六、宗范三册	钱伊庵著
一七、莲宗辑要二册	
一八、大佛顶首楞严经二册	
一九、心经金刚经注解合本	

二〇、金刚般若经偈会本
二一、金刚心眼经疏偈合释二册
二二、造像量度经
二三、彭际清三经论
二四、大乘起信论疏二册
二五、显密圆通成佛心要集
二六、五百罗汉尊号　　　　　　　　清弘宝
二七、天台智者大师别传
二八、清凉传
二九、墨豆集四册
三〇、参学知津二册　　　　　　　　如海著
三一、净土圣贤录四册　　　　　　　清彭际清著
三二、同续二册　　　　　　　　　　清胡珽著
三三、大清龙藏汇记二册
三四、阿弥陀经疏钞五册
三五、六妙法门入楞伽心玄义合本
三六、阅藏知津十册（日本刊本翻刻）明智旭著
三七、梵网经合记五册　　　　　　　明智旭著
三八、禅源诸诠集都序　　　　　　　唐裴休著
三九、华严经决疑论二册　　　　　　唐李通玄著
四〇、华严五教仪二册　　　　　　　清续法著
四一、西方公据　　　　　　　　　　彭际清著
四二、妙法莲华经节要二册　　　　　智旭著
四三、林间集、林间录二册　　　　　高安沙门释德洪集
四四、念佛百问　　　　　　　　　　清悟开著
四五、华严经吞海集　　　　　　　　陶恺序　道通著
四六、五教仪开蒙　　　　　　　　　续法著

四七、龙舒净土文二册　　　　　　王日休著

四八、东林十八高贤传　　　　　　李冲元

四九、菩萨戒本经笺要　　　　　　智旭著

五〇、净土指归集二册　　　　　　大佑著

五一、华严十明论　　　　　　　　唐李通玄

五二、一乘决疑论　　　　　　　　彭际清著

五三、三经约疑论　　　　　　　　彭际清著

五四、省安法师语录二册　　　　　东海若解西方发愿文

五五、华严经要解　　　　　　　　宋戒环著

五六、净土十要四册　　　　　　　钱塘评刊本

五七、归元镜　　　　　　　　　　智达占颂

五八、释氏稽古略五册　　　　　　知归学人彭际清集

五九、西方公据

六〇、往生论注附略论净土义赞　　魏昙鸾著
　　　阿弥陀佛偈（日本刊本翻刻）

六一、胜鬘经疏钞三册　　　　　　唐明空
　　　（日本上宫太子疏）

六二、无量寿经义疏　　　　　　　隋慧远撰
　　　（日本刊本翻刻）

六三、观无量寿经四贴疏会本　　　唐善导集记
　　　（日本刊本翻刻）

六四、老子翼四册　　　　　　　　明焦竑　弱侯撰

六五、安乐集（日本刊本翻刻）　　唐道绰撰

以上抄出其余略之不录出也

六六、三论玄义（日本刊本翻刻）　唐吉藏撰

六七、成唯识论述记上下二函二十册　唐窥基撰
　　　（日本刊本翻刻）

六八、等不等观杂录四册　　　　　　仁山杨文会著

（注：原文中有"一"省略号，如前有"明德清著"，相同处则略为"－－－－"，今抄录时依文填入。）

从书目中可知，这些寄赠给南条的佛教典籍或是原刻本，或是翻刻日本刊本之书。杨文会在翻刻日本刊本后，往往将新刻成的释典分赠给南条文雄等人，以作答谢。从目录中可知南条并没有全部抄出劫后余存的书目，而是有所删略，其底本书目将不止抄出的 68 种。杨文会曾由南条文雄等人的协助，从日本购得三百余种散失于中国的佛典，而同时又为日本藏经的刊行，鼎力相助，搜集寄赠日本之所无，这些书单清楚地说明了这一史实。

（三）

以上诸种资料为厘清杨文会和日本佛教界之交往事实有重要意义，对研究杨文会这一时期的活动有一定的参考价值。上述的考察也表明进一步挖掘尚存于日本的有关近代中国佛教的资料，对于深入研究近代中国佛教的形成发展，不失为又一条途径。

[第二编]

近代佛学知识之灯塔：以人物为案例

七、从《訄书》初刻本（1900年）看章炳麟的早期佛教认识

在讨论章炳麟思想时，章炳麟与佛教的关系[①]，是一个深受关注的问题。然而，在具体分析其佛教认识的阶段时，一般把注意力放在1903年以后，即因反清言论而逮捕入狱的苏报事件，他开始精读佛典，思想有了迥别以往的变化。特别是1906年来到日本之后，章炳麟明确提出了宗教（即佛教）和国粹是救国的两条道路，从此佛教不仅成了他的思想的外在表述形式，也是其理论构成的核心。然而，这一变化是一种偶然的突变，还是一个自然的趋向，仍是一个需要深究的问题，这也是本文试图回答的一个问题。

对于1903年以前的章炳麟的佛教认识，并不是章炳麟研究的热点。在仅有的少数研究中，存在着两种不同的意见。一是认为章炳麟对佛教是持批判的态度。如有学者认为在变法（1898）之前后，章基于其经学的立场，不赞成康梁以及谭嗣同等借助佛教进行变法的主张，以为佛教不如儒学，对佛教进行了批判。在他这一时期最重要的著作《訄书》初刻本（1900年）和重订本（1904年）中，这一倾向进一步得到了发展，其原因是章在这一时期已经形成了机械唯物论和

[①] 至《訄书》，章炳麟而多用浮屠、释迦、佛等指佛教，而1906年以后多用佛法，意在指佛教中的义理。

无神论的思想。①另外一种意见则认为这一时期章对佛教既有批判又有期待,章并非站在唯物论立场来看待佛教,而是对佛教与西方思想所具有的共通性表示了兴趣,《訄书》初刻本和重订本中对佛教的肯定性认识在后来的思想中得到了继承和发挥。②实际上,在章炳麟入狱(1903)之前的佛教认识,并不是佛教批判或佛教期待所能简单概括的,而是具有更为丰富内容的世界。换言之,佛教作为一个东方的思想资源,在中国近代化的浪潮中重新受到了注目。而这一时期,在新的知识架构形成之际,章炳麟总是将佛教经典中关于自然、人类、信仰乃至语言和社会等方面的论述,作为与西方学术进行比较和沟通的知识工具,对中国的历史和现状,进行了全面地思考。

《訄书》初刻本正文五十篇,附录二篇,收录了自1894年9月至1900年1月之间的论文。③正如书名所显示的那样,本书是出于对中国社会的"紧迫"的危机意识而撰写的回应时代的论文集。其内容几乎涉及了中国的学术和社会的各个方面,是对"中国"所做的综合思考。而其中至少有十二篇论文言及佛教,如《公言上第七》《公言中第八》《公言下第九》《天论第十》《冥契第十四》《干蛊第十七》《平等难第十九》《族制第二十》《喻侈靡第二十一》《订文第二十二》《独圣上第四十九》《独圣下第五十》,有的论文引用的佛典篇幅甚至超过了正文。由于全书有五分之一以上的篇章涉及佛教,佛教所占的比重绝不是一个小的数目。因此,这自然会激起我们的兴趣,去探寻其意图所在。

---

① 唐文权:《辛亥革命前章炳麟的佛教思想》,载章念驰编:《章炳麟生平与学术》,生活·读书·新知三联书店1988年版,第401页。章念驰:《论章太炎与佛教的关系及其佛学特色》,《上海社会科学院学术季刊》1994年第3期;李庆新:《从"转俗成真"到"回真向俗"——章太炎与佛学》,载善同文教基金会编:《章太炎与近代中国学术研讨会论文集》,里仁书局1999年版;郭应传:《真俗之境——章炳麟佛教思想研究》,安徽人民出版社2006年版,均因袭了这个观点。
② 高田淳:《辛亥革命与章炳麟的齐物哲学》,东京研文出版社1984年版,第36—38页。
③ 章炳麟著,朱维铮编校:《訄书·初刻本·重订本》,生活·读书·新知三联书店1998年版,第1页。

第二编　近代佛学知识之灯塔：以人物为案例　189

本章扣紧《訄书》初刻本中的佛教认识，逐篇进行检讨，试图对其多样性的内容进行整理和分析，从而展示这一阶段佛教在章炳麟思想中的意义。为了便于叙述，依据十二篇的内容，设定三个题目来讨论，即"佛教与自然科学的相关性问题""佛教对说明社会历史的有效性问题"以及"《訄书》初刻本对佛教的批评"。在佛教与自然科学的相关性问题上，将讨论章炳麟就佛教与天文学、遗传学、生物学等关系的论述。在如何用佛教的知识来说明社会历史的问题上，章炳麟做出了要比自然科学更多的论述，其涉及历史预见性、帝王与教主诞生神话的类似性、对中国五行感生说的批判、说明语言问题的有效性，梵文、巴利文与今文、古文问题的相似性等问题。最后，对佛教的批评涉及了佛教中的平等观念和鬼神问题。

本章试图通过以上的分类，在佛教认识问题上，呈现一个与以往研究不同的章炳麟的形象，以期修正关于章炳麟早期佛教认识的几种固定已久的观点。

（一）佛教与自然科学的相关性问题

章炳麟对佛教与自然科学问题的关心，在他早年的《膏兰室札记》（1891—1893 年）中就已显示。其卷三"汉人用佛经语"条指出"近人"喜好用佛书来证明自然科学（"算术格致"），还将《楞伽经》的刹那、积微与自然科学做比较，以为两者有相通之处。但是，他同时也指出，自然科学中的积微与佛教的积微，虽然相类似，但二者深浅不同，所以佛教的积微说对于自然科学而言只具有"考古"的意义，不能进一步阐发科学的内容。[①] 然而，在《訄书》初刻本中，这种仅止

[①] 章太炎：《章太炎全集》一，上海人民出版社 1982 年版，第 288—289 页。参见李庆新：《从"转俗成真"到"回真向俗"——章太炎与佛学》，载善同文教基金会编：《章太炎与近代中国学术研讨会论文集》，第 110—112 页。

于知的好奇而冷静的态度有了变化。对章炳麟而言，佛教与自然科学的相关性，不再是一个单纯的佛教与自然科学相符合的问题，而是自然科学如何证明了佛教学说的问题，试图表明在东方存在着与西方科学相匹敌的知识传统。

1. 佛教宇宙观与西方天文学的暗合

《公言》有上中下三篇，从自然界（天体）、人的认识能力以及社会的教化三个方面探讨了认识的普遍性和相对性问题。其上篇第七，讨论的是天体运行的现象，指出在太阳系中，太阳与地球的相倚相转乃至天体（大圜）的运动是普遍承认的公理（公言），然而，一旦超逾太阳系（日畿），将之放到"天河之大群"即更为广漠的银河系中，这一认识是否依然有效，仍为公言，则难以断言，对认识的相对性做了思考。为了论证和加强这一观点，章炳麟引述了《华严经·华藏世界品》对世界和宇宙的描述：

> 由是以观，浮屠言世界种者，自大圜以外，或如须弥山、如云、如江河，及回转、旋流、轮辋、坛埠、树林、楼阁、山幢、普方、胎藏、莲华、佉勒迦、众生体、诸佛体、珠网门闼诸严饰者，见《华严经·华藏世界品》。必不谬也。

这段引述内容的原文如下：

> 诸佛子！彼一切世界种，或有作须弥山形，或作江河形，或作回转形，或作漩流形，或作轮辋形，或作坛埠形，或作树林形，或作楼阁形，或作山幢形，或作普方形，或作胎藏形，或作莲华形，或作佉勒迦形，或作众生身形，或作云形，或作诸佛相好形，或作圆满光明形，或作种种珠网形，或作一切门闼形，或作诸庄

严具形……如是等，若广说者，有世界海微尘数。①

这段经文，表述了华严宇宙观的一个部分，即在宇宙中存在着无数的世界，其形状各异。

就《华藏世界品》而言，其描述了以莲华藏世界为中心，于东南西北、东南、西南、西北、东北，上下等十方，各有不同的世界，合计有十一世界，据此形成了巨大的宇宙。但《华严经》所描述的这一宇宙，既是差别多样的，又是互相包摄、圆融无碍的世界。

章炳麟并没有进一步讨论华严宇宙观，但是，在这里表达了这样的一个观点，即对于已知的现象的共同认识，在超出其认识范围之外，并不能保持其绝对性。因此，从这个观点来看，佛教所说的世界，如《华严经》所说的那样，在"大圜"即太阳系之外，还有须弥山、胎藏、莲华等，这些说法并非是无根之谈。这里将佛家的宇宙观和近代科学的天体认识结合起来，认为科学的宇宙观恰恰证实了佛教的观点。

关于这一点，与章炳麟经常探讨佛教的孙宝瑄于1898年也表达过相同的观点：

> 观《华严》，其《世界品》中所云世界种，盖聚多世界而名之。又云：或作江河形，或作回转形，或作漩流形，或作轮辋形，或作坛埠形，或作胎藏形，或作云形，或作种种珠网形，如是等语，盖与西人天文家言，所谓星团、星气、螺旋白云、天河诸星状之说暗合，奇哉。又云：每世界种中有一世界，其状若何？外辋有微尘，数世界周匝围绕。此语复与群星绕日及

---

① CBETA, T10, p.42, a7-15. T10 指《大正大藏经》第十册，p.42, a7-15 指第42页上段右起第7—15行，a 指上段，b 指中段，c 指下段，下文同。

恒星之说通。①

《华严经》对世界的描述与西方天文学的暗合，令他们无不惊奇叹赞。孙宝瑄还在同月的日记上对佛教的科学性做了如下的论述：

> 观以上所说，则知世间人以为讲佛学者，皆将屏弃一切，不尽人事者，误也。且所谓技艺，无论天算、格致、化学、质学（如地火水风四字、包括西学无限）、光学、声学、医学、农学、工学、矿学及种种技能，包括无遗，亦可异矣。②

佛教与科学的相关性，使得这一时期的一些思想家开始重新审视佛教的意义，他们把佛教看作是显示自身具有与西方同等价值的知识传统的证明。

2. 佛教华藏世界的存在与认识相对性的问题

《公言中篇第八》，对声色香味触等由感觉器官而得来的经验知识，有无共同的标准，以及有无界限和范围进行了讨论。就颜色而言，有可见之色，也有不可见之色。而可见之色，虽因视觉器官的健康状况同一现象会有不同的色觉，但不能因此否定色的恒常性。不可见之色，不能因不可视觉之而否定其存在。就味而言，味之咸淡，虽然取决于舌的感觉，但不能因此而断言其有无。咸味即使不被知觉，其咸的成分依然是存在的。就声色而言，眼耳的识别范围是有限的，因此不可否定识别范围之外的声色的存在。他的结论如下："夫物各缘天官所合以为言，则又譬称之以期至于不合，然后为大共名也。"事物的个别名

---

① 孙宝瑄：《忘山庐日记》，第182页。
② 孙宝瑄：《忘山庐日记》，第184页。

称来自人的感觉器官的综合,事物的总名称则产生于无法将其归类于个别事物的时候。一旦一类事物的名称得到确定,也就获得了一定的标准,不可肆意妄论。我们的认识若只局限于"簟席""屏摄"这样的小范围,必然是得不到事物的总名称(大共名)。宗教人士只抓住事物的一个侧面,来蒙蔽人的智慧,使人得不到公言(具有普遍性的、真理性的知识和认识),人类的进化进程因而受阻。这里,章炳麟表达了认识依据经验而又超越经验的看法,所以,他说:"道(法则)是在人间得以把握的,而人类的智慧则可通行宇宙。"

在上述议论之中,有两处涉及了佛教。其一,在说明认识的对象、认识的由来时,章炳麟使用了"缘"这个概念。他指出儒家使用"缘"要早于佛教的传入:

> 大鱼始生,卵割于海水,久渍而不知其咸。苟以是论咸味之无成极,而坐知咸者以舌腺之妄缘。①《荀子·正名篇》已言"缘天官",又言"验之所缘,无以同异而观其孰调"。儒家言"缘"在佛书久未入之前者,始此。夫缘非妄也,虽化合亦有其受化者也。

大鱼始生之时,破卵而出,生长在海里,已经不知海水之咸。若据此而论咸味本身没有标准,则立刻可知咸这一性质乃是舌头和口唇的虚妄感觉。然而,感觉(缘)的对象本身是存在的,不是虚妄的。这番议论是说不能因为我们感觉不到海水的咸味,而否定海水咸的性质。这里利用"缘"来说明认识虽然是相对的,但并不是没有标准的。"缘"这一概念在佛教论理学中至为重要,不论是说明生死流转的十二

---

① "成极",徐复注释为终极、穷尽之意(《訄书详注》,上海古籍出版社2008年版,第467页);梁涛注则释为标准(《訄书评注》,陕西人民出版社2003年版,第384页),今取梁释。"坐知",徐注释为立刻知道(《訄书详注》,第467页),梁注释坐为怪罪(《訄书评注》,第384页),取徐释。

因缘，还是论述认识过程（唯识学）的四缘，"缘"都是基本的概念。饶有兴味的是章炳麟指出荀子已经用"缘"和"所缘"来说明感觉和认识的对象，儒家早在佛教传来之前业已使用了缘和所缘这个概念。姑且不论荀子的缘与佛家的缘是否同一意义，至少这里章炳麟认为儒和佛具有相同的认识规范，在认识理论上有共通之处，这无疑为儒佛沟通提供了新的视角。

其二是在论述声色二事时，认为不可"以不闻见，毅言其灭没"，指出"以是知河汉以外，有华藏焉"。由于人的感觉器官的认识范围是有限的，不能因其有限而否定事物的存在。因此，感觉器官远远认识不到的河汉之外，佛家所说的华藏世界之存在也是不可断然否定的。在章看来，科学固然正确地揭示了认识的发生、认识的相对性，但是，佛教也做了同样的说明。

3. 佛教的五阴学说与遗传学和催眠术的相通性

《天论第十》认为天是气体的积聚，非独立于万物之上的实体。① 他说"天萃于气，气生于地，地生于日"，不存在主宰万物、造生万物的上帝。对基督教的上帝观念他从两个方面进行了驳斥。一是长段引述王充的"因气而生，偶自生也"的论述。二是在说明事物生成的原因时，又大段引用了《大般涅槃经》（也作《涅槃经》）讲述五因、十二因缘和正因缘因的经文，对佛经中所论述的生命诞生过程显示了莫大的兴趣。因引用文长达千余字，以下略去经文，只录出章炳麟的评述部分：

> 物之生者，有知则物勿动，是以能腾跃，若有蹄翼。《涅槃经》论五因及十二缘，说虽与儒者少异，然可参观。……其说为

---

① 这一观点也是对在《訄书》之前的《视天论》《儒术真论》诸文的概括。

主凤业，有异六艺。余论知识所缘生，皆精眇无间，具疏之以观会通云尔。又答师子吼问正因缘之说法。……是亦深悉遗传胎教之义，而终不能夺。其言中阴，其实阴阳形气之外，固无所谓中阴也。

从他引用的内容来看，有三点值得注意。其一是五因。经中从生因、和合因、住因、增长因和远因这五因，说明了烦恼和业的生成缘由和过程。其二是十二因缘。一切众生的生死流转是如何形成的？十二因缘将无明、行这种过去的烦恼和业作为过去世二因，将在母胎内所形成的知觉活动即识、名色、六入、触、受作为现在世的结果，而将爱、取、有（知觉活动即欲望）看作现在世的三因，生、老死看作是未来世的结果。其三是中阴的论述。一个生命现象在五阴（色、受、想、行、识）坏灭后，便开始下一个转生过程，其中要经过中阴阶段。中阴是死后转生的过渡阶段，非肉眼可见，父母交媾时，新生体伴随着过去的业因缘，而进入母胎，"于母生爱，于父生瞋"，在精子和卵子结合时，而生欢喜。由此又一个生命现象（五阴）便诞生了。

对于这段经文，章炳麟做了以下的议论。他认为佛教所讲述的五因和十二缘，虽然与儒家略有不同，但是可以参照的。而佛家所说的十二因缘，主要是针对"业"即人的意志和行为而言，与儒家六艺（礼、乐、射、御、书、数）的说法有所不同。可是，佛家对知识形成的论述皆精眇无间，很能会通。《涅槃经》"答师子吼问正因缘"的说法，也是深悉遗传胎教之义。然而，他认为其中的中阴，难以置信，因为依据儒家的说法，阴阳形气之外是没有什么中阴即类似灵魂的状态的。

不过，《涅槃经》这段经文并非要说明生命的遗传和胎教，而是试图展示在中阴阶段，生命的诞生与无明之贪欲是如何受业力影响的。将中阴阶段看作是生物学上的遗传和胎教，无疑是章的有意发挥，其意图在于塑造佛教的科学性。

"天论"主要论述的是自然和生命现象,因气而生,没有上帝的造物和支配。他正是立于这个立场,大量地引用了《涅槃经》。佛经的因缘观,排除了上帝的存在,将生命现象的形成看作是由现实的各种条件(因缘)相互作用的结果,是一个连续的和循环的过程。在章炳麟看来,这种连续的、循环的生命观与遗传学很相近,而且佛教对生命现象形成过程的细致分析,显得富科学性而有说服力。虽然章炳麟不赞成中阴的说法,但是他认为其中的看法是"深悉遗传胎教",对佛教中的科学性内容给予了积极的评价。

遗传学理论也是章炳麟关注的一个领域。在《族制第二十》中,他说了如下的见解:

> 遗传之优劣,憃智系焉。血液之衳杂,强弱系焉。……民之有统也,固勿能斥外其妣矣。

就是说遗传的优劣,关系到智力的高低,血液的纯杂则关系到体格的强弱。由于遗传的作用,生民都要受到父母的遗传影响。因此,他对西方的遗传学和优生学抱有极大的兴趣,试图用此理论,来说明民族间的优劣,寻找增强民族竞争力的途径。他指出佛教早已"深悉遗传胎教",无疑是想表明东方传统也具有可与西方科学相匹敌的知识资源。

也是在《族制第二十》中,他开篇便引述了《楞严经》的说法:

> 形天无首而舞,跋难陀龙无耳而听,阿那律陀无目而见。见《楞严经》。藉弟令非诬,其抑者若珊瑚与水母,动物而虚其脑也。若夫五凿异处,而视听之舍殊,此奚足眩矣?思士不妻,思女不夫孕也,舜若多神之无身触也,亦见《楞严经》。此非殊舍也,而犹若是。……要之,万物莫神于霹雳,苟非骸质,犹无以传矣。

圣王因是以却鬼神，而天所生。

就是说佛经中的奇异说法，如无耳而听、无目而见以及无身而有感触，这些都为现代的自然科学所证明，因而不是无稽之谈。他还认为万物没有比霹雳（电）更为神妙的了，若没有感官则无法认识，无法传达，所以圣王据此否定了鬼神的存在，尊奉人生而具有的认识能力。其所引原典如下：

> 由是六根互相为用，阿难汝岂不知。今此会中，阿那律陀无目而见，跋难陀龙无耳而听，殑伽神女非鼻闻香，骄梵钵提异舌知味，舜若多神无身有触。[①]

经中说明人的"六根互用"即眼耳鼻舌身意六种感觉器官的认识功能是可以互相代替的。对于这样的奇谈怪论，章炳麟列举了数部西方著作，来证明其合乎科学性。如瑞典人的《催眠术》一书就说电气可以使人在熟睡中，预知未来，获知他人心念等。这些为以往的儒者视为荒诞无稽的佛教言说，在与近代科学的比照下，却成了被科学证明的认识。但是，此处所引用的佛经与他关于遗传和优生学的议论并没有直接的关系，章炳麟的意图到底在哪儿呢？其意图正是要表明东方的传统中所具有的科学性知识，可以与西方相匹敌。当他在同段文指出《列子》中有关"西极化人""易人之虑"等说法为西方的"精神学"所证明不是荒诞之言，上述立场便显然可见了。

4. 佛教的爱欲论与生物学的相通性

《独圣上第四十九》讨论了事物变化的内在动力的问题：

[①] CBETA, T19, p. 123, b28-c3.

> 雷霆为电，磁石之气为电，金铁相磨为电。电也者，眇万物而为言者也。吾读浮屠书，有四方之电，谓之百主、身味、竭罗、祝蓝。两电或斗，激耀而为声。见《楼炭经》①。以是知天地之间，非爱恶相攻，则不能集事，其情伪可识矣。

关于风云雷电等现象，佛经中有广泛的说明。《大楼炭经》不仅讲述了四方之电，而且说电与电在虚空中相互"争斗"，导致了声音等自然现象的产生。这里，章炳麟用《大楼炭经》对电的说明，试图揭示事物的形成是由其受爱恶等对立的因素相互作用的结果这一道理。

"电"这一物理现象，伴随着科学的说明而被清末众多思想家注意。自然物质的运动、社会的动荡、人的情感的变化，对其内在原因的说明，往往与"电"相关。章炳麟本人对于"电"很早就已关注。声称与章炳麟是莫逆之交的孙宝瑄在其日记中多次记述了他和章炳麟关于这个问题的讨论。在1897年的一次讨论中，章炳麟表达了如下的认识：

> 枚叔云：古时有火官，曰祝融，专司火政，疑当时之视火，犹今人之视电。盖火初为格物家测出，而取之不易，必需若许质料，非凡民所能自备，故必设官，如公司者，以给万民之用也。②

这里，章炳麟把现在的"电"与古代的"火"视为同类现象，都是需

---

① 《大楼炭经》卷四"刕利天品"："雷电有四品。何等为四。一者东方电。名百主。二者南方电。名身味。三者西方电。名阿竭罗。四者北方电。名阿祝蓝。何以故。于虚空有电出声。有时身味电。与阿祝蓝合诤斗。用是故虚空中出声。或身味电。与百主电共斗诤。是故云中出声。有时阿祝蓝电。与身味电共诤斗时。是故虚空中出声。何以故虚空云中出声。有时地种与水种共诤斗。地种与火种共诤斗。地种与风种共诤斗。譬如出山相搏却住。"（CBETA, T01, p. 299, c27-p. 300, a7）

② 孙宝瑄：《忘山庐日记》，第157页。

要相应的技术来提取储存,因此都需要设立专门的官职或公司来管理运行,试图解释"祝融"这一"火官"的历史由来。其次,是1898年,孙与章的一次争论:

> 枚叔过谭终日,与争灵魂之有无,久之不能决。枚叔谓:灵魂不能离质点而存,如电气之因摩擦而见在质点之中,无质点斯无电气,灵魂亦然。其始也,因男女精血相摩而生,成形之后,复因血脉流动相摩而存。血脉停滞,则无相摩,遂无灵魂,而人死矣。言似有理,余骤未能难也。①

章炳麟用电的现象,来说明灵魂离开了肉体是不存在的道理。

在对电这一现象解说时,章炳麟还进一步将之与中国古代思想中的"屈申"联系起来进行说明。章炳麟说古代中国的典籍对电和神这类现象,是用屈申这样的概念来说明的,特别是申这一概念则统括了电和神。申具有战斗性,是鼓动万物的内在力量。就人类而言,其内在的动力则来自爱恶。②在此,他长篇引用《涅槃经》来说明爱恶是人的本能:

> 人之本能惟爱身,又次则爱同类,而凡贪饕淫厉,皆是自生。此生物之说也。浮屠大旨,亦同于此。《涅槃经》曰:"菩萨摩诃萨,观此集谛,是阴因缘。所谓集者,还爱于有。爱有二种:一爱己身,二爱所须。复有二种:未得五欲,系心专求;既求得已,堪忍专著。复有三种:欲爱色爱无色爱。复有三种:业因缘

---

① 孙宝瑄:《忘山庐日记》,第175页。
② "独圣"上第四十九:"屈申者,晦明之道也,屈甚而晦,申甚而明。古者不言神,亦不言电,而统之以申。非战斗无申,非申无明万物之自鼓舞者然也。"(《訄书初刻本》,《章太炎全集》,上海人民出版社2014年版,第102页)

爱，烦恼因缘爱，苦因缘爱。出家之人有四种爱：何等为四？衣服，饮食，卧具，汤药。复有五种贪着，五阴随诸所须，一切爱着分别挍计，无量无边。善男子，爱有二种：一者善爱，二不善爱。不善爱者，惟愚求之。善法爱者，诸菩萨求。善法爱者，复有二种：不善与善。求二乘者，名为不善。求大乘者，是名为善。善男子，凡夫爱者，名之为集，不名为谛；菩萨爱者，名之实谛，不名为集。何以故？为度众生，所以受生；不以爱故，而受生也。迦叶菩萨白佛言：世尊如佛：世尊于余经中，为诸众生说业为因缘，或说憍慢，或说六触，或说无明，为五盛阴，而作因缘。今以何义，说四圣谛，独以爱性，为五阴因？佛赞迦叶菩萨：如汝所说，诸因缘者，非为非因，但是五阴，要因于爱。譬如大王，若出游巡，大臣眷属，悉皆随从。爱亦如是，随爱行处，是诸结等，亦复随行。譬如腻衣，随有尘者，着则随住。爱亦如是，随所爱处，业结亦住。复次，善男子，譬如湿地，则能生牙，爱亦如是，能生一切业烦恼牙。菩萨摩诃萨，住是大乘，大般涅盘，深观此爱，凡有九种：一如责有余；二如罗刹女妇；三如妙花，茎中有毒蛇；四如恶食，性所不便，而强食之；五如淫女；六如摩楼迦子；七如疮中息肉；八如暴风；九如彗星。"① 按：以爱性为五阴因缘，又谓诸业接随爱而住，正与生物学说同至。所谓一爱己身者，即人性本能之始也。恣其爱，则为疠瘇，而制其爱，则为善之长。即所谓善爱、不善爱。

苦集灭道四圣谛，是佛教的最基本的教义。这里引用的经文在说明苦的原因"集"时，对爱欲做了十分详尽的分析。章炳麟对之虽无多评述，但这一长段的引用，其欲显示佛教论证的绵密性的意图显然

---

① 《大般涅槃经》卷十三"圣行品"（CBETA，T 12, p. 440, a 20-b 22）。

可见。佛教对于爱的分析，章以为与生物学的解释是相同的。即爱自己是人的本能，然而，恣意地爱自己，则是病态和痛苦，而能节制其爱，则为善之首，这两种爱的态度正是佛教所说的善爱和不善爱。

以上可以看出，章炳麟从考察"电"这一自然现象，转而将对电的认识运用到对人的行为之动力的分析上来，试图从自然和人的内部揭示其运动的原因。也是在这个时候，他将佛教的说法和自然科学的理论结合在一起，表明自然科学恰恰证明了佛教学说的正确性。必须指出的是，章的上述种种议论大多离开了佛典本身上下文的脉络，而截取与自然科学相近的部分，赋予其科学性的解说。或许意识到了这样的问题，这些议论在1904年的重订本中大都被删除了。尽管如此，这些论述对于了解1900年以前中国知识界的科学认识，是不可忽视的材料。

（二）佛教对说明社会历史的有效性

章炳麟对佛教的兴趣不止在与自然科学相关的问题上，对社会、政治、历史、语言、学说论争等问题上的论述时，不只是关心西方的学说，同时他也把眼光投向佛教，试图从中挖掘出与西学具有同等价值的有效知识。

1. 佛教比喻的历史预见性

《喻侈靡第二十一》是借《管子·侈靡篇》，以说明奢侈的嗜好引起了频繁的商品交换活动，是社会发展的一个推动力。在论述上述观点时，佛教再次成为他立论的依据：

顾势也，浸久浸文明，则亦不得不浸入而久浸侈靡。

适其时之所尚，而无匮其地力人力之所生。

其篇之季，则言"中国之草木有移于不通之野者"，以见"运之合满"。

此以知今之与古，中国之与不通之野，其草木固有异也。草木既枯为皮脱，又久则为僵是石，而天地期运，于是一终：《管子》命之"运"，浮屠命之"劫"，欧罗巴人命之"期"。……呜呼，中西之事，《管子》见之矣。其篇之季又曰："妇人为政，铁之重反旅金。"呜呼。维多利亚之霸欧洲而大风播乎中国，与一切机械轨道之必藉于炼钢精铁者，《管子》见之矣。

释氏《大集月藏经》云："譬如真金，为无价宝。若无真金，银为无价。若无银者，鍮石无价。若无鍮石，伪宝为无价。若无伪宝，赤白铜铁，白镴铅锡，为无价宝。"是即侈靡无定，适其时尚之义也。①

随着文明的进展，侈靡之风尚也得以发展。而侈靡的要求，则导致了机械等工艺的产生和商品交换的发达。② 这一现象管子已经预见到了。管子中所说的"侈靡"，恰恰说明了西洋商务产生的缘由。如管子指出，中国之草木有移植到没有往来的异域之事，现在世界的贸易往来证实了管子的说法。中国的草木固然与没有往来的异域不同，但草木之一荣一枯是天时循环，在管子命之为运，在佛家命之为劫，在欧洲命之为期，而所说的事情是一致的。英国之称霸欧洲而冲击中国，

---

① 《月藏分第十二分布阎浮提品》，《大方等大集经》卷五十五（CBETA, T 13, p. 363, b9-22）。
② 姜义华：《章太炎思想研究》，上海人民出版社1985年版，第124页。

一切机械之制作必靠精炼钢铁，这些恰恰证明了管子有关重视铁制造言说的预见性。最后章炳麟引用《大集月藏经》，说明事物的价值是相对的，依其稀有度而定，不是固定不变的。譬如佛经说真金为无价之宝，但要是没有真金，则银为无价之宝，如果无银子，则鍮石为无价之宝，总之，相应时尚，侈靡的内容也有变化，不是固定不变的。在章炳麟看来佛经的比喻无疑与《管子》一样，早已预见到了今天的变化。这一奇异的主张，实际上，也是一种与西学源自中土的附会论相近的说法。

有趣的是，其所引用的这段经文，在原经中并不是说明商品交换的问题，而是比喻说明佛去世后，应该从谁接受佛法。就是说，佛在世时，以佛为无上，犹如真金；佛不在世，以缘觉为无上，犹如白银；缘觉不在世，则罗汉为无上，犹如鍮石，如此类推。而章炳麟却将此处比喻理解为物稀为贵，用来说明侈靡之嗜好如何促进了商品的生产和贸易的往来，以及世界列强在中国的经济行为，的确是一种奇特的解读。这也表明佛经和其他传统的经典，都是他认识和理解中国以及世界现状的知识资源，不难看出他想寻找一个既不为西方学说所左右，又能与西方学说相对等的知识理论的企图。

2. 释迦诞生的传说与中国天子和耶稣诞生传说的相似性及其无神论意义

《冥契第十四》就东西方的学说或史籍记载的冥然契合的现象进行了论述，如黄宗羲的天子观与五大洲的共和、联邦的主张很相近。再如论述中国的天子和各大宗教领袖的诞生的传说也十分相近时，章炳麟将中夏天子与佛陀的传说做了比较，认为其共通之处则是排除了上帝的观念。

　　　　章炳麟曰：中夏之王者，谓之天子。是故言苍牙者，以为

> 出于东皇大一,而创业之主,其母必上帝冯身以仪之。吾读浮屠书,称帝曰帝释,亦曰释提桓因。是无他,彼塞种者,其氏曰释迦,以其王为出于上天,而因以其氏被之。惟牟尼狭小其说,屏斥上帝,而犹谓之瞿释迦氏。一作憍尸迦,亦称憍陈如,并一音转。……凡长人者,必雄桀足以欺其下,以此羑民。是故拱揖指麾,而百姓趋令若牛马。章炳麟曰:大哉黄中通理。

章炳麟认为古代帝王,不论中外都将其诞生与天帝相联系。如中华之苍牙(即伏羲)被认为出生于叫作东皇太一的神,而帝王的出生都有圣母感应的传说。佛书中称帝为帝释,也叫释提桓因,意为天神。这是因为释迦一族是塞族,以为其王出于上天,故用释迦这一天帝的名称作为姓氏。然而打破这一神话的则是释迦牟尼本人。释迦牟尼虽为王族,然而释迦不以其族出于上天,并摒斥上帝。中外号称天子或者上帝之子的说法,不过是支配者愚民的一种策略罢了。此外,章炳麟还指出至于基督教的耶稣则不过是《史记·封禅书》中所记八神之首的天主,而伊斯兰教的穆罕默德则为《六韬》之中德天方之神。世界三大宗教,都可在汉籍中找到其源流。对于以上的相通现象,章连呼"大哉黄中通理",感叹人有是心,心通此理。

不过,对章炳麟来说,最为重要的是释迦牟尼的摒排上帝的做法。这与他在《天论第十》等篇中否定上帝创造万物的立场是一致的。在《訄书》中,否定上帝的存在是一个重要的论题,这显然与他对基督教的批判立场有关。佛教无疑是他批判一神论的强有力的思想资源和理论武器。

3. 佛教对批判五行感生说的意义

首先,《独圣下第五十》对五行感生和五帝感生的学说进行了批判，指出孔子在删定笔削六经时，刊除了五行学说，从而将怪力乱神从经典中清除了出去。所以，他盛赞孔子的功绩"横于万纪"，并认为荀子在整理《诗》《书》、兴隆礼义上又进一步，提出了"余以后圣之作，必过于先民"的进化史观。在对感生说进行批判时，他举出两处佛教的例子，用以论证感生说的荒谬。

且夫婚姻之黩也，昉于神事，而五行感生之说实倡之。五帝感生，医家亦道之。……而言其形体、性情所象，是即感生之举证也。盖鬼神之说先出，歧雷之术后成，而其义正可相附。古者巫、医一也。故姬、姜以二水为异德，稷、契之系同出于帝喾，乃一祢苍灵，一祢汁光纪。上古多用女系，故圣明之嗣，必推神其母。余始观释迦母摩耶，耶稣母玛利亚，其子皆云降生，而其母命名，声类大同，意窃怪之。后思《吴越春秋》云莫耶，干将之妻也，其铸剑事，极怪诞不根。莫耶音亦同彼二者。乃知四裔语言，本出一原，后虽速变，而踪迹可寻。此三名同音，乃神女之通号矣。女系渐变为男系，于是有感生之说。

在中国古代传说中，帝王的诞生皆非男女交媾的结果，而是神灵感应的赠予，其理论形态则是五行感生说。古代医书《黄帝内经》中也有五帝感生之说，即是以木火土金水的感应，说明苍帝、赤帝、黄帝、白帝、黑帝等的诞生。再如夏的始祖禹因母亲吞食薏苡这一植物而生，商的始祖契因母亲吞食玄鸟蛋而生，周的始祖后稷因其母踏巨人之足印受孕而生。章炳麟认为这样的感生传说实际上反映了上古母系社会向父系社会的转变，不仅中国，释迦和耶稣的诞生传说都是类似的。有趣的是他认为释迦的母亲"摩耶"、耶稣的母亲"玛利亚"以及中国干将之妻"莫耶"，命名皆音声相似，由此说明四方异域的语言本是同源,并为神女之通号,感生的学说便是在由母系社会过渡到父系社会过程中产生的。这一说法指出了感生学说的形成是历史发展的产物,固有其合理性,然认为此三女名号同出一源,是缘于他所接受的人类同源之"传播说"的结果。

其次,在说明古代部族互为通婚时,他大段引用了《涅槃经》。

> 夫以兄弟为异祢,则婚姻之不塞也亦宜。《水经·河水注》:"恒水,东径毗舍利城北。释法显云:恒水上流,有一国,国王小夫人生肉胎,为千小儿,即贤劫千佛也。"夫千佛同产,何异唐尧、稷、契?而此生以往,故非柿附,则其说又高于感生。要之,神怪眇言,东西玄契则同矣。或曰,《涅槃经》亦言:"若有聪明黠慧利根能善分别。远离善友不听正法。不善思惟不如法住。作如是念:①一切世间有四种无:一者未生名无,如泥团时,未有瓶用。二者灭已名无,如瓶坏已,是名为无。三者各异互无,如牛中无马,马中无牛。四者毕竟名无,如兔角龟毛。众生父母,亦复如是,同此四无。若言父母众生因者,父母死时子不必死,是故父母非众生因。复作是念,若言父母众生因者,应因父母常生众生。然而复有化生、湿生,是故当知不因父母生众生也。复作是念,自有众生,非因父母而得生长,譬如孔雀,闻雷震声,而便得身。又如青雀,饮雄雀泪,而便得身。如命命鸟,见雄者舞,即便得身。作是念时,如其不遇善知识者,当知是人能断善根。"②是则其说又可救感生之诬也。

章炳麟认为上古部族所祭祀的祖先各不相同,所以可以联姻,

---

① 以上引文有删节。
② 《大般涅槃经》卷三十二"迦叶菩萨品"(CBETA, T12, p.816, b19-p.817, a10)。

感生的传说透露了这一实情。这里借用《水经注》所引用的《佛国记》作者法显的说法，以为千佛同产的传说与中国的尧、稷、契的诞生传说无异，但佛典中讲缘生，不用感生之说，因此，佛典的说法要高于感生之说。章炳麟还说"要之，神怪眇言，东西玄契则同矣"。接着，他所引用的经文，涉及了佛教的胎生、卵生、湿生、化生这四种生命诞生的方式，还有孔雀等动物不经过交媾而得受孕的现象，以此说明父母并非生众生的原因。但是，《涅槃经》举出这些例子，意在说明这些想法是错误的，是怀疑佛的涅槃的真实性和众生悉有佛性的狡黠之辩，因而是断绝善根的迷妄之见。可是，章炳麟在这里却将之作为批判感生说的论据，与经文的宗旨没有直接的关联。尽管如此，这种郢书燕说的误读，表明了章炳麟十分关注佛经中有关生命和自然现象的论述，而且尽可能把这些论述作为知识资源，与他所掌握的科学知识联系起来，以此来进行思考的姿态。

4. 佛教的语言认识对说明语言现象的意义

《订文二十二》依据斯宾塞的"有语言然后有文字"的观点，论述了语言文字的产生，指出文字的多寡反映了社会的发展程度。特别是文中对中国语言文字的命运表示了忧虑，因为中国文字常用者不过二千，而西方则有六万，两者悬殊万倍，在世界性的贸易日益发达、机械文明日新月异（"异域互市，械器日更"）的时代，中国文字面临着存亡的危机。克服这一危机的途径则是按照"先师荀子"所说的"循于旧名，有作于新名"，即对中国的语言文字必须进行创新。该篇后附录《正名杂义》一文，对中国语言的特征和历史进行了综合地探讨，有一处涉及了佛教。

关于人名地名的由来问题，章炳麟引述了佛经中的说明。在他看来，佛经中的细致分析可资思考这一问题。

人名地名，固自译音，然亦或当知其义。……释典言世间名字①，或有因缘，或无因缘，其说曰：有因缘者，如舍利弗，母名舍利，因母立字，故名舍利弗；如摩鍮罗国，因国立名，固名摩鍮罗。如目犍连，目犍连者，即是姓也，因姓立名，故名目犍连。如来生于瞿昙种姓，因姓立名，称为瞿昙。……如是等名是因缘名。无因缘者，如莲华地水风火虚空，如曼陀婆一名二实，一名殿堂，二名饮浆，堂不饮浆，亦复得名曼陀婆；如萨婆车多，名为蛇盖，实非蛇盖，是名无因，强立名字。②……近世名有因缘者，如美洲之域多利，以英吉利主名；南洋之菲律宾群岛，以西班牙主名。

佛典对名称产生的说明，如有因和无因两种，这对章理解西方的语言学，解释中外的语言问题，无疑有重大帮助。在章炳麟看来，名称的产生不只是一个单纯的语言现象，而且有其历史的社会的原由。他对佛教语言论的发掘表明了东方存在着可与西方匹敌的理论解释，显示了他既吸收西方理论，又注重从传统寻找相应的诠释，以建立自己的知识架构，不以西方为绝对的认识姿态。

在《訄书》重订本中，针对语言中存在着"通俗之言"与"科学之言"、"农牧之言"与"士大夫之言"的区别，他又举出佛经翻译中的"般若"和"智慧"的例子加以说明。

---

① 《大般涅槃经》卷二十三"光明遍照高贵德王菩萨品"："善男子。世间名字或有因缘。或无因缘。有因缘者。如舍利弗。母名舍利。因母立字故名舍利弗。如摩鍮罗道人。生摩鍮罗国。因国立名故名摩鍮罗道人。如目犍连。目犍连者即是姓也。因姓立名故名目犍连。如我生于瞿昙种姓。因姓立名称为瞿昙。如毘舍佉道人。毘舍佉者即是星名。因星为名故名毘舍佉。如有六指因六指故名六指人。如佛奴天奴。因佛因天故名佛奴天奴。因湿生故名名湿生。如声故名名为迦迦罗。名究究罗咀罗。如是等名是因缘名。无因缘者。如莲花地水火风虚空。如曼陀婆一名二实。一名殿堂。二名饮浆堂。不饮浆亦复得名为曼陀婆。如萨婆车多名为蛇盖。实非蛇盖是名无因强立名字。如坻罗婆夷名为食油。实不食油强为立名名为食油。是名无因强立名字。善男子。是大涅槃亦复如是。无有因缘强为立名。"（CBETA, T12, p.503, b18-c5）

② 重订本《订文二十五中》，此处下文有增补，为"然则渠搜以屦霜名，支那以蚕丝名，世谓震旦、支那，译皆言秦。今人考得，实为蚕义"。对"支那"这一名称做了简略考察。

昔释典言般若者，中国义曰智慧。以般若义广，而智慧不足以尽之，然又无词以摄代，为是不译其义，而着其音。何者？超于物质之词，高文典册则愈完，递下而词递缺，缺则两义混矣。故教者不以鄙语易文言，译者不以文言易学说，非好为诘诎也，苟取径便而淆真意，宁勿径便也。

同一事物，科学的概念和通俗的称谓，以及经典的说法和后世的语言是不一样的，这种区别恰如佛典的"般若"不能轻易译为"智慧"一样。因为，佛典中的"般若"其意义较之通俗的"智慧"要广，所以不译其意，而以音译来表达。这不是翻译者的故弄玄虚，而是教义上的准确性要求如此，目的是为了避免意义上的混淆。因此，上述言说之区别，无疑是必要的。

中国的佛典翻译，在早期出现了很多混乱，如将涅槃翻作无为，将空译为无，不免用中国固有的意义去曲解佛典的概念。针对这一现象，东晋时代的道安就指出了翻译中的"五失本"的问题，唐代的玄奘则进一步提出了"五种不翻"的原则，这在宋代以后被广泛地表述为"秘密、多义、此无、顺古、生善"，由于这五种原因，佛经中的重要概念在翻译上不作意译，只作音译。如对第五"生善"这一理由，"五生善故。如般若尊重，智慧轻浅"[①]。就是说，"般若"这一音译更为忠实原意，若意译成"智慧"，则浅易其本义了。

章炳麟显然接受了这种说明，认为在创造新字新词时，佛典翻译提供了一个可资借鉴的模式。

5. 梵文、巴利文与今文、古文问题的相似性

《公言下篇第九》，讨论了人类社会中存在不存在统一的教化学说

---

① 《翻译名义集》卷一，北宋周敦颐序（CBETA, T54, p. 1055, a13-b4）。

的问题。章炳麟主要通过释迦和孔子的教说为例，做出了肯定的答复。其开篇三段文便讲述了佛家的各学派。

> 自释迦文之未生，而西域有二十六师。一曰地论师……无因轮师，为一界。此曰方论师……非声论师，为二界。次曰识论师……瑜伽我论师；右十二师，亦通称主观学，为三界。次曰数论师……为四界。其说皆在佛前。大小乘之说，素具矣。

这里所说的西域二十六师，其出典不详，《提婆菩萨释楞伽经中外道小乘涅槃论》中提到了外道二十论师[①]，其中名称与章文多不合，如有"裸形外道论师"等。此恐系转述他人之研究。文中表明，在释迦之前，已经有二十六论师，其学说已经涵盖了大小乘的教义。其第二段文如下。

> 倚于地者，倚于水者，倚于风者，各持其端以为教。《大楼炭经》言：持地大天神言，但有地，无有水，亦无有火，无有风。持水大神言，但有水，无有地，亦无火、风。持火大神言，徒火，无有地、水、风。持风大神言，徒风，无地、水、火。皆发恶见。此即地论师说，变言神耳。于百物之秒枝，又举其秒枝，令持良知者得滕空言以冲折之，则主内外之说，又自是裂矣。

此段引文出自《大楼炭经》卷四"忉利天品"[②]，引用时做了删节。古代印度以地水风火四大为构成万物的要素，而佛教的缘起说也吸收了这一思想，认为这四大并非有实体，是物质对象的性质。这段文是

---

① CBETA, T32, p. 156, c17-29.
② CBETA, T01, p. 299, b4-p. 300, a4.

说对于万物形成的要素,各持一端,各立学说,令人无所适从。其第三段文如下。

> 古言之虚,以为两纑之间,当其无纑,百家嵬琐而拾之,鰔触无恊。释迦贯之以纑间,琐者一其言归公,非特制之,亦不曰因袭也。《大涅槃经》佛言:我说诸外道等。先已得断四禅烦恼。修习暖法顶法忍法世第一法。观四真谛得阿那含果。是则外道已得声闻第三果也。尼犍之说真空,以为无常乐我净,亦与声闻所见不异。盖具此学术,复能信佛精进,则许之授记。若遂贡高自满,则斥曰外道。而其所得,初无异也。至阐提首那与佛辩论,生因了因之旨,则彼此密合,殊途同归,不谓之不二法门,不得矣。

这段经文引自《涅槃经》卷三十四"迦叶菩萨品"和卷三十九"憍陈如品",以及《涅槃经》卷五"如来性品"。[①] 从经文的引用,可以看出章炳麟对于《涅槃经》阅读的深度。他认为释迦与其他各家见解没有根本的冲突,只是将既有的各家学说进行了综合贯通,其基本主张本来相同,彼此密合,可以说是殊途同归,都是不二法门。这样来历史地说明释迦和其他学说的关系,显然与传统的批注是不同的,显示了章的独特理解。接着,章炳麟还对从语言学的角度,怀疑大乘出于龙树之后的学说提出了疑问。

> 世徒以大乘用珊斯克利古文,小乘用波利书,释迦不得以古文更当时字,故疑大乘出于龙树以后。苟如是,而释迦未觌四世之文学,壹何其鄙浅也?

---

① CBETA, T12, p. 567, b21-23; T12, p. 592, c2-24; T12, p. 395, b14-18.

显然，章炳麟不赞成用梵文和巴利文的区别，以为大乘出于龙树之后来判定"大乘非佛说"的看法。"大乘非佛说"有两个来源。一个是在华传教士利用西方印度佛教研究的成果，批判中国的佛教徒不仅不知现存佛教有大小乘之别，而且不知其所信奉的大乘并非佛所亲说。其代表为艾约瑟陆续撰写的《释教正谬》(1861年)。19世纪中期以后，西方印度学的一个重要成果是对梵文和巴利文的佛典的翻译，并判明了巴利文的经典属于南传佛教(即小乘)，而梵文经典则属于北传佛教(即大乘)这一事实。再一是日本自1901年由村上专精挑起的大乘非佛论的争论。《訄书》初刻本刊行于1900年，所以章炳麟不可能受到了日本的影响，很可能接触到了传教士的说法。

章炳麟认为释迦之教兴起之前，在古代印度就已经有了类似大小乘的学说了。而各个学说各执一端，来主张各自的教说。如对世界形成的说明，或主张只有地，或认为只有水，或主张只有火，或者以为只有风。章炳麟指出释迦把这些相互对立的不同学说统一了起来，而释迦的学说既不是特别创制的，也不是因袭旧来的，是一种综合贯通。现在有人认为大乘使用的是梵文(珊斯克利)这一古文，而小乘使用的是巴利文(波利书)，释迦不可能用梵文这一古文，更改当时的文字(即巴利文)，所以怀疑大乘是出于龙树以后。对于这样来鄙薄释迦，将释迦看作不知以往四世学说的人，章炳麟不予苟同。实际上，章的批判是合乎现在佛典研究的一般看法。梵文作为书写语言，属于古印度亚利安语，而巴利文属于中期印度亚利安语，要早于巴利文。而且早期小乘佛教的一派说一切有部的经典是用了梵文书写的。① 所以，用梵文和巴利文的区别，来判定大乘梵文佛典非佛说，的确尚属勉强。可是，重订本却删除了这段文字。

在论述了释迦为印度社会之公言之后，章炳麟转而论述中国的情况：

---

① 辻直四郎编：《印度》，日本名著普及会1986年复刻本，第670页。

上古以来，百王有政教，各持一端，而仲尼通之以三统，耘刈其缪戾，曰为贤者讳，非爱其人也，去其足以害教而已。是故道莫憮，而言曰公。

汉之东建，有争古今文，今益炽。苟徒以隶书、史籀书为辨，其争则珊斯克利与波利之属也。……三统之既通，则政法何异同之与有？

章炳麟认为中国自上古以来，百王各有其政教，各持一端，到了孔子则将之综合为三统（夏商周）的学说，删除了各种对立和危害教化的学说，这使得道（法则）得到了体现，其主张也具有了普遍性，从而成为中国社会的"公言"。更为重要的是章炳麟就当下进行的古今文争议与佛教做比较，表明了自己的立场。他说古今文的争论自汉代就开始了，而在今天愈演愈烈。如果只是从隶书和史籀书体上进行争论，好比梵文与巴利文的争论。所以孔子用三统说统一了以往的各种教说，这使得政法就不再有什么异同了。

在这里显然章炳麟为康有为等人的今文经学之主张所受到的攻击做出了辩护，认为孔子用三统说对古来的政教进行了统一，以古今文体之异而争是非是一个无知的做法。章炳麟认为这一无知的态度是因不知孔子和释迦的统一异说的工作而致，以为这好像只是杂糅了异端而已。他批评那些自诩为贤者的人只从自己的一得来攻击其他，实在是愚蠢的做法。正如释迦教义中有大小乘，并非释迦之后的创制，而是释迦综合贯通以往学说的结果那样，古今文的问题亦然，其内容都包含在孔子所综合贯通的三统说之内了。

总之，在章炳麟看来，佛教的梵文与巴利文的问题，构造上十分类似经文的古文今文的问题，是解决古今文之争的有力例证，表现了章炳麟要据此来化解古今文经学争论的意图。

章炳麟的这一姿态，其实在1899年10月撰写的《〈翼教丛编〉书后》和同年12月的《古今文辨义》两文中也不难发现。《翼教丛编》的编者苏舆在该书序中对于康有为等人的学说做了严厉的指责，说"伪六籍，灭圣经也；托改制，乱成宪也；倡平等，堕纲常也；伸民权，无君上也；孔子纪年，欲人不知有本朝也"。还说，"邪说横溢，人心浮动，其祸肇于南海康有为"。[①]章炳麟对此，一面表示该书对康有为经学的批驳也有击中要害之处，但不赞成将其经学学说和政治行动混为一谈。因为对于经典的怀疑，不但不始自康有为，而且也不始自清代的考据学诸家，自东汉王充就开始了，而且宋代的程朱也有过怀疑和不信。所以，"不罪程朱，而独罪康氏，其偏枯不已甚乎"[②]。针对六经皆孔子所撰这一今文经学家的观点，章炳麟认为这是因其特尊孔子而自创的学说，其实，孔子的功绩不在制作，而在对以往的学说进行了"删刊"，编订了"群经"的工作，所以"六经自有高于前圣制作，而也不得谓其中无前圣之成书"。就是说孔子删刊六经，是对以往学说的综合和贯通，既有继承又有高于前人之处。同时指出不可以独尊孔子，而绝灭其他诸家学说，如果因经学观点之不同，而作为政治攻击的口实，则是"经术文奸之士""埳井之鼃"，不敢苟同。

当然，《訄书》初刻本出版不久，章炳麟的这一立场有了重大变化，他开始毫无袒护地批判康有为的今文经学，从此康有为的整个学说成为他思想之敌，同时佛教作为批判的武器也倍受磨炼而愈加被他重视。

(三)《訄书》初刻本对佛教的批评

在《訄书》初刻本之前，章炳麟对佛教已有批评，1899年的《儒

---

① 姜义华：《章太炎思想研究》，第108—109页。
② 汤志均编：《章炳麟政论选集》(上)，中华书局1977年版，第96页。

术真论》及其附录《菌说》，是其代表作。这两篇对佛教的批判集中在鬼神观念的问题上，明确主张无神论，否定上帝创生说。的确，在关于人的由来说明上，章炳麟认为释迦、庄子的学说虽然高于"袄教"，但"不如儒者也"，并在附录的范缜《神灭论》文后，赞扬其学说，引述了其中的"救浮屠之害政，绝桑门之蠹俗"之句。这两句被视为章炳麟佛教批判的结论，广为研究者引用。然而，必须指出"救浮屠之害政，绝桑门之蠹俗"系转述《神灭论》中原话，来与别的见解做比较，并非章炳麟的主张。也是在这两篇文章中，章炳麟多处引用佛教经典，说明佛教也主张没有鬼神，甚至认为佛教的"轮回"说也"非无至理"。这一看似自相矛盾的观点与其说是"以佛反佛"[①]，毋宁说是在指出佛教学说内部具有多样性，因而要有所取舍。

同样，在1899年发表的《摘〈楞严经〉不合物理学两条》中，依据声学和光学的知识批评经中的说法有违科学。然而，这一批评，其并非全面否定佛教，而是指出佛教的不足，显示了章炳麟的科学性的思考态度。

上述的两种姿态，在《訄书》初刻本批评佛教的言说中也得到了反映。

1. 对平等和佛性说的批评

《平等难十九》论述了中国社会有无施行平等的可能性和必要性的问题。其开篇就对平等提出了疑问，认为"天地之道，无平不陂"，即不平等或者差异恰是天地间的常态，因此，"政平而无威"，即政治平等了，就会失去威信，因而难以施行。所以，"平非拨乱之要也"，平等不是中国变革的首要问题。对于中国要不要施行平等，他的结论如下。

---

① 唐文权：《辛亥革命前章炳麟的佛教思想》，载章念驰编：《章炳麟生平与学术》，生活·读书·新知三联书店1988年版，第403页。

夫父子夫妇之间，不可引绳而整齐之，既若是矣，君臣虽可平，抑于事故无取。故曰：平等之说非拨乱之要也。

为了论述这个观点，他讨论了佛教的平等观。

昔者平等之说，起于浮屠。浮屠之言平等也，盖亏盈流谦，以救时弊，非从而纵之，若奔马之委辔矣。何者？身毒之俗，区人类为四等：以婆罗门为贵种，世读书主祭；其次曰刹利，则为君相将士；其次曰毗舍，则为商贾；其次曰首陀罗，则苦身劳形以事畎亩，监门蓄之，而臧获任之。是四类者，庆吊不通，婚媾不遂，载在册府，世世无有移易。夫椭颠方趾一也，而高下之殊至是。此释迦所以不平，而党言平等以矫正之也。揉曲木者，不得不过其直，恣言至其极，则以为鸟卵毛鳞，皆有佛性，其冥极亦与人等。此特其左证之义，觊以齐一四类，而闳侈不经，以致于滥，有牛鼎之意焉。愚者滞其说，因是欲去君臣，绝父子，齐男女。是其于浮屠也，可谓仪豪而失墙矣。

章炳麟认为平等学说始于佛教，而释迦之所以提倡平等是因为印度是个极度不平等的社会。在印度人分四等，庆吊不相往来，互不通婚，身份和地位世代不变。针对这一极端不平等的现象，释迦企图用平等的思想来矫正它，提出了极端的主张，以为鸟卵毛鳞，即鸟类、兽类、鱼类皆有佛性，甚至说其觉悟（冥极）也与人相等。这一说法，章认为是一个过激的主张，本身虽有荒诞不经之处，但是，释迦采用的战略是亏损多余的，以补充不足的，并非如脱缰奔马，任其纵横。若果不了解这一偏激的历史缘由，将之运用于中国社会，只会导致去君臣，绝父子，齐男女的不切实际的后果，则未免得其小而失其大，也非佛教的本义。文中的"愚者"很可能暗指康有为和谭嗣同等人。① 章炳麟认为平等固然重要，但因时而异，在南北朝时期，对于打破等级差别有过意义，而唐宋以后中国废除了世袭的等级制度，已经获得了平等，因而平等说对于中国社会意义不大。章认为君臣、父子、夫妇之间的不平等是一个无法消除的事实。因此，与其说章炳麟在批判佛教的平等观，毋宁说是在批判不顾各个社会的不同情况，滥用佛教平等思想的主张。

尽管章炳麟对何谓平等的问题并没有直接说明，但是，他的理解中包含了这样的认识，即平等是一个历史性和社会性的观念，它不是无条件地可通行于每个时代和每个社会。也正是在这个意义上，章炳麟充分肯定了佛教平等观的历史意义，认为在打破印度的等级歧视上，佛教起到了重要作用。这个认识在初刻本出版之后，得到了继承。当他观察到满汉之间实际上存在着民族不平等的时候，佛教的平等观，便不再是一种过激的主张，恰恰是适合中国社会现状的学说，从而成为章炳麟主张民族（种族）革命的重要理论。在1910年的《齐物论释》中，平等被表述为承认差异的平等（不齐而齐），他的平等观达到了他认识的最高点。

2. 对佛教中残存的鬼神观念的批评

《干蛊十七》论述了鬼神崇拜产生的原因，章炳麟认为由于存在许多不可解的现象，古人便想象出超出自然力之上的神怪，对之膜拜，祈求护佑，章炳麟对于上帝的观念做了彻底的否定。文中还指出孔子虽重视祭祀宗祖，但摒斥对上天、神鬼的崇拜。

章炳麟认为古代人类因为遇到了各种"眩不可解"的现象，于是"以为必有鬼神以司之，则上天之祭，神怪魅头之祸被，自此始矣"。

---

① 唐文权：《辛亥革命前章炳麟的佛教思想》，载章念驰编：《章炳麟生平与学术》，第402—403页。

为了论述这一观点,他引述了社会学家的主张。

> 今社会学家言上古野人之信鬼,由日中视影始。盖以为行止坐卧,是物随之,则形体之外,必有一灵异之身矣。是说和当时情事。征之释典,《涅槃经》言:"善男子。譬如因树则有树影。迦叶菩萨白佛言。世尊。譬如暗中有树无影。迦叶。汝不应言有树无影。但非肉眼之所见耳。善男子。如来亦尔。其性常住是不变易。无智慧眼不能得见。如彼暗中不见树影。凡夫之人于佛灭后说言如来是无常法。亦复如是。"① 此虽设喻,然可知彼意,真谓复印件自有,不关明暗,暗中人不能见影,犹不能见微生物也。噫,以彼深识玄鉴,而犹不免于上古野人之说,何哉?近人多喜以浮屠书求物理,如此类则亦不可眩也。

此段佛经原文,本是说明如来是常法即永恒不变的法性(佛性),不是无常,这就像树和树影同时存在,即使在黑暗中,树影也和树同时存在,与明暗无关。而人们之所以认为有树无树影,只是因为黑暗中眼睛看不到罢了。如来的永恒性(常住不变异之佛性),无智慧之眼是无法了解的,犹如黑暗中不见树影一样。可是,章在此却将之作为一个说明鬼神信仰产生的原因来引用的。章炳麟依据"社会学家言",认为上古野人的鬼神信仰,是因不理解太阳下的影子而开始的,因为,影子总是伴随着人的行止坐卧,所以,在人的形体之外一定有一个操纵影子的鬼神。章炳麟认为尽管佛教的思想"深识玄鉴",但是《涅槃经》的树影之喻,没有摆脱上古野人的鬼神信仰。据此,章对近人喜好以佛书比附物理之学的倾向发出了警告,指出不要被这模拟比附所迷惑。但是,这一批评与其说是否定佛教与科学的关系,毋宁说表达

---

① 《大般涅槃经》卷3 "寿命品"(CBETA,T12,p. 382,c 7-15)。

了不盲从于人的独立思考的态度。

这里所说的"近人",很可能暗指康有为、谭嗣同等人,他们多喜好"以浮屠书求物理",将科学与佛教联系起来,以阐发自说。但是,章炳麟对这一做法本身并不否定,而如何去挖掘佛教中的科学因素,立于什么立场去理解和利用佛教,则与他们大有区别。这个区别可以概括为对鬼神、灵魂和上帝观念的彻底否定,以及对事物形成进行具体的实证性的说明。这两种倾向体现在《訄书》所有的佛教引述之中。即使在这里,他还是把佛教看作是"深识玄鉴"的思想,只是其中有些地方不符合科学罢了。

(四)结语

在《訄书》初刻本中,章炳麟向我们展示了一个丰富的佛教认识的画面,这些认识也构成了《訄书》初刻本思想的有机部分。也正是在这一富有成果的佛教思考的基础上,章炳麟于1903年下狱研佛,绝非偶然之举,可以说是其思想的必然。[①]

《訄书》初刻本既有对佛教批评之处,又有褒扬和利用的方面,并且后者远远多于前者。即使对佛教的批评,也只针对某些佛教的说法而言,并非由此否定佛教的整个学说。因此,将这个阶段章炳麟对佛教的认识归结为是对佛教的"不能深""不甚好"或者"不取佛教"[②],甚至以为章炳麟"无意于释氏",显然缺乏准确性,其原因在于过度地依赖了章炳麟后来的自述,而没有进行具体地核实和考察。章炳麟在

[①] "因'苏报案',苦役之余,困寂之中,读书自遣。牢中无他书,只有佛经可读,于是专心研读佛典"(章念驰:《论章太炎与佛教的关系及其佛学特色》,《上海社会科学院学术季刊》1994年第3期,第150—151页),将章炳麟下狱精研佛典完全看作是偶然之举。实则,佛书多是他向外间索要的。

[②] 唐文权:《辛亥革命前章炳麟的佛教思想》,载章念驰编:《章炳麟生平与学术》,第399页;郭应传:《真俗之境——章炳麟佛教思想研究》,安徽人民出版社2006年版,第32页。

民国以后，多次对自己的学术变迁有所回顾。这固然有助于把握他的思想演变，但是，可否将他对某个时点的记忆性叙述，用来概括为某个时期的思想特征，则需要具体分析，谨慎对待。

同时，章炳麟对佛教的批判能否解读为"古今文经学的门户之见"[①]，也十分可疑。实际上，在古今经学的对立中，《訄书》初刻本中反而有为今文经学辩护之处，两者的对立尚未凸显到初刻本以后的程度。事实上，上述十二篇所表述的佛教认识，更多的是从认识论的角度，突显佛教的有效性，强调佛教在自然观上不仅能对应自然科学，而且能为自然科学所证明；在社会历史方面，佛教为分析和说明种种社会历史现象提供了有效的知识资源，而且，在对上帝鬼神观念的批判上，佛教的因缘观颇具说服力。也是在鬼神观念上，章炳麟对佛教的不彻底性进行了批判。至于佛教的平等观他虽承认其历史作用，但以为不合当今中国社会，因此取保留态度。这些都表明"古今经学的门户之见"并非是《訄书》初刻本佛教认识的出发点和至关重要的立场。

值得注意的是，《訄书》初刻本，很少在伦理性问题上论及佛教，对佛教义理本身也极少发挥。换言之，章炳麟在这一时期，对于佛教的哲学性的理论并不关心，而把兴趣放在佛经中有关自然现象、生命现象、语言、社会、历史、风俗等方面，从中确立起佛教的世界认识和历史社会的叙述架构。他注重佛教的细致的分析论证，不是从道德伦理性的角度对之进行审判或发挥，相反，是从知识性角度加以利用，对种种现象进行知识性的说明，有时甚至据之来批判地审视既有的学说，并对佛教给予积极的评价。此外，章炳麟在展示佛教的有效性时，也展示了传统的有效性，与科学或西方学说相通的事例，恰恰证明了

[①] 唐文权：《辛亥革命前章炳麟的佛教思想》，载章念驰编：《章炳麟生平与学术》，第402页。

中国传统学说正确性的一面①,佛教无疑也属于这一传统学说。或许出于这一目的,章炳麟在引用经文上,有不少离开了佛经原有的语境和文脉,进行误读之处,如《干蛊》《喻侈靡》等篇,这一点值得留意。

《訄书》初刻本的佛教认识,在其后的章炳麟的思想里既有被继承的,②也有被舍弃的。考察章炳麟佛教认识的变迁轨迹,依然是迫近其思想内核的有效途径。

---

① 小林武:《章炳麟与明治思潮——另一个近代》,东京研文出版社2007年版,第47页。
② 高田淳指出了《訄书》初刻本的佛教认识在后来的继承情况。(参见氏著:《辛亥革命与章炳麟的齐物哲学》,第37—38页)

八、欧阳竟无内学思想中的几个论题

作为知识形态的近代中国佛学的诞生，欧阳竟无的出现无论是从学术方法、思想创发的深度还是系统方面，都是值得注意的。支那内学院的佛学研究方向和格局大都在欧阳竟无的内学思想中得到确定，后学只不过对其学说加以细密的演绎和语言文献上的支持。由于欧阳竟无的思想过于精练，且详于性理，致使后学每于其学未能尽其堂奥。本文并无意就欧阳竟无之学作通观之论，而是抽绎其学思中的几个问题，做一些思想史的读解。

依笔者的理解，欧阳竟无学说的旨趣即在于批判传统"相似佛学"，尤其是中国化佛学中真俗不二、染净一源的圆教思想。为了重建佛法的超越依据和严密的修证次第，他的内学基于佛教经史学的立场，通过对经论的严格考辨和重新疏释，"尤致意拣除伪似，以真是真非所寄"[①]，剖判真俗，严于染净，以期勘辨佛法真谛和"相似佛学"的区别。无论是他对真如缘起论和乡愿儒学的批判，对近代佛教参政的痛斥，还是晚年融摄诸学于一境，都鲜明地贯彻了这一精神。

[①] 吕澂：《亲教师欧阳先生事略》，载石峻、楼宇烈等编：《中国佛教思想资料选编》第三卷第四册，中华书局1987年版，第355页。

(一) 内学方法中的经史之学

在欧阳竟无看来，佛教根本上说是一种"教化哲学"，期于成德而求之于内证。他曾借陆象山"六经皆我注脚"来说明佛学也应"从亲证法尔下手，则十二分教皆我注脚"。所以他惯于用内学来替代佛学的称谓，反复强调内学的经验性就是"期在现证"[1]"现证而已"[2]。在《内学序》中，他又把现证析分为两类，即"世俗现证"和"胜义现证"。[3] 内学的现证即指后一类。就胜义现证所缘之理境而言，现证是不可言说的性体，故而此类现证既不是近代西方康德哲学意义中的先天直观形式（"不藉先天，现成即是"[4]），又非日用行习的经验和理智揣度的思想逻辑[5]，而是一种类似于新儒家牟宗三所说的观照本体的"理智的直觉"。问题是作为直观本体的胜义现证必须亲证无漏才能呈现，而对大多数"苦无出世现量"，"正面无路"[6] 的学人来说，则不能不有所因藉。在这样的意义上，欧阳竟无提出内学的证成须由胜义现证而转求圣言量的知识研究，即假借方便，下委到知识上去作经典闻熏的工夫，通过对经典作精密的经史学论究，而逐渐去助发证量的完成。他说"求学之方法，假圣言量为比量，多闻熏习，如理作意，以引生他日之无漏"[7]。这一内学方法终其一生，甚至在作为"晚年定论"的《支那内学院院训释》一文中，他仍然坚持了类似看法："初学菩萨，若欲疾证一切智智，于善知识所，能闻广略教相，受持、读诵、

---

[1] 《谈内学研究》，《欧阳竟无佛学文选》，第32页。
[2] 《〈内学〉序》，《欧阳竟无佛学文选》，第79页。
[3] 《〈内学〉序》，《欧阳竟无佛学文选》，第79页。
[4] 《与章行严书》，《欧阳竟无佛学文选》，第335页。
[5] 《与章行严书》，《欧阳竟无佛学文选》，第335页。
[6] 《今日之佛法研究》，《欧阳竟无佛学文选》，第29页。
[7] 《与章行严书》，《欧阳竟无佛学文选》，第335页。

思维、观察，令心、心所于所缘相皆不复转。"① 这种由圣言浑涵之中而推阐上提的内学方式，客观上为佛教经论的文本研究广开方便之门。对经典的研究不仅对知识本身，而是对整个佛法参究来说都有了至关重要的意义。

传统经学对文本的读解方法大体分为汉、宋之学与公羊学三系。虽然近代中国佛学的复兴曾经广受公羊学派的影响，而就欧阳竟无自身的为学经历而言，他接受过汉学考释章句的训练，又浸润服膺过宋明理学。② 这一背景使他在借用汉、宋经学方法来研治内学方面，表现得颇为得心应手。

欧阳竟无非常重视汉学的治经家法。如他主张对佛经文本的读解必先"简别真伪""考订散乱"以及借助梵、藏、巴利等文的"异文研求"以校释经义③；又如他强调识字对意义理解的决定性作用，提出经学研究中须由"文字般若"通乎"实相般若"的为学次第④。而在《得初刻南藏记》一文中甚至说"一字不真，全体皆似；一语或歧，宗祧易位"。⑤ 这种"由文字历史求节节近真，不史不实，不真不至"⑥ 的解经方法，与戴震所强调的"由文字以通乎语言，由语言以通乎古圣贤心志"，即与训诂明而后义理明路径是一脉相承的，显然可以看作是汉学的治经三昧。章太炎在《支那内学院缘起》中就这样评价欧阳竟无的内学，称其沿传清代朴学而一扫游谈无根的学风，"转益确质"，"转趣翔实"。⑦

---

① 《支那内学院院训释》，《欧阳竟无佛学文选》，第125页。
② 王恩洋在《追念亲教大师》中说"师幼习文辞，次治汉学，进而治宋明理学，尤服膺陆王。是则世间三学所谓辞章、考据、义理者，师皆备学无遗矣"。见《欧阳大师纪念刊》（刊印本）。
③ 参见《今日之佛法研究》，《欧阳竟无佛学文选》，第30页。
④ 《支那内学院院训释》，《欧阳竟无佛学文选》，第144页。
⑤ 《得初刻南藏记》，《欧阳竟无佛学文选》，第287页。
⑥ 吕澂：《亲教师欧阳先生事略》，载石峻、楼宇烈等编：《中国佛教思想资料选编》第三卷第四册，第356页。
⑦ 章太炎：《支那内学院缘起》，载《中国哲学》第六辑，第311页。

不过，我们应该注意到，欧阳竟无的内学方法虽然非常重视具有"知识"意味的经史学的基础，却绝非局限在汉学范围内。他的内学研究乃激于身心而出，故当他转求于道问学的方式来扶翼德性的时候，一开始就为自己知识的研究设定了某种超越的价值期待，正如他在《内学序》中讲学之缘起的宗旨时所说"随顺现证，趋向现证，临入现证，学之序也"。[1] 在这方面，宋学的那种性命玄理之学更易于契合。这种治经态度为他的内学研究灌注了一种价值的期待与使命，于是，在他的佛教经史学研究中，虔敬的宗教热情转移到了学术研究上去加以表现。

清儒许宗彦曾批评汉学的流弊在于"琐屑散乱，无所总记"，缺乏对经教意义做贯通的理解，同时也指出汉学注经"不务高远，是知有下学，不知有上达"[2]，即拒绝了性命玄理的形上学。欧阳竟无在内学的研究方面，显然是有意识地要突破这些局限。他不仅把中观、瑜伽、涅槃三学融于一境，对内外之学也要观其会通。另外，他的内学方法中也表现出非常强烈的哲学倾向，对经典中的性理问题多有所阐发。所以他试图在内学的探究中融合汉宋之学。他对汉宋方法的偏至都有较清醒的意识，故一面批评宋学"泥德性"，只知先立乎其大，而于"文史不用"，"图籍不探"，是为"不知类"；一面又指斥汉学的"泥问学者"有"支离于文字，逐物而谁归"的流弊。他为此提出"自修而道学，即尊德性而道问学"[3]的宗旨，实在是要在坚持宋学基本立场的前提下，容纳来自于汉学方面的补充。在他看来，经典的基本知识尽管要紧，但绝非第一义。他对汉学的注重，其目的是为了一洗传统圆教式的佛教经学在学风上的颟顸笼统，以应近代学术与知识之机。

---

[1] 《〈内学〉序》，《欧阳竟无佛学文选》，第80页。
[2] 许宗彦：《鉴止水斋集》卷十四"学说"条，四库全书本。
[3] 《读"大学"十义》，《欧阳竟无佛学文选》，第321、322页。

欧阳竟无在内学的归趣上,是要"返之性天"①,因而特别要借镜于宋学的性理之论来阐明他对佛学根本旨趣的重新体认。

  这一点甚至表现在欧阳竟无对孔佛的会通上。他会儒佛于一味,特别重视与《大学》《中庸》和《易》这类颇有形上学意义的经典在玄理的层面来作"性通"。在《孔学杂著·与熊子真书》中,他批评传统对儒家的理解"每不能知言外意"。在他看来,不谈性天,不足于言理。②他在《〈中庸读〉叙》中说"天下大本,非贯彻于无声无臭,不睹不闻之无可贯彻,不足以立也"。又说"为性而学,学以尽性,是宗旨也"。③在理解方式上,他也不满足于只做汉学的"名句之学",主张在"以学问思辨解决怀疑"的知识基础上,"不可宥于世间见,而必超于不思议"④,而对于性理议题的精微做出哲学的阐明。

  实际上,欧阳竟无的内学在面对汉、宋学的方法上并没有完全摆脱内在的紧张。这一点从他有关经典文字和意义的关系论述上看,表现得很分明。他虽然强调文字训诂对于解读经教所具有的关键作用,但有时又感于汉学经法的拘泥于文义不得大体,而指出文字和玄义间的距离,大有得意忘言的理致。⑤他在《复冯超如书》中说"文与义判然两事,所欲作新万民者,非止文字一端"。⑥同一著作的《复蒙文通书(1943年2月1日)》也说"直探第一义,依文缀字,三世佛冤"。他担心循于章句之学,只会空持名相以兴诤论,于生命的真际无关,"徒博观经论而不图切实证会"⑦。因此他有时甚至提出"离言行义""依

---

① 吕澂:《亲教师欧阳先生事略》,载石峻、楼宇烈等编:《中国佛教思想资料选编》第三卷第四册,第356页。
② 《复蒙文通书(1943年2月1日)》中云"不谈性天,岂理也哉"。(《欧阳竟无佛学文选》,第376页)
③ 《〈中庸读〉叙》,《欧阳竟无佛学文选》,第316、317页。
④ 《孔佛概论之概论》,《欧阳竟无佛学文选》,第327页。
⑤ 参见《答熊子真书》,《欧阳竟无佛学文选》,第321—341页。
⑥ 欧阳竟无:《复冯超如书》,《孔学杂著》,山东人民出版社1997年版,第49页。
⑦ 《复蒙文通书(1943年2月1日)》,《欧阳竟无佛学文选》,第376页。

义不依语"的原则来强化他内学思想上哲学的方面。[1]这种颇类似于朱熹所说"向上有透处"的宋学方式,表示了欧阳竟无内学在汉宋学之间的摇摆不定,这一纠结成为近代中国知识史书写中的一种难以克服的宿命。当研究者仅以汉学家的治经三昧来概括欧阳竟无佛学方法论的精义时[2],显然没有意识到欧阳竟无的学问及其时代问题的复杂性。

欧阳竟无要回到生活世界的场所,对佛理所具有的哲学化或形而上的甚深意义进行阐释,而不只是对经典文字和文本的语词意义进行解释,这使他无法全盘贯彻近代知识史的研究方法,也与后来胡适、汤用彤、陈寅恪等人化经为史的做法拉开了距离。他的内学研究中著名的"结论后的研究"立场显然是经学而非史学的知识类型。历史学的研究并不要求直接表达研究者的个人信念和价值关怀,因为它并不预设一个不变的意义原则,尔后再进行知识上的演绎。经学则不同,它的知识法则是在先验规定的原则内进行的。即是说知识的研究并不在于引出新的结论,而在于加深对既定结论的理解。如欧阳竟无在《今日之佛法研究》中举例说,佛说诸行无常为结论,而研究的目的只在于了解其因于生灭。这里的问题是,作为一套不证自明的公理系统何以取得作为经验形态的历史学知识的合法性支持,这里有方法论上难以解决的困难。欧阳竟无试图为其内学的合法性重建先验的依据,但他又不满于纯粹直观的呈现而处处为这种依据寻求经验知识的辩护。这种方法上的两难和双重性格不仅展示出他在近代西方科学强势话语下为振兴佛学而进行的一种知识上的努力,也表现了他内心存在的深刻悖论。[3]

---

[1] 参见《论语十一篇读叙》,《欧阳竟无佛学文选》,第313页。
[2] 如田光烈在《章炳麟〈支那内学院缘起〉书后》一文中,比较章太炎与欧阳竟无治学方法即持此观点。(该文收录在《中国哲学》第六辑)
[3] 近代佛学在研究方法上重视汉学和法相唯识学,确与西方科学的刺激有关。此义可参见章太炎:《答铁铮》,《章太炎全集》四,第370页。

(二)正智缘起论:内学中之形而上学

欧阳竟无判释真伪佛教的一项基本准则,即是杂染法与清净法不两立的性寂论。他认为,真正的佛学乃至儒学都要对染、净不同性质的法进行严格的划界,"教之所以为教者,染净义也,舍染取净义也"。具体点说,杂染法趣向生灭流转,在属性上"但俗之俱非",而清净法则沿流返灭,趣向涅槃,故其性质是"即真之顿现",染法与净法两者之间是绝对没有丝毫通融的,这就是欧阳竟无说的"染净义异"①。据此他反对传统圆教性宗思想中所主张的即清净即现行,即主宰即流行的不二说法。他也以同样的原则来判释儒家。《中庸传》中说"教与非教之判,判之于寂灭清净是依,流转杂染是随而已。而世见不知也,形色天性也,然是杂染种寄居清净种之场,而不可随也"。②欧阳竟无认为,清净法若与杂染泾渭不明,则真实就会流转混同为相似之学,中国佛教圆教思想中的许多谬误就是缘于这点。儒家也不例外,他批评乡愿主义的儒学就是把生稻与生莠,取义与谋利调和在一起。他说"再言乡愿,亦止是义利之界不明,杂食于道,两歧之立足而已。……孔子谋道不谋食,孟子舍生而取义,踽踽独行,不可夹杂乡愿,两边立足之相似教"。所以他把这种"无可无不可"的做法斥为"包藏祸心之遁逃薮"③。

有了这一判准,再来具体照察他对真如缘起论的批判就要方便得多。欧阳竟无对真如缘起论的批判主要是从义理方面入手的,具体而微的考据和历史学上的支持,则是在他的传人吕澂手中才得以完成的。

---

① 《答熊子真书(1937年4月2日)》,《欧阳竟无佛学文选》,第340页。
② 《中庸传》,《欧阳竟无佛学文选》,第294页。
③ 分别见《中庸传》绪言,《与陶闿士书三(1938年4月22日)》两文,《欧阳竟无佛学文选》,第294、345页。

在《杨仁山居士传》一文中，欧阳竟无对真如缘起论有一个纲领性的批判。其大义是说，由于魏译《楞伽经》的歧义产生《起信论》之谬，从而影响到贤首、天台两家"支离笼侗之害千有余年"。他指出这一问题的关键就是立真如门不立正智门①，以不生不灭（清净）与生灭（杂染）和合讲阿赖耶识，混淆性体与智用的界线，把真如与无明安立在一起讲相互熏习。下面就从三方面对这一思想做较细密的分析和批判。

1. 正智缘起

欧阳竟无所讲缘起的理论大抵可析分为三层架构来了解：一为俗界，所谓"知俗而不谛"，是纯粹杂染的世界；一为真界，即"一切皆净"，指如如不动的真如性体；真界与俗界性质迥异，不可杂处，于是他在此二者间建立起一个所谓"染净双谈"的正智法界。正智成为沟通法与法性，现象与理体的桥梁。就是说，当正智流转，即成为杂染的俗界；其还灭则变为清净真界。②真如性体高悬于万法之上，是为绝对而不在相待的关系中，故不能说真如与万法之间有缘起或熏习的关联。而正智（或曰菩提）则是在对待关系中成立的法界，"正智对无明不可不立"，故它与万法直接交涉而有随缘互生的关系。欧阳竟无说"菩提所生得，涅槃所显得。生是用能义，种子发生现行皆用能边

---

① 参见《杨仁山居士传》，《欧阳竟无佛学文选》，第378页。欧阳竟无对《起信论》的批评值得商榷。《起信论》一心开二门，在真如门中分别从"离言"和"依言"两面遮表双诠地讲真如性体清净无妄的性质。说真如，并未直说缘生。而在生灭门中设赖耶识并把此识规定为合种，方讲"能摄一切法，生一切法"。此能生非真如，而是赖耶中之净种，即本觉的流转。真如门中无对待，生灭因缘中，才有觉与无明的对待。故《起信论》之缘起，可谓本觉缘起。至于本觉和真如的关系，《起信论》只谓"依此法身说名本觉"，并未说本觉即法身。如果以体用来解法身与本觉的关系，则本觉缘起即欧阳竟无所说的正智缘起。唯法藏以真如同本觉（"本觉名如"），从而显"真心随动"。（参见法藏，《大乘起信论义记》卷中，《大正藏》第44册，254页下，第256页中）方有《起信论》真如现行之说的流行。我认为《起信论》问题不在缘起方面，而在讲真如与无明互相熏习，不讲本觉与无明互熏。这样就把真如又置于对待之中。

② 《答熊子真书（1937年4月2日）》，《欧阳竟无佛学文选》，第339—340页。

事；显是常住不动义，如灯照物，非如功能渐渐生起事。性则终古是性，用则终古是用。既说缘起便非常住，而又说常住生起，便自语相违。是故说缘起者，是正智边事，非真如边事"①。

正智与万法是缘起的关系，这里的问题是它与真如间究竟有何种关联。对于这个问题，欧阳竟无在1934年4月2日《答熊子真书》和1941年12月19日《复梅撷芸书二》中详略不同地以体用来讲真如与正智的关系。《复梅撷芸书二》中说真如与正智的体用关系为非一非二。所谓"非一"，是说正智"与生灭合是用，涅槃不与生灭合是体"，这是从真如与正智的分别上看，一为观慧，一为寂灭；所谓"非二"，是指正智必须依止于真如之体才有观慧的妙用，"正智缘如时能所相应，非二相故"，"慧与寂应为智缘如，自不与体条然异而为二"，这是从真如和正智所缘（真如）与能缘（正智）体用不二的意义上加以论究的。② 但这种说法显然过于简单笼统，且无法与传统佛教性宗所谓寂知不二的思想相区别。欧阳竟无自己也意识到这一困难，所以他在1942年4月23日《复梅撷芸书六》中，一方面以空空为喻，说此义虽"不容淆乱"，亦"均在空空中不容分别"。另一方面，他又试图借灵泰之义加以补充，认为真如性寂，虽不随缘现起，但对于正智的缘起还是有一种应承，表现为正智是直接"发为现行者"，而真如"虽非缘起生因，而是缘因"。"缘因"即指正智缘起的间接助因。所以他说"说缘起者，起则证智边正因事，而缘亦真如边助因事也"。"真如止可为智助缘，不可遂说真如缘起也"。对于正智缘起为何需要借助于真如的助缘，欧阳竟无给出的原因是"独头菩提力能羸弱，不堪自起，须得涅槃强力助之而起"。③ 这一解释的理由自然非常无力，原则上讲，以知识的言说方式去处理"空空"之境，即现量所现或形上学领域的

---

① 《复梅撷芸书六（1942年4月23日）》，《欧阳竟无佛学文选》，第370—371页。
② 《复梅撷芸书二（1941年12月19日）》，《欧阳竟无佛学文选》，第364—365页。
③ 《复梅撷芸书六（1942年4月23日）》，《欧阳竟无佛学文选》，第370、371页。

问题，无论如何都存有一种方法上的限制。

2. 如来藏与阿赖耶识

依于经论的不同说法，缘起通常是在如来藏或阿赖耶中开展的，于是有必要对这两个概念的具体规定及关系详加分疏。历史上不同经论对这一问题的分解极为复杂且歧义横出，这里只就欧阳竟无的看法做一分析。

实际上，欧阳竟无自己对这一问题的认识是有变化的。早在 1925 年作《楞伽疏决》时，他认为如来藏是清净第八识，阿赖耶则为染八识，所以阿赖耶重于杂染，"为不善因"。① 同时又指出，阿赖耶有受熏现行义而如来藏则无熏习之义，这样如来藏即相当于真如性体。1940 年冬刻成《藏要叙·经叙》中的"大乘密严经序"较详细讨论了如来藏、阿赖耶的问题。他不仅把历史上经论中有关如来藏、阿赖耶的不同名法勒为五类加以概括，且就如来藏的多义性及如来藏与阿赖耶的关系做了细密分疏。关于如来藏，他是要从会通传统关于如来藏受熏随缘和不动常住二义上论说的。他认为，如来藏可分体性与用相两个层次来理解。就其用和相的意义上说，可谓其随缘；就其体性方面言，则不随缘。这是分别地看。融摄地看，用相与体性虽不能互相淆乱，然二者"相依""不离""处于一居"，故又不容析分为二。这种不二，显然是一种外在关系论。②

关于如来藏与阿赖耶的关系，欧阳竟无承认两者皆是有为染净依，但就无漏清净说如来藏，就有漏杂染说阿赖耶。阐明阿赖耶才说无漏转依；名如来藏则说烦恼客尘所缠。1941 年作《支那内学院院训释》时的思想，欧阳竟无大致承续了《密严经序》的说法而也有一些突破，

---

① 关于此参见欧阳竟无:《楞伽疏决》卷一之三，金陵刻经处刻本。
② 关于此参见欧阳竟无:《藏要叙》"经"之《大乘密严经》部，支那内学院藏版 1940 年，第 1—29 页。

归纳起来有这么几条：（1）八识为染净法种，即清净杂染和合识。（2）阿赖耶与如来藏在性质上均为和合种，但用义有殊。阿赖耶就舍染义上说无漏转依；如来藏重于流转义上讲客尘所染。（3）《楞伽》如来藏藏识，意在讲藏识中有清净种子；《密严》如来藏义，则和于习气，为和合义。此即说不同经论对如来藏规定不同。（4）唯识学在不同语境中对阿赖耶性质规定有别。通常说阿赖耶为"染种所依"，性属杂染，如《密严》《瑜伽》所说；而在三性说中，则说阿赖耶有染分依他和清净依他两类。（5）随缘不变非指真如，乃指藏识中之净种。① 据此，我们可以推测，如果藏识中净种指阿赖耶之清净依他，则仍可说为阿赖耶缘起；若此净种指如来藏，则又可谓如来藏缘起。如此则如来藏缘起和真如缘起就必须析分为二地加以考虑。在 1942 年《复梅撷芸书六》中他又提出，如来藏为染净依，"阿赖耶即如来藏"，只是用义不同。"发挥舍染义说阿赖耶，发挥取净义说如来藏也。"② 显然，上述这些说法间并不能完全一贯，说明他对如来藏和阿赖耶的研究远非决定之论。由于传统经论对这两个范畴的解说随境所定，开合多门，如窥基所言，"就义随机"，"种种异说"③，故须从不同系统经论的具体情境和脉络之中加以把握。值得注意的是，当欧阳竟无在对真如缘起论进行颇有些本质主义倾向的批判时，却未曾意料地遭遇到方法论上非本质主义的困境。这一点，在他的《密严经序》中已见消息。他说，对阿赖耶与如来藏的性质只能"随所主而为言"，"视其所缘，定其性质"。④ 实际上，对如来藏、阿赖耶识的非本质主义方式规定，很可能无法构成对真如缘起论的真正批判。在这个意义上来理解太虚对真如

---

① 《支那内学院院训释》，《欧阳竟无佛学文选》，第 135—136 页。
② 《复梅撷芸书六（1942 年 4 月 23 日）》，《欧阳竟无佛学文选》，第 370 页。
③ 窥基：《大乘法苑义林章》卷三，转引自石峻、楼宇烈等编：《中国佛教思想资料选编》第二卷第三册，第 215 页。
④ 欧阳竟无：《藏要叙》"经"之《大乘密严经》部，支那内学院藏版 1940 年，第 14 页。

缘起论的辩护,也许会引出一些更深刻的话题。

3. 显示与变现:本体论、创生论的分解

上文我们提到真如、正智和俗界的三层构架,在这里,我们可做一哲学上的说明。正智向上与真如构成一本体论的关联;而下委到俗界,则与万法之间形成缘起式的创生关系。太虚在《法相唯识学概论》一书中如是解释唯识所现的意义:"现,有二义:一、变现义,如色法等;二、显现义,如真如等。"[1]

依我的理解,"变现"是就识(或正智)与万法的关系言,即指流转门意义上的缘起,识变生一切法,这是一种生成论或宇宙论(cosmology)的模式。"显现"是就识与真如性体的关系言,指还灭门意义上自体的自我呈现。即是说,识与真如之间并无缘起而只有显示的关系。当识为染种所依,则性体被遮蔽;反之识为转依,则性体呈露。如云蔽日,云散日出。且就真如与正智间还有一种体用关系来看,此为本体论(ontology)的意义当属无疑。欧阳竟无曾说"菩提所生得";又说"涅槃所显得","即用以显体"。[2]"生""显"二字,用意齐彰。这里显然分别包含了创生论和本体论两重关系。

欧阳竟无做这样一种分解,一方面是要坚持缘起的立场去寻绎万法存在的生成论根源,而同时又表明只能从杂染的心识,而不能够从清净的法体的层面来说此根源,以维持真如清净超越的性质。也就是说,真如只能作为本体而不能作为根源性的实在与一切法发生关联,讲生成或缘起,只能从唯识或正智(即真如之用而非性体)的意义上来理解,这是他与真如缘起论的根本区别所在。既然正智用动而真如

---

[1] 《法相唯识学概论》,《太虚大师全书》第9册,第1165—1166页。
[2] 关于此详论,参见《唯识抉择谈》,《欧阳竟无佛学文选》,第36—63页。

体寂，如此在圆教哲学来看，难免把体用打成了两橛。为了解决这一问题，欧阳竟无在主张"体用异类"，不容淆乱的同时，还特别提到体用不二，分合无碍的思想。不过他反对以真如随缘这种根源实在论的观念来讲圆教，来理解体用关系的非一非异。在他看来，这是淆乱创生论与本体论的分别。[①] 所以他说不二，不是创生论意义上的理彻于事，或事即是理；而是本体论意义上的事依于理和以事显理。关于这点，《唯识抉择谈》的自设问答中有非常鲜明的表述："体不离用，用能显体。即体以求体，过则无边，但用而显体，善巧方便，用当而体现。"[②] 在《孔佛概论之概论》一文中，他又指出，体用不二不能就体性自身的彻上彻下一面来讲，而应从体用"相应不二"的意义上来理解。他说"用依于体，而用犹在，不可说一；明明相依，不可说二"。[③]

把本体和创生分成两段看，根本的问题是对本体做何种规定。欧阳竟无认为，不仅佛家，甚至真正的儒学都主张性体无生化之功，"终古不动"，为寂灭之理。所谓生化运动只能理解为依于体而缘起，而非性体之自起，故他说这是"依他起之起"。"依他起之依，依他有净，即菩提是，依他有染，即无明十二因缘是。"对性体本身来说，无所谓随染下委，也无所谓还灭上提，无来无去。他又以《周易》为例，说儒家之性体寂灭义。"说体随缘不可也，祖父从来不出门也。大衍之数五十，其用四十有九，余一不用也"。[④] 这个"余一"，照他的解释，就是不变随染的性体。

从这里可以看出欧阳竟无的内学与宋明理学传统，尤其是熊十力一系的思想分歧了。这一分歧，除了对性体作性寂和性觉的不同规定

---

① 本体论（ontology）与宇宙生成论（cosmology）有严格的区别。前者讲存在的理由和基础；后者追问存在的根源及过程。而中国传统哲学，包括真如缘起论系统一般浑沦二者于一体，讲本体论即同时是宇宙论，性体既遍在万物又生成万物。欧阳竟无一生致力于批判的正是这类本根性本体论或根源实在论，这是值得我们仔细研究的问题。
② 《唯识抉择谈》，《欧阳竟无佛学文选》，第41页。
③ 《欧阳竟无佛学文选》，第329页。
④ 均见《孔佛概论之概论》，《欧阳竟无佛学文选》，第328—330页。

外①，主要表现为，传统中国的哲学立场一向主张"以生德言体"，反对"以空德言体"。熊十力就说"以空寂言体，而不悟生化。本体是空寂无碍，亦是生化无穷"②。这种观念倾向于克服佛家所讲性体"滞寂溺静"，只重超越而无贯彻于事的本体论局限，而把性体规定为"即活动即存有者"③，否则就有可能把性体定义为孤悬高就的"但理"，不能于"日用间恒有主宰"④。而欧阳竟无则认为，若于本体附加活动的性质，不仅淆乱体用、智如间的区别，更重要的还在于无从确立成教的超越依据。"一任流转，而无还灭"，"如不独尊，趣归无路"。所以他坚决反对"即流行即主宰"的思想，主张"与寂相应，不可说天命是生灭"。⑤欧阳竟无内学思想中的正智缘起论力主于对性体做超越意义的建立，皓悬法界显然还有来自于实践方面的考虑。

（三）通内外之道：欧阳竟无的孔佛关系论

从表面上看，欧阳竟无融摄内外之学似乎是晚明以来佛学内部调和三教思想的简单延续，而经过仔细的比照研究会发现，欧阳竟无的内学与晚明佛学以来的方式与思路都存在着鲜明的差别。⑥这与他一贯坚持性寂论的路线有关，在融合的方式上，他也不主张把道家安立进来，而只限于孔佛的会通。他曾批评明末智旭"采道家语"以解儒经

---

① 黄宗羲在《明儒学案·姚江学案》中，虽说儒佛之别"只在一理字"，但认为二说皆以"明觉"摄心体。此即是说儒佛都是性觉论。（中华书局1986年版，第182页）十力之说大抵沿此而来。
② 熊十力：《读经示要》卷二，上海书店2009年版，第48页。
③ 牟宗三：《心体与性体》第一册，台湾正中书局1968年版，第112页。
④ 熊十力：《十力语要》卷二，中华书局1996年版，第215页。
⑤ 《答熊子真书（1937年4月2日）》，《欧阳竟无佛学文选》，第341页。
⑥ 欧阳竟无融摄性、相（中观、瑜伽二宗）的方式也与以来的佛学立场不同。如晚明佛学基本是从性宗，特别是以《起信》为核心来讲会。欧阳竟无早年曾以二谛三性为根本来沟通二说，晚年作《内学院院训释》融三学（包括涅槃）于一乘，则又从一法三玄、一玄三要及识、智、性不二等方面做了颇有发明而又细密的组织。限于篇幅，此不详论，参见《欧阳竟无佛学文选》，第138页。

的做法是"八股时文,最足害人"①。所以,欧阳竟无对外学的和会实际上只是讲孔佛的关联。

欧阳竟无批评传统以儒佛互训的方式来讲儒佛不二,实际是忽略了解经的一些基本法则,没有兼顾到文字等基本知识的要求而一味于义理上相互拟配。他自信地表示,他自己疏解孔佛遵守了"孔书本孔,不牵于佛"的原则,严格按照"一字一句皆有根本"的"解经家法"来行事。②如果比较一下他《孔学杂著》中的《读大学十义》和明代德清的《大学纲目决疑》,不难发现,欧阳竟无对《大学》的解释基本是在儒家经典话语方式的范围内进行的,并未直接格义佛语佛义,而德清的《大学纲目决疑》则有明显禅解的痕迹。正如德清自己所说"谛思自幼读孔子书,求直指心法"③。但是欧阳竟无反对淆儒乱佛并不是一味反对以佛解儒,他对传统援佛入儒的批评,必须从这样的意义来读解才是合理的,即会通孔佛应首先恪守圣言量研究的知识规则(如文字训诂、版本考释等),才可以避免一任己意,从而客观求解。在他看来,传统以佛解儒之所以趋于性觉主义的误读,根本上就是由于不通文字般若而流转于相似之教的结果。因此,他的孔佛会通就不仅有方法论意义上的自觉,更有辨证旧义的性质。

对于孔佛之判,欧阳竟无思想经历过一次丕变。早在《谈内学研究》一文中,他曾以有漏和无漏的分别来说孔佛境界的差异,并对孟子的"寡欲",宋儒解的"寡者非绝"之义颇有微词,认为这种不彻底的方式"仍属杂染,不究竟也"。在这里可以看出,他一面延续了传统佛学以入世(有漏)、出世(无漏)来抉择儒佛关系的做法;④同时又

---

① 《复蒙文通书(1943年2月1日)》,《欧阳竟无佛学文选》,第377页。欧阳的弟子吕澂也对道家颇有非议,斥之不配称学。详见其《谈"学"与"人之自觉"》,《吕澂佛学论著选集》(一),第448—453页。内学院融孔而排老的立场,很值得做深一步的清理。
② 《跋中庸传寄诸友》,《孔学杂著》,第49—50页。
③ 《憨山老人梦游集》卷之四十四,《大学纲目决疑题辞》,《卍续藏经》第73册,第762页上。
④ 《谈内学研究》,《欧阳竟无佛学文选》,第31页。

严格坚持染净不杂的一贯宗旨,以与传统圆教的思想保持距离。不过从他后来手编的《孔学杂著》和《中庸传》等内容看,他对儒学及孔佛关系的看法已有了重要的修正,照他的话说,"渐自认识佛义在无余涅槃,转读孔书始粲然矣"①。他的心得,可做如下贞定:

1. 心性皆寂和分段证真

欧阳竟无认定,经学的研究表明,只有从心性本寂去会解孔佛才能全体披露,洞见无遗。如与德清以自性明觉解"明明德"不同,他认为"明德即未发之中",是一种寂然不动的境界。欧阳说"必无声无臭,寂然不动境界,方始至明德境界也"②。欧阳竟无同样以寂灭之义来阐释《中庸》之"诚"一义,说《中庸》之学乃是"认寂本体"③。又于《孔学杂著·复张溥泉书(1940年1月2日)》中说"中即是寂,故曰求寂。先说寂象,求寂工夫此姑不谈。寂之境界,人欲净尽天理纯全境界也,……寂灭寂然,于此悟入人欲净尽境界"。④这还是就本体的境界说寂,若从求寂的工夫看,说寂是为了突显舍染取净之功行。欧阳竟无担心,性觉论混同体用染净,过分强调当下圆明、一悟超证,容易产生满街都是圣人和狂禅的流弊。在《内学杂著·复欧阳浚明书(1938年9月30日)》中,他提出佛家讲染"必有其物",意在转依去妄,"岂一言染,则谓之无。若虚妄分别无,则安用对治。对治不必用,止谈悟入,则教之曲折繁重,岂非多事"。⑤《内学杂著·答陈真如书(1939年7月10日)》中又说"吾辈毛道凡夫,当急求初渐次加行智境界法门,若侈谈无所得或窃取有所得,非方广道人即顺世外道,

---

① 欧阳竟无:《跋中庸传寄诸友》,《孔学杂著》,第49页。
② 欧阳竟无:《复梁均默书》,《孔学杂著》,第38页。
③ 《中庸传》,《欧阳竟无佛学文选》,第293页。
④ 欧阳竟无:《孔学杂著》,第42页。
⑤ 《欧阳竟无佛学文选》,第351页。

于生死大事何曾涉着一毫?"[1] 他讲功行重在两点：一是多闻熏习，在知识上强调对经典的研习，重视经史之学。故他劝熊十力"多闻圣言，念念思惟"[2]，又在为刘定全《破新唯识论》所作序中严厉批评熊十力恃聪明，逞才智而于圣言经史之学缺乏严谨的问学工夫。二是讲"三智三渐次"的分证次第（行果），并认定这是孔佛两家的共法。他说"熟读《中庸》乃知孔佛一致，一致于无余涅槃、三智、三渐次而已"[3]。《孔学杂著·孔佛》中又做如是表述：

> 寂静而有为，有为而寂静，斯谓之为应体之用。是用也，与体相依，而致力图功，乃在于用，是故正名之为行。寂则有全体大寂，智则有一切智智。……一切智智，则非尽人有。所谓常人，但有其种，种须发生，生充其量，然后乃有。寂以智生而显，智以障去而生，障以修积而净。净一分障，生一分智，显一分寂，净纤悉细障，生一切智智，显全体大寂。

欧阳竟无甚而认为，只有了解这种"行果之义者"，才有会释孔佛的资格。

2. 不以禅门会孔

尽管欧阳竟无向来不毁禅门，但比较而说，他更加重视从内学或佛教哲学方面去会释儒家，而不像传统佛家侧重于"以禅宗与儒典故和会"而做一番"慧解圆融"的见解。[4] 如德清以禅门"渐修之行"解

---

[1] 《欧阳竟无佛学文选》，第355页。
[2] 欧阳竟无：《与熊子真书》，《孔学杂著》，第41页。
[3] 《答陈真如书（1939年7月10日）》，《欧阳竟无佛学文选》，第357页。
[4] 袾宏：《竹窗随笔·儒释和会》，《云栖法汇》，《明嘉兴大藏经》第33册，台湾新文丰出版有限公司1987年版，第25页上。

"习性于性",以顿悟说儒家之"复性工夫"①;智旭的和会宗旨,乃在于"以禅入儒,诱儒知禅"②。其疏释四书即本宗门立场,为"禅观未了"者,"藉四书助显第一义谛"③。欧阳竟无融摄儒学最根本的想法,是融二学于涅槃寂灭之境,这点上文已有交代。他说工夫,也多本于唯识的二转依上加以论究。④值得注意的是,他的《孔学杂著》《论语十一篇读叙》中,倒是提到以般若解孔。如讲般若与孔都有"直下明心"和"离言行义"的意思。但细究其文旨,其仍有依教言说,重于经教的意思在,如文中强调"能精内典,娴般若"工夫;又反对"纯任天然"的一味空究,批评此一方法必"堕落无事甲里"。他还赋予般若以"相似相续"的新意,以此讲说孔学"不舍昼夜","至诚无息"的行果次第。⑤这些都远非一般佛教宗门思想可以概尽的。

3. 对出、入世分判的突破

传统佛学讲佛儒之别,几乎都以出世和入世作为基本的判摄标准。明末以来佛学还是大体沿用这一说法来论学,如袾宏就明确说过"儒主治世,佛主出世"的话⑥,德清也说孔子是"人乘之圣"而佛为"超圣凡之圣"⑦。即使出于欧阳竟无门下的,具有新儒家立场的熊十力也多持此见解。熊十力在《再答张东荪》中说儒家与佛家同为玄学,"其所不同者,一主入世,一主出世而已"⑧。欧阳竟无早期融摄孔学虽受此影

---

① 德清:《憨山老人梦游集》卷之五,《示李福净》,《卍续藏经》第 73 册,第 493 页。
② 智旭:《周易禅解自序》,《灵峰蕅益大师宗论》卷第六,《嘉兴大藏经》第 36 册,第 357 页上。
③ 智旭:《四书蕅益解自序》,《灵峰蕅益大师宗论》卷第六之一,《嘉兴大藏经》第 36 册,第 354 页下。
④ 关于此,参见《孔佛》,《欧阳竟无佛学文选》,第 325—327 页。
⑤ 《欧阳竟无佛学文选》,第 313 页。
⑥ 《竹窗二笔·儒佛配合》,《云栖法汇》,第 52 页中。
⑦ 《憨山老人梦游集》卷四十五,《观老庄影响论》,《卍续藏经》第 73 册,第 767 页。
⑧ 熊十力:《十力语要》卷二,第 119 页。

响（如上文所述的有无漏分判），但在作《孔佛》和《孔佛概论之概论》等文时，他又以满与不满来做佛儒证果的判准。他提出，满与不满并不能够简单等同于出世与入世，而同为无漏的不同阶位。《孔佛概论之概论》中就说"孔学是菩萨分学，佛学则全部分学也"。[①]他认为，儒家极境在"止于至善"，而"至善即寂灭寂静""无声无臭"，[②]与涅槃的境界无二，故"孔自能于三乘妙理出之人道中"。他说，若不以此解孔，"则所谓善信不出有漏范围，而孔则弊矣"[③]。他在《中庸传》这部自认为"别有发明"的著作中[④]，更鲜明地贯穿了这一思想。如他说"中庸"之旨，乃"于人道而溯源天道"；"中庸"之行，则"地上无漏者行也"。[⑤]虽然欧阳竟无会通佛儒的工作仍是在佛比孔教略高一筹的这一价值维度中展开的，但他所披露出的思想创发和解释力度，显然都有做进一步抉择的必要。

---

① 《欧阳竟无佛学文选》，第327页。
② 《答熊子真书》，《欧阳竟无佛学文选》，第341页。
③ 欧阳竟无：《与熊子真书》，《孔学杂著》，第41页。
④ 据李安回忆，欧阳竟无曾说《中庸传》为其"儒学精要"之作。（参见李安：《悼欧阳竟无师》，《欧阳竟无先生纪念刊》）
⑤ 《欧阳竟无佛学文选》，第298页。

九、胡适与近代知识形态禅学史的书写

胡适不是近代最早系统研究中国禅学思想史的人，在他之前，中国的蒙文通、日本的忽滑谷快天等都有学术性的禅学史作品问世。①不过，如果我们要追述现代学术史意义上的禅学史研究，则不能不说是胡适开创了这一领域新的研究典范。可以说整个近代以来作为现代学术形态的禅学研究，都必须从胡适的禅学研究说起，无论是新材料的发现、禅学史新问题的提出以及讨论禅学史的方法论等方面，胡适都起到了开立风气，树创新规的"示范"作用。余英时先生指出胡适的《中国哲学史大纲》在近代中国学术史上具有"史学革命"的意义，同样，胡适的禅学史研究对世界范围内的禅学研究而言，也可谓是一个划时代的"新典范的正式宣言"。②无论我们今天如何评价胡适的禅学

---

① 蒙文通于1924年完成并发表在《内学》第一期上的《中国禅学考》一文，就是一篇重要的禅学史论文。该文虽然还没有应用到敦煌文献，但根据当时所能够看到禅宗史料，对禅宗"西天二十八祖"之误进行了批判性考订，可以说开近代中国批判性禅学研究之始（参见《内学年刊》第一辑，台湾鼎文书局影印）。该文对胡适和汤用彤早年的禅学研究都产生过影响。（参见江灿腾：《胡适禅学研究的开展与论辩——第一阶段（1925—1935）的分析》，《中国近代佛教思想的诤辩与发展》，台北南天书局1998年版，第508、509页）忽滑谷快天（1867—1934）则是最早系统研究禅学的学者之一，他于1923年、1925年分别出版了《禅学思想史》上下卷，其中以中国禅学为重点，这部书成为当时禅学研究的经典之作。该书的中国禅学史部分最早由朱谦之译为中文（《中国禅学思想史》，上海古籍出版社1994年版），全本以"禅学思想史"为题，由郑敏俊译出，2003年于台湾大千出版社（共五本）出版。

② 参见余英时：《中国近代思想史上的胡适》，《〈中国哲学史大纲〉与史学革命》，台北联经出版事业有限公司1984年版，第90页。

史研究，也无论他在禅学史研究中留下了多少没有解决的问题，包含了多少值得商榷甚至要推翻的学术结论，可以肯定的是，严肃的现代禅学史研究从来就没有完全脱离他的工作而开展。

近代中外学界有关胡适禅学研究的讨论已经有不少有价值的文章和专书，最有代表性的莫过于日本禅学史大家柳田圣山编辑出版的《胡适禅学案》，该书不仅把胡适最重要的中英文禅学著述汇勒成编，还收录了胡适与日本学者之间的论禅书简。此外，柳田圣山还专门著文系统评述了胡适有关初期禅学史的研究，并制作了胡适禅学研究年谱。这是至今为止比较完整和有质量地反映胡适禅学研究的一部著作。之后，中国大陆学者楼宇烈、台湾学者江灿腾等人都在柳田圣山著作的基础上，对胡适禅学研究做了新的补充性研究。[①] 整体来看，汉语学界对胡适禅学史著作所做的研究还主要停留在一般性的梳理和介绍上，有许多问题还没有开展讨论，包括胡适禅学研究与他整体思想史观念、思想史方法以及他的现代性启蒙主义之间的关联等，都远未及讨论。而他与铃木大拙有关禅学研究方法的著名论争，也没有获得深入和系统的分析。胡适禅学史研究中的诸多问题都还有重新讨论的必要。值得注意的是，近来美国禅宗史学者马克瑞（John R. McRae）完成的《中国历史书写中的革命性宗教：胡适（1891—1962）论神会（684—758）》（Religion as Revolution in Chinese Historiography: Hu Shih (1891-1962) on Shen-hui (684-758)）一文，对胡适的禅学写作提

[①] 楼宇烈在《北京大学学报》1987年第3期上发表了《胡适禅宗史研究平议》一文，该文在柳田著作的基础上，进一步补充了胡适日记和北大图书馆所藏胡适藏书中的题跋等资料，来说明他禅学研究的贡献；江灿腾也在柳田研究的基础上，先后发表了《胡适禅学研究的开展与论辩——第一阶段（1925—1935）的分析》与《战后台湾禅宗史研究的争辩与发展——从胡适博士到印顺导师》（《中国禅学》第二卷，中华书局2003年版）两文，分别从日本学者忽滑谷快天对胡禅学研究的影响，以及胡的禅学研究在中国学界所引发的辩论（包括早期大陆以及60年代在台湾）等两方面，补充柳田、胡适禅学研究中所疏略掉的问题。此外，汉语佛学界仍然陆续有关胡适禅学研究的评论性文章发表，但大抵不出上述所列诸作品的范围，故不一一列举。

出了许多发人深省的问题和细致的思想分析，可惜这一研究至今还不为汉语学界所了解。[1]本章将在参考上述先贤研究的基础上，对胡适的禅学史研究进行一些新的阐述，特别是把胡适的禅学史研究重新置入在他的哲学思想史研究的脉络中来进行论议，这样做的目的，是为了弥补中国佛教学界在讨论胡适禅学研究中所经常忽略掉的"情境"（context）和问题意识。

（一）从哲学史到禅学史

正如学者们所指出的，胡适的禅学研究包括两个时期，分别为20世纪20年代初到1935年，1952年到1962年。这两个阶段，胡适所关心的禅学史问题和方法都没有太大的变化，后一阶段基本可以说是根据新出现的材料对前期的研究进行更细致化的补充整理。胡适最初步入禅学研究领域是与他早年所从事的中国哲学史研究密切关联在一起的。1919年他在商务印书馆出版了他的《中国哲学史大纲》上卷，这部在当时可谓振聋发聩的作品以新的史学典范出现在中国的学术界，并为中国思想史研究"开启了新的治学门径"[2]。"大纲"只写到先秦部分，是作为古代哲学史的一个阶段。接下来作为中古时期的中国哲学史虽然始终没有完成，实际上，相关的研究和写作却一直在进行，只不过这时胡适更愿意用"思想史"，而不是"哲学史"来延续他对中国哲学史的整理和研究。在1930年到1932年间，他陆续写出了《中国中古思想史长编》（该文并未完成，只写到汉代儒学）和作为北大讲义

---

[1] 非常感谢马克瑞教授惠寄他的这篇尚未发表的文章给我参考，该文从新的视域讨论胡适的禅学研究，特别是根据胡适当时所发表的不少英文著作来分析胡的思想、历史书写与他的禅学研究的关系，多出人所未发之见，颇资证验。

[2] 余英时：《中国近代思想史上的胡适》，第20页。

的《中国中古思想小史》。①

早在胡适写作《中国哲学史大纲》的时候，他就对中国哲学有通盘的考虑，他把中国哲学史区分为"古代""中世"和"近世"三个时期，"中世"又分为前后两段，第二段从东晋到北宋，即他所说的印度哲学主宰中国的时代。他认为这一时期第一流的哲学家如智𫖮、玄奘、宗密、窥基等，全是"发挥印度哲学"；甚至中古以后整个中国思想史的开展都是围绕着对佛教的吸收、消化，甚至反动而进行。②从写作哲学史"大纲"的时期来看，胡适确立了中古时期佛教在中国哲学史上的主导地位，但从他所列举的佛教人物来看，他当时并没有特别意识到禅宗在这一时期思想史上的特殊意义。他对禅宗重要性的认识是在20世纪20年代以后正式进入中古哲学史研究的过程中才逐步建立起来的。如他在1925年所考虑的写作计划里，本来就准备优先为他的哲学史写一部禅宗史稿。③但直到1927年，他所完成的《菩提达摩考》一文才算正式开始，这一论文的副标题即是《中国中古哲学史的一章》，显然，他这时还是在中古哲学史的观念框架下来思考书写初期禅宗史的问题。从他的提纲式的《中国中古思想小史》一文中所论述到的佛教内容来看，他在20世纪30年代初已经把禅宗作为一中国哲学史的最重要议题纳入思考。这时候，他对中古思想史的基本划分仍然沿袭了"大纲"中的说法，不过在表述上却有了一些意味深长的变化。如他用这样的标题来讲述中古时代第二段的思想性质——"印度宗教与思想

---

① 胡适对中国思想史的"中古时代"有一规定，在《中国中古思想小史》中，他把中古时代确定为从秦始皇到宋真宗，即公元前220年到1020年这段时期。（参见姜义华主编：《胡适学术文集·中国哲学史》上册，第470页）又，胡适在20世纪20年代末到30年代对用"哲学史"还是"思想史"来写作颇费一番周折，关于此，桑兵在《横看成岭侧成峰：学术视差与胡适的学术地位》一文有详密的分析。（参见氏著：《晚清民国的学人与学术》，中华书局2008年版）

② 胡适：《中国哲学史大纲》，载姜义华主编：《胡适学术文集·中国哲学史》上册，第12、13页。

③ 胡适在1925年1月25日的日记中说道"拟作的书有几种，皆未成。第一为《禅宗史稿》，乃《哲学史》的禅宗一部的长编"。（《胡适全集》第30卷，安徽教育出版社2003年版，第193页）

的侵入与演变"①。他这里用"侵入"一词来讲佛教的传入,这表示在胡适的思考中,佛教是被作为一外在的具有负面性的文化价值而获得论述的,这也就决定了他的中国思想史研究中对佛教采取的批判性评价立场。②《中国中古思想小史》中的佛教写作部分,从佛教的"输入"一直讲到 11 世纪的宋代佛教,这里虽然也提到天台等宗派,但佛教部分的大部分笔墨都是用在禅宗的部分。从初期禅宗到后来的六家七宗都有纲要式的梳理和评论,这可能与他此前一段时间的禅宗研究有关。实际上,在完成"大纲"以后,胡适把他最重要的学术工夫放到了初期禅宗文献和思想的发现整理与研究上面。

胡适为了准备中古思想史的写作,20 世纪 20 年代初就已经开始注意到禅宗,一般学界都把他于 1925 年发表的《从译本里研究佛教的禅法》作为他最初的禅学论文③,其实,在此之前他已经开始研究禅宗,并发表或写作过与禅宗有关的论文④。根据他自己回忆,他在 1924 年就开始试作《禅宗史草稿》,并说写到神会时已感觉到疑窦重重而停笔。从《禅宗史草稿》看,他对初期禅宗史的论述结构和材料,大都仍然建立在《续高僧传》《宋高僧传》,宋以后《传灯录》《坛经》诸本,以及一些唐代碑铭资料的基础上面。如他这时对神会——他以后禅宗史研究的关键性人物——的研究也只能够根据《宋高僧传》和《传灯

---

① 胡适:《中国中古思想小史》,载姜义华主编:《胡适学术文集·中国哲学史》上册,第 470 页。

② 在胡适的英文著作中,他同样是用"征服"(conquest)来说佛教对中国的影响的。如他于 1925 年发表的 Buddhistic Influence on Chinese Religious Life 一文中就用到 the buddhistic conquest of China 这样的表达。(参见《胡适全集》第 36 卷,第 41 页)

③ 参见柳田圣山:《胡适博士与中国初期禅宗史之研究》,《胡适禅学案》,第 5 页。

④ 如胡适曾于 1922 年《国语月刊》第一卷上发表《禅宗的白话散文》,该文现收入姜义华主编的《胡适学术文集·中国佛学史》;又《胡适全集》第 9 卷也收有几篇胡适早年的禅学手稿,如《禅宗史草稿》、《禅宗的印度二十八祖考》等都作于 1925 年或之前。另外,《胡适全集》中还收有一篇题为"禅宗是什么"的讲稿,该说是 1921 年胡适在燕京大学的演讲。按:此时间一定有误,或此文为 1928 年左右的修改稿。文中明言"当我前年到巴黎去的时候"发现了唐代材料,这显然应该指 1926 年胡在法、英所读到的敦煌卷子。故此文应该是在 20 世纪 20 年代后期。

录》等资料来作，不过，他对这些史料的应用当中已经带有强烈的批判怀疑的眼光，这时他已经感到有必要在史料上寻找五代以前的禅宗材料来"作一部禅宗的信史"。[①] 此前，学界对禅宗的理解基本都是靠北宋道原以后所编《传灯录》的结构和材料去理解初期禅宗的历史和思想。于是，当胡适在1926年借赴欧洲的机会顺道去法国巴黎国立图书馆和伦敦大英博物馆阅读敦煌文献，无意中发现了《神会录》以及其他初期禅宗写本时，他的兴奋之情溢于言表。[②] 这一兴奋一方面在于新材料的发现推翻了传统禅史的观念，当时思想史研究中流行疑古风气，胡适就为这一思潮推波助澜，他提出过所谓"宁疑古而失之，不可信古而失之"的原则。[③] 另一方面，他的兴奋源于这一新材料的发现应验了他之前在思考和写作初期禅史时所提出的种种"假设"。这些敦煌新禅籍的发现对于他，乃至当时整个东亚学界的禅宗史研究都产生了震撼性的效果，也因此胡适确定了以禅宗——特别是初期禅宗——来主导其后的中古思想史研究方向。

1926年到1935年之间，胡适撰写了中英文禅学著述十余篇[④]，其中较重要的有《菩提达摩考——中国中古哲学史的一章》（1927年）、

[①] 胡适在1930年所作《〈神会和尚遗集〉序》中说，他于1924年"试作《中国禅宗史稿》，写到了慧能，我已很怀疑了；写到神会，我不能不搁笔了"。这时，他意识到必须搜求到五代以前的唐代禅宗史料，才可以处理好初期禅史的问题。（参见姜义华主编：《胡适学术文集·中国佛学史》，第363页）这里所谓的《中国禅宗史稿》，柳田也曾提到，但他当时"毫无所知"。实际上，这部书稿就是《胡适全集》第9卷中的《禅宗史草稿》，可以反映胡适在发现敦煌文书前对禅宗史的基本看法。

[②] 参见胡适：《〈神会和尚遗集〉序》，《胡适全集》第9卷，第210—212页。

[③] 胡适：《自述古史观书》，《古史辨》第一册，上海古籍出版社1982年版，第22页。胡适于20世纪20年代曾积极推动和主张过疑古运动。（参见路新生：《中国近三百年疑古思潮研究》，上海人民出版社2001年版，第五章第二节）

[④] 关于胡适禅学研究的著述，柳田圣山所编的《胡适禅学案》是比较早系统收录的，但近年中国大陆在整理出版胡适文集时，发现了更多《胡适禅学案》中所未曾收录的有关资料，其中以姜义华主编的《胡适学术文集·中国佛学史》与《胡适全集》第9卷所收最为详细，不过，这两种文集所收诸篇亦略有出入，应互为补充。此外，关于胡适英文佛学论文，仍以《胡适禅学案》搜集较全，所以最好是将此三种资料结合参证。

《论禅宗史的纲领——与汤用彤的往复书简》(1928年)、《白居易时代的禅宗世系》(1928年)、《禅学古史考》(1928年)、"Development of the Zen Buddhism in China"(1932年)、《中国禅学的发展》(1934年);《书〈菩提达摩考〉后》(1929年)、《〈坛经〉考之一(跋〈曹溪大师别传〉)》(1930年)、《〈坛经〉考之二(记北宋本〈六祖坛经〉)》(1934年)、《神会和尚遗集》校订以及为此所写的几篇跋文(1929—1930年)、《菏泽大师神会传(初稿)》(1930年)、《〈楞伽师资记〉序》(1931年)、《楞伽宗考》(1935年)等,这些研究主题基本都集中在初期禅宗史的方面。中国禅宗史经过胡适的这番整理研究,已经不能够再在传统禅学结构、问题意识和材料之基础上来加以讨论了,举凡达摩与楞伽宗、慧能与《坛经》、神会与南宗、禅的传承系谱等诸多禅学思想史图式都接受新的批判性审查,并在现代知识的生产方式里进行重构。胡适在1932年所发表的一篇英文禅宗史的文章中,开宗明义就表示,"有两种讲述禅宗史的方式",一种是简单的传统式的禅学史图景,而他表明自己的禅学研究则完全是"一种新观念、新方法的尝试和成就"。他所谓的新观念和新方法,就是以"历史批判学"(historical criticism)的方式,"重构科学的传统中国哲学史",这是他早在1915年就确定好的治史策略,并终生不渝。这一研究方式对当时的禅学史研究来说无异是一场史学革命和新典范的创立。难怪有人要说他把一部"禅宗史弄到前空古人的程度"了。[①] 胡适对初期禅宗史的研究涉及很多的方面,他前后两期的禅学史工作,在主题和思想方面基本是连续一致的,概略而论其最重要之贡献当在以下几方面:

(1)**敦煌神会资料的发现与整理研究**。过去禅宗史的研究,主要

[①] 分别见氏著,Development of Zen Buddhism in China,《胡适禅学案》,第721页;The Application of the Methods of Historical Research to the Writing of a History of Ancient Chinese Philosophy,《胡适全集》第35卷,第166页;唐德刚译注:《胡适口述自传》,华东师范大学出版社1993年版,第211、226页。

是依靠宋代以后的材料,如《宋高僧传》和《传灯录》来确认神会的思想与历史作用。但这些宋以后的资料大都经过南岳、青原两系后代的改窜,神会的资料基本没有多少保存。胡适把他所发现的敦煌文书中的神会材料进行了校订,出版《神会和尚遗集》,20世纪50年代以后又根据新出现的资料再行校订神会著作的敦煌写本,并进行补遗。最重要的代表作是胡适于1958年发表的《新校定的敦煌写本神会和尚遗著两种》。胡适对神会研究的看法在不同时期基本没有什么改变,只是就其中某些写本的年代以及神会生卒年作了更改和修正;除了神会资料的研究整理,胡适还撰写了神会传,把他所发现的敦煌文书并结合宗密所撰的禅史文献,如《圆觉经大疏钞》《圆觉经略疏钞》《禅门师资承袭图》中的神会传记资料等——这些宋代以前的有关神会的记录材料,首次对神会的生平、思想以及历史地位等进行系统论述,重新建立初期禅宗史的若干新概念。他一反传统禅学史中轻视神会的说法,而把神会作为中国禅宗史上圣保罗式的英雄人物,他以这样一种相当过度的论述来评论神会:"神会是南宗的第七祖,是南宗北伐的总司令,是新禅学的建立者,是《坛经》的作者。在中国佛教史上,没有第二个人比得上他的功勋之大,影响之深。这样伟大的一个人物,却被埋没了一千年之久,后世几乎没有人知道他的名字了。"[①] 胡适的神会研究因其新材料的发现,更由于其"过度诠释"而给禅学史研究造成了冲击性的效果,这几乎就等于宣布中国初期禅宗的历史需要重新来书写。可以说,后来整个国际学界对中国初期禅宗史的热烈讨论也

---

① 胡适:《〈神会和尚遗集〉序》,载姜义华主编:《胡适学术文集·中国佛学史》,第364页。马克瑞对此提出一个非常重要的观点,他认为胡适对神会如此高调和意味深长的表述方式,是因为他试图把神会的顿教观念理解为中国思想史上反印度化的重要代表,即应该从"中国的文艺复兴"这一角度来理解胡有关神会的论述方式。(参见氏著 *Religion as Revolution in Chinese Historiography:Hu Shih [1891-1962] on Shen-hui [684-758]* [未刊稿])下文我们还会专门讨论这个问题。

主要肇因于胡适的神会研究。①虽然胡适对神会极端的抬举几乎不为后来的禅学研究者所接受②，却不妨说，他关于神会的讨论左右了整个禅学史研究中对神会，乃至于南宗禅、初期禅宗的历史流变的结构性看法，这也可以说是胡适禅学研究中最具有革命性的地方。

（2）《坛经》研究。过去人们都是根据明本《坛经》来了解慧能的思想与经历。20世纪20—30年代，日本发掘出的《曹溪大师别传》，日本学者矢吹庆辉所得到的敦煌本《坛经》以及铃木大拙发现的惠昕本《坛经》等资料的出现，引起了学界对《坛经》的重新认识。虽然关于不同本子《坛经》内容的变化和审改自古就有人表示过怀疑，但从来没人对《坛经》作者的问题提出质疑。胡适在对神会研究的同时，大胆提出神会就是《坛经》的作者这一惊世骇俗之论，引起学界一片哗然，也可以说开创了《坛经》研究的新问题。与此相呼应，胡适又参考了日本学者所发现和整理出的新的《坛经》和慧能传记，对《坛经》进行重新考论，关乎《坛经》的作者、思想以及《坛经》从敦煌到明代诸本的流变历史等方面，都提出了饶有新见的发明。一直到20世纪50年代，胡适还不时关心《坛经》的考订，如他于1952年完稿的《六祖〈坛经〉原作檀经考》，还就《坛经》的题名进行辨证。胡适对《坛经》的讨论与他对神会的研究一样，虽然其革命性的极端之见多不为学界所认可，而其矫枉过正的方式却为《坛经》与慧能研究带来了许多新的生长点和问题意识。

（3）"楞伽宗"概念的提出及在初期禅史中的意义。胡适根据《续

---

① 胡适自己就说他于1930年出版的《神会和尚遗集》"是对重治中国禅宗史的一个里程碑"。（唐德刚译注：《胡适口述自传》，第217页）马克瑞还认为，胡适的神会研究引发了国际学界对初期禅学研究的兴趣。（参见氏著 Religion as Revolution in Chinese Historiography: Hu Shih [1891-1962] on Shen-hui [684-758]）

② 直到20世纪50年代末，胡适关于神会的研究结论还不为日本禅学界的大家，如铃木大拙、宇井伯寿所接受，以至于胡抱怨他们的禅学研究"未免太守旧"。（参见胡适1959年5月30日致入矢义高书，载姜义华主编：《胡适学术文集·中国佛学史》，第414页）

高僧传》和他所发现的敦煌文书《楞伽师资记》等文献,提出"楞伽宗"这一新概念,并指出"楞伽宗"为初期禅史中独立的一派,"楞伽宗"与后来所谓的"北宗"一贯而成为初期禅宗的正统。据于此,他把初期禅史解构成"楞伽宗"逐渐为神会所标举的"南宗"淡出正统的斗争历史。从他的《〈楞伽师资记〉序》(1931年)到《楞伽宗考》(1935年),胡适重新建立了初期禅史的图式,初期禅宗不再是过去所想象的由达摩而慧能再到后来所谓五家七宗的单一传承谱系——这些都是宋代以后南宗所虚构出来的历史。在胡适"楞伽宗"的脉络里,由达摩经慧可、僧璨、道信、弘忍而神秀、普寂等所谓北宗,才是一路以《楞伽经》为传付的正统派。"南宗"乃是后起的"一支革命军",其并不是从达摩传承而来,而恰恰是以《金刚经》,以顿悟的宗旨去取代达摩所创立起的"楞伽宗"。若此,无疑是说整个初期禅宗史的结构都必须重新建立,禅宗史也需要进行再书写。20世纪50年代,胡适仍然念念不忘地继续他的楞伽宗研究,如他对嵩山老安的研究就是为了进一步讨论"楞伽宗"的问题。① 虽然后来国内大多禅学史家都对胡适的"楞伽宗"一说颇多非议,但是柳田圣山却非常高评胡适的楞伽宗研究,认为这是胡适整个禅学史论述的"骨干",是其"禅学论证的最高峰,为近代禅宗史的研究历史,带进了划期的新时代"。柳田圣山告诉我们,甚至后来日本禅学史界有关初期禅史的研究,都无人能够"摆脱出他的断定","被胡适《楞伽宗考》的阴影笼罩着"。② 显然,中日学人对胡适的楞伽宗研究存在着极端相反之论。

(4)**其他新问题的提出**。楼宇烈教授在他的《胡适禅宗史研究

---

① 参见胡适:《记嵩山老安》,载姜义华主编:《胡适学术文集·中国佛学史》,第306页。又,实际上蒙文通1924年发表的《中国禅学考》中虽然没有明确提出"楞伽宗"的概念,但已经指出初期禅史的传承是从达摩、惠可一直到弘忍、神秀(而不是惠能)而形成的《楞伽经》的法流,并批判传统所谓五祖改以《金刚经》传六祖惠能的说法,这一看法暗含了初期楞伽宗的意思。其是否对胡适的楞伽宗考产生影响,当作细考。

② 柳田圣山:《胡适博士与中国初期禅宗史之研究》,《胡适禅学案》,第17、18页。

平议》一文中，对胡适禅学史研究中一些不太为人所重视的"细密考证"，举例做了一些介绍。现在更多有关胡适禅学的手稿、笔记等资料都已发表出版，从中我们可以发现，胡适的一些研读并不太为人所知，这里面有一些有意思的禅学史问题，许是由于证据不足等原因，他并没有写成文章发表。如 1926 年他在欧洲考察敦煌文书所写的日记中，就有不少这样的例子。像他看到过疑为五祖弘忍的题为《修心要论》的卷子，认为是"重要史料"，并试图与《坛经》进行比较，只是他还不敢确定作者，所以没有继续研究下去；又如，他还阅读过其他——包括《传法宝记》《大乘北宗论》《历代法宝记》等在内的——初期禅史的卷子，并做了一些初步的推断、假设。[①] 20 世纪 50 年代以后胡适对禅学的关注，在材料方面更推及《宝林传》《圣胄集》《全唐文》《金石录》及唐代其他有关禅宗的碑铭史料等，同时他还对过去所批判过的宋代禅宗灯史等资料进行重新检查，特别是对《五灯会元》等都给予了相当的重视。通过对这些禅宗史书性质的文献进行阅读和研究，胡适试图透过不同时期禅宗史书的形成来讨论禅宗历史的构建。尽管胡适当时还没有完成这一研究，对这些史书研读所做的笔记也未敢轻易发表，而只是在给柳田圣山的论学书信中有所表示。[②] 很有可能正是他的这一新的问题意识启发了日本学界，尤其是柳田圣山等学者后来对初期禅史文献所做的系统和深入的讨论。此外，20 世纪 50 年代胡适与著名历史地理学家严耕望先生有好几通论学书，专门借神会问题讨论了禅佛教的地理学问题，这些都还不为学界所注意。[③] 当然，这些手稿、笔记中还有不少有价值的洞见，隐含着新的禅学史研究的问题

---

① 参见《胡适全集》第 30 卷中 1926 年 8 月到 12 月所记内容。

② 参见胡适：《与柳田圣山论禅宗史纲领的信》，载姜义华主编：《胡适学术文集·中国佛学史》，第 199 页。该信中第 13 条，胡适还专门就唐以来禅宗 "伪史造成" 的流变等进行论述。

③ 参见耿云志、欧阳哲生编：《胡适书信集》（下），北京大学出版社 1996 年版，第 1287、1292、1465 页。

意识，有待学者们去进一步开发。

胡适的禅学史研究包含了许多值得商榷的问题，他的解释甚至有非常武断的地方，而无论怎么说，他的这些禅学研究都是开创性的。正如柳田圣山对胡适的禅学史研究所下的论断："在意义深长的热情和武断的结论里，曙光出现，恰与肩负现代史苦恼的伟大硕学影像相映着。"① 可以说，中日近代以来的禅学研究，特别是关于初期禅宗的研究，甚至20世纪80年代以来西方禅学的论述，大都还是在胡适禅学史研究的曙光映照下结出新的硕果。②

我们再从胡适的哲学史方法及其效应来看他的禅学史研究。胡适虽然喜欢以哲学史或思想史来组织他的研究，但他治学的门径始终以考据为中心。早在他写作《中国哲学史大纲》的时候，他所说的治学方法几乎全是"审定史料之法"，如他说"中国人作史，最不讲究史料。神话官书，都可作史料，全不问这些材料是否可靠。却不知史料若不可靠，所作的历史便无信史的价值"。实际上，他的哲学史经常是把中国思想史料中那些最可以作为哲学问题的材料都轻率地打发掉，他的哲学史和思想史研究都很少真正地切到哲学问题本身，而所保留住的可以称作"哲学"或是"思想"写作的部分就只有他所谓的"贯通"一义了。"贯通"是胡适组织哲学史的史料方法的三部曲——"校勘""训诂"和"贯通"——中的最后一步，其大义是说"把每一部书的内容要旨融会贯串，寻出一个脉络条理，演成一家有头绪有条理的学说"③。胡适认为前两步是汉学家的方法，而"贯通"则是宋学

---

① 柳田圣山：《胡适博士与中国初期禅宗史之研究》，《胡适禅学案》第5页。
② 胡适早年的禅学研究虽然有许多问题还没有展开研究，但他提到不少对后世很有启发性的禅学议题，如他在1922年的《禅宗的白话散文》里就提出过禅门语录历史起源的问题；1924年写的《禅宗史草稿》也提到"机缘问答"的历史，认为其兴起应该很晚，这些议题后来都提示了柳田圣山及西方一些禅学史家去做专门研究。
③ 参见胡适：《中国哲学史大纲》，载姜义华主编：《胡适学术文集·中国哲学史》上册，第18、24—27页。

的方法。不过,胡适所理解的宋学方法只是把不同思想组织成一历史发展的系统或内在理路,而他并不清楚宋学的贯通是包含了性理学的方面。

我们综合胡适重要的禅学研究,大体都可以从这两方面来看,一是做考订文献工作,二是对禅史思想,特别是初期禅史的发展演进做一番"贯通"。胡适表明,他与传统中日禅学史研究的不同之处,主要就在于他更重视"历史的眼光"和"材料问题"[①],这里,历史即是"贯通",而材料就是考据,这两条都与他治中国哲学史的旨趣一以贯之。如他关于达摩、《坛经》和神会语录等所做的考订就属于"材料的问题";而《论禅宗史的纲领》、"Development of the Zen Buddhism in China"、《中国禅学的发展》等,都可以说是贯通性的《历史》演述。像《禅学古史考》和《楞伽宗考》则是把两种方法融合在一个问题的讨论之中。可以说,直到 20 世纪 50 年代胡适重新回到禅史研究上面的时候,新资料虽然有所增加,但他的研究方式仍然不出此范围。[②]

更进一层看,胡适对哲学思想史的研究还要做出一种价值的评论,他说论述思想史变迁及其原因还没有完成哲学史的任务,还必须对"各家学说的价值"做一番"客观的评判"。具体说,就是一种思想的好坏都是从其所达成的社会"效果"来进行"评判"。显然,这里所谓的评断标准是来自思想外部,而不是思想内部。甚至可以说,"效果"的判准是现代的而非历史的;是西方的而非中国的。胡适自己就主张要用"比较参证",即将西方哲学作为"演述的工具"来组

[①] 胡适:《中国禅学的发展》,载姜义华主编:《胡适学术文集·中国佛学史》,第 61 页。
[②] 20 世纪 50 年代,胡适对禅史的研究除了应用新发现的敦煌写本资料对神会的作品进行校订和补遗,也对各类历史文献、碑铭资料中的禅宗史料作进一步的钩沉探幽,写成 40 余篇大小形式不同的文章,虽然这些文章以考订为主轴,而仍然有像《禅宗史的一个新看法》(1953)和 Ch'an (zen) Buddhism in China-it's History and Method (1953)这样疏通性的作品。

织贯通中国的哲学思想史。[①] 而他所谓的"西洋的哲学"根本就是他的老师杜威所倡导的一套实用主义的观念。当胡适也用这样一套方法和标准来判释禅宗的思想材料和历史时，他会带给我们怎样一幅新的历史图景呢？

胡适对禅宗史料处理的方法论原则很清楚：一是用唐代史料（包括敦煌文献、日本发现的资料以及唐代碑铭等）来纠正宋代灯史的说法，基本的史料观念是越早越真实；二是对资料进行批判文本式的研究。问题在于，他对禅门内部的资料几乎一概不予信任，如他对禅宗内部很多包括唐、宋两代的史料都采取过于简单和粗暴的手法。早在20世纪30年代初他作《中国中古思想小史》时就批评《传灯录》诸书所记资料"大部分是以讹传讹，随心捏造，自欺欺人"[②]；等到50年代他重新研究禅宗史料时，他仍然坚持这样的看法。如他评论禅门史料时说："在中古宗教的势力之下，为了宗教而说大谎，为了护法卫道而说大谎，算不得什么大罪。"他又把8到12世纪这几百年禅宗内部所创作的"禅门传录"都说成是"不可靠的假历史"，甚至对于神会——这位他要竭力翻案的人物，在他看来，其一生为了争法统而做的最重要的工作也不过就是制造"传袈裟的大谎语"[③]；再如他对老安传资料的讨论，就认为"全传都是神话"[④]；而禅宗有关"付法传灯"之说法在胡适的禅学史笔法下，也都不加细审、大刀阔斧地一一被判为"攀龙附凤"，假造历史。胡适的这一有选择性的怀疑方式正是与他"评判"的立场有关。就是说，任何只要关涉到宗教或信仰的

---

① 参见胡适：《中国哲学史大纲》，载姜义华主编：《胡适学术文集·中国哲学史》上册，"导言"第10、28页。
② 姜义华主编：《胡适学术文集·中国佛学史》，第512页。
③ 参见胡适《校写〈菩提达摩南宗定是非论〉后记》与《北宋惟白和尚关于西天祖师偈颂来历及〈宝林传〉〈圣胄集〉等书的记载》两文，载姜义华主编：《胡适学术文集·中国佛学史》，第164—166、282页。
④ 胡适：《记嵩山老安》，载姜义华主编：《胡适学术文集·中国佛学史》，第303页。

论说和史料，在胡适史料审查的奥康剃刀下都有可能遭受厄运。① 胡适对禅宗史料和历史可靠性的抉择往往取决于其是否符合预先设定好的目的论观念。与其说他是在发现和理解历史的事实，毋宁说他在有意识地制造一种历史的解释。佛尔非常有洞见地注意到现代禅史研究中存在的这类"目的论谬见"（teleological fallacy）。他发现，这种目的论常常和历史学客观性的理念之间有着一种积极的互动，即主张客观主义历史学的人往往同时坚持一种目的论的立场。他同时指出，胡适在西方理性主义支持下的禅学研究，以现代性的观念批判传统禅的价值意义，是一种真正的"中国精神"的实用主义的开展。这一目的论的偏见，使胡适不能从容地面对中国禅史中更为复杂的问题。② 可以说胡适过于急切的目的论方法使他在禅学思想史的论述上难免流于大刀阔斧而疏于密证。如他把丰富而复杂的中国佛教化约为禅宗③，把禅宗化约为顿渐两宗，把南北宗的斗争化约为般若宗对楞伽宗的革命、中国禅对印度禅的对立，等等。这些看似分明却过于简单化的禅宗史图式体现了胡适思想史方法中那种化约主义的倾向。④

胡适这种处理禅宗思想和史料所表现出的"历史学家的谬误"（historians' fallacy），使他对禅学史的研究并非如他所期望的那样做

---

① 马克瑞引用 Irene Eber 讨论胡适历史学研究问题时所指出的，德国近代著名神学家巴特曼（Rudolf Bultmann）曾经敏感而深刻地意识到"做历史"可能会对存在性问题所带来伤害，但是胡适对此完全没有意识。（参见 *Religion as Revolution in Chinese Historiography:Hu Shih [1891-1962] on Shen-hui [684-758]*）我以为，胡适恰恰是要借做历史而颠覆传统对存在性的哲学思想资源。这从他的《中国哲学史》中就可以看出来，如他对玄学的批评那样，于是，那些最有哲学意味的问题，都在他那种现代性的观念中被化约掉了。

② Bernard Faure, *Chan Insights and Oversights: An Epistemological Critique of the Chan Tradition*, pp. 97, 114.

③ 如胡适在1921年发表的《清代学者的治学方法》一文中，就把宋代佛教简括为禅门一宗，他说"一个禅字几乎可以代表佛学"（《胡适文存》第一集，第281页）。

④ 关于胡适的化约论倾向，参见余英时：《中国近代思想史上的胡适》，第49页。桑兵也详细讨论了胡适学术与思想史方法中存在着"大胆假设"与"小心求证"之间的巨大反差。（参见桑兵：《横看成岭侧成峰：学术视差与胡适的学术地位》，《晚清民国的学人与学术》，第288页）

一"客观的评判",而是在精细考据中包含了强烈的主观性。无论是用考订或是贯通的方法,他都贯彻了强烈的现代主义的目的论,赋以他的禅宗史评判以"重新估定一切价值"的使命。胡适的禅学研究正如他对中国哲学史的研究一样,在方法论上,他总是"将现代投射到过去",用现代主义的立场去评判古代思想的传统。这一点,从陈寅恪与金岳霖对他的批评中就可以看到。①

　　胡适对思想史研究方法的思考其实也是有一变化过程的。如他1919年写给毛子水的《论国故学》中还强调对"国故"的整理要本着"为真理而真理"的态度,不当先存"有用无用"的成见来下科学的工夫。但是到20年代以后,他就开始提出国故研究要"双管齐下",说白了就是为他的国故整理附加颠覆传统——特别是禅佛教传统——的"目的与功用"。他的这一有策略性的书写计划恰恰就是要让国故学者在整理史料的同时,要替一切传统的精神价值下"最后一刀"。②胡适的思想史方法论是受他的启蒙现代性观念所支配的,正如西方许多启蒙思想家一样,他"倾向于作为历史学家""集中批评的命运上"③,即以批判传统的方式上来建立对现代的理解。在禅学史研究方面胡适很早就对中日禅宗研究中那种带有信仰的,"新的宗教的态度"④颇为不满,而他也有意识地要把他的禅史研究扭转到批判历史学的方向上来。即是说,胡适替他自己的禅学史研究附加了拨乱反正的目的。胡适在1927年所写《海外读书杂记》中就说,当他看到

---

　　① 详见二人为冯友兰《中国哲学史》写的"审查报告"。(冯友兰:《中国哲学史》下卷,华东师范大学出版社2000年版)
　　② 分别见胡适:《论国故学——答毛子水》,《胡适文存》第一集,第321页;《整理国故与打鬼——给浩徐学生信》,《胡适文存》第三集,第104、105页。
　　③ 格里德著,鲁奇译:《胡适与中国的文艺复兴——中国革命中的自由主义(1917—1937)》,江苏人民出版社1995年版,第342页。
　　④ 胡适:《中国禅学的发展》,载姜义华主编:《胡适学术文集·中国佛学史》,第61页。

神会《显宗记》等材料后就很为神会抱不平①，后来他对神会的那些似乎有些过度的评价也正要从这一点来看，才可以恰当地理解。因此，他整理禅籍就不单纯是为了还原历史，而隐含了颠覆佛教的意思。所以他主观地认为，禅宗历史上的史料"百分之九十"以上都是"胡说、伪造、诈骗和装腔作势"。他的这一颠覆性的态度在1927年的一封讨论整理国故的书信中就非常明确地表示出来。在该信中，他公开声称自己对敦煌禅宗文书的整理，不过是为了"据款结案"，搜出证据"把达摩、慧能，以至西天二十八祖的原形都给打出来"。他对禅史考订的目的乃在于对禅佛教的思想历史进行"打鬼""捉妖"，把禅宗史的研究作为"耙粪工作"，化神奇为腐朽。②如他的《菩提达摩考》一文，其最终要表示的是"菩提达摩的传说如何逐渐加详，逐渐由唐初的朴素史迹变成宋代的荒唐的神话"③。而他的《禅宗史纲领》所列的诸纲要背后，也同样把重心放在揭穿传统禅史中那些"法统伪史"上面。

正是胡适在整理史料方法论上的这种双重性，使得胡适的思想史研究虽然有比较严格的考据倾向，但是他所注重的考据把他的研究引向对传统历史与价值的破坏上。于是，他有关禅宗的许多革命性的断语实际上是在积极地创造（invent）而不是在恢复禅宗史的面貌。④印顺就曾经直率地指出这点，他说胡适在禅学史料的处理方面都有相当

---

① 胡适在《海外读书杂记》中这样说"这样一个重要的人物（神会），后来研究禅宗史的人都往往忽略了他；却是两个无名的和尚（行思与怀让），依靠后辈的势力，成为禅宗的正统。这是历史上一件最不公平的事"。(《胡适文存》第三集，第269页)
② 分别见胡适：《整理国故与打鬼——给浩徐学生信》，《胡适文存》第三集，第105页；《揭穿认真作假的和尚道士》，载唐德刚译注：《胡适口述自传》，第251页。
③ 姜义华主编：《胡适学术文集·中国佛学史》，第277页。
④ 佛尔也指出，胡适好用"革命"等字眼来解释禅史的变化，这也多半出于他意识形态的创造和他所处情节观念的虚构，或写作规则的影响，并不一定是恰当的历史说明。(Bernard Faure, *Insights and Oversights: An Epistemological Critique of the Chan Tradition*, pp. 123-124)

的贡献,但他的研究结论基本不能够被接受。① 马克瑞在分析胡适关于神会的研究时,一面肯定他的成绩,一面指出他对神会那种过于急促而又好作革命性的论断中"包含着深刻而实质性的错误"②。这种精细而又主观并存的现象使得胡适的禅学史研究一直以来获得褒贬不一的评价,真可谓是"誉满天下,谤亦随之"了。

(二)胡适的禅学研究与"中国的文艺复兴"

马克瑞在分析胡适禅学史研究时,注意到一个学界从来没有意识到的问题,即胡适的禅学史研究与他的"中国文艺复兴"观念是密切关联的。他发现,胡适对禅宗史的研究与他论述中国文艺复兴几乎发生在同一时期。③

胡适在中国思想史的讨论中曾经多次提到文艺复兴的概念,"中国的文艺复兴"并不是胡适最早提出来的,但这一观念却为20世纪20年代许多自由派的作家所使用,虽然当时还是在非常不严格的意义上来使用这一概念。更值得注意的是,在胡适之前,梁启超与蒋百里还把中国可能出现的"新佛教"作为一种文艺复兴的新形式。④ 这一看法是否影响过胡适,还需要做细致的分析。胡适在以"文艺复兴"的观念来讨论中国思想史的问题时,前后思想曾经出现过不少的变化。

---

① 如印顺对胡适校跋发表敦煌所藏有关神会的写本"不能不表示钦佩",并说只有经过胡适的历史学努力,"神会的禅学及那个时代的禅宗史,才有较正确的理解"。但他同时也批评了胡适对禅史的解释"不免偏颇"。(参见印顺:《中国禅宗史——从印度禅到中华禅》,第256页)

② 马克瑞发现胡适的禅学研究也正是为了服务于现代中国的独立和现代化运动,如他指出胡适选择神会作研究,很大原因与他想改造他那时代中国观念有关。即他对神会的解释与他所主张的"独立人格与思想独立""再造文明"的观念有关,这并不是一次偶然的选择。(*Religion as Revolution in Chinese Historiography: Hu Shih [1891-1962] on Shen-hui [684-758]*)

③ 参见马克瑞, *Religion as Revolution in Chinese Historiography: Hu Shih (1891-1962) on Shen-hui (684-758)*。

④ 参考周策纵著,周子平等译:《五四运动:现代中国的思想革命》,江苏人民出版社1996年版,第467—471页。

如早在他写作《中国哲学史大纲》时,他只把清代那般的考据学称为"古学昌明的时代",并认为这有点像欧洲的文艺复兴。[1]20世纪20年代之后,随着他对中古思想史的深入研究,他又重新组织了中国思想史的问题和历史发展,对中国思想史中文艺复兴的看法也扩大到不同的历史阶段。如1923年他用英文发表的《中国的文艺复兴》(The Chinese Renaissance)一文中,就把近代以前的中国文艺复兴分为两次,宋代(1000—1200)新儒学中的反佛教思想,这被说成是中国思想史上第一次文艺复兴,而明末清初的反宋明理学思潮,则被视为中国思想史上第二次文艺复兴。[2]20世纪20年代,胡适对中国文艺复兴的确立是从宋代开始的,他在1923年12月的一次日记里还这样说"我以为中国文艺复兴当自宋起。宋人大胆的疑古,小心的考证,实在是一种新的精神"[3]。到了30年代,胡适关于中国思想史上的文艺复兴观念又有进一步的放大,对中国思想史上的文艺复兴也有了更周密系统的安排。这时他把中国思想史上文艺复兴的时间往前跨了一步而划分为四个阶段,其分别是唐代禅宗的反印度宗教运动、宋代新儒家的反佛教学、元代戏曲以及清代朴学。[4]从1934年他用同样英文题名所发表的长文《中国的文艺复兴》来看,由于他对佛教有了更深入的了解,特别是对禅宗已经形成了比较系统的看法,所以在这篇文章中,胡适不像他在20世纪20年代单纯地把反佛教看成是中国文艺复兴的开始,这时他已不再简单把佛教看作是铁板一块的整体,而是专门把禅宗从佛教传统中析分出来,作为一具有文艺复兴性质的文化思想传统,禅宗也因其"对印度宗教的中国化革新"而被高标为中国思想史

---

[1] 胡适当时用"再生时代"来翻译西名的renaissance,此参见《中国哲学史大纲》,载姜义华主编:《胡适学术文集·中国哲学史》上册,"导言"第13页。
[2] The Chinese Renaissance,《胡适全集》第35卷,第636、637页。
[3] 《日记(1923—1927)》,《胡适全集》第30卷,第5页。
[4] 参见胡适在20世纪30年代所发表的Chinese Renaissance,《胡适全集》第37卷,第76—77页。

上的第一次文艺复兴。

在胡适对整个中国思想史的判释中,佛教总是被否定性地看作是中国的"印度化",是中国思想史的一次"被殖民"和衰退。胡适把佛教传入中国所带来的影响看作是一个重大的历史事件,指出这是中国哲学和宗教史上最为重要的一个转折点。从文化上看,所有中国思想的大问题都与佛教有关。他如此重视佛教对中国思想输入的一大理由就是,整个中古以后中国思想史的展开都围绕着如何应对佛教而来。他把中国历史上的3—11世纪都理解为"佛教的时代"(the Buddhist Age)或者说是"中国思想和信仰印度化"(the indianization of Chinese thought and belief)的时代,而整个中国思想的启蒙和文艺复兴都是根据这一前提而加以论述的。胡适在一篇题为"印度吾师"的文章中就这样说"中国花了一千年才逐渐走出印度对中国的文化征服,并取得某些程度的文化独立和思想上的文艺复兴"。甚至可以这样说,胡适对中国思想史上文艺复兴的提出,就是针对思想上反印度化、反佛教化的立场而开始的。[1] 这也可以看成他研究中国禅佛教史的真正动机。

中国的文艺复兴观念带给胡适禅宗史研究的影响是复杂的。一方面,他因为现代启蒙观念而反对包括禅宗在内的一切宗教形式,这就是为什么他一开始要把他的禅学史研究定义为"耙粪工作";另一方面,当胡适以现代帝国主义这样的视角去想象历史上的佛教对中国的入侵和中国思想被殖民化的时候,当佛教成为他思想启蒙计划中迫切需要进行严厉批判和拔除的时候[2],禅宗又因其去印度化的形式而获得高度肯定和重视,并超出其他中国佛教宗派而成为他中国中古思想史

---

[1] 参见 Religion and Philosophy in Chinese History,《胡适全集》第36卷,第560、561页;The Intellectual Renaissance in Modern China; India Our Great Teacher,《胡适全集》第38卷,第643、645页。

[2] 胡适说,由于他一直认为佛教在中国"自东汉到北宋"的千年传播是中国"印度化时代",是中国文化之大不幸,而对中国的国民造成为害至大的后果,所以他对佛教的研究工作"是破坏性的居多"。(唐德刚译注:《胡适口述自传》,第250页)

研究中最为中心的论题。这就导致胡适在不同脉络中对禅宗的看法变得游移不定。

当胡适从佛教史的内部来看待禅宗的时候，禅宗便成为一种正面性的反印度化力量——一种中国式的文艺复兴。如胡适在《中国中古思想小史》之十一讲中，就把"中国禅学"说成是中国佛教史上"一大内部大革命"①，而与印度传统的佛教相对立。在胡适的中国文艺复兴思想的构想里，禅宗的合法化也正在于其为"中国化之佛教"和"佛教彻底之内在化"②。所谓佛教思想的"中国化"，照胡适的话说，就是"去其（印度）不堪的部分，选择其最精彩的部分，以适应于中国人士的心理"③。因此，胡适在中国中古思想史研究方面，对佛教的处理就有意识地化约掉其他宗派而倾心于禅宗，可能正是由于禅宗是地道的中国货，无论它的教义还是形式都与印度佛教有着鲜明的对立。禅宗就这样在中国思想史上被赋予了反印度化的民族主义和"文艺复兴"的内涵。再更进一步从禅宗内部来看，胡适所塑造的神会及其所代表的南宗传统，倡导了顿教禅，简化了印度佛教的一切烦琐形式，并以顿教立场扫除了具有某些印度化渐教方式的楞伽宗传统，因而更能够代表佛教中国化——也就是反印度化的方向。这也正是胡适为什么要特以这样一种带有浮夸式的高度评论和革命英雄主义的方式来论述神会的原因。胡适研究和夸大神会的意义，其实是有目的性地在宣传他的中国式文艺复兴。

但是，当胡适从整个中国思想文化的大传统来处理禅宗的时候，他又把禅宗作为一个必须加以克服的负面性宗教。这时他宁愿从中国的道家和儒学中去强调人文主义的因素，而宋明新儒学的出现，正是

---

① 姜义华主编：《胡适学术文集·中国佛学史》，第501页。
② The Indianization of China: A Case Study in Cultural Borrowing，《胡适全集》第37卷，第351页。
③ 《胡适全集》第30卷，第542页。

在这样的论述结构里才被看作是反佛教——包括禅宗在内——的文艺复兴运动。这大概就是胡适对禅宗思想史研究一面始终不渝,爱不释手,而又不断地要"挺身而出","充当个反面角色"和"破坏的批判家不可"的原因所在了。[①]

有趣的是,从胡适的禅学研究这一立场看,他并没有成为他自己所标榜的崇尚科学观念的历史学家,也不是一个彻底的反传统主义者。在这一点上,他与他的论敌铃木大拙陷入了同样的情况。当铃木把他的禅学论述与日本文化合而为一时,他转向了禅的民族主义[②];胡适对禅宗的中国化论述也使他有可能成为一个文化上的民族主义者。

(三)一段禅学研究公案的再讨论:胡适与铃木大拙

学界关于胡适与铃木大拙之间的禅学论辩尚存在许多未发之覆。一般我们都把讨论的焦点聚集在他们于1953年发表在美国夏威夷大学《东西方哲学》第三卷第1号(Philosophy East and West, vol.3, no.1)上的那两篇著名的文章上。其实,胡适与铃木大拙之间的学术交锋和友谊早在20世纪20年代就已经开始,50年代发生在他们之间的那场关于禅学研究的争论只不过是他们之间长期学术互动的一次总结和公开的表述而已。

当铃木的英文禅学著作 Essays in Zen Buddhism 第一卷于1927年刚出版不久,胡适就发表了书评,在该书评中,他非常直率地批评铃木禅学写作具有"半学术和半传教"的意味,并指出铃木禅学研究中的最大弱点在其禅宗历史学的方面;同时胡适还指明铃木的著述没有

---

① 唐德刚译注:《胡适口述自传》,第251页。
② 关于此问题可以参考拙作《禅史钩沉——以问题为中心的思想史论述》,生活·读书·新知三联书店2006年版,第410—415页。

注意到敦煌禅学文书。① 1931 年 1 月 2 日，胡适在复金九经的信中又批评铃木《楞伽经研究》一书因为不见敦煌本《楞伽师资记》而"过信禅宗旧史，故终不能了解楞伽后来的历史"，这还是从材料和禅学史观两方面来进行的批判。② 应该说，胡适对铃木禅宗写作的批评和指点，在当时西方学界还一味沉醉于铃木禅学的想象而一片叫好声中，真可谓孤明独发，也是一针见血地点到要害了。胡适以后对铃木禅学的批判也基本都是朝着这样一个方向上去开展的。从他与铃木之间在 40 年代末到 50 年代初那场大家都已经耳熟能详的有关禅学研究的交锋来看，胡适对铃木禅学研究的批判仍然还是限制在铃木禅学研究方法方面。与 1927 年的书评所提出的批评一样，胡适这时依旧认为铃木禅学研究的最大问题就是忽略"历史的方法"，而主张"只有把禅放在其历史背景中去加以研究"，"放回它的时空关系之中"才能够获得正解。③

胡适对禅学史研究的立场一贯是重材料的审订，而不是思想的解释，特别是那种有宗教倾向性的思想解释，这是他与铃木禅学写作间很根本的一个分歧。纵观他们学术交流的一生，他们在禅学史的思想和判释方面永远没有形成交集和真正的对话，他们所共同欣赏都恰恰表现在对方在禅学史料方面所做的工作。如铃木对胡适的不满，也绝非时下很多学人所认为的，是对胡适历史学的全面反动，铃木对胡适的批评，多集中在胡适对禅宗观念和思想的理解诠释方

---

① 该书评的英文原文收入《胡适禅学案》，第 724 页。
② 耿云志、欧阳哲生编：《胡适书信集》（上），北京大学出版社 1996 年版，第 528 页。按：实际上，铃木在 1930 年出版此书时，他还并没有能够充分注意到敦煌禅宗文书，对敦煌文书的了解掌握那是在这几年之后的的事情。这一点，铃木自己在 1957 年此书再版时所写的补注中也做了特别说明。(参见 D. T. Suzuki, *Studies in the Lankavatara Sutra: One of the Most Important Text of Mahayana Buddhism, in which almost all Its Principal Tenets Are Presented, including the Teaching of Zen,* Boulder: Prajan Press, 1981, vii)
③ 《胡适全集》第 9 卷，第 308 页。

面，如他关于神会"灵知"的读解，关于禅宗的公案和"不说破"的含义等。而他对胡适禅学史上的贡献和才华，其实是给予了相当的肯定。他曾表示，胡适校勘的神会写本"眼光锐敏，整理精致，实堪钦佩；至于出发于科学的见地和处理才能，更令人叹为观止"①。胡适虽对铃木的禅学史观与其处理禅宗史的方法及对禅思想的解释不表赞同，但他对铃木所做新资料的发现与整理也同样给予了充分肯定。②胡适到晚年仍然对铃木在禅文献学方面所做的工作给予很高的敬意，这点从他 1961 年 1 月 15 日致入矢义高的信中就可以看出，在信中他称赞铃木在禅史料搜集方面所做的"大贡献"，并期望铃木继续倡导对禅文献的"大索"事业。③又如，1960 年胡适用英文发表的庆贺铃木大拙寿辰的文章中，对铃木禅学研究的贡献也还只提其关于初期禅宗文献所做出的成就，而对铃木禅学历史思想方面的解释，则只字未提。④

可以说，从 20 世纪 30 年代起，胡适与铃木之间有关禅学史料方面的交流越来越频繁，产生了很多积极的成果。特别是在胡适禅学史成果的刺激下，铃木才开始注意并广泛搜集与整理各类有关初期禅宗的文献，如校订另一种敦煌本《神会语录》和兴圣寺本《六祖坛经》，刊行包括敦煌本《二入四行》在内的禅门古籍等，铃木在禅宗文献方面所做出的成就也很快就反馈到胡适的禅学史写作当中，胡适 1934 年所作的《〈坛经〉考之二（记北宋本的〈六祖坛经〉）》就是他与铃木之间一次禅学研究交流的成果。

现在让我们回过头来检讨和分析一下胡适与铃木之间在 40 年代末

---

① 柳田圣山：《胡适博士与中国初期禅宗史之研究》，《胡适禅学案》，第 11 页。
② 关于他们这段时间的学术交流与互动，参见柳田圣山的《胡适博士与中国初期禅宗史之研究》一文。
③ 姜义华主编：《胡适学术文集·中国佛学史》，第 422 页。
④ 参见 An Appeal for a Systematic Search in Japan for Long-Hidden T'ang Dynasty Source-Materials of the Early History of Zen Buddhism，《胡适全集》第 39 卷，第 629—643 页。

的那场禅学论战的思想史意义。平心而论，这可能并不是一场有胜负和结论的论争，而只是各自思想立场的表态。它还涉及对人文学术方法论的理解以及禅佛教与启蒙传统之间的复杂关系。

先说胡适。在题为《禅宗在中国：它的历史和方法》一文中，胡适对于铃木以非逻辑、非理性的方法去读解禅佛教表示深感失望。他认为，铃木以"禅是超越时空关系的，甚至自然地超越历史事实"为借口而采取非历史和反历史的观点去研究禅学，是成心抛弃西方启蒙以来的理性方法，从而也根本不可能对禅学运动和禅的教义给出有价值的解释。照胡适的理解，要彻底弄清禅佛教的意义，就必须把禅当作发生过的事件，还原到它的历史时空中，并从"知性和理性的了解"[①]入手去加以解决。

具有科学精神的史学家胡适笃信启蒙运动的理念，认为只要复制科学家那种统一化、标准化的时间概念，就可以给每个时期的思想、组织和运动等安排出直线型的顺序和贴上发展阶段的标签。他也赋予启蒙以来的理性以更崇高的意义，认为拥有专业训练的历史学者只要以科学为范本，运用公共性的知识证据，就能够建立起普遍有效的知识。胡适的这种历史主义观念，使他大胆地以一个全知叙事者的姿态把知识史的方法推广到一切解释的层面。在他看来，不仅经验历史中禅的现象和传承系谱可以通过理性清楚地勾画出来，而且禅的内在意义和看似疯狂的观念，也只能还原到人事的经验和历史当中，而不是在非理性的体验式的叙述中，才可以做一种合理主义的阐释。如他解释禅宗所谓"不说破"的意义时，有这样的解说：本来真理是简单，故说破不值半文钱，所以禅宗大师从不肯轻易替学人去解说，只教学人自己去体会。[②]于是，在胡适的理解中，"不说破"根本没有什么神

---

① 《胡适全集》第9卷，第309页。
② 参见《中国禅学的发展》，《胡适全集》第9卷，第265页。

秘的意义，说白了，它只不过是禅师们为了某种实用的需要而精心设计的一种策略。[①]

胡适的历史学理念试图通过高度技术性的文本考据和语言学（philology）等方法的应用，去建立新的禅宗史图式。胡适就明确地表示，他对于清代训诂学和校勘学的研究成果尽量加以利用，其目的正是为了"通过训诂学的研究，吾人才能摆脱古人主观注疏的成见，而真正能了解古代典籍的原义"[②]。他没有洞察到，文本、语词和句法本身还并不足以完成对禅宗历史和思想意义的了解，宗教所宣示的那个世界是一种比日常经验可能要复杂得多的"格式塔模型"，科学的历史知识并不能总是恰当地充当哲学的角色去合理地解释形而上学的观念。汤普森（John B. Thompson）对诠释学运动中利科（Paul Ricoeur）所区分的"信仰的诠释学"（hermeneutics of faith）与"怀疑的诠释学"（hermeneutics of suspicion）做了经典性地表述。照他的解释，"信仰的诠释学"倾听由神圣启示的信息与象征，希望重建失落的意义；"怀疑的诠释学"则认为象征是一种伪装，必须经过解神话的过程以还原真相。[③] 铃木与胡适对于传统禅宗的研究，恰恰表示了这样两种不同的诠释学立场。胡适所理解的"科学"是要对传统禅宗的言谈构成和谱系的合法性进行彻底的拆解。胡适把禅宗思想史的解释变成了一种李凯尔特（Heinrich Rickert）所批评过的类似于道德性的"实际评价"（practical evaluations），这与他思想史研究起初所设定的目标已是大为扞格了。

---

① 胡适曾经批评禅宗"自得之"的教学方法是"纯粹主观的"，说此方法像个闷葫芦"最易作假，最易拿来骗人"。（胡适：《中国禅学的发展》，载姜义华主编：《胡适学术文集·中国佛学史》，第 89 页）难怪铃木在《禅：敬答胡适博士》一文中批评胡适说"胡适是一位出色的作家，同时也是一位机灵的思想家，但他那种归纳禅法的逻辑或为了经济上的需要争取有力檀主支持的论点，说来至少是不合逻辑，对他那种唯理主义或历史主义是颇不相应的"。（参见张文达、张莉编：《禅宗历史与文化》，黑龙江教育出版社 1988 年版）

② 唐德刚译注：《胡适口述自传》，第 127 页。

③ 参见林镇国：《空性与现代性》，台北立绪文化事业有限公司 1999 年版，第 18 页。

铃木的禅学论述分析起来或许更为复杂。尽管铃木希望透过他的禅学解释去直接解决个人灵魂的救赎，重建佛教神圣的意义。但作为一个有教养的信徒，他并没有彻底解除禅的知识还原的可能，只不过他要求在"关于禅的事情"和"禅的本身"之间做出某种分界。在1926年他出版的英文禅学文集第一卷的序中，他就一面表示有关禅学的讨论需要某些特殊的内在经验作为基础，而不能像一般学者那样只是在文献中去做"禅的历史和真义"的解说，他认为这将"不能公正地处理禅的主题"；另外，他又认为禅师缺乏对现代思想的了解，因而也无法表达他们对禅的理解。于是，他主张在禅学研究方面采取折中性的方案，在肯定禅的超越性的同时，也认为禅还是可以在某种程度上透过"理智的方法"和"我们日常推理的方式"去逼近。[1]

实际上，这对铃木来讲是一个非常困难而又不得不去应对的一个问题。毕竟，铃木不是一个单纯的禅者，而仍然要面对禅思想的书写；但他又不想轻易掉入一般经验学科所建立的那套论述规则中而伤害到他的信仰。这一复杂的心理一直纠缠着铃木的禅学书写，尤其是当胡适——一位同是来自东亚文明传统的禅史学家——公开向他摊牌的时候。从铃木的回应中，我们仍然可以感受到他是如何谨慎地维持着他那一直以来所坚持的折中路线。在铃木看来，禅虽然有其发展的历史，但这只是"禅的事情"，而不是"禅的本身"。他把历史时空中的禅看成是一种表象化的存在，因此，运用时间化的历史知识去研究禅，也就只能获得关于禅的"表面认识"或"禅的历史背景"。铃木没有明确告诉我们"禅的本身"究竟是什么，但就禅的"非历史的""形上或最深之意义而言"，它不是历史知识，必须取得一种源于禅的内在的直觉经验。[2] 这种内在经验在一定程度上是与概念相对立的，可能被追溯

---

[1] D. T. Suzuki, *Essays in Zen Buddhism* (first series), New York: Grove Press, Inc., 1949, pp. 9, 10.
[2] 铃木大拙：《禅：敬答胡适博士》，载张文达、张莉编：《禅宗历史与文化》，第50页。

到意识中所与的原始的统一体。这种被经验的统一体往往不再包含任何解释，而是内含于生命的体验当中。铃木批评许多学者试图用"逻辑的规则"去理解和解释禅的直觉经验的失效，认为他们站在禅的经验之外，作为一个"局外人"（Outsider）是注定要误读禅的意义的。[1]这样，禅的直觉或性智就不仅在价值上优越于禅的知识，而根本就成了禅的知识的前提。正是在这个意味上，铃木才批评胡适拿"历史的办法去谈禅"，无论其"技巧如何高明，态度如何真挚"，而于"禅的本质决不会得到切实的了解"。

问题在于，禅的内在经验根本无法外化为一种知识的语言，铃木自己就表示："严格地说，世上是不可能有'如如'的哲学的，何以故？因为'如如'是无法用截然无误的言辞做成一种观念的定义的。当它一经作为一种观念表现出来时，它已变成了一个影子，而任何以影子为基础所建立的哲学，都是没有实质的空中楼阁。"[2]

但铃木仍要冒着成为"罪人""杀佛杀祖的凶手"而有所言说，他又如何来打这个圆场呢？照他自己的说法，凡于禅有所经验的人，可以在此基础上"建立一个临时性的思想体系"或"以知化的符号去表现"。即是说，铃木承认"禅的本身"在方便的意义上可以转化成知识论的对象，这大抵是受到佛教中观二谛说的影响。从铃木的思想脉络来看，他同意把禅化为一种知识的方法去讨论，但他是不倾向于胡适那种把禅还原为历史学的知识类型，而是倾向于以一种哲学知识的方式去加以言说。所以他在指责了历史技巧对禅的意趣的无能之外，紧接着就提出了一套"禅的认识论"，并以此详细阐释了他对于禅的"直觉之知"的各种看法。[3]

铃木之所以主张用哲学的方法代替历史学的方法，在于哲学的方法

---

[1] D. T. Suzuki, *Essays in Zen Buddhism* (third series), London: Luczac and Company, 1934, p. 7.
[2] 《禅：敬答胡适博士》，《禅宗历史与文化》，第56页。
[3] 《禅：敬答胡适博士》，《禅宗历史与文化》，第61页。

不仅可以给禅的"非历史的"、"形上或最深的意义"提供先验性的解释话语，而且可以维持禅的宗教性意义。他所说的哲学，绝不是胡适"哲学史"所理解的那种哲学的观念，而更倾向于一种形而上学。日本僧侣式（hieratical）传统支撑下的佛学研究通常把历史批判论的方式转向了一种更为哲学化的研究，僧侣式研究和哲学化倾向往往是共存的。①

铃木在哲学上有时也应用西方哲学的资源来对禅的思想进行解释，但不是胡适所"比较参证"的那套实用主义。从铃木所会通的西方哲学来源看，与胡适不同，他看重的"西方哲学传统"主要是德国先验论的哲学和基督教神秘主义。如他以斯宾诺莎（Baruch de Spinoza）的"直觉知"来解释禅宗的般若知，又把禅的内在经验比作基督教神秘主义思想家艾卡哈特（Meister Eckhart）式的静默主义，等等。铃木清楚，先验哲学和神秘主义可以从知识论的意味上限制理性的跨界，为禅的宗教经验保留足够的存在空间。根据这种哲学的进路，铃木批评了胡适以纯粹知性的层面来解读神会"灵知"一词的谬误，主张对于"知"的解读必须放到禅的经验脉络中，即一种特殊的宗教的"生活形式"中去把握。正如艾可（Malcom D. Eckel）所注意到的，作为一种宗教哲学的佛教哲学，其言谈是论证与修辞的交错重置，其中充满了丰富的隐喻、象征、叙事、传说和神话等修辞。因此，佛教文本的诠释仅凭理智的分析无法恰当地了解其宗教性含义，而必须处理其修辞的意义，使论理与信仰，抽象的思想与佛教多重形式的生活世界结合起来，共构佛教的意义世界。②

不过对于哲学的方法，铃木并没有一以贯之地奉行。他批评胡适以历史的方法无法把握禅的意趣，而当他要对"禅的本身"，而不只是

---

① Bernard Faure, *Insights and Oversights:An Epistemological Critique of the Chan Tradition*, p. 91. 后来 Faure 甚至认为，日本具有批判历史学意义上的禅史学者，像柳田圣山，由于其仍然受到其僧侣式佛教研究的影响，也没有贯彻批判历史学的观念。参见 *Insights and Oversights: An Epistemological Critique of the Chan Tradition* 第十章。

② Malcolm David Eckel, *To See the Buddha: A Philosopher's Quest for the Meaning of Emptiness*, Harper, SanFrancisco: A Division of Harper Collins Publishers, 1992, pp. 2-7.

"关于禅的事情"说些具体的东西时,如关于禅的"最卑俗的语言"是否具有反偶像和革命的性质,他又迫使自己"来客串一下某种史家的角色",试图对胡适"没有时间"去说明的原因予以一番申述。这说明铃木与他所反对的历史学方法之间,实际上存在一种暧昧不清的纠缠。瓦瑞(Arthur Waley)曾一针见血地批评说:"如果铃木有时涉足于历史学的时候,他并没有感到自己是个罪人。(对他来说,)远离世俗,也无所谓超越。"① 实际上,铃木赋予自己形而上学的元叙事以过分的特权,却并没有充分证明历史学方法的无效。

胡适与铃木大拙之间发生的这场关于禅学研究的论争,可能不只是有关禅思想研究方法和历史写作类型的分歧,它背后存在着对现代性的不同立场和更深远的文化与意识形态权力的冲突。佛尔就把胡适与铃木之争看成是"禅的形上学传统的合法性"和"世俗人文主义价值"之间的一场争论。他认为,胡适和铃木双方都有自己难以克服的缺陷。如作为"历史意识形态"(the historicist ideology)代表的胡适与作为"先天意识形态"(the nativist ideology)代表的铃木大拙,他们都遗忘了各自观点的"场所化性质"(localize nature)。即他们实际是从两种不同的机构背景——一为学术的世界,一为佛教场所——和意识形态场景出发,进入禅思想的学术讨论。于是应运用福柯谱系学的场景割离法,而不只是传统惯用的内在性解释去重新分析胡适与铃木之争的实质,可能会有一番新悟。

从胡适与铃木禅学书写的脉络中去进行观察,不难发现他们禅学论述的背后其实都各有不同的目的,由此也产生各不相同的写作策略。如胡适是在中国文艺复兴和中国思想启蒙的脉络下来处理中国禅学史的议题,这对他的禅学论述选题和结论都有深入的影响,这点上文已经有细致的分析。胡适对铃木禅学著作的批评主要都是针对其用英文发表的作

---

① Arthur Waley, "History and Religion", *Philosophy East and West* 5, 1955, pp. 75-78.

品。要注意的是，铃木用英文写作的禅学著作大多是在西方学术和思想的脉络中来展开东亚佛教，特别是禅与日本佛教的论述的，而且铃木并不像胡适所期望的那样是作为一名纯粹的禅宗学者来进行英文禅学写作，而更多把自己看作一名有经验的禅门信徒来向西方传达禅的思想。① 于是，他的书写中有很多策略性计划在里面。对这一点胡适完全没有意识到。

我们可以发现，当时胡适与铃木关于大乘佛教的观念的不同理解就一定程度上影响了他们各自对禅学的论述。铃木当时许多禅学写作其实是有意识地针对欧洲佛教学界重视南传而忽略大乘的倾向，而强调了与禅有关的大乘佛教传统的重要价值，他也特别借此把东亚佛教（尤其是日本禅佛教）带入西方的论述当中。② 如他 1900 年英译《起信论》、1907 年出版英文版《大乘佛教纲要》(*Outlines of Mahayana Buddhism*)、1938 年编著《大乘佛教导论》(*Introduction Mahayana Buddhism*) 等都是出于这一动机。这一动机从他那本被胡适批评过的英文著作《楞伽经研究》的标题中就可以看出，这本书有点繁复的副标题是这样的——"一部囊括大乘及禅宗一切精义之最重要大乘佛典"。不难理解，铃木向西方推荐禅学思想是紧扣在大乘的观念下来展开的。在该书的前言中，铃木还这样说"在西方对大乘佛教的了解才刚刚开始，至于他们对大乘思想意义的充分理解，我们还必须假以数年来耐心等待"③。这里显然暗示了铃木英文的禅学书写含有对西方佛学界进行大乘启蒙的意味。胡适可能并不太了解当时西方佛学界的状况以及铃木写作此书的背景，所以他

---

① Thomas P. Kasulis 在 Reading D. T. Suzuki Today 一文中就专门分析了铃木英文禅学写作的动机及他自我身份的认同，他说铃木更多是一位禅宗的门徒，而不是教授的学徒，他英文禅学写作本来就有传教，而不单是学术的目的。所以作者认为，单从学术的角度来批评铃木，正是没有意识到铃木禅学写作的这一背景。(参见 *The Eastern Buddhist*, 2007, no. 1, 2, pp. 51-57)

② 仔细考察铃木大拙早年（如 20 世纪 40 年代以前）用英文发表的著作，主要内容都是关于禅宗和大乘佛教（包括部分介绍日本佛教宗派）方面的，关于此，参见桐田清秀：《铃木大拙著作年表》，《铃木大拙全集》第四十卷，东京岩波书店 2003 年，第 141—182 页。

③ 参见 *Studies in the Lankavatara Sutra: One of the Most Important Texts of Mahayana Buddhism, in which almost all Its Principal Tenets Are Presented, including the Teaching of Zen*, Preface。

也真的无法理解铃木的禅学著作为什么会在他所推崇的现代文明典范的西方发生那样大的影响。①胡适单纯地从自己当时的禅史研究立场和观念来评论铃木的作品,这多少有点打错了方向。

不妨做一比较,胡适在20世纪20—30年代所阅读的佛教典籍主要是关于禅学方面的,同时他也略微接触到一些大乘经典,主要是《法华经》。1925年他根据钱玄同的要求而为其所开列的佛学书目表中,除了禅门作品,就特别提到这部《法华经》是"不可不看"的一部经。②虽然胡适所知的大乘经论非常有限,但是他对这部《法华经》的研读却彻底改变了他对大乘佛教的看法,使他对大乘佛教完全没有好感。他把《法华经·药王品》中焚指焚身的故事加以放大,从而把大乘佛教的修行方法看作是极端地反人道的修行方法。③后来他就多次在他发表的佛学著作中,借此例子来对大乘佛教进行批判,并以儒家所谓人之毫发受之于父母,不可毁之的观念——胡适所谓的中国的人文主义——来反对大乘佛教。④看来,胡适与铃木的分歧背后有着更为复杂的历史脉络需要我们做深入的剖析。

---

① 胡适也不得不承认铃木的禅学书写当时在西方的成功,在《禅宗在中国:它的历史和方法》一文中,胡适说经过铃木努力,他在西方已经成功地赢得一批听众和信徒。(参见《胡适全集》第9卷,第307页)

② 见胡适1925年4月3日致钱玄同的信,耿云志、欧阳哲生编:《胡适书信集》(上),第358页。

③ 《胡适的日记》,中华书局1985年版,第379、380页中有记载他读《法华经》的经历,其中特别提到该经中"极端的修行"。

④ 分别参见 Buddhistic Influence on Chinese Religious Life,《胡适全集》第36卷,第48页;1927年发表的 Influence of Buddhism on Chinese Culture,《胡适全集》第36卷,第277、594页;1931年发表的 Religion and Philosophy in Chinese History,《胡适全集》第36卷,第560、561页;1933年发表的 The Chinese Renaissance,《胡适全集》第37卷,第129页等文中的有关说法。

十、太虚的世界佛教运动与文明论述：以 20 世纪 20 年代为中心

从 20 世纪 20 年代起，一直到 40 年代末，太虚曾经远赴东亚（日本）、欧美及东南亚等各地弘布大乘佛教，这些活动构成了中国近代世界佛教运动中最为重要的标志性事件。[①] 太虚所到之处广为演讲结友，努力阐明他有关佛教世界化的理想与规划。从太虚佛教世界化运动的几个阶段来看，他于 20 世纪 20 年代末的欧美之行所开展出的文化内涵较为丰富，成果也蔚然可观，值得我们再做思想史的分析。

20 世纪 20 年代的中国思想文化界经过五四新文化运动的洗礼，就有关中西文化与文明的议题展开了激烈的论辩，这一股风潮亦在佛教界激起反响，一时法海扬澜，特别是以太虚为代表的武昌佛学院一系积极地参与了这场文化论争，并立足佛法本位，力图以新时代的判

---

① 太虚在 1925 年赴日参加"东亚佛教大会"、1928—1929 年游化欧美以及 1939—1940 年随戴季陶访问印缅，这三次外访，是太虚毕生所参与的、最为重要的佛教外交。它们都带有当时的官方背景。除了欧美游化之外，其余两次仍尚存少量档案，现存南京"中国第二历史档案馆"和台北"中研院"近史所档案馆，这些档案，展现了带有时代性的、复杂的国际关系和利益博弈，同时，也意味着中国佛教在被纳入现代国家体系之"宗教"子项后，正式成为一种外交手段而登上历史舞台。具体的事件描述和历史考订，我们将另行处理，本文则致力于阐明太虚资用佛教传统而创造的佛化世界之理论构想及其所嫁接的现代话语秩序。另外，有关 20 世纪 20 年代太虚与日本佛教界之间的交往，何燕生教授深入调查多年，已有精详的研究，其论著即将出版，共约 80 万字，包括档案整理、翻译及事件论述。部分章节，已经发表在王颂教授所主办的"《太虚与近代中国》国际学术研讨会"，2018 年 3 月 31 日，北京大学佛教研究中心，论文集第 147—230 页。

教方式去融贯东西文明，阐释和确立佛教，尤其是大乘佛教在现代社会文化系统中的"圆教"位置。而此时也正值太虚筹划和逐步实现其佛教世界化运动的主要时期，可以说，太虚为推动世界佛教运动所做的思想论述，受此风化而大都以文明论述为基调而开展出来。历来有关太虚与世界佛教运动的研究多偏重于历史的描述，而于太虚与世界佛教运动背后所包含的文化意识或文明论述却讨论不足，本文则旨在探究太虚于20世纪20年代的世界佛教运动背后所表现出的文明论意旨。

（一）太虚的文明论述与新文化运动

五四新文化运动引发了文化界关于中西文化的论争，而有关中西文化的特征、旨趣及其文化主体性等议题都成为论述的焦点，论战的中心问题大都设定在东/西文明的二元性和对比性的结构里，而围绕着东西方文明的优劣高下来展开。20世纪20年代是中国思想界就东西方文明讨论最为活跃的时期，太虚积极地以佛教的立场参与了这场文化大论辩。太虚后来在《新与融贯》（1937年）一文中总结道："根据佛法的常住真理，去适应时代性的思想文化，洗除不合时代性的色彩，随时代以发扬佛法之教化功用，这在四悉檀中叫作世界悉檀，即是佛法活跃在人类社会或众生世界里，人人都欢喜奉行。"[①]他的这种以佛理"契机"的观念，几乎表现在他对佛教思想文化、制度及世界弘化等观念论述的各个方面。

新文化运动中的激进主义对中国传统文化进行了严厉批判，而佛教亦常在横扫之列。如陈独秀于1919年《新青年》（第6卷3号）上发表的"抵抗力"一文，就批判传统中国思想缺乏"强梁敢进之思"，

---

① 《太虚大师全书》第1册，第450页。

而其中也批评"佛说空无"为一弊害。① 胡适在五四前后发表的论文与演说中也多有批判佛教的地方，他甚至把佛教等同于迷信神教，提出要"毁除神佛"。他在讲到"哲学与人生"的时候，就特别表示自己的说法"有许多地方和佛家意见不合"。② 面对文化激进论对于佛教的批判，太虚一系极力从文明论的方面来进行护教之辩，而他论究文明议题的方式，仍然还是在当时新文化运动所设定的议题与论述结构中进行的。

新文化运动的先驱们强调观念在社会变革中所具有的决定性意义，他们认为只有改变观念，才能够进行社会改革。③ 于是，他们关注于从文化或文明的高度来提供解决社会问题的方案，这种文明决定论的倾向，贯穿在他们对许多问题的论述当中。如对太虚佛教文明论产生过直接启发的梁漱溟，在其名著《东西方文化及其哲学》中就把东西文化与哲学看作是"绝重大的问题"，而提出近代中国改革的根本既非坚甲利兵，也非政治制度，而"实实在在是两文化根本不同的问题"。④ 太虚的佛教文明论就受此观念影响，他在对当时佛教复兴诸种问题的议论中也充实了这种思想、文明决定论。20世纪20年代太虚为了因应当时的文化论争，而本于佛教的立场写了不少的文化论述与评论。就在五四运动的第二年，他撰著《佛乘宗要论》（1920年），其中特别指出，于当今社会的中国民族及整个世界都有"佛法的需要"⑤。他对这一理想观念的阐明时刻不离文明与文化的论述，他甚至提出"佛教问

---

① 陈独秀：《独秀文存》，安徽人民出版社1987年版，第22页。
② 分别参见《论毁除神佛》，《胡适全集》第21卷；《哲学与人生》，《胡适全集》第7卷。
③ 费正清编：《剑桥中华民国史：1912—1949年》上卷，中国社会科学出版社1994年版，第411页。
④ 梁漱溟：《东西方文化及其哲学》，《梁漱溟全集》第一卷，山东人民出版社1989年版，"导言"第254、256页。太虚于1921年11月所写《论梁漱溟〈东西文化及其哲学〉》一文，一面称赞此作"真近年有新文化运动以来第一之杰作也。梁君以深细精锐之思，成此不朽之文，恐透彻了解者殊不易多得"。同时，也批判了梁漱溟文化论上的"排佛以期孔化"观念。（《太虚大师全书》第25册，第300—306页）
⑤ 《太虚大师全书》第1册，第140—146页。

题即人文问题"的说法。① 他于1924年冬又作《人生观的科学》以对当时思想界之科玄论战做出佛教立场的回应；而当梁漱溟于1921年底《东西文化及其哲学》一出版，太虚就及时写出书评予以批判。20世纪20年代太虚在庐山等地举办各类佛学讲座，他的演讲主题也大抵在"佛法与东西洋文化"的范围里来开展。他于这段时期所著《大乘与人间两般文化》（1924年）与《佛法救世主义》（1927年）都可以说是在当时中西文明论的大脉络下来处理佛教与时境的问题。

一战之后，中国一批具有文化保守主义的学人开始反思欧洲的文明传统，并重新确认"东西方文明"的本质与价值定位，他们在文化上"振奋自己往后的精神"，似乎从西方一战的历史经验中找回了某些东方文明的自信，并试着以东方内在化的精神文明去克服西方近代物质文明所产生的危机。梁启超于1919年所发表的《欧游心影录》就酝酿于这样一种历史文化的语境中，而在当时中国的思想界产生了相当的影响力。梁启超称西方的文明是"物质文明"，其具有侵略、好战的本性。虽然按梁氏的看法，他在文明论上还是秉持一种中西文明调和论的主张，他认为中国当时的文化责任"是拿西洋的文明来扩充我的文明，又拿我的文明去补助西洋的文明，叫他化合起来成一种新文明"。同时他还特别强调了中国式精神文明在"内在领域"所具有的重要价值。值得注意的是，他在书中特别光扬了一下中国大乘佛教于世界的文明价值："佛教虽创自印度，而实盛于中国。现在大乘各派，五印全绝，正法一脉，全在支那。欧人研究佛学日盛一日，梵文所有经典，差不多都翻出来，但向梵文里头求大乘能得多少。我们自创的宗派更不必论了，像我们的禅宗，真可以算得应用的佛教。世间的佛教，的确是要印度以外才能发生。"②

---

① 《佛乘宗要论》，《太虚大师全书》第1册，第219页。
② 梁启超：《欧游心影录》下篇，商务印书馆2014年版，第50页。

应该说，这一东方文明论的观念激发了太虚对于大乘佛教，特别是中国大乘佛教的信心。太虚在东西文明论结构下所论述的大乘佛教，正是以高屋建瓴的方式统摄着东西文明。太虚的《佛乘宗要论》（1920年）中就提出中国虽然物质文明凋敝，而文化上却可以成为"世界文化之中心"："现今之中国，已为世界文化之中心。然而旧有之儒学道法以与欧化不能相融洽故，已呈破坏之相，不足以收拾人心。以言西欧，耶教早已失其信仰，科学则经欧战以后世人早知其不足恃，其余宗教学派亦无可凭。微细观察，可以代表东亚之文化者唯有佛教，可以融摄西欧之文化者亦唯有佛教，世之高明之士多见及之。故佛教问题，实为全世界人文之所系，应时行化，不容缓矣。"①

在文明论述的架构方面，近代中国的东西文明论者大都采取了割离文化的领域，以精神与物质、道与技术的二元性分离方式来阐明东方思想的价值所在，旨在以东方文明超越地统摄和克服近代西方文明的没落。这类东西文明论述结构的背后其实隐含了一种东方主义的文明优越论。从太虚于20世纪20年代所发表的如《大乘与人间两般文化》（1924年）、《西洋文化与东洋文化》（1924年）及《佛法救世主义》（1927年）等重要的有关东西文明的论述来看，他大都是要把大乘教义放置于东西二元文化的框架里来进行阐明。正如其所言："此人间之两般文化，以横的空间分别之，似可言东西洋文化。甲为东洋文化，乙为西洋文化"，"佛法之在人间流布者，固亦为人间范围内文化之一，而大乘之在佛法范围内，更不待言。今既抽出大乘与人间两般文化对裁"。他在这"两般文化"间进行抉择，而具有挑战意味地欲以一决高下，"故以现在世界文化而言，可称为东亚与西欧二者。然于二者之间，其可以圆摄长宙轨范寰球者谁欤？"太虚应用当时思想界所惯用的物质／文化二元性结构，指出西方文明"仅物质上呈一时之美

---

① 《太虚大师全书》第1册，第219页。

观"，而"返观东亚文化"，唯有中国文明才足以在精神层面"会归其极""翕然成化"，而"其力足以建立世界唯一之统一大国，维持数千年于不坠，远近邻邦无不同化（以上均就文化言非就统治权言），广博宏大莫可与伦，诚足以表率人群，模范世界而无遗憾"。[①] 这种文化大国主义的观念，在他西行布教时更得以充分开展。

　　五四以来的文化论争，无论是主张中西文明对立或调和论者，都普遍地强化了中西文明间的异质性面向。太虚也沿着当时东西文化讨论的结构来开展自己的论述，他曾经对梁漱溟、李大钊，乃至当时中国文化界耳熟能详的泰戈尔、白璧德等人的人文主义东西文化论调进行了评破[②]，而试着提出他的"两般文化"说。虽然他有时候想替代当时文明论述中以东西、新旧、动静、精神与物质、向上与向下等二元性观念来论究文明差异的做法，但仍然逃脱不了东西文明二元论的结构巢穴。太虚不断在近代中国思想文明论争的脉络里来建构与塑造他有关东西方文明的概念，并无意间强化了东西文明的差别性，无妨说，他的东西文明论是五四东西文明二元论的一种变体。

　　太虚1924年发表的《西洋文化与东洋文化》就分别以"造作工具"与"进善人性"来区分东西文明的差别[③]，这与当时流行的以"物质文明"和"精神文明"来分割东西的二元论述如出一辙。在1927年，太虚又对东西文明的二元异质性做了较为细密的分疏，在《佛法救世主义》中，他分别从"科学之哲学"/"宗教之哲学"、"内心之修养"/"客观之经验"、进化/退化（回归）、"应机"/"随执"、"著言"/"离言"等二元性概念来加以阐明。

　　实际上，东西文明的思想内涵与结构远比太虚所想象得复杂。可以说，太虚以类似传统中国佛教判教的方式，把中西文明以及中国思想传

---

① 《佛乘宗要论》，《太虚大师全书》第1册，第143—145页。
② 参见《大乘与人间两般文化》，《太虚大师全书》第23册，第69—70页。
③ 《太虚大师全书》第20册，第29—31页。

统中儒、道、释三家学说,由浅而深,由物质而精神、凡俗而神圣、方便与究竟等做了次序高低的排序,而最终以大乘佛教置于圆极一乘,来统贯圆融一切东西文明。在论述文明史的方法方面,太虚虽然承认对包括佛学在内的文明史研究必须"参用史实之考据",但他每每无暇对佛学思想与东西文明做细密的探究,而经常游移徘徊于学术与信仰论述的两极之间,以为要"尊重果觉之仰信",就不能"泥执史学研究之法"。他一时无法在这两者间做出周密地抉择,这使得他所阐明的文明论图式无法经受学术史的严格勘辩,于是,他所建构出的文明论观念,只能够看作是一种文明论述中的信仰诠释学和自语式的"理想类型"了。①

(二)欧美之行与文明论述

太虚一生最重要的佛教弘法活动,即在于他试图解决中国佛教现代性的问题,这包括了佛教对于西方现代性问题的回应。近代中国佛教的世界化运动中,太虚当属首屈一指的人物。不过,近代中国佛教世界化观念的提出,却早在近代中国佛教复兴之父杨文会那里就已见端倪。杨文会在《支那佛教振兴策二》中就这样说:"设有人焉,欲以宗教传于各国,当以何为先?统地球大势论之,能通行而无悖者,莫如佛教。""(佛教)不但与西洋各教并驾齐驱,且将超越常途,为全球第一等宗教,厥功岂不伟欤。"②如果说佛教世界化观念在杨文会的时代还只是一种理想观念的话,那么太虚于20世纪20年代所实行的佛教世界化弘布,就不仅是一场思想的运动,而可以说是一种身体力行的实践尝试了。

印顺法师指出,太虚的世界佛教运动始于1923年夏在庐山发起的世界佛教会。③实际上,从思想的源流来看,太虚早在1917年经过

---

① 参见《佛法救世主义》,《太虚大师全书》第23册,第131—133页。
② 《杨仁山全集》,第332、333页。
③ 释印顺:《太虚法师年谱》,宗教文化出版社1995年版,第87页。

日据时期的台湾而赴日游化时，就关心佛教如何世界化的问题，他当时急切地向日本学人询明治以来日本布教欧美之成就。根据他的自述《东瀛采真录》中载，日人熊谷非常自信地向太虚报告了日本明治以后佛教复兴的成就，并特别提到日本在佛教世界化方面的业绩已经可直敌基督教了："日本之佛教，今传布已遍于世界，即耶稣教亦不能当佛教之英锋，而佛教制胜之道，在乎教祖释迦之人格伟大，教理深妙，远非耶稣所能及也。"① 这些对太虚深有触动，不过太虚并没有来得及理会与周密思考日本佛教世界化的真实经验。从太虚当时在台湾彰化的演讲中，可以判断，他论及佛教的世界化观念确实有些匆忙，完全没有意识到佛教学术层面的学习与建设的世界化意义，他只是从一般泛文明论的角度去思考佛教如何单向地在欧美传弘："予为说佛教为东洋文明之代表，今代表西洋文明之耶教，已失其宗教功用于欧、美，欧、美人皆失其安身立命之地，故发生今日之大战局。吾辈当扬我东洋之和平德音，使佛教普及世界，以易彼之杀伐戾气，救脱众生同业相倾之浩劫。"②

到了20世纪20年代，太虚才开始从教行上全面开展他的世界化传教运动。1923年他于江西庐山东林寺发起世界佛教联合会，并与日本大谷大学教授稻田圆成谈及联合布教于欧美之意，表示"中日之佛教徒，当如何设法以融化两国国民之隔碍，以发展东亚之文明，而得与欧美人并雄于世界"③。1924年7月，他又在庐山组织召开世界佛教

---

① 《太虚大师全书》第29册，第322—326页。太虚在《东瀛采真录》中说"予又询以日本佛教徒在欧、美布教之成绩"，熊谷则就明治日本佛学受欧美影响做了详细阐明："欧、美人甚喜佛教学理，多有来留学者，且曾照会日本传大乘佛教于欧、美。予又问：日本各宗研究之佛学及其著名人物，答谓：日本佛教各宗分门研究，书籍宏富，各宗学者大概兼学他宗，应用欧、美新研究法，义甚精致。大别为龙树系之佛教，无着系之佛教，即原始佛教是也。"又介绍说"日本佛教徒于印度哲学之研究，不依支那佛典，直讨究梵文之佛教原典，亦不劣欧、美，高楠顺次郎、木村泰贤、宇井伯寿、南条文雄、井上圆了，皆斯学之泰斗也"。（《太虚大师全书》第29册，322—325页）可见，日本在佛教学术上真是师夷长技以制夷了，他们与欧美在佛教方面是互动，而非单向传播，于是日本近代佛教世界化的成就在佛教学术的方面是很有表现的。
② 《东瀛采真录》，《太虚大师全书》第29册，第333—334页。
③ 释印顺：《太虚法师年谱》，第87页。

联合会议（实际是"中日佛教联合会"），会议的主旨仍然不离佛法西行之意，《世界佛教联合会宣告开会之宗旨》（1924年6月于庐山）开篇就以文明论的角度来论佛教的意义："现在世界说文明史的，要不出东西洋两大系：西洋文明系可以基督教代表之；东洋文明系可以佛教代表之。……然佛教所以能代表东方之文明者，因其余诸教，唯通行于本国境内，不得通行境外，例如印度婆罗门，中国儒、道等。唯佛教发源于印度，流布中国，由中国而朝鲜，而日本，其余暹罗、缅甸、西藏各地均有佛教。东亚之地，佛教几无不遍，此为佛教代表东方文明者一。"① 太虚在这次会议上发表演讲的主旨也是"西洋文化与东洋文化"，可见，他一直都在东西文化或文明的构架中来开展世界化佛教的论述。等到1924年底，太虚对于佛教弘化已经产生了"两种新觉悟"，而其中之一就是认为中国人崇洋媚外，一切思想信仰"系乎欧化"，于是他这时候又表示他的兴教西方乃是处于一种策略上的考虑，即先"将佛法传播于国际文化，先从变易西洋学者之思想入手"，而后再迂回到国内来复兴佛教。② 太虚后来把这一有些挟洋自重的策略解读为转俗向真，"今之人世，在近年能转动世界潮流者，乃在西洋，故西洋各种或好或不好之事业，皆已普遍传布世间。欲宏佛法，亦必藉西洋的转动力去转动世界，以成为佛法的和平人世。因有此意，故余乃往西行，试有否成熟之机感。然此皆是俗谛，乃从俗谛上以导向真谛方面进行"③。

可以想见，太虚在20世纪20年代是如何急迫地在中国乃至东亚推动世界佛化运动，世界佛化运动几乎成为他在20年代与日本佛教界互动关系中最重要的一环。1925年太虚组团赴日参加"东亚佛教大会"，在访日期间，他仍然不忘格化西人，"传教西洋之提议"，其论调依然是东西文明论的论述："又以欧战影响，而人民处境愈促……

---

① 《太虚大师全书》第27册，第135—136页。
② 释印顺：《太虚法师年谱》，第103—104页。
③ 《去欧讲学及经过之一斑》，《太虚大师全书》第28册，第257页。

年来，吾东方人亦感此同等的不安者，实为崇拜西人之物质文明而起，盖所设西洋文化，即物质文明"①。一直到1926年，他还发表了《论华日当联布佛教于欧美》，主张日本应以退还庚款而为欧美弘法之用。②实际的情况是，中日联合的世界佛教运动最终都成为一纸空文③，太虚在20年代末期的欧美之行，仍然是中国佛教的世界弘法。

太虚向欧美弘布佛教，重心一直都在思想方面。他关注的是"全世界在精神层面的转化"④，太虚"欲依佛教主义之宣传，令欧美人改造对世界之基础观念"⑤。20世纪20年代太虚有关佛教与世界性议题的讨论都是把问题化约为文明论问题，他解决问题的方案即是"必先改革西人之文明；而改变西洋文明，非基督教所能为力，故佛法实为救济现世界混乱之良剂也"⑥。所以在论述弘化的策略方面，他基本都是以文明为主轴。不过当时太虚对文明的理解还局限在一般广义的层面，虽然他朦胧地意识到欧洲近代东方学的兴起。他在给蒋介石的信中就这样表白他欧美之行的志趣："今欧、美最高学者，皆已有研究东方学术之倾向，老子、孔子及印度之吠檀陀等，虽亦有人研究，但皆看为东方学术之支流。除基督教、回教以外，公认为贯通东方各民族文学、哲学、艺术、政治、风化之普遍精神，乃在佛学，且实唯佛学以具足西洋近代之科学理智，而更有最广大哲学可以笼罩一切哲学驾出于其上。若令西洋人真个了解，必能敬服而欢喜领受。由是随佛学而各种

---

① 释东初：《中国佛教近代史》，第295页。
② 释印顺：《太虚法师年谱》，第120页。
③ 难怪维慈说太虚创建"世界佛教联合会"成为"纸上创立组织"。(Holmes Welch, *The Buddhist Revival in China*, p. 57）
④ 白德满：《太虚：人生佛教的追寻与实现》，台北法鼓文化事业股份有限公司2008年版，第119页。
⑤ 仰止生：《民国佛教界之盟主太虚法师》，载《民国佛教期刊文献集成》第165卷，全国图书馆文献缩微复制中心2006年版，第320页。
⑥ 分别参见《发扬佛化以济现世界之恐慌》，《太虚大师全书》第27册，第147页。《应日本关系中华民国之五团体欢迎会致词》，《太虚大师全书》第27册，第149页。

东方学术以至中国之文化思想，亦可深入普遍于欧、美人之心内。"①

实际上，太虚当时对于近代西方的学术并没有明确概念，特别是对西方19世纪以来东方学的专业化发展所知甚浅，于是在他的想象与论述中一直没有细密地区分西方的东方学术与一般文明观念之间的差别，而通常以文明混代了学术。我们从太虚在欧洲所做佛学演讲的资料来看，不难发现，这些演讲大都没有经过严格的学术准备，而多以大而化之的方式去点化他的西方听众。特别是当西方近代的东方学致力于经典文本的语言与历史学的考究时，他却大谈东方"广大哲学"，可谓与西方的东方之学的诉求无法"契机"了。②

太虚的格化西人，释教的方式实际缘于他在国内对于东西文明的理解架构，所以不难理解他为什么选择了"佛学与科学"及"佛学与

---

① 《致蒋总司令书》，《太虚大师全书》第26册，第221—222页。
② 为了配合太虚游讲欧美，《海潮音》于1928年第5、7期，连续刊载张慰西的《佛化西行记》，对于欧洲近代佛教学略有译介，但基本观念认为西人佛学乃初学而已，如同"东方之知有西学"。他认为佛法的"慈雨和风，尚未能沾于彼土"。又于欧洲佛学研究成果略有介绍，而于学术史的阐明则相当不足。参见氏著"佛法西行记有序"，《民国佛教期刊文献集成》第170卷，第327页。太虚游讲欧美之后，对于西方佛教学术状况才略有了解，而《海潮音》1929年第4期也刊发了日本学人渡边海旭的《日人目中之欧美佛教》一文，对于欧美佛教学术史才有了较为系统的略述。太虚在回国后所做的感想时说"欧、美各国关于佛教的情形，可分三种来说：其一、是各大学和宗教学院里的专门学者，他们所根据的，多是锡兰文和不很完全的梵文；锡兰文的属于小乘，梵文的属于大乘，英、德两国受锡兰文的影响较大。也有由西藏文和日本文来研究的，至于从中文探究的就很少了。他们的态度，如比国有一位佛学者名普善，他是以讲佛学出名的，然而他却是个天主教徒。其二、是个人各自研究，也有因此而起信行的，他们也有因为游历东方，到锡兰、西藏、日本等处，因一时的感动，或译书的关系而兴信仰，但这种人也不多。其三、是结为团体，以共同研究或共同信行的。"（《环游之动机与感想》，《太虚大师全书》第28册，第242—243页）又，1929年5月他于上海也讲"去欧以来所发生之影响：一、西洋先见锡兰佛教，认为佛教根本，而不知大乘。锡兰佛教为巴利文所传，为小乘三藏；而梵文大乘，于印度多已残灭，因经婆罗门教、回教破坏之也。唯据近来印度一般学者之考察云：佛生喜马拉亚山脉泥泊尔国，而此国近颇有残缺之梵文大乘经典发现，如宝积、华严等，但均不完全。西人所知乃锡兰之佛教，其次则梵文及西藏文者，从中国文而知者殊鲜。而日本学者，及中国学者之从西学者，且据西人之说以考中国佛典之误失，中国文佛教遂益不为西人所重。以西人治学，从考据入手，故将华文经典，对于据巴利文、梵文之原文，或当或不当，每加详确探讨。"（《去欧讲学及经过之一斑》，《太虚大师全书》第28册，第257—258页）不过，我们仔细体会这一段话，多少还是含有对西方佛学贬斥的意味，而且太虚对于西方近代佛学的专业化程度也还是有相当的隔膜与不了解。

哲学"这两组观念来作西行论述的中心概念。"科学""哲学"与"宗教"这几个关键词在 20 世纪初的中国思想界所遭遇的命运是完全不同的,"科学"与"哲学"意味着新的文明启蒙观念,代表着进化与现代性。而"宗教"则被理解为一种中世纪蒙昧与落后的代名词。太虚非常敏锐地意识到这一点,几乎在太虚对"宗教"的所有表述中,宗教,特别是基督教都被解读为一种与科学对立,并为近代科学所颠覆了的文明形态。而在他早年筹划世界佛教弘传的论述时,他就试图在佛教与科学、哲学间建立起一种"对话"的关系。1923 年他在庐山开启他的世界佛教弘传计划并组织佛教讲习班,他演讲的主题就围绕着"佛教与科学""佛教与哲学"两个方面来开展。① 1924 年,他赴日参加东亚佛教会议并在游日期间所做演讲,亦不忘以哲学、科学这两个当时流行的"文明"语词来阐明他关于东西文化差别的认识。他认为西方物质文明在哲学的表现上"侧重智与勇,而忽乎仁与德",而"东方人则重于仁德,而智勇则次之",唯有"佛教之全体大用"具智、仁、勇于一体,他认为这正是在中西哲学视域下表现出的"佛法之贵"。他还从科学上来论究东西文明高下,指出"现在西洋所充满者,曰科学,而世界人所崇拜者,亦为科学。惟佛法之精密思想,于科学实有过之无不及者。故欲斥伏西洋文化,又必先斥伏科学;科学虽有种种差别,然归纳于一句言之,曰思想精密,有条不紊。而佛法之精密,则驾乎其上也,故斥伏科学,必须佛学,非耶、回、道等所能斥伏。科学斥伏,则好勇斗狠之欧化,亦必转为大慈大悲之美德,而世界和平可望实现"。②

太虚自己也明确承认他在欧洲喜"以科学、哲学、进化论比类旁通",去格量佛教唯识学。③ 他在 1928 年初到法国时所作《西来讲佛

---

① Holmes Welch, *The Buddhist Revival in China*, p. 55.
② 《发扬佛化以济现世之恐慌》,《太虚大师全书》第 27 册,第 146—147 页。
③ 《环游记》,《太虚大师全书》第 29 册,第 385 页。

学之意趣》中就表示说"以哲学的科学的方法,洗除佛教流行各时代方土所附杂之伪习,而显出佛学真相"[1]。我们下面主要根据太虚在欧洲演讲的英译文集[2],并结合部分中文相关材料,分别从佛教与科学、佛教与哲学两个方面来阐释太虚欧美之行中的文明论述观念与旨趣。

1. 格义科学

罗佩兹(Donolad S. Lopez)发现,在近代启蒙主义的历史脉络下,中西方的一些佛教徒都试图把佛教的传统与科学结盟,尽管科学与宗教间存在着某些内在的冲突对立,但是这些佛教徒努力于重新解释他们传统的某些部分以便使之看起来更加符合科学。[3] 五四运动以来,民主、科学、自由、人文主义、革命、个人主义等都成为"中国式启蒙与文艺复兴"的思想标志。[4] 在晚清到五四时期,有关西方文明被普遍地论定为科学文明或科学文化,东西文明论争的分歧只在于对科学文明的评价方面。[5] "科学"已经成为统御一切的"奇理斯玛"而占据了思想论述的合法性,大凡能够与此建立正向关系的思想教义,都会被视为先进的思想体系。

虽然近代中国的科学主义之风不是针对佛教而起,但是从五四前后新文化运动的主要代表如陈独秀、胡适等高举科学大旗横扫一切宗教时候,佛教也经常受到清算。[6] 这一时期中国思想界对于宗教与科学

---

[1] 释印顺:《太虚法师年谱》,第142页。
[2] *Lectures in Buddhism*, Paris, 1928,现藏于芝加哥大学图书馆。该文集所收太虚在法国的演讲,相当一部分内容为现存太虚中文文集中所缺,即使部分与中文重复的内容,比照起来看,也有不同的地方值得注意与研究。
[3] Erik J. Hammerstrom, *Buddhist Discuss Science in Modern China (1895-1949)*,印第安纳大学2010年博士论文,pp. 62, 63.
[4] Milezelova-Velingerova and Oldrich Kral (eds.), *The Appropriation of Cultural Capital: China's May Fourth Project*, Cambridge: Harvard University Press, 2001, p. 1.
[5] 汪晖:《现代中国思想的兴起》下卷,生活·读书·新知三联书店2004年版,第1292页。
[6] 参见何建明:《近代中国宗教文化史研究》上,北京师范大学出版社2015年版,第348—356页。

的关系还纠缠于许多复杂和不清晰的概念之中。当西方"宗教"概念首次被译介到中国时，就被视为与科学相对立的一个概念，到20世纪初，中国思想界普遍地把"宗教"与"迷信"混为一谈，而中国近代具有启蒙意识的佛教学者也正是试图在这一复杂的观念系统中重新阐明佛教与科学的关系。① 如章太炎、梁启超等面对西方观念都一直强调佛法"乃智信而非迷信"，认为佛教师佛陀乃是尊师重道，反对偶像与鬼神。② 到了二三十年代，佛教内部为了因应五四这一思想变局，所开展的论述策略，通常是把佛教解读为一种非迷信而是智信的，可以科学精神"调和"的精神文明形态。1921年，欧阳竟无在他著名的"佛法非宗教非哲学"的演讲中，巧妙地把佛法和与科学相对立的"宗教"分别开来，指出唯有佛教之"因明"才"纯以科学证实之方法以立破邪"，"固不必惧其迷信也"。③ 当时出版的佛教宣传刊物如《海潮音》《觉音》《人海灯》《佛化新青年》等都积极在教内开展破除迷信的思想运动。

太虚在面对以西方文明为代表的现代性议题时会特别选择佛教与科学的关系来做会通，正是有感于中国从19世纪末到20世纪初所发生的宗教与科学关系的论辩。太虚很早就关注到文化界的科玄论争，并撰文予以回应。④ 他以及他所领导的武昌佛学院对于五四以来的科学主义议题做出了积极的响应。如五四思想家们倾向于从心理学与进化论去理解近代科学，而武院对于佛教与科学之间所进行的"调和论"阐释，也大多以这两个议题为中心来开展。

太虚在思考他的世界化佛教过程时从一开始就融合了佛教与科学

---

① Erik J. Hammerstrom, *Buddhist Discuss Science in Modern China (1895-1949)*, p. 7.
② 分别参见梁启超：《论佛教与群治之关系》，载石峻、楼宇烈等编：《中国佛教思想资料选编》第三卷第四册，第50页；章太炎：《建立宗教论》，《章太炎全集》四，第186、187页。
③ 《佛法非宗教非哲学》，《欧阳竟无佛学文选》，第2页。
④ 参见《人生观的科学》，《太虚大师全书》第23册。

的论述。1923 年 7 月，太虚去庐山主持暑期讲习会，这时候他也正在酝酿世界佛教弘法计划，太虚特别就佛法与科学的关系发表演讲，而表明"科学上有所发明，即宗教上便有所失据"，而"科学愈精进，则愈与佛法接近故"。① 显然，他有意识地把佛教与一般所谓"宗教"进行了区隔，而表明只有佛教才是近代可以与科学发生关联的唯一的思想体系，因而在文明程度上显然高于基督教等一神教思想系统。而他在佛教与科学之间所持的观念，一直影响了他在欧美布讲佛教时所做的文明阐述。维慈就发现，太虚在巴黎建立世界佛学苑，就以"佛教与科学的联合"作为佛教弘传世界的基本方向。②

在以佛学格义科学的具体论述方面，太虚延续了近代中国佛学传统中以唯识讲科学的法流。自晚清以来，章太炎等一批学人就提出唯识法相可通科学知识的观点。章太炎认为"竟重科学，言必征实，徒陈奢大，未足厌望。是故被机起信，莫如《大乘起信》、《楞伽》、《深密》及相宗诸论"，"佛典如《楞伽》、《密严》、《解深密》诸经，《大乘起信》、《瑜伽师地》、《摄大乘》、《辩中边》诸论，言虽高妙而切理厌心，契当不易，未尝超出情量以外，此所谓通解妙达之论也"。③ 桂伯华也明确主张"今世科学论理日益昌明，华严天台将恐听者藐藐，非法相不能引导矣"。④ 这些说法可谓开启近代佛学精英以唯识法相之学会通科学之一大法门。太虚在佛法与科学关系方面的认识就倾向于以唯识学的理论去通释科学的思想。早在 1919 年，他就主张以唯识去会通科学，他说"夫科学之可贵，在乎唯征真理实事，不妄立一标格坚握之，以所知自封而拒所未知耳。若不求真是而妄排蔽，则与迷

---

① 《佛法与科学》，《太虚大师全书》第 22 册，第 807 页。
② Holmes Welch, *The Buddhist Revival in China*, p. 59.
③ 章太炎：《菿汉微言》，《菿汉三言》，第 40 页。
④ 章太炎：《自述学术次第》，载石峻、楼宇烈等编：《中国佛教思想资料选编》第三卷第四册，第 266 页。

神教者亦复何异？习唯物科学者，若知佛乘唯识宗学，其贵乎理真事实，较唯物科学过无不及，则必不将佛教视同天魔畏途而相戒不游也。乃作此以忠告诸治唯物科学者！"又说"正可因唯物科学大发达之时，阐明唯识宗学，抑亟须以唯识宗学救唯物科学之穷耳"，"必明唯识宗学，诸唯物科学乃能消归自己而成妙用焉"。①

他在科学与佛教间的格义处处都力图要保持佛教的本位性，反对消佛法于科学之中。如他于1925年赴日参加"东亚佛教大会"所做的发言中，就曾批评日、韩与中国台湾佛教界以佛教会通科学，而没有看到佛法超越的面向："全国学界以科学思想为重心故，佛教徒亦以科学为本，评判佛教之义理，而失没佛法超现代科学之殊胜义，不能转科学而反为科学转。"②在太虚的佛教科学观中，科学相对于佛教来说还是较低级的知识形式，科学的方法只能用于证实佛教的学说，而从来不可能超越佛法。③他认为佛教欢迎科学的加入，科学缺乏精神元素因而是不完整的，有待于"更高的佛教科学"来充实它。他甚至指出，科学只能发现"真理的表象"（apparent Truth），而唯有佛法才能够究竟诸法实相。④这一点，他在巴黎演讲的中文文稿中表达得更为明确："穷自然的蕴奥，利人事的进行，此近代科学之功绩；然于此犹未有完全洞明宇宙人生真相的希望，故终在存疑的猜度中，而不能确立彻底解决的真信。旷观于古近一切的哲学宗教，唯佛学不但不因科学而有所摧动，且得科学以为之证据及诠释，益见真确精密。其由无上正觉所完全洞明的宇宙人生真相，又足于科学的发明上，树立合理的正解真信，以补科学之缺陷而促其进步。故当建设以科学为基础的佛学，成立科学上的最高信仰。"⑤此

---

① 《唯物科学与唯识宗学》，《太虚大师全书》第22册，第820、815、818页。
② 白德满：《太虚：人生佛教的追寻与实现》，第125页。
③ Holmes Welch, *The Buddhist Revival in China*, p. 66.
④ *Lectures in Buddhism*, pp. 7, 41.
⑤ 《佛学源流及其新运动》，《太虚大师全书》第2册，第935—936页。

外，太虚在欧洲的演说还发挥旧义，以科学发现批判基督教的上帝信条（the superstition of God）与唯物主义关于物的信条（the superstition of reality），指出只有佛法才是完美的科学。[1] 他提出近代科学的发展证明有神论宗教的终结，而更说明佛法在近代的价值。因此科学与佛教可以携手，但最后只能以佛教理论来做统领。[2]

有学者发现，晚清民国以来中国佛教与科学的关系论述中通常流行三种意见：一是主张佛教与科学发明的事实具有一致性；二是认为佛教是比科学更高明的经验论；第三种看法是从佛教对科学进行伦理的批判。[3] 太虚在欧美所论佛法与科学的关系中，这三种思想都大致包含于其中。如他一面声称"科学知识证实和支持佛教的学说"，通过比较哥白尼天文学说、微观分子论及达尔文进化论等，表示佛教经典中早已经基本拥有了这些说法，因而表示"科学越发展，佛教就越受欢迎"。而同时指出，科学的知识有很大的局限，无法涉入生命的存在与形上学，科学只有结合佛教才能够获得道德力量的支持，"照亮生命存在的最深真理，并引导和规范着我们的进化"[4]。

由于太虚并没有受过很好的科学训练，他对科学与佛教间进行融合关系的阐述时，并没有充分估计到这种对话的难度和界限，以至于有学者认为，太虚以唯识学去格量西方心理学就阐解得不好[5]，还有人就直接指出"太虚并不非常了解科学"，他必须发展他有关"科学佛教"的理论基础。对于太虚来讲，教的护持更胜于知识的细密考究，于是，他的佛教科学统合论就难免会出现撰拾科学以附会佛法者说的流弊了。

---

[1] *Lectures in Buddhism*, pp. 48, 49.

[2] *Lectures in Buddhism*, p. 43.

[3] Erik J. Hammerstrom, *Buddhist Discuss Science in Modern China (1895-1949)*, p. 10.

[4] *Lectures in Buddhism*, pp. 35-38, 46.

[5] Erik J. Hammerstrom, *Buddhist Discuss Science in Modern China (1895-1949)*, p. 48.

2. 佛教与哲学

太虚在西方讲学，除了试图充分展示他对西方近代科学的了解，还特别注重以哲学的方式向欧美传授佛学。如同西方近代佛教学的奠基者布尔努夫（Eugene Burnouf）把佛陀塑造成一位反宗教性的道德意味上的"人文主义哲学家"[1]，近代中国的佛教知识精英们也力图把佛教从宗教的语词中分离出来，而与"哲学"归为同类。对于近代中国精英佛学人士来说，他们希望用他们所需要的方式"建构"出一种具有近代哲学形态的佛教学说。如章太炎、梁启超都曾努力于把佛学塑造成一种具有进步象征的"哲学"形式。梁启超早年也曾以佛学去旁通近代西方大哲康德的哲学。[2]而章太炎就说"佛法只与哲学家为同聚，不与宗教家为同聚"，故而研究佛学必须"发明一种最高的哲理出来"。[3]

这种从西方的哲学来为佛教寻找合法性根据的做法也受到过一些佛教思想家的质疑。内学院一系就担心这种哲学"建构"的法门反而会淹没佛法自身的高度，于是欧阳竟无力图表明，近代哲学虽然"诚见高明"，但"哲学家知识之范围体性"不出唯识学的六识，而"局于法尘"，仍然是一种有局限的知识。在这层意义上，他指出不能以哲学去揣度佛法"高明之所知"，佛法本质上是"内学"，不是哲学。[4]

我们这里不去细究近代中国有关佛教与哲学关系的论辩，太虚对于佛教与哲学的态度是有条件地开放。即是说，他一面认同以佛学去

---

[1] Terry Logan Mazurak, "Buddhism and Idolatry", in Rachana Sachdev and Qingjun Li, eds., *Encountering China: Early Modern European Responses*, Lewisburg: Bucknell University Press, 2012, pp. 167, 168.

[2] 参见梁启超:《近世第一大哲康德之学说》，载石峻、楼宇烈等编:《中国佛教思想资料选编》第三卷第四册，第59—69页。不过，要注意的是，梁启超于20世纪20年代之后的佛学研究，反而远离哲学，而走向新史学的方向。

[3] 章太炎:《论佛法与宗教、哲学及现实之关系》，载《中国哲学》第六辑，第300页。

[4] 《佛法非宗教非哲学》，《欧阳竟无佛学文选》，第7、9、11页。

阐明哲学，而同时反对佛教的哲学化，主张佛教与哲学之间的诠释只能是以佛教为本位的格义。

我们仅仅讨论太虚一系在涉及佛教世界化时是如何论述佛学与哲学关系的。《海潮音》1923年第7期上曾经发表了李润生的《论佛教徒当实行中日联合以宏法欧美》一文，该文就提出西方诸种哲学流派"皆并容于佛法之中，而不能自逃于佛法之外"，作者甚至认为许多大哲学家都因此"进而为佛教徒"。[1] 可见，太虚系对佛教与西方哲学的会通，充满了乐观主义的想象。1928年太虚在巴黎的演讲"就哲学言"佛学与东西文明，他提出东方一派哲学是"侧重经验的哲学"，而西方哲学则"是侧重理论的哲学"。他认为东西方哲学各有所长与所短，如注重经验论的东方哲学，"经验所及虽确当而不遍常，故必借理论以补充"；而偏于理论之西方哲学又"理论所及虽遍常而不确当，故必借经验以为补充"。他指出东西哲学各执一端，无法融通，"遂为终古争持莫决的问题"。最后，他提出唯有佛学才是通贯东西哲学，融经验、理智于一体的圆满哲学。他这样说："然一深观佛学，则以调善情意为理智发达之胜缘，尤以发理智为情意调善之要因：相应互成，共臻究竟。复次、以超脱一切分别的实智、经验，到理论上绝对的遍常性，亦以巧符合各种事情的量智、理论，及经验上相对的确当性，完成了经验遍常化与理论确当化，解决了终古不决的哲学上种种的问题。故唯佛学足为陶铸两方文化与两派哲学的洪炉。创造成今后世界全人类所需求的大同文化与哲学。"[2]

太虚在欧洲的演说中还把世界哲学区分为中国、印度与西方三大思想系统，这一点很可能出自梁漱溟《东西方文化及其哲学》的启发。他指出这三大哲学传统源流不同，思想差别也很大。[3] 有趣的是，在法

---

[1] 《民国佛教期刊文献集成》第156卷，第400页。
[2] 《佛学源流及其新运动》，《太虚大师全书》第2册，第937—938页。
[3] *Lectures in Buddhism*, p. 53.

国的演讲中，太虚并没有详细说明中、印哲学的思想内涵，而恰恰表现他在西方哲学史方面的知识与理解。他非常宏观而又简略地从古代、近代与当代三个阶段来阐明西方不同时期哲学的特点，接着就这样批判西方的哲学，认为西方自古以来的哲学最后都把对问题的解决建立在一两个假设上面，于是，他们对宇宙本体论的讨论都如同盲人摸象，而最终导致了争论不休和失败。太虚认为西方哲学对于宇宙本源的追溯，虽然看似与佛教对于绝对意识的探究同出一辙，但是哲学是没有结论的探讨，只有佛教才可以为哲学根本性问题找到解决的方案，因为佛教对于一切事物的认识脱离了虚妄分别，而哲学所产生的错误认识恰恰是建立在虚妄之上。另外，太虚还讨论了西方哲学传统中的虚无主义、唯物主义、进化论以及各类灵性与宗教哲学的议题[①]，最后他以佛教哲学来做统合，指出佛教中的大乘佛教哲学才是一切思想的终极解决。太虚的这一说法与欧阳竟无所论"佛法非哲学"之义非常接近，甚至他有关佛教与哲学关系的许多意见，也都与欧阳竟无的论述如出一辙。

太虚就这样大而化之地以佛学去点化西方哲学，正如他讨论科学与佛学的格式一样，结论其实是预设好了的。太虚的这种"结论后之研究"方法，以东方式化约主义的论述去向西方知识界弘布佛学，确实有点轻视了他的西方听众在哲学与佛教方面的知识素养，当然他努力弘布的中国大乘佛学也无从在西方知识的土壤中植根生长。

（三）新启蒙与另类东方主义

太虚于20世纪20年代远赴欧美弘布佛教，一定程度上契合了当时西方世界在文化思想方面的某种需要，弥补了西方近代文化自身所面临的空缺之场。自19世纪下半叶以来，欧美内部发展出一种对包括

---

① *Lectures in Buddhism*, pp. 62, 64, 83-87.

佛教在内的亚洲文化的需要与想象。正如有学者所发现的，20世纪最初20年，东方学成为西方现代性论述中一种内在的构成元素，"因为东方学有助于为经历深刻危机与信仰迷失的西方文化，提供新的表述与资产"。佛教作为一面镜子所映射的"不仅是东方，而且也反照了维多利亚时期的西方世界"[1]。

19世纪后期，具有一定理性与人文主义思想倾向的南亚上座部佛教正好满足了一批西方反基督教超验论传统的学人，他们以自己的方式不断塑造他们关于亚洲佛教的种种图式。其中一类流行的观念，即把佛教理解为一种与基督教传统不同的"无神论的信仰"（faith without God），而且认为这种以"纯粹理性化的道德"为主的佛教更趋近于近代科学的观念。如著名学者卡洛斯（Paul Carus）就把佛陀称为"科学宗教的先知"（the first prophet of the Religion of Science），而一批哲学家也把佛教观念与实证主义联系起来，认为佛教是一种更为进化的思想系统。欧洲的一批思想家甚至提出，基督教应该参照和学习佛教的某些精神来改造自我。特别到20世纪初，尼采等对于基督教文明与西方启蒙主义的批判，更激发了他们对于包括东方思想在内的新的价值与世界观的探究。[2]

大乘佛教在19世纪欧洲佛学界的论述中，通常都是被贬低为异端化了的佛教学派，欧洲19世纪以来的佛教学研究，重于南传巴利语佛教的经典与思想历史。他们认为，只有巴利语佛教传统才保留了原始佛教的本来精神，而包括汉传佛教为代表的东亚大乘佛教，则背离了佛陀的原始法流。

太虚是一位极负传教使命的人物，他在20世纪最初20年，特别是在1917年赴日弘法后就开始感觉到他不仅对中国负有佛教复兴的使

---

[1] J. J. Klarke, *Oriental Enlightenment: The Encounter Between Asian and Western Thought*, London: Routledge, 1997, p. 101.

[2] J. J. Klarke, *Oriental Enlightenment: The Encounter Between Asian and Western Thought*, pp. 80-100.

命,而且"对亚洲乃至对世界各地都负有一个重大的使命"[1]。他明确自己佛教传布的方向,即是中国大乘佛教的思想精神。他于20世纪20年代末的出访欧美,正是想在欧洲大乘佛教的空缺之地打开一片天地。从各类有关他游化欧美的材料看,西方知识界最初对这位来自东亚大乘国家的大师还是充满了期待,所以太虚在欧美的演讲与访谈,开始吸引了不少西方的东方学家与学界名流参与其中,如著名佛学大家列维(Sylvain Levi)、哲学家罗素等。他甚至应邀于巴黎重要的学术圣地(东方博物院)进行讲学。可以想见,太虚的欧美之行,一时名流云集,场面上可以说是一片风光。无怪乎20世纪初的来华传教士艾香德(Karl Reichelt)就说太虚在20世纪初的声誉不仅亚洲人尊敬他,"欧美研究比较宗教学的学者,也知道他的名字,太虚在1928年游柏林、巴黎、伦敦和纽约的时候,他们当中有些人听过他的演讲"[2]。

遗憾的是,太虚并没有在欧美留下他的精神遗产,也没有让中国大乘佛教风行于西方。实际上,当太虚远布弘化,他以他自己的想象而建构出的西方文明与现实中的西方文化间存在着很大的落差。太虚所力图传播的中国大乘佛教观念,无法达到像日本近代世界佛教布化所产生的效果,这其中缘于多方面因素。除了太虚本人无法自如地运用外文来表达东方的哲思与出入有余地旁通西方思想外[3],太虚并没有把他弘传大乘佛教的重心放在精致的思想与学术论述方面,而是以建立传法机构——世界佛学苑——为主,于是他面对欧美知识精英最有兴趣了解的中国大乘佛教所开展的知识与思想论述,就显得相当随意和缺乏严谨,这后来引起西方知识界的不满。而其所致力的世界佛学苑建设,也因为缺乏

---

[1] 艾香德:《太虚生平事略》,《重生的方丈》,基督教辅侨出版社1959年版,第167页。
[2] 艾香德:《太虚生平事略》,《重生的方丈》,第161页。
[3] 这一点,在太虚赴欧美前,胡适给他的信中就已经预示了。胡在信中说"往欧美则有语言上的困难,虽有译人,终觉相隔几层,用力多而成功少"。(胡适:《致太虚》,载耿云志、欧阳哲生编:《胡适书信集》[上],第401页)

持续性的学术与弘法后援,成为昙花一现,终归销迹。①

太虚敏感地意识到欧洲 19 世纪下半叶以来,科学和启蒙主义对基督教信仰的冲击,并由此而产生了西方世界在价值与思想信仰方面的某些困局。他试图向西方提供东亚文明,特别是汉传大乘佛教这副解药去加以对治。他在没有深入西方文明复杂性的时候,就仓促应对,于是在文明论述的策略上就仅仅围绕着佛教与科学、哲学这两个语词,去向欧美进行大乘佛教的意义阐释。但是他所旁及与解读的西方知识(科学与哲学),在当时的欧美知识界来看,都还过于肤浅而无法获得认同。维慈就认为,太虚在欧美的讲演并没有获得顶尖知识界的接受与尊敬。② 可以说,太虚选择了一种不合时宜和危险的文明"对话"方式,这与他同时代的铃木大拙机智地在西方思想的空场之处选择了东方禅,而且以一种精明讨巧的方式迎合了西方的需要不同,太虚采取一种通俗的,而非专业性的知识形式和话语来阐明他对西方科学,乃至于哲学和宗教的认知。他确信自己在国内所掌握的西方科学与哲学知识是充分无误的。他没有意识到,他对西方文明的阐释,大多都是有选择性地对那些他所偶遇的西方思想与哲学家们所做的主观性解释,无法在知识的论述方面表现其细工之饰密。

实际上,欧洲自 19 世纪下半叶以来的东方学研究风尚,在进入帝国学科的过程中,逐渐建立起一套"为知识而知识"的专业性知识趣味,不同文明的比较,特别比较宗教学的建立,崇尚以"一种真科学的精神",而不是一种"业余者"(dabblers)和"半吊子的学

---

① 白德满就指出,太虚期待建立的一个国际性佛学研究机构一直未能实现,后来只是将其所设立的武昌佛学院图书馆改名为"世界佛学院,算是聊备一格"。(白德满:《太虚:人生佛教的追寻与实现》,第 143—144 页)

② Holmes Welch, *The Buddhist Revival in China*, p.59. 白德满也认为,太虚在欧洲的演讲低估了大多数听众的佛学素养,西方听众是对中国佛教修行进行过精心整理和深刻反思的,而太虚则用一套西方的科学与哲学术语去解释科学与佛法的相融性,而对于东亚文化本身却没有深入阐明。(白德满:《太虚:人生佛教的追寻与实现》,第 137 页)

者"(harf-scholars)的方式去"把握对于东方的知识"。于是,他们对于文明比较论所采取的学术方式,就以科学的比较语言学及历史学为重心。在他们的理解中,比较语言学(historiographical principles of comparative philology)才是比较文明论述中最为科学的一种方法与态度,而举凡哲学或神学性的理论阐述(theoretic theology)则并不被视为"高阶的知识类型"(higher knowledge)。这种文明比较论述中的反哲学化倾向,让欧洲知识界认为,太虚对于大乘佛教及其比较文明论的论述都不过是一种"业余哲学家过于草率的方式",是一种"缺乏学者精神"的旅行者和传教士的描述。[1]太虚并没有契入到欧洲的知识语境,他反复说明和强调的那些诸如佛教中的理性主义、反神秘主义等,都是亚洲佛教现代化过程中惯用的文化语词,属于近代东亚佛教改革运动的基本方式和特点。[2]当他仍然还停留于这样一种文明论述的方式,去向西方的专业学人推销东方文明与大乘佛教,确实有些无的放矢。这种文化空间的错置,使得太虚在向西方推介大乘佛教观念时采用了失当的策略与方法,也让他的欧美之行没有在文明与思想的交错中产生出真正的火花和有深度的思想呼应。

具有传教士精神的太虚努力以中国的大乘佛教去"启蒙"与教化他想象中的西方人群,太虚并没有像胡适所期待的那样去欧美"作一个虚怀学生",而恰恰是想"存一个宣传东方文化的使命出去"。[3]这一点,他赴欧前在上海发表的临别辞中做出了鲜明地表达。他说自己赴欧美非为学习,乃旨在弘传大乘佛教,"先到科学发达的国家,传播东方最优美的文化。或以中国人赴欧、美皆是去学欧、美人者,而太

---

[1] N. J. Girardot, "Max Muller's Sacred Books and the Nineteenth-Century Production of the Comparative Science of Religions", *History of Religions*, vol. 41, no. 1, 2001, pp. 218, 223, 239.

[2] Otani Eiichi, "A Comparative Analysis of Buddhist Nationalism in Asia", *The Eastern Buddhist*, vol. 43, no. 1, 2, 2012, p. 157.

[3] 胡适:《致太虚》,载耿云志、欧阳哲生编:《胡适书信集》(上),第401—402页。

虚今乃去教欧、美，视为创举"①。

太虚一方面要做世界文明的普化工作，而同时又把东方大乘佛教作为唯一首选而弘传西方，表现了东方文明在精神意味上的高度优越感。从他有关佛教世界化的开示，以及对于西方知识界所展开的大乘法义的"训导"来看，太虚佛教世界化弘布中所采用的论述，背后都隐含了"另类东方主义"②（secondary orientalism）与民族主义。太虚虽然承认佛法"本非以国家为范围"，"盖超脱于国家民族之封蔽"③，但是每当他于东/西文明论的结构下来思考与论述佛教的世界意义时，他却无法摆脱文化上民族主义的宿命。于是，他的语词中一再向西方透露，中国大乘佛教在精神文化层面上所拥有的高度与优越。

仔细的审读研究将会发现，太虚向西方阐释的大乘佛教确实有意或无意地隐藏了一类民族—国家的论述。如他于1920年所作《佛乘宗要论》，就从东/西文明论的角度阐明佛教与中华"国族治华"之关系，而明确提出佛教的世界化弘布必须回归于以中国为代表的大乘佛教中才能够"普利世人"。他说："兹就佛教观察，其能昌明宏扬于当今之世亦须有藉乎中国，二者相需如鱼如水。请试言之：佛学发源于印度，今则反形衰落，……而锡兰仅有小乘，大乘佛种之不断，今则端在中国与日本。日本佛教虽盛，而于佛乘理行殆不如中国体会精深，创立各宗无大殊胜。近且专以国家为本，兼重欧化，佛教实居第三位，仅能为其国家所利用，宏扬之责当不属之。至若中国大乘八大宗派盛行已久，教理行果灿然美备，诚

---

① 《出国宏化临别之演辞》，《太虚大师全书》第28册，第231页。
② "另类东方学"概念是由佛尔提出的，他意指一种针对西方东方学立场的反向论述。萨义德在著名的《东方学》一书中发现，西方东方学家认为他们掌握有对于东方知识的发言权，表示了对东方的一种歧视。（关于此，参见萨义德著，王宇根译：《东方学》，生活·读书·新知三联书店1999年版）而佛尔发现，不仅西方东方学对东方有傲慢的态度。实际上，东方人进行有关自己传统的论述有时候也会表现出对西方文明的不屑，这就是他所谓的"另类东方学"的立场。佛尔认为铃木等向西方所宣扬的禅，就包含了大量"另类东方学"的傲慢。（参见Bernard Faure, *Chan Insights and Oversights: An Epistemological Critique of the Chan Tradition*, pp. 67-74）
③ 《佛乘宗要论》，《太虚大师全书》第1册，第216页。

欲昌明佛教普利世人，舍中国外实无第二者能当斯任，愿国人勉游！"①

到了1928年，太虚在游法时所发表的《西来讲佛学之意趣》中，这一民族主义的论调仍然表现得淋漓尽致。太虚表示他于欧美讲授佛学之态度就应"当仁不让，以攻破偏谬而显示真正"。他认为欧洲根本没有"真正佛学"，欧人所知佛学皆为"偏谬"。他还以"圣人之才"与"圣人之道"这一对观念来阐明他西行弘法的旨趣和伟任："欧洲今富圣人之才而缺乏圣人之道，吾人今有圣人之道而乏圣人之才。……得圣人之才以授圣人之道，是为吾至欧洲讲佛学之总意趣。"②又在一次与德国博士的谈话中，他也高调地表示了他这种国族主义的观念："推原其故，盖以世间诸宗教、科、哲，其观察囿于一境，局于一隅，是以不免有以部分而概全体之失。虚妄分别，横计忆度，是以鲜有不流入错谬者。""以是之故，吾每欲以佛法输入欧、美各国，俾欧美之科、哲学者，得其趋正之路，尽量而同证此无上真理。……盖以印度大乘佛法，自中国唐代以降，衰落几至于绝；惟中国赖玄奘等之传译，窥基等之阐扬，人才辈出，各宗继起，是以佛法之精微奥妙，为此土所阐发无余矣。至于日本之佛教，则全由中国传去，近千年来，其关于佛法中之典籍论著，皆用汉文，即今日日人之能深究佛法者，莫不精通汉文。其故由于经论之意，深密之旨，实非由中文不能透彻也。"③

正如有学者研究发现，近代亚洲的佛教在世界化运动的同时，又悖论式地与民族主义、民族国家之间发生了不可分割的关联。即为了反抗具有殖民主义性质的基督教文明而兴起的佛教运动，大都试图回到自身的传统中去寻找精神资源，并把这一传统进行无限的美化。④

---

① 《太虚大师全书》第1册，第218—219页。
② 释印顺：《太虚法师年谱》，第142—143页。
③ 《与德国乐始尔博士之谈话》，《太虚大师全书》第27册，第728—729页。
④ Otani Eiichi, "A Comparative Analysis of Buddhist Nationalism in Asia", *The Eastern Buddhist*, vol. 43, nos. 1, 2, 2012, p. 177.

近代东亚的佛教世界化运动，在东方精神文明的自信与优越感背后其实隐藏了一种巨大的文化压力，即一种来自西方强势文明的压力。太虚的弘布西方也多少反映了东方文明在近代"边界焦虑"处境下的一种文明论诉求。[1] 太虚在1923年就自己的佛教世界化运动讲了一段意味深长的话："而近今西洋文化盛传时代，又以为东方佛教是古旧的、陈腐的！民国十二年来，学潮澎湃，国人咸惕然兴起，始研究实学，考求真理，乃克知佛学为一簇崭全新之救世大法，不限于古代，不局于东土，尤不拘于出家之僧尼，而确有遍及现代世界各国永久不替之可能性，与现在世界上各色之人众，皆具有密切之关系焉。"[2] 这正可映照他复兴佛学运动和世界佛化布教背后的一种深刻的忧患意识。

---

[1] 佛尔发现，近代东西文明的交织，经常使处于不同思想交集边界的人产生一种"边界焦虑"（boundary anxiety），因而经常刻意地想求中心化。关于此，参见 Bernard Faure, *Chan Insights and Oversights: An Epistemological Critique of the Chan Tradition*，第二章第一节。

[2] 《世界佛教联合会开会讲词》，《太虚大师全书》第27册，第111页。

十一、经史之间：印顺佛教经史研究与近代知识的转型

印顺法师对现代汉语佛学研究有着重要而深远的影响，他在佛学研究方面所取得的成就有目共睹，至今在汉语学界也是罕有匹敌的。近代以来，佛教学界对他的佛学观念和思想都进行了多方面的探讨，也引发了一些争论，可谓法海微波。个人以为，对印顺佛教思想的解读不仅要从佛教思想的内部义理与行修等方面去做开展，更需要把他的佛学思想和观念放置在近代佛教思想学术史，甚至文化史的脉络中加以照察，才可能获得比较有高度的体认。法不孤起，印顺的佛学思想是与整个中国近代思想学术史的发展密切关联的。为此，我们试图在近代中国思想学术史，特别是经史之学的复杂演化结构中，去论究和评议印顺法师的佛教经史之学。可以说，印顺的佛学研究经常游移于经、史之间，他的思想观念也抉择于传统与现代、理性与信仰、教与证之间，丰富而又紧张地展开出来，这些都可以成为近现代佛教思想学术史中宝贵的精神遗产。

（一）从经学到史学：知识转型与近代佛教史研究的诞生

近代著名法国哲学家福柯（Michel Foucault）对学术史的演化发展有一深刻的看法，他发现影响和控制着每个时代知识生产和论述的

背后都存在着不同的"知识范型"(epistemes)。就是说，每个时代的"知识范型"主导和制约了其不同学科的世界观、思考方式和论述方式。而且，这种"知识范型"作为"组织原则"，通常都是在人们不自觉的情况下产生作用的。[①] 学术的发展史通常都证明了这一洞见。晚清到民国以来，中国思想学术界有关知识内容、形式及其制度体系等诸多方面都发生了重大变动，独立于人们的思维而又制约着人们思维的新的知识系统已经逐渐形成，而这正是"近代中外冲突融合的产物"[②]。中国传统的经史学关系也在这一大的思想变局当中发生了颠覆性的移位，即传统知识分类中居位于首的经学逐渐为史学所替代，并渐成为史学之附庸。

史学在近代，特别是在民国时期的学术史中作为新的"知识范型"而深刻地影响了包括佛学在内的学术史的话语方式。从思想源流来看，这一范型的变化与西学关于近代知识概念的启蒙有着重要的关系。西方近代历史学经过启蒙时代的洗礼，逐渐取代神学，甚至脱离对自然科学的依附而成为时代"最重要的知识类型"。[③] 民国以前，清代中国学术仍然是以经学的"知识类型"所独尊的时代。清代经学虽然运用到考证方式作为衡定经本的基础，而他们对经典的知识态度，都远不是"近代化"的知识观念。史学只是作为经学的附庸而依托在经学的权威之下。正如陈寅恪先生所说，清代"能为考据之学者，群舍史学而趋于经学之一途"。民国以来因为西方学术的影响，经史学的关系渐发生了根本性的变化。"近二十年来……外受世界思潮之激荡，其论

[①] Geoff Danaher, Tony Schirato, *Understanding Foucault*, London: SAGE Publications, 2000, pp. 16-21.
[②] 桑兵:《近代中国的知识与制度转型》，载桑兵、赵立彬主编:《转型中的近代中国——近代中国的知识与制度转型学术研讨会论文选》，第3、5页。
[③] Norman J. Wilson, *History in Crisis?: Recent Directions in Historiography*, New Jersey: Prentice Hall, 1999, p. 13.

史之作,渐能脱除清代经师之旧染,有以合于今日史学之真谛。"①

　　经过梁启超、胡适等一批近代学人的倡导发挥,中国学术界逐渐强调以近代历史学作为知识的"典范",而力图取代传统经学为主导的观念。有学者研究发现,晚近中国学术史的研究出现了"经学边缘化与史学的走向中心"的倾向。②近代学人把清代史学传统中章学诚所标举的"六经皆史"观念进行了改造,从而把传统经学的超越地位拉回到现实的历史时空中来进行批判审查,清代学术以经学为中心而史学为辅的局面终于被倒转过来。③经过近代学人的努力,经学不再能够主宰史学,相反,经典成为历史学所拥有的史料、文献之一类,必须接受史学的批判检定。如梁启超、胡适以来许多历史学家就把"六经皆史"解读为"六经皆史料",并不承认有价值性的道寓含于中。④新的知识史观念瓦解了经典在传统知识系谱中的神圣地位,这种经史学的易位对经典与经学的至高无上性提出了挑战。王汎森发现,大概在1920年至1930年间,中国一群领导性的史学家,如胡适、傅斯年、顾颉刚、李济等,不约而同地对史料性质进行反省,并"有一个革命性的变化",其中一点就是解放了经典在经学中的旧局,而视为一种历史研究之史料。⑤梁启超于1902年发表的《新史学》就非常鲜明地表示了"史学"应在近代中国学科谱系中端居中心地位:"于今日泰西通行诸学科中,为中国所固有者,惟史学。史学者,学问之最博大而最切要者也。国民之明镜也,爱国心之源泉也。今日欧洲民族主义所以

---

① 陈寅恪:《陈垣〈元西域人华化考〉序》,《金明馆丛稿二编》,第269、270页。
② 参见罗志田:《清季民初经学的边缘化与史学的走向中心》,《权势转移——近代中国的思想、社会与学术》,湖北人民出版社1999年版,第302—341页。
③ 章学诚在《文史通义》中开篇就说:"六经皆史也,古人不著书,古人未尝离事而言理,六经皆先王之政典也。"(章学诚:《易教上》,《文史通义》,上海书店1988年版,第1页)关于章学诚"六经皆史"观念与近代中国知识史关系,学界多有讨论,此不详引。
④ 参见汪荣祖:《史学九章》,生活·读书·新知三联书店2006年版,第214—225页。
⑤ 参见王汎森:《什么可以成为历史证据——近代中国新旧史料观点的冲突》,《中国近代思想与学术的系谱》,河北教育出版社2001年版,第348页。

发达，列国所以日进文明，史学之功居其半焉。"[1]

史学为主导的这一流风余韵也影响到中国近代佛学研究。中国佛教到清代已经非常衰微，梁启超就曾指出，晚明佛教尚有莲池（袾宏）、交光（真鉴）、妙峰（福登）、憨山（德清）、藕益（智旭）先后中兴，而"入清转衰"，特别是清代佛教"于学术亦无与也"。[2] 到了晚清，虽然佛教渐有复兴，而仍为伏流，而经过杨文会的努力，佛教经典流通渐广，而所引发的佛学上的兴味却是在"哲学的研究"。[3] 就是说，到晚清佛教史学还比较弱势。章太炎在晚清曾一度"转俗成真"地进入佛学中去做探究，他所作佛学的论述虽然略有几篇涉及历史考证，而大都是"渐进玄门"，以参究哲理为主的佛教哲学性作品。[4] 他不仅以佛教经论旁通西方哲学，"参以近代康德、肖宾诃尔（即叔本华）之书"，并会通到老庄玄学中去作"应机说法"。[5] 他自己就说过这样的话："佛法只与哲学家为同聚，不与宗教家为同聚"，故而研究佛学必须"发明一种最高的哲理出来"。[6]

近代中国佛学之兴，一项重要的指标就是近代知识史意义下佛教史研究之诞生。民国以来，一批比较有现代意识的学人开始摆脱传统佛学研究方式的束缚，开始重视对佛教进行史述与史证。不少重要的佛学研究也把佛教经典作为史学材料，或放到历史学的脉络下来重新探究。于是，三藏经论都成为历史的资料，以待检证、简择及分析与批判了。民国比较具有前沿性的佛教学人大都受到西方、日本学界的

---

[1] 梁启超：《新史学》，《饮冰室合集》第1册，第1页。
[2] 梁启超：《中国佛法兴衰沿革说略》，《饮冰室合集》第9册，第14页。
[3] 梁启超：《清代学术概论》，第99页。
[4] 关于章太炎主要佛学著述年代，参见姜义华《章太炎评传》（百花洲文艺出版社1995年版）所附章太炎《生平与学术行年》。
[5] 章太炎：《菿汉微言》《自述学术次第》，转引自石峻、楼宇烈等编：《中国佛教思想资料选编》第三卷第四册，第264、266页。
[6] 章太炎：《论佛法与宗教、哲学及现实之关系》，载《中国哲学》第六辑，第300页。

影响,"况际现代盛行科学的方法"而特别重视对佛教史的研究。他们认为中国佛学要适应新时代的需要,最重要的任务就是一洗传统佛教经学式的论究形式。

传统佛教经学重于义理玄论或一宗一派的教义演绎,而忽视对整体佛教观念的把握。无论是判教或是经解,大都很难跳出宗派意识形态,不免坐井观天。近代以前,佛教史学并不发达,印度因为不重视时间与历史观念,所以印度自身并没有形成系统的有关佛教史的论述。佛教传入中国后情况稍有变化,不少学僧受儒家影响,由注重对经教的研究而扩展到对与之相关的历史、文献学做相应的著述,并试图为佛教传承制定出历史的谱系。传统中国佛学与儒家学术一样,以经学为上,相关的史学论述大都是作为经学的附庸,或是受不同宗派意识形态的主导,而成为一家一门的历史撰述。无论是各类僧传,或是不同教门或宗门史,都比较缺乏独立和全面系统的史学意识。可以说近代中国佛教史的一项革命性事件,就是具有新史学意识的佛史论述的诞生。

民国佛教学在近代知识的意义上特别强调要从整体和历史发展的眼光来重新理解和考察佛教,从而引发了对佛教通论与通史书写的兴味。① 释东初就发现"我国佛学一向偏重于理论,忽于历史的考证,近代因受西方及日本佛教学者治学的影响,逐渐趋向于历史的研究"。② 当时中国一流的佛教学人大都对重建中国佛教史学有着明确的意识。梁启超在晚清所作与佛学相关的论述还比较重于"应用佛教"的路线,

---

① 民国期间关于佛教通史性质的著述,如吕澂的《印度佛教史略》(1930年),蒋维乔的《中国佛教史》(1928年),黄忏华的《中国佛教史》(1937年),印顺《印度之佛教》(1942年)、《中国佛教史略》(1944年)等。而有关佛教概论之书也出版不少,如谢无量之《佛学大纲》(1916年)、黄忏华之《佛学概论》(1935年)、蒋维乔之《佛学概论》、印顺《佛法概论》(1949年)等,本文主要讨论佛教史学之著,关于民国佛教学概论著述之讨论,参考本书第一编第三章"宏观佛教知识的建构:民国时期的佛学概论与通史"。

② 释东初:《中国佛教近代史》上册,第8页。

即以佛教做政治社会与哲学思想议论的材料。① 而民国之后，他一面提倡"新史学"，而同时也寄望于"新佛教"之振兴。② 从他于民国时期（主要是 20 世纪 20 年代）所作佛学研究论述来看，他对佛教之讨论基本都是以新史学的方法来加以研治的。值得注意的是，梁氏佛教史学研究中虽然以中国佛教史问题为主，但同时也注意到对印度佛教史部分问题的探讨。如其著有《印度佛教概观》《佛陀时代及原始佛教教理纲要》（原题印度之佛教）等。③ 释东初称梁启超"对佛教史学的整理，实为中国佛教近代史上仅有之第一人"。④ 此判断虽然不一定正确，却表示梁启超的佛教学研究是历史学取向的。

此外，胡适、汤用彤、陈寅恪、陈垣等一批一流的历史学家在研究中国历史与思想史时也涉及佛教史材，从而也多少运用近代知识史的新观念，以一种批判的历史学方式来重建佛教史论。可以说，他们几乎都在"六经皆史"这一观念下来开展有关佛学史的批判研究。他们把经典还原为历史文献，认为经史间并无高下之分，经典并非至尊之说，佛经也不一定是载道之文，苟有所失，亦无妨箴而砭之。这实际上是取消了佛典在经学研究中所拥有的那种特权。如陈寅恪就表示自己学术的重心在史学而不在经学，他之所以批评清学不如宋学，就在于清代学术重点在经不在史。所以他虽然"喜读内典"，而宗趣却在研究历史。他把佛经作为历史资料，就其作者、年代及内容做周密考证，至于佛学中的玄理，他的兴趣则非常淡漠。⑤ 胡适也非常鲜明地说

---

① 关于梁启超早年佛教学论述，可以参考他于 1902 年发表的《论佛教与群治之关系》（收录于《饮冰室合集》第 2 册），1903 年发表的《近世第一大哲康德之学说》（收录于《饮冰室合集》第 2 册）等。
② 梁启超：《清代学术概论》，第 99 页。
③ 均收录在《饮冰室合集》第 9 册。
④ 释东初：《中国佛教近代史》上册，第 565 页。
⑤ 根据俞大维回忆，当他将舍尔巴茨基（Stcherbatsky）的有关法称因明学及由藏文所译龙树回诤论念给他听时，他都不感兴趣。（俞大维：《谈陈寅恪先生》，转引自汪荣祖：《陈寅恪评传》，第 83 页）

他治学的立脚点即在历史①,故他在经史上简直就没有轻重、正统异端的分别,在方法上也能更彻底地贯彻无征不信和批判怀疑的作风。他多次明白地表示,他的佛教史研究就是要与古代和现代的佛教徒的思想史区别开来。他对日本现代禅学史研究的不满,也正可以从批判的历史学方面来了解。根据柳田圣山的回忆,胡适就对宇井伯寿的禅学研究史不肯接受他对神会的看法表示诧异,而他与铃木大拙之间有关禅学研究方法的著名论争,也都可以看作近代以批判的历史学方法为己任的史家与佛教徒之间历史观的不同了。② 汤用彤虽认为佛史研考不应徒在文字考证上寻求,而必须有心性之体会、同情之默应,但他主张佛史研究"必先之以西域语文之训练,中印史地之旁通",这一看法显然受来自于西方近代佛教史研究方式的影响。汤用彤表示自己对于中国汉魏六朝佛教的探究,主要是取自于"考证之学",而于义理则有所未逮。③ 陈垣更是重于佛史之考订研究,他说自己对佛史之兴趣"每以考证其异同为乐",因此他于佛史研究"将故事整齐","以语录入史"。④可以说,他在民国期间所做佛学研究,如《明季滇黔佛教考》(1940年)、《清初僧诤记》(1941年)、《中国佛教史籍概论》(1942年)、《释氏疑年录》(1938年)等,几乎全为近代知识史意义上的杰作。⑤

如果说上述民国佛教史学的研究集中于一批非佛教徒的历史学家身上,那么民国时期具有佛教信仰的居士与学问僧对佛学研究的理念又是如何呢?应该肯定,他们有关佛学的观念也多少熏染了近代知识

---

① 胡适:《致吴稚晖函》,载姜义华主编:《胡适学术文集·中国哲学史》下册,第1185页。
② 柳田圣山:《胡适博士与中国初期禅宗史之研究》,《胡适禅学案》,第6、7页。
③ 参见汤用彤:《汉魏两晋南北朝佛史·跋》。
④ 分别参见陈垣:《释氏疑年录》,中华书局1964年版,"小引"第1页;陈垣:《明季滇黔佛教考》,河北教育出版社2000年版,第234、480页。
⑤ 陈寅恪在为陈垣《明季滇黔佛教考》所作序中,就评其为以近代史学意识著述宗教史之第一人:"故严格言之,中国乙部(即史部)之中,几无完善之宗教史,然其有之,实自近岁新会陈援庵先生之著述始。"(陈寅恪:《明季滇黔佛教考序》,第235页)

史的流风，而在维持佛教信仰的前提下试图运用近代历史学的方法来论究佛法。与胡适他们以历史学的方法颠覆佛教的观念不同，他们认为佛教史学之研究并不是一味地批判信仰的确立，有时甚至有助于正信的证成。蒋维乔为中国近代较早系统地以历史的方式梳理中国佛教的学人，他在1928年编撰的《中国佛教史》所写"叙言"中，就明确表达了这一看法："一切学问均有学理的研究，与历史的研究二种，于佛教何独不然。然我国佛教，自汉代输入以来，于教理方面，特别发达……至于历史，则数千年来，事实复杂，向无有系统之典籍可供参考；欲从而研究之，正如暗中索物，不易获得。此其故，由佛教徒缺乏历史观念，在印度已然，我国人亦承受其影响也。虽然，研求教理，若有历史为依据，则所得结果，必益精确。是则历史之研究，实足为教理之辅助，岂可忽哉？"[1]

而民国时期最具佛学研究特色的当属太虚领导的武昌佛学院与欧阳竟无主导的支那内学院两系，虽然这两系在佛学的思想立场上面不太一致，但是他们都在保留佛教经学研究的前提下，不同程度地容纳近代知识史的研究方式。非常有趣的是，在经史学的关系方面，两系第一代学人（太虚与欧阳竟无）都重在传统佛教经学研究与书写的方式下，有限制地运用近代知识史学的观念来研讨佛学，即以经学或义学为首，史学为辅；而到了第二代（印顺与吕澂）则在经史之间更多地侧重于以史化经，以近代史学之观念来探究佛教经典。

太虚对佛学重在义理探求，特别是他要维持住中国佛教义学的传统。为了确认中国佛教思想传统的合法性，他通常都是基于经学的立场而反对以历史的方法来研探经论。最明显的就是他对近代佛教史学所掀起的批判《起信论》思潮做出的回应。他在1922年评论梁启超

---

[1] 蒋维乔：《中国佛教史》，上海古籍出版社2004年版。（此页无页码标示，故此处从略）

《大乘起信论考证》中就反对以西方近代史观来考究佛法。[①] 实际上，只要不涉及对中国佛教经典合法性的批判，对近代历史学颇有些反感的太虚也不免受时代风潮之影响，而有时要为佛教史学讲几句话。他在确定佛法修学的前提下，承认佛教史学研究的必要。他在1930年完成的《佛法概论》第一部分就谈"学史"，而且对印度、中国及各地之佛教史都先行进行了概述。他在谈到"怎样研究佛学"时，所列佛学内容的四项中，就包括了"佛教史料的编考""各种文体经典的校订""图书翻译会通的编纂"等，还特别提到"欧美新研究派"的成果。[②] 又如他在评论木村泰贤关于佛教研究方法一文时，虽然提倡佛教行门研究的重要性，也总算肯定了佛教史学之意义。[③] 太虚对佛教史学一定程度的肯定，启发了他的后学。印顺法师的佛教史研究是我们下面专门讨论的，而同出于太虚门下的史一如，20世纪20年代后在武昌佛学院也以日本学人的中印佛教史著为中心来展开佛教学的研究与教学。如东初所说"史氏所译几乎全属佛教历史方面，对当时佛教界发生极大的启发作用"[④]。

[①] 太虚在《评〈大乘起信论考证〉》一文中说"而东洋人之道术，则皆从内心熏修印证得来；又不然、则从遗言索隐阐幽得来。故与西洋人学术进化之历程适相反对，而佛学尤甚焉。用西洋学术进化论以律东洋其余之道术，已方柄圆凿，格格不入，况可以之治佛学乎？吾以之哀日本人、西洋人治佛学者，丧本逐末，背内合外，愈趋愈远，愈说愈枝，愈走愈歧，愈钻愈晦，不图吾国人乃亦竞投入此迷网耶！"又说"东方人由修证内心、索阐遗言得来之道术，其变迁历程，与西洋人之学术进化史，截然不同：一是顿具渐布，一是渐进渐备。于此义若能审谛不虚者，则原考证从学理上考察之说，无论其有百千万言，皆决然可一扫而空之矣。"(《太虚大师全书》第25册，第28、29、31页）

[②] 《佛学概论》，《太虚大师全书》第1册，第264、267页。

[③] 太虚评论木村之佛教研究方法之三分化的合理性，也承认历史研究之意义，他这样说："佛教研究区划为历史、教理、实际三部，殊为卓见。旧时佛教，只为教理之研究，近来虽然兼重历史，而实际之研究，则尚无谈及之者。"（《读木村博士佛教研究之大方针书后》，《太虚大师全书》第25册，第101—102页）

[④] 释东初：《中国佛教近代史》上册，第682页。史一如所译之《小乘佛学概论》等大都于20世纪30年代初在武院出版，而印顺1934年也在武院待过半年，这些都会对释东初的思想产生作用。

在支那内学院，特别是从欧阳竟无对佛学研究的反省中，我们感觉到他在佛教史学、经学与心法解脱之间的那份紧张。他一直往复游移于历史的研究与经学和心法的超历史性这一复杂的矛盾纠缠之中。如他一面坚持佛学的解脱面向，而反复强调内学无他，"期在现证"、"现证而已"①，主张佛学的研究要"从亲证法尔下手，则十二分教皆我注脚"②。他反对从语言、历史的视角去对佛法做知识史的探究。在《孔学杂著·复冯超如书》中，欧阳竟无说"文与义判然两事，所欲作新万民者，非止文字一端"；《复蒙文通书（三十二年二月一日）》也说"直探第一义，依文缀字，三世佛冤"。欧阳担心只作博观经论与历史考究，可能会导致对行修的淡薄而不图切实证会，丧失佛法超越性的面向。③ 但是另一面，欧阳也意识到，在近代社会如果不从历史知识转到经典文义的考究上，又易使佛学落于空疏无证的状态。这种传统与现代之间的纠缠，迫使欧阳竟无有时不得不承认，语言历史等近代知识史的方式对于佛学研究具有重要的扶翼作用。在为学的下手处，欧阳是主张经由"文字般若"通乎"实相般若"的为学次第。④ 他曾乐观地坚信，佛教的原义是可以通过对经典进行历史考证和语言学分析等方法而得到真传的。于是，理解佛法就必须依经贴释而又依史论经，俟经论通晓后，才能处处有所着落。知识史的研究不仅就经典的知识本身，而是对整个佛法参究来说都有至关重要的意义。欧阳竟无这时主张对佛经文本的读解必先经由"简别真伪""考订散乱"及借助梵、藏、巴利等文的"异文研求"以校释经义。⑤ 欧阳竟无所提炼出的佛学研究方法，正是"圣言至教量，应以经解经，一字不苟"和"由文字

---

① 分别参考《谈内学研究》《〈内学〉序》，《欧阳竟无佛学文选》，第32、79页。
② 《谈内学研究》，《欧阳竟无佛学文选》，第34页。
③ 参见欧阳竟无：《孔学杂著》，第49、52页。
④ 《支那内学院院训释》，《欧阳竟无佛学文选》，第144页。
⑤ 分别参见《今日之佛法研究》《谈内学研究》，《欧阳竟无佛学文选》，第30、33、34页。

历史求节节近真，不史不实，不真不至"的治学原则，①这可看成是近代知识史的治学三昧。

吕澂对佛学探究，比之其师欧阳竟无具有更丰富的知识准备，特别是他对佛史研究具备了充分的比较语言与文献学的基本功。这使他意识到，现代史学手段对于佛学研究来讲是不可随意跨越的基础。他甚至比欧阳竟无更自觉地主张，佛学研究应以批判的历史学研究为起点，才可以对教理获得正确的理解。吕澂重于佛教经史之学，而更偏向于以史论经。吕澂在20世纪20年代到30年代所出版的著作中就反复表示这一观念。他在1924年为所编撰的《印度佛教史略》所写的"叙旨"中就说："吾人治学先宜习其概论与历史，虽佛教亦无以异。……因思吾国研究佛教者多骛玄远之谈，屑然视历史为不足道，既昧与佛教与时代思想之相互关系，所学亦终不获运用于实际。"②又于1933年出版的《佛教研究法》中说："一切学术之研钻，莫不以史的寻究为最先最要。盖由此知事实之因果关系，及其变迁发达，而后得合理且精确之解释也。顾自来之佛教研究独异于是。所最重者，惟教理上文句训诂解释，曲说繁辞，不以为病。苟有以历史眼光略加批判者，即大逆不逊之。浸染此古陋偏见既深，遂至偏狭独断，附会荒诞，所说鲜当。以是佛教研究乖隔时代，背反理性，其进境远不及诸余学术，诚可憾也。"③

（二）"知识的学问"与佛史探源

作为一名教内出家的学僧，印顺对佛法的研究虽然是为了增益信仰，不过他把握了时代思想与学术发展的动脉，更希望赋予信仰以一

---

① 《欧阳竟无大师纪念刊》，转引自《中国哲学》第六辑，第315、316页。
② 吕澂：《印度佛教史略》，商务印书馆1930年版，"叙言"。
③ 吕澂：《佛教研究法》，第28页。

种理性主义的基础，提倡"胜解才是信仰的前因，胜解后的信仰，才是真诚的信仰、理智的信仰"①。印顺对"胜解"的完成主要就是透过佛学探究——一种具有近代知识史意味的历史学考究——来达成的。他认为佛法虽然是卓越的，却同时表现为"人间佛教的历史性"②。于是，从20世纪30年代他对三论宗的研究考索起，终其佛学研究生涯一生，他都本着佛教史学为主轴的研究方式，辨章学术，考镜源流，以探究佛教思想、圣典的起源流变，确立"世尊之特见"和法之正解为其宗教生命的天职。有人说印顺是近代中国佛教史上"基于信仰原则"而打破传统佛教义学独断，坚持以近代批判历史学的方式论治佛学的"第一位佛教学者"。③此一看法不免失之于速断，不过，从近代以来的中国僧侣佛学研究来看，以严格近代知识史的方式来论究佛教，并取得如此学术成就的，恐怕也只有印顺一人而已。

印顺并没有把自己限制在传统佛教经论学的探究方式里，而是对民国以来中国学术思想史研究的"知识范型"有着深刻的理解，他对佛教经典的研究就明显有化经为史的倾向。1942年他出版的第一部专著《印度之佛教》就表达了他"对佛法的信念"，是要"从佛教史的发展中去理解佛教"。④他在佛教的观念上虽然推崇太虚大师提倡的人间佛教运动，而在教理教史的研究方面，则是不拘一家师说的。如果说太虚把中国近代僧侣佛教学的研究"从宗教形式的佛教转向到哲学形态的佛教"⑤，那么印顺则把传统的佛教经学转向了具有近代知识史性质的经史之学。他的佛学研究在书写方式上就是倾向于"史的叙述"，他对法义的论究也完全不是出于"空谈玄理的兴趣"（哲学），而是要从

---

① 《从复兴佛教谈研究佛学——一九四六年十月在世苑图书馆讲》，《华雨集》（五），《印顺法师佛学著作全集》第12卷，第56页。
② 印顺：《说一切有部为主的论书与论师之研究》，第5页。
③ 参见圣严：《〈中国禅宗史〉》，载印顺编：《法海微波》，第137页。
④ 印顺：《妙云集序目》，《般若经讲记》，第6页。
⑤ Holmes Welch, *The Buddhist Revival in China*, p. 113.

"史的考论"中去加以解决。① 所以印顺并不承认自己是论师的传统，那在他看来是倾向于哲学的一流，他表示自己学问的重心乃在于历史，而"重于考证"，通过佛法的历史演化去"抉示纯正的佛法"。② 印顺无论是对印度佛教进行的通史性研究，还是对佛教圣典之集成与流变所做专题史的分析，一直到他对中国初期禅宗的论述，无不是在佛法"现实时空（历史）的方便演化"中去"可寻可考"。③ 如在20世纪30年代，他的老师太虚与梁启超、支那内学院就《起信论》问题进行论辩，太虚为此提倡用非历史考证的方法来论究佛典，而印顺只是在姿态上表示对老师的尊重，而思想方法上面却表示了对历史考证方法的同情。④ 可以肯定，印顺的佛学研究用料之精审，论定之密微，这些都是受惠于近代历史学方法。

化经为史可以看成是印顺与传统经论师的一项重要区别。传统佛教经论师通常都是主张经由圣典研习而扶翼或引出解脱经验⑤，不过，他们重经解却漠视历史。印顺对佛教史的研治，在大的原则上面他是接受解脱经验在佛教修学中的重要性的，所以他把佛教史的知识分为三种类型，即重于客观研究的"知识的学问"、内在证验式的"经验的学问"与"知识与经验相结合的学问"。他自己在理想上倾向于认同最后一种学问，而在学问的下手处却是"知识的学问"。他明确说自己的研究"有客观研究的倾向"，又说"惟有在历史的考证过程中，明白古

---

① 《游心法海六十年》，《华雨集》（五），《印顺法师佛学著作全集》第12卷，第11、19页。
② 《游心法海六十年》，《华雨集》（五），《印顺法师佛学著作全集》第12卷，第34页。
③ 印顺：《中国禅宗史——从印度禅到中华禅》，江西人民出版社1990年版，"序"第6、7页。又杜正胜，在评论印顺禅宗史研究时，就认为该书循胡适研究方式，"是典型的文献学考证法"。（印顺编：《法海微波》，第363页）
④ 印顺在《游心法海六十年》中回忆自己当年对太虚"融贯善巧"的佛学方式"由衷钦佩"，而对"内学院刊行的《内学》、梁启超的《起信论考证》，也有浓厚的兴趣"。（《华雨集》[五]，《印顺法师佛学著作全集》第12卷，第5页）
⑤ Jose Ignacio Cabezon, *Buddhism and Language: A Study of Indo-Tibetan Scholasticism*, Albany: State University of New York Press, 1994, p. 33.

代佛法流传的真实情形，才能够摆脱无意义的思想纠缠，进入更正确更光明的领域"。① 就是说，印顺希望把传统佛教的宗教经验纳入到已经合法化了的圣典，又把圣典的观念安置在历史流变中去做论究。

一般佛教的学徒都认定圣典是圣者的言传，因而在性质上是超越时空而不应做历史探究的。印顺对佛教经论的理解则意在打破这种习见，而把佛说的经典都放在历史流变中去做解释。他批判传统经学一味只在经教语言上去论究法义，而忽视了经典本身就是历史形成的这一基本法则。他认为言虽可以载道，却不足以尽道。"（佛说的）思想是生动的，自觉的内容，常是有机的统摄着，能随时空的不同而适应的。语文就机械多了！他多是片段的；相关的统一性，每不是浅薄的印象所能够了解。白纸上滴了黑字，常被愚拙者固执着，把他僵化而成为古人的糟粕。"② 因而对经教不应只作"神教式"读解，不能够"专凭佛口是说不说"来作为圣典合法性的抉择标准，而要从历史的演化来对经典及其法义做出判断。③ 于是，对于佛教经典的研判，就不能够只停留于经典文本的内部做形而上学的义理解读，或是单纯地根据宗教经验去做判释，而是要穿透经典发展的历史迷雾，还原到具体的历史场景中去理解。印顺认为，佛法所说"诸行无常法则"本身就说明佛法是一具有历史性的思想系统。"恒常普遍的法性"一旦用语言说出，"构成名言章句的教典，发为思惟分别的理论"，就成为"世谛流布"而需要从历史演化的方面去加以照察的。④

佛教的历史学就是如是而成立的："佛法的表现，是说明佛法出现在时空中。流行，是说明佛法在时空中的延续、扩展与演变。"印顺历史主义地把原始佛教到大乘佛教都看作是历史中的佛之言教，如他从

---

① 印顺：《谈入世与佛学》，《无诤之辩》，第 227、234 页。
② 印顺：《印顺法师佛学著作全集》第 7 卷，中华书局 1980 年版，第 106 页。
③ 印顺：《大乘是佛说论》，《以佛法研究佛法》，第 159、160、163 页。
④ 印顺：《以佛法研究佛法》，《以佛法研究佛法》，第 3 页。

经论集出的历史考察去讨论大乘经论的历史形成与流变,并指出历史所流传发展的思想也可以成为佛教的经典。他提出大乘经论都是在历史流变中不断加以"推演、抉择、摄取,成为时代意识而形成的",这些都可以看作佛说。他甚至批判那种缺乏历史主义的经教信仰流入一种圣典崇拜的误区,而指出"尽信书不如无书,离却糟粕又从那里去洗炼精华"。① 如此,则佛教经典至上性的地位已经多少被解构,把佛教经典历史化的做法是对传统佛教经典观的"解除魔咒",这对传统佛教信仰来讲是多么大的一次震撼,也正因于此,印顺经常受到来自教内的各种批评。

印顺对于近代知识史的接受是经过自己的研究来做抉择的。他在接受许多近代史学的研究方法的同时,在史观方面却有所保留。近代知识史有一些关键性的观念,如历史发展的"进化论"与"通则论"就是其中重要的两项。② 西方的这种史学观念在19世纪末到20世纪初也直接或间接通过日本而影响到中国思想学术界,一时成为史学界之典范。如以梁启超为代表的新史学就主张历史学的任务乃在于"叙述人群进化之现象"而"求得其公理公例者也"。③ 十八世纪西方启蒙运动以来历史学观念一洗传统基督教神学的历史目的论(teleology),而代之以进化论模式的历史观。④ 进化论观念作为民国学术思想史研究的一大流行观念,也对传统佛教史观带来相当大的冲击。一般佛教观念坚信法的历史是经由正法到像法,最后到末法的流转退堕的历史,这一历史图像在近代化的中国学术界会受到严厉的挑战。不用说,近代东亚学界对《起信论》真伪问题的大辩论,其背后就含藏了一种进

---

① 印顺:《大乘是佛说论》,《以佛法研究佛法》,第160—189页。
② 参见 Norman J. Wilson, *History in Crisis?: Recent Directions in Historiography*, pp. 12, 13.
③ 梁启超:《新史学》,《饮冰室合集》第1册,第10页。关于西方史学对近代中国历史学之影响,参见李孝迁:《西方史学在中国的传播(1882—1949)》,华东师范大学出版社2007年版。
④ 十九世纪的西方史学充满了历史进化论的史观,关于此,参见施亨利(Henry See)著,黎东方译:《历史之科学与哲学》,商务印书馆1930年版,第七章。

化论的历史学观念。太虚曾经因为《起信论》的合法性备受批判历史学的质疑,而专门拈出进化论史观加以批判,并反对以进化论史观来研究佛学。印顺并不是一味地反对近代史观中的进化论观念,只是他根据自己对佛教经史发展的考论结果,发现"进化论"是一种过于简单化的历史叙事模式,它无法包容和解释更复杂的历史演化现象。如佛教的历史演化就不能够简单地纳入进化论模式中来分析。印顺一面主张对于佛法的圣教流传"是完全契合的史的发展,而可以考证论究的",但是佛史的发展,又不是一味地进化,说进化只是佛教历史的一个方面,"说进化,已是一只眼,在佛法的流传中,还有退化、腐化"①。他根据这一史观,判定大乘佛教之三系思想就是"进化"的显例,而大乘佛教后期的密教化则又表示了大乘退化的历史现象。

关于近代史学所特别强调的历史发展"通则"(regularities)一义,印顺则较为采纳。"通则"即历史规律。印顺对佛教史的探究特别重视史的源流变化,他试图在佛教史的流变中去发现含藏着的通则。在《华译圣典在世界佛教中的地位》(1952年)一文中,印顺这样说"佛法是一味同源的,也是多方适应的。在适应不同民族,不同环境,不同时代中,发展为似乎非常不同的形态。然如从发展的倾向,发展的规律;从演变中的内在联结,外界适应去研求,即会觉得:世界不同形态的佛教,是可以沟通,可以合作的"②。

近代知识史特别重视溯源性的古史探求,对起源的回归意味着"回到人类存在可靠和原本的意义"③。民国初年以后,中国近代历史学的研究中出现了"今日吾国治学之士,竞言古史"④的局面,古史研究

---

① 《游心法海六十年》,《华雨集》(五),《印顺法师佛学著作全集》第12卷,第33页。
② 印顺:《以佛法研究佛法》,《以佛法研究佛法》,第261页。
③ 参见福柯论"起源的隐退与回归",Gary Gutting, *Michel Foucault's Archaeology of Scientific Reason*, p. 206。
④ 陈寅恪:《陈垣〈元西域人华化考〉序》,《金明馆丛稿二编》,第270页。

兴起与溯源性思考成为当时中国历史学研究的一大潮流。著名史家顾颉刚20世纪40年代所发表的《当代中国史学》中就指出，古史研究成为近20年来史学研究的中心议题。他分析了古史兴起的背景，发现这是由西方新史学的观念与清代汉学"疑古"学的结合，而引发了"史学上寻源心理的发达"。疑古而溯源到古史中去求真，正是近代中国知识史书写背后的一个基本观念，这一观念也引起了学者对于"古代宗教和神话的研究"。① 近代世界佛学的研究也有类似现象。西方自19世纪近代佛教学诞生以来，就对原始佛教与印度佛教给予了特别的关注，而流风所及也直接影响到明治以后日本佛教学的研究方向，重视对印度原始佛教与印度佛教史做系统考辨，而不再为东亚佛教传统所限。这一观念也影响了民国一些精英佛教史家，内学院就非常重视对印度佛教史的研究，吕澂在20世纪20年代就根据日本学者荻原云来《印度之佛教》之结构"重为编订"，而同时参考日本学者崛谦德、马田行启的《印度佛教史》，综合而成《印度佛教史略》一书，并于1925年由上海商务印书馆出版。太虚系统的《海潮音》也组织翻译了不少日本学人有关印度佛教研究的成果，印顺对佛学的兴趣，从早年就表示出对佛教古史的向往。他对佛教学的"印证"特别希望回到印度传统中去"参证史迹"，"以历史印证之"。早在作《印度之佛教》时，他就表示对佛法"探其宗本，明其流变，抉择而洗炼之，愿自治印度佛教始"。②

印顺早年的阅读，除了阅藏（经），就是阅与印度佛教史和印度古史有关的作品。他在《平凡的一生》中回忆早年（20世纪30到40年代）对其佛教史研究产生重要影响的三部书，其中多罗那他的《印度佛教史》与西方学者的《古代印度》两部，就都是与印度佛教史有关

---

① 参考顾颉刚:《当代中国史学》，第122、123、133页。
② 《印度之佛教》，《印顺法师佛学著作全集》第13卷，"自序"第2、3页。

的。印顺特别注意这些书中所涉及的印度"史料及古史"等材料[①],而这也就形成了他一面"深入经藏",而又不喜专从义理方面空究圣典,而倾向于通过"寻流探源"的方式来"抉其精微,简其纰谬",即以经典的知识史细察作为"振古之法本"圭臬。[②]

这种从"起源到源流"直探古史的论究一直贯穿在印顺整个佛教史的研究中。他认为"对于佛法的研究,'原始佛教'是最主要的环节"。所以从他早年书写的佛教史直到晚期作品,都明显突现了对印度佛教,特别是"原始佛教"、原始圣典进行历史探究的热情。[③]他希望先确定好"原始佛教"的真实法味,然后才对逐步开展的佛教史上的各种传说与思想进行辨析。即从原始教典与印度佛教这一融合点上去重新研判教理教史,并以此来确认纯正佛教,即所谓"世尊之特见"的本质原义及其流变。印顺关于印度佛教之研究经历了从通史到问题史的深化,其学术后期所出版关于初期印度佛教史的力作,都可以看成是在《印度之佛教》大结构下面,做更精密、更具问题化的历史学探究而已。印顺自己就说他后期所著关于印度佛教的论文及著作,大都是"继续《印度之佛教》方针"而"广征博引,作更严密、更精确的叙述"。[④]印顺这种对佛教本源的历史性探索体现了一种近代知识史的性格。

---

① 《平凡的一生》,《印顺法师佛学著作全集》第 23 卷,第 21—22 页。又印顺所读多罗那他《印度佛教史》参考的是由寺本婉雅译出的日译本,但是该译本错误非常之多。(参见王尧:《张建木先生所译〈印度佛教史〉读后语》,多罗那他著,张建木译:《印度佛教史》,四川民族出版社 1988 年版,第 278 页)而印顺说的另外一部名为《古代印度》的书,很可能就是斯密斯(V. A. Smith)之《印度古代史》(*The Early History of India*)的中译本。因为印顺在《为自己说几句话》一文中也提到这本书,并回忆说该书是由牛津大学出版的《印度史》。(参见《印顺法师佛学著作全集》第 19 卷,第 164 页)这样比较起来看,我认为这应该就是斯密斯《印度古代史》,该书在民国学界有一定影响力,吕澂在《佛教研究法》中就略有介绍。
② 《〈异部宗轮论语体释〉序》,《华雨集》(五),《印顺法师佛学著作全集》第 12 卷,第 135 页。
③ 印顺:《原始佛教圣典之集成》,台湾正闻出版社 1994 年版,第 1—2 页。
④ 《游心法海六十年》,《华雨集》(五),《印顺法师佛学著作全集》第 12 卷,第 21 页。

印顺溯源印度佛教而探法之流变的方式与宋明以来传统中国佛学以中国祖师传统与义学为重的方向大为不同。圣严就高评印顺为近代中国佛教史上的四大思想家之一，而认为其佛教学史的倾向是透彻了中国佛教而加以扬弃，"回归到接通于印度原始佛教的大乘性空思想"。① 印顺的印度佛学探源倾向也就成为他与他的老师太虚佛学观念之间的差异，而引发了有关教史观念的交锋。印顺的《印度之佛教》出版以后，他与太虚之间论学的一个主要分歧，就在于是以印度佛教还是中国佛教作为衡定佛法义谛的标准。印顺之《印度之佛教》从完稿到出版，太虚就曾分别写了两篇书评，表示他的这位学生对佛法的理解"与吾意有不少距离"。而其中最重要的分别就在于，太虚要本着中国大乘佛教，特别是大乘佛教中的"真常唯心论"为标准来判释一切佛教，包括佛教的历史。这种以中国佛教为本的观念，使他无法接受印顺在印度佛教史论述中从小乘部派思想逐渐发展而抽绎出大乘经论的历史学说法。太虚批评这一历史主义的佛教史观乃是"声闻为本"而不是"佛陀为本"。太虚仍然坚持"大乘经源出佛说"的非历史形成的观念。实际上，太虚对《印度之佛教》的评论已经不是出于佛史的论究，而是出于护持中国佛教正统性的需要。他对佛教史的判释是重于民族主义的立场，而非学术史的细密论究。太虚说，佛史之探"本是以言中国之所宜"，"不应偏事激扬，阻国民及世人接近佛法之机会"。② 可以想见，太虚对印顺印度佛教史的理解，并不是从知识史，而是从社会效应来加以评断的。印顺就明确表示，太虚在"佛学传承上"缺少了"史的科学之方法"这一环节，而且太虚在佛教立场上也

---

① 圣严：《近代中国佛教史上的四位思想家》，载印顺编：《法海微波》，第 322 页。
② 太虚：《再议〈印度之佛教〉》，载印顺编：《法海微波》，第 3—16 页。有趣的是，印顺的这部书反获得内学院系的好评，虽然他与内学院在佛学观念上有所不同，而回到印度佛教去抉择正法，也成为他们之间共同的理想。王恩洋之就印顺《印度之佛教》所写书评《读〈印度之佛教〉书感》，即谓该书"事求真实，不抑善，不隐恶，是是非非，全盘托露"。（《王恩洋先生论著集》第二卷，第 325 页）

"是真正的中国佛学"。①

需要指明的是，印顺之以史释经来论述佛教史，特别是印度佛教史的议题，并不是处于单一知识史或考据之兴味，他重视印度佛教史的探源，背后其实存在着对现实佛教的价值关怀。就是说他追溯佛教原始的纯洁性，乃是有感现实佛教之流弊而发之于学术史之探究。他自己就这样表示，研究佛教古史正是基于中国佛教的"渐失本真"而"将心力放在印度佛教的探究上"，以"确定印度经论本义，并探求其思想的演化"。② 近代知识史在印顺的佛教学研究中一直是作为护持教法的工具。所以印顺的佛史探源寻流，是含有他自己对佛法理解的深义于其中的。他的著史已不只是"资料的堆砌"，而是"据典销解的分判"。③ 即他的佛教经史研究就是史论分析。对印顺来讲，佛史的考据也好，思想研判也好，都旨在支撑起纯正佛法的价值精义。印顺试图透过史鉴来表示他对现实佛教的忧虑。值得注意的是，在印顺的佛史考察中，历史学不仅是一门方法，更成为一门宗教救赎的精神命脉所在。印顺以史学来护持法义的纯正，他在印度佛法衰落的原因探析中，发现了史学不仅可以辨析源流，还可以纠正法统。他认为印度佛教传统重于哲学之论辩，而缺乏"精密之考订"的历史学的观念，这一点成为印度佛教最终走向衰微的一个重要原因。"印人薄于史地之观念，故思辨深入而事多疏失。"④ 于是，印顺提倡佛教史学的精神，乃在于"记取过去的兴衰教训"而不是"徒供皮藏参考"。⑤ 一直到 20 世纪

---

① 印顺：《谈入世与佛学》，《无诤之辩》，第 204、224 页。参见太虚为《印度之佛教》写的评论，及印顺的回复《敬答〈议印度佛教史〉》，其中印顺说他与太虚格量佛教之不同在于"其取舍之标准，不以传于中国者为是，不以盛行中国之真常论为是，而着眼于释尊之特见景行，此其所以异乎"。（《无诤之辩》，第 122—123 页）
② 《游心法海六十年》，《华雨集》（五），《印顺法师佛学著作全集》第 12 卷，第 9 页。
③ 张曼涛：《〈说一切有部为主的论书与论师之研究〉》，载印顺编：《法海微波》，第 95 页。
④ 《印度之佛教》，《印顺法师佛学著作全集》第 13 卷，第 230 页。
⑤ 印顺：《说一切有部为主的论书与论师之研究》，"序"第 4 页；又，他早年这部《印度之佛教》虽是史学之作，却也"有弘法与护法意义在内"。关于此，参见蓝吉富：《〈印度之佛教〉简介》，载印顺：《法海微波》，第 268 页。

80年代，他作《印度佛教思想史》，还是本着"如实与方便"来开展佛教史论，而其宗旨是要"缩短佛法与现实佛教间的距离"，让现代的佛教界理解何为正当的"方便"。①

（三）他山之石可攻玉：印顺佛学史论中的国际学术意识

印顺在早年对佛史的研究中就透露出现代学术的意识，如他后来回忆自己在四川研习时就想学习藏、梵、巴利等语，以作为佛学研究之资，并提出"在现代的佛学界，想探究佛法而不通外文，实在是不及格的"②。可见他对佛学的参究是不拘泥于晚近以来中国佛教界那种故步自封的传统，而他于佛学的研究上面每能得风气之先，匠心独运，并在教界独树一帜，这与他一直保持比较开放的研究态度有关。③一直到他学术创造的后半段，随着研究条件的改善，印顺对佛学问题的讨论更多地参考到西方和日本学人之研究成果。印顺表示，他在20世纪50年代以后的佛学研究"受到日本佛学界的影响要多些"，如其重要的印度佛教史著《说一切有部为主的论书与论师之研究》《原始佛教圣典之集成》《初期大乘佛教之起源与开展》等，都有较多地参考日本学人的研究。④

---

① 《印度佛教思想史》，《印顺法师佛学著作全集》第13卷，"序"第6页。其实，这种以史载道的方式也是近代中国"新史学"一个重要的理念。近代佛教学的历史学研究中也经常隐含了某种道德或民族主义意识，如陈垣之于抗战期间（1940—1941年）完成的《明季滇黔佛教考》《清初僧诤记》等佛教史学就"不徒佛教史迹而已"，而实含有"爱国之心"和抨击变节之义。（参见《明季滇黔佛教考》"重印后记"，第480页）关于近代中国史学与民族主义的关系，参见 Q. Edward Wang, *Inventing China Through History: The May Fourth Approach to Historiography*, pp. 20-26。

② 《游心法海六十年》，《华雨集》（五），《印顺法师佛学著作全集》第12卷，第2页。

③ 有意味的是，印顺在40年代发表的《大乘是佛说论》中还特别引证到西方近代哲学中的叔本华与尼采之思想关系来说大乘佛教是如何"从声闻佛教中透出来"而又表现出不同意趣的。（印顺：《以佛法研究佛法》，第198页）可见，印顺不仅对同时代佛学研究的最新动态都努力加以消化，对于不同时代的外学状况也略加注意的。

④ 关于印顺所参考过的主要日本佛教学书目，参见《为自己说几句话》，《永光集》，《印顺法师佛学著作全集》第19卷，第161—163页。

不过印顺是有所抉择地会通国外近代佛史的研究，即主要参照他们的研究问题、材料，而做出自己的回应，并进而欲求超胜。如他晚年所著《〈大智度论〉之作者及其翻译》（1991年）一文还根据近代法国学者拉莫特（Lamotte）及日本学人的观点，而表示自己研究的独到之见。[1]

印顺佛学的基本训练主要是来自于他对华文藏经系统研读，他曾多次阅藏，早年就对华文藏经打下了非常扎实的基础，这可以说是他一生佛史研究的活水源头。不过，仅依据单一的藏经材料并无从开展出完整的、具有近代知识史意义的佛教史研究。印顺对佛史的探究，特别是对印度佛史之探源显然受惠于国际近代佛教史学著述的影响，尤其是近代日本佛教学研究成果的启发。

日本近代佛教学的发展，正是受到西方19世纪以来有关印度学、佛教学研究的影响而开展出来的。西方近代佛教学研究在方法上重视运用比较语言和历史考证等方式来确定佛教的文本、历史与思想，在研究的倾向方面，也偏重于从佛教发展的源头，即印度佛教的法流中去做论究，故而其学以巴利、梵本佛典为重，而对东亚佛教传统则有很大的歧视。[2]这一流风所至，影响到日本近代佛教史学之研究，也把重心转移到印度传统去论究佛法流变。如明治以后重要的日本佛教学大师大都受到欧洲佛教学研究影响，一面重视对佛教经典文献做比较语言与历史研究，同时也把佛教学研究方向转到印度去进行探源流变。关于印度文明史、印度宗教史、印度佛教史等著述广为流传，像姊崎正治、南条文雄、高楠顺次郎等不仅著有大量印度学和印度佛教学的著作，他们其中不少学人还基于对印度古代佛教之感动，或对近代佛

---

[1] 该文收在《永光集》，《印顺法师佛学著作全集》第19卷。
[2] 关于此，可分别参考狄雍著，霍韬晦译：《欧美佛学研究小史》，法住学会1983年版；Guy Richard Welbon, *The Buddhist Nirvana and Its Western Interpreters*, Chicago: The University of Chicago Press, 1968，两书中的相关论述。

教之衰微之拯救而访问印度,并作实地的勘察。① 这种佛教学研究的印度溯源,表示了近代东亚佛教学研究的新方向。于是佛教学不仅在方法上增多了比较语言学、历史学的方法,在主流研究的方向上也是与印度学结合了。明治以后,日本佛学界流行一种较为自由的研究之风,对东亚佛教传统之说也不是一味信任而敢于提出批评,主张以自由怀疑的精神来重新判定佛教,这些都意味着日本近代佛教学已经走出了传统佛学"独断时代"。②

近代日本的学术史研究大量译传到中国,并成为中国学术史研究中重要的"思想资源"与"概念工具"。正如有学者发现,近代以来由日本所输入的资源已经为中国学术史或知识史"奠下了新的文化基层建构(cultural infrastructure)"。③ 要深入了解与分析近代中国佛学的发展,同样不能够忽略近代日本佛教学的因素。民国时期(特别是20世纪20—30年代)最先出版的几部有关佛史的著述都深受日本佛教学的恩泽,甚至不少就是直接把日本佛教史的著述照搬、编改过来。如吕澂的《印度佛教史略》就是综合日本学者荻原云来等学者的研究而成,蒋维乔的《中国佛教史》又根据境野黄洋的《支那佛教史纲》编译而成,黄忏华的《中国佛教史》"则大体仿造宇井的著书"。④ 吕澂在

---

① 小川原正道编:《近代日本の仏教者——アジア体験と思想の変容》,庆应义塾大学出版会2010年版,第352—356页。参见武藏野女子大学佛教文化研究所编:《雪顶·高楠顺次郎の研究——その生涯と事迹》,大东出版社刊1979年版,该书在第41—43页列有高楠主要著书目录,其中多为印度学及印度佛教方面的。

② 分别参见魏常海:《日本近现代佛教新宗派研究》,楼宇烈主编:《中日近现代佛教的交流与比较研究》,宗教文化出版社2000年版,第94、95页;杨曾文:《日本佛教史》,浙江人民出版社1995年版,第596、597页。关于日本近代佛教学的形成与发展,可参见林传芳著:《近代日本佛学研究的发展》;吉田久一:《近代仏教の形成》,《近代仏教概说编》第一卷,京都法藏馆昭和38年版,第102—116页;柏源佑泉:《日本仏教史——近代》,第71—95页。

③ 参见王汎森:《"思想资源"与"概念工具"——戊戌前后的几种日本因素》,《中国近代思想与学术的系谱》,第168页。

④ 关于此,参见肖平:《近代中国佛教的复兴——与日本佛教界的交往录》,广东人民出版社2003年版,第173页。

20世纪30年代出版的《佛教方法论》还把日本近代学人有关印度佛教史的重要著书略为译介。[①]20世纪30到40年代，中国佛学界从日文翻译过来的有关印度佛教史的资料和研究也不少，仅与印顺法师有深切关联的《海潮音》与武昌佛学院，就曾非常积极地发表和出版了近代日本学人有关佛教史，特别是印度佛教史等方面的著述。如《海潮音》在20世纪20到40年代间发表了木村泰贤、高楠顺次郎、宇井伯寿、渡边海旭等一批以西方近代佛教学方法研治佛学的论著，而武昌佛学院也出版了舟桥水哉的《小乘佛学概论》（1934年）、境野黄洋的《印度佛教史》（1934年）等重要作品。30年代在国内有重要影响力的上海商务印书馆也出版了如木村泰贤的《原始佛教思想论》（1933年），木村泰贤、高楠顺次郎的《印度哲学宗教史》（1935年）等重要著述。可以想见，当时中国佛教学界已经隐然形成一种较有国际研究视野与方法意识的佛教研究风气。

在印顺一生的佛史探究中，对日本近代佛教学的研究有着高度的重视。他自己就表示"日本近代的佛学，对我是有相当影响的"[②]。印顺最初接触到日本佛教学的研究细节虽不可考，但是他在1931年和1934年都曾去闽南佛学院求学或讲学。当时由太虚法师所领导的闽院佛教学教育就参考了日本佛教大学的方式，这表现在闽院的佛学教育除了对传统佛教经论进行研习之外，还重视到佛教史及外学方面的知识，如历史学、日文等的教育。[③]这些无疑对年轻的印顺产生了直接和间接的影响。1937年印顺住在武昌佛学院，又读到了日本高楠顺次郎与木村泰贤合编的《印度哲学宗教史》，木村泰贤著的《原始佛教思想论》，还有墨禅所译的、结城令闻所著的关于唯识思想史的著述。[④]这

---

① 吕澂：《佛教研究法》，第40—43页。
② 《为自己说几句话》，《永光集》，《印顺法师佛学著作全集》第19卷，第161页。
③ 关于闽院开设课程，参见 Holmes Welch, *The Buddhist Revival in China*, pp. 111, 113.
④ 参见结城令闻著，墨禅译：《唯识学探源》，"自序"第1页。

几部书对印顺探求佛学的方法，有了新的启发。特别是这些日本近代佛学著述强调以历史、地理、考证等近代知识史方法去"理解佛法的本源与流变"，渐成为印顺"探求佛法的方针"。① 对于印顺来讲，这些都很符合他对佛学探究的理想。

他早年的《印度之佛教》就明显受到日本近代佛学研究的影响。印顺自己就说，他作《印度之佛教》参考了《佛教史略》② 与《印度哲学宗教史》，这两部书都是日本近代佛教知识史的名著。其中高楠顺次郎与木村泰贤合编的《印度哲学宗教史》主要是研究印度佛教流行前印度婆罗门教派的形成与各家哲学，并没有特别讨论佛教。而这给印顺一个重要的启发，即理解印度佛教，必须放到整个印度文化思想的脉络去解读，即佛教学研究应该与印度学结合起来。如印顺发现，佛教的成立乃内本"世尊之特见"，同时也与"印度固有之文明，关涉颇深"，因此对印度佛教做源流的探讨"应一审佛教以前印度文明之梗概"。③ 印顺就说，木村泰贤、高楠顺次郎的这部《印度哲学宗教史》对他的影响主要表现在他们"从渊源、发展、演变而作史的叙述，对我探求佛法的方向，有着相当的启发性"④。印顺的佛史研究重视把对印度佛教学的探究与印度学的意识结合起来，这恰恰就是近代佛教知识史研究的一个重要特色，而与中国传统佛教学的方式大不一样了。

应该说，木村泰贤的《原始佛教思想论》对印顺佛教史研究的启发更为直接和深入。木村本身就特别重视佛教史学的研究。仔细勘就起来看，木村对印顺影响至少可以表现在下面几点：（1）重视以历史的方式探究佛法。木村认为佛教研究进入近代，史学研究方式应成为佛学探究之典范。他说"尤以致力于佛教历史之研究，为近世佛教学

---

① 《游心法海六十年》，《华雨集》(五)，《印顺法师佛学著作全集》第12卷，第7页。
② 《佛教史略》即是吕澂根据日本学者研究综合而成《印度佛教史略》一书。
③ 《印度之佛教》，《印顺法师佛学著作全集》第13卷，第1页。
④ 《为自己说几句话》，《永光集》，《印顺法师佛学著作全集》第19卷，第161页。

者之趋势。于此研究益力,成绩益出,遂益盛大矣"。(2)佛史研究与回归印度。木村提出"夫佛教在中国、日本,虽已特别发达,究其源均在印度,而尤含有与印度其他宗教共通要素甚多。若于印度一般之思想缺少理解,则何为佛教特殊之思想?……不能辨别"。此即是通过回到印度思想,特别是原始佛教中去寻求"佛陀之真说法门"。依木村的看法,佛史研究要先确定"原始佛教"或"根本佛教之为何物",之后再讨其流变。其在《原始佛教思想论》第一篇"大纲论"就开宗明义表示,他本书的目的就是"阐明何者为代表真正之佛说,或其他部分,经由何种过程,如何而自直其说,发展至此"①。(3)大乘经典研究,必须通过"圣典成立之顺序"及其与"论师部派"之关系来做教理史的探讨。② 很明显,木村佛学史的这些观念都深刻影响了印顺佛教史写作,他们之间的问题意识、思考方向与基本架构都相当类似。

印顺受日本佛教学界的影响,主要表现在探究源流的历史学方法方面。虽然他表示对日本学者历史考证的方法"不完全同意",但又"确乎对之怀有良好的感想"。③ 可以这样说,印顺一面受到近代日本佛教学影响,重视追溯到印度传统去探求佛教源流。而在研究的进路和结论上面,他都有自己的抉择。虽然他不能够深谙外语,也不可能在佛教史研究的细节方面去参证日本学人的成果,但他讨论佛教史的许多重要的问题意识、材料考订、史论之架构等方面,都有从日本近代佛教学的知识史著中获得灵感。而带着这些问题意识,他又从浩瀚的汉文藏经中去稽古细察,钩深致远,做出自己独立的而有新见的佛教史研究。所以印顺才说自己对日本近代名著,在资料上面多有参考,

---

① 木村泰贤著,欧阳瀚存译:《原始佛教思想论》,商务印书馆1932年版,第1、2页。
② 参考木村泰贤:《佛教研究之大方针》,载张曼涛主编:"现代佛教学术丛刊"第41辑《佛学研究方法》,第93、98、103页。
③ 印顺:《谈入世与佛学》,《无净之辩》,第228页。

而见解上面"不能随和"。① 如他坚持传统汉文藏经材料的重要性,而不是一味以巴利梵本来贬低汉文藏经,为此他还专门讨论汉文藏经对佛教史研究的意义。他明确表示自己的《说一切有部为主的论书与论师之研究》与《原始佛教圣典之集成》就大量参考了日本学人的研究成果,但又不满他们一味受西方影响,以巴利主导一切原始佛教研究之倾向。为此,印顺走出"自己的道路"来探究原始佛教与圣典历史。如他的《原始佛教圣典之集成》就表示了对平川彰《律藏之研究》完全不同的意见。② 而其晚期所作《初期大乘佛教之起源与开展》中许多研究也是针对日本学者平川彰的《初期大乘佛教之研究》而进行的评破。

再从他的禅史著述来看。虽然印顺禅学史的探究源于国内胡适等引发的关于《坛经》的争论,但是他治禅史,也确定参考了日本近代禅学史的重要成果。印顺说他关于中国初期禅史的研究方面,宇井伯寿的《中国禅宗史研究》三卷,关口真大的《达摩大师之研究》《达摩论之研究》《中国禅学思想史》,以及柳田圣山的《中国初期禅宗史书之研究》等资料,都对他的研究"帮助很大"。不过,他参考多是资料与学史的问题意识,而对问题的解决都是自己根据考证与解说而发挥出来。如他关于《坛经》考察,分明表示参考了胡适、宇井伯寿、关口真大及柳田圣山等人的意见,③ 而无论在考证还是结论方面,都有他自己的发明,而绝没有简单因袭。

---

① 印顺:《原始佛教圣典之集成》,台湾正闻出版社1994年版,第103页。印顺自己的不少佛教史学作品里也大多直接提到或引证到日本近代佛教学的重要成果,并明确表示自己的研究正是因其中一些问题而触发。如他早年的《印度之佛教》在架构上面"看得出有近世外国佛教史书的痕迹,……其内容所论,主要则皆从汉译三藏而来"。(参见蓝吉富:《〈印度之佛教〉简介》,载印顺编:《法海微波》,第269页)

② 参见《游心法海六十年》,《华雨集》(五),《印顺法师佛学著作全集》第12卷,第23页。

③ 印顺:《中国禅宗史——从印度禅到中华禅》,第4、203页。

（四）在圣典与历史之间：印顺与佛教经解

传统佛教中，解经本身就是最为基本与典范性的知识类型，经学成立的一个基本前提就是"真理包含在经典文本"之中，解经（exegesis）的重要使命就是阐解出经典中的圣人之道。[1] 因此解经就不仅是一种知识活动，而同时具有了宗教性的意味。对传统佛教学僧与学人来讲，解经成为他们维系佛法命脉于不坠的一种体道的实践。近代中国历史学在把"六经皆史"作现代性的改造之后，同时消解了传统经典中所谓"道"的合法性，而把经典纯粹作为"史料"。他们以史学作为近代启蒙的工具，有意识地要通过近代史学的论述方式而化约掉经学之"道"的观念。如胡适对包括禅学史在内的"国故"研究，就是要用近代史学的方法来"据款结案""重新估定一切价值"，对传统经典及思想进行"化神奇为臭腐，化玄妙为平常，化神圣为凡庸"的颠覆。[2]

其实，章学诚所谓"六经皆史"的观念并没有取消经中有道的意义，而恰恰是希望把道的解读贯彻到具体而微的历史事件中去做体认，所谓"我欲托之空言，不如见诸行事之深切著明"。故学诚虽重史学，却作"原道"，以"取征于事物，而非徒托空言，以为明道也"。[3] 正如有学者所发现，在章学诚的历史哲学中，超越的道必须"放在具体

---

[1] Pierre Hadot, *Philosophy as a Way of Life: Spiritual Exercises from Socrates to Foucault*, Oxford: Blackwell, 1995, p. 73.

[2] 参见胡适：《整理国故与打鬼》，《胡适文存》第三集，第 105 页。马克瑞引用 Irene Eber 讨论胡适历史学研究问题时指出，德国近代著名神学家巴特曼（Rudolf Bultmann）曾经敏感而深刻地意识到"做历史"可能会对存在性问题带来伤害，但是胡适对其禅史研究所带来的这一问题完全没有意识。（参见马克瑞：*Religion as Revolution in Chinese Historiography:Hu Shih (1891-1962) on Shen-hui (684-758)*，该论文尚未正式发表，在此特别感谢马克瑞教授给我参考他的未刊文稿）我以为，胡适恰恰是要借做历史而颠覆传统思想中那些存在性的哲学资源。

[3] 章学诚：《原道》中、下，《文史通义》，第 36、40 页。

的历史时空的连续流变中，才能够发现其恰当性所在"[1]。就是说，历史学并不是要解除古典圣人之精神价值，而是被具体化地赋予了弘道的功能。

在经史关系上，印顺以史论经，但并没有以史代经，仍然本于宗教性认同而坚持经典的神圣性面向。在他的看法中，佛教圣典是历史中形成的，但既然是圣典也就同时具有超越时空的道涵藏于中，从流变的历史当中去阐解出这超越的道谛，就是传统解经学所要实现的目的。印顺在经史之间虽然更倾向于史的探究，但是他研史的目的仍然是为了回转到对圣典之道的理解上来。从他学术书写来看，他对佛史之探究与圣典之解释经常是穿插而又互补地进行的，而且他佛史研究的重心，也比较集中在对圣典集成和流变的研究上面。

印顺的解经与传统佛教经学一样是重于法义的阐解，不过，传统经论师的解释经典通常都是在去历史化的封闭空间里来论究法义，而具有"崇经黜史"的倾向。印顺则不然，他仍然要在义学阐释中努力加入历史学的观念，而对重要的经论都希望透过佛史考证，尤其是佛教思想史的脉络来进行判释。比较他的经解与传统佛教解经不难发现，这一历史化的倾向使印顺的解经更贴紧在原文脉络下来进行，重在经教的"文义"，而不是"玄义"。如在《中观论颂讲记》的"悬论"中论及龙树性空缘起之义，印顺就是从整个印度佛教思想史的发展脉络下来论究法义，在考察性空观念演变的思想史进程中，去细辨龙树中观性空唯名论，与原始佛教、部派佛教及其他大乘佛教思想中有关空义思想的异同，这显然是一种观念史的解读方法。[2]另外，在释经方法上面，印顺认为，经典的义理阐解虽然是思想的，但是探究不能够只作哲学性的玄论，而要用历史考证来做阐明。可见义解与历

---

[1] David S. Nivison, *The Life and Thought of Chang Hsueh-ch'eng (1738-1801)*, Stanford: Stanford University Press, 1966, p 165. 关于章学诚的历史学与道的观念，参见该书第六章"历史与道"。

[2] 参见《中观论颂讲记》"悬论"，《印顺法师佛学著作全集》第 2 卷。

史考证在印顺的解经策略中是互资为用的。他在解释《起信论》时就一面主张义理不能够直接从考证历史学中引出，而必须从法的高度来进行判释，但同时又坚持"用考证方法研究佛法……这种治学方法，是不应该反对的"①。印顺就这样透过融经于史，来阐发佛教经典中的内在真理性。

关于印顺解经之重要著述作品，我们按写作时间来分，主要有《摄大乘论讲记》（1941年）、《中观论颂讲记》（1942—1943年）、《金刚经讲记》（1942年）、《心经讲记》（1947年）、《大乘起信论讲记》（1950年）、《胜鬘经讲记》（1951年）、《药师经讲记》（1954年）、《宝积经讲记》（1962年）。这些解经，大体都是在20世纪60年代之前完成的。可以想见，在印顺佛学研究的历程中，经史并存的时期主要集中在他学术生涯的前半段，印顺后半段的佛学研究并不再续传解经之路，而更多致力以近代知识史的方式来探究圣典的成立及其思想流变，即可以说是一种以史论经的方式。

六朝以来，中国佛学思想通常都是透过对佛教经论的注疏陶练来进行的。中国传统佛教经论师的解经体例大体分为两类，一为义疏，二为专论。②在这里，义疏即是一种解经的形式，而专论则不受圣典文本的局限，而就某些佛教重要观念或思想作系统论述。这两类著述形式，在印顺的佛学书写中都有所保留。关于专论的，如《中观今论》（1947年）、《如来藏之研究》（1981年）、《空之探究》（1984年）等，都是专题性的论究某一观念或思想系统的著作。关于印顺专论部分，我们将留待后论，本文只就其义疏经解方面的著述略加评述。

印顺解经都是采用"讲记"的形式，有所选择地对一些佛教圣典进行疏解。他对圣典所作经解的形式与传统佛教经学的"义疏"形式

---

① 《大乘起信论讲记》"悬论"，《印顺法师佛学著作全集》第3卷，第4页。
② 参见周裕锴：《中国古代阐释学研究》，上海人民出版社2003年版，第175、176页。

比较类似，但又多少融入了新的因素。传统佛教经学中的"义疏"又可细分为两种，一是随文解义之注疏，如章句、义疏等，此类解经根据经（论）文内容而"寻章察句，造以训传"；另外一类就是"玄义"，其旨在总论一经大义，"叙其宗格"而不必逐句随文释疏。① 印顺经解"讲记"如从格式上说，基本就延续并综合了六朝以来以科判三分的方式，即把全经结构分为"序分"、"正宗分"和"流通分"三部分来进行分疏和章句。② 同时，他还在每一经论的"正释"前标列类似于"玄义"的"悬论"，以对该经论之经题、传译、宗要，甚至关于该经在近代学术史上之研究状况等，都略加辨明。

印顺经解对中国佛学古疏方式的借鉴是有明确抉择的。特别需要提出的是，印顺在释解经论时有意识地抛弃了隋唐经论师那种好作判教与宗派论述的风气，而试图把解经放在更为广泛的佛史传统下来加以照察。③ 判教成为中国佛教义学解经的一种常用的"解释策略"（hermeneutical strategy）。罗佩兹（Donald S. Lopez）就发现，大乘佛教解经通常都在经典原文与自家宗派的哲学思想之间进行复杂的辩证式交互诠释，以经典解释作为对自宗思想合法性的支持。④ 最明显的如天台智顗提出解经的"五重玄义"，就专门论及教相判释。印顺虽然认

---

① 关于六朝、隋唐中国佛教义学的解经著述方式，参见汤用彤：《汉魏两晋南北朝佛教史》，第546—549页；《隋唐佛教史稿》，中华书局1982年版，第79页。

② 学界认为，六朝时道安法师始创此三分的科判格式，关于此，参见汤用彤：《汉魏两晋南北朝佛教史》，第550—551页。

③ 隋唐以来，佛教经师们在经解中还经常策略地把经典解读与判教及不同宗派的宗义结合起来进行"格"义，因而形成了具有鲜明宗派意识的佛教解经学传统。关于唐宋解经与判教及宗派意识等关系问题的研究，可以参见拙作《北宋天台宗对〈大乘起信论〉与〈十不二门〉的诠释与论争》，《中国哲学史》2005年第3期；《从智顗、知礼对〈观音菩萨普门品〉的诠释看天台宗的解经学》，《哲学研究》2008年第4期；《宋明楞严学与中国佛教的正统性：以华严、天台〈楞严经〉疏为中心》，《中国哲学史》2008年第3期；《唐宋〈圆觉经〉疏之研究：以华严、天台为中心》，《中国哲学史》2011年第2期。

④ Donald S. Lopez, "On the Interpretation of the Mahayana Sutras", in Donald S. Lopez, ed., *Buddhist Hermeneutics*, pp. 51, 52.

为佛教经论没有真伪之别，而只有了义不了义之分。但是他在解经中，并不使用中国佛教宗派意识的判教系统来论究经论的高下，而更倾向于用印度佛教中大乘三系这一"学派的系统"去判释诸经在佛教思想史上的位置，如以三系平等，而不是别圆分别地来判摄《起信论》在教史中的位置。他在《起信论讲记》中这样说："大乘法也有学派的差别，但分别大乘学派，要从义理去分别。太虚大师分大乘为三宗，即法相唯识宗、法性空慧宗、法界圆觉宗。我在《印度之佛教》，称之为虚妄唯识论、性空唯名论、真常唯心论；……本论是属于法界圆觉宗，或真常唯心论的。"① 这一安排并没有像判教那样分别排序经论之高下，也不在经解中暗示某一宗派优越。

我们不妨对照一下传统华严、天台两家对《起信论》之判释。华严宗师法藏解经就运用到所谓十门义解，其中"显教分齐"就涉及判教。法藏的《大乘起信论义记》卷上就"略开十门"，将释此论。他关于《起信论》的判释，在其所判小、始、终、顿、圆五教中，虽然不曾明言《起信论》属于哪一教，但是他在《五教章》的终教门下多次引《起信论》为文证，表示《起信论》在法藏判教体系中相当于终教。② 而天台则有其自己的判释标准，如宋代天台山家派的代表人物知礼就判《起信论》为圆门而通别位，他说"论以一心为宗，乃云总摄世、出世法，此则正在圆门"；又说《起信论》"次第翻九相"，乃为"别位"。③ 华严、天台之判释《起信论》乃是借解经，特别是经解中的判教来开展各自宗门的义学论述。

印顺解经既不作判教，也不偏向地把经解引向一宗一派的说法，

---

① 《大乘起信论讲记》"悬论"，《印顺法师佛学著作全集》第 3 卷，第 10 页。
② 参考拙作《大乘起信论与佛学中国化》，载《法藏文库中国佛教学术论典》第 31 册，台湾佛光山文教基金会 2001 年版，第 374、375 页。
③ 知礼：《天台教与〈起信论〉融会章》《别理随缘二十问》，《四明尊者教行录》卷二、卷三，《大正藏》第 46 册，第 871、875 页。

他明确表示自己不作一宗一派的门徒。① 所以他对经论中的义理疏通，多是本着佛教史的观念，而不是一家一宗的哲学来做论究。他在《大乘起信论讲记》"悬论"中说："义理正谬的问题……站在唯识学的立场，评论《起信论》的教理不对，这不过是立场的不同，衡量是非的标准不同，并不能就此断定了《起信论》的价值。佛法中的大小乘，有种种派别，像小乘有十八部、二十部之多。……佛法流行在世间，因为时、地、根机、方法的不同，演化成各部各派的佛法。现在来研究佛法，对各部各派的教理，可以比较、评论，但切不可专凭主观，凡是不合于自宗的，就以为都是不对的、错误的。这种宗派的独断态度，是万万要不得的。"②

于是，印顺解经就根据教史上不同经论以及对各家注疏进行详密抉择，而做出自己的阐释。如法藏解《起信论》就用华严一家之理事观念来作"玄义"，其解《起信论》真如、生灭二门"皆各总摄一切法"的法义时就说："生灭是揽理成事门，不坏理而成事故，得摄于真如，成事而理不失故。"③ 这显然是在解经中作华严学方向的引申。而对照印顺对此义的解释，完全没有作理事方面的玄解，而重于平实的依文释义与经证了。④ 又如他对《起信论》中"无始无明"的理解，就抉择唯识、贤首两家的不同观念，而选择了贤首的解释。⑤ 而关于《起信论》中最基本的概念"众生心"的解读，唯识一家认为是杂染的阿赖耶识，华严

---

① 在《空之探究》的"序"中，印顺说他佛学的一贯"方针"就是"不适于专宏一宗，或深入而光大某一宗的"。印顺：《空之探究》，台湾正闻出版社1992年版，第1页。
② 《大乘起信论讲记》"悬论"，《印顺法师佛学著作全集》第3卷，第6页。
③ 《大正藏》第44册，第251页下。
④ 关于印顺对此句的释义，文繁不具引，参见《大乘起信论讲记》"悬论"，《印顺法师佛学著作全集》第3卷，第42页。
⑤ 印顺说关于真如如何杂染缘起"根本无明"这一问题，"唯识家但承认真实不变，所以与本论的思想有差别。这即是贤首家所说的：不变随缘，随缘不变义。唯一净心而不妨有染相的差别，所以觉与不觉，有着矛盾而统一，统一中有矛盾的意义。这是难理解的，唯佛能知。从佛现证而方便安立，即无始有此相关而又相对的二元。"（《大乘起信论讲记》"悬论"，《印顺法师佛学著作全集》第3卷，第127页）

则认为是圆满清净的如来藏心,即佛心,两义对立。而印顺则扬弃两说,认定众生心即非杂染赖耶识也非纯净佛心,而是除佛而外"六凡三圣的心"。① 可以想见,印顺的经解不是一家一宗的宗旨了。

其实,印顺比胡适他们更接近于章学诚"六经皆史"的历史观念。毕竟,印顺不是一般学科研究性的佛教学者,他是佛教徒,是有佛教信仰的佛教学者。正如他自己所说,他不希望自己成为"佛学家与博士而已",他要把历史"考证"与"实际意义的佛学",即佛教的超越价值生命结合起来。② 他明确表示自己的研究是要把"客观立场""科学主义者之方法"与佛教的信仰融合起来,将知识史的考究与宗教性的关怀融为一体。③ 作为信徒,他对圣典或教理所作之论究,乃是在"经以载道"的基本假定下进行的。即他对历史和圣典的关心,是希望透过对历史和经典的研究去再现圣人之道。在印顺看来,佛法是历史的流变,但这世谛流布中有"法界常住",即流变中有道的存在。佛法不能够垂之于空言,而表现在佛教历史传承的经典与迹象之中,这就是他自己讲的"法界常住"而又在人间佛教之思想、制度、风尚等"世谛流布"中去不断展开。④ 印顺借用历史和考据来研究与解读佛教圣典,而又有意识走向了对佛典进行"信仰诠释学",而不是"怀疑诠释学"的方向。

(五)余论:经史之学与道体流行

研究历史如果不能够应用于生活和行动,那就如尼采所说,历史

---

① 印顺这样解说众生心概念:"众生心,即除佛以外,一切六凡三圣的心。众生,千差万别;千差万别的众生心中,仍有共通性。这众生心的共通性,就是本论所说的众生心。"(《大乘起信论讲记》"悬论",《印顺法师佛学著作全集》第3卷,第32页)
② 印顺:《谈入世与佛学》,《无诤之辩》,第244、250页。
③ 印顺:《谈入世与佛学》,《无诤之辩》,第227、239页。
④ 参见印顺:《说一切有部为主的论书与论师之研究》,"序"第2页。

学就成为"一大堆不消化的知识石块"。① 在印顺佛教经史学的理想中,经史之学是为了探求和确保佛法真实道体的流行化育,他是把虔敬的宗教热情转移到学术研究上去的。印顺认为,佛法的精神价值虽然源自于佛陀和圣者超历史的自心体验或现量,但这些超越的体验也具体而微地表现为历史时空中的"方便演化"。于是,对现实时空中佛法的演化进行具有历史学性质的探究,也就是经史以致道了。印顺深受近代知识史学的影响,在佛教经史学上具有近代理性主义倾向,他把佛教经史学的探究与客观性观念联系起来,试图在经史学的探究中去客观真实地再现佛陀之道,即所谓"世尊之特见"。不过,他对佛教史的研究一面作客观主义之学理探究,同时又努力区别于一般现代史学者,而赋予了佛教经史研究一种宗教性的价值期待。印顺就说:"佛法的探究真实,在解脱自他的一切痛苦,这需要兑现。"② 他在流转的历史事象中去考索佛法真相,而同时又试图在现实时空的历史流变中,保持住佛法的道体不为历史的变迁所流转。可以说,印顺以近代知识史学为理想范型而展开的佛教经史之学就这样在道体与流布、"世尊之特见"与"方便演化"之间复杂地表现出来,他要在知识与价值之间作调人。

问题是,作为知识的经史之学何以可能确立起"世尊之特见"?对一般近代史家来说,历史学并不承载传道的功能,经论材料中的形上之道于是就可以在他们现代性的观念叙述中被轻易打发出去。他们不会为道体与流变的问题感到困惑。印顺则不同,他整个佛教经史学研究的旨趣就是要完成对道体和佛法的确认。经史所探,虽是方便演化,却是佛法之世谛流布,即道之迹。

这种历史与道法兼顾的做法,给印顺佛教经史学论述带来过于沉

---

① 尼采著,姚可昆译:《历史对于人生的利弊》,商务印书馆2000年版,第24页。又,关于尼采对近代历史学的批判,还可参见 Michael Mahon, *Foucault's Nietzschean Genealogy: Truth, Power, and the Subject*, p. 95。

② 参见印顺:《以佛法研究佛法》,《以佛法研究佛法》,第13页。

重的负担。在一个形上学终结的时代，作为知识史的探究，如何去完成对形上道体的论述？这里存在着难以克服的理论困难。佛教历史主要是通过具有文字性的经典而流传递演出来，但是语言与法义之间又存在深刻的紧张，法义是不能仅凭依文解义而阐明的。印顺在原则上是接受这一看法的，在他的经史论述中，我们也经常可以感受到这种紧张。如印顺承认佛教圣典是"源于佛陀的自证"，而佛陀自证的境地是"无可论究的"。经史之学需要以语言文字化的文本为基础而展开，而作为文字性的佛教经史之学从根本上来讲，是无从完成关于佛教本质的论述，而在流变的现实时空中实现对超时空道法之跳转。印顺就说"佛法是要依赖语文而传的，但语文只是工具，通语文的未必就能通佛法"[1]。虽然印顺经常在历史与传说、理性与信仰、教与证之间去打圆场，但终于难免有进退失据的地方。如他一面说佛法的研究者要有"文字性空，即解脱相"的功夫，"了解语言的无常无我，直从文字中去体现寂灭"，而又经常坚持"文字研究，不一定是浅学"。他的佛教经史学一面以佛教的经典，特别是汉译经典作为研究的圣言量，同时又指出，圣典虽为佛说，而"化为文字记录，实在损失不少"，而主张文字乃"古人糟粕"，批评"专在语言上说"佛法的做法是"学究式"的偏执。[2]

为此，印顺也总是纠缠于历史考证（事实）与宗教传说之间错综复杂的矛盾中。他发现中国传统佛学重义理，而与"近代开展的历史考证"方法之间"格格不相入"，于是希望透过近代知识史的考证方式去弥补中国佛学"深闭固拒"而不能够与现代研究衔接的缺陷。这时他主张"以考证对考证，以历史对历史，才是一条光明的路"。而一旦历史考证可能"抹去佛学固有的宗教性"时，他又试图对历史考证的

---

[1] 《游心法海六十年》，《华雨集》（五），《印顺法师佛学著作全集》第12卷，第38页。

[2] 参见印顺：《大乘是佛说论》，《以佛法研究佛法》，第12、13、160、163页。

方法附加诸多的条件和限制。① 他对圣典做历史的探究，而同时又不愿意把圣典完全理解为时代的产物，而力辩其"法界常住"，即主张佛教经论具有超历史的面向。这一游移的态度，使得印顺的佛教经史在某些结论上面会表现出不确定的现象。如他一面要通过佛史探源的方式来确认正法的本质，因而重视到对原始佛教和巴利经典的论究，这类溯源探本以定江山的方式，难免会对后起大乘佛教的合法性提出挑战，特别是华语圣典的价值也会因此受到质疑。这时印顺又试图从"佛法的流行"义上，去表示后出的法义也是"释尊的三业大用"②，并转而批判"愈古愈真"的历史还原论，忽略了佛教在历史中的发展，特别是在中后期的"发扬光大"。③ 如其著《原始佛教圣典之集成》一书，就旨在一反近代西方、日本佛教学传统那种以巴利圣典为原始佛教唯一材料的做法，表明华文圣典——代表了不同部派的经律，比之巴利圣典的单一性，对原始佛教研究有更多的参考价值。④ 印顺应用历史主义的观念，提出佛经圣典都不是佛的亲口授受，而是经过了"从说到集成"的历史演化，包含"佛说的影象"，是"真实的历史"与传说的结合，因而"有点迷离不明"。⑤ 如此，则本质性的"世尊之特见"就成为一个难以确立的理想。这种在历史的源头与流变中上下求索，而又反复不定的历史论述，正呈现了印顺在历史与道法之间曲折而复杂的心态。

于是，他无法贯彻历史考证学的批判原则，探究经史而又断不可疑经、驳经。他甚至认为，佛经只有了义不了义的不同，而不存在

---

① 印顺：《谈入世与佛学》，《无诤之辩》，第 230、240 页。
② 印顺：《大乘是佛说论》，《以佛法研究佛法》，第 164 页。
③ 参见印顺：《以佛法研究佛法》，第 17 页。印顺认为"巴利文系的佛典，早已不是原典了"，因而也不是唯一的"原始佛教"正统法流。（参见印顺：《与巴利文系学者论大乘》，《无诤之辩》，第 168—169 页）
④ 印顺：《原始佛教圣典之集成》，台湾正闻出版社 1994 年版，"序"第 1 页。
⑤ 印顺：《原始佛教圣典之集成》，第 11、31 页。

真伪的差别。如关于《起信论》——这部对中国佛学影响至大的论典——古今存疑颇多,近代学界更倾向于判此论为伪经。印顺在阐解《起信论》时则一面接受近代史学的考证结果,而同时又主张历史考证不应该冲击经典的价值信念。他说"我们应该用考证的方法,考证经论的编作者,或某时代某地方的作品;但不应该将考证出来的结果,作为没有价值或绝对正确的论据"①。这就是他之所以用历史的方法来探究佛教,而又一再强调自己的佛学研究是"以佛法来研究佛法"的原因了。在印顺看来,佛学探究虽然离不开历史的考证,但佛学绝不仅是历史考证学,而是要因史见道,"从史的考证中去求(佛法)真实"②。这一点在他的禅史研究上也分明地表现出来。印顺有关中国初期禅史的研究非常强调禅法历史性的一面,而相当重视历史考证。他指出历史考证"有特别价值",并反对佛教界所惯用的,以宗教经验去反驳历史学考证的做法,认为这种反驳完全"于事无补";但一旦历史考证跨域而涉及对禅心佛法的颠覆,他又试图限制这一历史学方法的效用,而主张禅义心法的部分"不但不是考据所能考据的,也不是理论所能说明的"。这时候他更愿意说"考据为正确的方法,而考据的结论,却并不等于正确"。③ 圆融道谛与世法,是一个伟大的学术史理想,而以理性为主导的近代知识史却力有不逮。通贯的说法虽然是圆满的,而历史与理论的批判却需要我们对这种圆教式的说法再做细究。这里有无法跨越的理论困局,甚至可以说,这就是传统与现代、信仰与知识在现代性语境下难以克服的共业。

印顺并不想从义理或哲学的方面去为佛法的绝对性做形而上的论究,而主张以历史主义的方式去消解不同佛教宗派在义理哲学上的对

---

① 《大乘起信论讲记》"悬论",《印顺法师佛学著作全集》第3卷,第6页。
② 印顺:《谈入世与佛学》,《无诤之辩》,第244页。
③ 印顺:《中国禅宗史——从印度禅到中华禅》,"序"第6、7页;《神会与〈坛经〉》,《无诤之辩》,第58页。印顺的论述中经常表现出这种历史考证与宗教经验合法性之间的纠结。

立。① 印顺认为，只要"从时代的前后去整理""从演变分化中把握"佛法思想的历史变化，就可以获得公平的解决方法。② 印顺过于乐观地相信启蒙以来近代知识史和理性主义历史学的观念，以为只要具备相关的专业素养，并以此去细心地考究历史文本，就可以站在迷信与偏见之外去平心静气地叙述出历史的真相，获得普遍价值，确定具有本质性的"世尊之特见"。他早年作《印度之佛教》一个最基本的目的就是要就"世尊之特见"做一正确的抉择，这成为他佛教经史学探究的一个基本动力。这种19世纪历史学所标举的客观主义，早已经受到现代历史学理论的严重挑战与批判，而成为遥不可及的神话。③ 不妨说，"世尊之特见"表达的是印顺个人对原始佛教之一种真知灼见和研究心得，而非定是真实的历史说明，因而无法成为一个普遍接受的结论。不难理解，为何当印顺关于"世尊之特见"一经发表，就受到包括他的老师太虚等人的不同批评。

历史学总是不断地"试图重构过去，但我们永远也得不到前人在他们制度或体系中生活的直接经验"，因为历史并非摆放在那里给我们去客观认识的对象，历史学也不能够按时间标尺，机械地排列过去而做客观性的叙述，而总是经由历史学家心灵重构、解释而不断地"重组"，这成为"历史阐释学"的一个基本准则。④ 可以说，"世尊之特见"作为"原始的事实"，对于历史学家来说本来就是一种"推论"所得，

---

① 非常有趣的是，一般近代佛教学者都是通过哲学方式来进行护教学的论述，历史学的批判性会消解这种护教性关怀。关于此，参见 Bernard Faure, *Chan Insights and Oversights: An Epistemological Critique of the Chan Tradition*, p. 91。
② 参见印顺：《唯识学探源》，"自序"第3、4页。
③ 黄进兴：《后现代主义与史学研究》，生活·读书·新知三联书店2008年版，第22页。
④ 参见阿隆著，梅祖尔编注，冯学俊、吴泓缈译：《论治史——法兰西学院课程》，生活·读书·新知三联书店2003年版，第102页。关于历史客观主义的批判，著名历史理论学家柯林武德（R. G. Collingwood）就做过深刻的分析，而提出"作为心灵的知识的历史学"观念，主张一切历史都是思想的历史，即历史是经过不同历史学家解读思考而处理的历史，并不存在一个大家公认的客观历史叙述。（参见柯林武德著，何兆武译：《历史的观念》，商务印书馆1997年版）

其结果仍然不过是一种理论而已。① 对于"世尊之特见",我们可能无法获得一个具有普遍性的、本质主义的规定,而是必须保持着开放与多元的解释。诗无达诂,佛教经史之学也同样无法达成对于佛陀本怀的一个标准定义。"世尊之特见"应该理解为一种独特的历史逻辑,即这个理想概念本身就是历史的,不断演化着和非决定论的。佛教史上不同法流及其圣典都是在对"世尊之特见"做出不同抉择、阐释的结果,每一次抉择都不断为"世尊之特见"注入新的思想内涵,以至于这一阐释本身也被圣典化了(canonicity)。于是,从部派到大乘佛教都是合法化的佛陀思想的法流,而这一抉择的解读史实际也抛弃了"法界常住"的历史神话。我们需要注意史学论述中的这种局限,特别是宗教史研究中的道体不变与流行化育之间存在着永恒的紧张关系。从解释学方面而论,"世尊之特见"本来就是见仁见智的问题,而不同学派都有自己的历史证据与阐释策略。历史阐释就是解读者与远古历史、文本之间一种持续性的对话,而无法达成神学意味上的一元论标准。②

末了,再来分析印顺古史探源的局限。印顺试图通过探本溯源的古史考辨,追述出佛陀的原始洞见,同时又借此"世尊之特见"为标准,沿流而下展开对世谛流布的线型考察,去抉发和判定在历史流变和演化中所出现的不同佛法系统和法义的正见与偏离。这当然是印顺佛教经史学的大经大脉所在。如印顺对大乘佛教合法性的论述,就是在对佛陀法义的源流一致性构架中来开展的。他认为大乘佛教的法流表示了佛陀原始洞见的"法界常住"。这种历史叙述,以源流思想之间的"同质化"

---

① 布莱德雷在讨论历史学的原则时指出,历史学家不可能获得"原始事实",所谓"原始事实"是经过历史学家理论推论后的产物。(参见 F. H. 布莱德雷著,何兆武、张丽艳译:《批判历史学的前提假设》,北京大学出版社 2007 年版,第 67 页)

② 从巴特到福柯都提出所谓"作者已死"或"何为作者"的问题,即认为经典文本一旦形成,就没有固定的某种作者的意义可以确定,在历史流传当中的不同解读才构成真正的作者。(参见 Elizabeth A. Clark, *History, Theory, Text-Historians and the Linguistic Turn*, Cambridge: Harvard University Press, 2004, pp. 133-135)

来确保佛法的纯洁性，而难免会忽略佛教思想史中所出现的断裂，及流变中呈现的复杂异质性现象。通过古史溯源以定判准的方式，很可能无法给出一个普遍性的结论，而成为一个历史的神话。福柯就对这种本源主义的历史学方式提出了质疑，并深刻地批判了这种思想史的方式"误以追本溯源为旨趣"，其实本源根本是杳不可及的。历史的本质乃是断裂，而非连续性流变。福柯发现，溯源性的近代史学试图从本源的探究及单一线型的思想发展中去发现历史的真相。这种从起源到流变的线型考察中去追述本质真理的方式，以"溯求本源"去"恢复传统"，而将复杂的历史差异归结为单一的形式、世界观、价值系统，从而无法说明和解释思想史中更为复杂的异质性因素，因而并不能够真正完成"向起源的秘密本身的回归"。[1] 印顺对佛史的探究，虽然没有就"世尊之特见"获得最终而普遍圆满的结论——这可能永远是一个理想，却如同历史上的大乘佛教一样，成为佛教历史法流当中法界常住的一个重要环节。

印顺的佛教经史探究就在佛法的道体与流布，回归与分化之间上下求索而又充满了知识与价值间的紧张，这可以看作是一位有宗教信仰的知识学人在现代性脉络下的存在性焦虑，因而这种紧张是深刻的。学术史，特别是宗教史研究需要这样的紧张。于是，印顺在佛教经史学上表现出的某些游移和不定，完全无损于他学术成就与形象之高度，而恰恰表示了他思想丰富与深入的一面。无论学术史有如何的价值担当，但它本身就是一个历史的循进过程，这或许就是近代知识史的宿命，重要的是"智者能取能舍"。[2]

---

[1] 参见福柯著，谢强、马月译：《知识考古学》，生活·读书·新知三联书店1998年版，第14—16、174、178页。

[2] 参见印顺：《大乘是佛说论》，《以佛法研究佛法》，第168页。

十二、逆转的历史是如何开始的

—— 小栗栖香顶《中国传教前景》之考察

前言

当日本天台僧圆仁（794—864）游历中国近十年的旅行记被定名为《入唐求法巡礼行记》时，这恰恰显示了中日佛教关系的方向性。即渡海前往中国，其目的在于求法与巡礼。到中国巡礼佛教圣地，学习佛法，吸收新知识，获取信仰体验，再将之传回日本，流传发展。这对日本僧来说，无疑是一生的梦想。这样的关系可以说从 6 世纪一直延续到了 16 世纪前期。之后因中日两国实施锁国与海禁政策，致使往来逐渐减少，18 世纪末以后，有关中日两国佛教的讯息，几乎断绝。宽正五年（1793），临济宗相国寺僧大典显常（1719—1801）合同天台宗白云教寺僧慈周撰写了《日本传来佛书逸于彼者寄赠大清国请纳之名蓝以为龟鉴状》[①]，呈交京都官府，因查阅同一时期的乾隆时代所刊刻的大藏经目录时，发现现存日本的佛教典籍中，有许多在中国业已散佚，出于同一佛教的立场，意欲向中国大寺寄赠这些典籍，共计一百种。可是，这一计划，为坚持锁国政策的京都官府所拒绝，未

[①] 大典显常：《北禅遗草》第四卷，京都星文堂、江都青藜阁刊行 1807 年版。小畠文鼎：《大典禅师》。

能实行。其后六年，由幕府官僚编纂的《清俗纪闻》①一书，在唯一对外开放的港口长崎，向来自福建、浙江、江苏的清朝贸易商，详细调查三地的行政法律、物产风俗等。其中，也记录了三地的佛教状况。换言之，当时中国佛教的状况，只能通过前来做生意的商人，得到间接而极为有限的信息，已经失去了直接了解的途径。这两个事例表明，日本僧人和官僚尽管对中国佛教现状抱有兴趣，但实际上只能靠有限的手段，获得断片的信息，佛教界之间的直接交流已经完全断绝。这一状态一直持续到1873年中日修好条规的实行。在此历史背景下，同年7月，净土真宗僧小栗栖香顶（1831—1905）航海前往中国，寄居北京寺庵一年之久，直接与中国僧人交流，可以说是破天荒的历史事件。

1876年8月，当小栗栖香顶再次受其宗派派遣到上海，创建"净土真宗东本愿寺上海别院"，面对在场的近千中国大众②，用北京官话宣讲其真宗教义时，这意味着中日佛教关系发生了逆转。对日本而言，中国已不再是佛教的先进之地，一变为需要由日本佛教来引导的国度。这一历史性的颠倒一直持续到1945年日本战败。那么，这一逆转的历史何以能发生？又是如何开始的？不得不说是一个值得追究的问题。

1873年10月，根据小栗栖在北京撰写的书信编辑而成的《中国传教前景》便是解答上述疑问的一份绝好资料。这篇资料节录了他来中国不足两个月、进北京尚不足一个月时寄往日本的书信。其中，小栗栖陈述了中国佛教衰落的具体状况，明确提出了在中国传教的基本构想，试图用真宗改造中国佛教，使中国佛教真宗化。这一超绝历史、异想天开的大胆计划，在不到三年之后，就被付诸实践，由构想变为现实，中日佛教逆转的历史便由此开始。

---

① 中川忠英：《清俗纪闻》，东京平凡社1966年版。
② 高西贤正编：《东本愿寺上海开教六十年史》，东本愿寺上海别院1937年版，第247页。

（一）小栗栖香顶研究的现状及其问题

小栗栖作为日本佛教在中国传教的先驱，一直是近代日本佛教研究中备受关注的人物。他在中日佛教关系史上的意义，正如前言所述，不仅重新开启了两国佛教交流的历史，结束了中日佛教界长期断绝交流的状态，而且改变了中日佛教传统的交流方式，即不再以中国为师，而是向中国输出日本佛教，开创了日本佛教走向世界的历史。

由于日本佛教向中国以及亚洲各国传播的历史，与日本帝国的亚洲扩张几乎同步而行，因此，探讨日本佛教的中国传教与国家对外扩张政策之间的关系自然成为关注的焦点。小栗栖便是首要的研究对象。明治后期以来，小栗栖一直作为日本佛教界的功臣得到赞扬，如"对于时代的走向总是持有卓见，作为佛教界的先觉者，留下了伟大功绩""洞察时代的走向，率先开创了中国传教的事业，这正是其身为名僧而能做到的"[1]。然而，20世纪60年代以后，追究日本佛教的东亚传教与日本的东亚侵略之间的关系，成为研究者的共有视点。因此，对于小栗栖的评价，也由对其功绩的颂扬，转为批判其对"国策之贡献"和对东亚侵略协力的立场。尽管其本人多大程度上持有这样的意识是一个有待进一步研究的问题，但其活动的"结果"却意味着参与和支持了东亚侵略[2]。因此，探讨小栗栖两次前往中国的动机、背景成为研

---

[1] 阿部惠水："小栗栖香顶"《现代佛教》十周年纪念特辑号《明治佛教之研究·回顾》，1933年，第677—681页。小栗栖最早的传记为其弟小栗宪一所撰：《小栗栖香顶略传》，明治馆1907年版。此外，有大分县教育会编：《大分县伟人传》，三省堂1907年版，第365—388页。东亚同文会编：《对支回顾录》下，日本原书房1936年版，第47—53页中的"小栗栖香顶"，成为后来小栗栖传记的基本来源。

[2] 参见藤井健志：《戦前日本仏教東アジア布教－研究史の再検討》，《近代仏教》6，日本近代佛教研究会1999年版，第8—32页；以及《仏教者の海外進出》，《近代国家と仏教》新亚洲佛教史系列14，佼成出版社2011年版，第109—153页。

究的热点，出现了众多成果。不过，在此问题上产生了相互对立的意见。一种意见认为，小栗栖的中国传教，是基于佛教是对抗基督教的东方宗教这一认识而采取的行动，换言之，将东亚视为佛教圈，以此来阻止基督教的传播。不过，将基督教排除于东亚之外，也意味着要将西方列强排除于东亚。在这一认识的背后，潜含着要通过重建印度、中国、日本三国佛教的历史联系，形成一个佛教共同体，来对抗西方列国在东亚扩张这样的文明观。与此相反，日本佛教的东亚传教，是与国家的东亚扩张政策互为表里的，是基于佛教的兴亡与国家的盛衰是一体的这样的认识而展开的，因此小栗栖的中国之行与传教是自觉地要为国策做贡献的行动。尽管两者的偏重不同，一个是强调小栗栖的动机是出于振兴佛教、对抗基督教的宗教立场，一个则力图揭示其与国家扩张政策相配合的部分，但历史的事实是两者的结合①。因为不论是对于基督教的排斥和抑制，还是向中国以及其他亚洲国家的侵入，都是明治初期日本国家的倾向和意图。这一点在《中国传教前景》有十分清楚的陈述，详细内容将在后文讨论。

必须指出的是，上述议论，大多集中在小栗栖的《北京护法论》（1905年刊行本）和1876年之后的著述上。对于小栗栖在北京时期撰写的著述却缺乏调查和整理，因此在资料和观点上，或相互重复，或各取所需，形成了不同解释。实际上，除了《北京护法论》之外，笔者还发现了在北京时期撰写的抄写本，对照的结果显示两者有众多不同。显然1905年的刊行本做了大量的修改，如抄写本中所没有的"亚洲的体面""同种同族""为辅车相依之势，固同胞兄弟也，亲族姻亲也"等日本、中国、印度佛教一体论的说法，都不是原来有的表述，

---

① 前者的代表为北西弘：《明治初期東本願寺の中国開教》，《仏教大学総合研究所紀要》1，日本佛教大学総合研究所，1994。后者的代表是木場明志、桂华淳：《東本願寺中国布教史の基礎研究》，《大谷大学真宗総合研究所紀要》5；以及木場明志：《近代日本仏教のアジア伝道》，《日本の仏教》2，京都法藏館1995年版。

而是后来追加的①。因此，重新调查和整理小栗栖在北京时期的著述就显得十分必要了。《中国传教前景》对研究小栗栖对中国传教认识和构想而言，是又一个十分重要的发现。

（二）从与北京龙泉寺僧本然的交流看《中国传教前景》成立的历史背景

小栗栖香顶的中国之行，并非完全是个人行为，而是得到了宗派的支持。其旅费也是由其宗派首领严如（1817—1894）法主出资的。前赴中国之前，小栗栖香顶已经是其宗派内的颇有影响的人物。他不仅是抵制基督教传播的先锋，而且还是针对明治政府试图将净土真宗改名为"一向宗"这一打压政策，兴起反对运动的中心人物，同时也是响应政府号召，推进真宗开拓北海道的功臣。不仅如此，他曾任真宗教育重镇"高仓寮"的专职教师，展示了深厚的佛学造诣。之后，转赴长崎，担任了管理九州岛地区本宗教务的要职。正是出于对真宗乃至整个日本佛教前途的忧虑，顺应明治政府的扩张政策，他决心去中国视察其状况，为真宗乃至日本佛教寻找出一条新的出路。在得到了法主严如的支持之后，小栗栖于1873年7月17日由长崎出发，19日抵上海，8月2日又由上海乘船往天津，16日进北京城，19日落居龙泉寺附近的清慈庵，1874年4月16日移居法源寺，5月25日由法源寺出发往五台山，6月20日还法源寺，7月8日离开北京，10日至天津，18日乘船抵上海，8月18日由上海出发，21日抵达长崎。这一年多的中国之行，他不辱使命，看到了真宗在中国传教的可能性，为真宗乃至日本佛教找到了海外扩张的出路。

---

① 陈继东：《近代东亚佛教共同体之构想——小栗栖香顶〈北京护法论〉之考察》，《汉语佛学评论》第二辑，上海古籍出版社2011年版，274页。

以中日修好条约签订之后，最早赴清的僧人而自负的小栗栖在北京期间，写下了《八洲日历》《北京说话》《北京纪事》《中国传教前景》《北京护法论》《八洲北京书状》等笔谈录、记事、论著和书简，从中可以看出在断绝百余年之后重新开始的中日佛教对话的具体场面，而这一短暂的接触对此后的中日佛教关系产生了深远的影响。

与为后人称为"明治杰僧"的小栗栖相比，本然的存在几乎不为人知。从两人的笔谈录中可以发现各自自我介绍的断片，这是迄今为止了解本然的唯一资料。据此可知，本然长小栗栖两岁，八岁出家，师从唯一和尚，当时为龙泉寺的首座兼维那，其友人中有魏源之子魏刚已。小栗栖称赞本然有四德，即"不贪金钱，温柔不瞋，教人不倦，学通内外"，而且"天天坐禅"，修行严格精进，在接触过的中国僧人中是最有学识的"高僧"[①]。

以文会友是中国文人世界的古老传统。小栗栖也自幼诵习中国古典，20岁时毕业于有名的汉学家广濑淡窗创办的汉学校"咸宜园"，在数千名弟子中被称为三才子之一，为师所器重。对他而言，身临中国，恰是发挥其汉学本领的绝好时机。在与本然的笔谈中，频繁互赠诗文，相互论评而激赏。本然称赞小栗栖的诗"清新俊秀"，擅用典故。而小栗栖则夸赞本然诗、文、书为"三绝"，并向本然介绍了日本的诗歌，还将受教本然之事，比作往昔空海在长安青龙寺师事惠果，其诗中说"今日青龙知己在，何妨空海语音讹"。双方乘兴往来的情景也可从本然的诗中看出，如"笔谈毕露丹忱事，默默同悲正法摧""相遇京门如有约，三生石上语岂讹"。诗文唱和，是中国自古文人交际的重要手段，相互呈示诗文，披沥彼此心志，在学养上相为提撕，增进情谊，传达志向。据此，两人的友情与相互理解也无疑得到了加深。

[①] 小栗栖香顶著，陈继东、陈力卫编：《北京纪事·北京纪游》，中华书局2008年版，第81—82页。

借用本然的说法,"彼此笔谈,可谓之大块文章也。惜哉,出了家。若不出家,彼此皆状元也"①。

但是,其诗文唱和,看上去是文人雅兴的投合,实际上暗藏斗智之机,陡然间一变为论战之端绪,由"笔谈"转为"笔战"(本然语)。

小栗栖来北京的目的,除了要掌握白话俗语,更在于探察中国佛教的实情,寻求对抗基督教的护法方策,为遭受"排佛毁释"打击的净土真宗乃至整个日本佛教界寻找新的出路。中国曾是佛教龙象辈出之地,其中许多高僧都被奉为日本佛教的教祖,其法脉传承必定尚存。小栗栖赴清之初,就有如此的向往与想象。可是,从本然的回答以及一路所遇中国僧人的结果来看,却让小栗栖大失所望。不仅精通经典的僧人极为罕见,讲经之事也甚稀少,连佛教经典也因兵乱而大多散失,不识文字之僧处处可遇。与此相比,在日本则大量保存着佛家经典,并得到广泛研习,定期实施讲经活动。本然闻此,极为讶异。而对于看不到与日本佛教宗派相当的寺院,小栗栖更为诧异与困惑。"上海以来,遇僧必问其宗名。皆曰:宗教律不二,五宗不二,云云。何谓乎?"② 对于小栗栖的疑惑,本然则作了明快的答复。坐禅看话头,追求悟道,则为宗。深究天台、贤首、慈恩,必通彻其教,依义行观,破惑见理者,则为教。依据五部律、四分律而守戒,于夏结集安居,每年授戒,以导引后来者,则为律。至于寺院的存在状态,则分十方丛林与子孙庙。十方丛林为全国受戒之僧长期居住之处,因共同生活而制定了严格的规约,众僧皆须遵守。与此相较,子孙庙则为师徒化缘而得之场所,或进行租借而营利。本然指出,僧风之坏,教义之损,实由此逐渐蔓延。而据小栗栖介绍,日本佛教大别为七宗,教义皆不相同,寺院则有本山与末寺之别,虽也传授戒律,而近年国家法令允

---

① 本然:《明治六年北京说话》上,未刊,妙正寺藏。
② 本然:《明治六年北京说话》上。

许嗷肉蓄妻（肉食妻带）。对此，本然明确表示了不满。进而，对于小栗栖所讲的"他力本愿"的往生观，本然则主张自己的思想在于一心不乱之念佛。在上述的对话中，尽管具有共同的佛教起源，而中日佛教在历史与现状所存在的差异和悬隔，超出了两人的想象。小栗栖进而列出二十三问，寻问中国大丛林的日课、丧仪以及与皇室的关系等，并写明日本大寺院的相应状况[①]。仔细对比的话，没有完全一致之处。中日佛教的差异，至此昭然若揭。

此外，喇嘛教也是二人重要的议题。对小栗栖而言，这是来中国才知道的新佛教。他刚到上海与人笔谈中，将"喇嘛"与"骡马"混同，以为是一种动物。到了北京才知道是朝廷所尊奉的佛教，享有汉地佛教所没有的崇高的社会地位。据本然的叙述，喇者是上也，嘛者无也，意为无上之人。喇嘛教与汉传佛教虽同为拜佛，余则不同，而且朝廷之所以尊崇喇嘛教，目的乃在于笼络蒙藏人心，便于统治。对此说明，小栗栖并不满足，直接到雍和宫和五台山，拜访喇嘛僧，发现了喇嘛教与净土真宗的共同点，即同为念佛食肉之教，故意欲联合喇嘛教，抵制基督教。

就如何认识佛教所处的近代世界，小栗栖与本然在认识上的落差殊为明显。当小栗栖向本然出示日本最新出版的《万国新史》时，本然显示出极大的兴趣。小栗栖不无夸耀地向本然介绍了日本洋学盛行的状况，为便于本然理解，他特意将开篇的1789年法国革命（"佛兰西大变革国之原由"）一节译成汉语，劝其阅读，并力荐此书，认为应上呈朝廷大官，译为汉文。本然则回应道，中国也有洋学，多为买卖人所为，读书人视之无用而不学。当小栗栖讲述西方穷理学对佛教教义有很多冲击，如有人依据天文学进而否定须弥山的存在以及旧有的

[①] 陈继东：《近代中日佛教之再接近》，载《近代佛教》9，日本近代佛教研究会2002年版，第52—71页。

天文历法时，本然闻之斥之为此种认识乃因不知佛家六神通力和中国圣人之书所致，断然拒绝此书。而当谈到日本江户时期对抗西洋历法的僧人那珂的《佛国历象编》时，其与本然持论甚为接近，本然则希望得到此书①。这里，可以看出两人对近代世界的认识与立场有很大的差距，甚至相对立。小栗栖所持的观点是要看清世界大势，顺应时代，以求变革，近代科学虽有许多不利于佛教的知识，但必须接受科学的观点。而本然则坚持以往的传统不可用西方的新知而加以否定和抛弃，其背后的世界观可看出其具有强烈的夷夏论色彩。

基督教是佛教的威胁，在这一点上两人的认识是一致的。不过，在他们的议论中，并非要去讨论基督教的教义，其中心题目乃在于探究对抗基督教势力扩张的"护法策"。二人认为基督教教义理浅无味，可是其传教士具有很高的语言能力，对人亲切，献身于传教事业，至诚至实，给人以极大的感化力，在这一点上佛教大为欠缺。小栗栖不仅显示了上述的基督教认识，而且对于中国佛教徒将佛教与基督教的较量，听命于自然，以为只有愚昧贫困的下层人才会皈依基督教，为无所作为寻找理由的态度进行了严厉批判。小栗栖还劝本然应阅读基督教的新旧约两书。本然的回答则是原则论的立场，即佛教与基督教古来势不两立，而时值末法时代，要挽回佛教之颓势，击退邪教的攻势，绝非易事，剩下的只有"守旧固本"之道。为说服本然，小栗栖写下了《北京护法论》②，力主印度、中国、日本三国佛教的同一性，诉说三国佛教同盟的必要性。为缔结佛教同盟，中国佛教有必要进行改革。为此，小栗栖提出了使中国佛教摆脱停滞，为之一新的十三条改革方案。某种意义上说，这是振兴中国佛教的方案，也是双方对话的结论。身为一介僧人的本然，虽不像小栗栖那样经历了近代的冲击

---

① 本然：《明治六年北京说话》上。
② 小栗栖《北京护法论》现存两种，一为1905年刊本，一为1874年抄本。后者藏于大分县妙正寺。

和洗礼,并非顽固无知,显示了相应的理解,但皆为想所未想,力所不及之事,更遑论协作结同盟了。

与小栗栖所具有的积极、先进的姿态,迫切的危机感相对照,本然的消极、守旧、无可奈何而不合作的姿态便显露无遗。然而,本然的态度是诚实的、自然的。因为被朝廷疏远,又毫无团结之力,几乎陷入衰微之底的中国佛教界,无法像明末时期那样,公然对享有特权(传教权、治外法权)的基督教提出异议,展开自由的议论。而中日佛教差异之大超出了当事者的想象,小栗栖的背后是否与国家有关联,也受到了怀疑和警戒,三国佛教同盟难以轻易为中国僧人所接受。正是在这样的情况下,小栗栖反而发现了前往中国传教的可能性。1876年,小栗栖重返上海,在那里创建了净土真宗东本愿寺上海别院,开始了在中国传播日本佛教的历史。

从本然与小栗栖的对话中可知,两位僧人虽共有佛教的基本教养,但各自的佛教历史传统和现状差距之大,很难让双方取得同为同一佛教的共识。这一事实在漫长的中日佛教交涉上恐怕是第一次得到了确认。他们在经典的知识和理解,以及近代知识上很少有共同的内涵,就是说,在知识构造上显露出了很大的悬隔。小栗栖对于现实并没有绝望,反而积极利用这一千载难遇的时机,最终实现了到中国传教、改造中国佛教的梦想。尽管他的主张并没有为本然所采纳,可是他的勇气、激情、学识和信念这些个人资质,为后来的中国僧人所称扬。

使得拥有同一佛教传统的想象濒临破产的巨大差异,正是近代中日佛教交流的起点。中国佛教在后来七十多年的相互碰撞中,虽然寻求共通的佛教,以超越分歧这一努力并非没有,然而,差异所造成的距离感、优劣对抗和他者的认识,始终是左右中日佛教交往的基调。《中国传教前景》是在与本然交流的过程中撰写而成的,可以说正是预示了这一历史进程的著作。

(三)《中国传教前景》的形成

《中国传教前景》是一部迄今尚未公开的文献。依据笔者调查的结果,该文献共有三种文本。其一是藏于大谷大学图书馆,为真宗大谷派"宗史编修所"旧藏贵重图书,由其弟小栗宪一依据其书信拔萃编纂而成,以下称为拔萃本。其二是《八洲北京书状》第六号书信中题为"有关在支那开设真宗前景之事",以下称为书状本。三是存于其日记《八洲日历》第三十二号的草稿,以下称为日历本。

关于拔萃本,笔者得之于大谷大学教授木场明志先生。木场是近代日本佛教史研究的著名学者,也是真宗中国传教史研究的重要人物。围绕小栗栖香顶中国传教的性质,木场教授曾与另一位学者,就是否具有追随国家策略、带有侵略性问题展开过激烈争论。木场的研究则做出了肯定的回答。[1]《中国传教前景》显然是支持木场立场的资料之一。不过,木场并没有公开这份资料,在其研究中也没有直接引用过。这一谨慎态度或许与其宗派上的限制有关。笔者在以往的研究中,也只是部分地公开了有关内容,却为其他研究所引用[2]。因此,有必要更为全面地介绍这份资料的内容。

《中国传教前景》是由其弟小栗宪一编辑的。封面原文为:

明治六年

癸酉十月

大门殿下

新门殿下

---

[1] 参见木场明志:《近代日本仏教のアジア伝道》,《日本の仏教》2,第219—221页。
[2] 参见川边雄大:《东本愿寺中国布教研究》,东京研文出版社2013年版,第100—101页。

> 呈清览小栗宪一写上
> 中国传教前景香顶书柬中拔萃

从中可知，其弟小栗宪一根据小栗栖来信，节录其中的一部分，题名为"中国传教前景"，并将之上呈其宗派的旧门主（法主）严如与新门主现如，供其阅览。因此，这表明这份资料不再是私人之间的信件，而是向本宗派领袖提出的在中国开宗传教之提案。其每页十行，共有36页，在末页写有：

> 皇九月十三日夜清七月二十二日夜
> 北京前门外南横街南堂子胡同南
> 龙泉寺内清慈庵寄留日本香顶

据此可知，这封信写于1873年9月13日（阴历七月二十二日）的夜晚，其住处龙泉寺清慈庵现已不复存在。小栗宪一还在此末页上，写下了编辑这份提案的目的。

> 此乃长公（香顶之尊称——笔者注）由中国寄赠弟大旨及余之书柬。精心细致，反复叮嘱，唯以达意为主，固不介意文章之错杂。阅读者只要领会其一片护法赤心，则足矣。文中"教师者，为不辞千辛万苦者，当有此决心"，这句话是本篇中菩提心之所注心血，非同一般新闻家之梦想。酉十月二十八日弟不学记。

因此，小栗宪一于1873年10月28日编辑了小栗栖的来信，指出小栗栖的中国开宗方策乃是出于护法赤心，注入了非同一般的心血，决非新闻家（新闻记者）式的一时冲动和梦想。

由上可知，《中国传教前景》系小栗宪一依据其兄小栗栖香顶

1873年9月13日写成的书信，于同年10月28日节录而成，并作为真宗中国传教的提案，呈送其宗派的新旧法主，供其阅览，促其决策。

此外，笔者在调查小栗栖香顶的妙正寺以及有关寺院的资料时，还找到了《八洲北京书状》这部书信集。其封面为：

> 明治六年七月十七日
> 至明治七年八月十九日
> 中国游履大概可见
> 八洲北京书狀全

此书信集收录了1873年7月17日至1874年8月19日小栗栖香顶在华期间与其弟小栗宪一之间的所有通信，按时间顺序，标号编成，最末标号为"第十五号"，不过，仔细核对，发现其中欠缺第七、八、十二号书信。此外，尚收录数封其弟小栗宪一的来信。其中"第六号"书信，便是1873年9月13日写成的，《中国传教前景》正是其中的一部分，确切地说是此信的整个后半部分，并题为"有关在中国开设真宗前景之事"。信末附有小栗栖在同月16日撰写的"追记"：

> 书函之地址与前函所述相同
> 北京前门外南横街南堂子胡同南龙泉寺内清慈庵日本香顶

这是补记在北京的通信地址。据此可知，《中国传教前景》中的"寄留日本香顶"之"寄留"，系小栗宪一所添加。此第六号信，除了正文22页之外，还有追记一页，共23页，其中论述中国开宗部分为18页半，其余为北京话学习的进展状况，以及对清慈庵二僧的观察。拔萃本删除了这部分内容。而对照书信的内容，两者也颇有出入。比如，此信最后一段文，书状本中有下述内容：

> 中国名物尽集北京，珠玉书画类其量无数，书籍尽皆欲购者。法主若有所嗜者，敬请吩咐。至明年六月，杂用所费也甚为充足，只是归国船费尚需借财。因此，届时向上海公馆求助，令其汇送现金和支票。北京有代理日本公使的俄罗斯人，用此支票办理借款回国。

这部分因讲述愿为其法主代购北京的文物和珠宝，以及借款回国等事项，与真宗在中国传教提案没有直接关系，而且敦促真宗上层接纳他开宗的要求，言辞略为强烈，所以为拔萃本所删。此外，拔萃本还对行文表述做了一定的调整。试举一例如下：

> 方今我朝廷，遣人游学西洋各国，为取彼之长。而其深意无疑在于中国。先机而行，是为僧徒护法之急务。

> 方今我朝廷遣人游学西洋各国，为取彼之长，将我邦推向文明开化，遂将开化推及中国，此意无疑。先机而行，是为僧徒护法之急务。

两文相较，显然拔萃本为避免不必要的误解，将小栗栖的原文简洁化，使得主旨更为明确。正如小栗宪一所说的那样，《中国传教前景》虽尽力保持了原文风貌，但对正文做了删节、增补以及文字修饰和调整。

除了上述两种文献之外，尚有其日记《八洲日历》第三十二号，也记述了相关内容。在9月12日的日记里，草写了真宗中国传教二十四条意见（即日历本）。第一条讲述了伴随着日本的文明开化，日本政府必然会向中国伸张势力。其原因首先在于中国距离日本近，其次是中国的顽固和固陋，需要文明开化的引导，最后是中国沃土广大、人民众多。因此，作为佛教僧侣，必须注意和顺应这一时代趋势，应率先去了解中国的地理人情。因此，第一条的内容相当于拔萃本和书状本的开头部分，也是二十四条中最长的部分。其他诸条大多只是列出小标题，如"第二条"、"第三条"，并附加数行说明。第二条则讲述中国守旧顽固，必须要由日本来引导开化；第三条讲述了日清皇室之间通婚联姻的可能性，以及真宗在争取人心上的作用；第四条是关于语言学习；第五条描述了中国禅僧无知无学的现状；第六条缺失；第七条讲述回教之事；第八条讲述耶稣教（基督教）之事；第九条讲述喇嘛教之事；第十条提到传教资金的问题；第十一条，论述在南京设传教本部，并让东西真宗派遣位居宗派要职的"连枝"即亲鸾的后代亲临坐镇指挥；第十二条讲述在中国如何获得门徒之事；第十三条讲述模仿日本教育制度，设置学校；第十四条为治理河川，开拓耕地，第十五条讲述终止妇女缠足之事；第十六条是针对中国人关于大蒜与猪肉等食物习惯的改善对策；第十七条是卫生习惯之事；第十八条是有关房屋植树等居住环境之事；第十九条讲述政事（政治）与教事（宗教）的区别；第二十条讲述日语假名与汉文之事；第二十一条讲述传播佛法的方法；第二十二条论述向中国十八省派遣留学生的重要性；第二十三条则论述在中国建立真宗寺院大殿时，宜安置日本神道的太神主像、孔子像以及善导、法然、亲鸾的像，最后第二十四条则是诗韵、衣裳、教化、葬礼等事，要制定相应的规范，以适应中国社会。

据此可知，日历本可以说是书状本的底稿，其内容几乎反映在书状本和拔萃本之中。换言之，《中国传教前景》的编纂大致经历了以下过程。首先，1873年9月12日，小栗栖开始草写真宗在中国传教方案的要点，翌日13日，以此为基础，撰写具体内容，并冠以"有关在中国开设真宗前景之事"的题目，写入第六号书信之中，寄往其弟小栗宪一。不过，其于信中特别嘱咐，在呈送法主阅读之前，对于有触犯忌讳之处，宜加以删除，希望进行适当的编辑。小栗宪一对于长兄香顶的意图心领神会，从文字的表述到文章的构成都做了相应的调整，最终于同年 10 月 28 日编纂成了《中国传教前景》，呈送真宗大谷派教主阅览。

（四）开宗传教的理论前提 —— 文明开化论

受龙泉寺上座（副主持）法然的容纳，小栗栖香顶得以于 8 月 19 日正式落脚北京。其与北京僧人同起居，相讨议，未满一月，便构思了令人难以置信的在中国传教的宏大计划。这一构想的根据何在？这是首先需要思考的问题。文明开化论便是其首先举出的依据。

小栗栖首先肯定了日本是实现了文明开化之国，而断定中国尚未步入近代文明之境。他指出，方今日本派人游学西方各国，取彼之长，使得日本开化文明日新月进，中国已无法企及。借此中日两国逆转的形势，敏锐地捕捉时机的变化而行事，乃是僧徒护法的急务。他着重提醒到"窃窥朝廷开化之劳，无疑是要逐步去帮助中国的开化。希望法主务必注意此处"。这里可以看出，小栗栖的中国传教之可能性，首先在于中日两国在文明开化上的逆转状态，就是说，业已文明开化的日本其势必然要扩张到尚未文明开化的中国，佛教宜配合这一形势。

而中国的现状，从天津到北京的交通状况就可说明中国的败落与顽愚。从大沽到北京的运河不过五十里之遥，可是河水一泛滥，就淹没了两岸广袤无际的田地。他怀疑自大禹治水后，水利之事，再也无人问津了，致使形成了如此现状。与此相反，日本河川大都修筑了堤防，没有导致中国那样的状况。而且，从大沽到天津有蒸汽船，可是从天津到北京只有河舟，若用同样的蒸汽船，则一日可达北京。从这一事例，可知中国全体。他指出中国之迂腐遍及万事，尽管外国人提出了种种建议，却不被采用，竟然以顽固之心辩言，以不便反为防卫要害。

针对当时中国的落后与愚昧,小栗栖认为已经实现了文明开化的国家,有责任帮助和指导尚未开化之国,日本又是中国的邻国,更有义务帮助中国的文明开化。他将日本的文明开化与英国做了比较,指出英国文明开化的一个特点就是眼光不只局限于英伦三岛,而是放眼世界:

> 因此,先使本国开化,遂着手于美国,又将触手伸至整个印度。其眼光甚为广大。

对于这一点日本应该吸取其经验,不可只局限于国内的文明开化,应将文明开化的成果推及邻国。但是,他认为还应该吸取英国的教训。就是说尽管日本的政治变化,与英国的开化相似,但是,不可像英国那样以暴力支配他国,招致印度等国的怨恨。日本要认识到"皇国不可侵夺他国,宜自然令其感服,互相关照,此乃千秋之策"。为说明这种温和的帝国性统治,他还举出了欧洲弱小国家文明化的事例。

> 西洋各国大多开化,偶有二三未开之国,开化之邻国则予以帮助。由日本来实行对中国的关照,则是身为邻国的喜好和善意。

因此,在小栗栖看来,日本帮助中国文明开化既是人情之自然,又是文明开化的必然要求。

据小栗栖观察,中国之人情是嫌恶西洋,而与日本、朝鲜亲善。可是,朝鲜当下无人,只有率先实现了文明开化的日本,才能打动中国的"顽固"。但是,日本若以政府之威向中国说三道四,则会行不通,比不上教师(传教僧侣)的作用。所以,让僧侣先进入中国,教之以往生净土的易行之大道,明示其今生现世之利益所在,则中国人必心悦诚服日本的好心善意。因此，作为佛教徒，应振兴众生无边之大道，对中国佛法的衰落不可袖手旁观。所以：

> 收揽人心莫如我真宗也。望法主于此应加注意。

从上述的议论可看出，小栗栖利用文明开化的理论，既发现了中日两国存在文明阶段上的差距，又找到了用文明指导后进的依据。就是说，他意识到了近代国民国家正在形成中的日本，业已优越于仍处在传统社会形态中的中国，预感到了日本必然会按照近代国民国家的规则来到中国扩张，而日本的佛教则应顺应这一历史趋势，配合国家的扩张政策，到中国去传教。这恰是他力图鼓动和说服其宗派领袖接受其到中国传教这一构想的理论根据。

小栗栖香顶的持论，可以说反映了明治初期文明开化论这一新思潮。不过，文明开化论不仅是国际秩序的新理论，也是日本国内变革的理论依据。对于这一点，日本佛教有着苦涩的经验。因为，这期间明治政府所实施的"神佛判然"、"废佛毁释"的政策，其所利用的依据之一，恰恰是文明论这一话语。正是在受到政府的打击之下，佛教徒也逐渐掌握了这套话语。文明开化论既是其自我变革的动力，也是修复与国家关系的装置。

（五）中国佛教的现实与日本佛教的义务

小栗栖香顶的文明开化论，不过反映了中日之间国家与社会状态的逆转，而佛教作为一种传统的势力，中日之间并非会产生颠倒性变化。因为，日本佛教毕竟来自中国佛教，各宗派的教义和仪礼，大多传承于中国佛教。这些传统要素并非随着文明开化而一下消失，应当与中国佛教有更多的类似性和亲和性。

然而，中国佛教的衰败现实，却让小栗栖香顶大为失望，以致将两国佛教判为两种性质决然不同的宗教。他认为，要使中国文明开化，首先是要用日本佛教去改造中国佛教。

要使中国开化，第一是靠佛法。因汉代以来就传入了佛法，儒佛两道自然浸染人心。然而，古代天台（智顗）、净影（慧远）、玄奘、慈恩（窥基）、贤首（法藏）、清凉（澄观）等豪杰，看准时机，将佛法一新，故教化行于一时。可是，自明末以来，到如今唯有不立文字之弊遗留下来，丧失了进一步革新佛法之活力与见识。

佛教与儒教一样，在中国深入人心。所以，要使中国开化，首先从佛法入手，即要用新的佛法教育中国人民。因为，中国传统的佛法，业已丧失殆尽，只剩下毫无生气的不立文字之禅风，丧失了进一步革新佛法的活力与见识。他的上述判断的依据，是基于对北京佛教状况的观察。

北京有百余座大小寺院，做学问的唯有龙泉寺一家。其余尽是不立文字之愚僧，可悲之至。五台山有六百寺，峨眉山有三百寺，普陀山有二三百寺，九华山有三百寺。其余无寺院集中之处。由北京可想象，而问及科举应试之人，都没有高僧。唯因循旧习，将丧事的棺材放置寺院一年，仅祈祷现世的侥幸，僧侣为何目的而念佛，俗人在心里则不视其为佛法。本朝（日本）若无真宗，则会变得如同中国僧俗一样。务必将之清洗刷新。

中国禅僧一统天下的状态，使得没有高僧出现，不讲佛法教义，是中国佛教衰败的原因。据此，小栗栖十分庆幸日本正是有了真宗，才避免了这一悲剧性的结局。因此，他断然表示必须对中国佛教进行彻底改造。

在北京不到一个月的时间，小栗栖香顶走访了许多寺院。相比之下，只有龙泉寺一家有学问，其余都是不立文字之愚僧。即使北京城内八大寺之首的柏林寺，也令他失望不已。

> 当今八大寺之首柏林寺，有二层大殿，数十房舍，仅有二十四僧人。现藏有木刻一切经版，印刻一套完整藏经则需三千两，靠卖藏经度日，二层楼上尽为鸽粪覆盖，难以插足。其佛像雕刻尤为殊胜，看上去也有五六十年没有清扫。

在清朝，大藏经的刊刻多由朝廷出资制作刻版，尤其是乾隆大藏经，其雕版则置于北京，柏林寺便是保存乾隆大藏经雕版的官寺，这却成了维持其寺院经济的重要资源。连柏林寺这样的大寺都徒靠卖经维持，其余的寺院状况可想而知。他甚至认为，中国佛教之所以延续至今，并非佛教徒努力的结果，而是风俗民风的需要所致。若将中国佛教弃之不顾，不进行改革则为共同之敌基督教所吞噬。

> （中国佛教）可谓虽有人而无宗风，以此可知中国僧的价值，到了只靠土俗民风来维持僧寺生存的地步。若现在不进行改革，终将尽归于耶稣教。

与日本佛教相较，中国佛教的异质性不言自明。在1874年1月21日撰写的"第十号"信中，小栗栖明确地表示两国佛教实际上是两种不同的宗教。

> （日本）佛法虽来自中国，现今之（日本）七宗中国竟无一家，实为日本教而非中国教。

在小栗栖的眼中，北京寺僧，不讲法，不读经，无知无识，甘于堕落。这自然难以取信于民众，无法获得社会的尊重。据此观察，他认为佛法尚存的日本，有义务帮助和引导中国佛教的革新。

> 德川家锁港以来，不熟悉外国情况，毫不关心要去帮助邻国，到了不近人情的地步。对于长毛贼的征伐，（中国）拜托了八千里之外的法兰西。日本身为邻国，却没有去援助，可以说是锁港之弊害所致。更何况，僧徒立志于众生无边之大道，岂可傍观中国之法灭而不问。

中国不仅没有走向文明，连传统也日渐丧失。小栗栖正是从这两方面的现实中，发现了日本佛教的先进性和正统性，并试图以此去改造中国佛教，使其走向文明，恢复传统。

（六）中国开宗传教的目的及其实现途径——真宗的中国化

小栗栖由对中国佛教的失望，转而为对日本佛教在中国传教抱有希望，即他发现了真宗在中国传播的可能性和现实性。于是，他便勾画出了雄心勃勃的中国传教蓝图。首先，是中心寺院即本寺的设置。

> 要在中国兴起真宗的话，于长城以东之地，则宜建立一座本寺，长城以西喇嘛教甚为兴盛，回教也不可企及。长城以西之旧汉地，则应以南京为中央，大可在南京建寺，宜以东西（本愿寺）的一位连枝（法主亲属）为庙主（主持）。

就是说，在地理位置上，南京是连接南北东西的枢纽，所以应以南京为中心，建立本愿寺，由日本的真宗本山委任其宗室（与宗祖亲鸾具有血缘关系的亲属）为寺主。其次，是在各省设立别院。

先宜以南京为本寺，向十八省各派遣两位道心坚固之僧，令其说法宣教，若不及建寺，旧寺甚多，尽可利用，也可购置。

即以南京为据点，分别在中国十八省设置分寺别院，各配置两名道心坚固的传教僧，令其讲法宣教，若不及建寺，也可购买当地荒废旧寺，加以利用。最后在寺院内部的设置上，既要充分体现真宗的信仰和日本特色，也要纳入中国的要素，以便亲近。

若欲于南京建本寺，大殿宜安置弥陀，左右应则安置太神宫（太神宫之太字，改为大，自有其道理，不过，讲大明大清时所用文字，用大字；而讲太宗太祖时，却不用大字。太神宫乃本朝先祖，故宜用太字）和孔夫子。神佛判然相别，太神非佛，仅为本朝（国内）而言，到了外国，则必立本迹之义，以关羽为观音，乃中国一般现象。另外，安立孔子，因与我净土真宗俗谛相符合之故，祭孔子则将大得中国人心。其次，应于祖师堂立善导、法然和我祖（亲鸾）三祖像。我身具有菩提心，真实不虚，将至诚彻底体现在神与人上的话，无疑我真宗会在中国兴隆繁昌。若只是以嬉戏之心去开宗的话，则为多此一举。

就是说，南京本寺之大殿中央宜立阿弥陀佛，左右则分别安立日本神道的太神宫（即天照大神）和孔子像，祖师殿则供善导、法然、亲鸾三祖。这样的设置可以说迥别于日本本土范式。小栗栖对此做了辩解。尽管太神宫不是佛教，而且在日本业已神佛判然为二，但是在海外可以不同日本国内，宜有所变通。比如，安置孔子像，既与真宗的真俗二谛相一致，又能博得中国人心。所谓真宗真俗二谛，其真谛讲的是依照绝对他力，深信阿弥陀救度之本愿，往生净土，而其俗谛则主要讲人伦孝道，故有与孔子不相违的说法。这是为使中国人归信而设下的方便。

而之所以树立太神宫，乃是显示本地垂迹之意，日本国家之神也是菩萨现身，试图将这一历史上的神佛关系理论应用于中国。这无疑表明了小栗栖的国家主义的性格。不过，小栗栖的这一想法也非空穴来风，与明治政府的意向也不无关连。

江藤新平这位身居明治政府要职的官员，于1871年就曾上书负责国务的大臣岩仓具视，提出了利用佛教渗透中国的提案。他指出出于日本的安全和自卫，上策是凭借国际关系和力量制衡的形势，由日本单独征服中国，而实现这一目标，则须利用佛教。其提出的"对外策"[①]有关中国以及对日本佛教期待的部分如下：

> 方今左右宇内（世界）形势变动的国家是鲁（俄）、孛（普鲁士）、英、佛（法）、米（美）五国。其他国家，治乱之关系，大概仅止于其本国。且欧洲弱小之国，之所以得以相安无事，乃因英佛协力，禁制诸方雄威之故。而佛业已败溃，不可不深察今后之形势。试述愚见如左。
>
> ……
>
> 且支那之势，人民愚昧，技术拙劣，国政不振，盗贼频起，衰溃之极。若鲁一旦与米、孛连结攻击中国，必能得之。若至此时，皇国则危如累卵。
>
> ……
>
> 因上述形势，若不能速定方略，外勤远略，内修政治，详人情之向背，对应局势，则不足以救患。今之时乃难得之机会。适此机会，施展方略，岂唯国家之兴。因此，谨考案之，有上下二略。
>
> ……

---

① 黑龙会编：《西南传记》上，日本原书房1968年版，"附录"第61—68页。

四、中国其人民虽有百分之二奉儒及天主等宗门,而其他则奉佛法,与我人民宗门相同。自今为了弘传佛法,或在修行等方面,派遣僧徒,以期他日安抚民心。或遣派间者等,以为将来行使军略之种。

五、为成此事,有关寺院之处置,自今不得不按如下行事。

僧徒照从前做法,各于其宗门,不可懈怠劝学修行。因此,各宗佛法之仪,宜由本山进行统辖管理。

六、先皇之御灵,照从前做法,于各宗门、各本山可奉行祭吊之事。这是为了便于治理宗门,安抚当时僧徒之心,令其服从而实施的策略。特别是,海外之宗门,佛法以及其他,大概以其祖师为主而轻视君主。故自今以后,奉祭天皇,若由其本山进行管理的话,则僧徒之出海外,宜足以防止习染其(重祖轻君)风气。

七、民间之祭吊归依,可照从前的做法。

八、各宗门佛法修行,前往中国之事,由各本山依愿许可,也按上述布告行事。

九、从门徒以及其他僧徒之中,可选人作为间谍,派往中国。

十、中国地理以及其他调查等隐密进行人选,可遣派数人,混入上述僧徒之中,或者可按情况另行安排。

十一、派遣上述间者,得其事情(探得中国情报),也宜在五年之内。

十二、整备海陆军事的同时,收集间者的情报,详其地利,制定战略。于是有无礼之事时,正其是非,或与鲁(俄国)相谋并力,或令鲁中立,由我单独而行,可一举征伐中国。

…………

十四、而且,据说中国陆军六十万,然人愚兵弱,武器不整,战法不精,胜算无疑。

…………

十六、中国亚细亚必争之地，不得之者危，苟得之则可占领亚细亚形势。

附，取此中国后，政治上有两种方法

第一，实施国法民法，在要所安置镇台，以州郡之法治理（支那）。

第二，或置镇台，作为州郡，实施国法民法，进行治理，或分封华族及功臣，实施国法民法。

小栗栖香顶的中国之行，很难说与这一对华方策没有关系，至少对政府的这类议论和意向应有所察觉[①]。其中中国的愚昧落后，必将为列强瓜分之认识，可以说小栗栖的中国体验证实了这一说法。其中还说到，利用中国人大多信仰佛教的特性，及时派遣日本僧徒，将来一旦日本征服中国，则可起到安抚民心的作用。而为了征服中国，宜派遣僧徒，充作间谍，收集情报。这一点，在上述小栗栖的认识中，也有所反映。更为重要的是，其中要求日本佛教不可重其宗祖而轻视天皇，即使出使海外，也必须奉祭天皇。据此，小栗栖的安置太神宫的主张，可以说完全与之一致。换言之，真宗不仅与中国佛教徒分享共同的佛教传统，而且要求中国佛教徒接受对天皇的信奉。显而易见，小栗栖试图将真宗变为国家主义的一部分。

对于中国传教的方针和阶段，小栗栖香顶做了如下说明和预想：

（净土真宗）内有本愿他力之利，外有吃肉娶妻（肉食妻带）之便，大兴学校，讲述天台以来的教化，定期举行说法会。若然，中国僧则始而妒忌，次而阴骂，后而归依。小子一直亲眼目睹中

[①] 江腾新平与真宗大谷派的关系，参见中西直树：《明治前期真宗大谷派の海外進出とその背景-北海道開拓・欧州視察・アジア布教》，《龍谷大学論集》481号，龙谷学会，2013。佐藤三郎：《近代日中交涉史研究》，东京吉川弘文馆1984年版较早地指出了这一联系。

国僧有归依真宗之兆。

这段话表明了用真宗的本愿他力和吃肉娶妻的利便,兴办教育,讲法读经,使得整个中国佛教界化为真宗的勃勃野心。在实现中国佛教真宗化的过程中,他还预想了三个阶段。即中国僧人起初会嫉妒拒绝,然后背后说坏话,最后受感化而一同归依。从后来的历史来看,这显然低估了中国佛教徒对吃肉娶妻的真宗风范会有强烈的反感和激烈的抵制的可能性。

尽管小栗栖有上述过于自信和乐观的姿态,但也清醒地认识到了要实现真宗在中国的传道,必须实行适应中国社会的教法。具体而言,第一要传授孔子之教,宣讲戒除不洁,改良风俗之义。第二,废除妇女之缠足恶习,展示日本女性天然之足的美,对中国信众宣讲若信奉真宗之教,则不缠足也可成贞女之义。第三,为了让中国人戒除吸鸦片之恶习,真宗有必要制定唯一之戒律即鸦片戒,以此可以救助众多人命。

这些为适应中国国情而有所变易的主张,在宣扬真宗中心主义的同时,体现了柔软的姿态,富有应用性,而且其所针对的风俗改良也针砭时弊,也具有现实性。

(七)真宗潜在的有力协作伙伴 —— 喇嘛教

清朝崇奉的是藏传佛教,并非汉传佛教。这也是传统佛教呈现上述衰败状况的原因。小栗栖进入北京后,很快意识到了喇嘛教的存在。这对他来说,无疑是意料之外、大开眼界的事情。

《中国传教前景》中讲述了他遭遇喇嘛教的奇异经历。

起初听到喇嘛,以为是指罗马(鹿的一种)。进了北京,才知其为佛法的一种。

而且，一般儒者对喇嘛教也充满了曲解和敌意，以为是千年的蛙精修炼而成的，所念佛经也非真正的佛法，朝廷敬之如神，生活奢侈，吃牛羊肉，寺院置放赤身露体的男女塑像，以为佛祖。其惧怕道教天师，天师以法术可以使喇嘛露原形。这些扑朔迷离的传言，很快就被证明是不实之言。因为，他发现喇嘛教传布的是货真价实的佛法。小栗栖详细介绍了前访雍和宫的情形：

> 本月十一日（清历七月二十日）由柏林寺到雍和宫，乃喇嘛寺，是颇有规模的大寺。远远胜于（青衣僧的）八大佛寺。一位喇嘛引路，最后上佛堂，阿弥陀佛立像据说有七丈二尺高，看上去比南都大佛还要高，为木像，尽美之作。有三层楼，经由第四层，登上最高处，便到了佛的面前。楼上有无量之佛，中间造五台，有文殊像，栩栩如生，好一幅灵作。我拙于绘画，故不能照样描画。此外，有众多佛堂、僧房、大门、小门。可看出其食肉，颜色有光泽，不似不立文字之僧。柏林寺僧说，此寺有一千二百僧，每日十点祈祷说法。说法僧招请自西藏，每日饭费要花二十两，皆皇上供给。经文为西藏之梵字。西藏介于天竺以东，中国以西，相距满洲八千里。经文有满州字，有西藏字，其所说为西藏经。如（略）系西藏梵字，与满州字不同。以此可知喇嘛之事。方今，养活千二百僧人，令其说法，乃宇内罕见之事。喇嘛教完全得益于清朝之因循政策，而有此佳运。此僧中定有学者，我在禅寺语言一旦学成，再入彼寺请教天竺之事。

雍和宫的规模雄大，佛像之精美，喇嘛僧因吃肉而面有光泽的表情，与中国传统寺院以及禅僧形成了鲜明对比。其诵读的是藏文和梵文佛经，势力在中国的西部，深得朝廷的尊奉。小栗栖由此萌发了入其寺，习其文，请教印度佛教的念头。后来，小栗栖与喇嘛僧频繁交流，还得到雍和宫喇嘛僧的帮助，上五台山巡礼。而且，回国后，他很快就撰写了《喇嘛教沿革》一书，成为近代日本最早系统介绍西藏佛教的人。他之所以关注这一突现在眼前的喇嘛教，乃是因为他发现真宗与喇嘛教有共通性，可以利用喇嘛教传播真宗，喇嘛教是意想不到的、难得的合作伙伴。

> 彼已念佛，彼已食肉，一转而可入真宗。中国僧尽管阴里拒绝入真宗，然而，一旦（清）朝廷为我所用，（中国僧人）不得不敬而从之。此乃吾真宗（可在中国）开宗之征兆也。

通过念佛与吃肉这一共同性，可以轻易地将喇嘛教收编为真宗，借助喇嘛教的朝廷崇信，有助于真宗在中国的传播。他把与喇嘛教的相逢，看作是真宗在中国开宗的征兆。他还写道：

> 现呈上一段满州经文，确与西藏文字相异。在东西两派合议之上，确实应注意的则是中国。欲在南京建立本寺，则先入北京，探明其政府之向背，察知十八省地理人情，而后则可也。

汉文、藏文、满文的佛教经典的存在，表明了中国佛教的多元性。而多样的中国佛教，无疑为真宗进入中国提供了环境，因为在多种佛教存在的形势下，抵抗日本佛教进入中国的阻力会变得更少。此外，把握朝廷向背，巧妙地利用政治，是真宗在中国开宗传教的又一个必要条件。

基于上述认识，小栗栖确信真宗能够实现在中国的传教，希望法主能够接受他的提案。

> 我于本年中，学儒佛，来年入喇嘛寺。五月上五台山，六月返上海，由宁波上天台山，七月上旬归国。希望向两法主直言此事。然法主若有开宗之尊意，我则不必回国。

信中委婉敦促真宗上层做出决断，显示了小栗栖香顶要在中国开宗传教的坚定决心。

（八）结语

在来华尚不足两月的时间里，小栗栖香顶就提出了日本佛教（真宗）在中国传教的宏大构想。这无疑预示了千余年来的中日佛教关系的根本性逆转。而这一历史性的逆转，之所以可能，《中国传教前景》提出了两个理由。一是日本的文明开化，一是日本佛教（真宗）的正统性。小栗栖认为在这两个方面上，日本在国家、社会以及宗教（佛教）上远远优越于其所观察到的中国。由于对文明一元性的确信，先进有义务和责任帮助和指导后进，因此，改造中国佛教，使之真宗化，对小栗栖而言既是历史的使命，也是历史的必然。不过，与同时期的文明开化论的主张相比，小栗栖有其特色。多数的文明论者，如福泽谕吉一面积极推进西方文明的引入，一面将传统的儒教与佛教视为文明开化的对立面。而小栗栖在接受和认可明治政府所推行的文明开化的同时，拥护和捍卫佛教乃至儒教的存在价值。中国的现实，则无疑为他提供了切实根据，坚定了他的立场。为了使中国佛教真宗化便于进行，他甚至主张利用孔子，将孔子塑像安置在寺院之中，供人礼拜。

如果说，文明开化与正统性，体现了某种普遍性的立场的话，在中国开设的寺院中，要安置太神宫，奉祀天皇，则暴露了他的国家主义的性格。这固然显示了他对日本皇国的忠诚，但他把佛教与国家意识形态混为一体，从而削弱了上述的普遍性立场，令人怀疑其在中国传教与殖民扩张的关系。可以说，在后来的传教历史中，日本佛教（真宗）始终没有克服这一国家主义的倾向，成为其中国传教失败的一个重要原因。

1876年8月，小栗栖香顶再次来到上海，开设了日本净土真宗东本愿派别院，并在前来庆贺的近千中国各层人士面前，用在北京习得的中文宣讲了他亲自撰写的《真宗教旨》,正式开始了真宗在中国的传教的历史。《中国传教前景》的构想由此变为现实。甲午之战,宣告了中日在军事、政治、文化上实力的逆转,而这一逆转的历史其实在此之前,就已经开始了。

十三、近代东亚佛教共同体之构想

——小栗栖香顶《北京护法论》之考察

前言

1874年春,日本净土真宗僧人小栗栖香顶于北京撰写了《北京护法论》,向中国僧人呼吁建立印度、中国、日本三国佛教同盟,同心协力以对抗西方基督教的东亚入侵和扩张。为实现此目的,他试图依照明治初期日本佛教近代化的经验和模式,针对衰微至极的中国佛教界,提出了大胆而彻底的改革方案。

中日佛教交流的历史虽源远流长,但在17世纪中期以后,由于两国先后实行的海禁和锁国政策,相互往来渐少,乃至中断。日本明治维新后,于1873年3月,与中国缔结的中日修好条约(日文为"日清修好条规")正式生效,两国交流得以重新开始。小栗栖便是利用这一历史时机、前赴北京的最早的日本僧人。他由长崎渡海至上海,又乘船经由烟台和天津,于1873年8月抵达北京,寄居龙泉寺附近的清慈庵,翌年7月离开北京,经上海返回日本。其间,与龙泉寺僧人本然、雍和宫的喇嘛僧等广为交游,还游历了五台山,写下了大量日记、著作和笔谈。可以说,通过他的活动,中断已久的中日佛教交流才得以恢复。

从小栗栖的这些著述中可以看出,他认为中国佛教已至为衰落,不仅于世界之变化一无所知,也失去了自我更新的活力,因此,日本佛教有责任指导中国佛教的改革和振兴。正是在这样的认识下,两年后,1876年8月,小栗栖重返中国,在上海创建了日本净土真宗东本愿寺上海别院,开始了向中国人传播日本佛教的历史。

《北京护法论》是小栗栖在北京期间撰写的最重要的著作,也是他与中国僧人交流的总结。该书虽写于北京,然而至1903年才在日本正式刊行,时隔近三十年。此时,中日关系已发生了逆转,所以,刊出之际,小栗栖对原作做了多处修改。这一事实,直到笔者在日本大分市的妙正寺找到了原作抄本才得到首次确认。比较两本的异同,不仅可以恢复历史原貌,也可以看出小栗栖立场的变化。《北京护法论》除了篇首的"呈本然上人书",尚有十七章,前十四章是对日本佛教宗派的介绍,第十五章讲述了明治政府的宗教政策,第十六章列举了当时东本愿寺派(现大谷派)宗主现如的语录,而第十七章"护法策"则提出了对中国佛教彻底改革的方案,共有十三条,明确表述了他的印度、中国、日本三国佛教同盟的主张。三国佛教同盟的主张,并非一时的发明,其背后存在着悠久的佛教史观。佛教起源于印度,传播到中国,又经由朝鲜传到日本,这一历史的连带便成为近代东亚佛教共同体构想的历史依据,并与早期的亚洲主义相关联。不仅如此,东亚佛教共同体的构想也是遭受了"排佛毁释"打击的日本佛教界为配合国家的亚洲扩张政策,寻求自身新出路的重要战略。

本文将比较抄本与刊本的异同,考察三国佛教同盟的内容及其变化,以及在中国的反应,探讨其历史背景和意义。

(一)小栗栖香顶与《北京护法论》

小栗栖香顶为日本大分县东本愿寺派妙正寺的住持,来华时业已43岁。他15岁时便进入当地著名的汉学私塾咸宜园,师事著名的汉学家广濑淡窗,经过 6 年的刻苦学习,在数千弟子中被称誉为三才子之一。他不仅精通儒学的基本经典,还熟练地掌握了汉文和汉诗的写作技巧。其后,赴京都师事佛学各宗大家,广习佛理,号称八宗学问大成于一身。明治元年(1868),38 岁时升任东本愿寺最高教育机构"高仓学寮"(大谷大学的前身)的拟讲师,指导后进,深为本宗器重。

这一时期,小栗栖所关心的问题有三。一是如何阻止基督教的扩张,捍卫佛教的势力地盘。为此,他撰写了《日本刀》(1865 年)一书,指称耶稣教为邪教,陈述了耶稣教惑乱人民和国家的众多过失,欲以"日本刀"斩除"天主之妄义"。书中几乎网罗了有关基督教的中日文书籍,详细地叙述了基督教义及其在中国和日本的传教历史。他收集了众多的批判基督教的书籍,熟读魏源的《海国图志》等书,可以说其佛教和汉文的素养以及近代的知识在此书中发挥得淋漓尽致。

二是佛教教团与明治国家的关系问题。在其撰述的《天恩广大》(1869 年)中,针对神佛分离和废佛毁释,他依据佛教的三世因果论和真如缘起论,主张对于国家的忠孝和神佛一体论。简言之,他认为明治时期国家给予佛教的打击,并非要排除佛教,而是为重新调整和建构佛教忠诚于国家的理论提供了绝好的机会,在此意义上,天恩(天皇之恩)实乃广大。

三是净土真宗教团的发展问题。1869 年,明治政府对于既存的佛教各宗重新审定,其中要将净土真宗的宗名改称为"一向宗",避免与"净土宗"相争执。净土真宗为保全具有悠久传统的宗名,展开了反对运动。小栗栖在恢复宗名的运动中成了中心人物,受到了本宗领袖的嘉奖。第二年,随着北海道的开发,佛教各宗纷纷涌入北海道布教,扩张势力,东本愿寺更是一马当先。小栗栖为此前往东北各地,集资数万元,充当开拓基金。这些活动大大提高了他在本宗内的声望和地位。

从上述的活动和思想来看,小栗栖香顶是一位积极主张排耶、护法、护国三者一致的论者。对于佛教和国家利益有着明确的认识。①

那么，这一时期小栗栖面临着这么多的国内问题，为什么他会把目光投向中国呢？理由之一是他在本宗内遇到了挫折。1872年，小栗栖强烈主张东本愿寺应该迁往刚成为首都的东京。其用意在于本宗的大本山应始终置于皇宫之侧，扶助新政，并在基督教势力大为扩张的东京，发展本宗势力，以阻遏基督教的进一步扩张。但他的提案不为周围的人理解，反而招致了固守传统的势力的攻击。是年，他左迁长崎，在新设立的中教院任职，负责考核新一代的僧侣。在那里，闲暇之时，他访明末清初由中国僧设立的禅宗寺院，延请其老僧讲授禅宗典籍。禅宗语录大多不是典雅的古文，而是用白话俗语写成的，既有的古典汉文知识不足以理解其文意，于是他开始向旅居当地的中国人学习俗语。以此为契机，他开始思考到中国去传教，为日本佛教寻找到一条新的出路。

理由之二是1872年与小栗栖同期进入汉学私塾咸宜园的同窗长三洲，曾随外交使团赴北京交涉日清修好条约。长三洲之所以被选入此行，原因之一是他深谙汉学，方便与清朝官僚应酬文事。这对于以汉学自负的小栗栖香顶而言，无疑是一很大的刺激。最后一个理由是他对当时日本官民以留学西方为时尚的风潮的一种反动。东本愿寺年轻的新宗主现如，于1872年也悄然赴欧美巡游一年，其后对真宗教团的发展产生了极大影响，提出了体制改革和派遣留学生前往欧洲等政策。在小栗栖香顶看来，学习西方固然必要，然而无视日本之最大近邻，日本佛教之渊源则是一种无知的表现，所以他决心留学中国。终于在老宗主严如的赞助下，于1873年7月17日由长崎出发，前往上海。

而19世纪70年代的中国佛教界，在遭受到以基督教教义为理论

---

① 小岛胜、木场明志编著：《アジアの开教と教育》，京都法藏馆1992年版，第26页。

的太平天国运动的打击之后,一蹶不振。鸦片战争后,基督教借助西方列强的不平等条约在中国获得了传教权,势力迅速扩大,中国佛教徒即使对基督教的扩张有所忧虑,也不能像明末高僧云栖和智旭那样,公然与之论辩。满清王朝崇信藏传佛教,而汉传佛教自清中以后便为朝廷所疏远,失去了政治上的庇护,连像明治佛教那样重新调整与国家的关系的机会都不存在。明治佛教界在经历了废佛毁释的打击后,反而得到了团结,各宗各派统合协调的动向十分活跃。与此相对,中国佛教界依然以各寺院为单位进行活动,以往旧态一仍无改。在这种状态下,中国佛教徒不仅对日本的佛教毫不关心,而且对于突然出现在他们面前的日本僧人也不知如何应付,颇感为难。北京龙泉寺的本然之所以收留小栗栖,也完全是出于对远方来客的善意罢了。小栗栖曾希望龙泉寺今后继续接待陆续而来的日本僧,本然当场委婉回绝了这一请求。本然的理由是不希望日本僧人辛苦来华而一无所学,小栗栖的中国之行也犹如"钵盂安柄",徒劳而无益。

在北京的小栗栖香顶有两张面孔,即勤奋的留学僧和负有传教使命的传教师。在北京生活才不过一个月,他便与中国僧人探讨护法之策,论议中外佛教界的现状,在埋头学习北京话的同时,制作了宏大的中国传教的计划,于当年九月被本山任命为中国传教主管(日文为"支那布教係")。他目睹了中国佛教的衰败景象,为了使中国佛教重新振作,于1874年4月撰写了《北京护法论》。在书中所付呈送龙泉寺僧本然的信中,小栗栖讲述了来北京的目的,即为了学习和掌握汉语,寻访高僧和名山大寺,与中国僧人商讨抵御基督教、振兴佛教的护法策,并希望本然也能赞同他的护法主张。《北京护法论》除了完整地介绍了日本佛教十四个宗派之外,还讲述了日本政府制定的三条教则等宗教政策,并着重介绍了东本愿寺派(现为大谷派)宗主现如上人有关真宗与国家关系的语录。而最后第十七章则是本书的重点,全面阐述了改革中国佛教的十三个建议,明确提出了建立印度、中国、日本三国佛教同盟的构想。①

(二)《北京护法论》的两个版本

现存《北京护法论》有两种。一是明治三十六年（1903）5月，作为非卖品而发行的刊本，是由小栗栖自行出版的。一是由笔者在调查中发现的保存于妙正寺的抄本，也是由小栗栖本人于1901年5月抄写的。刊本中有其所属真宗大谷派宗主之弟大谷胜尊的序。其序文如下：

> 莲舶学师以明治六年七月游北京，七年七月归朝。告余曰，此行所期有四，曰北京音，曰北京语，曰喇嘛教大意，曰遍与彼耆宿同讲护法策，是也。于是，先就龙泉寺本然而受其音学。《幼学须知》、《论》、《孟》、《学》、《庸》、《诗韵集成》，反《金刚经》、《法华经》、《禅门佛事》、《焰口施饿鬼》并净土三部经等，每书皆以我假字，朱书其音，以施傍注。业已成矣。次修语学。此固不熟练，不能成用。因以雅言缀日用文辞，凡所见闻，细大记之，以请本然，译以俗语。随记随译，积日所得，纂而为二册，命《北京纪事》。又就雍和宫，受喇嘛教大意，著《喇嘛教沿革》三册。而后草《北京护法论》一篇，以示本然，将谋之各地耆宿。而行李所赍，乏书籍，且留学仅仅一周年，故不能深穹博证，为遗憾也。后再航中国，创建别院于沪上，以启真宗弘教之端。于是深感汉文着书之必要，云：夫日清两国，唇齿辅车不啻也，其相提携以讲护法策，勿论而已，况乎外亲教骎骎蚕食两国之教田，岂阋墙之秋乎。顾师草此论，实在三十年前。今

---

① 上述介绍文参见小栗栖香顶著，陈继东、陈力卫编：《北京纪事·北京纪游》之《明治初年日本僧的北京留学记》，第1—10页。

也雍和宫洞阔尔呼图克图虽逝,然满蒙嗣法,必有存者。本然死生未可知,而龙泉必有其人。若寄赠此书,则彼辈一读,岂无今昔之感乎。其或慨然兴起,以讲严护本城之志,油然而同入和合海,亦未可测也。乃此书之令法久住,镇护国家亦不屑屑焉。顷,师之弟宪一,携此书,征余序,因录师言,并付数语其卷首,以质于观者云尔。

明治癸卯四月日

权大僧正　大谷胜尊

据此可知,小栗栖自中国返回日本后,曾向大谷胜尊汇报中国之行。其所引述赴华目的,与刊本《北京护法论》篇首的"呈本然上人书"的说法有出入,即"一学北京音,二学北京语,三接名僧硕学,四问护法大策",而抄本后两者则为"三访名山高僧,四问三国协力护法护国之策",均无"喇嘛教大意"的说法。实际上,据小栗栖自己的记述,赴华之前,对于喇嘛教毫无所知,到了北京之后,才知道喇嘛教的状况,因此探知"喇嘛教大意",不可能是其赴华目的。由于了解到了喇嘛教极高的政治地位,小栗栖才萌发了联合喇嘛教,在中国传播真宗的想法,所以回到日本后的翌年,便撰写了《喇嘛教沿革》。其实,《北京护法论》撰成之后,他还在雍和宫喇嘛僧洞阔尔呼图克图的帮助下,游访了五台山,目睹了喇嘛教的兴盛。这段交情,也成了日后真宗在北京传教时得到喇嘛教协助的缘由。后来,在小栗栖的参与下,洞阔尔呼图克图得以访问了日本。《北京护法论》出版之际,也是真宗在华传教扩大的时期。序中期望中国僧人读此书能"慨然兴起""同入和合海",正是反映了真宗在华势力伸张的历史背景。

妙正寺抄本为线装一册,封面为"北京护法论全",扉页题有"明治七年记于北京　明治卅四年五月病中再写香顶七十二岁"以及"护法论全一百四枚"。据此,抄本是据1874年的原有的资料,于1901年

5月重新抄出的,并非在北京撰写的原本。原有资料现在虽无从得见,但刊本依据的正是此抄本。

抄写之际,小栗栖在有的章节插入了追述或感想,可窥见其晚年回忆这段往事时的心情。在"第三律宗大意"末尾有如下追述:

> 香顶后见受戒之式于北京善果寺。寺主德亮为戒师,有羯摩僧维纳。详之于《北京纪行》。

此处《北京纪行》当是《北京纪游》,《北京纪游》第八十八节"善果寺"记述了此事。① 其"第六华严宗大意"末尾有:

> 香顶登台之记,记五台佛之盛,唯在喇嘛教,而不在青衣派。中国僧之无气力,使余到处堕泪。噫。

所云"登台之记"系指《北京纪游》第一〇六节"赴五台"、第一〇七节"历拜诸刹"、第一〇八节"还北京"之记述。② "第七天台宗大意"末尾有:

> 香顶明治九年,再入中国,登天台山。华顶山有华顶寺,逢振云和尚,国清寺逢德成和尚。其余七十余寺,以禅侣充之,绝无讲三大五小者。不立文字之弊至此乎。

1876年8月,小栗栖受命赴上海,创建了净土真宗东本愿寺别院,并游历了浙江、江苏、湖南和武汉各地的佛教寺院。其现存诗稿以及

---

① 小栗栖香顶著,陈继东、陈力卫编:《北京纪事·北京纪游》,第192页。
② 小栗栖香顶著,陈继东、陈力卫编:《北京纪事·北京纪游》,第203—217页。

日记中有详细记录。其"第十六现如上人法语"末尾处则有：

> 明治三十四年一月以来，身体浮肿。医曰，脚气也。冲心则则卷矣。百方攻之，不治。盖七十二岁，至衰弱之极，药力不能救之。追思明治六、七年在北京，作护法论，示之龙泉寺本然。余恐一时之苦心归湮灭，力病操笔，誊于四月，而终于五月十八日。
>
> 七十二岁　莲舶

从中可知，《北京护法论》抄本乃为时年72岁的小栗栖，于病中从1901年4月开始誊写，至5月18日抄毕。因此，小栗栖自1901年便计划出版此书，此抄本正是刊本的底本。

据小栗栖《北京纪游》第八十六节"著《护法论》"的记述，《北京护法论》草于1874年3月26日，成于4月10日。[①] 而抄本的末尾记有"明治七年二月二十三日"。明治七年即为1874年，二月二十三日则为阴历，实为阳历4月10日。可证《北京纪游》所记不误。

对照抄本与刊本，行文有很大出入，刊本做了众多修订，可以说是改作。因此，1903年的刊本不可等同为当年小栗栖呈送北京龙泉寺本然的《北京护法论》，而是在一定程度上反映了小栗栖晚年思想的作品。因尚未见其所呈原本，故现存抄本可推测为是最接近1874年原本的版本。为了说明两个版本的异同，以下抄出部分内容，进行对照。刊本改写处，均以底线标出。首先是"呈本然上人书"。

---

① 小栗栖香顶著，陈继东、陈力卫编：《北京纪事·北京纪游》，第186页。

《北京护法论》抄本·刊本对照表（1）

《北京护法论》抄本（1874年4月撰，1901年5月重抄）	《北京护法论》刊本（1903年）
呈本然上人书	呈本然上人书
不肖昨年单身踏海，来入京师。言语未通，以文需容于各寺，无一人之应，幸谒上人。上人之学德，使不肖得住京都焉。无涯之恩，何日忘之。不肖之志愿四，一学北京音，二学北京语，三访名山高僧，四问三国协力，护法护国之策。然资金有限，留学不得长。加之不服北京水土，浮肿蚀胫，眩晕荐臻，寒热据变，似疾疫之症。力病就学，汲汲孜孜，夜以嗣日。	龙泉寺本然上人座下：香顶昨年单身踏海，来入北京。言语未通，作文章，需容各寺，无一人之应。幸得谒上人。上人之学德，使顶得住北京。无涯之恩，何日忘之。顶之志愿四：一学京音，二学京语，三接名僧硕学，四问护法大策。资金有限，留学不得久。加之不服北京水土，浮肿蚀胫，数患眩晕，寒热据变，殆类疾疫。力病就学，以夜继日。
学北京音者，如左。《幼学须知》一套四卷，禀此音杨朗山。《禅门佛事》一卷，《瑜伽焰口》一卷，《金刚经》全部，《法华经》全部，《无量寿经》二卷，《观无量寿经》、《阿弥陀经》、《四书》一套十卷，《诗韵集成》全部。 禀之上人，支那一切之字，学其音毕。虑其遗失，施和训于其侧。以是第一之事成矣。	学北京音，凡十数卷。第一志愿遂矣。
次之学北京日用语于上人。不肖缀之以汉文，上人以俗语改之，积成二卷，名为《北京纪事》。然言语之学，非五六月之所能，必不得以年月不习之。然资金有限，不许多年留学焉。于是，深夜剪烛，制护法策十七章，谨呈之上人。伏乞痛加鄞斧，导之正路，以照单身万里之丹心。	记渡航以来事，积成二卷，上人以俗文改之，京语了其一斑。虽然言语之学，非五六月之所悉，积以年月，自然习熟。于是，深夜剪烛，著护法论一卷，凡十七章。

第二编 近代佛学知识之灯塔：以人物为案例 381

续表

《北京护法论》抄本（1874年4月撰，1901年5月重抄）	《北京护法论》刊本（1903年）
第一俱舍宗大意，第二成实宗大意，第三律宗大意，第四法相宗大意，第五三论宗大意，第六华严宗大意，第七天台宗大意，第八真言宗大意，第九净土宗大意，第十禅宗大意，第十一净土真宗大意，第十二日莲宗大意，第十三融通念佛宗大意，第十四时宗大意，第十五教部省三条，第十六现如上人法语，第十七护法策。	第一<u>章</u>俱舍宗，第二<u>章</u>成实宗，第三<u>章</u>律宗，第四<u>章</u>法相宗，第五<u>章</u>三论宗，第六<u>章</u>华严宗，第七<u>章</u>天台宗，第八<u>章</u>真言宗，第九<u>章</u>净土宗，第十<u>章</u>禅宗，第十一<u>章</u>净土真宗，第十二<u>章</u>日莲宗，第十三<u>章</u>融通念佛宗，第十四<u>章</u>时宗。<u>以上记各宗大旨</u>。第十五<u>章</u>教部省三条，第十六<u>章</u>现如上人法语，第十七<u>章</u>护法策。
不肖一片之苦心，积成此一缀。文不作文，记忆多谬，露丑于大方耳。惭愧惭愧。伏乞上人，舍其文斟其情，不赐者望也。	文不作文，记忆多谬，<u>速大方之笑必矣</u>。伏乞上人，舍其文斟其情，<u>痛加斧钺，导之正路</u>。
三事业已成，从今访巨德，采五台，而后归，谒现如上人于日本。现师昨年航海欧米，拜释尊遗迹于五天，全国之僧，无不奋发兴起。上人若容不肖之护法策，谋之北京大德，洽集其言论，以赠现师，则现师之喜如何。冒渎尊严，多罪宽贷。香顶和南。	从今访巨德，<u>登</u>五台，而后归<u>朝，复命现师</u>。现师昨年航海欧米，<u>途过印度</u>，拜释尊遗迹于五天。全国之僧徒，<u>莫不钦仰</u>。上人若<u>以香顶护法论为可观，则示</u>之北京大<u>刹</u>之硕德，洽集其言论，<u>辑以为一卷</u>，赠之现师，<u>其</u>喜果如何。香顶<u>顿首拜白</u>。

其中刊本中画底线部分是改写之处，而且刊本还多处删除了抄本中的原文，有的甚至是整段文字。如抄本"学北京音"中的具体书目全被刊本删除。从文字表述来看，刊本的汉文表述较之抄本要简洁洗练。其中"不肖"的谦称变为"香顶"，态度上也变得较为庄重，不似抄本中的谦卑和迫切。

其次，十七章的内容也有不少改动。前十四章是日本佛教十四宗派的介绍。内容基本上由祖师生涯、教派教义、现状三部分组成。第十五章介绍了明治政府的宗教政策，第十六章是当时净土真宗东本愿寺派领袖现如的语录。第十七章则是小栗栖本人考案出的护法策。以下，仅录出前十六章的开头和末尾的部分内容，以示改动的大致情形，特别是每章末段提示了小栗栖的按语和向本然提出的疑问，值得注意。第十七章将在后文专门讨论。

《北京护法论》抄本・刊本对照表（2）

《北京护法论》抄本	《北京护法论》刊本
第一俱舍宗大意 此宗以俱舍论为凭，故名俱舍宗。 不肖案，俱舍论，入佛之初门。凡以释为姓者，谁不入此门。不解俱舍论，而解大乘教，无有是处理。唯识有破小，三论有声闻藏，天台有藏教，贤者有小教，不知俱舍，而解之乎。 方今大慢的僧、大懒的僧，不知俱舍为何物，曰：小乘小乘。黄口乳臭，亦仿其口吻，曰：小乘小乘。呜乎。何不思之甚。俱舍论出于婆娑论，婆娑出从发智六足，发智六足出从四阿含，四阿含出从金口。侮俱舍论是侮佛说也。佛弟子而作此言，拔舌之报可恐也。执小为极，是佛之所呵。法华曰：汝等所行，是菩萨道；开会而用之，四谛十二因缘，即究竟成佛之妙法。想中国之大，必有俱舍师。二京四山十八省，何寺何僧能振此学？伏乞上人，示其寺名僧名。	**第一俱舍宗** 本宗据俱舍论，故名俱舍宗。 案，俱舍论入佛之初门。凡以释为姓者，谁不入此门。不解俱舍论，而解大乘教，无有是处。唯识有破小，三论有声闻藏，天台有藏教，贤者有小教，不知俱舍，而<u>得窥</u>之乎。 方今<u>僧侣</u>，不知俱舍为何物，曰：小乘小乘。黄口乳臭，亦<u>仿</u>其口吻，曰：小乘小乘。呜乎。何不思之甚。俱舍论出于婆娑论，婆娑论出从发智六足，发智六足，出从四阿含，四阿含出从金口。侮俱舍论是侮佛说也。佛弟子而作此言，拔舌之报<u>不免</u>也。执小为极，是佛之所呵。法华经曰：汝等所行，是菩萨道，开会而用之，四谛十二因缘，即究竟成佛之妙法。想中国之大，必有俱舍师。二京四山十八省，何寺何僧，能振此学？伏乞上人，示其寺名僧名。
第二成实宗大意 此宗据成实论，故名成实宗。 此宗之学，近来大衰。悲哉。想中国应有什肇之云仍，伏乞上人示之。	**第二成实宗** <u>本</u>宗据成实论，故名成实宗。 <u>本邦属之三论宗，不别设一门。</u>近来<u>此学</u>大衰，悲哉。

续表

《北京护法论》抄本	《北京护法论》刊本
第三律宗大意 如来在世五十年，随机制戒。灭后括为一部，大毗尼藏是也。 不肖闻之先辈，支那戒律，至元而灭矣。昨年入京，见受戒僧，多以灸痕表受戒之多少。此戒出何经律？一白三羯摩之戒如何？伏乞上人笔授之。	**第三律宗** 佛在世五十年，随机制戒。灭后括为一部，大毗尼藏是也。 香顶闻之先辈，支那戒律，至元而灭矣。昨年入京，见受戒僧，多以灸痕表受戒之多少。此式出何经律？一白三羯摩之式如何？伏乞上人笔授之。
第四法相宗大意 宗名有四。一唯识宗，明一切唯识故。二应理圆实宗，明一切法门应理故。三普为乘教宗故。四法相宗，决判诸法性相故。 方今法相之学，以本愿寺智积院为胜。支那何处何寺，振此学？伏乞上人示之。	**第四法相宗** 本宗有四名。一曰唯识宗，以明一切唯识名焉。二曰应理圆实宗，以明一切法门应理名焉。三曰普为乘教宗名焉。四曰法相宗，以决判诸法性相名焉。 方今本愿寺、智积院最究法相之学。支那何寺振此学？乞上人示之。
第五三论宗大意 以三部论为凭，故名三论宗。 方今此学大衰矣。想中国尚有吉藏之子孙否？	**第五三论宗** 本宗以三部论为凭，故名三论宗。 方今此宗大大衰。不知中国尚有吉藏之子孙否？敢问。
第六华严宗大意 以华严经为所凭，名华严宗。 支那五台，文殊之所住，清凉在此作大疏。想方今继其步武否？不寂寥否？不肖以五月将登五台，伏乞上人宜之。	**第六华严宗** 以华严经为所凭，故名华严宗。 支那五台，文殊之所住。清凉在此作大疏，今尚继其步武否？不寂寥否？香顶以五月将登五台，上人幸教之。
第七天台宗大意 智者大师在天台山而开一宗，故名天台宗。 想中国天台山，方今如何？玄朗湛然等之云仍否？伏乞上人笔示之。	**第七天台宗** 智者大师在天台山而开一宗，名天台宗。 中国天台山，玄朗湛然之云仍，今尚存否？上人教之。

续表

《北京护法论》抄本	《北京护法论》刊本
第八真言宗大意 此宗据大日经、金刚经、苏悉地经，弘其秘密真言，故名真言宗。 不肖见瑜伽焰口施食，印契真言，颇似密教。亦观阿吽，用西藏字，乃知中国法事，多用喇嘛法。伏乞上人示其异同。	**第八真言宗** <u>本</u>宗据大日经、金刚经、苏悉地经，<u>弘</u>秘密真言，故名真言宗。 <u>香顶</u>见瑜伽焰口施食、印契真言，颇似密教。亦观阿吽，用西藏字，乃知中国法事，多用喇嘛法。<u>真言与喇嘛教同否？请上人教之。</u>
第九净土宗大意 曹魏康僧铠译无量寿二卷，刘末姜良耶舍译观无量寿经一卷，姚秦罗什译阿弥陀一卷，是为净土三部经。 净土宗大意可以之知也。法然上人，或现大势至相，或现弥陀佛相，或现圆光。门人仰见，海内无不归向。后谥圆光大师。日本此宗最盛矣。	**第九净土宗** 曹魏康僧铠译《无量寿经》二卷，刘末姜良耶舍译《观无量寿经》一卷，姚秦罗什译《阿弥陀》一卷，是为净土三部经。 <u>宗祖</u>法然上人，或现大势至相，或现弥陀佛相，或现圆光。<u>一门景仰</u>，海内无不归向。后谥圆光大师。日本此宗最盛矣。
第十禅宗大意 不肖到上海，历参诸刹，皆禅也。到天津，历参诸刹，亦禅也。入北京，历参诸刹，亦禅也。贵寺在禅宗之最高位焉。四面皆禅，而述禅之大意，殆属无用。然不肖一片之心，唯欲陈不肖之所学，而乞上人之郢斧也。	**第十禅宗** <u>香顶航</u>上海，到天津，所历参，皆禅刹也。<u>而贵寺实居禅宗首位。向禅师说禅，为失体。香顶唯述香顶所学，上人幸董正之。</u>
第十一净土真宗大意 本宗以亲鸾上人为宗祖，亲鸾上人昙鸾和尚之后身也。此宗二双四重，摄一代教。 日本十之七归此宗，可谓盛矣。	**第十一净土真宗** 本宗以亲鸾上人为宗祖，亲鸾上人昙鸾和尚之后身也。此宗二双四重，摄一代经。 <u>本邦人</u>十之七归此宗，可谓盛矣。

续表

《北京护法论》抄本	《北京护法论》刊本
第十二日莲宗大意 此宗以日莲上人为祖。 本宗以折伏为主，斗诤坚固之时，不得不折伏也。日莲曰：念佛无间禅天魔，真言亡国律国贼。是亦过剧之折伏也。不肖案，折伏则可也。然此四言不免诽谤正法。日莲博学，不知之哉？想是指摘僧侣之弊，非骂宗教。志士仁人，岂大言壮语，做着鬼脸吓小儿的伎俩耶？	**第十二日莲宗大意** <u>本宗祖日莲上人。</u> 本宗以折伏为主，斗诤坚固之时，不得不折伏也。日莲曰：念佛无间禅天魔，真言亡国律国贼。是亦过剧之折伏也。<u>案</u>，<u>折伏则可</u>。然此四言不免诽谤正法<u>也</u>。<u>彼博学达才，岂谤正法哉</u>？<u>此盖</u>指摘僧侣之弊<u>耳</u>，非骂<u>他宗旨</u>。<u>仁人君子</u>，岂<u>敢做</u>大言壮语，着鬼脸吓小儿的伎俩耶？
第十三融通念佛大意 此宗以良忍上人为祖。 案此宗他力，一人为自，一切人为他，一切人功德，得之自身，故名他力愿行。…… 上来述融通宗大意如是。	**第十三融通念佛** 此宗以良忍上人为祖。 案此宗他力，一人为自，一切人为他，一切人功德，得之自身，故名他力愿行。
第十四时宗大意 此宗以一遍上人为祖。 要之，不论有念无念，不简有信无信，离自三业，修现三业耳。 上来以不肖之意，窥本宗教义之一斑耳。	**第十四时宗** 此宗以一遍上人为祖。 <u>勿论</u>，有念无念，有信无信，离<u>己</u><u>之</u>三业，修<u>弥陀</u>三业耳。
十五教部省三条教则 明治维新，立教部省，管神佛二教。置十四阶，拔人才。 　又立教则三条，以布教天下。曰敬神爱国、曰天理人道、曰奉戴皇上、遵守朝旨。 　上来三条，神道各派，佛法各宗，其道虽异，然至说三条，则一也。故阖国兴起，以死报朝。不知支那设何官，置何阶级，而管僧道二派耳？伏乞上人笔之。	**十五教部省三条教则** 明治维新，立教部省，管神佛二<u>道</u>。置十四阶，<u>选拔</u>人才。 　又立教则三条、以布教天下。曰敬神爱国、曰天理人道、曰奉戴皇上、遵守朝旨。 　神道各派，佛法各宗，其道虽异，<u>至其说三条教则</u>，则一也。故阖国兴起，<u>欲</u>以死报国。不知支那设何官，置何阶级，<u>以管僧道</u>？<u>乞上人教之</u>。

续表

《北京护法论》抄本	《北京护法论》刊本
十六 现如上人法语 现如上人，严如上人之法嗣，而伏见亲王之孙也。 问：啖肉蓄妻而成佛，出何经典？答：大经第十八愿是也。曰：十方众生，称我名号，下至十声一声，若不生者，不取正觉。十方众生者，囊括宇内，不漏之谓也。至心念佛皆尽可得往生也。法照曰：不简多闻持净戒，不简破戒罪根深，但使回心多念佛，能令瓦砾变成金。以是见之，往生之因，但在念佛，不在戒之有无也。 上来陈现如上人二谛相依之法话毕。	**十六 现如上人法语** 现如上人，严如上人之法嗣，<u>为净土真宗之教主，母一品伏见亲王之女</u>。 曰：啖肉蓄妻而成佛，出何经典？曰：大经第十八愿是也。曰：十方众生，称我名号，下至十声一声，若不生者，不取正觉。十方众生者，囊括宇内，不漏之谓也。至心念佛，<u>悉皆</u>可得往生也。法照曰：不简多闻持净戒，不简破戒罪根深，但使回心多念佛，能令瓦砾变成金。<u>由是观之</u>，往生之因，但在念佛，不在戒之有无也。

以上十六章，刊本相对于抄本在内容上无大改动，只是在一些表述上略有改写，欲求简练。如此完整地介绍日本佛教各宗的历史和教义，可以说是中日佛教交流史上前所未闻之事。固然，小栗栖参考了随身携带的凝然《八宗纲要》，但很多内容是他往日的心得，故可如数家珍，畅述各宗大意，体现了其深厚的学养。其中，第十五章和十六章，介绍了明治维新初期国家宗教政策的变化，以及本宗领袖的思考和追随国家新体制的立场，是了解这一时期日本佛教的重要资料。对于中国僧人而言，想必也是别开生面的奇闻异说。特别是在第十六章中，专门提起了"啖肉蓄妻"的问题，为其正名，实际上也是针对中国僧人的批评而发的。因为，小栗栖在北京期间，体弱多病，多以荤食调养，曾多次受到周围僧人的异议。而他本人也发现中国的僧人，并非固守清规，多有荤食犯戒之行为。不过，"啖肉蓄妻"固为真宗的传统，但明治初期（1872），日本天皇正式下了诏书，宣称政府将不再对此进行干预，由佛教各宗自行决定。这在佛教界激起了巨大震荡。

小栗栖的叙述也反映了这一历史背景。

每章末后的疑问,如"支那何处何寺振此学""想中国尚有吉藏之子孙否""想中国天台山方今如何""玄朗湛然等之云仍否""伏乞上人示其异同""不知支那设何官,置何阶级,而管僧道二派耳",这一连质问,看似请教,实为挑战。因为,来华半年多,小栗栖对于中国佛教实情,已了然于心。他的记述多处言及来华所遇之僧,大多文盲无知,唯有上海龙华寺所证、天津大悲院澄空和北京龙泉寺本然才是不可多见之高僧。[1] 上述的疑问,在与本然等僧人的交流中也多次讨论过。因此,小栗栖的战略意图显然是,在显示自己渊博的佛教知识和理解的同时,企图通过提出问题,迫使本然回应,以维持交流。遗憾的是,我们看不到本然对上述问题的任何回应。

日本佛教十四宗派的叙述,后来对于中国佛教的研究也发生了影响。如1902年梁启超在撰写《中国学术思想变迁之大势》时,就参考了小栗栖其后撰写的《佛教十二宗纲要》(念佛融通宗和时宗不再单立为宗)一书,试图把宗派佛教看作是中国佛教的特点。这是一个值得今后进一步研究的课题。

但本节最为关心则是第十七章,因为正是在这一章中,小栗栖明确提出了建立三国佛教同盟的问题,而且刊本对抄本做了许多重大改写。以下揭出第十七章"护法策"之全文。

《北京护法论》抄本·刊本对照表(3)

《北京护法论》抄本(明治七年,1874年)(明治三十四年五月重抄)	《北京护法论》刊本(明治三十六年,1903年)
十七　护法策	第十七章　护法策

---

[1] 小栗栖香顶著,陈继东、陈力卫编:《北京纪事·北京纪游》,第81—82、110页。

续表

《北京护法论》抄本（明治七年，1874年）（明治三十四年五月重抄）	《北京护法论》刊本（明治三十六年，1903年）
不肖案之，印度支那日本，如品字，如鼎足，一地受伤，三地同病。佛法兴于印度，东入中国，又东入日本，三国之僧，同心协力，严守佛法，何受伤之有。	<u>香顶谨案</u>，日本支那印度<u>三国，土地相依。以全亚洲之体面，宛如鼎足然。一国受伤，则二国蒙病。夫佛法起印度，传支那</u>，入日本。三国僧<u>侣</u>，同心协力，<u>护法护国，可以全亚洲之体面也。</u>
	支那之与日本，隔之以渤溟。印度之与支那，隔之以雪山。然其面目毛发，毫无异也，<u>同其种族也。其相亲睦，固出于天理之自然也。</u> 释尊说华严经，<u>示</u>菩萨之住处。在支那者三。曰清凉山、曰峨眉山、曰普陀山。在日本者三。曰仙人起山（<u>一名蓬莱</u>，一名富士）、曰金刚山、曰功德庄严窟。载在清凉疏。菩萨住处，不在欧<u>米</u>，而独在三国。<u>三国之与佛法，同其兴废，不待顶言也。</u>
昔真谛、罗什、昙无谶、菩提留支、勒那摩提、佛陀扇多、康僧铠、姜良耶舍、菩提达摩、僧伽提婆、竺佛念、浮陀跋摩、瞿昙僧伽、那连提耶舍、僧伽跋罗、求那跋陀罗、瞿昙僧伽提婆、善无畏、金刚智、不空三藏等，从印度入支那。法显、玄奘、义净，自支那入印度。善无畏、菩提达摩，从印度入日本。道佩、鉴真、法进、昙静、思托、义静、法载、法成，从支那入日本。道昭、玄昉、道慈、最澄、空海、义真、圆仁、圆珍、荣西，从日本入支那。三国之僧，互相往来，一心专力，从事护法。佛法之兴，宜矣哉。	<u>在</u>昔真谛、罗什、达磨、善无畏、不空，从印度入支那。法显、玄奘、义净，自支那入印度。道佩、鉴真、昙静、义静，从支那入日本。道照、道慈、最澄、空海、荣西、<u>道元</u>，自日本入支那。三国之僧，<u>彼此往来、一心专力、从事护法。佛法之兴隆。固非偶然也。</u>

续表

《北京护法论》抄本（明治七年，1874年）（明治三十四年五月重抄）	《北京护法论》刊本（明治三十六年，1903年）
方今三国不相交亲，想印度不出人材乎。何其寥寥不闻之甚。二十年前，英人取印度之三面，印度人或弃佛归洋乎。是印度受伤也。支那咸丰十年，与英法和。沿海之地，到处立洋教堂，想贫民亦陷彼教乎。是支那受伤也。七年前，日本与欧米缔约，及今不停，则亦受其大伤耳。	中古以来、三国殆绝交际，不相往来，不相救援。二十年前、英人遂略印度，收归版图，国民亦随去佛归耶矣。此印度先受伤也。支那咸丰十年，与英法和。沿海之地，许立教堂，贫民陷彼术中、可知矣。此支那亦受伤也。日本七年前，许立教堂。蠢民归彼者、不为鲜少矣。此日本受伤也。一国受伤、二国不免其病、况三国受伤。既于如此乎、为之僧侣者、岂可不奋发兴起乎。
不肖试设护法之案，上人若用之，则不肖之入支那，不为无益也。上人若谦让未遑，则不肖号泣旻天耳。	于是乎、香顶窃拟护法案十三条。支那大刹硕德、以为可采、核论利害、甄别是非、取舍折衷、以定护法之大策、则香顶之入支那、未必为徒劳也。
印度之与支那，隔之以雪山。支那之与日本、隔之以渤溟。然其面目毛发，毫不异也。天之欲其相睦必矣。 释迦佛说华严经，菩萨之住处，在支那者三。曰清凉山，峨眉山，曰普陀山。在日本者三。曰仙人起山，或称之蓬莱山，或称之富士山。曰金刚山，全山金色。曰功德庄严窟。载在清凉疏。菩萨之住处，不在欧洲，而独在此三国者，佛法之有缘三国，昭昭乎明矣。伏乞上人考佛意之所在，莫以不肖语为荒唐。	
不肖考之，方今之护法，在力学实行，而不在戒之有无也。支那僧往往啖肉蓄妻，喇嘛亦然。是末代之情态，无奈之何。唯制其游惰、竭力布教耳。若谓啖肉蓄妻不可成佛，则奈我皇上何。禹汤文武，周公孔子，皆应堕狱，岂有此理哉。方今之护法，在苦学力行耳。不肖试立十三条。	

续表

《北京护法论》抄本（明治七年，1874年）（明治三十四年五月重抄）	《北京护法论》刊本（明治三十六年，1903年）
	一旦，奏请朝廷，沙汰冗僧。不解四书，不通禅门佛事，使之还俗、公然许啖肉蓄妻焉。淫童男、奸妇女，使之还俗。方今之护法，在力学实行，而不在戒之有无也。支那僧往往啖肉蓄妻，喇嘛亦然，是末代之情态。虽祖师再生，无奈之何。唯制其游惰，竭力布教耳。
一、奏朝沙汰僧徒。不解四书，不通禅门佛事，令归俗，容妻妾可也。淫于童男，奸乎寡妇，令归俗。	
一、师置僧长，古谓之僧正。方今支那置僧录，选其才为可。内通大藏，外当破显之任，与之以黜陟之权。	二曰，京师置僧长。选内涌大藏，外任破邪显正之器者，为僧长。与之以黜陟之权。
一、十八省置副长，正长宜在辇毂下。十八省各设一副长，以管一省之僧。通俱舍唯识、华严天台及碧岩祖录者，充其选。	三曰，十八省置副长。选通俱舍唯识、华严天台及碧岩祖录者为副长。以管一省之僧徒。
一、各寺选其寺主。不通诗文、不解经论、不许为寺主。方今大寺卖其念经、小寺往往作农。有留客收房租、有卖庙买庙。叩其学，则空空如。岂谓之僧乎。一盲导众盲耳。断然废之、力学力行之僧，可充寺主之选也。	四曰，各寺选其寺主。不通诗文，不解经论，不许为寺主。方今大寺卖念经，小寺往往作农。有留客收房钱，或卖庙买庙，以营私利。叩其学，则空空如。岂谓之僧人乎。断然废此徒。以力学实行之僧，充寺主之选。
一、京都设大学林。物各有弊。尧舜禅让，汤武放伐，谁敢咎？然以是开后世乱臣贼子篡夺之基。祖师之不立文字，谁敢咎？然开顽钝盲昧之弊。至不能记其乡里姓名。救此弊、宜无俱舍唯识若也。俱舍唯识之难解，是针砭惰骨。既通俱舍唯识，则一切经论，易之耳。七岁出家，入儒通诗文。二十岁学俱舍唯识，而后华天蜜禅，随其所好而已。	五曰，京师建大学林。凡物各有弊。尧舜禅让，汤武放伐，谁敢议之？虽然以是开后世乱贼篡夺之祸。祖师之不立文字、谁敢议之？虽然以是开顽钝盲昧之弊。僧而至不能记其乡贯名姓，抑亦可谓太甚矣。救此弊，莫若讲俱舍唯识焉。俱舍唯识之难解，足以针砭惰骨。既通此书，则一切经论，无不可解矣。七岁入学修儒，通诗文。二十岁学俱舍唯识，而后华天密禅、随其所欲而已。

续表

《北京护法论》抄本（明治七年，1874年）（明治三十四年五月重抄）	《北京护法论》刊本（明治三十六年，1903年）
一、各省设中学林，各县设小学林。各省设中学林，督励省下之僧。各县设小学林，督励县下之僧。不十年、学业骎骎日进。大小二乘，内外两典，天文地理，文字算术，理学哲学，一切世间普通之学，悉授之。待其优入高等，拔之贡京都大学林。则天下桃李，悉集辇下。辇下有人，国之福也。以之为正长，以之为副长，分之各省，则天下之事，易办也。	六曰，各省建中学林、各县建小学林。各省中学林，督励省下之僧。各县小学林，督励县下之僧。则学业日进。大小二乘，内外两典，天文地理，文字算数，理学哲学，一切世间普通之学，悉授之。拔其优者入京师大学林。则天下之桃李，悉集辇下矣。辇下有人，国家之庆，莫大于此。以之为正长，以之为副长，分之各省。则天下之事，易理耳。
一、三道协力。佛与儒道，兄弟也。虽内阋墙、然必御外侮。方今洋教方殷，非内讧之时。使儒当其外，使佛道治其内焉。若孔老相排，黄青相轧，不出数年，蚌剥死乎渔人之手。	七曰，三道协力。佛与儒道，兄弟也。虽内阋墙，亦宜御外侮。方今洋教方殷，固非内讧之时也。使儒当其外，使道佛治其内，则外邪不入。若夫孔老相排，黄青相轧，则不免蚌剥之谮矣。
一、三国协心。支那印度日本，兄弟也。相往来为可。印度僧入支那日本，支那僧入印度日本，日本僧入支那印度，相切磋，相琢磨。责其苦学，励其实行，患难相救，兴败相援。则佛法之正气，郁乎冲天也。	八曰，三国协心。日本支那印度，为辅车相依之势，固同胞兄弟也，亲族姻戚也。互相往来，互相切磋，互相琢磨。责其苦学，励其实行。患难相救，兴败相援。则佛法之正气，郁乎冲天也。
一、选高僧传。孔子作春秋，乱臣贼子恐焉。南山作僧传，人天感动焉。道宣录元嵩，可谓快举。元嵩奸僧，毁灭佛法，谁不切齿。道宣揭之，后世奸僧战栗。宜速选文僧，直笔仿董狐耳。	九曰，选高僧传。孔子作春秋，乱臣贼子惧焉。南山著僧传，人天兴起焉。道宣之录元嵩，可谓快举。元嵩奸僧，毁坏佛法，谁不切齿。道宣揭之，后世奸僧战栗。宜选能文僧，直笔大书，劝善惩恶也。
一、说法度生。佛五十年之说法，为一代教。上自等觉，下至人天鬼畜，无不蒙其化。方今之僧，以不立文字，文其愚，不啻不能化其檀越，亦不能教我徒弟也。今后上度君子，下拯匹夫，举天下为信佛之徒。	十曰，说法度生。佛五十年之说法，为一代教。上自等觉，下至人天鬼畜，无不蒙其化。方今之僧，以不立文字，妆其愚。不啻不能化其檀越，亦不能教导其徒弟。今后上度君子，下迨匹夫，举天下为信佛之徒。

续表

《北京护法论》抄本（明治七年，1874年）（明治三十四年五月重抄）	《北京护法论》刊本（明治三十六年，1903年）
一、检天下之人。天下之民，不归佛则归道，不归道则归儒。三道之士，以是检天下，必见不归三道者，是必归外道也。殷殷勤勤诱之，复于良民，则免现当之不祥。	十一曰，检天下之人。<u>凡</u>天下之民，不归佛则归道，不归道则归儒。三道之士，检天下，<u>则</u>归外道者，<u>自可得知。则</u>殷殷勤勤，诱<u>掖教导，可使之悉</u>复于良民矣。
一、航海观风。僧徒之不敌洋徒，由尢航海远征之事也。选巨胆卓识之士，派之各国，以采其实情，则正邪曲直之判，了然跃出矣。	十二曰，航海观风。<u>欧米各国朋友也，亦何足外之。</u>僧徒之不<u>抗</u>洋徒，<u>职</u>由无航海远征之<u>举</u>。选巨胆卓识之士，派<u>出海外，观其实况、探其实情，则是非善恶，</u>正邪曲直，<u>亦自判别。于是取长舍短，以补我所不足耳。</u>
一、五大洲建佛阁。耶苏天主之堂，遍耸五大洲，而佛堂独存亚西亚者，由僧徒之怯惰畏缩也。洋人亦人，我辈亦人。人之所作，何不可作之有。游各国，通其言语，以其文字译我佛经，登坛说法，何不可度之者。	十三曰，<u>建佛阁于五大洲</u>。耶苏天主之堂，遍耸五大洲。而佛堂独存亚西亚者，由僧徒之怯惰<u>软弱</u>。洋人亦人，我辈亦人。人之所作，何不可作之有。<u>历游海外</u>，通其言语，以其文字，译我佛<u>教。建堂</u>说法，何<u>人</u>不可度<u>哉</u>。
上来十三条，请上人取舍之。不肖昨年八月以来，学支那言语于上人，不遑作文。本年二月，以疴再发，脑袋痛，耳朵叫唤，眼睛发黑，艾之与药，日夜攻之。想本年四月，上五台山，六月回国，在京不过三十日也。力病把笔，陈区区之私情。伏乞上人为法为佛，谋之京都志士仁人，建三国同盟一致振教之策。日本僧懔懔有气魄，不似不肖之病弱也。若上人不能取舍之，则大清佛法之盛，唯在今日，而不在后日也。鸣乎悲哉。	<u>以上凡十三条，香顶心血所注。</u>伏请上人取舍，谋之<u>大刹硕德，以定</u>三国同盟、振教<u>护</u>法之<u>大策。中土大刹诸贤，幸纳顶鄙见，则日本僧伽，亦将奋起，从事于此矣。若夫为时机未会，则天亦命也。顶唯痛哭号泣而已。</u>

对照抄本可知，刊本不仅在段落上有较大调整，而且对抄本有较多删除和改写。如将抄本的"印度之支那，隔之以雪山"一段，调至

文章的前段，改写为"支那之与日本，隔之渤溟"一段文。但是，更为重要的是，刊本的"护法策"不论在表述上，还是在内涵上都有了较大的变化。首先是"支那"的称呼。抄本中支那与中国并用，而刊本绝少用中国，只用支那。其次，三国同盟的顺序。抄本几乎是印度、支那、日本，而刊本则为日本、支那、印度。再次，亚洲意识的明确化。抄本中看不到"亚洲"自称，而刊本则明确提出了"日本支那印度三国，土地相依，以全亚洲之体面""三国僧侣，同心协力，护法护国，可以全亚洲之体面也"的说法。因此，刊本所诉说的三国同盟之目的是在于保全"亚洲之体面"，而非狭隘的三国利益。最后是"同种同族"的认识。在抄本中，虽然可以看到三国"兄弟也""面目毛发毫无异也"等表述，但是刊本则进一步将之表达为"同其种族""为辅车相依之势，固同胞兄弟也，亲族姻亲也"，并称三国的"其相亲睦，固出于天理之自然也"，有意强化了同种同族的诉求。刊本的这些变化，显然是在甲午战争之后，追随日本亚洲扩张的亚洲主义言说在佛教界的体现。此外，对西方认识的变化也值得注意。如刊本第十二条"航海观风"中说"欧美各国朋友也，亦何足外之"，而且还说通过考察西方，"取长舍短，以补我所不足耳"，与抄本相比，对西方的敌意大为缓和。这些变化将留待后文讨论。

（三）三国佛教同盟之构想

从"护法策"中可看出，印度、中国、日本三国佛教同盟的诉求，主要针对西方列强对三国的侵略和强加于三国的不平等条约，这不仅削弱了三国的独立自存，也严重威胁到了佛教的存活。这种从近代世界的变化，洞察佛教的现状和前途的认识，在当时的中国佛教界尚未出现，而恰是明治维新初期日本佛教从遭受到的"废佛毁释"这一苦难经历中获得的痛切反省。以下依据抄本《北京护法论》，对三国同盟的构想进行考察。

1. 建立三国佛教同盟的必然性和必要性

在小栗栖香顶看来，三国佛教同盟的建立不仅有其历史的必然性，更有其现实之必要性。就前者而言，三国佛法的交流历史是一个无可置疑的理由。他罗列了众多古来从印度到中国、日本的高僧，自中国赴印度的求法僧，以及从中国前往日本、由日本前来中国的名僧，以此表明三国佛教徒的源远流长的相互往来，构成了共通的佛化世界。他说：

> 三国之僧，互相往来，一心专力，从事护法，佛法之兴，宜矣哉。

这种三国佛法流通的历史，还从地理的天然联系上得到了进一步的说明。他说：

> 印度之与支那，隔之以雪山。支那之与日本，隔之以渤溟。然其面目毛发，毫不异也。天之欲其相睦必矣。

因此，相连的地理和相同的人种，三国相睦为邻可以说是天意。不仅如此，他还从佛经中发现了证据。《华严经》中所说的菩萨之住处，在后来的中国注疏中认为中国就有三处，即清凉山、峨眉山、普陀山。小栗栖则说在日本也有三处，即"曰仙人起山、或称之蓬莱山、或称之富士山。曰金刚山，全山金色。曰功德庄严窟"。尽管这一说法无从考证，但是，印度的菩萨在中国和日本也有其住处，自然三国同是佛法教化之地。所以，他说：

> 菩萨之住处，不在欧洲，而独在此三国者，佛法之有缘三国，昭昭乎明矣。

他希望中国的僧人本然据此考虑佛意之所在，莫以此语为荒唐之言。

然而，上述的历史的、地理的联系，固然可以证明三国佛教同盟的必然性，但尚不足以说明现实的必要性。现实是三国之间不仅失去了以往那样的交流，而且都遭受了西方的伤害。他认为三国先后受西方的侵害并非是孤立的现象，有其内在的关联。

> 方今三国不相交亲，想印度不出人材乎。何其寥寥不闻之甚。二十年前，英人取印度之三面，印度人或弃佛归洋乎。是印度受伤也。支那咸丰十年，与英法和，沿海之地，到处立洋教堂，想贫民亦陷彼教乎。是支那受伤也。七年前，日本与欧米缔约，及今不停，则亦受其大伤耳。

换言之，由于同为佛法之地的三国没能相互协助，共同抵御西方的侵害，才致使一地受伤，而殃及其余。正是在这个意义上，他认为佛法已将三国结为无法分离的共同体。

> 不肖案之，印度支那日本，如品字，如鼎足，一地受伤，三地同病。佛法兴于印度，东入中国，又东入日本，三国之僧，同心协力，严守佛法，何受伤之有。

就是说，三国是同一条锁链上的命运共同体，唯有同心协力，严守佛法，才能免于西方的践踏。现实的危险来自西方，也来自三国之间的分离状态。因此，解救危机的途径之一便是重新回复三国的传统联系，再建对佛法的信心和统一理解。

2. 护法的关键之一在于消除分歧

实际上，三国佛教之间存在着巨大分歧，这无疑严重阻碍了三国同盟构想的实现。小栗栖深切地认识到了这一点。食肉娶妻的净土真宗非僧非俗的实践形式，很快遭到了中国僧人的非议。尽管小栗栖以身体虚弱多病，需要必要的营养来做辩护，还是无法得到中国僧人的谅解。以下的一段对话（笔谈），清楚地表明了小栗栖与本然对于戒律的分歧。

本　然：受戒凡有几返？

小栗栖：日本僧出家皆受三归，谓之受戒也。五戒、八戒、具足戒，有受者，有不受者。严守律仪极少。除高德之外，皆吃酒。

本　然：亦有破戒与女人行污秽者否？王法不制乎？是士官制之，是僧官制之？

小栗栖：七年前，犹禁僧之犯淫。七年后，朝廷公然许之，是废僧之意欤，未知其深旨之所在也。

本　然：现在令上信佛乎？信何教也？大约系令上怜其色欲，戒之最难，若禁之，亦不免其偷之，不如纵之，使饱餐其味，致受伤者，冀其翻然回首，自必改往修来，誓不更犯，譬诸广烦屠儿，日杀千羊，放下屠刀，便是千佛一数者也。愚昧之见，不知是否。

小栗栖：上人之所见大有理也。方今浇季，严守具戒颇难。七年以前，政府缚僧尼之犯者，处之于异楚之地，僧徒之数减。近来弛此禁，无僧尼之减，然奸僧淫尼，心阴喜之，公然容妇者，蓄发归神者，往往亦有，朝廷不咎之。是咎者是乎，不咎者是乎，弟未能判之。刀之利者必折，犯而悔者，盖少矣。东方佛法之事，弟他日作长文白之。弟之学于中国者，亦欲请维持白法之策也。方今日本佛法外盛，内实大衰。弟之所苦心，是也。朝廷拔僧徒，为高官者，诱之于高处，欲颠之于深谷欤。未知其渊底也。

本　然：然按佛律，若比丘自揣其淫习重不能持净戒，当向佛前、众僧前，舍戒还俗。俟其习薄，或重出家受戒，可也。若未能如法舍戒，既行污事，则为破根本波罗夷罪，如人断头。大乘许悔，须见相好，方能减罪，重受戒法。小乘不许悔，则死定堕梨泥，苦之极矣。①

本然还曾对小栗栖的食肉行为当面表示不满。这段对话发生在1873年10月14日。按小栗栖的说明，明治之前，幕府是禁止僧人食肉娶妻的，而明治之后，或许出于废佛或削弱佛教势力的目的，政府开始允许食肉娶妻。的确，1872年（明治五年），日本政府发出了今后不再过问或干涉佛教各宗内部事务，"肉食妻带"可以随便的法令。但事实上，净土真宗自其始祖亲鸾开始便是非僧非俗，对于这一事实，小栗栖却避而不谈。然而，要说服中国僧人接受三国同盟的主张，这又是无法回避的问题。在《北京护法论》中，他从正面做了回应。

不肖考之，方今之护法，在力学实行，而不在戒之有无也。支那僧往往啖肉蓄妻，喇嘛亦然。是末代之情态，无奈之何。唯制其游惰，竭力布教耳。若谓啖肉蓄妻不可成佛，则奈我皇上何。禹汤文武，周公孔子，皆应堕狱，岂有此理哉。方今之护法，在苦学力行耳。

这段辩解表明，食肉娶妻并非日本僧人独有的行为，中国青衣僧和黄衣喇嘛僧，都有类似的犯戒，这是末法时代无法避免的情态，不

---

① 陈继东：《1873におけるに日本僧の北京日记》，《国际教育研究》2000年3月第20号，东京学艺大学海外子女教育中心，第22—23页。

必过于看重,重要的是具有守护佛法的信念和苦学力行的实践。不过,本然并没有接受这一观点,在此问题上始终保持批判的态度。

在小栗栖看来,戒律的问题,尚不过是一个小的分歧而已,而如何重振中国佛教,使之成为日本佛教有力的同盟,则是当务之急。

3. 护法之具体方策

小栗栖来华后,所到之处必访寺院,与僧人笔谈,目的在于尽快把握中国佛教的现状。上海的龙华寺、天津的大悲寺、北京之八大寺以及喇嘛寺院,他都留下了记录。如果说,小栗栖起初有某种期待的话,结果却让他大失所望。来华尚不足三月,在向本山汇报的信中,他已掩饰不住对中国佛教现状的失望和忧虑。他断言古来天台之智者、净影,法相之玄奘和慈恩,华严之贤首和清凉这些龙象豪杰的法脉业已断绝,方今只剩下不立文字之禅宗,其僧多不识文字,整个佛教界失去了宣扬佛法的活力。就北京而言,虽有大小寺一百多处,能为学问的仅有龙泉寺一家,其余尽是不立文字之愚僧。至于像五台山、峨眉山、普陀山、九华山、天台山,其寺院多在数百,然从北京的状况去推想,加之寻问于来自各地的科举之人,可以断定皆无高僧。像北京的柏林寺,虽有贵重的大藏经版,然悬置于楼阁,积满了鸽粪,精美的佛像雕刻也尘埃累累,似有五六十年没有清扫。中国佛教的声价,一言以蔽之,有僧人而无宗风,徒存僧寺。因此,他指出"今若不改革,遂尽为耶稣教所收"[①]。1874年2月16日,值农历除夕,小栗栖写下了一首百韵诗,其中对中国佛教的状况做了辛辣的嘲讽。

> 喇嘛称活佛,未知其真伪。
> 百法人不学,两部神应冈。

---

① 《中国传教前景》,日文名为《支那開宗見込》。

> 清凉无气力，天台亦憔悴。
> 唯有临济宗，法城树赤帜。
> 然不讲无门，到处念佛肆。
> 人贤其教振，人愚其教堕。
> 千练去其讹，万磨存其粹。
> 舶也须努力，嘉会难再值。①

其中虽不乏揶揄，也表达了要改变中国佛教的意愿。

《北京护法论》第十七章"护法策"中，小栗栖提出了十三条改革中国佛教的具体方案。可以说这是他来华半年，对中国佛教现状的观察、与僧人交流的结果，也是朝着实现其三国佛教同盟构想的具体步骤。

其"护法策"依据内容，可以分成两个部分，第一是佛教内部的改革，第二是佛教外部的协调。佛教内部的改革，包含了组织、教育、教化等方面，而外部的协调则有儒释道三教之间的协调和三国佛教同盟的建立两个方面。以下较为详细地来介绍。

佛教组织的改革，首先是沙汰冗僧，将不解四书，不通禅门佛事以及不守戒律的僧人责令还俗（第一条）。其次是在京师设立统管全国的僧长职位（第二条），在十八省设副僧长（第三条），选任各寺方丈（第四条），其条件必须是精通经论和教典诗文以及力学力行之僧，全国性的僧长则还要有"内通大藏，外当破显"的才能。

佛教教育的改革，第一要在京城设立大学林（第五条），使僧徒入儒通诗文，以俱舍唯识为佛学基础，而后华严、天台、密教、禅宗可随其所好。第二在各省设立中学林，各县设小学林（第六条），不仅令其学习大小二乘、内外之典，还要授之以天文地理、理学哲学等一切世间普通之学。

---

① 小栗栖香顶著，陈继东、陈力卫编：《北京纪事・北京纪游》，第181页。

佛教教化的改革，首先选高僧传（第九条），以规范和激励僧人。其次说法度生（第十条），向君子匹夫说法，广收佛之信徒。此外，殷勤劝诱天下良民归儒释道，莫使归外道（第十一条）。最后派遣高僧考察世界（第十二条），于五大洲建设佛寺（第十三条），以此获得对世界各国实情的了解，提高正邪曲直的判别能力，增强勇气和自信，传播佛教，对抗基督教。他说：

> 耶苏天主之堂，遍耸五大洲，而佛堂独存亚细亚者，由僧徒之怯惰畏缩也。洋人亦人，我辈亦人。人之所作，何不可作之有。游各国，通其语言，以其文字译我佛经，登坛说法，何不可度之。

因此，教化改革的最终目标是使佛教步出亚洲，走向世界，与基督教分庭抗礼。

以上是佛教内部的改革，而佛教的外部协调，首先是儒释道三教要协力（第七条）。其理由为三教乃兄弟，虽有分歧，然为御外侮，必须放弃纷争，一致对外。"使儒当其外，使佛治其内"，否则，鹬蚌相争，而使渔人得利。其次是三国协心（第八条），建立同盟。

> 支那印度中国，兄弟也，相往来为可。印度僧入支那日本，支那僧入印度日本，日本僧入支那印度，相切磋，相琢磨。责其苦学，励其实行，患难相救，兴败相援，则佛法之正气，郁乎冲天也。

三国同心协力之迫切诉求跃然于纸上。无疑他想以此来打动中国的僧人，接受其改革方案。紧接上述十三条护法策之后，小栗栖在文中要求中国僧人认真对待他的一番苦心：

> 上来十三条，请上人取舍之。不肖昨年八月以来，学支那言

语于上人，不遑作文。本年二月，以疴再发，脑袋痛，耳朵叫唤，眼睛发黑，艾之与药，日夜攻之。想本年四月，上五台山，六月回国，在京不过三十日也。力病把笔，陈区区之私情。伏乞上人为法为佛，谋之京都志士仁人，建三国同盟一致振教之策。日本僧懔懔有气魄，不似不肖之病弱也。若上人不能取舍之，则大清佛法之盛，唯在今日，而不在后日也。呜乎悲哉。

文中明确提出了"三国同盟"这一概念，希望在印度、中国、日本三国之间建立统一的振兴佛教策略。小栗栖看到中国佛教的现状，不仅于时代之变化毫无自觉，也难以参与三国同盟之建立，必须通过脱胎换骨之自我变革，方可实现结成同盟之目标。

实际上，小栗栖面对衰弱的中国佛教，很快就开始思考三国同盟之构想。1874年元旦，他在向佛祷告的愿文中，就表达了为对抗耶稣教，要先说服中国僧人，建立日本、中国、印度"三国僧侣同盟"，祈求佛陀相助的愿望。

佛子香顶顿首顿首，谨白佛世尊曰："香顶兹加四十五龄，未奏寸功。伏冀世尊冥助，使香顶竭力护法。方今耶苏教阑入日本，虽有力者，不能防之。排佛之徒，乘机而起。香顶悲泣，郁勃之念，不能自禁。是以一旦航中土。中土佛教，委微不振，香顶之忧，日甚一日。虽然，香顶之赤心而得达，则中土僧侣，或感发兴起焉。夫佛法起印度，经支那，传日本。而印度先衰，支那继之，日本仅有可观者。香顶案，日支印三国僧侣同盟，协心戮力，一意专心，以报佛恩，则何事不成。于是先说支那僧。支那僧而感发兴起，则同盟之端绪开矣。支那僧徒，阳禁荤酒，出门则破戒，此与不持戒何异。且夫不读书，不念经，不说法，日夜喃喃，徒谈谈俗事。香顶欲警醒此徒，使之苦学力行。伏冀世尊冥助，使香顶遂其志焉。"此日赠檀香三两，桂元肉二斤于本然，以祝新年。买酒及果脯，以自贺迎四十五龄。①

其中不乏对中国佛教痛烈批判，也有促使中国僧人觉醒奋起，结成三国同盟的悲愿。而且，文中明确表示三国同盟的建立，首先取决于中国僧人的理解和合作，只有待中国僧人感发兴起，同盟才会有端绪。

的确，小栗栖的十三条护法策，无疑击中了当时中国佛教界的弊端，显示了他的敏锐的观察力。其后由中国佛教徒开始的佛教近代化和僧伽制度的改革，尽管他们未必知道《北京护法论》的存在，就其范围而言，除了三国佛教同盟的说法，几乎没有超出小栗栖所提示的改革案。在论述近代中国佛教历史时，小栗栖香顶深邃的洞察是不可忽视的，值得做积极评价。

然而，和小栗栖的满腔热忱相比，中国僧人的反应可以说是冷淡的。据小栗栖的记述，"本然见护法论，一读茫乎，不能吐只语。呜呼，本然且然，况其它乎"②。这无疑令其十分沮丧。不过，龙泉寺的本然和尚在收到《北京护法论》后，拜访小栗栖时，写下了一首五言诗，还是做了一定的回应。

> 佛堂灯大朗，步月访同盟。
> 啜茗清尘腹，谈心晓世情。
> 五洲风景异，三教利名争。
> 俱叹兴衰事，浑忘漏几更。③

诗中用"同盟"称呼小栗栖，显示本然接受了"三国同盟"的说

---

① 小栗栖香顶著，陈继东、陈力卫编：《北京纪事·北京纪游》，第171页。
② 小栗栖香顶著，陈继东、陈力卫编：《北京纪事·北京纪游》，第191页。
③ 小栗栖香顶著，陈继东、陈力卫编：《北京纪事·北京纪游》，第191页。

法。对于世界的情势和三教的纷争、佛教的兴衰，开心交谈，忘却了时间。从中可看出本然对《北京护法论》的内容也有同感。除此之外，我们很难看到进一步的回应。

（四）三国佛教同盟论的历史背景

三国佛教同盟的主张，就其历史背景而言，有三个来源。一是传统的三国佛教史观，一是日本江户时期以来的护法防耶的佛教思潮，再是日本的近代化经验。

佛教由印度传入中国，又经由中国传播到外围的朝鲜和日本，这一历史事实尽管古来就是一种常识，可是，中国的佛教史籍对其却极少有系统的叙述，看不到三国佛法连带的历史认识。倒是日本镰仓时代的高僧凝然，撰述了《八宗纲要》和《三国佛法传通缘起》，站在日本佛教的立场，首次系统地阐述了佛教由印度而中国而日本的传承历史，建构了一个三国佛法平等一体的历史认识，这里姑且称之为"三国佛教史观"。其内容可概述如下。

据凝然的叙述，如来教法在印度始无典籍，随闻依行，即得证益，如来灭后始有典籍。其后因对教义的不同理解，先后出现了小乘和大乘，可以说这是一个青出于蓝、冰寒于水的发展。而大乘又生异见，致使龙树、马鸣等各大论师出现，为各宗祖匠。而中国自汉魏、晋、宋齐梁陈、隋唐及宋代，历代三藏诸师，各传佛教，互弘圣法，显密二宗互各弘通，涌现了许多高僧大德，传承诸宗。而佛法由中国经朝鲜传入日本后，特别是在圣德太子善巧之力推动下，开始兴隆。"自尔以来，高僧频出，广弘佛法，大小两乘、性相二宗、教观二门、显密二教，各各传通不可称计。"在凝然的叙述中，可以看出，佛法在三国的传播，在教义上既没有优劣高下之分别，也没有文化地域性的差异，只有传播佛法的人物不同而已，三国佛法是一体不二的，三国也因同一佛法而相互联结，从而具有了历史的连带感。

小栗栖在撰写《北京护法论》时，对于各宗的叙述主要依据了凝然的《八宗纲要》。不过，对照二者的三国佛教史观，不难发现其中的不同。尽管小栗栖沿用了三国佛教的历史连带论，但是，其强调的现状却是佛法在印度已经不闻，为基督教所侵害，在中国各宗已无传承，奄奄一息，也将为基督教收编，唯在日本尚有可观。这暗示了佛法的中心开始转移至日本。这一点，在其文明开化论中，已经不再掩饰，直截了当地表述出来了。

与三国佛教史观密切联系的则是江户时期以来的护法思想。江户时期，日本佛教面临着来自两个方面的攻击，一是儒学和国学对佛教的排斥，如林罗山站在朱子学的立场排斥佛教。一是来自基督教的批判，如在中国传教的艾约瑟所著《释教正谬》（1857 年）传到日本后，便引起了巨大震荡，日本僧人纷纷著述加以反驳。小栗栖也曾撰述《日本刀》一书，列举基督教之上百个过失，欲以"日本刀"斩除之。在护法的言说中，或强调儒、佛、道三教一致，或以防御基督教为护国之举。在《北京护法论》中，小栗栖主张儒佛道"三教协力"，抵御基督教的侵入，这正是上述思潮的反映和延续①。木场明志也明确指出了这一点。他说：

> 在这一时刻，所采取的行动是东本愿寺开始着手中国的传教，以及小栗栖香顶前往中国之行。因此，佛教者的作用在于防御基督教这一思想倾向便非常浓厚地出现了。即三国佛教同盟可以说是，针对不能满足于仅仅停留在日本岸边的基督教之入侵，要依靠亚洲佛教国家的同盟来阻止的想法。而其主导权则应由日本佛

---

① 柏原祐泉：《真宗史仏教史の研究Ⅱ近世编》，京都平乐寺书店 2000 年版，第 335—379 页。

教、其中特别是真宗东本愿寺派来掌握。①

日本佛教的近代化经验，为小栗栖的三国同盟论，提供了中国僧人无法企及的认识视角和历史高度。其中包括了日本佛教在适应近代化的过程中，所做的制度性的改革以及支持其改革的理论即文明开化论。在小栗栖来华之前的数年间，新成立的明治政府立即实施了"神佛分离"和"废佛毁释"的政策，将佛教排除出在政治的保护之下，剥夺其千年来享有的独尊的政治地位。其结果促使了佛教界的团结，出现了捍卫佛教的"诸宗同德会"这样的联合组织。佛教在政教分离政策的保护下，各宗开始进行改革，确立各宗首长（管长）制度，重新探讨与国家政体相适应的教义体系，兴办学校，派遣僧人留学西方，等等。小栗栖本人恰恰是置身这一变革的第一代僧侣，其来华也正是这一变革的结果。在日本佛教近代化经验的照射下，中国佛教界的弊端可谓无处藏身。小栗栖的独到之处，是发现了日本佛教在中国传播的可能性。这就是到中国传播日本佛教（净土真宗），将中国佛教渐次改造为日本佛教（净土真宗）。在《中国传教前景》中，他依据文明开化论进行了大胆论述。

首先，他肯定日本是实现了文明开化之国。他指出，方今日本派人游学西方各国，取彼之长，使得日本开化文明日新月进，中国将无法企及。而已经实现了文明开化的国家，有责任帮助和指导尚未开化之国，日本又是中国的邻国，更有义务帮助中国的文明开化。尽管日本的政治变化与英国的开化相似，但是，不可像英国那样以暴力支配他国。日本要认识到"皇国不可侵夺他国，宜自然令其感服，互相关照，此乃千秋之策"。据他观察，中国的人情是嫌恶西洋，而与日本、朝鲜亲善。可是，朝鲜无人，只有率先实现了文明开化的日本，才能

---

① 小岛胜、木场明志：《アジアの开教と教育》，第 27 页。

打动中国的"顽固"。因此,作为佛教徒,应振兴众生无边之大道,对中国佛法的衰落不可袖手旁观。

于是,他勾画出了雄心勃勃的中国传道蓝图。以南京为中心建立本愿寺,由日本的本山委任其亲属为寺主;在中国十八省各配置两名布教员(传教师),经过三年的语言培训,令其用中文布道。而且,南京本寺之大殿中央立阿弥陀佛,左立日本神道的太神官,右立孔子像,祖师殿则供善导、法然、亲鸾三祖。对于中国传教的方针和阶段做了下述说明和预想。

> (净土真宗)内有本愿他力之利,外有吃肉娶妻(肉食妻带)之便,大兴学校,讲述天台以来的教化,定期举行说法会。若然,中国僧则始而妒忌,次而阴骂,后而归依。敝人一直亲眼目睹中国僧有归依真宗之兆。

这段话表明了小栗栖用真宗的本愿他力和吃肉娶妻的利便,使得整个中国佛教界化为真宗的勃勃野心。此外,他还详细介绍了清王朝所崇信的喇嘛教(藏传密教),指出喇嘛教业已实行了念佛和吃肉,对其归入真宗表示乐观。他在北京积极结交喇嘛教僧,于1874年4月在雍和宫喇嘛僧的帮助下,游历了五台山,回国后还撰写了《喇嘛教沿革》一书。

小栗栖认为要实现真宗在中国的传道,必须实行适应中国社会的教法。具体而言,第一要传授孔子之教,宣讲戒除不洁,改良风俗之义。第二,废除妇女之缠足恶习,对其宣讲若信奉真宗之教,则不缠足也可成贞女之义。第三,为了让中国人戒除吸鸦片之恶习,真宗有必要制定唯一之戒律即鸦片戒,以此可以救助众多人命。

上述的主张,在宣扬真宗中心主义的同时,体现了柔软的姿态,富有应用性,而且其所针对的风俗改良也针砭时弊,具有现实性。这些都是值得评价之处。

至此,显然可见,小栗栖的三国同盟论,并非要回复三国悠久的交流传统,而是试图在东亚佛教各国建立一个以日本为盟主的、日本化的新秩序。①

(五)《北京护法论》与亚洲主义

正如有的学者指出,亚洲主义不同于单纯的亚洲认识,而是以敌对或应予击退的他者为前提的,在某种框架下试图将亚洲内部统合为一个整体,以此号召人们对他者进行抵抗或斗争。② 这一理论在近代日本的出现,一方面是以西方列强侵入东亚而带来的危机感为背景,另一方面也是为了融合东亚内部存在的角逐和对立。③ 不论是1877年的"振亚社",19世纪80年代的"兴亚会",还是1898年成立的"东亚同文会",以及1902年冈仓天心的"亚洲一体"论,其所诉说的主要主张均是强调中日等东亚各国和地区之间是"同文同种"、"辅车相依"、"唇齿相助"的关系,强调"提携"和"连带",并且认为由于日本之外的东亚各国的衰败,应以实现了文明进化的日本为指导者或盟主,要求东亚各国承认日本在其国的利益,乃至接受日本的保护,以此对抗西方列强对东亚的分割。④ 针对西方的物质文明,强调东亚文明的精神和道德上的优越性,也是亚洲主义的一个重要主张。而"东亚"的认识,在亚洲主义的言说中也越来越清新。如果说,19世纪90

---

① 以上文见小栗栖香顶:《明治初年日本僧的北京留学记》,载陈继东、陈力卫编:《北京纪事·北京纪游》,第8—10页。
② 山室信一:《思想课题としてのアジア—机轴·连锁·投企—》,东京岩波书店2002年版,第580页。
③ 山室信一:《思想课题としてのアジア—机轴·连锁·投企—》,第587页。
④ 山室信一:《思想课题としてのアジア—机轴·连锁·投企—》,第587—593页。王屏:《近代日本的亚细亚主义》,商务印书馆2004年版,第54—80页。

年代以前,"亚细亚东部""东亚细亚"的东亚观念尚包括了东南亚,那么在此之后的"东亚"一词则主要指中国、朝鲜和日本。[①] 这些变化也影响了小栗栖的思考。在以往的研究中,日本佛教中的亚洲主义的倾向少有论及,可以说是日本亚洲主义研究中的空白。其实,小栗栖香顶的《北京护法论》的两个版本都表达了亚洲主义的论点。

如果说 1874 年的抄本《北京护法论》,所主张的三国同盟,尚为亚洲主义的先驱性论调的话,那么,1903 年的刊本,则完全袭用了亚洲主义的主张。正如前述,其中保全"亚洲之体面",三国为"同其种族"、"为辅车相依之势,固同胞兄弟也,亲族姻亲也"等表述,皆为亚洲主义言说的套用语。这些变化并非因小栗栖思想上有了转变,其实这是他的一贯立场,只不过亚洲主义的言说更明确地表达了其立场罢了,他的想法原本就是,亚洲主义思想在佛教界的表现。

尽管如此,刊本与抄本的三国同盟论,在表述上的差别仍是不可忽视的事实,因为,这反映了小栗栖在此问题上的认识阶段及其深化的过程。以往的研究,都没有认识到存在这一问题,因此都依据 1903 年的刊本《北京护法论》来论述 1874 年的三国同盟论。如真宗史研究权威柏原祐泉在评价小栗栖的三国同盟论时,所引用的都是刊本"护法策"的内容。他说:

> 其中儒道佛同心协力,致力防御基督教的论调,是旧幕府时代近世佛教护法论的常套语,而以日中印佛教协力为主轴,依靠亚洲连带,来保持"亚洲之体面"这一说法,则是产生于维新时期佛教的新理论。其所说的保持亚洲之体面,当面虽是以防邪(防御基督教——笔者注)为直接目的,实际上是以前面所述在

---

① ラインハルト・ツェルナー(Reinhard Erich Zöllner)著,植原久美子译:《东アジアの歴史-その构筑》,东京明石书店,第 262—276 页。

国权外交下的日清交涉过程中,所显示的我国亚洲进攻政策为伏线,与之相呼应,作为一种对应的策略而提出的进攻论,这是显而易知的。小栗栖亲自学习北京话,撰写传道用的汉文《真宗教旨》,可能是出于成为教团雄飞的尖兵这一强烈的使命感。不管其意图如何,可以说是为了实现上文中所说的"护国护教"的双重角色对于国权外交的效劳。①

这一评价在论断上大体没有错,仍有其有效性,但是从资料上看,显然是更适合刊本。因为保持"亚洲之体面",在1874年的阶段,还没有达到如此明确的认识。1874年北京时期的三国同盟论固然是"佛教的新理论",但尚在构建之中,是"佛教新理论"的雏形,到了1903年的刊本,在接受了亚洲主义思潮的影响后,才使之变成了较为成熟的"新理论"。

然而,为什么在这个时期,小栗栖出版了此书,其意图何在,则是需要深究的问题。对此,我们可从他在1898年的一次讲演中,寻找到答案。

甲午之战后,随着台湾被日本割据,日本佛教界一方面着手开展在台湾的传教事业,另一方面开始加快在华传教的步伐。1898年至1899年的短短两年间,真宗东本愿寺先后在厦门、泉州、杭州、南京、北京新建了学堂或别院,扩充了既有的传教态势。为配合这一形势,小栗栖于1898年6月做了一次讲演,后结集为《晚年私言》一册。其中讲述了去中国传教的必要性和具体方策。

小栗栖在日本东北越后新井大谷派别院讲演的《晚年私言》中,开头便交代,这次讲演是应发起人之请,讲述自己对"宗教扩张"的

---

① 柏原祐泉:《明治期真宗の海外伝道》(桥本博士退官记念仏教研究论集刊行会编《仏教研究论集》所收,后收入柏原祐泉:《真宗史仏教史の研究Ⅲ近代编》,第95页),大阪清文堂1975年版,第834页。

想法，内容涉及"内地实学"、"内地布教"和"外国传教"。在新形势下，除了要求在本宗内"振兴教学"之外，还要重视开展传教事业。所谓新形势，小栗栖指出是世界五大洲正处于类似于中国历史上的春秋之后的战国时期，或相当于日本历史上的足利幕府末期的群雄格局时代。换言之，方今五大洲中，领头强国只有俄、英、法、德、美五国，其余各国早晚当是此五国的俎上之肉。其中与日本相关的则是俄、法、德三国。甲午之役战胜中国之际，恰是此三国阻碍了日本在华的权益。他批判这些列强都是耶稣教之国，文明开化只是弱肉强食之异名，是道德社会的毒害物；宣称天地之间，能称为道德的唯有佛教，作为佛教徒不可不奋发而起。① 在对世界局势以及日本所处的地位做了上述判断之后，小栗栖对于朝鲜和中国的命运表示了忧虑。他说：

> 中国、朝鲜和日本，东洋唇齿之国，我辈不可坐视西方列国对之侵入。但是，宗教者救援两国，与政治家的做法应有不同。②

> 支那朝鲜，与我是唇齿辅车之国，方今，其处于岌岌可危之地，伸手救援，使之立于独立之地乃是本邦的责任，政府和人民都有此愿望，何况佛教者岂可坐视傍观。③

这里明确表明中国、朝鲜和日本是"东洋唇齿之国"，也是命运共

---

① 小栗栖香顶：《晚年私言》，东京博文堂1899年版，第5—6页。方今五大洲中，亚弗利加（非洲）国运不振，濠州（澳洲）也不振，亚细亚大衰，而正值中天的则是美洲与欧洲。亚细亚如其刀俎之肉，处于危急之中。亚细亚之中，印度、越南、缅甸先后灭亡，暹罗也是气息奄奄，尚有生气者只有中国和朝鲜，然而如今也是哭于穷途。如果欧洲列强以觊觎朝鲜和中国之狡狯之术，加害于日本，则千里大堤溃于蚁穴。为防患于未然，我辈非政治家，当以宗教家之眼光审视形势，以宗教引导中国和朝鲜，导之入忠君爱国之域。（《将来方针》，京都法藏馆1898年版，第32—33页）

② 小栗栖香顶：《晚年私言》，第6页。

③ 小栗栖香顶：《晚年私言》，第29页。

同体。因为，小栗栖认为俄国等西方列强愚弄中国、朝鲜之余威，必将嫁祸于日本。而充实日本内地布教则是防祸于未然。他还说要维持日本，须以维持中国、朝鲜为前提。所以，他认为一方面要加强在日本国内的布教，一方面要到中国和朝鲜传教。①

对于日本殖民统治下的台湾，小栗栖一方面将之放在日本"内地"布教的位置，同时认为在台湾传教的成功与否直接影响到在中国大陆传教的事业。因为台湾有台湾土著人，也有大陆人，让他们学习日语固然必要，而布教者则应以通中文和生番之语为第一要义。这样的话，必定会让台湾大为改变，自然心悦诚服地服从日本。他说：

> 我们以赤心相待，深入其间，则其岂能无动于衷。我宗教者非以威相胁，不以财施，唯以道德感动使之感动。所谓道德，内得他力信心，口唱念佛，数珠礼佛，则神明佛陀，会围绕守护自己，在神明佛陀之中，岂会破坏道德。圣道门以持二百五十大戒为道德，本宗则为念佛，捻珠念佛则自具二百五十戒。②

其中强调日本佛教在精神和道德上的优越性，这也是区别于西方武力和物质的依据。而他所主张的道德上的优越性，正如后文所表明的那样，其核心是"忠君爱国"的伦理。他还说：

> 台湾之中国僧，比之于中国本土僧，是更为劣等之聚类。督励他们，使之致力于宗教，则将来会成为中国传教之良好前驱。③

> 我明治六年入中国，九年在上海开设别院，与中国僧协议，

---

① 小栗栖香顶：《晚年私言》，第8页。
② 小栗栖香顶：《晚年私言》，第27页。
③ 小栗栖香顶：《晚年私言》，第27—28页。

振兴佛教。然，中国僧愚顽不应，不知此是为了佛法，为了国家，甘心沦为国家之游民。外教因而乘虚而入，充满都会边地，尽情传教。然而，天运循环，台湾归我王土。开导台湾僧，则是开导中国僧。台湾僧若焕然一新，转变为日本进取之气象，则可以此说服中国僧，令之兴起独立之气象。①

因此，传教的意义是从宗教的立场，给予受教之民以道德和信仰，为此，以台湾为试验场，将来让台湾僧人转而去说服中国大陆的僧人。他难以忘却在中国曾遭受到的挫折，而把希望寄托在了有可能成功的台湾上。同时，小栗栖还强调这也是实现天皇的爱护之情。他说在中国和朝鲜的传教，并非是出于觊觎他国之野心，入其国，是为了保护其国。相反，利用人们的归依，放纵其野心，乃是传教士的伎俩，如同穿着袈裟的猎师，"我宗门应深加排斥"。所以，他在讲演中特别强调天皇陛下本有爱护朝鲜、中国的心怀，贯彻此心怀则是宗教者义不容辞的责任。②

在小栗栖看来，在中国和朝鲜传教的最终目的，是在于结成三国同盟。但这里所说的三国，不再是《北京护法论》中的"印度、中国、日本"，而是日本、中国、朝鲜。对此，他做了详细说明：

我因固守三国唇齿之说，于明治六年，率先进入北京，西上五台山，南上天台山，中央则溯扬子江而至武昌、汉江观风，其余各地之巨刹名蓝，无不游历。我一贯持有与中国朝鲜结成同盟，回复印度佛教之主张，与中国四方之僧相议时，无一人应之。中国妒忌外国人之旧癖，顽固不化。自称中华，贬外国人为夷狄。

---

① 小栗栖香顶:《晚年私言》，第28页。
② 小栗栖香顶:《晚年私言》，第37页。

遇见我们，视为洋鬼，以为是国家派来的侦探。所以，与之坦承心腹，讲论佛教之危急，彼则相觑无言，真是难以医治的病人。然而，经过明治二十七八年的合战，其尊大傲慢之心日渐消磨，东洋一致的方针在其心中勃然而起，恰是发芽成长之时。加之法国窥觎越南，俄国于辽东铺设铁道，贯穿满洲，与柴部利亚（即西伯利亚——笔者注）铁道相接，中国之中央地带，大有被俄国铁道穿插之势。于是，若不依赖我日本，则无法维持其国体。可是，依赖他人终不能维持本国，要唤起其独力维持本国之精神，这样才可依赖他人。要救助中国，则须到中国各地传教，于其四百余州，兴起忠君爱国之气象。①

显然，在日本挤入了列强分割中国的新形势下，三国同盟的内涵也随之发生了变化。日本、中国、朝鲜结成同盟，乃是为了回复三国共有的印度佛教之传统，对于小栗栖而言，印度已沦为西方的殖民地，成了不可挽回的佛教失地。而在中国传播日本佛教，以对抗基督教，是救助中国的重要途径。

方今，（中国）四百余州，无不为外教染指。不仅英美传教士猬集，据说德国传教士也一时达二百人。中国人无知，暴杀其二传教士，遂丧失胶州湾。日失一岛，月丧一州，中国人种遂为欧美人种作为奴隶。救助中国乃是我辈之任。而救助的方法有二，一是向上流帝室传播教义，二是向下等万众传教，令其兴起独立之气象。救助朝鲜和中国，可维护东洋之和平。②

---

① 小栗栖香顶：《晚年私言》，第38页。
② 小栗栖香顶：《晚年私言》，第46页。

尽管小栗栖在讲演中表明在中国和朝鲜的传教，其目的一是为了阻止西方列强向日本扩张，防止城门失火殃及池鱼的局面的出现，就在中国传教而言，实际上是企图鼓励日本僧人到中国与基督教竞争，抵制基督教在中国的扩张，扩大日本的在华利益。讲演中反复强调传播日本佛教，是为了让中国和朝鲜自觉独立，维护东洋之和平，其实表达了希冀两国僧人能理解和接受日本的指导，结成同盟，共同对抗西方的愿望。三国同盟不过是确立和维持日本中心地位的有效手段而已。

当小栗栖于 1901 年 5 月，重新抄写 27 年前的旧作，并对之重加改订，于 1903 年自行出版了刊本《北京护法论》，无疑是实现上述想法的具体行动。从中不难发现，其观点大多与这一时期流行于日本的亚洲主义的主张相重合。并且日本佛教的亚洲主义主张，不是纸上谈兵，而是通过在中国、朝鲜以及中国台湾地区建寺院，设学堂，化教民，直接付诸具体的行动和实践。

（六）结语

1876 年，小栗栖再次出现在上海。这次不再是留学观察，而是受本山之命，在上海的租界创设了首家日本佛教寺院即"日本净土真宗东本愿寺派上海别院"。1876 年 8 月 20 日，在开光庆典之际，面对受邀前来庆贺的数百名中国听众，他用中文讲授了亲自撰写的《真宗教旨》，从此开始了日本佛教向中国传播的历史。小栗栖用自己的行动，力图实现三国佛教同盟的构想。此后，日本佛教各宗，接踵而至，而且其传教范围遍及朝鲜，乃至蒙古、印度以及中国的西藏、台湾都留下了日本僧侣的足迹。

《北京护法论》在中国到底引起多大的反响，我们很难找到相关的资料，所以暂时无法回答这一必须回答的疑问。不过，蔡元培于

1900年3月撰写的《佛教护国论》，或许可以提供一个线索。尽管蔡氏宣称因读日人井上圆了的书而始悟"佛教者可以护国者也"，可是，他在文中明确表示"当仿日本本愿寺章程，设溥通学堂及专门学堂"，以为护国之方策，同时还提出了两条仿照日本本愿寺的护国之策。其一是肯定真宗之食肉。据他解释，佛教戒杀、禁止肉食，是为了避免以强食弱、以智食愚，而白种人恰是以强蹂躏异种人，佛有见于此而制定了此戒律。其实，所有的食物都有微生物存在，饮之食之，都会触犯杀生。所以，将来随着科学的进化，以空气为食物之时，方能成全佛氏的戒杀之义。在目前，则"虽援真宗之例，而仍食肉食焉可也"。其二是肯定真宗之娶妻。蔡氏认为禁止娶妻，是迂僧恐怕田地不足以养活日益增加的人口，为了平息争端。但是，随着进化，将来人类会以灵魂相接，不再借助肉体和男女间的交合，而自能永存，这样娶妻之风自然会灭绝。但是，"今日者，姑援日本真宗之例，不禁娶妻焉可也"。[1]这一缺乏历史根据的似是而非的议论实在令人匪夷所思。他或许看到了来华真宗僧人既食肉娶妻，体力充沛，又能效力于国家，于是想以此改造中国的佛教。但是，小栗栖的护法论中明确提出了"啖肉蓄妻"非为破戒，是末法时代无法避免的情形，不能成为建立中日佛教同盟的障碍。小栗栖的主张，通过真宗僧人的在华传教的实践，却意外地得到了中国翰林学士的响应。[2]

1925年11月1日，在日本东京召开了首次东亚佛教大会。大会章程中有这样一段话："本会之目的系谋求加深东亚佛教徒之交情

---

[1] 蔡元培著，高平叔编：《蔡元培全集》第一卷，第106—107页。
[2] 葛兆光：《西潮又东风：晚清民初思想、宗教与学术十讲》，上海古籍出版社2005年版，第48—54页中指出，晚清士人出于救国的想法，以为日本的强大与佛教有关，从而误读了日本明治时代的思想史，并对蔡元培的《佛教护国论》做了分析，而且对小栗栖香顶的《北京护法论》也有论述，可资参考。

亲睦，寻求佛教教义之研究宣传及佛教主义之社会化事业协同进步之途径，以裨益于人类文化之发达，为世界和平做贡献。"① 大会分为四个论题，即教义研究部、教义宣传部、社会事业部、教育事业部。与会者是来自中国、朝鲜和日本以及日本殖民统治下的台湾的高僧大德。而此时，时代也有了天翻地覆的变化。朝鲜、中国台湾均纳入了日本的殖民统治，中国也在日本的觊觎之下。此次大会的政治意图十分明显，即以佛教为联合东亚的一种意识形态，对抗西方，其主导者无疑是日本。

本次大会的会长、法相宗管长佐伯定胤在开幕辞中说："世界文化，就物质文明而言，欧美最为擅长，吾东洋人虽与之毫不逊色，但在精神文明方面，吾东洋人拥有其所无法企及的雄大内容。而此雄大精神文明之结晶之佛教，即在中国、朝鲜、日本、中国台湾所发展的，不仅在宗教地位上雄大，在哲学上也是世界无比的。"② 佛教成为对抗西方物质文明、代表东亚精神文明的宗教和哲学。

前来致辞的文部大臣冈田良平再次强调了东亚佛教的传统联系，即佛教经百济传入日本，自此传灯高僧，求法沙门，彼我往来不绝，所传教义无不以中华为宗。他说从文学、艺术来看，日本文化深受佛教影响，在论及日本民族文化的发达，无不感谢佛教的贡献和恩惠。他指出东亚各国，同种同文，虽国异俗殊，然同敬三宝，共奉佛教。因此，各国之民诚是信为同一，归为同一，谋求东亚民族精神之结合，世界人类和平之贡献的人们，无不以为佛教之振兴，佛徒之觉醒乃今日之当务之急。他还意味深长地说，由日本佛教联合会首倡的东亚佛教大会能在日本召开，将东亚佛徒聚集一堂，"追思我帝国佛教界之过去，让人感慨殊深"③。这"帝国佛教界之过去"，无疑也包括了小

---

① 日本佛教联合会编纂：《东亚佛教大会纪要》，东京佛教联合会1926年版，第5页。
② 日本佛教联合会编纂：《东亚佛教大会纪要》，第33页。
③ 日本佛教联合会编纂：《东亚佛教大会纪要》，第37页。

栗栖香顶的三国佛教同盟的构想。随着近代历史的剧烈变动，对东亚的认识也有了显著的变化。此时，虽然印度被排除在东亚佛教的范围，然而，建构在日本主导下的东亚佛教共同体的梦想，并没有从历史上消失。

[第三编] 《大乘起信论》与近代东亚佛学

十四、章炳麟与《大乘起信论》真伪之辨

前言

大乘是否为佛说,《起信论》之真伪,是日本明治时期佛学研究上的一个重要问题,也是依据近代佛学研究方法,即运用客观、合理、科学、历史的方法而获得的一个重要成果。而在中国近代佛教史上,却很少看到同步相应的介绍与回应,也很难找到与之匹敌的独自探讨。直到20世纪20年代,中国才出现梁启超的《大乘起信论考证》,而在日本的争论业已持续了二十年。

不过,1908年,章炳麟(1868—1936)撰写的《大乘佛教缘起考》和《辩〈大乘起信论〉之真伪》①,可以说是迄今可看到的中国学者的最早的回应。作为一位用佛教学说来构筑其革命理论的思想家,为什么在这一时期,将其兴趣和精力投入到一个十分具体的学术问题的讨论中,这本身就是一个十分耐人寻味的问题。

《民报》是清末革命派中国同盟会的机关杂志,也是宣传和鼓吹三民主义与排满反清、建立民国等革命思想的重要阵地。自1906年9月出版的《民报》第七号起,章炳麟任其主编,直至1908年10月发行

---

① 《民报》第十九号,《辩〈大乘起信论〉之真伪》则作为《大乘佛教缘起考》的附录附于其后,而在《章太炎全集》四中,则题为《〈大乘起信论〉辩》。

的第二十四号为止。其间，1908年三四月间，曾因脑病，一时辞去主编之职。

《大乘佛教缘起考》是一篇批判村上专精等人主张的"大乘非佛说"的论文，其观点可简约为，佛陀时代已经是大小乘并存，大小乘论说相互含摄，不可以阿含为佛说的唯一根据，也因为存在一个大小乘经典未分的时代，才会演化和发展出特点鲜明的大小乘经典，而大小乘经典中都保留着对方的痕迹和内涵。其结论为"以是证之，则大乘本为佛说，其非马鸣、龙树、无着诸师伪作明矣"①。而《辩〈大乘起信论〉之真伪》，针对《起信论》是否为伪作的问题，从文献与思想两个方面做了考证，批评了当时在日本流行的《起信论》为伪书的各种论调，证明《起信论》不仅是马鸣的撰著，而且是直接承继佛说之论。

可是，这两篇颇具特色的论文，却一直没有得到应有的关注，甚至在梁启超的书中也没有被言及，这对于近代中日佛学相互影响以及章炳麟思想自身的研究而言，不得不说是一个缺憾。以下，分别介绍章炳麟的论点，然后揭示他对《起信论》真伪之辨的具体批判，最后探讨他为何要抱持《起信论》为马鸣真撰这一立场的理由。本文暂限于讨论《辩〈大乘起信论〉之真伪》，重点在于梳理章炳麟的主张，而对其观点之正确与否，暂不妄议，将留待后文与《大乘佛教缘起考》一并讨论。

（一）《起信论》为马鸣之真撰——章炳麟的主张

首先，章炳麟的主张可分为两个部分，其一是从文献方面，逐一驳斥《起信论》为伪书的各种论点；其二，从思想系统的视角，证明马鸣是先于龙树的，换言之，阿赖耶识和如来藏思想的形成要早于龙

---

① 《民报》第十九号，1908，第23页；章太炎:《章太炎全集》四，第480页。

树的空的思想。

在文献方面，认为《起信论》为伪书的观点有以下三种。第一，隋代法经所撰《众经目录》，将《起信论》入疑惑部。第二，《萨婆多记》《南海寄归传》《马鸣菩萨传》《付法藏因缘传》等传记文献皆不说马鸣造《起信论》。第三，《续高僧传》云："《起信》一论，文出马鸣。彼土诸僧思承其本，奘乃译唐为梵，通布五天。"则唐时印度已无《起信》之书。章炳麟说："举此数证，是故疑其伪作。"①

首先，就法经将《起信论》放入疑惑部，章炳麟指出，法经所持疑的是译者，而不是本论。因为，法经在《众经目录》中说："《大乘起信论》一卷，人云真谛译。勘真谛录无此论，故入疑。"之所以将之放入疑惑部，是因为真谛的译著目录中没有此论。这不构成《起信论》是否为伪作的问题。而与法经同时代的费长房在所撰《历代三宝纪》中，记有《起信论》，并明确记述了真谛的翻译年代（550年）以及地点。章炳麟据此认为，真谛历经梁、陈二代，梁朝所译，可能为陈朝的经录所遗漏，所以才造成法经生疑。所以，章炳麟说："今据长房所证，足以破斯疑矣。"

此外，章炳麟还指出，其后实叉难陀复有新译，则《起信论》非伪，又可证知。

其次，针对诸种马鸣传记不及此书故非马鸣作的观点，章炳麟举出马鸣的一部分著作也不为诸家传记所载，反证此一观点不能成立。如《庄严论经》《佛所行赞》等被视为马鸣的著作，《付法藏传》《马鸣传》《世亲传》中并没提及。而《尼乾子问无我义经》，至宋代才译出，前代未见其书，各家传记也未列其书目。所以，章炳麟说："今不信《起信》而信《尼乾》，又何其自相矛盾也？"②

---

① 《民报》第十九号，1908年，第25页；章太炎：《章太炎全集》四，第481页。
② 《民报》第十九号，1908年，第26页；章太炎：《章太炎全集》四，第482页。

最后,《续高僧传》所记玄奘将《起信论》译唐为梵之事,章炳麟认为这恰恰表明了中印度不以《起信》为伪书。因为,这一点涉及了大乘佛教在印度流传的地理上的分布状况。章炳麟认为,《起信论》在印度之所以不流传,是与《起信论》的思想内容与马鸣活动的地理位置有关。马鸣久居印度西北,晚岁著书,很可能未及流传中印度。其所著《庄严论经》《佛所行赞》,因文体流美,近于诗歌,所以得遍行整个印度。而《起信论》立如来藏,思想内涵上颇为精深,非诗歌可比,所以难以广为流传。加之,马鸣活动的迦湿弥罗之地,本为上座部兴盛之地,偏重资格辈分,与大众部绝殊,所以其经论亦多"缄藏不泄"(封存而不向外流传)。譬如,《世亲传》中说迦旃延子造《发慧论》,令学者不得出罽宾国,《西域记》中说迦腻色迦王缄封《大毗婆沙论》,不得出窣堵波。这种西北学风,使得《起信论》不易流传于中印度。而这也恰恰是实叉难陀得以翻译《起信论》的原因。章炳麟说:"于阗近北印度,实叉难陀或从师门受学得之,故得有此新译。"①

在思想系统方面,有人指出《起信论》与马鸣其他著作有异,以及马鸣必在龙树之后,故《起信论》非为其著。针对上述两个观点,章炳麟一方面对马鸣的思想变化过程进行了梳理,以证明《起信论》是马鸣的晚年著作,另一方面,通过考察印度佛教空有思想的历史形成,以证明马鸣要早于龙树。

首先,《起信论》与马鸣的其他著作在思想内容固然有异,但这只能说明马鸣在思想上有一个变化的过程,而不能由此怀疑《起信论》非为马鸣所撰。章炳麟认为,马鸣在思想上有一个从诗人到大乘思想家的转变过程。《佛所行赞》等文学作品,不甚关于学说,依此不足以被称为大乘导师,《十不善业道经》《六趣轮回经》只以诱化根机低下的人天乘者,而《大宗地玄文本论》,隋、唐目录所无,必是伪作。只

---

① 《民报》第十九号,1908 年,第 25 页;章太炎:《章太炎全集》四,第 482 页。

有《尼乾子问无我义经》意稍高远，而语甚简略，未为了义。其无我本为小乘旧说，未若《般若》《中观》之深。不过，章炳麟认为，《尼乾子问无我义经》正是显示马鸣由小乘转变为大乘的重要阶段。因为据《付法藏因缘传》云："马鸣计实有我，甚自贡高。"则可知马鸣起初的思想，本与神我相类，其后并没有完全舍弃这一看法，正是在比较有我无我的过程中，树立了如来藏缘起之说。章炳麟说："若专主无我者，必不能见是义。世人但据《尼乾子问无我义经》，以为与《起信论》所言相背。若寻此传计实有我之文，则其疑自解矣。"①

为了强化这一推测，章炳麟又据《付法藏因缘传》所说，"富那奢言，佛法之中，凡有二谛，若就世谛假名为我，第一义谛皆悉空寂。如是推求，我何可得？"章炳麟指出，马鸣的老师富那奢的二谛说，在马鸣看来皆不可得。因为，世谛假名定非真实的，而第一义谛性又空寂。只主张空无，没有解决"有"的问题，由此马鸣进一步去思考空有的问题。章炳麟说："有我无我，反复研核，而如来藏之说出焉。若无《起信》，马鸣亦何以异于诸罗汉也。"②

其次，针对马鸣晚于龙树的论点，章炳麟提出了相反的主张。持马鸣晚于龙树观点的人，认为大乘思想有一个由空至有的变化过程，即经历了由龙树的空，到马鸣（阿梨耶识、如来藏）的阶段，最后到达了世亲、无着的唯识（阿赖耶识、八识）的过程。而章炳麟则认为，"或谓自思想系统言之，《起信》必在龙树后。此亦不然"③。其理由如下。其一，《般若》《中观》虽多举六识，不甚举阿赖耶识，而阿赖耶识之名，说一切有部《增壹经》中已有之。其二，如来藏之名，《尊婆须蜜菩萨所集论》已经有此说法，其中有"或作是说，如来藏身"。婆须蜜是佛弟子，远在马鸣之前。马鸣从有部出家，其建立阿赖耶识和

---

① 《民报》第十九号，1908年，第27页；章太炎：《章太炎全集》四，第482—483页。
② 《民报》第十九号，1908年，第27页；章太炎：《章太炎全集》四，第483页。
③ 《民报》第十九号，1908年，第27页；章太炎：《章太炎全集》四，第483页。

如来藏,是有所承受的①。

最后,章炳麟通过比较《起信论》的阿梨耶识与世亲、无着的阿赖耶识之相异,说明马鸣在龙树之先。(1)《起信论》以业相、转相、见相配第八识,以智相、相续相、执取相、计名字相、起业相,业系苦相配第六识。而世亲则以五遍行境,以配第八识,以五别境,以配第六。(2)《起信论》八种识中,不说末那识,又未说三性三无性等。(3)龙树弟子提婆有解释《楞伽经》的著作,若马鸣出于龙树之后,则应与提婆同时,应该见到《楞伽经》。然《楞伽经》有九识三性三无性等,而《起信论》则无,殊为简练,可知其非承自《楞伽经》。从中可看出《起信论》到后世的唯识学说,有一个由简至繁的历史过程。据此,章炳麟说:"若《起信》出于龙树之后,必不简略至此",而后人依据法藏以《起信论》与《楞伽经》为同宗,认为前者是后者的注释书,"此皆武断之说","故以思想系统言之,正见《起信》在龙树前,何以云在后耶"②?

对于大乘空有思想的历史发展的先后问题,章炳麟还提出了一个颇为新颖的主张。即空有之形成,并非只是时间上的古今问题,还要考虑空间上的南北问题。即龙树、提婆皆南方之教,马鸣、无着皆北方之教,其相异是由于大众部与上座部据地各殊,所以这种地理上的差异,也反映到了后来大乘的发展上。

此外,在马鸣后于龙树的主张里,还有一条重要的论据,即《起信论》涉及了西方净土的言说。章炳麟则认为,如果历史的展开是由简至繁的话,那么,《起信论》要早于龙树的《十住毗婆沙论》(又名《十住论》)。因为,《起信论》只说到西方阿弥陀佛,而《十住论》则有十方诸释尊。两者相较,前者简而后者繁。再者,《起信论》与《十

---

① 《民报》第十九号,1908年,第27—28页;章太炎:《章太炎全集》四,第483页。
② 《民报》第十九号,1908年,第28页;章太炎:《章太炎全集》四,第483页。

住论》均以为念佛往生西方净土，是怯劣之事，然《十住论》又设般舟三昧之说，补强念佛易行道，则显示了"龙树尝称诩净土"，而《起信论》并未视之甚重。两者相较，前者简而后者繁。据此，章炳麟说："以繁简之序言之，适可见《起信》在前，《十住》在后。"[1]

（二）章炳麟与日本明治时期的《起信论》研究

以上是章炳麟的大致主张。那么，章炳麟所批判的观点又是由谁倡导的呢？质言之，章炳麟所批判的是日本学者的观点。至1905年，日本的前田慧云、松元文三郎、望月信亨和常盘大定曾先后撰文，或怀疑《起信论》作者非为马鸣，或怀疑《起信论》非为印度撰述，一时成为佛教历史研究的热门话题。其中，常盘大定的《教界文豪——马鸣菩萨论》（1905）较为完整地介绍了前田、松元和望月的论证，支持松元文三郎的马鸣在龙树之后的论点，认为在得到确切证据之前，维持马鸣造这一传统的说法比较稳当。

常盘大定于1905年7月出版了《教界文豪——马鸣菩萨论》（金港堂）一书，其目的在于以马鸣菩萨为中心，在纵向方面，追踪佛教教理的发展，在横向方面，俯瞰当时思想教学的状况。[2] 章炳麟正是读了此书，于1908年先后撰写了《大乘佛教缘起考》和《〈大乘起信论〉辩》二文。其中《大乘佛教缘起考》，在论述大小乘相同之处时，说"而近人常盘大定作《马鸣菩萨论》，则一一举其同者，其文如左"[3]，作了大段引用。有关与常盘的关系后文将详细论述。

《教界文豪——马鸣菩萨论》第六章"《大乘起信论》"，专门讨论了《起信论》著者的问题。前田慧云博士曾在《哲学杂志》《高轮学

---

[1] 《民报》第十九号，1908年，第29页；章太炎：《章太炎全集》四，第484页。
[2] 常盘大定：《教界文豪——马鸣菩萨论》，金港堂1905年版，"自序"第1页。
[3] 《民报》第十九号，1908年，第7—10页；章太炎：《章太炎全集》四，第470页。

报》上发表论文，对《起信论》著者是否为马鸣，提出了疑问。而望月信亨于1905年1月于《宗粹杂志》上发表了《起信论之作者》(《起信论の作者に就いて》)，认为历史上存在两个马鸣，《佛所行赞》等为活跃于公元一世纪左右的前马鸣所著，而《起信论》则可能是佛灭后八九百年才出现的后马鸣的著述。常盘大定在此章中，首先将前田的观点整理为七条，然后补充了望月信亨的前后马鸣的看法，最后讲述了自身的立场，即维持古来旧说。

首先，《教界文豪——马鸣菩萨论》第六章将前田对《起信论》作者的疑难归纳为如下七点：

（1）《马鸣菩萨传》(鸠摩罗什译)以及《付法藏因缘传》(吉迦夜译)中，没有记载这一马鸣菩萨一生中的大著。

（2）《付法藏因缘传》中所叙述的马鸣传承的法门，《尼乾子问无我义经》讲的都是空、无我、实相之法门，而非如来藏。

（3）此论没有与龙树菩萨诸论同时译出，至后代，与无着、世亲诸论一同开始传承，这证明此论较龙树著述为新出。

（4）由小乘教一变为龙树菩萨的一切皆空之论，再变为马鸣的空不空之论，如此进展变化，乃是至当的发展顺序。若然，如龙树之六识、二佛身（法身、生身）等法相名教，犹与小乘教不异，而至《起信论》，则有如七识、三佛身（法身、报身、化身），可看作是后来增加的概念。

（5）《萨婆多记》中的马鸣之事，只有"造《大庄严论经》数百偈，破外道"，又义净三藏之《南海寄归传》中，举出了《佛所行赞》、《大庄严论经》，终未言及《起信论》，而在各方面极尽详细的玄奘《西域记》，有关马鸣的记事，唯有一处，这种写法，与以《起信论》著者而闻名于世的马鸣菩萨不相配称。

（6）龙树菩萨著述中，将阿弥陀佛看作是十方佛之一，犹未形成专念之思想，而到了《起信论》，专念阿弥陀佛的思想才变得显著。

（7）据传为真谛三藏造之《世亲传》，马鸣被迎入西印，参与了《大毗婆沙论》之制作，这显示了马鸣菩萨的文豪地位。《世亲传》又说到了其大著《佛所行赞》和《大庄严论经》，还说到了其小著之《事师五十颂》《六趣轮回经》等，这些都显示了马鸣菩萨为赞咏讽诵之大家，然而终未注明此论（《起信论》）为马鸣所作。这些著述的面目与《起信论》的形相，其撰述性质迥异，毕竟看不出是成于同一人之手。①

其中（1）（5），主要依据马鸣的传记文献，以及义净、玄奘均未言及马鸣作《起信论》之事，提出了《起信论》作者非为马鸣的疑难。（2）（7）则从马鸣诸著作的性质不同，提出了《起信论》不是同一马鸣所撰的疑难。而（3）（4）（6）则将《起信论》与龙树的著述和思想相比较，说明《起信论》是在龙树之后出现的，即"空"的思想在先，"有"（如来藏、阿赖耶识）的思想在后。

常盘大定一方面对上述疑难表示理解，一方面又表示这些疑问尚不足否定马鸣作《起信论》这一传统说法。他说："总之，这些疑难初自大乘鼓吹者之罗什，及至吉迦夜、玄奘、义净等诸三藏，最终都没有言及一句的《起信论》，从其翻译年代来看，与其他著作比较来看，以及从富那奢或者胁尊者，再经由马鸣到龙树的思想联系上来看，将之作为马鸣的著述，不能不有疑问。尽管如此，据此而得以断定其非马鸣论师著作之证据尚为不足，自不待言。"②

望月信亨于1905年1月，在《宗粹杂志》上发表了《起信论之作者》（《起信論の作者に就いて》，此文后收入其《大乘起信论之研究》，金尾文渊堂，1922）一文，对《起信论》是否为公元一世纪的马鸣所撰，进行了考察，结论是存在前后两位马鸣，《起信论》的作者当为活跃于公元五六世纪的后马鸣，而非公元一世纪的前马鸣。其论点

---

① 常盘大定：《教界文豪——马鸣菩萨论》，第71—73页。
② 常盘大定：《教界文豪——马鸣菩萨论》，第73页。

大致如下：

（a）《马鸣菩萨传》以及《付法藏因缘传》，既没有记载由小乘回心归向大乘的记载，也没有记载提倡大乘法门，撰述《起信论》之事。

（b）龙树、提婆在马鸣之后闻名于世，特别是龙树著述丰富，内外典籍无不通晓，居然没有一句提及马鸣，实为不可思议。

（c）将《起信论》与龙树的中论思想相比较来看，多少可疑其有先后之别。《起信论》有阿梨耶识，有三身，也有可看作是五十二位的修行阶段；而龙树没有阿梨耶识，只有六识，没有三身，只有二身，没有五十二位，只是十地。不仅如此，龙树教学其大体较为接近原始佛教的消极涅槃论，而《起信论》则相当飞跃，可看出是完全摆脱了原始佛教的氛围。

（d）《起信论》主要依据的是《楞伽经》，龙树以般若为神髓，楞伽与般若皆为佛说。假若佛教的教理与其他学术技艺同样是随着时代逐步发展的话，其教义之深浅变化过程，正是判定时代前后的唯一尺度。《起信论》依据的是《楞伽经》，而《楞伽经》是写着有名的龙树悬记之经典，若此悬记为龙树实际出道之后而发生的话，自然可知《起信论》是在龙树之后撰写的。而《起信论》的翻译比较晚，又的确是一个疑问。其中思想的发展是一个由浅至深、由简至繁的历程这一观点为章炳麟所采用。

（e）藏经中传为马鸣所著的总共有八部，其中《大宗地玄文本论》《事师法》《十不善业道经》《六趣轮回经》《尼干子问无我义经》的翻译非常晚，写的内容本来也并没有多少疑点，所以，撇开这些著作不谈，就其《大庄严论》《佛所行赞》《起信论》这三部著作，考虑到翻译年代，《佛所行赞》是公元414—421年之间由北凉的昙无谶译出，《起信论》几乎要晚其150年，真谛于公元553年译出。真谛是翻译《俱舍论》《摄大乘论》《摄大乘论释》的人，是传来了佛灭后九百年左右的印度论师研究结果的人，考虑到《起信论》出自其手译出，《起信论》的作者是否也是在佛灭后八九百年出道的,自然会产生这样的疑问。赖耶缘起论的盛行是在佛灭后九百年左右的无着时代,而《起信论》之真如缘起,即在某种意义上,赖耶缘起论或许也是在此前后产生的。

（f）查僧佑撰述的《萨婆多记》,说第十一祖马鸣之外,还有十六祖后马鸣。此后马鸣是何时出道的,本不可判明,不过,前马鸣当是胁尊者的弟子,所以在胁尊者的弟子马鸣之后尚有另一叫马鸣的菩萨。此后马鸣恐怕就是《起信论》的作者。关于《起信论》作者的年代,历来说法纷纭,特别是《释摩诃衍论》中载有六马鸣的说法。六马鸣实为荒诞之说,但是,其中偶然也有八百岁出道的说法。由此事推测,其或许为《起信论》真作者的年代。①

其中（a）依据传记文献之考察,与前田的（1）相同。（b）（c）将《起信论》与龙树思想相比较,和前田的（3）（4）（6）相近,（d）《起信论》为《楞伽经》注释的考察则是望月的新论点。（e）从马鸣著作性质上的相异,说明《起信论》的著者不是同一马鸣,与前田的（2）（7）相同。（f）依据《萨婆多记》和《释摩衍诃论》,提出了存在前后马鸣,《起信论》为后马鸣作之说,则是望月的独特主张。

对于望月的考察,常盘在其《教界文豪——马鸣菩萨论》中,仅仅提到了存在前后马鸣的推断,即作《佛所行赞》的马鸣与作《起信论》的马鸣,非同一人,前者为前马鸣,后者为后马鸣。但是,对《释摩衍诃论》的说法,常盘则认为不足认可其有历史上的价值。因为,此论虽然被称为龙树菩萨释解《起信论》的作品,为古来密教家的宝典,然而该著早被指出为百济僧月忠之伪作,不足为凭。这一论断也为章炳麟所袭用。而且,所说的"后马鸣",在浩瀚的佛书中,仅见于《萨婆多记》,而不见于其他文献。所以,不足成为确信其为《起

---

① 望月信亨:《大乘起信论之研究》,金尾文渊堂1922年版,第66—69页。

信论》著者之根据。然而,《起信论》到底应为何人之作？常盘的结论如下：

> 至此，与其他众多佛书的著者一样，现在到底难以判断。我认为此终将是千年难断之疑问。若从思想系统上而言，将此论看作是成立于龙树之后则应为稳妥。（原注：松元博士将马鸣置于龙树之后的主要理由或在于此）然而，反而站在建设的立场来看，则马鸣未必没有此著，所以不能轻率的判断。
> ············
> 我对此千古名著，不忍在暧昧的理由之下，视其著者不明，在研究态度上，尽管必须存疑，但是，在得到非为马鸣著之确证之前，遵从古来的传说，以之为菩萨的著作，这在研究态度上也是稳当的。①

即尽管有上述的种种疑问，但在常盘看来不足以推翻《起信论》为马鸣作的传统说法，所以他采取了维持现状的立场。

由上述介绍可知，章炳麟所批判的主要是前田慧云和望月信亨的主张。尽管常盘大定没有否定《起信论》为马鸣著，但他认为《起信论》是在龙树之后出现的主张也不为章炳麟所首肯。章的特色，有以下数点。其一，法经的经录所怀疑的是译者，而不是著者。这一点与前田不同。在数据上提出了费长房的《历代三宝纪》，以及实叉难陀的新译证明《起信论》非伪作。其二，针对传记文献中没有言及马鸣作《起信论》之疑难，章认为其实《尼乾子问无我义经》传记文献中也没有明记为马鸣作，而且该经至宋代才译出，反证此疑难不能成立。其三，针对马鸣著作性质各异的疑难，章则认为马鸣有一个由文学家

---

① 常盘大定：《教界文豪——马鸣菩萨论》，第 75—76 页。

到小乘而至大乘的思想转变的历程,因此,其性质不同的著作恰恰反映了马鸣自身不同阶段的不同思想,并非存在前后两个马鸣。这一主张最富特色,独步后世。其四,认为马鸣要早于龙树。其五,如来藏、阿赖耶识与空之思想不仅是古今问题,也是南北问题,即不仅要考虑到时代的前后,更要考虑到流传地区的差异。

(三)章炳麟撰写此文的背景

晚清中国佛教界,由于杨文会(1837—1911)居士创设金陵刻经处,致力于佛典出版,力倡华严、唯识、净土之教学;加之通过南条文雄,从日本购回近三百种中土遗失典籍,激起了佛典研究的热潮,迎来了佛教复兴时代。杨文会自1891年先后给南条文雄寄去了三份购书单,其中就有法藏《大乘起信论义记》、窥基《成唯识论述记》等自元代以后在中国散佚的重要典籍。南条文雄于1892年陆续将包括上述要典在内的众多佛书寄往南京的杨文会。杨文会不仅将这些典籍重新刊刻流通,而且根据传为马鸣著述的《大宗地玄文本论》,以《起信论》为方法论,于1904年前后,构建了"马鸣宗"这一新的思想体系。因此,由于杨文会的影响,马鸣和《起信论》无疑是这一时期广为瞩目的佛教人物和典籍。正如梁启超所说,"杨文会深通法相、华严两宗,而以净土教学者。学者渐信之。……章炳麟好法相宗,有著述。故晚清所谓新学家者,殆无一不与佛学有关系,而凡有真信仰者率归文会"[①]。

尽管章炳麟受过杨文会的影响,但两者的佛教思想甚为对立。章炳麟去日本后,曾给杨文会写信,袒露要学习梵文的愿望,希望得到

[①] 梁启超:《清代学术概论》三十;朱维铮校注《梁启超论清学史二种》,复旦大学出版社1985年版,第81页。

杨文会在经济上的支持,但因主张婆罗门教可与佛教兼容,遭杨文会斥责。杨文会说"以婆罗门与佛教合为一家,是混乱正法而渐入于灭亡,吾不忍闻也"①。在佛教思想上,章炳麟与杨文会立场迥异,章炳麟主张依自不依他的自力思想,而杨文会则以净土为佛教的归趋。但是,两者都提倡"法相之理,华严之行",都极为重视马鸣的《起信论》。为实现中国的社会变革,章炳麟提出了两条途经,一是以宗教发起信心,增进国民的道德;二是用国粹激励民众(种性),增进爱国的热肠。②《建立宗教论》(1906)便是试图阐述以宗教进行社会变革的重要文章。其中,不仅用试图唯识学的三性说建立可与西方哲学匹敌的理论体系,对于马鸣的《起信论》也有引述。如"马鸣有言:虚空妄法,对色故有,若无色者,则无虚空之相。由此言之,亦可云色尘妄法,对空故有;若无空者,则无色尘之相"③。即以《起信论》来补强其对破除人我见的剖析。更为重要的是,章炳麟以阿赖耶识为人心的根本,认为社会的变革,最终要依靠阿赖耶识由染转净的变革来实现。而阿赖耶识的转变之所以能实现,是因为阿赖耶识有觉与不觉的两种性质,即阿赖耶识就是如来藏,所以变革的根据在于自身而不假外求。《人无我论》说:

> 若如上说,我为幻有,而阿赖耶识为真。即此阿赖耶识,亦名如来藏。特以清净杂染之分,异其名相。根实言之,正犹金与指环,两无差别,而又不可与世俗言灵魂者,并为一谈。④

---

① 杨文会:《代余同伯答日本末底书》,《杨仁山居士遗著》,台湾新文丰出版公司1992年版,第322页。
② 章炳麟:《演说录》,《民报》第六号,1906年,第4页。
③ 《民报》第九号,1906年,第4—5页;章太炎:《章太炎全集》四,第405页。《起信论》原文为:"虚空相是其妄法,体无不实。以对色故有,是可见相令生灭,以一切色法本来是心,若无色者,则无虚空之相。"此处引用为摘要。
④ 《民报》第十一号,1907年,第13—14页;章太炎:《章太炎全集》四,第427页。

将阿赖耶识等同如来藏，其所依据的显然是《起信论》的立场。在章炳麟看来，《成唯识论》的阿赖耶识，只立八识，并只局限于个体，最终难以成立无我之说，不及如来藏，遍及众生，为众生共通的成佛依据，所以能打破自我之偏执，而实现无我。而无我的思想正是挽救民众道德衰颓的理论根据。将阿赖耶识与如来藏视为同一，对于章炳麟的佛教思想与革命思想的影响，这是一个尚待进一步探究的课题。章炳麟把产生于现实社会中的种种差别、不平等的原因归结为人的虚妄分别。为了说明这一现象，并从中解脱出来，他采用了唯识学。在说明阿赖耶识与众生的解脱的关系时，他离开了正统的唯识学，采用了华严（大乘起信论）的立场，将阿赖耶识等同于如来藏，从而确立人的同一性与平等性的立场，由此探索人的道德改善、社会变革的途径。用他的说法，"唯识之理，华严之行"，即结合唯识的理论和华严的实践，开拓出一条社会革命与众生救度的道路。章炳麟以如来藏思想为媒介，来探寻唯识学的社会性和救度理论的可能性。他的如来藏解释，还采用了真谛的学说，并积极利用了《楞伽经》。从中可以看出，尽管他独自发挥佛教的教义，但是他还是致力于将其理论根据置于唯识学和华严学之中。这些思索，还具体地反映在他对"革命道德"的鼓吹以及对用文明野蛮规定国际秩序的批判上。正是在这个意义上，章炳麟说："自非法相之理，华严之行，必不能制恶见而清污俗。"① 也正因为章炳麟出于上述的思想立场，马鸣及其《起信论》的真伪便是一个直接影响其理论根据是否成立的大问题。如果马鸣及其《起信论》为伪，则会动摇章炳麟整个佛学理论的基础，这恐怕是其著文反驳的思想动机。由于章炳麟在此文中，没有一句言及撰写的动机，故暂作

---

① 《民报》第十一号，1907年，第17页；《章太炎全集》四，第428页。石井公成的《辛亥革命前夜の佛教と无政府主义——章太炎と刘师培の场合》（《仏教学》第56号，仏教思想学会2015年2月）对章的"法相之理，华严之行"与其革命的关系有深入的讨论，是揭示章的佛教思想与革命主张关系的一篇力作。

上述推测。

（四）结语

　　章炳麟的《〈大乘起信论〉辩》是一篇被遗忘的，但在近代中国佛教研究史上却是一篇难得的考论。章炳麟基于文献学与历史学的方法，不仅正面响应了日本明治佛学界的动向，也与中国国内的传统教学式的研究相区别。如果说杨文会的"马鸣宗"学说缺乏对马鸣和《起信论》进行文献学和历史学的批判考察，仍然局限于传统的判教性的研究的话，章炳麟则积极将近代的研究方法与其考据学相结合，从文献和思想两个方面，对马鸣和《起信论》进行了历史学的批判性考察，可以说在同一时期的中国佛教研究界极为罕见，是无出其右的。尽管章炳麟的推断，大多没有被后来的研究所认可，但是，他所展示的方法论上的转换却是必须予以高度评价的。

　　梁启超在其《大乘起信论考》中说，日本学者很早就对《起信论》产生疑问，初则怀疑其为马鸣著述，继则怀疑其为真谛翻译，终乃决定其为中国撰述而非印度撰述。在回顾了这一研究史之后，梁启超讲述了撰写此书的目的。其一，《起信论》在思想界有着伟大的价值，"一旦忽证明其出于我先民之手，吾之欢喜踊跃乃不可言喻"[①]。这一意在鼓舞国人的意图，固然与章炳麟的"用国粹激动种性"的民族主义相近，但在章炳麟那儿，《起信论》的历史和思想的价值正在于其为马鸣真撰，中国撰述的说法是难以接受的。其二，是在提倡治学方法，"吾以为今后而欲昌明佛法者，其第一步当自历史的研究始"，"日本近十年来，从事于此者渐有人矣，而我国则阒乎其未之闻"[②]。实际上章

[①] 梁启超：《大乘起信论考证》，商务印书馆1924年版，第5页。
[②] 梁启超：《大乘起信论考证》，第6—7页。

炳麟已经在十多年前开始了梁启超所期待的"历史的研究",但梁启超却没有给予其公正的评价,不得不说是梁启超的一个疏忽。

《大乘起信论考》的撰写前后不过十二日,时间上的仓促,或许是不及检讨章炳麟研究的一个原因。然而,梁启超的疏忽,或许并非单纯的遗忘,其深层原因值得追究。可以说,章炳麟的这两篇纯为学术考证的文章,几乎与他所从事的革命思想的宣传毫无关联。正因为如此,梦庵(武田范之)在黑龙会主办的刊物《东亚月报》第二号(1908年5月)上,撰文批判章炳麟忘却了《民报》宗旨,将《民报》变为佛报,指出"《民报》宜作民声,不宜作佛声"。所谓《民报》的宗旨,共有六条:(1)倾覆现今之恶劣政府;(2)建设共和政体;(3)土地国有;(4)维持世界真正之和平;(5)主张中国日本两国之国民的连和;(6)要求世界列国赞成中国革新之事业。针对这一批判,章炳麟撰写《答梦庵》一文,刊载于《民报》第二十号(1908年6月),以示反驳。章炳麟承认《大乘佛教缘起考》是一篇考证之文,的确不关《民报》之宏旨,但有关这方面的论说已经在《民报》上发表过多篇。为此,章炳麟较为详细地阐述了要振兴民众的道德,和儒教、基督教等相比,只有依靠佛教才能实现这一主张。对此,梦庵又撰文进行反驳。

总之,与梦庵的争论使得《辩〈大乘起信论〉之真伪》和《大乘佛教缘起考》两篇文章广为人知,梁启超自然也不例外。而梁启超为什么没有提及此篇论文,真正的原因很难知晓。若做推测的话,章梁在政治立场上分属于对立的阵营,长期以来互为论敌,或许有文人相轻之嫌。但在梁启超撰写《大乘起信论考》时,历史的环境有了巨大变化,两人都退出了中国的政治舞台,政治上(党派)的对立已经不再如以往那么突出,所以梁启超的遗忘不能只从政治上寻求说明[①]。因

[①] 章炳麟在20世纪20年代以后,其兴趣转入学术活动,与别人的争论也主要限于学术立场。(参见王锐:《章太炎晚年学术思想的研究》,商务印书馆2014年版)

此，如何理解"历史的研究"可能是梁启超无视章炳麟研究最重要的因素。《大乘起信论考》虽然详细叙述了日本学者的主张，却没有具体回顾和介绍在中国的响应，因此，在梁启超看来中国的议论都不足以与日本的研究相提并论，只有他的这篇《大乘起信论考》才最能承当"历史的研究"的美称。

梁启超在《大乘起信论考》序言中，不无后悔地指出，日本学者的研究利用的都是大藏经中的资料，这些资料中国学者也是同样可以读到的，却将《起信论》真伪问题的发明权让给了日本学者。梁启超认为造成这一结果的关键在于"治学须有方法"，而所谓方法正是"历史的研究"。中国佛学、印度佛学各有其发展的历史，整理其变化的轨迹则是"历史的研究"之具体内涵。整理中印佛学的历史发展的变化，则要从文献考察与学理考察入手。近代以来，日本佛学研究之所以结出累累硕果，正因为掌握了这一方法。因此，梁启超批判当时的中国佛学研究尚没有把握这样的方法，而这部《大乘起信论考》堪称中国佛学界"历史的研究"之嚆矢，大有将其作为示范之雄心壮志。但实际上，章炳麟的《辩〈大乘起信论〉之真伪》也恰恰是从文献与学理两个方面来进行的，是对明治佛学研究方法的吸收与发挥。尽管如此，在梁启超的记忆中，似乎章炳麟对佛教的思想发挥，远远超出了对佛教的历史考察。也许正是梁启超出于对"历史的研究"之自负，而有意忽略了章炳麟的研究功绩。

十五、译经中的政治
——李提摩太与《大乘起信论》

在中国佛教历史上,《起信论》这部无论是就其作者还是思想方面都疑窦重重的论书,却在19世纪末到20世纪的最初几年,被作为东亚大乘佛教的标志性经典传译到了西方。[①] 而最为重要的事件,就是铃木大拙于1900年出版他的以唐代实叉难陀的新本《起信论》为底本而翻译的英译本;以及来华的英国新教传教士李提摩太于1907年出版的,根据梁代旧本《起信论》而翻译出版的英译本。与当时国际佛教学界流行的,通过梵、巴译本来读解以印度为中心的佛教风尚不同,在东亚佛教传统几乎很少为西方人问津的情况下,《起信论》这样一部汉文佛典却在很短的时间里被两度传译,确实是很值得注意的历史事件。

铃木大拙之推荐禅学和翻译《起信论》到西方,颇耐人寻味。他在佛教研究上具有相当的国际视野与学术条件,但他在佛学思想的归旨与学术方法的取径上,却一直与19世纪欧洲东方学所建立起的佛教学传统大异其趣。他挑选《起信论》向西方译介,显然是想在19世纪

---

① 《起信论》在中国佛教历史上经历过由怀疑到圣典化的过程,其中唐代法藏对《起信论》的诠释,才使其在中国,乃至东亚佛教发展史上成为重要的论典。关于此,可以参见 Whalen Wai-lun Lai, *The Awakening of Faith in Mahayan: A Study of the Unfolding of Sinitic Mahayana Motifs*, Cambridge: Harvard University, 1975, Chapter 4。

西方以印度佛学为中心的氛围下，为包括日本在内的东亚大乘佛教争得一席之地。① 而且铃木向西方推荐东亚佛教的同时，在许多方面都有意识地颠覆基督教传教士对佛教的那类想象。② 作为新教传教士，李提摩太与《起信论》的遭遇看似由一些偶然事件所促成，而实则有更深的思想因素在其中。根据李提摩太自己的叙述，他于1894年就完成了《起信论》的英译，但当时一直没有出版。他自己说是由于他想留出一点时间来对自己的译文进行修正；真正触动他正式出版的原因，就是他对铃木译本的不满，所以当他看到铃木译本问世后，还"没有来得及细改自己的译稿"就迫不及待地于1907年在上海首次出版自己的译作。③ 可以想见，李提摩太出版他的英译《起信论》是一次颇有针对性的思想行动。与铃木不同，作为一位外在于东亚佛教传统的欧洲传教士，他愿意以自己的特殊身份把这部东亚佛教的代表性经典翻译成英文，并在铃木译本发表后的几年再出版，其实是建立在这样一种认识观念上的，即他认为，由马鸣所创造的这部论典标志了佛教思想史上的一次基督教思想的革命。他把这称作"大乘佛教"或"高级形式的佛教"。无论怎样，他并没有把《起信论》视为单纯佛教传统内部的思想产物。在他看来，《起信论》虽然流传于东亚，却恰恰可以理解为一部以佛教术语表达的基督福音书的"亚洲形式"。④

李提摩太英译本《起信论》一向因其"充满基督教而非佛教的语

---

① 铃木大拙的禅学书写中充满了民族主义的修辞，关于这点，西方学者已经做了很多分析，请参考笔者《欧美禅学的写作——一种方法论立场的分析》（《中国禅学》第3卷，中华书局2004年版）一文所做的介绍。尽管《起信论》不断受到佛教学者的质疑，但铃木仍然坚持从东亚佛教立场出发，不惜大量笔墨为《起信论》所代表的东亚佛教传统辩护，这里面含有重要的政治论述。关于此，参见丹·拉斯豪斯：《批判佛教与回归源头》，载杰米·霍巴德、保罗·史万森主编，龚隽等译：《修剪菩提树："批判佛教"的风暴》，上海古籍出版社2004年版，第30—31页。

② 关于此，详见 Bernard Faure, *Chan Insights and Oversights: An Epistemological Critique of the Chan Tradition*, p. 53。

③ Timothy Richard, *The New Testament of Higher Buddhism*, Edinburgh: T. and T. Clark, 1910, p. 47. 关于李提摩太对铃木译本的批评，详见下文讨论。

④ Timothy Richard, *The New Testament of Higher Buddhism*, pp. 38-40.

气"而为教、学两界所诟病。① 也为此,他的译本一直不为佛教学者们所重视和讨论。② 但如果我们把李提摩太翻译《起信论》理解为晚清宗教思想交流史上一次重要的"思想事件",并对他的译经活动进行具体而微的知识考古,那么不难发现,在他这种看似不忠实的翻译活动背后,其实存在着一种相当值得玩味的政治修辞。

(一) 双重语境下的佛经翻译

翻译的政治性是与译者的处境密切关联的。③ 翻译总是体现在特定的文化、政治和历史之中,正如 19 世纪以来欧洲东方学的论述都在一定程度上被显而易见的政治事实所污染、控制和侵犯,因此我们不能够忽视或否认作为社会之一员的生产者与其自身环境之间的联系。④ 李提摩太作为一个欧洲新教传教人的身份来华传教,他对佛教经典的翻译是有许多策略性的论述暗藏其中的。所以要深入理解他对《起信论》的翻译,必须将其放置于知识生产的主体性与历史性的关系中去进行解读。也就是说,要从这一翻译文本所产生的地缘条件,即翻译生产

---

① *The Awakening of Faith: Attributed to Asvaghosha*, translated, with Commentary by Yoshito s. Hakeda, New York: Columbia University Press, 1967, p.17.

② 倒是一些非专门佛教学者比较重视从比较宗教学的意义上来讨论李提摩太的这部英译著作,如近年来香港中文大学李智浩博士分别从佛耶对话的角度,就李提摩太的思想进行了研究,也包括对李提摩太翻译《起信论》之研究,分别见其论文,《化敌为友——剖析李提摩太进行耶佛对话的原因》,《山道期刊》第六卷,2003 年第 2 期;《中国耶佛对话的再思——李提摩太以耶释佛个案》,《辅仁宗教研究》2005 年第 11 期;《李提摩太对〈大乘起信论〉的诠释》,吴言生主编:《佛教与基督教对话》,中华书局 2005 年版。李博士对李提摩太与《起信论》翻译之讨论,着重从"援佛入耶的诠释"为关键,对李提摩太英译《起信论》中的几个哲学概念进行了分析,可资参考。不过,这些研究尚有许多未发之覆,需要进一步讨论。

③ Maria Tymoczko, "Ideology and the Position of the Translator in What Sense Is a Translator in Between?" ed. by Maria Calzada Perez, *Apropos of Ideology: Translation Studies on Ideology-Ideologies in Translation Studies*, Manchester: St. Jerome Publishing, 2003, p. 184.

④ 萨义德著,王宇根译:《东方学》,第 15 页。

的"习俗和场域"（habitus and field）中去加以观察。①

李提摩太对《起信论》的翻译是在双重脉络中开展的。首先要考虑到19世纪以降，来华传教士在传教策略上对佛教态度的变化。与明末天主教（耶稣教）把中国的佛教仅仅看作"一种粗俗的偶像崇拜"②不同，到了19世纪，来华新教对佛教的态度开始发生了一些变化。尽管早期来华的新教传教士通常在思想的态度上都具有很强的侵犯性的个人主义倾向，他们通常会与中国本有的思想传统发生冲突。③如最初一批新教来华传教士对佛教就很少接触，他们大多对佛教也是采取否定性的看法。但到了19世纪末，佛教逐渐被纳入到新教传教士的传教策略中。这主要是由于他们开始看到了佛教作为宗教在中国社会所拥有的力量，并希望从佛教在中国传播的成功历史中吸取传教的经验。

虽然新教传教士对佛教的态度非常复杂和暧昧，但其中却有不少人开始进行佛教研究，且他们进行这一研究的议题和目的也是很清楚的。如艾德（Ernest J. Eitel，1838—1908）有关中国佛学的写作在于强调这一事实，即佛教对中国是外来之宗教，而后才逐渐被消化到中国传统生活之中。在这里，他清楚地意识到，基督教应该从中去学习如何把基督真理带入中国人心和生活中的道路。他在佛教中国化中所意识到的最重要的一点价值就是，如何为基督教的传入准备方法。④艾约瑟（Joseph Edkins，1825—1905）也是如此。他对中国佛教的态度

---

① Jean-Marc Gouanvic 根据法国著名学者布厄迪尔（Bourdieu）文化社会学中的"习俗"和社会结构观念，提出了所谓翻译中的社会结构论，认为对翻译的分析必须同时从知识生产的方式，考虑译本所产生的历史条件和场域。（参见 Jean-Marc Gouanvic, "A Model of Structuralist Constructivism in Translation Studies", in Theo Hermans, ed., *Crosscultural Transgressions: Research Models in Translation Studies II, Historical and Ideological Issues*, Manchester: St. Jerome Pub., 2002）

② 谢和耐著，耿升译：《中国与基督教》，上海古籍出版社2003年版，第195页。

③ John K. Fairbank, "The Place of Protestant Writings in China's Cultural History", in Suzanne Wilson Barnett and John King Fairbank, eds., *Christianity in China: Early Protestant Missionary Writings*, Boston: Harvard University Press, 1985, p. 2.

④ Winfried Gluer, "The Encounter Between Christianity and Chinese Buddhism During the Nineteenth Century and the First Half of the Twentieth Century", *Ching Feng*, vol. xi, 3 (1968).

比艾德更为积极一点,他非常明确地表达他研究中国佛教背后的目的,就是要从佛教的传播经验中去学习基督教在华传教所宜的策略。① 他甚至从传教的语言策略上去加以考虑,认为基督教在中国需要找到一种中国式话语的灵性表述,而这一点,他认为只有转从佛教中国化的经验当中去加以体会。② 在这些新教徒中,李提摩太对佛教的态度可以说是最为亲切友好的。照他自己的讲法,他在华的40多年里,主要精力都在致力于以中国和日本为中心的东亚佛教的研究上,为此他还专门购买了全套的佛教三藏作为研究的必备资料。不过他研究佛教的目的也是很明确的,正如他自己所表示的,这些都是"为更好地传教作准备"。1908年他访问日本,与那里的西方传教士讨论的主题之一,也是如何把传教的策略与对东亚佛教的研究结合起来。③ 他发现佛教在中国的传播历史中吸引了"如此众多的追随者"和创造了"壮丽辉煌的寺庙",于是,为了研究"如何改变中国人的宗教信仰",他决定深入了解印度佛教在中国化的过程中成功的条件。④

当然,19世纪来华新教徒能够接纳佛教的成功经验,开放与佛教的"对话",也缘于他们在神学观念上有不少人怀有宗教启示的普遍主义立场。李提摩太在神学上面的倾向,就坚定地持有一种"启示的普

---

① Joseph Edkins, *Chinese Buddhism: A Volume of Sketches, Historical, Descriptive, and Critical*, London: Kegan Paul, Trench, Trubner Co. Ltd. 1880, p. 1, 360.

② Winfried Gluer, "The Encounter Between Christianity and Chinese Buddhism During the Nineteenth Century and the First Half of the Twentieth Century".

③ William E. Soothill, *Timothy Richard of China: Seer, Statesman, Missionary and the Most Disinterested Adviser the Chinese Ever Had*, London: Seeley, Service and Co. Limited, 1926, pp. 292-295.

④ 李提摩太著,李宪堂、侯林莉译:《亲历晚清四十五年——李提摩太在华回忆录》,天津人民出版社2005年版,第136、137、320页。李提摩太曾经在一本关于在中国传教的小册子《中国急需:善良的萨玛利亚人》中提出,对每一个新到的传教士来说,应当把研究当地人的宗教作为传教手段,这是必须而基本的,因为这可以扩大传教的工作效果。(参见《亲历晚清四十五年——李提摩太在华回忆录》,第178页)另外,他自称在华大部分时间研究佛教,参见氏著:*The New Testament of Higher Buddhism*, p. 1.

遍主义"(revelatio generalise)①。于是，东方宗教就不再被简单地看作是虚假的宗教，而具有了一种合法的形式。李提摩太在美国芝加哥参加宗教会议时就提出，每一种宗教都包含了"普世的真理"（universal truths），他还批评那些守旧的正统教派"除了尊奉自家经典，而把别教的圣典都指斥为虚假或恶魔"的做法不合时宜。②从思想上分析下去，这种普遍主义的观念对传统基督教的某些基本原则提出了挑战，其中最为核心的问题就是，如何维持住基督教在作为复数的宗教中所拥有的优越性和至上性？基督教内部通常可以采用的解释策略，正如梯里希（Paul Tillich）所发现的，就是把对方宗教理解为基督将临的一种准备。③

相对而言，李提摩太并不像艾德和艾约瑟那样在对中国佛教的论述中，时常表现出压抑不住的批评感。④他对佛教与基督教之间的褒贬，非常机智地借用了佛教判教的方式来加以表现。作为在中国本土生活和传教的基督徒，他试图在面对和消化中国佛教经验的同时，去表示自己宗教优越的立场，特别是当他在佛教中发现了某些类似于他自己宗教传统的实践形式时。所以他一面接受普遍主义的

---

① Winfried Gluer, "The Encounter Between Christianity and Chinese Buddhism During the Nineteenth Century and the First Half of the Twentieth Century".

② William E. Soothill, *Timothy Richard of China: Seer, Statesman, Missionary and the Most Disinterested Adviser the Chinese Ever Had*, pp. 311-312.

③ 关于这点，梯里希有深刻的洞见。他分析了基督教传统中的普遍主义观念背后所隐含的叙事。他指出，早期基督教传统就以逻格斯（Logos）为中心建立起对其他宗教的判断。即认为逻格斯普遍存在一切民族宗教之中，这一普遍的存在恰恰是为逻格斯在历史上最为中心的人物——基督——的出现作准备的。于是，他们在宽容一切非基督教宗教存在的同时，又把这些宗教看作是通向基督教前期准备，而把基督教判为逻格斯的最完美的体现。（参见 Paul Tillich, *Christian Principles to Judging Non-Christian Religions, From His: Christianity and the Encounter of the World Religions*, New York: Columbia University Press, 1963, pp. 34, 35）

④ 艾约瑟在他的《中国佛教：历史、叙述和批判》一书中，对佛教的批判非常之多，如全书最后点睛之笔便这样评论佛教：在道德教化方面，"佛教所作之努力须臾不可比之于基督教为人类所作的贡献"。（Joseph Edkins, *Chinese Buddhism: A Volume of Sketches, Historical, Descriptive, and Critical*, p. 420）

启示观念，一面又非常警惕这类普遍启示的观念，让自己不至于滑向宗教相对主义的立场。李提摩太就一面声称"对于上帝的义务就是爱邻如己"，提出所有的宗教都在寻求上帝和永恒，但同时他也指出，不同宗教之间有好、较好与最好的不同。① 这种在调和的声调下去安排宗教间的次序，把基督教论述为不碍一切法而又统领一切法，因而在此不二法门中实际上消解了他者，使基督教一举成了"未来唯一宗教"。

由于传教士的佛学论述经常会面临对自身宗教的护教问题，这也导致了他们对中国佛教的判断经常因不同需求而表现得颇为矛盾。如涉及护教论时，他们可以对佛教进行不留情面地批判，总体的评论基本都倾向于负面性的。② 他们基本的书写方式，就是把中国佛教的经验历史化，即通过论述于历史和经典中的佛教思想，去不断批判现实中的活着的中国佛教。这一策略，几乎表现在所有来华新教徒的有关中国佛教的论述当中。像他们把现实佛教信仰中流行的种种仪式和实践都看作与道家一样，流于单纯的迷信而已。③ 如艾约瑟就说，佛教之于中国所发生的作用主要是其思想，而现实中的佛教则多流于那些偶像崇拜、风水迷信等。他指出，这些现实中的佛教阻碍了中国文明的进化和"真正的启蒙"。④ 李提摩太也是要在大乘佛教的经典之中

---

① 李提摩太的一位同事就说李提摩太对佛教研究的动机，正是为了表示基督教比佛教更优越。另外，李提摩太在1897年写给他夫人的信中就批评了佛教的某些不足，指出基督教在正确了解天国方面，是比佛教更好的方式。（参见 William E. Soothill, *Timothy Richard of China: Seer, Statesman, Missionary and the Most Disinterested Adviser the Chinese Ever Had*, pp. 313-314）

② 参见田道乐（Notto R.Thelle）：《传教士的转变：20世纪早期中国耶佛关系的变化》，载吴言生、赖品超、王晓朝主编：《佛教与基督教对话》，中华书局2005年版，第123、124页。亦可参见 Winfried Gluer, "The Encounter Between Christianity and Chinese Buddhism During the Nineteenth Century and the First Half of the Twentieth Century".

③ Winfried Gluer, "The Encounter Between Christianity and Chinese Buddhism During the Nineteenth Century and the First Half of the Twentieth Century".

④ Joseph Edkins, *Chinese Buddhism: A Volume of Sketches, Historical, Descriptive, and Critical*, p. viii.

去寻找基督教的影子和隐藏的福音,他对佛教的融摄,也只不过是接受那类"作为思想的佛教",而对实际中国佛教的系统却是持否定的态度。①

在作为思想文本的佛教经典中,李提摩太之所以集中在《起信论》来论述他对佛教的理解,这其中也是很值得分析的。《起信论》在近代中国曾受到像杨文会这样在佛教知识界有相当影响人物的推崇。杨文会把《起信论》看作是"贯通宗教",在佛教内部能通融大小、顿圆各教的一部论典。②与杨文会的接触是推动李提摩太翻译该论最直接的原因。李提摩太曾经讲述过他翻译《起信论》时与杨文会的因缘。③杨文会是当时佛教知识界开风气的人物,他对西方也具有某种开放的姿态。他曾在1878年和1886年两度游历欧洲,结识了日本佛教学人南条文雄,并在牛津见过当时欧洲印度学的代表人物缪勒及其主持的东方圣典。这些都对他开放佛学研究有很深的影响。从杨文会与南条的书信中,我们可以清楚地感受到,他对当时欧洲以比较语言学为基础所建立起来的印度佛教学研究有相当程度的认同。有趣的是,作为佛教徒的杨文会与基督教新教传教士李提摩太之间能够就《起信论》达成某些合作,合作背后却是一开始双方就存有各自不同的宗教打算。杨文会是想借李提摩太的英译,把他所推重的《起信论》传之于西方,"以为他日佛教西行之渐"④。而李提摩太希望与杨文会合作,是因为最初他以为杨文会是他所认识的"最有理解力的佛教徒",他以为杨文会的欧洲经验,特别是与缪勒等人的接触,会带给杨文会比较宗教学立场的宽容视野。他并没有意识到杨文会在自己宗教的立场上面仍然是比

---

① Holmes Welch, *The Buddhist Revival in China*, pp. 224, 344.
② 《起信论真妄生灭法相图跋》,《杨仁山全集》,第390页。
③ 参见李提摩太:《亲历晚清四十五年——李提摩太在华回忆录》,第174页; *The New Testament of Higher Buddhism*, pp. 44, 45.
④ 沈彭龄:《杨仁山先生年谱》,《杨仁山全集》,第597页。

较传统和保守的。① 可以说，最让李提摩太感兴趣的，是他从杨文会经《起信论》而完成的由儒家学者"转信"为佛教徒的事件中，意识到某种基督教在华传播所需要借镜的重要启示。这一点，从他自己所回忆的他与杨文会的对话中就可以非常清楚地看出来。②

其实，李提摩太之所以挑准《起信论》，还有一项不太为研究者们所注意到的重要事件，就是 1884 年他在英国一家书店里读到过贝尔（Samuel Beal）一本论佛教的小书，这本书中提到过《起信论》，而且还指出《起信论》中具有基督教思想倾向。贝尔甚至把《起信论》说成是一部"假冒的基督教著作"。这一阅读经验给李提摩太深刻的印象，也更促使了他翻译该部论典的愿望。③

要充分理解李提摩太翻译《起信论》这一事件，必须同时观照 19 世纪欧洲印度学佛学研究的脉络。就是说，李提摩太英译《起信论》正可以解读为西方内部东方学问题意识的另一种开展。李提摩太就明确表示过，他以东亚佛教传统为中心的经典翻译，正是为了让那些"西方读者"能够更好地理解佛教与基督教之间充满活力的互动关系。④ 19 世纪欧洲印度学研究一个重要的背景，就是这些东方学者试图在印度寻找欧洲的起源，他们相信西方与印度在语言和哲学上面都

---

① 杨文会在佛教上的立场仍然是所谓"教尊贤首，行在弥陀"，这些都是传统中国佛教的法流。沈曾植在《杨居士塔铭》中也这样概括杨文会佛学的立场："其学以马鸣为理宗，以法藏为行愿，以贤首、莲池为本师，性相圆融，禅净彻证。"（《杨仁山全集》，第 573 页）杨文会对当时欧洲古典佛学研究方法中那种还原主义方式很认同，这与他强烈的佛教信仰是可以结合的，他希望在那种严格的比较语言学的文本研究中去发现佛陀的本怀。所以当后来杨文会意识到李提摩太背后强烈的基督教意识形态以及他传译《起信论》的宗教立场时，他感到非常不悦。

② 在李提摩太与杨文会的交谈中，他最感兴趣的问题就是杨文会"怎样由一儒者而转变成佛教徒的"，当杨文会告诉他是《起信论》促成他信仰的转变时，李提摩太迫不及待地想到这部论典来研究。（参见氏著：*The New Testament of Higher Buddhism*, pp. 44, 45）

③ 这一点，几乎完全没有被李提摩太的研究者所注意。参见 *The New Testament of Higher Buddhism*, p. 45。贝尔的这部论中国佛教的书（《佛教在中国》）最初于 1884 年在伦敦出版，可以参见 Rev. S. Beal, *Buddhism in China*, New Delhi: Asian Educational Services (reprint), 1996。

④ Timothy Richard, *The New Testament of Higher Buddhism*, p. 4.

存在着密切的亲缘关系。① 特别是作为欧洲人精神生活的基督教就可以在印度的佛教中找到起源。这种基督教的佛教起源论曾流行于欧洲的东方学界，像迦格略特（Louis Jacolliot）、本森（Ernest D. Bunsen）和波尔努夫（E. Burnouf）等都认为，基督教（无论是《圣经》还是耶稣）曾经深受佛教的影响，甚至像马克斯·缪勒这样的重量级东方学者都倾向于基督教诞生于佛教的影响之下。②

19世纪末来华的新教传教士，他们与他们传统中所正在发生着的佛教研究状况之间存在着很微妙的关系。虽然从形式上看，李提摩太所坚守的那种启示的普遍主义与当时欧洲印度学佛教学研究所奉行的"普遍主义的观念"（universalist outlook）之间有类似的地方。正像缪勒所说的那样，"人都有一种独立于一切历史上各种宗教之外的信仰能力"，"上帝之言启示于每个人心中"。而其实，这一普遍性背后的指向是完全不同的。缪勒他们意在找寻欧洲传统的东方根源，这种观念对基督教的信仰而言，无疑带来了某种冲击。正如有学者所发现的，当时佛教进入欧洲，成为基督教世界不期而遇的强大"对手"，构成了一种不断增长的，对传统西方价值和具有支配性的政治、经济和社会形式表达意味深长的反动。佛教对西方人而言，已经成为维多利亚信仰危机时"最为重要的事件"。③ 这种感受在来华传教的新教徒那里也是颇为切身的，从而使他们不能不对作为"对手"的佛教有所应对。④ 不难理解，李提摩太等一批来华传教士急于把东亚佛教经典选译出来，

---

① Andrew P. Tuck, *Comparative Philosophy and the Philosophy of Scholarship: On the Western Interpretation of Nagarjuna*, Oxford: Oxford University Press, 1900, p. 8.

② J. J. Clarke, *Oriental Enlightenment: The Encounter Between Asian and Western Thought*, p. 81.

③ 参见 J. J. Clarke, *Oriental Enlightenment: The encounter between Asian and Western Thought*, pp. 81, 130, 133.

④ 艾约瑟就认为，基督教传教士愿意从作为"反对力量"（the strength of the opposition）的佛教当中学习经验。（参见 Joseph Edkins, *Chinese Buddhism: A Volume of Sketches, Historical, Descriptive, and Critical*, p. 1）

介绍给西方人，也正是为了因应英国维多利亚时期的这一信仰危机。他们试图从与欧洲流行的印度学传统不同的东亚佛教传统中去找寻新的资源。所以我们可以看到，在艾约瑟、李提摩太等新教士以英文方式发表他们有关中国佛学的论述时，他们同时也在策略性地提高大乘北传佛教的意义，并努力在新的脉络里重新建构出大乘佛教与基督教的历史关系。这些在很大程度上都可以看作是对欧洲内部东方学传统的反弹，来华传教士的佛教论述是从西方内部建构出来的。

从研究的主题上看，虽然直到 18 世纪末到 19 世纪初，欧洲有关佛学的零星研究还在东亚传统上面，但自侯德森（B. H. Hodgson）于 19 世纪 30 年代发现了一批后来被认定为大乘佛教的梵文资料以来，经过波尔努夫以及他的学生缪勒等东方学者的努力，对佛教的研究都主要集中在印度学的系统当中。[1] 而来华传教士对佛教的兴趣，恰恰多集中在以中国为中心的东亚佛教传统的研究上。从 1840 至 1912 年间，共有六人写过专门讨论中国佛教的英文论著，其中五人是传教士。[2] 如在李提摩太之前，英国传教士艾德就在 1870 年完成出版了第一部研究中国佛教文本的英文手册《中国佛教研究者手册》(Handbook for the Student of Chinese Buddhism)，同年又在中国传教士最有代表性的刊物《教务杂志》(The Chinese Recorder) 上发表了《中国佛教中之涅槃》(Nirvana of Chinese Buddhism)；贝尔也写作了《佛教在中国》(1884 年)，并对中土流行的阿弥陀佛和《阿弥陀经》的历史缘起进行了有趣的探讨；艾约瑟也于 1878 年发表了《佛教与道教》《传教视域中的佛教术语》等论文，并于 1880 年首次在伦敦出版《中国佛教：历史、叙述和批判》(Chinese Buddhism: A Volume of Sketches, Historical,

---

[1] Andrew P. Tuck, *Comparative Philosophy and the Philosophy of Scholarship: On the Western Interpretation of Nagarjuna*, p. 32.

[2] Holmes Welch, *The Buddhist Revival in China*, p. 224.

Descriptive, and Critical）。①

当这一群置身于中国语境中的新教士极力推动着与他们自己传统中正在发生着的、主要停留在学术象牙塔里的、有距离感的南亚佛教学术研究不同的运动时，这一区别就不只是表现在学科研究所择选的对象和材料的差别，而是同时发生了整个观察、处理这些材料的视角和方式的革命。这在艾约瑟论述他与著名巴利佛教专家戴维兹（Dr. Rhys Davids）完全不同的佛教观念时，就表现得非常清楚。艾约瑟批评了巴利文学者所谓巴利佛教才是佛教正统的观点，他认为西方的巴利文学者还缺乏对大乘或北传佛教的了解。他以中国佛教为例，指出中国佛教对梵本佛典的翻译所包含的意义更为全面广泛，于是主张对梵本佛典的研究并不能只依靠巴利文典的翻译。艾约瑟还建议戴维兹如果能够对中国佛教的译经有所了解的话，对他了解佛教的思想将会更加有益。为此，戴维兹明确表示自己愿意沿着中国佛教的资源来了解佛教，并相信这比巴利语系的佛教观念更为有趣。②李提摩太对以缪勒为代表的印度学佛学翻译也颇有微词，如他一面赞扬他们根据梵文来翻译大乘佛教的经典功不可没，同时又表示，有关大乘佛教更重要的思想应该从东亚传统，特别是中文本《法华经》和《起信论》中去发现。所以他无论是在佛典翻译的择选，还是翻译的方式上都有意识地与以缪勒为代表的印度学传统区别开来。如他对《法华经》的翻译曾经参考过"东方圣书"柯恩（Kern）的翻译本，但他并不满意这个译本，认为那种过于印度学色彩的佛教翻译反而有碍对其思想的理解，只有根据中文和日文译本来翻译，才可以显示《法华经》的思想本质。③另外，他对《金刚经》的节译也参考过"东方圣书"第 49 册

---

① Winfried Gluer, "The Encounter Between Christianity and Chinese Buddhism During the Nineteenth Century and the First Half of the Twentieth Century".
② Joseph Edkins, *Chinese Buddhism: A Volume of Sketches, Historical, Descriptive, and Critical*, p. xv.
③ Timothy Richard, *The New Testament of Higher Buddhism*, p. 2-4.

甘美尔的英译本,不过他刻意与东方圣书本"略有不同",按他自己的说法,他有意从"汉文出之",以与梵本英译对照。①

可以说,当时欧洲佛教学正在启蒙主义所提倡的学术还原主义的气氛中,进行着在他们看来类似于科学的研究。特别是维多利亚时期英国的东方学已经进入到帝国的学科之中,对经典和历史的研究开始远离传统贵族式的学问方式而表现出中产阶级的品位,这种新的方式重视专业性的知识生产,以"纯粹研究"与"科学"为典范,②正像塔克(A. P. Tuck)研究所表明的,19世纪欧洲南亚学者研究理想的意识形态就是"客观性的标准"。因此,准确、客观、忠实翻译和解释印度佛教文本就成为他们印度学的基本规范。③缪勒就把东方学从古典牧士般的诗情画意中解脱出来,尽管他本人充满了感伤和虔敬的路德教信仰,但在学术研究的意义上,他基本是世俗和理性主义的,并严格要求使用批判性的知识研究方式进行研究。④所以他一面呼吁对古代宗教的研究必须建立在比较的视域内,认为"比较的精神才是真正科学的精神",同时又特别强调比较的宗教学研究要排除过于情感化的倾向,而把这一比较的方法严格限定在"更为真实、公正的历史基础"和"更加学术化的精神"层面。⑤

许多资料都表明,李提摩太对欧洲,特别是英国当时以缪勒为代表的"东方圣书"的翻译与研究有清楚的了解和较为深切的接触。他在1880年到1884年所列的购买书目里,就包括缪勒主编的全套"东

---

① 《李提摩太致世界释家书》,广学会藏版1916年版,第26—27页。
② N. J. Girardot, "Max Muller's Sacred Books and the Nineteenth-Century Production of the Comparative Science of Religions", *History of Religions*, vol. 41, no. 1, 2001.
③ Andrew P. Tuck, *Comparative Philosophy and the Philosophy of Scholarship: On the Western Interpretation of Nagarjuna*, p. 8.
④ 参见 N. J. Girardot, "Max Muller's Sacred Books and the Nineteenth-Century Production of the Comparative Science of Religions".
⑤ Max Muller, "Preface" to *The Sacred Books of the East*, in *The Upanishads*, trans. by Max Muller (Rpt. New Delhi: Motilal Banarsidass, 1965), pp. xxxvi-xxxvii.

方圣书"。① 不过，值得注意的是，他在学习甚至引证该套在当时欧洲享有盛誉的译丛时，是别有歧出的。他并不完全满意缪勒的"东方圣书"带来的那种认知方式的变化，即所谓东方学研究和翻译中那种科学主义的倾向，而相当程度上坚持牧士的解经传统。李提摩太并没有严格恪守欧洲的东方学所要求的那种分身置外的研究传统和严格的学术书写形式，对于佛教经典的文本翻译和讨论，也没有选择那种"文本研究的实证主义类型"（type of textualist positivism），② 而更多地融入了具有宗教感情的自由发挥和点评。如他对《金刚经》的选译，并不重视该经的核心思想，而"仅译其关于耶稣降生之预言而已"，因为他想从这一佛陀的授记中，虚构出新的基督教与佛教关系的历史论述。③ 他的传记作者，佛教学专家索西尔（William E. Soothill）就说，李提摩太的佛典翻译走的路线与那种精确地依据梵、巴文来从事的翻译不同，他并不严格地"趋近于原本作者的意思"，而是想在欧洲古典佛学的典范之外，建立起一种新的理解大乘佛教的模式。④ 他在欧洲的佛教研究中，从研究的主题到方式，都无法找到面对信仰处境时所需要的具体和有价值的帮助。⑤ 于是他有意识地不按照他们的学术路线来开展自己的佛学翻译和讨论，这恰恰是要在比较宗教的翻译和论述中表现出明确的宗教担当。19 世纪来华基督教士虽然看上去很期望与佛教进

---

① 李提摩太：《亲历晚清四十五年——李提摩太在华回忆录》，第 137 页。

② Andrew P. Tuck, *Comparative Philosophy and the Philosophy of Scholarship: On the Western Interpretation of Nagarjuna*, p. 13.

③ 《李提摩太致世界释家书》，第 27 页。汉文《金刚经》中有说"如来灭后，后五百岁，有持戒修福者，于此章句能生信心"。李提摩太把这段经文读解为"关于耶稣基督的预言——他出现在佛陀逝世后五百年"。（《亲历晚清四十五年——李提摩太在华回忆录》，第 261 页）

④ William E. Soothill, *Timothy Richard of China: Seer, Statesman, Missionary and the Most Disinterested Adviser the Chinese Ever Had*, p. 318.

⑤ 几乎很少例外，19 世纪欧洲佛教学的研究只是专注于佛教重要的经典与历史研究，对现实中活着的佛教几乎没有触及，这种古典博物馆式的学问把关于佛教的知识变成了所谓"佛教本身"。关于此，参见 Donald S. Lopez ed., *Curators of the Buddha: The Study of Buddhism Under Colonialism*, Chicago: The University of Chicago Press, 1995, p. 7.

行对话,但这两种信仰之间的真正接触其实并没有发生过。①

(二)"大乘"与"小乘"论述中的修辞

"大乘"作为佛教历史上后起的一种思想运动,并非游离于传统之外而与原始佛教以来的精神相断裂,有关"大乘"的研究表明,发生在公元一世纪左右的印度大乘佛教运动,有着佛教传统的深刻来源,特别是大乘的许多观念恰恰是从小乘部派佛教思想中延伸发展出来的。②"大乘"与"小乘"这一对佛学史研究中的概念,经过李提摩太等基督教士的重新建构、组织和解释,被赋予了意味深长的含义。"大乘"被解释为传统佛教的对立面而出现在一世纪以后的印度佛教历史上,于是公元后的佛教历史出现这样一幅图式:"大乘"佛教的印度传统被取消了,代之而起的是"大乘"佛教的西方起源论。这种历史想象的成立,很可能是为了回应当时欧洲印度佛教学所流行的那种基督教的佛教起源论。

在李提摩太之前,艾约瑟在他的佛学论述中,就对佛教的"大乘"与"小乘"发表过意见。不过,大乘这一概念在他的论述中是根据论述脉络的不同而变化不定的。在他 1857 年的一篇题为"释教正谬"的护教式文章里,艾约瑟对大乘的评价完全是否定性的。他以大

---

① 参见 Winfried Gluer, "The Encounter Between Christianity and Chinese Buddhism During the Nineteenth Century and the First Half of the Twentieth Century"。

② 参见 Edward Conze, *Buddhism: Its Essence and Development*, Munshiram Manoharlal: Publishers Pvt. Ltd., p.126。又 Ryukan Kimura 认为,大乘佛教以破斥其他思想的方式来建立自家宗旨,是始于龙树的"大乘学派时期",而之前的"大乘经典时期",其思想主要地是自显宗义,并不破斥他宗,表示大乘对以前的佛教传统是有所承继的。(参见 Ryukan Kimura, *A Historical Study of the Terms Hinayana and Mahayana and the Origin of Mahayana Buddhism*, Indological Book Corporation, 1978, p. x) 鲁格(D. Seyfort Ruegg)最近也提出,大乘佛教与佛陀之间的思想并非都是对立的,他们之间既有连续性,也存在着非连续性,其中大量大乘佛教的主题都可以在原始佛典中找到,只是被进行了更精致化的论述。(参见 D. Seyfort Ruegg, "Aspects of the Study of the (Earlier) Indian Mahayana", *Journal of the International Association of Buddhist Studies*, vol.27, no.1, 2004)

乘为印度"北方释徒所伪为者",乃马鸣、龙树、天亲等"凭空结撰"而以之为非。① 等到他于 1880 年以比较学术化的方式出版他的《中国佛教：历史、叙述和批判》一书时,他的思想却发生了很大变化。虽然他仍然认为大乘为后世想象之产物,矛盾出入之处颇多,特别是那些诸佛菩萨的神话式想象毫无根据。但是,他开始意识到大乘中的某些观念可以用来彰显基督教的意义,这一点,他在该书的序言里已经暗示出来。如他在批评西方巴利佛学研究缺少大乘视野的时候,就特别提到了北传大乘曾经受到基督教等思想的影响,从而才有了来世和不朽的观念。② 类似这样的说法在艾约瑟佛教论述中时有出现。最重要的莫如他在讨论佛教灵魂转世和地狱概念时,所提出的佛教"西源说"（western origin）。他认为,佛教中有关来世的各种观念都源于"西方宗教之书",特别是古希腊思想的影响。艾约瑟提出这种看法的用意很清楚,他想说明当时中国人借佛教"天堂地狱"之说来批评基督教的思想,恰恰是不识本源而不值一辩的。③

借佛教西源来建构新的佛教与基督教的历史关联,并用以表示基督教思想更胜一筹,这成为 19 世纪新教传教士讨论佛教议题的一个共同的书写策略。如韦廉臣在《万国公报》连续发表他的《佛教源流总核》,就意在考述佛经众说出于《圣经》,他不惜臆测历史,是为了表明中国佛教经书之成立"其中之窃取旧章（指《圣经》）抄写成文也"④。李提摩太也很早提出类似的佛教西源说。他在《耶稣教士写书信给中国行善之家》一文中,制造出《圣经》早出于佛经的历史论述,

---

① 艾约瑟:《释教正谬》,载郑安德编辑:《明末清初耶稣教会思想文献汇编》,北京大学宗教研究所 2000 年影印本,第 9、11 页。

② Joseph Edkins, *Chinese Buddhism: A Volume of Sketches, Historical, Descriptive, and Critical*, p. xv.

③ Joseph Edkins, *Chinese Buddhism: A Volume of Sketches, Historical, Descriptive, and Critical*, pp. 363, 364.

④ 参见韦廉臣:《续佛教源流总核》,《万国公报》六,台北华文书局影印 1968 年版,第 3644 页。

提出佛陀所说的经"不是古教"，唯有犹太国的"经书"（旧约）"比万国的书都古"。① 在这里，很像当年道教为了与佛教一争高低而创造出所谓老子化胡的手法，对文本历史先后的想象被赋予了护教的政治论述意义。自1884年起，李提摩太开始强烈地意识到大乘佛教所强调的经由信仰，而不是佛陀之言而获解脱，这一观念非常类似于基督教的教义。他对大乘的论述本质上也是为了说明基督教的优先性，所以他原则上同意，大乘的讨论对基督教在中国的传教有理论的意义。对大乘和小乘关系的论述，他特别指出，"从基督时代开始的佛教"（大乘）与佛陀所建立的原始佛教的不同，而其中已经"实际包含了基督教的一些主要教条"。与艾约瑟稍有不同的是，李提摩太对大乘与小乘之间的对立，并不像艾约瑟那样游移不定，并由此而经常导致对大乘的不信任。对李提摩太来说，这种于公元一世纪末而出现在印度北方的，作为"原始佛教反对者而兴起"的大乘思想，② 恰恰构成他所说的"高级的佛教"。

李提摩太说他对大乘有"特殊的兴趣"，就在于他想寻找这种新的或高级形式的大乘佛教与基督教之间的"历史关联"。具体说，他想借大乘佛教去建立这样一种历史图式：佛陀所创立的原始佛教在时空上都还是比较局限的，其思想也相对落后；只有公元一世纪之后，由于东西方交流加深，而深受西方思想影响的马鸣——这位被认为是《起信论》作者——所开创的大乘佛教，才是"高级的佛教"形式。他还试图通过许多例证，来说明大乘佛教很可能受到基督教文明的影响。如他曾以中国早期佛教翻译史上的安世高为例，去艰难地建构出基督教与大乘佛教之间的"微弱联系"。③ 他对大乘的解释也充满了基督教的色彩，他于1901年6月发表的《释迦牟尼列传》，对大小乘之别，就有这样耐人寻味的说法："佛教有大乘禅小乘禅之别。初传者为小乘

---

① 李提摩太：《耶稣教士写书信给中国行善之家》，《万国公报》三，第1480页。
② 李提摩太：《亲历晚清四十五年——李提摩太在华回忆录》，第192、320页。
③ 参见 Timothy Richard, *The New Testament of Higher Buddhism*, pp. 4-7, 11。

禅，传之不远，亦不久。当耶稣在世之日，小乘变为大乘。今考小乘禅法不知敬奉上帝为尊神。大乘禅法既兴，敬拜无量寿佛为无始上帝，又为众生之父。"[1] 根据索西尔的看法，李提摩太对佛教与基督教之间的历史关联，前后有不同的论述。起初李提摩太还认为佛教与基督教只是同源异流而已，后来他倾向于基督教对佛教有直接的影响，特别是基督教的聂斯脱利教派（Nestorian）（唐代亦称"景教"）在唐代对中国和日本佛教宗派的影响。[2] 这一点，从李提摩太出版的《起信论》英译"导言"到他稍后发表的《致世界释家书》的变化来看就很清楚。在英译《起信论》"导言"中，他的基本论述类似于雅斯贝尔斯（Karl Jaspers）所谓的"轴心时代"的观念，认为世界各大文明和宗教之间是"同时发生的思想运动"（simultaneous movement），而基督教与佛教并不是互相借鉴，而是有"共同的源头"（commomn source），即巴比伦文明。但到写作《致世界释家书》时，他对《起信论》的"起源说"又虚拟了一出类似于老子化胡式的历史故事。马鸣，这位在印度佛教史研究中充满问题的人物，被他称为佛教中的圣保罗而视为大乘佛教的真正始祖（founder）。更为离谱的是，李提摩太居然把传说中的这样一个《起信论》作者（马鸣）描述成基督教传教士多马的弟子，说他跟随多马而"受新教之感化"，才决定"变更释教"而作《起信论》，所论"与小乘教之道相去甚远"。[3] 他的这些论述显然都充满了

---

[1] 李提摩太,《释迦牟尼列传》,《万国公报》三二，第 20207 页。

[2] William E. Soothill, *Timothy Richard of China: Seer, Statesman, Missionary and the Most Disinterested Adviser the Chinese Ever Had*, pp. 314, 315. 许多研究都表明，唐代景教在许多方面受到佛教影响，其用语也多是佛教化的。关于此，参见朱谦之：《中国景教》，人民出版社 1993 年版，第 141—143 页。

[3] 参见 Timothy Richard, *The New Testament of Higher Buddhism*, p. 27;《李提摩太致世界释家书》，第 24、25 页。关于此，太虚也曾有所批评，他说："此类谬说，与六朝间道士造老子化胡经无异。虽明眼人皆知为基督徒之李提摩太因欲将该教高攀援附于佛教而伪造之辞，然大多数无深识之士，则必受其欺蒙也。"（《请国内谙西文之佛学家速纠正西译佛书之谬》，《太虚大师全集》第 31 册，第 1109 页）

猜想，并没有历史学的证据。①李提摩太把大乘与小乘之间的关系对立化，其目的也正是试图为大乘佛教寻求西方传统，特别是基督教传统的来源，这才是他不惜虚撰历史的关键。

在这里，比较宗教的论述被赋予了西方中心主义的意味，佛教始终是作为第二序的意义来衬托基督教。从大乘与小乘的分判，到大乘的西方起源说的建立，经过精心策划和包装的所谓的"大乘"或"高级佛教"，最后仍然在西方基督教的统摄之下，佛耶不二的背后其实是基督教的本源性与优越性。李提摩太对佛教的想象，正如有些西方的东方学家把印度的宗教理解为本质上是基督教泛神论的东方版本，他们以皈化东方作为自己的工作。②李提摩太对佛教进行了有策略的宽容，而这一融摄佛教的方式恰恰强化了一种西方中心主义的论述。他在翻

---

① 学者们一般认为，李提摩太关于基督教对大乘佛教的影响说法，基本都是建立在假说和猜测上面，他的相关论述充满了幻想。(参见 William E. Soothill, *Timothy Richard of China: Seer, Statesman, Missionary and the Most Disinterested Adviser the Chinese Ever Had*, p. 315; Winfried Gluer, "The Encounter Between Christianity and Chinese Buddhism During the Nineteenth Century and the First Half of the Twentieth Century") 另外，瓦尔顿 (Alan Hull Walton) 也批评了李提摩太的历史观念缺乏根据，他认为在西方与东亚的交流中，基督教对佛教的影响非常小，反倒是基督教受到佛教的影响很大。(参见其为李提摩太《起信论》新版译本所写的导言，Timothy Richard, trans., *The Awakening of Faith*, London: Charles Skilton Ltd., 1961, p. 23) 拉莫特 (Etienne Lamotte) 就认为，佛教在思想方面何时吸收了来自外来文明的影响，这几乎是一个不可能或非常困难的议题。他在佛教中所能够找到的，只是某些雅利安文明的"物质"而非宗教思想的影响。拉莫特发现，印度人在宗教和哲学方面一直保持自己的传统，而从未被希腊化。如一世纪新起的大乘佛教，虽然发展出了具有神秘倾向的"信仰"(bhakti) 仪式，但这一仪式与大乘菩提观念相一致，重在智慧与无我利他的观念，而与希腊祈祷传统的自利主义完全不同。可见，要说雅利安影响了大乘佛教的思想系统，还缺少历史学的证据。(参见 Etienne Lamotte, *History of Indian Buddhism: From the Origins to the Saka Era*, trans. by Sara Webb-Boin, Louvain: Institute Orientaliste de l'Universite Catholique de Louvain, 1988, pp. 427-435) 又，有关印度大乘佛教与西方思想，特别是基督灵知派 (Gnosticism) 之间的关系，西方佛教学者有过热烈的讨论，像孔兹 (E. Conze)、杜齐 (G. Tucci) 等都有参加，但始终只是一个假设，无法确定。鲁格 (D. Seyfort Ruegg) 新近就提出，初期大乘佛教是否受到基督教神秘教派之影响，还是一个有待进一步落实的问题，但至少不能够说，大乘佛教直接受到这些教派的影响，因为大乘佛教的哲学性质恰恰与这些教派不同，是非二元论的。参见 D. Seyfort Ruegg, "Aspects of the Study of the (Earlier) Indian Mahayana", *Journal of the International Association of Buddhist Studies*, vol. 27, 2004, pp. 3-62。

② 萨义德著，王宇根译：《东方学》，第 86 页。

译和诠释中所隐藏的傲慢，表示了李提摩太将普遍主义包装下的基督教被认可为绝对的神学形式，可对一切宗教和文明进行解释。他试图通过对大乘佛教进行新的诠释，将其看作一种基督教的亚洲形式，[①]这里的翻译"判教"表现出李提摩太特有的传教士的立场和意识形态，翻译其实关联到了殖民性的文化对话的核心，这是一种隐含了权力关系的文化叙事。齐费兹（Eric Cheyfitz）就说，"翻译成为欧洲殖民的中心行为"，近代以来西方传教士对东方圣典的翻译，正是"在不对等的权力关系和殖民主义的处境中"进行的。[②]李提摩太翻译《起信论》，只是这种翻译政治中的一个例证而已。

宗教本质上被看作是一种经验，因此比较宗教为了获得一种普遍性的论述，通常都没有耐心去仔细处理不同宗教的历史和思想的特质，而转向神秘信仰的经验对比，变成了"心灵间的遭遇"（here spirit meets spirit）。[③]正像铃木大拙论述到禅与基督教传统的关系时，他找到了基督教神秘主义。李提摩太对大乘的解释也是如此。所不同的是，李提摩太并不关心比较宗教中内在经验的一面，在他论述大乘与基督教的关系时，他把大乘叙述为一种类似于基督教的有神论宗教，并试图跨越两种宗教的历史和思想语词，去观照他们之间的看似相同的信仰经验。他说只有"洞穿两种宗教（佛教与基督教）的不同形式和名

[①] 在李提摩太的论述中，大乘佛教究竟是作为基督教之"准备阶段"还是"福音本身"，学者有不同的看法。如田道乐在《传教士的转变：20 世纪早期中国耶佛关系的变化》一文中就认为，李提摩太将大乘佛教视为基督信仰的"准备阶段"或"隐藏的基督教"；而何建明、赖品超在《佛教对基督宗教在华的本色化启迪》中就认为，李提摩太所理解的大乘佛教不是福音的预备，而就是福音本身。（参见赖品超编著：《近代中国佛教与基督宗教的相遇》，香港道风书社 2003 年版，第 32 页）

[②] Susan Bassnett, Harish Trivedi, "Introduction of Colonies, Cannibals and Vernaculars", in Susan Bassnett and Harish Trivedi, eds., *Post-Colonial Translation: Theory and Practice*, London: Routledge, 1999, p. 3.

[③] M. D. Eckel, "Perspectives on the Buddhist-Christian Dialogue", in Donald S. Lopez and Steven C. Rockefeller, eds. *The Christ and the Bodhisattva*, Albany: State University of New York Press, 1987, p. 50.

相术语，才能够深入他们的内在意义"。于是，大乘佛教与基督教的历史、思想差异，被解释为第二序的概念表述上的不同，而两个传统背后的经验和信仰方式则完全是一样的。①

19世纪欧洲古典佛学研究倾向于把佛教理解为无神论和虚无主义，如著名的佛教学者波尔努夫就把佛教称为"没有上帝的信仰"，来华新教士却热衷于在大乘佛教的讨论中，去发现其中的神秘性质和类似基督教天堂的净土观念。李提摩太就这样描述过他对大乘的看法："大约在基督的时代，释迦牟尼开始被作为上帝而受到崇拜，结果从那时起，佛教的性质完全发生了转向"；"在原始佛教时期作为无神论的释迦牟尼佛，从大乘时代起被新的佛教神化为一种对上帝的信仰"。②他通过对佛教历史和思想进行化约论的叙述方式，有意或无意地把佛教传统中的复杂学说化约成单一的本质，把大乘佛教简化为净土观念的信仰，以此好像找到了对佛教的另一种理解，这一点也恰恰可以用来对抗欧洲的佛教论述对基督教所可能产生的负面作用。因为有关佛教无神论的说法无论是否被接受，对基督教独一性和至上性的预设，都是个挑战。③

大乘佛教的思想通常被认为与原始佛教中的理性主义传统不同，附加了神秘主义的宗教色彩。所谓"信仰佛教"的运动在公元一世纪左右，从印度一神教的思想资源中吸收了有关内容，并融合到般若学派的大乘佛教思想中。传统意义上的佛教解脱，主张只有透过个人的

---

① *The New Testament of Higher Buddhism*, pp. 48,49. 在这里提出超越"术语"概念去体会两种宗教的精神，已经就是一种"神秘主义"的表述了。关于此，参见 Robert S. Ellwood, *Mysticism and Religion*, New Jersey: Prentice-Hall, Inc., 1980, 第5章中有关"说不可言说"（words about the unutterable）一节之讨论。所以，瓦尔顿在为新版李提摩太《起信论》译本所写的"导言"中也说，"真正宗教的基础在内在经验，而不在严格地因袭正统思想以及外在仪式。这就是神秘之道，也正是在《起信论》中教给我们的东西，即以内在经验通向上帝之路"。(Alan Hull Walton, Introduction, in Timothy Richard, trans., *The Awakening of Faith*, p. 9)

② Timothy Richard, *The New Testament of Higher Buddhism*, pp. 13, 27.

③ J. J. Clarke, *Oriental Enlightenment: The Encounter Between Asian and Western Thought*, p. 83.

精神修炼才可以获得成就，大乘佛教则在这种英雄式的精神成长观念中，逐渐融入了祈祷神异的方式，如阿弥陀佛和观音信仰。这些具有神秘性倾向与强化信仰方式的佛教，形式上看很类似于基督教中的神秘教派（Gnostic sects）[1]，所以具有基督教背景的传教士们很容易从中联想到他们自己的传统。如韦廉臣就认为阿弥陀佛作为无量光，是"抄写新约原文"；[2] 李提摩太则在阿弥陀佛的净土描述中，看到了基督教天堂图景的亚洲版本。而他选译了《法华经》这一大乘中后期的佛教经典，也在于他把该经视为佛教一神论的最高表现。他之所以关注《法华经》，就在于该经把佛陀"神化"为上帝一样的崇拜对象，成为一种仅是术语与基督教有所不同的东方"神学"，而他对该经中的重要教义以及背后的玄学观念则几乎没有兴趣。[3] 李提摩太试图把这些叙述与基督教的观念联系起来。如他在日本接触到《法华经》后，就说他在该经中读出了《约翰福音》的讯息。[4] 实际上，大乘佛教的神秘信仰与其哲学论述之间一直保持着深刻的关联，甚至可以说，这种信仰是大乘佛教为了方便普遍主义救度的论述而提出的权教的说法，绝不是了义意味上的真理。[5] 李提摩太忽略了大乘佛教中最为深刻的那些哲学观念，这与他所想象的大乘图式有深切的关系。他并没有对大乘的

---

[1] Edward Conze, "Recent Progress in Buddhist Studies: The Early Period", in Edward Conze, *Buddhism: Its Essence and Development*, pp. 145, 151.

[2] 韦廉臣：《续佛教源流总核》，《万国公报》六，台北华文书局影印1968年版，第3669页。

[3] 均见 Timothy Richard, *The New Testament of Higher Buddhism*, pp. 12, 13, 26, 27.

[4] 李提摩太自己并没有讨论他在《法华经》中所领悟到的《约翰福音》的具体思想，只是简单说他在《法华经》中看到了《约翰福音》中所表示的有关生命、光和爱的教义。（参见 Timothy Richard, *The New Testament of Higher Buddhism*, pp. 2-4）其实，对照《约翰福音》与《法华经》，特别是《法华经》之"观音菩萨普门品"，两者都特别强调信仰的力量，并大量渲染圣者的神迹。有学者认为，《法华经》就某种意义上"才是真正的宗教"，其中很少有像其他佛典那样的理论和哲学。（参见渥德尔著，王世安译：《印度佛教史》，商务印书馆2000年版，第364页）关于《约翰福音》对信仰和神迹的重视，可参见 Robert Alter, Frank Kermode, ed., *The Literary Guide to the Bible*, Cambridge: Harvard University Press, 1987, pp. 442, 448。

[5] Edward Conze, *Buddhism: Its Essence and Development*, p. 156.

思想系统和历史进行过专门研究，而更多地是以一种传教士的"在地"经验，去想象整个大乘，特别是东亚传统的大乘信仰。这一点，从他去天台参访的叙述中就可以看得很清楚。①

有趣的是，这种对大乘神秘性质的叙述表现在不同的论述脉络里，其意义也是完全不同的。同样是在 19 世纪传教士的佛学作品中，对大乘佛教中净土经典及其观念的讨论，在不同的人，如艾约瑟与李提摩太就不同。即使同一人，在不同的论述脉络中，对净土的观念也不太一样。如在艾约瑟那里，他对净土的观念是根据他传教策略的不同而变化的。为了护教，他可以对佛教净土思想使用否定性的论述："净土说虚假不可信。"② 在他后期论述中，我们也发现，他的基督教一神论，经常使他对佛教天堂图式中那种诸神（佛与菩萨）并作的"多神论"最终采取否定的姿态。③ 而就在同一部著作中，他有时又从"转信"的方面把净土看成通往基督教的准备和通向基督信仰的丰厚土壤，表示佛教的天堂和地狱思想为基督教的福音准备了条件。④

在李提摩太的论述脉络里，西方净土与基督教的天国观念成为最易融会的两个概念，这表现在净土思想把原始佛教中经由自我而解脱的理想，转变成经由他力而得救的信仰，类似于基督教的救赎观念。

---

① 李提摩太于 1895 年去天台山参访，其所关心的都是各寺院所表现的宗教仪式和图像信仰，如观音信仰等，这成为他当时所理解的佛教的重要内涵。（参见《亲历晚清四十五年——李提摩太在华回忆录》，第 13 章）而对天台佛教思想以及天台宗是如何处理一般的观音信仰与其哲学论述之间的关系，他完全没有了解。有关天台宗如何把观音信仰玄理化的问题，请参考拙著：《从智𫖮、知礼对〈观音菩萨普门品〉的诠释看天台宗的解经学》，《哲学研究》2008 年第 4 期。

② 艾约瑟：《释教正谬》，第 30 页。

③ Joseph Edkins, *Chinese Buddhism: A Volume of Sketches, Historical, Descriptive, and Critical*, pp. 235, 236, xi.

④ 艾约瑟在讨论了佛教天堂和地狱思想以及转信的具体例证后，说"我毫无怀疑，对一个基督教士来说，佛教思想一直是转向基督教的最重要的准备，只有通过佛教的（天堂地狱等观念），中国人才不至于以过分奇怪的方式来看待基督教，和以过于困难的方式来接受基督教的真理"。（参见 Joseph Edkins, *Chinese Buddhism: A Volume of Sketches, Historical, Descriptive, and Critical*, pp. 368-370。关于此，还可参见 Whalen Lai, "Why Is There Not a Buddho-Christian Dialogue in China?" *Buddhist-Christian Studies*, vol. 6 [1986], pp. 81-96）

他指出，包括阿弥陀佛和净土信仰的大乘佛教，以信仰代替佛陀之言，开始把小乘佛教的佛陀神化了（deification）。因此历史上的世尊被神格化的上帝所取代，而成为大乘佛教的"新形式"。李提摩太并没有把大乘佛教理解为多神并作的有神论，而认为大乘本身就是逐渐向一神论演化的历史过程。为此，他建构了这样一种佛教历史的两段图式：佛教"首先是从无神论到有神论的转向，接着是从有神论向一神教的三位一体而发展"。李提摩太还在佛教历史上"发现"了两组作为亚洲佛教形式的"三位一体"。一组是以佛陀为中心，而文殊、普贤为左右的，所谓原始或小乘佛教三位一体观；另外一组就是净土教思想中的以阿弥陀佛为中心，包括观音和大势至菩萨的大乘佛教形式。于是他得出结论说，虔诚的基督徒在净土思想中找到了自己伟大传统的教义，大乘佛教的传统在神格化佛陀的同时也就转向了对上帝的信仰。①

（三）《起信论》翻译中的"洋格义"

与其说李提摩太是在翻译《起信论》，毋宁说他是借《起信论》而对东亚佛教进行一次基督教式的建构。当他第一次接触到《起信论》的时候，他就被这部佛教论典中所"包含的那种基督教性质深深地打动"，并兴奋地认定，这是一部用佛教术语所作的基督教经典。②他在为自己的《起信论》英译本所撰写的"导言"中，也用了非常基督教化的语言来统括该论的要义，甚至说这不是一般所谓佛教的书，而是一部杂糅了东西方"哲学思想"的圣典。③

---

① Timothy Richard, *The New Testament of Higher Buddhism*, pp. 12-27. 李提摩太的佛教历史观经常是矛盾的，他大多数时间把原始佛教和小乘佛教说成是理性主义的无神论，把大乘的出现解释为有神论的兴起。这里又在小乘中找到了新的神教方式。正像他的许多其他论述一样，论述是随着解释的需要而随意变化着的。

② 李提摩太：《亲历晚清四十五年——李提摩太在华回忆录》，第174、175、321页。

③ Timothy Richard, *The New Testament of Higher Buddhism*, pp. 38, 39.

"翻译是诗意地重写"①，如德里达（Jacques Derrida）所说，"翻译已经是个事件了"，原文在翻译中被改变，而历史地被定义为"神圣成长"。②19 世纪末以来，西方传教士以基督教的思想、语词来译读、格义中国经典中的思想，并不是只有李提摩太这一孤例，而是一般的潮流。用"上帝"（God）一词来译读"佛陀"，这是最有代表性的基督教读法。理雅各（James Legge）就说，当时大部分在华传教的新教徒都把基督教意义上的"上帝"概念看作与中国本土经典中的"帝"和"上帝"观念最为切近的"对话"范畴。虽然理雅各使用"上帝"这一词来翻译中国儒家经典中的概念曾经受到不少传教士的批评，但他仍然坚持这一翻译，甚至在他为缪勒所主持的东方圣典第三卷，中国宗教的"儒家卷"所译的书、诗和孝经中，他都沿用"上帝"这一词来进行格义。③

虽然李提摩太试图以"在地"的方式来向他所出身的西方世界译介以东亚为中心的大乘佛教，而当他重新组织这一思想论述的时候，他却完全忽略了东亚佛教自身的思想和历史脉络，并不按照历史解经学的规则来对待佛教的经论，而是置身于西方传统，特别是基督教传统的语境中来诠解东亚佛教的经典。不难理解，他想借着《起信论》的翻译去阐发佛教中的"福音"和弥赛亚的预言。他对《起信论》的翻译应验了这点。他在翻译《起信论》时大量应用了自己的宗教思想和语言的"元叙述"（metastatement），就是说，他的"阐释处

---

① 这一观念为许多翻译理论学者所接受，如有学者提出"作为重写之翻译"（translation as rewriting）或"作为新的书写之翻译"（translation as new writing）这些概念。（参见 Susan Bassnett, Harish Trivedi, "Introduction of Colonies, Cannibals and Vernaculars", in Susan Bassnett and Harish Trivedi, eds., *Post-Colonial Translation: Theory and Practice*, London: Routledge, 1999, p. 8）
② 雅克·德里达：《巴别塔》，载陈永国主编：《翻译与后现代性》，中国人民大学出版社 2005 年版，第 26—31 页。
③ 参见理雅各为其自己所译《易经》所写之"前言"，载理雅各英译：《周易》，湖南出版社 1993 年版，第 517、518 页。

境"(place of enunciation)决定了他对译文用语、风格和解释的创造。他在翻译中不断改变着《起信论》的思想方向,并在佛教的论域去完成对自我的理解,阐释属于自己的思想传统。所以他说,《起信论》以"释教之文辞,写我救世主之历史"[①]。李提摩太已经把《起信论》的翻译作为一种"话语事件",力图从中再生出新的佛教与基督教的历史关系。这里特别要注意他在翻译《起信论》时,就非常有策略地建立自己所需要的译经原则。在他的英译《起信论》"导言"里,他专门开出一节来简要表明他的翻译方式和精神。他指出,不同文化之间的文本传译,不能够建立在词与词之间的那种直接对译上,"同一词在不同文化脉络中有不同的意思,单纯语词之间的对译并不总是能够确切涵括原文的本意"。为此,李提摩太主张透过不同文化语境中各自熟悉的那些语词去翻译外来概念。他在东亚佛典的翻译中就大量使用西方传统中耳熟能详的那些"语词",去建立他对佛教的理解。如分别以"真形式"(true form)、"真模式"(true model)、"真实在"(true reality)等西方思想概念,而不是那些西方人所不熟悉的佛教语词去翻译《起信论》的中心概念——"真如"。从李提摩太的《起信论》译文中,我们还可以找到大量这类经过"洋格义"的语词翻译,略举数例为证。有以基督教之观念来翻译佛教概念的,如以"上帝之道成肉身"(the incarnate God)来翻译"如来"(tathagata),以"圣灵"(the divine spirit)来翻译"法身",以"神圣之宁和"(the divine peace)翻译"一行三昧"等;有借西方哲学知识论概念来格义的,如分别以西方哲学知识论之"感觉"(sensation)、"意识"(consciousness)和"知觉"(perception)来对译《起信论》中的"无明业相""能见相"和"境界相"等不觉三相;还有于专门佛教术语干脆不译,而直接以解释的方式来进行"阐明"的,如处理《起信论》中生灭因缘所现之五识

[①] 《李提摩太致世界释家书》,第25页。

第三编 《大乘起信论》与近代东亚佛学　465

时，对最为根本的"阿赖耶识"以及业、转、现、智、相续五识等这些佛教关键名词，都采取根本不译的方式。① 这些都表示了李提摩太翻译佛典的这样一种理想：只有超越外在的专门语词，才能够深入体会不同宗教文明之间所共具的"普遍性启示"。实际上，他主张意译的翻译策略是为了在佛教经典的翻译中，合法性地介入基督教的思想传统，在翻译中把基督教的"洋格义"合理化。

李提摩太的这一翻译原则是建立在他所谓比较宗教学的立场上的。他指出使用西方传统的概念用语来翻译佛典，反能够更确切地切进佛教文本的"原义"（the true meaning of the original）。② 最明显的例子，就是他批评铃木大拙的《起信论》译本对"真如"这一中心概念的翻译。李提摩太批评铃木并不具备了解《起信论》整部论典核心观念的知识，从而才用英文的"suchness"去翻译"真如"，他认为这样的翻译无法让西方人了解佛教真正的意思。问题并不在于铃木的翻译是否恰切，而在于李提摩太这一批评背后所出示的理据。他的理由是，铃木虽然广引马鸣的权威著述来证己之说，但最致命的弱点在于，他的译本否定从佛教与基督教之比较的角度，即"从非基督教的观点出发来接近"《起信论》的主题，因而反模糊了他翻译的准确性。所以他出版自己的译作，其中重要的目的之一，就是表明，"在基督教的光照之下来诠释"《起信论》，才是翻译佛典时的正解。③

有趣的是，当李提摩太在批判铃木的翻译问题时，他对翻译的这一解释原则同时也指向了 19 世纪欧洲古典印度佛学在比较语言学基础上所理想化的那种翻译标准。不妨对比一下，就非常清楚。如缪勒对东方圣典的翻译，是主张从东方内部（within）而不是从西方的角度来进行理解。他要求对东方圣典的翻译应建立在严格的比较语言学的范

---

① Timothy Richard, trans., *The Awakening of Faith*, pp. 41, 53-55, 68, 84.
② Timothy Richard, *The New Testament of Higher Buddhism*, pp. 51, 52.
③ 参见 Timothy Richard, *The New Testament of Higher Buddhism*, pp. 46, 47。

围之内，而反对在翻译中带入任何具有哲学和人类学意义的"解释"。他提出，翻译的圣典译文应该对那些以英文为母语的人来说，感到有点"陌生"，甚至反对"用一种我们熟悉的语言去抹平那种陌生感"。他认为正是这种陌生，才让西方人能够在惊讶、对比中有所思考。① 显然，缪勒所提倡的，是在差异，而不是在"同化"他者的对话过程中，去建立对自我的理解。

翻译并非是不同文化语言之间的拷贝和单纯性地"转换内容"，原本与译文之间也不是简单地以传"信"就可以完成思想间的对等转移，而是不断"重复所要达到的差异"。② 孔兹曾经从一般翻译的标准批评中国传教士的佛典翻译，认为他们缺乏对佛教思想精义深刻把握的能力。③ 这其实只是问题的一面，情况远比这复杂。我们不能孤立于历史时代的处境，仅从文本和一种语词在技术上面的对读效果去判断和分析李提摩太的译经。实际上，李提摩太的《起信论》翻译是有意识地逃离一般翻译所应遵循的那些规则，从而才让许多人大惑不解，或严厉指斥。如杨文会在与南条的书中，就表达了他对协助李提摩太翻译《起信论》的悔意。④ 太虚不懂英文，但他也很不满地批评李提摩太的译本"荒谬之处，不可胜言"，并号召精通英文之佛教徒起而攻之。⑤ 可以想见，当时中国佛教学界对李提摩太的这部英译本，是如何口诛笔伐了。其实，李提摩太的英译《起信论》绝不能简单地因其"不信"而误判为眼下的乱译，李提摩太自己就说，他对佛教经典的翻

---

① 参见 Max Muller, "Preface" to *The Sacred Books of the East*。
② 陈永国：《翻译的文化政治》，载其主编：《翻译与后现代性》，第 4 页。
③ Edward Conze, *Recent Progress in Buddhist Studies: The Early Period, Thirty Years of Buddhist Studies*, Oxford: Bruno Cassirer Ltd., 1967, p. 17.
④ 在杨文会与南条书中，有一编者"案语"谓："李提摩太所译《起信论》，颇有援佛入耶之嫌。曾有人亲问先生，先生云：当时李君约同译《起信论》，李君请为讲释甚明，李君亦自言已解，乃至执笔时，仍以私见穿凿。故此后有西人请同译《楞严》等经，皆坚辞谢绝"。（《杨仁山全集》，第 491 页）
⑤ 《请国内谙西文之佛学家速纠正西译佛书之谬》，《太虚大师全书》第 31 册，第 1109—1110 页。

译都是经历一番"细心考究"的①，问题是他在译经中所要传达的并不单纯是原本的内涵，他关心的是翻译中所可能引出的诠释效果。这一点，他的传记作者索西尔就看得非常清楚，他提醒我们不要单纯从翻译的技术的细节和文字的准确性来判断李提摩太的工作，而要把他的佛教翻译理解为他对大乘佛教的解释，这里面存在着有价值的"启示性"（suggestiveness）。②李提摩太对《起信论》的翻译已经把翻译的问题转向了比较宗教学和文化重构的政治性议题。他的翻译有意识地插入了自己的文化想象和意识形态。李提摩太在中国的传教一直就很关切如何使用政治的力量，努力于建立传教的合法体制。③他从事佛学研究和翻译东亚佛典，也是意在因应佛教对基督教所可能产生的思想和信仰上的冲击。这正是他作为新教徒在翻译《起信论》中所存在着的严密的政治情境。

---

① 李提摩太说："人于未悟耶释两教之先，首当知起紧要名词之意义，细心考究，始知其名虽异，而意实同。"（《李提摩太致世界释家书》，第 28 页）

② William E. Soothill, *Timothy Richard of China: Seer, Statesman, Missionary and the Most Disinterested Adviser the Chinese Ever Had*, pp. 317, 319.

③ 参见 Paul Cohen 著，苏文峰译：《戴德生与李提摩太传教方式之比较》，载林治平编著：《基督教在中国本色化》（论文集），今日中国出版社 1998 年版。其实，在中国近代思想史上，汉译西方作品的背后也经常隐含了强烈的政治意义。因此，对翻译的分析必须切合到译本所出现的地缘政治关系中，才可以获得恰当的理解。如近代思想翻译的代表人物严复，就含有深刻政治和意识形态的目的性，他的翻译并不是单纯的信、达，而是如何在儒家保守主义的文体包装之下，策略地地输入不为当时社会所容纳的"非正统性观念"，以"充当改革的政治代理"。其"整个翻译的过程都受控于权力的问题"。（Elsie Chan, "Translation Principles and the Translator's Agenda: A Systemic Approach to Yan Fu", in Theo Hermans, ed., *Crosscultural Transgressions: Research Models in Translation Studies 2, Historical and Ideological Issues*, Manchester: St. Jerome Publishing, 2002, pp. 67, 69）这一点，鲁迅先生也早有意识，参见他给瞿秋白论翻译书简。其《二心集》中之《关于翻译的通信》，《鲁迅全集》第四卷，人民出版社 1981 年版。

十六、铃木大拙与东亚大乘观念的确立
—— 从英译《大乘起信论》(1900年)
到《大乘佛教纲要》(1907年)

20世纪初,两部英译本《起信论》各自在太平洋两岸的美国与中国出版。这看似有些巧合的历史事件,背后却隐含了许多鲜为人知的故事,并反映了19世纪末到20世纪初,以东亚为代表的大乘佛教已悄然登上了世界舞台。虽然这两种《起信论》译本几乎在相近的时间内同时出现,但有趣的是,两位译者却朝着完全不同的方向在进行解读与延伸。[①]

铃木大拙于19世纪末西行美国,并开始了他西传大乘佛教的使命。一般印象中的铃木好像只是把禅译介到西方,他的英文禅学论述在西方世界产生了相当大的影响,以至于他被认为是西方禅学的教父和西方人"了解禅佛教的唯一源泉"[②]。而他向西方所推介的关于大乘佛教的论述,却并不像他的禅学著述那样在西方留下重要的印迹,因而

[①] 铃木大拙以中文唐本(新本)《起信论》为底本对该论进行译注,并于1900年在美国出版。而19世纪来华的英国新教传教士李提摩太,则根据梁代旧本《起信论》于1907年在上海出版了他的《起信论》英译本。与铃木不同,李提摩太英译《起信论》几乎要把大乘佛教基督教化,他们译本背后存在着各自不同的宗教意识形态的修辞。关于李提摩太英译《起信论》分析,可以参见本书第三编、第十五章"译经中的政治 —— 李提摩太与《大乘起信论》"。

[②] Larry A. Fader, "D. T. Suzuki's Contribution to the West", in Masao Abe, ed., *A Zen Life: D. T. Suzuki Remebered*, New York: Weatherhill, Inc., 1986, p. 95.

也未获重视。

　　铃木英文佛教学论述其实包含了两个方面：一是禅学的推介，二是关于大乘佛教的译介与论述。实际上，他最初要向西方传弘的是大乘佛教，特别是东亚大乘佛教的传统。如1898年他就用英文发表了《论中观哲学》与《中国之中观学派》两篇文章。1900年在翻译出版英译《起信论》前，他先行在卡洛斯主持的刊物 The Monist（第10卷，第1号）上发表了《马鸣，第一位大乘佛教之弘传者》；同年接着发表了《起信论》英译注。在译注《起信论》的同时，他还在着手写作关于大乘佛教的通论之作，并于1907年发表了他的第一部英文著作《大乘佛教纲要》。[①] 在他的这些大乘论述中，《起信论》英译注和《大乘佛教纲要》代表了铃木早期最重要的思想成果，而学界尚未对此做深入讨论。东西学界大都把研究重点聚焦于铃木的禅学论述上，而忽略了他早年关于大乘的著述。实际上，他的禅学观念不少就是从其初期有关大乘的论述中发展出来的。[②] 铃木英文著述的大乘观念与禅学这两方面不仅互相配合，而且背后有意识地在向西方传授和强化东亚文明价值的优越性。于是有必要把他早期关于大乘论述的文本放置于具体的历史情境当中，去做思想史的分析考察，揭示其背后所透显出的意识形态修辞和指向。

（一）东亚大乘观念的兴起与芝加哥世界宗教议会

　　以日本为代表的东方佛教走向世界是从19世纪下半叶开始的，此时正值进入明治时期（1868—1912）的日本努力于把自己建设成一个

[①] 桐田清秀：《铃木大拙著作年表》，《铃木大拙全集》第四十卷，第145—150页。
[②] Masao Abe 就认为，铃木在1897到1909年这十二年美国生活期间发表了包括《起信论》翻译等许多大乘思想的论述，这些都对他今后思想学术形成重要的影响。（参见 "The Influence of D. T. Suzuki in the West", in Masao Abe, ed., *A Zen Life: D. T. Suzuki Remebered*, pp. 110-111）

现代国家。特别到明治中后期，作为日本精神传统之一的佛教也试图重振精神，进行自我改革，希望伴随着日本现代民族国家的崛起，逐渐在世界文明排序的角逐中获得一席之地。而1893年于美国芝加哥召开的第一次世界宗教议会，构成日本佛教走进西方世界的一次重要的历史事件。这场被当时最有影响力的东方学家缪勒（Max Muller）称为"世界历史上最值得纪念"的一次大会[1]，对于正在兴起中的日本佛教来讲，可谓一次不可错失的历史良机。

铃木大拙就是作为他师父宗演（1859—1919）——日本第一位赴美传弘大乘佛教的学僧——参会论文的翻译而首次接触到西方世界的。铃木虽然不是这次议会的正式代表，但是他作为宗演的英文翻译很了解这次会议的背景及其产生的效应。铃木曾经明确表示，宗演赴美参加这次议会对于日本佛教界来说是"一次伟大的事件"[2]，这标志着日本佛教——作为还活着的一种大乘宗教——开始展现于国际舞台。1909年铃木在《布教》第一卷九号上发表的一篇题为"欧美佛教之现状"的文章，开宗明义地阐明了1893年芝加哥世界宗教议会的意义，并说这标志着"东洋之心灵光明"的东亚大乘佛教传入西方的一次新机运的来临。[3] 这次会议一个重要结果，可以说是触动了宗演、铃木等一批日本开明的佛教徒，使他们打开了世界性的眼界，从而决心向西方世界推展东亚大乘佛教的价值。

日本在明治中期以后，在与西方的接触中，同时也萌动了民族主义的情绪。日本的现代化一直充满了学者们所说的"二重性"，即一面是西方资本主义与市场的新要求，迫使日本改变其传统的运行

---

[1] Thomas A. Tweed, Stephen Prothero, eds., *Asian Religions in America: A Documentary History*, New York: Oxford University Press, 1999, p. 127.

[2] D. T. Suzuki, "A Glimpse of Paul Carus", in Joseph M. Kitagwa, ed., *Modern Trends in World Religions—Paul Carus Memorial Symposium, Introduction*, La Salle: The Open Court Publishing Co., 1959, p. I.

[3] 铃木大拙：《欧米に于ける仏教の现状》，《铃木大拙全集》第四十卷，第26页。

模式；另一面是日本内部面对西方文明的挑战，产生了一种传统精神价值和文化的强大反弹，形成了一种可以称之为"反抗的现代性"（reactionary modernity）的社会类型。[1]这种传统与现代之间"非同步的同步性"（synchronicity of the non-synchronous）所构建出的悖论，在近代日本就表现为这样一种紧张：现代主义寻求逃离历史，但同时又依靠于一种更古老的文化和历史的具体性和完整性表述，作为对现代性所造成的抽象和碎片式生活的替代。[2]于是，日本在学习西方的同时也在批判着西方。在批判欧化主义思潮中，佛教与国家主义、国粹主义经常结合在一起[3]，弘传佛教的论述背后多少意味着日本主义的抬头。明治末的日本流传着一个观念，西方以物质文明取胜，而宗教是西方人自认为唯一不如东方民族之所在。他们相信，明治时期所复兴的佛教不仅可成为日本与西方一较高下的知识与精神财富，甚至可以成为超越西方文明，成为代表日本向世界文明提供的一种馈赠。所以这次芝加哥世界宗教议会对他们来说"正是向西方广弘佛教（大乘佛教）的一次绝佳时机"[4]。铃木自己在20世纪40年代的一篇文章里就这样回忆，他认为日本自明治以后在吸收西方文明的同时，必须积极地做出回应。作为佛教徒，他提出大乘佛教应该作为日本的国粹而实现其"国际化的使命"，这是时代能够给予日本佛教"唯一的希望"。他甚至批评传统日本佛教徒缺乏基督徒那种在异域传教，而不惜客死异

---

[1] Andrew Feenberg, "The Problem of Modernity in the Philosophy Nishida", in James W. Heisig and John C. Maraldo, eds., *Rude Awakenings: Zen, The Kyoto School, and the Question of Nationalism*, Honolulu: University of Hawai'i Press, 1994.

[2] 参见 Harry Harootunian, "preferce", *Overcome by Modernity:History, Culture, and Community in Interwar Japan*, Princeton: Princeton University Press, 2000.

[3] 参见何劲松：《近代东亚佛教——以日本军国主义侵略战争为线索》，社会科学文献出版社2002年版，第53页。

[4] 参见1892年日本周刊 *Japan Weekly Mail* 关于宗演等应邀参加芝加哥世界宗教议会之评论，转引自 Martin J. Verhoeven, "Americanizing the Buddha: Paul Carus and the Transformation of Asian Thought", in Charles S. Prebish and Kenneth K.Tanaka, eds., *The Face of Buddhism in America*, Berkeley: University of California Press, 1998, p. 217。

乡的殉道热情。① 正如柯特勒尔（James Edward Ketelaar）在分析日本东方佛教的意识与芝加哥世界宗教议会的关系时所发现的，日本并不只是在模仿西方，而是在有意识地利用西方，这是一种"策略化的西方主义的实践"。② 显然，铃木向西方传介佛教的背后其实也同时在进行民族主义的论述，我们从宗演和后来铃木的佛教论述中可以明确地体会到这一点。③

不过，这次芝加哥世界宗教议会对日本佛教徒也产生了不小的刺激。日本佛教界原本是希望借此机会把以日本为代表的东方佛教，作为大乘佛教之典范推向西方，而结果恰恰相反。宗演与这次议会的重要组织者布劳斯（John Henry Barrows）和艾琳伍德（F. F. Ellinwood）关于大小乘佛教问题的论辩就表明，日本所欲传达的大乘观念在当时完全不为西方主流学界所接受。④ 西方学者仍然坚持19世纪欧洲佛教学所建立的那种严格的知识谱系和历史学观念，认定"只有远离北传佛教之发展而回归于更古老的经典教义中（巴利南传佛教系统）"才能够理解佛陀的真实教义。于是，他们在建构巴利佛教正统性的同时，而把包括日本在内的大乘佛教一概判为"异端"（heresy）。

我们不妨简要叙述一下当时西方佛教学界对于大乘佛教的意见。19世纪下半叶，欧洲佛教学研究最蓬勃的一面表现在巴利语佛典方面，而于大乘梵典研究虽然自布尔努夫（Eugene Burnouf）以来间有续出，但直到20世纪初期的进展都不算太大。⑤ 缪勒主持100多卷的

---

① 参见氏著 "The International Mission of Mahayana Buddhism", *The Eastern Buddhist*, vol. 39, no. 2, 2008, pp. 84, 88。

② James Edward Ketelaar, *Of Heretics and Martyrs in Meiji Japan Buddhism and Its Persecution*, New Jersey: Princeton University Press, 1990, p. 137.

③ 关于铃木向西方传介佛教与民族主义关系，可以参见 Michael Pye, "Feature: Suzuki Daisetsu and Communicating Buddhism-Suzuki Daisetsu's View of Buddhism and the Encounter Between Eastern and Western Thought", *The Eastern Buddhist*, vol. 39, no. 2, 2008, pp. 2-3。

④ 关于这段论辩材料，详见 *A Controversy on Buddhism*, Open Court 11, 1897, pp. 43-58。

⑤ 参考狄雍著，霍韬晦译：《欧美佛学研究小史》，第28—30页。

东方圣典译丛也只有一部是关于大乘佛典的。19世纪欧洲佛教学研究中，最初一两代佛教学者像布尔努夫、卫伯（Albrecht Weber）、圣西莱尔（Jules Barthelemy Saint-Hilaire），一直到布尔努夫高足缪勒等，都还是重视大乘佛教及语言文本之研究。不过时间不长，自19世纪70年代起，欧洲佛教学转向了以巴利佛典为主导的潮流。可以说自德尔维斯（James D'Alwis）、切尔德斯（Robert Caesar Childers）开始，以巴利佛教为主的佛教学研究统治了欧洲的佛教学，一直到戴维兹仍然坚持巴利传统代表了纯粹佛教的核心观念。[1] 他们普遍坚守的说法是，巴利佛典再现了原始佛教精神，因而比大乘佛典更准确真实地反映了佛教原貌。所以"真实的佛教只存在于巴利传统中"，甚至学界流传这样一种等号："巴利学家就是佛教学家，佛教学家就是巴利学家。"

实际上，19世纪由欧洲建立发展起来的佛教学也逐渐作为一种西方的知识对象，而成为萨义德（Edward W. Said）所说的"东方学"（orientalism）。就是说，虽然欧洲近代佛教学的研究建立在较严格的语言、文本与历史学基础之上，但其学术的论述并没有像他们所期许的那样客观，其背后仍然充满了殖民主义的论述霸权。这种东方学所宰制下的佛教学规则，决定着哪些语言和传统的佛教经典作为佛陀的真实言教，同时也决定着哪些经典传统应该受到否定和排除于佛教知识之外。[2] 特别是他们受基督教神学研究的影响，而把研究重点放在对宗教创始人的关注上面，而应用到佛教学方面就是重视对佛陀生平、教义之研究，把佛陀作为"耶稣之人性对应"（the human counterpart of Jesus）。于是在研究立场和观念上面有一倾向，即以南传巴利语系统

---

[1] Guy Richard Welbon, *The Buddhist Nirvana and Its Western Interpreters*, pp. 129-130, 138, 150, 225.

[2] Judith Snodgrass, *Presenting Japanese Buddhism to the West*, the University of North Carolina Press, 2003, pp. 4-7.

的佛教为正统、原始之"纯佛教",而把所谓北传大乘佛教理解为后出的,看作是对原始佛教曲解与堕落的产物。① 大乘佛教就这样被认定是非正统和低等的佛教形式了。

这些欧洲的东方学家大都还进一步指斥东亚所代表的大乘佛教传统。如戴维兹就认为,东亚的大乘佛教融入了本地信仰与文化,从而流为与"原本"佛教"相敌对的信仰与实践"。甚至对大乘素有研究的缪勒也表示,日本佛教是不纯洁而混杂化了的一种宗教形式,并斥之为"可怕的异端"。② 对东亚佛教的批判也经常暗藏了对东亚佛教学的不信任与歧视,这些欧洲的东方学家认为,只有他们西方人才能够真正掌握"由经典文本所阐扬的真佛教",而亚洲只"不过是些有名无实的佛教徒,他们几乎就不了解经典中所阐扬的真佛教"。这类带有鲜明东方学倾向的观念已不单纯是一个关于佛教历史和思想史的论述,而表示了歧视性的政治内涵。③ 于是,挑战这一欧洲中心主义的佛教学观念,辩明和维护大乘佛教传统的合法性,就成为日本明治后期佛教学人一项重要的使命。

由于宗演对西方佛教学的意见并不太熟悉,他所理解的西方还是一个笼统的现代化观念。所以他在芝加哥大会所提交的论文——"佛陀的因果律"——还没有从大小乘方面去做发挥,而试图从佛教与现代性关系的角度去辩护佛教的正当性。他在会议所发表的论文主要还是用现代性观念去阐释佛教的因果观念,以一种"去魅化"的现代论

---

① 19世纪以来,在巴利佛教学研究方面,佛陀传研究成为其重要的内容,这也最能反映他们对佛教的认识与理解过程。关于此,参见李四龙:《欧美佛教学术史:西方的佛教形象与学术源流》,北京大学出版社 2009 年版,第 146 页。

② 参见 James Edward Ketelaar, *Of Heretics and Martyrs in Meiji Japan Buddhism and its Persecution*, pp. 160-161。虽然也有为大乘佛教合法性进行辩护的学者,如法国佛教学家普桑(La Vallee Poussin)就挑战巴利传统的说法,但这些意见毕竟在当时没有成为主流。(参见 Guy Richard Welbon, *The Buddhist Nirvana and its Western Interpreters*, pp. 256-260)

③ 参见 Judith Snodgrass, *Presenting Japanese Buddhism to the West*, pp. 85-87。

述来获取西方的认同，并借以反抗基督教的上帝创世说。如他论文中这样总结道："我们神圣的佛陀并不是自然因果律的创造者，而是这一律则的第一发现者，由此他引导他的信徒们走向道德完美的高峰。"① 一直到芝加哥大会之后的 1896 年，宗演在给布劳斯的一封书信中，还是坚称佛教之因果是坚不可摧的律则，"佛陀的教义正与现代科学的学说并行不二"。② 宗演的看法并没有什么深刻的洞见，不过，他用更近于近代科学和理性的观念来解读"因果"，并以此来判释佛教与基督教之不同，这些说法都暗含了一种东方宗教优越论的论述策略。

实际上，宗演早年游学锡兰时曾经对小乘佛教略有了解。他虽然坚持大乘优越之观念，但对大小二乘的判释则采取了比较温和折中的立场。他在坚持大乘为上的前提下，认为大小二乘各有所长。如他提出"如果说大乘教有眼目，小乘教具手足，那就打出了完满的佛种子"。另外，宗演也分别以大乘长于禅法，小乘优于经教等而主张融合两者。他提出关于戒律和教相的正确与否应该求之于佛典。在这一点上，要承认依据原始语言的小乘佛教有优势，因其典籍不会与原初佛陀教义相矛盾。但以心传心，不靠言语而以禅定为成就的东方佛教与此不同，其"成就了东北佛教之正脉"。在所谓"实际与皮相""心与口"的关系结构内，禅被作为东方佛教之精华而获得定位。当时的宗演认为，只有把大乘禅法与南传巴利佛教联系在一起，才能够完整地构成佛教观念的中心。③

---

① 参见宗演："The Law of Cause and Effect, as Taught by Buddha", in Richard Hughes Seager, ed., *The Dawn of Religious Pluralism: Voices from the World's Parliament of Religions, 1893*, La Salle: Open Court Publishing Co., 1993, p. 409。

② 参见宗演: Reply to a Christian Critic，该信收录于 Thomas A. Tweed, Stephen Prothero, *Asian Religions in America: A Documentary History*, pp. 138-140。

③ 在当时日本有关大小乘佛教的辩论很激烈，甚至有一种观念，认为小乘优于大乘，需要向日本输送小乘佛教。如日本僧释兴然一从锡兰回国立刻就结成世尊正风会，向锡兰输送后进，以此尝试向日本输入小乘僧团。但是宗演去锡兰前后，对相对小乘而言的大乘优势地位之信念并未动摇。上述均参见山口辉臣：《释宗演——その〈インド〉体験》，载小川原正道编：《近代日本の仏教者——アジア体験と思想の変容》，第 191—198 页。

不过宗演的这一温和论调主要还是针对日本国内而作的阐述。[1] 当宗演赴美参加芝加哥世界宗教议会之后,他开始意识到抬高大乘,而不是简单融通二乘,这一点对日本大乘佛教所具有的重要性。如他后来在向日本读者推荐卡洛斯《佛陀福音书》(*The Gospel of Budda*)日译本时,就特别策略性地称赞该书对大乘的肯定,以回应佛教界对大乘的批判。[2] 宗演的许多说法,在他的学生铃木那里获得了更完整的发挥。铃木在西方直接面对佛教学界对于大乘合法性的质疑,所以他初到西方所作的佛学论述,一开始就把重点放在对大乘,特别是东方大乘佛教的辩护上面,铃木试图解构欧洲中心论调中那种以南传为正统的意识。

19世纪末与20世纪初,不仅西方以他们自己为中心想像和构造了所谓"佛教"及"佛教学"的论述,以日本为主体的佛教学人也同时在不断地制造"他者",并以"西洋"为背景而突显"东洋"(或东方)的思想传统。如有学人发现,这段时期日本以"东洋"对置于"西洋"来组织论述的作品非常多,铃木也是这一运动的积极推动者。[3] 他曾经说过:"当我们随意讲到东洋与西洋两个词的时候,好像他们是密切关联在一起的,实际上,这两者背后存在很大的差异。"[4] 铃木也

---

[1] 明治以后,日本佛学界流行一种较为自由的研究之风,对传统之说也不是一味信任而敢于提出批评。其中也有学人对东亚传统的大乘佛教提出质疑,甚至有一种声音主张"大乘非佛说"。如村上专精(1851—1929)的《大乘佛说论批判》(1903年)、姊崎正治(1873—1949)的《佛教圣典史论》都作此主张,而"新佛教运动"中之古河勇(1871—1899)、西依一六、境野哲、渡边海旭等,也主张以自由怀疑的精神来重新讨论佛教,更倡导"大乘非佛说论",这意味着佛教学走出"独断时代"。(参见魏常海:《日本近现代佛教新宗派研究》,该文收录在楼宇烈主编:《中日近现代佛教的交流与比较研究》,第94—95页;杨曾文:《日本佛教史》,浙江人民出版社1995年版,第596—597页)

[2] 参见 Judith Snodgrass, *Presenting Japanese Buddhism to the West*, p. 248。

[3] Michael Pye, "Feature: Suzuki Daisetsu's and Communicating Buddhism—Suzuki Daisetsu's View of Buddhism and the Encounter Between Eastern and Western Thought", *The Eastern Buddhist*, vol. 39, no. 2 (2008), pp. 2-3.

[4] 见其1909年所发表的论文"The Prospects for Buddhism in Europe and America", *The Eastern Buddhist*, vol. 39, no. 2 (2008), p. 69。

正是在强调"差异"和"他者"的意趣上来进行关于大乘佛教和禅学的书写,所以他开始用英文阐解大乘佛教时,就明确是在与西方佛教学相对立的意味上来建立新的论述。① 无论是在他所传弘的主题还是他书写的方法上,铃木都试图与欧洲东方学家的佛教学观念对抗。铃木在1943年总结日本佛教推向世界的策略时,特别提到把日本化的大乘佛教推向西方。在书写方法上面,他一面承认欧洲19世纪以来以比较语言为主的专业化文本研究佛教史的价值,同时也指出这一方法论需要改革。他认为西方佛教学所创立的法式是把佛教作为"死的研究对象",而他强调东亚大乘佛教是活的存在形式,因而必须用活的,即强调体验式的论述来加以取代。②

铃木比宗演更了解日本要向西方传送佛教的策略重点所在,可以说,他应对的不只是一般听众,他的英文佛教学论述在很大意义上还要针对欧美东方学家所建立的那套佛教学观念。他的英译《起信论》正是在这一脉络中产生的,而1907年出版的《大乘佛教纲要》,可以看作是他早期英文佛学论述中关于大乘论述的一次较完整的总结。铃木初期的这些大乘论述,虽然带有为大乘求正统的意识和冲动,不过写法上面已不像芝加哥世界宗教议会期间那些日本传教徒一样,对佛教只停留于做简单的适合一般大众口味的宣教式论述,而是比较注意展示他博学的语言和文献学养,他对很多概念的解释也都尽量照顾到文本研究所要求的规范。有学者认为,铃木译注的《起信论》就充分应用了他那个时代"科学的佛教学规则"(the rules of scientific Buddhology)。③ 不过,这一看法也只是说到铃木初期大乘

---

① 铃木如何在英文著作中来表示"东洋"与"西洋"论述的复杂性,可以参见 Ueda Shizuteru, "Outwardly, Be Open; Inwardly, Be Deep: D. T. Suzuki's Eastern Outlook", *The Eastern Buddhist*, vol. 38, nos. 1, 2, 2007, pp. 8-40。

② 参见其文 "The International Mission of Mahayana Buddhism", *The Eastern Buddhist*, vol. 39, no. 2, 2008, pp. 84, 88。

③ Judith Snodgrass, *Presenting Japanese Buddhism to the West*, p. 260.

书写的一面。铃木这一时期对大乘的阐释，其实都是在西方的语境中回应西方的佛教学议题。他书写大乘的方法也不单是语言文本加历史考证，而更倾向于哲学思想的阐释。他对大乘的解读一开始就不仅限于严格的文本，并且带入了他作为信徒的体验。他的大乘写作可以用佛尔的话说，是一种"行事的学术"（performative scholarship）。就是说，他对大乘思想的译传和论述当中都包含了一种"隐喻的叙事"（metaphorical discourse）①，即他书写大乘是很有针对性和目的性地征服欧洲佛教论述的这个"他者"，而为东亚佛教，特别是日本佛教寻求世界认同。

值得注意的一个现象是，芝加哥世界宗教议会前，佛学界对佛教的划分主要是"南传佛教"与"北传佛教"这两个概念，而参加会议的日本学人则带来了第三个概念，即"东方佛教"。由"大乘佛教"到"东方佛教"，这两个语词变化的背后有着意味深长的举动。大乘虽然包括日本佛教，但并非以日本为主轴，中国、韩国的大乘佛教都蔚为大观。于是，在这些近代日本佛教传教士的笔下，大乘的概念逐渐为"东方佛教"所取代。而"东方佛教"不仅是大乘，直接点说，就是大乘发展的极致，或者说是"释迦牟尼的最高教义"。"东方佛教"这一概念要传递的，无疑就是特指日本佛教的传统。正如学者指出的，"东方佛教"概念的提出表明19世纪末日本民族主义优越意识的抬头，以及他们对世界权力地位的觊觎，这一佛教语言中隐含了"政治的急迫性"。②可以说，这一论述的内在逻辑基本决定了他们书写大乘的真正动机，铃木基本就是在这一思想逻辑下来展开他的大乘论述的。铃木在他1907年出版的《大乘佛教纲要》一书的"导言"中，就打破欧洲

---

① 参见 Bernard Faure, *Chan Insights and Oversights: An Epistemological Critique of the Chan Tradition*, p. 122。

② 从"大乘佛教"到"东方佛教"的观念发展，参见 Judith Snodgrass, *Presenting Japanese Buddhism to the West*, pp. 10, 198-201, 206。

佛教学论述中一般的大、小二乘，或南传、北传等二分方式，而提出他的三分法，即在南传、北传之外，把"东方佛教"从北传中独立出来，作为单独的一支，并指出大乘教义只有发展到"东方佛教"的阶段才会出现鲜明的宗派特色。这无异于说，大乘佛教到东亚才发展为巅峰。他在"导言"最后的结论当中，表示他之所以要对大乘法义做系统地阐释，乃在于这一还活着的大乘佛教"今天只存在于远东（东亚）"。[1] 虽然铃木对大乘的阐释所应用的资料和文本大都是汉语文献——这是不得已的办法——但以应用大乘（包括中国在内的北传佛教）为主轴，而逐渐过渡到"东方佛教"，以此暗示日本精神的特殊价值。

（二）铃木大拙的大乘论说与保罗·卡洛斯

近代日本佛教学者最终能够成功地把东方大乘佛教译传到西方，对他们来说，其中有一位不得不提的贵人，这就是保罗·卡洛斯。卡洛斯是位有基督教背景且信奉新康德主义的哲学家。在宗教的立场上，他还是一位坚定的科学宗教论者。就是说，他要以近代启蒙以来的理性主义和科学观念作为衡定一切价值——包括宗教——的标准。[2] 这一信念使他对西方传统神学方式支持下的基督教信仰有所不满，他力

---

[1] D. T. Suzuki, *Outlines of Mahayana Buddhism*, New York: Schocken Books, 1963, pp. 4, 30. 关于铃木用语由"大乘佛教"（Mahayana Buddhism）转向"东方佛教"（Eastern Buddhism）变化，有西方学者认为，铃木最初使用"大乘佛教"概念，逐渐到20世纪20年代才更多使用"东方佛教"概念来代表大乘。（参见 Thomas P. Kasulis, "Reading D. T. Suzuki Today", *The Eastern Buddhist*, vol. 38, nos.1, 2, 2007, pp. 44, 45）其实这一说法不太准确，如果仔细阅读这本纲要就可以确定，铃木最初论述大乘之义就有意识地要显明"东方佛教"的立场。

[2] 如卡洛斯说在宗教中并不可能有外在于科学之外的方法来确定真理。……使人成为上帝影相的正是理性，而科学正是人类这一最高贵之理性的运作。（参见 Paul Carus, "Science a Religious Revelation", in Richard Hughes Seager, ed., *The Dawn of Religious Pluralism: Voices from the World's Parliament of Religions, 1893*, Open Court, 1999, p. 301）

图把信仰建立在科学而不是神学的基础上面。如他把传统基督教神学意义上的上帝观念去魅化地进行了道德化的改造,上帝对他来讲已经不再是"旧教义观念"上的"超自然的人格",而毋宁是"道德责任之典制"。于是,"对上帝的信仰必须是坚定地服从于道德律则"。[1]这是卡洛斯在1893年芝加哥世界宗教议会上所提出的观念。而这种把上帝观念道德化的做法,正好与宗演把佛教因果律解释为道德理性的做法非常吻合。也正是由于这一点,让卡洛斯感到他的思想可以在东方宗教,特别是这些日本东方佛教徒的所谓大乘观念中找到援手。同样,来自日本的佛教代表,在这次会议中一直身处边缘化的境地。可以说,卡洛斯成为他们所能影响的,而且对他们海外弘法非常有益的少数人选之一。因此他们之间建立了良好的互助关系。[2] 1893年芝加哥世界宗教议会之后,卡洛斯就专门邀请宗演和其他几位日本佛教代表来到伊利诺斯的拉塞尔(LaSalle)进行了为期一周的讨论,而他们之间也有了一些共同的平台。如他们都倾向于把宗教理解建立在科学,而不是神学的基础上面。这些来自日本的佛教徒策略性地把佛教塑造成与启蒙传统下现代自由思想一致的思想形式,使卡洛斯由批判传统基督教的宗教观,而经由理性科学,找到东方佛教作为他理想中"科学之宗教"的替代物。他甚至忘记了佛教中也存在大量超越理性的内容。[3]

铃木大拙正是在这样的背景下经由他老师宗演的推荐,赴美国协助卡洛斯翻译东方经典。他们从1897年到1908年共同工作了十一个春秋,此间卡洛斯对铃木的影响是可以想见的,铃木早期关于大乘的写作就明显受到卡洛斯的启发。如铃木选择英译《起信

---

[1] Paul Carus, "Science a Religious Revelation", *The Dawn of Religious Pluralism: Voices from the World's Parliament of Religions, 1893*, p. 299.

[2] 参见 Judith Snodgrass, *Presenting Japanese Buddhism to the West*, pp. 222, 227-244。

[3] 参见 Martin J. Verhoeven, "Americanizing the Buddha: Paul Carus and the Transformation of Asian Thought", in Charles S. Prebish and Kenneth K.Tanaka, eds., *The Face Of Buddhism in America*, University of California Press, 1998, p. 215。

论》，其中一项理由就是为了更明确地支持他当时在美国的老师卡洛斯。卡洛斯很喜欢《起信论》所表述的思想系统，他在《起信论》思想中发现了与他自己哲学之间"非常惊人的相似性"，而称他自己在《佛陀福音书》中所要表达的思想也大都在这部《起信论》中获得了证实。①

卡洛斯实际是用近代西方的观念把佛教"西方化"了的学者。他自己就公开承认，需要把佛陀这位东方开悟者的理想形象进行美国化的处理，而成为"美国式的佛陀"。这种在19世纪末，由美国与东方佛教徒共同塑造和"想象"出的现代佛教图式，与19世纪欧洲佛教学在语言—文本和历史学基础上所建立起的佛教观念之间存在很大的出入。如缪勒就认为，对古典东方的理解必须保持从东方内部，而不是外部来表述。于是，他坚决反对用一种西方所熟知的方式去译读东方圣典，而主张为西方人保留住东方这一"他者"的某种陌生感。②

铃木译注《起信论》受到卡洛斯影响而大量引述德国近代哲学中的观念来传接《起信论》的思想③，更有甚者，他直接引述卡洛斯的哲学观念对《起信论》加以诠注。如铃木在解释《起信论》中最为核心的"一心二门"之"一心"或"众生心"这一概念时，就说这个心并不能够从二元论意义上解释为一种存在的实体，而要像卡洛斯在他的《人之灵魂》(*The Soul of Man*)最后一章所定义的，解读为"创造及塑

---

① D. T. Suzuki, trans., *The Awakening of Faith in the Mahayana and Its Commentary*, Chicago: The Open Court Publishing Co., 1900, p. IV.

② F. Max Muller, "Preface" to *The Sacred Books of the East*, in *The Upanishads*, trans. by Max Muller pp. xxxvi-xxxvii.

③ 卡洛斯在哲学上曾经受到叔本华的影响，他的思想主要源自近代德国哲学。在铃木英译本《起信论》中，很多注都是援引近代德国哲学，包括应用叔本华哲学来格义，这些都是受到卡洛斯的影响。如卡洛斯解释《起信论》"真如"概念时，曾比较柏拉图的理念说与歌德《浮士德》中的一些观念，铃木英译本《起信论》的注解也引柏拉图与歌德《浮士德》中的思想来比证。(参见 D. T. Suzuki, trans., *The Awakening of Faith in the Mahayana and Its Commentary*, p. v, p. 71, n. 2)

造这一存在世界的构成原理"。① 此外，铃木在《大乘佛教纲要》中的许多论述也直接受到卡洛斯作品的影响，而不是出于佛教的文本。这里不再详举例证。可以说，铃木早期有关大乘的论述本身就是东方佛教与西方观念混合的产物。② 可以说，铃木是一位"西方化的本土主义者"（a westernized nativist）③，他于19世纪末20世纪初关于大乘佛教的英文论述并非纯洁单一的东方佛教传统，更表示了东西合璧的具有近代形式与观念的新佛教。

卡洛斯坚信科学的宗教观，不过他并没有完全接受19世纪西方东方学家对佛教学所应用的那套知识理念和语言——历史学方式，而更多延续一种理性哲学的方式来讨论包括佛教在内的宗教学议题。这也使得他的论述方式更接近于铃木这样的东方佛教徒。卡洛斯在他颇受一般读者欢迎的名著《佛陀福音书》中，就一反当时欧洲东方学家那种佛教学的书写方式和规则，其所参用的材料并不拘于欧洲学界所信奉的巴利藏，而是包含了后期大乘经典。这就使得他的《佛陀福音书》一直不为欧洲东方学家所接受，反而在日本大受欢迎。作为这本福音书的日本传译者，铃木为这部书的书写方式做了这样的辩护，他指出"在《佛陀福音书》出版之前，佛教的主题要么被处理的过于学术化，要么就过于俗化，而卡洛斯则把科学与哲学精神融为一体，他对（佛

---

① D. T. Suzuki, trans., *The Awakening of Faith in the Mahayana and Its Commentary*, p. 53, n.1. 铃木英译本《起信论》的注解中不只一次直接引述卡洛斯的思想。如在解释《起信论》的"执名等相"概念时，他以卡洛斯所谓"纯粹形式"来说明《起信论》"展示了佛教的唯名论的阶段"；在阐释《起信论》阿赖耶识与真如的关系时，铃木也是引卡洛斯的"纯粹形式的思想"观念来作解。（参见 D. T. Suzuki, trans., *The Awakening of Faith in the Mahayana and Its Commentary*, p. 73, n.1; p. 77, n.2）

② 关于这一问题，可参见 Martin J. Verhoeven, "Americanizing the Buddha: Paul Carus and the Transformation of Asian Thought", in Charles S. Prebish and Kenneth K. Tanaka, eds., *The Face Of Buddhism in America*, pp. 207, 208, 218-220。

③ Bernard Faure, *Chan Insights and Oversights: An Epistemological Critique of the Chan Tradition*, p. 65.

教)的同情理解已经不只是停留在一般趣味的水平"[1]。就是说,卡洛斯之作虽然不是严格的学术史著述,但是也绝不是西方东方学家所指的一般流俗之作。[2] 铃木为卡洛斯的辩解背后,表示了他们在学术与论述方式上面的某种一致性。

实际上,铃木自己理想中的佛教学书写也经常游移于"学术与思想"之间,他对单纯地从语言文本到历史的西方佛教学模式并不认同。这除了学术的旨趣不同外,与当时日本佛教界在芝加哥世界宗教议会的处境颇有关系。缪勒以其完美的语言才能所建立的现代宗教学研究成为一时之典范,而深刻影响着1893年芝加哥宗教议会关于宗教论述的方式。日本几位大乘"佛教斗士"在大会上的发表却停留于一般通俗性的论述,而与缪勒在西方宗教学研究所建立起的那种批判文本和历史学叙述的风格颇为扞格,因而颇受冷遇。[3] 可以说,西方东方学家的学术规则排除了日本佛教传道士关于自身传统的话语权力。卡洛斯是少有的例外,与他同时代的西方佛教学者不同,卡洛斯对佛教传统的理解和确认,公开地援手于来自日本的实践佛教徒,而不是单一的经典文本。这一点使他与这些东方的佛教布道士之间存在更多的共同点。他们与欧洲东方学的对置,不仅表现在对大小乘的不同看法,他们所注重和理解的佛教形式——是作为历史存在的对象,还是活着的现代宗教;是已成为陈迹的古代文本,还是现存的宗教经验——也存在相当大的差异,这成为一种作为东方学的佛教学者与哲学家和佛教

---

[1] 参见 A. Irwin Switzer III, *D. T. Suzuki: A Biography*, London: The Buddhist Society, 1985, p. 11。

[2] 1895年起,铃木大拙就陆续在《四明余霞》刊物上发表卡洛斯这部《佛陀福音书》的日译,把他介绍到日本。(参见桐田清秀:《铃木大拙著作年表》,《铃木大拙全集》第四十卷,第142—145页)有学者研究指出,卡洛斯这部书为欧洲佛教学者所不屑,反而在日本获得重视,源于当时日本内部佛教学者希望借助这位西方的知识分子告诉日本的读者,西方也对大乘有兴趣。因此,正如萨义德所发现的,现代东方人本身也参与的东方学的建构。(参见 Judith Snodgrass, *Presenting Japanese Buddhism to the West*, p. 11)

[3] 参见 James Edward Ketelaar, *Of Heretics and Martyrs in Meiji Japan Buddhism and Its Persecution*, pp. 145-152。

布道士之间的冲突典范。

（三）《起信论》译注与大乘观念的新诠释

19世纪西方的东方学家批评佛教的一项重要内容，就是指斥佛教的思想为虚无主义。铃木要为大乘佛教正名，在选译和传注大乘论典方面有意识地偏向那些在哲学思想上具有实体论色彩的论典。《起信论》以如来藏思想为中心来开展大乘法义的建构，该论在融通空有诸大乘教义的前提下，比较鲜明地体现了真心一元论的实体主义观念，因而正是可用以反击虚无主义说最有力的经证。铃木向西方传译大乘就以《起信论》作为出发点。

《起信论》不仅是大乘的入门论典，更重要的是《起信论》的思想表现的不是印度佛教，而是东亚大乘的特色。实际上，《起信论》在思想性质上融合了东亚大乘各家的思想，因而向来被认为具有统括一切大乘精义的特点，在东亚大乘佛教史上被称为"诸论之祖宗，群诤之评主"[1]。于是为东亚佛教各宗奉为圭臬，围绕着《起信论》而形成了丰富的解经史。唐宋以后天台、华严之教学，甚至禅宗的思想都无不深刻地受到该论的影响。[2]《起信论》对日本佛教的思想构架也产生了深远的影响，这一被广泛应用和注意的论典也满足了日本明治时期佛教学者的要求。关于《起信论》在大乘佛教中的重要性，当时的铃木就指出，该书几乎囊括一切大乘教义，"为第一部系统组织大乘佛教根本思想"，并"可视为大乘学派的代表性论典"。[3] 柯特勒尔敏锐地察觉到，日本明治时期的佛教学人正是在形构"东方佛教"（Eastern

---

[1] 元晓：《大乘起信论别记》卷一，《大正藏》第44册，第226页上。
[2] 关于《起信论》对天台、华严、禅宗等的影响，可参见《大乘起信论与佛学中国化》（修订版），收录于"中国佛教学术论典"第31辑，台湾佛光出版社2001年版，第七章。
[3] D. T. Suzuki, trans., *The Awakening of Faith in the Mahayana and Its Commentary*, p. 45.

Buddhism）这一大的问题意识里去刻意而谨慎地安排《起信论》来做论述。他认为,《起信论》在明治时期不仅作为日本佛教内部一统诸宗的要典,也可以成为引领世界不同民族共同信仰"普世佛教"（universial Buddhism）之论典。可以肯定,铃木译注《起信论》正是沿着建立"东方佛教"这一基本脉进行的。而这一"普世佛教"理想,也是铃木在向西方弘传大乘时所特别考虑的。[1]

在东亚有关《起信论》的诠释史上,梁朝真谛旧译《起信论》几乎成为所有注家所采用的底本,而只有极少数的注家以唐代实叉难陀的新译本为底本来做诠解。[2] 铃木译注《起信论》为什么偏偏采用东亚佛教历史中非常少用的《起信论》新译本作为底本,这应该作何理解呢?

铃木自己在译文导言中对此略有说明。他认为梁、唐之新旧两译本虽然不是源于同一梵文底本,不过比照两本的思想并没有根本的不同。而且他提出他以新译为底本实际还是仔细比照了梁译本的内容,并大都在注解中做了比较说明。[3] 铃木这一说法其实并没有解释清楚他选择唐本为底本的真正原因。在没有找到更明确的说法之前,我们不妨对于铃木选择新本《起信论》来进行译注做一些推断。

首先,梁译《起信论》译者被传统认定为真谛,而真谛是六朝唯

---

[1] James Edward Ketelaar, *Of Heretics and Martyrs in Meiji Japan Buddhism and its Persecution*, pp. 184-187. 此外,Ketelaar 还认为,铃木在美国跟卡洛斯学习并协助其翻译东方经典,背后也是延续日本明治佛教所力行的以佛教作为世界普遍化的宗教这一理念,而卡洛斯正好也有宗教一统融合的观念,铃木才有意识地选择《起信论》来达成这些目的。（参见氏著,*Of Heretics and Martyrs in Meiji Japan Buddhism and its Persecution*, pp. 187-190）

[2] 柏木弘雄认为,《起信论》新译的原文大概因为已公认的真谛旧译本而不显眼了,实际上也几乎不被采用。在《起信论》的各种注释著作中,最早的是 750 年前后昙旷的《大乘起信论广释》(《大正藏》第 85 册,No.2814。仅存卷三、四、五卷) 融合了新译进行解释,但是,他所解释的文本也仍是真谛所译旧本。只有明朝藕益智旭的《大乘起信论裂网疏》是以新译本作为对象的注释著作。参考其文:《中国・日本における『大乗起信論』研究史》,载平川彰编:《如来蔵と大乗起信論》,日本株式会社春秋社 1990 年版,第 309 页。

[3] Teitaro Suzuki, *Agvaghosha's Discourse on the Awakening of Faith in the Mahayana*, pp. 38-41.

识学著述的重要译传者。唐本是实叉难陀所译，与《华严经》（80卷）是同一译者。铃木在大乘的思想立场上面倾向于《华严经》等经论的传统，而与唯识学传统有着较大的距离。这大体缘于唯识更有印度佛教的思想倾向，并不像《华严经》的思想那样深入影响到东亚大乘佛教。相对来讲，华严才更具有鲜明的"东方佛教"色彩。铃木对大乘佛教的论述体系中，一向重视《华严经》、《楞伽经》等思想系统的经论。他在译解《起信论》时就多次引述到《华严经》为经证，甚至认为《起信论》本身就是《楞伽经》《华严经》等大乘经典有关如来藏思想的发展。① 于是，铃木在《起信论》底本的选择上更倾向于唐译本是很自然的。

另外，铃木传译《起信论》到西方与实叉难陀翻译《起信论》时的处境有非常类似的地方，翻译《起信论》的背后动机都是为了应对来自于"他者"对自宗教义的批判。铃木的导言中引用到新译《起信论》前无名氏的序文，虽然引用的文段是讨论新旧译本的内容。② 实际上，该序对实叉难陀翻译《起信论》背后的情怀有着很生动的描述。其大意是说，唐译《起信论》乃是为了针对当时盛行的法相唯识学派对如来藏说的偏见而发。序文中说"夫理幽则信难，道尊则魔盛，况当劫浊尤更倍增。故使偏见之流，执成唯识诽毁此论。真妄互熏，既形于言，遂彰时听。方等甘露，翻为毒药。故经云：唯佛与佛乃能究尽诸法实相，岂可辄以凡心贬量圣旨"。即是说，当时唯识学甚嚣尘

---

① D. T. Suzuki, trans., *The Awakening of Faith in the Mahayana and Its Commentary*, p. 51, n. 1. 在1907 年出版的《大乘佛教纲要》一书中（实际这本书是在 19 世纪末开始思考与写作）就多次引《华严经》作为经证，特别是讨论大乘佛教重要的法身观念时，主要就是引《华严经》来说明。虽然铃木所引是佛陀跋陀罗所译六十《华严经》，而不是实叉难陀八十《华严经》。（参见 D. T. Suzuki, *Outlines of Mahayana Buddhism*, pp. 223, 224）又，铃木在 20 世纪 30 年代所发表的禅佛教文集（第三）（D. T. Suzuki, *Essays in Zen Buddhism[third series]*,）讨论禅学时，特别论述了《华严经》大乘的意义。参见该书第 77、78 页；又见其于 50 年代发表的《印度大乘佛教》则详细论述了《华严经》作为大乘宗趣的意义，详见该书第七章。

② Teitaro Suzuki, *Agvaghosha's Discourse on the Awakening of Faith in the Mahayana*, p. 40.

上,《起信论》这样的如来藏思想受到严重排挤。唯识学在形式上重于名相的细密分析,而与如来藏传统对经典文本的理解方式不同。这种"言越规矩动成戏论,自贻圣责深可悲哉"①的情况,与日本佛教学当时受到西方歧视的境况非常类似。正如上文所分析的,西方 19 世纪以来的佛教学建立了规范严格的学术标准,通过对佛教文本、语言与历史的细密探究,而倾向于认为"东方佛教"所信奉的教义及其证成教义的论述方式都过于笼统含混,因而不受信任。铃木不满于西方佛教学的那些"规矩",认为其不能够切入宗教生活的经验与核心,而视之为"偏见之流"。这与当时实叉难陀翻译《起信论》的想法很一致。可以说,铃木向西方世界译注《起信论》与实叉难陀之汉译《起信论》之间存在着非常相似的悲情意识,正是这一同理悲情掩埋了他们之间历史时空的差距,把他们的思想与情感紧密联系在一起。

铃木当时要向西方译解《起信论》的大乘法义有许多困难。最重要的一点是在不同语言的宗教与文明之间进行传译,很难找到合适的思想概念作为参照系。铃木对此有深刻的感受和认识。特别是对大乘佛教而言,如何让没有大乘观念的西方读者理解大乘的法义确实让他颇为费心。他在译注《起信论》前曾经协助卡洛斯翻译《道德经》,那时他就特别注意到中文经典之语言与印欧语系之不同。如中文不像印欧语那样讲究语态与时态等,所以他一直提醒卡洛斯注意中文特性是表达具体的人类经验感受,而印欧语则重于抽象观念的表达,对于中文经典进行英译时,一定要努力传达中文文字背后的隐微之意和弦外之音。②当时的铃木认为,这种弦外意旨是可以经由东方与西方哲学观念之间的互诠来加以表现的。虽然这种互诠在理论上要做出说明还非常困难,但是铃木与卡洛斯当时都有这样的信念。这一点在铃木英

---

① 《新译大乘起信论序》,《大正藏》第 32 册,第 583 页中。
② D. T. Suzuki, *A Glimpse of Paul Carus*, Joseph M. Kitagwa, *Modern Trends in World Religions—Paul Carus Memorial Symposium, Introduction*, pp. xi, xii.

译和解读《起信论》时已经具体落实了下来。他在译注《起信论》时，提出译者应该同时具备大乘佛教和西方哲学的知识才有能力从事这一译事。① 这毋宁说，大乘佛教的英译解读，是可以转借西方哲学的观念来进行格义。实际上，哲学特别是西方近代哲学在当时日本开放的知识学人心目中，被理解为近代化或现代性的同一词。在他们看来，哲学而不是宗教才是思想进步的标志。于是，能够用近代西方哲学的观念来会通佛教学的经典，这在当时的日本学人看来，恰恰反映了佛教学在思想上要优于其他宗教，体现了佛教更为进步的一面。铃木译注《起信论》就是在这样的观念下开展的。他对《起信论》许多观念的解释就是采用西方哲学，特别是近代德国哲学的观念来会通的。如他把《起信论》思想的基本架构，即体、相、用三大概念类比于斯宾诺莎哲学观念中的实体（substance）、属性（attributes）与样式（modes）。又如他以叔本华哲学中之"无对象物即无主体"来解释《起信论》中的"一切诸法皆由妄念而有差别，若离妄念则无境界差别之相"。以康德《判断力批判》之"艺术生产应犹如自然"解读《起信论》"以如是大方便智，灭无始无明证本法身，任运起于不思议业，种种自在差别作用，周遍法界与真如等，而亦无有用相可得"为一种宗教生活本质诗化或艺术化之思想。②

由于铃木认为《起信论》最有系统而又标志性地代表了大乘佛教，特别是东亚佛教的观念，所以他首先英译《起信论》就是要挑战西方佛教话语中那种排斥大乘的倾向，而向西方世界表明大乘佛教的合法性。铃木在该译本的长篇导言中，明确表示自己译解马鸣思想最重要的意义，就在于区分大乘与小乘教义的不同。他还分别从真如、佛三

---

① 参见 D. T. Suzuki, trans., *The Awakening of Faith in the Mahayana and Its Commentary*, pp. xiii, xiv.

② D. T. Suzuki, trans., *The Awakening of Faith in the Mahayana and Its Commentary*, p. 53, n. 3, p. 56, n. 2, p. 99, n. 4.

身论、信仰解脱论等三方面对此加以阐明。① 关于译传《起信论》与大小乘之关系，在他英译本的"译者前言"中讲得非常明白，可以说，这个前言就是一篇捍卫大乘的宣言书。

铃木一面承认欧洲19世纪以来比较宗教科学给佛教学所带来的知识上的成就，一面指出欧洲的佛教学并没有让人们充分了解佛陀的教义。这主要表现在他们对佛教经典的研究片面地导向巴利传统，而对散见于梵、藏、蒙、中等语言的佛教文本缺乏系统研究，从而不断地对大乘佛教进行"虚假的指责"，导致"混淆视听而轻信其说"。因此，他的这一英译《起信论》，正是要"清除那些如此粗暴地强加在大乘佛教身上的各类（错误的）指责"②。从他英译本的学术性注疏中，我们随处可以看到他广引西方东方学家，而且基本是当时权威学者的佛学论述，而又大都表示了不同的意见，很有"华山论剑"的意味。如对于《起信论》的看法，他就引当时欧洲北传佛教研究的权威贝尔与瓦西尔尤（Wassiljew）为例，说这些西方最高的北传佛教学权威是如何对《起信论》的观念无知。又如他举贝尔为例，批评他将马鸣思想中的"法界"误读为"北传佛教中神秘或理想的世界"的做法。③ 铃木还根据《起信论》中"法身"的观念，特别区隔了大乘法身与小乘法身观念的不同，认为西方佛教学者所理解的法身，局限于初期南传佛教的观念，而把法身理解为"佛陀的言教"。他提出，大乘所说"法身"则不限于此，而包括了"一切存有的终极基础"，即一种"绝对的在"（the absolute）。④

最明显的是，铃木借注解《起信论》而反击欧洲东方学家对大乘虚无主义的批评。19世纪欧洲佛教学对大乘思想有一种流行的看法

---

① D. T. Suzuki, trans., *The Awakening of Faith in the Mahayana and Its Commentary*, pp. 43, 44.
② D. T. Suzuki, trans., *The Awakening of Faith in the Mahayana and Its Commentary*, pp. x-xii.
③ D. T. Suzuki, trans., *The Awakening of Faith in the Mahayana and Its Commentary*, pp. 41, 42, 55.
④ D. T. Suzuki, trans., *The Awakening of Faith in the Mahayana and Its Commentary*, p. 62, n. 1.

是：大乘宣扬了一种消极的虚无主义。特别是他们在对佛教的核心概念"涅槃"进行解读时，自布尔努夫以来，其主流意见都把"涅槃"解释为一种寂灭式的虚无主义。[1] 铃木在注解《起信论》的"涅槃"观念时，就专门回应和反驳了欧洲佛教学中这一流行的谬见。他指出，涅槃并非时下一般观念所认为的是绝对静寂和虚无之义，《起信论》之谓寂灭意味着灭除我执，脱离分别心，而进入真如或认识万物一体的境界。此外，铃木在解释《起信论》真如"真实空"与"真实不空"这一对概念时也着意发挥了这一层意思。他提出，欧洲学人误解大乘空义，把空解读为空无一物。实际上，大乘所谓空是排遣和否定感性经验与二元世界的观念幻相，超越于分别妄念，从而达到"最高之实在"（the highest reality），这就是"真实不空"。因此，大乘之空义绝不是寂灭一切的虚无主义，而包含对更高真实境界的肯定。他甚至认定，被那些"佛教的基督徒学子们"所讨论的龙树中观"空"义，也不是要否定一切，而是保留了真实世界的存在。[2]

关于欧洲佛教学界所认定的因大乘晚出，而只有巴利佛教才代表了原始佛教真义的说法，铃木也试图在译解《起信论》时做出反驳。他质疑西方佛教史这种历史学的认定，指出印度佛教史的许多问题其实都还处于雾云笼罩的地步，很多问题远没有得到澄清和解决。尽管只有很少梵本佛典被发现，但是并不能够就此确定大乘晚出。虽然《起信论》代表了公元一世纪左右的大乘思想，但是铃木认为，大乘思想应该与那些巴利学者所说的小乘思想一样，同时产生于更早的原始

---

[1] 布尔努夫就认为佛教涅槃观念是"绝对的虚无"（the absolute nothing）与"寂灭"（annihilation），缪勒也说佛教思想的巅峰就是"无神论"与"虚无主义"。（参见 Guy Richard Welbon, *The Buddhist Nirvana and Its Western Interpreters*, pp. 60, 62, 109）

[2] 参见 D. T. Suzuki, trans., *The Awakening of Faith in the Mahayana and Its Commentary*, p. 58, p. 59, n.1, pp. 87, n. 2. 又，在《大乘佛教纲要》中，铃木也针对西方佛教学者瓦德尔（Waddell）把龙树中观学定义为"诡辩之虚无主义"（sophistic nihilism）的说法进行反驳。（参见 D. T. Suzuki, *Outlines of Mahayana Buddhism*, pp. 21, 22）

佛教观念之中。① 我们可以说，这些都是铃木注解《起信论》的弦外之音了。

20世纪最初几年的西方基督教徒与东方佛教学人同时译传《起信论》到西方世界，这是一件很有分析价值的思想史事件。与同一时期在中国出版的李提摩太的英译《起信论》比照来看，虽然铃木译本无论从译语还是思想形式上面都更贴近于原始文本，但两个译本的背后都同样暗示了不同意识形态的政治论述，反映着东亚文明与西方文明之间的较量。《起信论》的英译本只有放在其产生的特殊历史情境中去加以分析，才可以见出其真实的端倪。具有讽刺意味的是，就在铃木译传《起信论》的几年后，在日本的佛教学界就发起了一场关于《起信论》真伪的大辩论。铃木关于马鸣及《起信论》的许多历史论述都需要接受来自东方佛教内部的严峻挑战与考验。② 铃木后来也意识到他初传的《起信论》有很多问题，并明确表示自己对旧译之不满而意在重新译注。③ 尽管铃木重新译解《起信论》的宏愿一直没有实现，但正是这一现在看似充满问题的《起信论》译传本，才让我们更真实地体察出20世纪初那段东亚佛教西传的复杂历史面相。

（四）《大乘佛教纲要》所论述的大乘议题

19世纪以来西方佛教学者根据基督教的背景，对佛教思想所持的

---

① D. T. Suzuki, trans., *The Awakening of Faith in the Mahayana and Its Commentary*, p. 145, p. 146, n. 2.

② 明治晚年，日本学界就《起信论》是否为中国撰述展开了激烈论争，最初缘由，是由舟桥一哉于1906年发表《起信论》为中国撰述的看法。关于此，参见吕澂：《大乘起信论考证》，《吕澂佛学论著选集》（一），第305页。

③ 铃木大拙是在20世纪30年代左右给加达德（Dwight Goddard）书信中，讨论加达德解他英译的《起信论》时做这番表示的。（参见 Asvaghosa, D. T. Suzuki, and Dwight Goddard, *The Principle and Practice of Mahayana Buddhism: An Interpretation of Professor Suzuki's Translation of Ashvaghosha's Awakening of Faith*, Thetford, Vt., 1933, pp. ix-xi）

一种主流看法是，一方面指斥佛教充满了虚无主义，同时又认为佛教为无神论。① 日本的东方佛教徒也大致在西方佛教学所划定的这些问题意识中来为自己辩护。于是，他们一方面在大乘论述中，有意识地突出大乘存有与实体主义的法流。如铃木早期所译传的大乘观念，主要以如来藏思想为中心，来阐明大乘思想并非虚无主义。从铃木的《起信论》译注到《大乘佛教纲要》的书写，都鲜明体现了这一方向。而另一方面，佛教是无神论的说法，在当时也被积极地引申，特别是与近代启蒙和理想主义去做某些契合。东方佛教徒巧妙地利用了这一点，而为佛教之超越基督教进行辩解。如铃木就提出宗教与科学，理智与想象要并行不悖，缺乏任何一方都会成为不健全的"单边"（one-side）效应。所以他在为大乘辩解时，就宣称大乘佛教是一种理智主义的宗教，表示佛教"涅槃的思想无疑比基督教爱之福音更为理智"②。

《大乘佛教纲要》出版于1907年，虽然发表的时间要晚于《起信论》译注，但铃木实际在1898年就开始思考和从事该书的写作。③ 本书很多基本原则和主题都与《起信论》译注的思想非常一致，比较明确地反映了铃木早年关于大乘论述的思考。铃木在译注《起信论》时，对许多大乘思想的解释与辩护只能够略做阐明，等到《大乘佛教纲要》的出版，《起信论》译注中的重要原则与主题就获得了较为全面和细致的开展。甚至可以说，这本纲要所阐发的大乘义蕴基本就是以《起信论》译注的思想为纲骨，突出了大乘系统中如来藏思想的法流。铃木

---

① 如19世纪末美国对佛教的主流意见也是把佛理解为"无神论"。最有代表性的是这一时期的维伯斯特词典（Webster's dictionary）关于佛教的解释。如1849年版的佛教词条上说佛教"实际就是一纯粹的无神论"；1864年版也称佛陀为亚洲"第一位无神论者"。（参见 Thomas A. Tweed, Stephen Prothero, *Asian Religions in America: A Documentary History*, p. 111）

② 参见 D. T. Suzuki, *Outlines of Mahayana Buddhism*, p. 58。一直到晚年，铃木对于大乘佛教的看法仍然坚持这一主张，如他在后期出版的关于大乘论述中坚称，相比于基督教经常压迫理性而言，佛教"比其他任何宗教都更强调宗教中的理性因素"。（D. T. Suzuki, *On Indian Mahayana Buddhism*, New York: Harper and Row, 1968, pp. 26, 79-81）

③ 参见 A. Irwin Switzer III, *D. T. Suzuki: A Biography*, p. 17。

自己就明确表示，他于19世纪末20世纪初翻译《起信论》就是为了配合他同时思考书写的这部《大乘佛教纲要》。①

在铃木看来，《起信论》不仅是佛教史上第一部大乘论典，而且该论囊括了从佛陀到马鸣时代一切大乘佛教的精义。于是，他早年对大乘观念的理解和解释，基本就是照着《起信论》的思想来开展。最明显的如铃木在讨论大乘佛教之阿赖耶识这一概念时，更倾向于从《起信论》如来藏思想系统去做说明，并没有本着印度瑜伽行派的立场进行阐释。②他深知正是如来藏的传统，而不是一般唯识传统才能够比较鲜明地体现东亚佛教思想的性质。无论从其使用的经典文本还是主要议题，都不是印度或藏传系统的法流，而突出了东亚佛教的思想传统。这本纲要性质的著述具有鲜明的时代性，反映了铃木当时之所以急于书写这部大乘性质的著作，其目的是要为"东方佛教"张目。我们比较其后期撰写的《印度大乘佛教论》一书来看，这本《大乘佛教纲要》显然充满了论战的意识。可以想见，铃木早年有关大乘的论述是密切关联到东亚和日本意识的。

仔细解读这部《大乘佛教纲要》，不难发现其结构篇章及主题的展开，都还是预设了小乘佛教这个作为背景的"他者"——特别是欧洲19世纪以来东方学所建构的巴利佛教论述——而展开的。而该书论述大乘佛教所使用的原典资料也是以汉文藏经文本为主，这对于西方佛教学界长期歧视东亚佛典的做法也是一次公开的挑战。如该书"导言"就开宗明义把大乘与小乘作为一组对峙范畴而提出讨论，在说明大乘殊胜的法义之后，接着就对西方学界有关大乘的误读做出回应。《大乘佛教纲要》全书所侧重讨论的所谓大乘佛教的一些中心观念，如真如、如来藏、无我、业力说、法身说、三身说、菩萨及涅槃等，无不是在

---

① Masao Abe, *A Zen Life: D. T. Suzuki Remebered*, p. 24.
② 参见 D. T. Suzuki, *Outlines of Mahayana Buddhism*, pp. 128-131.

针对西方佛教学所强调的南传系统而论说大乘教义之优越。

铃木的《大乘佛教纲要》择取了大乘佛教中一些重要的概念，主要根据东亚汉传佛教文献对这些概念做了较为系统的释义。值得注意的是，他在一般解读的过程中都着意区分这些概念在大小乘佛教系统中的不同含义，突出大乘教义的殊胜；同时他也有策略性地针对西方东方学家对大乘的误判而做出回应与反驳。如讲到"无我"这一概念时铃木指出，虽然这是大小乘共有的一个概念，但是他要强调的是"大乘在这一学说的阐解中比小乘更为发展了一步"①。又如，讨论法身这一概念时，铃木认为在以巴利为代表的小乘传统中，把法身理解为"佛法之身"（body of the law），即佛陀教义的具体化。而大乘佛教，尤其是东方佛教则倾向于把法解读为一种"实体"或"实在"等存在体，即一种生命化的灵魂或灵性存在，并非小乘所指那种"抽象的形而上学原理"。铃木据此批评说，像缪勒这样的大家都因为错解法身的意思而无法理解大乘佛教的重要性。他说西方学者"对法身一词的解释并不非常准确，从而产生对大乘基本学说的严重误解。历史地看，把法身理解为佛法之身，很可能是从一些小乘经典的通常用法中推绎出来。但是东方佛教徒对法身的理解，则获得了全新的意义，即法身与佛陀所建立的宗教教义之体并没有什么关系"②。这一点是可圈可点的，切断法身与佛陀之间的历史关联，把法身抽象为一永恒的和超越历史的存在，这对西方佛教学以历史起源的方式来追述佛教的真义是一种颠覆。如果接受这一说法，则东方大乘法义的合法性自然不容置疑了。

西方近代佛教学讨论佛教最多也是最重要的一个概念就是"涅槃"，并且对佛教，特别是大乘佛教的批判也多集中在对涅槃概念的解

---

① D. T. Suzuki, *Outlines of Mahayana Buddhism*, p. 41.

② 参见 D. T. Suzuki, *Outlines of Mahayana Buddhism*, pp. 220-224。

读上。① 所以铃木在《大乘佛教纲要》中有意识地一再对涅槃观念详加解释，并发挥《起信论》译注中的基本说法而努力纠正西方对涅槃概念的虚无主义定性。铃木批判西方佛教学者太缺乏佛教徒的立场，而总是对涅槃的概念作"非佛教徒式的沉思"，于是得出许多理智的佛教徒完全不能够接受的结论。他在《大乘佛教纲要》中辟有专章较细密论究大乘涅槃的教义，而开宗明义就表示他对大乘涅槃义的解释，乃是要逆转西方学界所流行的"虚无主义的观念"。他认为西方对涅槃的解读多是依据巴利文本的说法，而巴利小乘经典对于涅槃的阐释只不过是涅槃诸多意义当中的一种而已，并不能就此确定其是佛陀教义的正统解释。铃木说，以南传为正统而视东方佛教或北传佛教为歧出，这一结论"实际是不合逻辑的"。他认为，佛陀自己对涅槃并没有已成陈规的规定，对涅槃的解读随着历史的发展而不断变化发展。他发现涅槃同时具有否定与肯定双重含义，即涅槃的寂灭义只是就其否定义上表示对自我和欲望的弃绝，但同时涅槃的观念也积极地肯定了一切众生拥有慈爱与同情。于是，被西方批评家所指斥的涅槃虚无说实际只是对自我主义的消构，"而对黑暗的驱散并不是带来颓废，而意味着开悟、秩序与和平"。

铃木还从涅槃概念的发展史来说明佛教涅槃说的积极意义。他指出所谓涅槃寂灭的消极观念，是流传于佛陀之前印度宗教的一种思想形态。佛陀提出八正道的观念，正是要对这样一种带有消极意味的涅槃观念做积极方面的扭转。可以说，佛陀给作为寂灭的涅槃观贯注了新的生命意义，使之可以通过人们的道德实践来加以完成。因此，涅槃是"人类生活的充实和开展"②。铃木对涅槃观念的解释，不惜笔墨而如此繁复地特别标举出"涅槃是积极的"（nirvana is positive）一句话

---

① 西方佛教学 19 世纪以来对涅槃概念之解读史，参见 Guy Richard Welbon, *The Buddhist Nirvana and Its Western Interpreters*.

② 分别参见 D. T. Suzuki, *Outlines of Mahayana Buddhism*, pp. 49-55, 331, 340-341, p. 348, n. 2。

头来详加参究，其旨趣是很明显的。

欧洲佛教学以巴利南传为正统的一个历史学根据就是大乘为晚出经典，故其思想为后人所伪造。为了对抗欧洲佛教学以巴利南传为至上的观念，明治以来具有世界意识的日本佛教学者不仅要证明日本大乘就是佛说，而且更欲说明大乘包含了小乘的一切教义。如土宜法龙与大部分明治时期的佛教学者一样特别弘扬大乘的价值，他试图表明作为代表"日本精神"的佛教不仅是大乘，而且是更为优越的"一乘"。土宜法龙还提出过大小乘同源说的理论，不过对大乘经典晚出的历史学难题则多加以搪塞。[①] 而这一点，在铃木关于大乘佛教的论述中也可以鲜明地感受到。

铃木为大乘辩护的重要一招，就是力图证明他所谓的大小二乘同源说。铃木认为，大小乘教义的指向虽然略有不同，如大乘偏向自由、进步；小乘则偏于保守、单纯而理性的伦理原则等。不过，他认为从本源上看，大小二乘是佛陀教导的一源异流，都出于同一精神旨趣而并无本质性的差别。铃木还力图回到印度初期佛教史，试图肯定这一论断。他说佛陀灭度后的几百年间，佛教所分化出的二十多种宗派都自称是佛陀"正统教义"的传承。不过，由于史料所缺，铃木承认无法对这一历史做细密的考究。于是，他把原本欧洲佛教学那里属于历史考论的问题一转而为历史哲学的问题，并建立这样一种动态的历史哲学观念：历史是不断发展的，"没有发展就没有生命"（no life without growth）。铃木提出，作为佛教奠基者的佛陀的教义本身就具有多元和综合的性质，而允许其门徒做自由的诠解与发挥，从而发展出不同的佛教宗派思想系统。他这样说"正是大乘佛教受进步精神之感召，在不违背佛陀教义内在意义的同时，而扩充了其原始的规模"。

---

① James Edward Ketelaar, *Of Heretics and Martyrs in Meiji Japan Buddhism and its Persecution*, pp. 160, 161.

"对于大乘佛教来说,不管其在历史发展中如何的变化,它的精神和中心观念都是与其创始者无二的。"① 所以大乘经典从时间序列上来看虽然是晚出,但其思想不仅是源头观念的延续,更是一种提升与发展。因此大乘思想的意境不仅是佛陀精神的本怀,而且是比小乘更高远和充实的一种佛教形式。

正像有的学者所发现的,从历史批判学转向哲学性的方式讨论佛教,是许多僧侣或信仰式佛学研究为了保持其传统的合法性免于批判而共同采用的一种策略。② 铃木并没有兴致对原始佛教的经典文本与历史做细密考说,而是在他的这种类似进化论的历史观念下,以"一种活着的信仰"(a living faith)去为他规避历史学的求证打圆场,并说明大乘法流的至上性。他这样意味深长地说:"大乘佛教并不会满足历史的好奇心,它的生命力与活泼性仍然存在于我们日常生活当中,它是一种伟大的灵性有机体,其道德与宗教力至今还在影响着数百万人的心灵,它的发展将肯定对宗教意识的世界化进程产生非常有价值的贡献。"③ 这显然是一种信仰的宣誓,而不是一种学术史的阐明。

铃木批判西方的东方学家歧视大乘佛教的合法性,认为他们这样做是建立在一种充满"偏见"与"不幸的假设前提下"。在反击西方佛教学界对大乘歧视性的论述中,铃木深刻地发现了这些西方论调的背后具有一种东方学的倾向,即一种基督教的意识形态。就是说,对大乘的批判大都是由一批具有基督教背景的东方学家和佛教学者所发起的。铃木指出,这些"基督徒的批判者们"忘记了基督教的发展本身也不单纯是耶稣基督原始意义上的教义,而是混合了不同的传说而成。但是他们却肯定自己信仰宗教的真实性,而经常误判那些他们并不熟

---

① D. T. Suzuki, *Outlines of Mahayana Buddhism*, pp. 1-6, 10, 14.
② Bernard Faure, *Chan Insights and Oversights: An Epistemological Critique of the Chan Tradition*, p. 91.
③ D. T. Suzuki, *Outlines of Mahayana Buddhism*, p. 15.

悉的思想与传统的价值,并指责"作为其对手的宗教(大乘佛教)之为堕落"。铃木把这些批判大乘的西方东方学家贬称为"持有偏见的人"或是"宗教狂热分子"。[①] 不过,铃木很少公开判释佛教与基督教之高下,而通常是很有策略性地在他有关大乘的英文论述中,以佛理去会通基督教思想来向西方表明大乘佛教的合理性。他认为真正的基督徒与开悟的佛教徒可以在宗教感的最深处找到一致性,他甚至确信"如果佛陀和基督互易他们的出生地,那么释迦牟尼可能成为一个反犹太传统的基督,而耶稣也可能成为一位倡导无我、涅槃和法身说的佛陀"。他还对比过许多大乘佛教观念与基督教思想之间的相关性,如他认为大乘佛教的法身说就在某种程度上可与基督教的上帝观相比较。

从铃木对大乘观念的不同阐释来看,可以清晰地看出他是有策略性地向西方输传东方大乘佛教的思想。他早年对大乘中心概念的诠读都有相当成分的隐喻,最明显的是,他把佛教的许多重要概念都进行了实体主义的解读与延伸。这一方面是由于他在20世纪初期有关大乘的论述还主要笼罩在以《起信论》为标志的如来藏思想的系统内,一切大乘的教义多少都被他解释得有些《起信论》或如来藏化了;更为重要的是,铃木初期有关大乘的英文论述都是有意识地针对西方佛教学把大乘思想进行虚无主义引申而进行的驳正。因此,他对大乘的英文论述具有更多意味深长的论辩修辞。难怪连对铃木颇有好感的西方著名佛教学家孔兹也被铃木早年所作的这部《大乘佛教纲要》弄得很糊涂,说该书的英文措辞极为怪辟,甚至认为有"社会主义的倾向"。[②] 孔兹并没有意识到《大乘佛教纲要》写作的脉络,铃木并非一般意义上的反对资本主义,而毋宁说他有策略而针对性地批判西方的东方学论述,建立东方佛教的地位。从铃木对大乘佛教根本教义的解

---

① D. T. Suzuki, *Outlines of Mahayana Buddhism*, pp. 11, 15-17.
② 参见孔兹为铃木《论印度大乘佛教》一书所写导言。(D. T. Suzuki, *On Indian Mahayana Buddhism*, p. 12)

释中，我们确实感受到铃木早期大乘佛学书写中有一种"好战的比较主义"（militant comparativism）。① 如果不能够理解到铃木早期大乘论述中的修辞性隐喻，我们对铃木早年英文译传的大乘书写就无法获得一个比较深入的体认。

（五）余论

在19世纪末20世纪初东方佛教徒的笔下，"大乘"已经不再是简单意义上一个标志着北传佛教宗派的关键词，而是被赋予了更丰富和复杂的内涵。大乘对应着小乘——而且是被西方东方学家所定义的小乘——而逐渐被修辞性地演化为一种可与西方文明相抗衡，甚至可以成为具有普世性价值的东方文明与日本精神的替代品。明治末期的日本佛教学界在面对欧洲东方学界强大论述的压力下，急于向西方输送大乘或所谓东方佛教优越论的观念，以显明其精神价值的特殊性。这种刻意要与西方佛教论述叫板，高调进行具有东方佛教意味的大乘论述，实际反映了他们正处于"边缘性的焦虑"（boundary anxiety）而欲跻身于话语中心的一种努力。② 无论是坚持小乘才是正统，还是大乘包含小乘而又优于小乘的大乘正统论，都是把佛教教义"本质主义"化为单一的形式而加以曲解，这体现了19世纪以来佛教学论述背后东西方在话语权上的争夺，也表示佛教学论述的背后隐含了不同政治意识形态的角逐。日本试图向西方表明东方佛教传统的优越性，而颇为吊诡的是，他们对东方佛教的整体论述，恰恰都是在西方佛教学语境所设定好的框架里来进行的。他们在建构大乘论述的同时，实际在穷于

---

① Bernard Faure, *Chan Insights and Oversights: An Epistemological Critique of the Chan Tradition*, p. 62.

② Bernard Faure, *Chan Insights and Oversights: An Epistemological Critique of the Chan Tradition*, p. 65.

应对西方同行们所预设好的那些问题和挑战。可以说，这类本来意在反西方东方学论述的"另类东方学"（secondary orientalism）最终仍然跳不过旧有东方学的宰制。[1]

铃木关于大乘的翻译与论述远不如他的禅学那样在西方有影响力。原因在于，他有关大乘的译传是以佛教文本为中心的。语言与文本是历史发展中的产物，因而对大乘佛教文本的学术思想讨论都必须经过语言、文本与历史批判学的严格过滤。铃木有关大乘的论述在语言、文本与知识方面还存在不少弱点，因此他的论述在拥有强大学术传统的西方佛教学看来，大都不堪一击。[2]西方自19世纪以来建立起的佛教学研究传统对包括大乘经典在内的佛教语言、文本与历史都进行了较为严密的科学研究，而此时日本佛教学还没有完全走出传统的论述形态，缺乏严密的比较语言与文本分析方法。铃木虽然在佛教语言、文本等方面受过较好的训练，但对文本做细密的语言分析与历史考究既不是他的兴趣，也非其所长。特别是他当时对大乘的讨论并不是出于纯粹学术史的考量，而多少带有宣教的意味。在研究策略上也没有就单一文本或传统做专题性研究，而是倾向于做结构性、综合性的思想论辩，这些宏大叙事都与西方东方学所建立起的那种佛教知识学信念大为不同。[3]这也许就

---

[1] 关于铃木佛教论述中的"另类东方学"概念是由佛尔提出的，他意指一种针对西方东方学立场的反向论述。即西方东方学表示了对东方的一种歧视，而佛尔发现，不仅西方东方学对东方有傲慢的态度。实际上，东方人关于自己传统的论述有时候也会表现出对西方文明的不屑，这就是他所谓的"另类东方学"的立场。佛尔认为铃木等向西方所宣扬的禅，就包含了大量"另类东方学"的傲慢。（参见拙著：《禅史钩沉——以问题为中心的思想史论述》，第410—415页）

[2] 孔兹在评论铃木早期对大乘佛教学的贡献时，就指出他的《大乘佛教纲要》有许多不足，特别是其对《起信论》的判断方面有严重的错误，以至于影响其整个大乘论述的价值。（参见孔兹为铃木《论印度大乘佛教》一书所写导言，D. T. Suzuki, *On Indian Mahayanan Buddhism*, pp. 12, 13）

[3] 孔兹说，20世纪上半叶以前，用英文撰述的综合性大乘佛教著述只有两部，铃木这本《大乘佛教纲要》最早出版，另外一部是杜特（N. Dutt）的《大乘佛教诸面向及其与小乘之关系》（*Aspects of Mahayana Buddhism and Its Relation to Hinayana*），该书1930年在伦敦出版。（参见孔兹为铃木《论印度大乘佛教》一书所写导言，D. T. Suzuki, *On Indian Mahayanan Buddhism*, p. 13）

是他的英文大乘论述在西方不被看好的原因之一。

　　比较之下，铃木向西方所传介的禅，则恰恰意在突显东方佛教传统特有的反知识主义、反文本读解的倾向。铃木禅的这一论述策略，正好因应了当时西方本身的需要。① 另外，由于当时西方学界对禅学知识史还准备不足，只能在铃木禅的叙述中去想象东方禅的图式。因而铃木的禅与大乘论述在20世纪上半叶的西方完全遭遇了不同的命运。有趣的是，到了20世纪下半叶，当西方累积了足够的禅学史知识和文本研究时，作为知识的禅学史研究也几乎一边倒地在重新审查和批判铃木禅学史的影响，使得铃木在禅学上的偶像地位一度濒临瓦解。②

　　对铃木的英文佛教学论述在西方的效应，如果我们单方面地从知识史的角度来进行分析与评判，很容易发现铃木书写文本中的漏洞与错谬。实际上，如果把铃木早年的大乘论述放到特定的历史情境，作为思想史事件中的文本来进行解读，那么我们对这些文本的价值就会获得完全不同的认识。铃木把《起信论》译成英文，并在此基础上对大乘所做的纲要性阐释，都可以看成是明治以来日本佛教学界试图向西方推动东方佛教和日本精神价值合法化运动中一个标志性事件。于是，铃木初期有关大乘佛教的论述在西方世界的销声，并不会消解这一事件本身的历史意义。

---

① 参见 Judith Snodgrass, *Presenting Japanese Buddhism to the West*, p. 272。
② 关于20世纪铃木禅学在西方的变迁，详见拙著：《禅史钩沉——以问题为中心的思想史论述》，第403、404页。

附　录

重估太虚法师（引论）[①]
——以"中国第二历史档案馆"所藏民国教育部档案为中心

一、缘起

本文的撰写，是建立在《汉语佛学评论》第四辑所整理的三组档案的基础之上。[②] 这些档案，尘封于南京的"中国第二历史档案馆"（以下简称"二史馆"）里。实际上，在20世纪80年代到21世纪头几年这20多年间，也即民国档案"大开放""大利用"的时期，这些档案早已公之于世，尤其是一些专攻（现代）地方志、民国史的学者，对相关的档案也是十分熟悉；因此，这些档案并无多少秘密可言，我们重行整理再加讨论，也算不得有多么的孤明先发。

不过，就民国佛教学、太虚研究等方面而言，以这些公牍为基础

[①] 本研究是国家社科基金重点项目"中国佛教解经学专题研究"（13AZD031）阶段性成果之一。本文感谢民国档案专家文俊雄先生对档案解读所给予的指导；感谢学愚教授、姚治华教授、刘宇光教授、耿晴教授、汲喆教授、善觉（台湾法鼓山）、吴彦隆博士等给笔者提供了民国佛教人物、佛教学方面的相关资料。另，本研究也是2017年教育部人文社会科学研究青年基金项目"太虚法师与民国'佛教—宗教'思想史研究"（17YJC730005）的先期成果之一。

[②] 太虚等原作，龚隽、赖岳山整理/文：《"太虚档案"的整理与研究》，龚隽、林镇国、姚治华主编：《汉语佛学评论》第四辑，上海古籍出版社2014年版，第5—95页。

的研究，确实也不多。从近些年的研究来看，大批量地以海峡两岸所藏档案为基础的民国佛教学研究，唯有陈金龙教授《南京国民政府时期政教关系——以佛教为中心的考察》[①]一书；另外，四川师范大学的何洁在硕士论文《汉藏教理院（1932—1950）研究》[②]中，也使用了重庆档案馆所藏有关汉藏教理院的档案。在台湾学界，陈仪深和侯坤宏两位学者也曾调查、使用过台湾"国史馆"所藏的部分档案。[③]陈金龙的研究，从调查到著作出版，大约花费十年时间，可谓详尽。该书以"政教关系"为中心，问题集中在国家宗教法令、制度、政策、佛教团体的各种运动和改革，以及政府与佛教团体的互动上。在"民国政教关系"这个宏观的主题下，"太虚研究"对该书而言就显得过于专窄；因此，该书虽然各章节间杂了不少有关太虚的内容，但并未就所见档案给太虚予专门探究。在该书之外，对于宗教学专业中的"民国佛教学"而言，将就着这些不再新鲜的档案，再继续做专门的"太虚研究"，还是很有必要。

然而，自2010年开始，中国第二历史档案馆正在进行全部馆藏资料电子化工程，暂时关闭档案查阅，自2012年冬才逐步开放已经电子化完毕的馆藏档案，首先开放的是民国教育部、中研院、国史馆等。因而，笔者所使用的档案材料，主要是南京二史馆民国教育部档中有关太虚法师的档案为主；又由于地域所限，暂时没法将台湾"国史馆"所藏的文献纳入其中。

对以上材料，我们暂且命名为"太虚档案"[④]。就主题而言，这批

[①] 陈金龙：《南京国民政府时期政教关系——以佛教为中心的考察》，中国社会科学出版社2011年版。

[②] 何洁：《汉藏教理院（1932—1950）研究》，四川师范大学硕士论文，2004年，第88页。

[③] 陈仪深：《太虚法师的政治思想初探》，《中央研究院近代史研究所集刊》第19期，1990年。侯坤宏先生对民国档案相当熟悉，但其注意力更多是放在1949以后的大陆佛教。

[④] 关于"太虚档案"，需要做几点说明。目前，我们所依据的仅限于南京二史馆所藏的部分档案，而缺台湾"国史馆"的相关档案。再者，近些年来，二史馆为制作档案电子文本而暂时关

"太虚档案"涉及了这些事类:太虚民初时期的志行、僧教育、政治理想、僧伽改革、汉僧兵役,等等。

这些主题,《太虚大师全书》(以下简称《太虚全书》)和《太虚大师年谱》(以下简称《太虚年谱》)① 已经收录了不少原始材料;自20世纪50年代以来的各种"太虚研究",也有详尽的叙述。但是,这些烦琐平淡的公牍,仍旧留有不少未曾涉足之地。通过档案的关联项,或可提供专章讨论的余地。

(接上页)闭了档案的查阅服务,逐渐开放已经完成电子化制作的部分档案;因此,我们目前只能查阅到民国教育部、"国史馆"、"中央研究院"的档案。

由是,"太虚档案"的范围,目前仅局限在以上几个部类。

在时间上,这批"太虚档案",也仅仅是1938年国府西迁之后所产生的,责任人是太虚,所属机构是位于重庆缙云山的汉藏教理院。

事实上,"太虚档案",只有一小部分是太虚个人的,如"国史馆"对太虚"银质证章"的解释;其余大部分,并非仅仅属于太虚个人。后者,严格地说,应该属于以太虚为主导的汉院僧团,或者说属于由太虚所领导的"新僧"僧团。

那么,为何将属于汉院新僧"集体"的档案,归于太虚个人名下?理由如下:

1. 就原始档案的命名而言,"太虚"是必要的关键词。

2. 虽然,在一些呈文的签名上,并非只署名"院长太虚",同时署名的还有"副院长法尊"和"院护何北衡"。然而,汉院之所以能向四川省教育厅、教育部、军政部、行政院、军委会等国家机关提出各种设想和请求,事实上完全由太虚所主导——他通过个人声望、通过其于党政委员的"友谊"而向相关部委提出各种设想、要求和呈请。当时的法尊和何北衡均不具备这样的能力。可以说,太虚是绝对的主导。

3. 在公共呈文之外,太虚时常附加私人信函,直呈部门主首,以说明所请,告知公开呈文之外的实际原委,以及寻求关照。

4. 在教育部等部委的公文回复中,在"送达机关"栏中较少填写"汉藏教理院",绝大多数填写"太虚法师";同样,在"批复"正文的称谓中,也绝大部分称"太虚法师"。由此,这在逻辑上演变为对太虚个人负责。

5. 之所以说是对太虚个人负责——从机构之间的关系看,正是因为汉院属于"私人讲学机关",与国家教育部等并未具有权责上的直属关系。而现有关联的发生,恰恰是太虚通过自身声望与私人"友谊"才促成了公共权力机构的"相应函复"。

由此,从档案分类、主导地位、签名印鉴、机构的权责关系等方面来看,将这些档案直接命名为"太虚档案",似无不妥。

① 《太虚大师全书》编纂委员会编:《太虚大师全书》,台湾财团法人印顺文教基金会光碟版,2005年;以下均用该版本,书名简略为《太虚全书》。印顺编著:《太虚大师年谱》,《印顺法师佛学著作集》第13册,台湾财团法人印顺文教基金会光碟版,2008年;以下均用该版本,书名简略为《太虚年谱》。

关于这些档案所牵涉的各方关系和大致时空背景，也即关联项，还是需要做些开局性的交代。

关联性之一，这批"太虚档案"，有比较一致的时空范围和具体局势。时间上均发生在1938年以后，也即因抗战危急，国民政府迁陪都重庆之后。档案的承载主体，一方是以太虚为院长的重庆汉藏教理院（以下简称"汉院"），另一方是民国教育部，人员主要涉及部长陈立夫，次长顾毓琇、张道藩以及相关司科长。就事件而言，基本上是汉院以"发扬佛教教育"、"沟通汉藏文化"、"睦洽汉藏感情"等理由，向教育部提交各种呈请、诉求、咨询、备案立案文书、工作报表；相应地，教育部做出各种批复，等等。另外，有关"中华民国统一国民党""银质证章"一案，虽然发生在太虚圆寂之后，但其所涉及的内容，却是太虚在民初年间的经历。因此，可以说，这两个档案所指涉的时间段，将太虚人生的一头一尾（民国初年间与1938年后）连接了起来；通过分析，我们可以从中发现太虚"志行"上的连续性或者相似性。也正是这些档案，从国府部委、党政要员的角度，对太虚的"志行"提供了"会核"和"批复"。这两个程序，将太虚及其教团从"私人领地"置入了"公共领域"。

关联项之二，"太虚档案"均与太虚所领衔的佛教教育、汉院院务、僧团建设、僧团与国家法令的关系等问题相关。也就是说，在"太虚档案"这个集合性称呼里，包含着一系列的公共事件，并无个人私域。因而，这个历史事件也是可以并且值得公开、理性地讨论的。

从档案的原发机关来看，"太虚档案"涉及多种要素，按层次分解开来，如下：

从机构看，主要涉及汉藏教理院和民国教育部（连带的、次要的还有军委会、军政部、行政院、考试院、国民政府秘书处等）。

从人物看，主要涉及太虚、陈立夫、顾毓琇、戴季陶、蒋介石、孔祥熙、张道藩、何应钦以及教育部各司科主首、职员。

从国家法律政策看，汉院与民国教育部发生关联，首先是通过两者主首之间的友谊而促发的，但是，从档案内容来判断，民国教育部对汉院的呈请均在国家律法、政策等许可的范围内来办理，并不僭越任一条文纲纪；因此，汉院与民国教育部的关系，属于国家律法、政策范围内的关系。

从行政程序看，档案所展现的各种要素，如来文机关、去文机关、事由说明、原件附录、收发文时间、司科会核、审议的事项、批复的理由、依据的法令、拟办的结果、各种签章等，均严格遵循行政程序以及相关政策法令，并无任何人能够乾纲独断，也不存在仅由单一部门做出决议的情况；因此，严格的行政程序将各种裁量权纳入公共理智和既定律令范围之内，由此而裁定"太虚—汉院"的各种诉求和悲愿。

从这些档案的背景看，一方面是20世纪30年代以后出现的"中土—边疆"危机，另一方面是国家政策对有志于服务边疆的民间人士给予支持和鼓励。该背景较为详细的情形，已在《汉语佛学评论》第四辑《"太虚档案"二：太虚法师与佛教教育（1938年之后）》的"整理者案"中有所交代，兹不赘述。需要特别说明的是，这些背景构成了对档案解读的"前理解结构"。

那么，这些零散杂乱的公牍，能够给我们带来哪些新问题呢？

首先来看《太虚全书》和《太虚年谱》。对于档案中所展现的事件，这两套著作要么偶有述及却语焉不详，要么简化叙述，要么付诸阙如；因此，这批档案，不仅对《太虚全书》和《太虚年谱》能有所补正，而且还能引发出太虚毕生行迹中的一些阙如、杂糅和微妙之处。如果我们就着《太虚全书》《太虚年谱》将这些材料重新补入，则能够以"格式塔"的方式构筑起全新的太虚图像。而这样的太虚图影，是从来没有过的。

其次，在《太虚全书》和《太虚年谱》中，给我们展现的图景就是，太虚以大师之名号和权威不断地向听众进行宣传和号召。然而，这些叙述，看起来更像是自我的独白。为什么是独白？因为，《太虚全书》《太虚年谱》虽然记载了一些"敌手"的反对声音，但是没有太多具体的内容；看起来，这些记载并非为了学术性反思的需要而准备的，更像是门徒们为了护教而将"诋毁者"钉在柱子上。早期编纂的《太虚全书》和《太虚年谱》，在无意识中过度强调太虚"特立独行"的时候，恰恰忽略了其与外界应有的互动和对话，尤其是删除了一些带有否定性质的对话；这样的对话，本质上是一种关系或者关联。这些关联，并非不存在，也不是《太虚全书》的编撰者不知晓，而是被刻意地忽略了——证据可见档案里的"批复"。

最后，忽略本身，就造成了一个假象：看起来，太虚似乎在各种事务上均处于主动、主导和支配的地位，乃至占据了"正法"的绝对性。然而，"太虚档案"带来了相反的情形。它不仅展示了《太虚全书》和《太虚年谱》所不曾记载的"太虚—汉院"的悲愿、诉求和困难，也重新将"他者"的一面重新置入到太虚的图谱当中。这样的重置，让我们不得不去重新思考太虚的"本来面目"。

因此，对笔者而言，"太虚档案"所带来的是一种惊诧；惊诧引发了各种研究。那么，我们如何来定位目前的这项研究？

所涉的材料，一方面数量庞大，另一方面目前所整理的档案也非全部；因此，这注定了本研究只是非常初步的、探讨性的工作。这就是标题所特别注明的"引论"的意义。"引论"的首要任务，就是放在"重估"之上。之所以以"重估"命名，也有较为保守的考虑。第一，档案展现了"阙如"和"对立面"，也给出了某些具体事件的"起源"；由此而产生了各种问题和思考的空间。第二，目前确实也无法给出稳定的结论，所有看起来具有结论性质的句子，只不过是阶段性的安营扎寨，还远不到涯岸绝巅。第三，本文拟先综合地给出一般性质的讨论，以呼应《汉语佛学评论》（第四辑）"专题'太虚档案'的整理与研究"中所刊布的三部分档案。第四，本专题以"工作坊"的性质，先将初步的研究提交学界，以求批评指正。

至于笔者的立场和态度，或许可用"孔子入太庙，每事问"来描述，因为，这个典故包含着特殊的意义，即"熟悉的陌生"。

基于以上较为宽松的自定任务，本文也就随适机宜：第一部分从整体上来讨论太虚与国家有司之间的"关系"，重点在于倒转性的视角；第二部分分别讨论三组档案所带来的问题；第三部分再稍做总结。

二、重估的两个维度："独白"与"关系"

（一）太虚"人生佛教"的自我表现

1938年之后，随国民政府西迁重庆的太虚法师，在缙云山之巅，注目中原①、旁顾康藏②、涉足印缅③、放眼环球④，徐徐为其为数不多的⑤听众讲授着佛满人间的图景——民初年间因革命"侠情"而激发的"僧革命"设想，此时也已"综合"为系统的"原理"⑥。在精心撰写的讲义中，他借助对自身的反思和分期，巧妙地为这份图景提供了来源、

---

① 例如，以"中国佛教会临时办事处"名义，通电全国，号召抗日。
② 例如，以汉院为基础，介入到国家的边疆战略、政策当中，尤其是参与到"边教行政"的任务中。
③ 例如，1939年9月，访问缅甸、印度、锡兰、马来西亚等地。
④ 例如，1943年作《联合国战胜后之平和世界》，建议应该如何地以"联合国"（笔者：与"轴心国"对应，非现在意义上的联合国）为基础而在战后组建"平和世界机构"。
⑤ 汉院当时的学生，在100人左右。如1944年，太虚为请免汉院兵役而提交教育部的全院师生职员名单——《世界佛学苑汉藏教理院三十三上期教职员并学生名册民国三十三年三月》——所显示，连太虚在内，汉院共有112人；其中教员22人，无职衔的5人——为"属寺管理"的毕业或肄业生，其余为学员85人。见中国第二历史档案馆，教育部档；南京；卷宗号5，案卷号14808，第12—19电子页。以下均使用简化的格式，如"5—14808, 12—19"。
⑥ 太虚自谓："在辛亥革命的侠情朝气中，提出了教理（那时叫学理）革命，僧制（那时叫组织）革命，寺产（那时叫财产）革命的口号。"（《我的佛教革命失败史》，《太虚全书》第29册，第61页）
太虚自民国元年（1912年）以来所提出的僧革命理想和口号，最终在1940年8月向汉院暑期训练班讲授《我怎样判摄一切佛法》的时候，"综合"地演变成"人生佛教"的"原理"。（《太虚全书》第1册，第528—529页）

结构、阶次、目标、价值和合法性。

太虚在反思自身"学—行"的时候,通常会习惯性地划分阶段和时期。最典型的分期有两类:其一,1940年7月,"我的佛教改进运动略史"分为四期[①];其二,1940年8月,"我怎样判摄一切佛法",分为三期[②]。

后者的重中之重,是在第三期中最终地确立了"人生佛教"。该理论具备了"综合""系统""原理""宗趣""圆满"等的性质。[③]这个系统,太虚有较为完整的设想。第一,就是要以大乘"菩萨"作为样板,将个人的觉悟推而广之,润化现实的人生和世间。第二,在修习次第、众生类型上,这样的整体过程也被做了区分:在人的阶位层面,被规定为以僧为首领或统领,依次而下是居士、信佛青年,最后要普及众生;在组织的层面,从寺院(僧学院)的"佛化",到国家的"佛国",再到世界的"佛世界"。综上两点,一言以蔽之,太虚的"人生佛教"试图以"出世间"含摄"世间",以"佛国""佛世界"取代现实的国家与世界。

[①]《我的佛教改进运动略史——二十九年七月在汉藏教理院暑期训练班讲》,《太虚全书》第29册,第67—121页。

[②]《我怎样判摄一切佛法——二十九年八月在汉藏教理院暑期训练班讲》,《太虚全书》第1册,第509—529页。

[③] 太虚关于"人生佛教"的专题演讲和专章论述非常多,在1938年内迁重庆后,尤其20世纪40年代,赋予"系统""综合""圆满""目的""宗趣"等意义的文献,大致有这些:

(1)《即人成佛的真现实论——二十七年二月在重庆作》,《太虚全书》第24册,第457—464页。

(2)《我怎样判摄一切佛法——二十九年八月在汉藏教理院暑期训练班讲》,《太虚全书》第1册,第509—529页。

(3)《人生佛教开题——三十三年秋在世苑汉藏教理院讲》,《太虚全书》第3册,第217—222页。

(4)《人生佛教与层创进化论——三十三年秋在汉藏教理院讲》,《太虚全书》第3册,第223—237页。

(5)《人生佛教——三十四年春在汉藏教理院编》,《太虚全书》第24册,第465—484页。

(6)《人生的佛教——三十五年八月在镇江欢迎大会讲》,《太虚全书》第3册,第238—242页。

(7)《菩萨学处讲要——三十六年二月在宁波延庆寺讲》,《太虚全书》第17册,第281—327页。

太虚借"判摄"(第三期)所得的"人生佛教",基本上与"佛教改进运动"分期中的第四期重合;在时间地点上,正好也出现在1938年以后的重庆汉院。1938年后的中国,被抗战的时势挤压在西南,位于重庆缙云山的汉藏教理院,成为太虚沟通外界和展现自我的舞台。在这个舞台上,太虚借助国民政府以及相关要员的支持,在政教、政治、外交、抗战、边教行政、僧教育、僧伽改革等领域均有建树。这个时期,被太虚称为"佛教改进运动"的第四期。

在"佛教改进运动"的第四期中,太虚将有关"僧"的任务分成了三个部分:"旧会的整理""大学的改建""新制的开制"。① "新制的开制"虽然没有提及"人生佛教"这个术语,但是,对比内容即可明白——两者已经没有本质的差别了。也就是说,太虚对"佛教改进运动"(主要在组织的建制上)的完整设想与佛教圆满义理("人生佛教""菩萨学处")的提出,相辅相成,汇流在1938年以后的重庆汉藏教理院时期。

这样的汇流,用太虚自己的图表来表示,就一目了然:

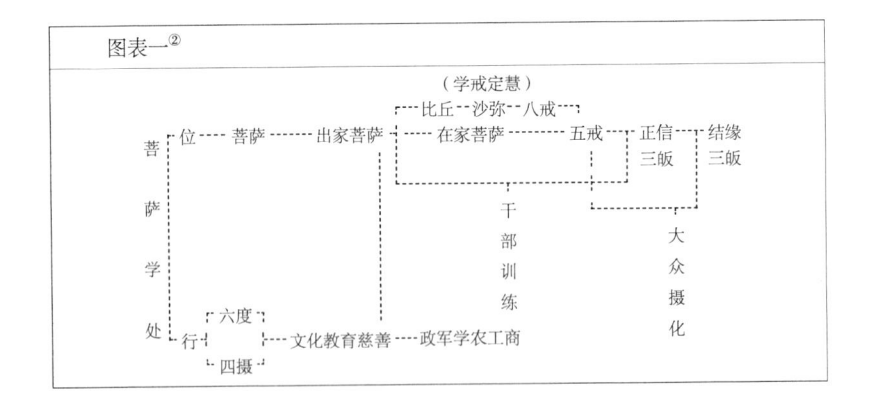

图表一②

```
                              (学戒定慧)
                          ┌──比丘──沙弥──八戒──┐
     位──菩萨──出家菩萨──在家菩萨──────五戒──正信──结缘
菩                                              三皈   三皈
萨                                    干
学                                    部         大
处                                    训         众
                                      练         摄
     ┌─六度─┐                                    化
     行     ├──文化教育慈善──政军学农工商
     └─四摄─┘
```

---

① 《我的佛教改进运动略史——二十九年七月在汉藏教理院暑期训练班讲》,《太虚全书》第29册,第113—119页。

② 《我的佛教改进运动略史——二十九年七月在汉藏教理院暑期训练班讲》,《太虚全书》第29册,第120页。

图表二[1]：

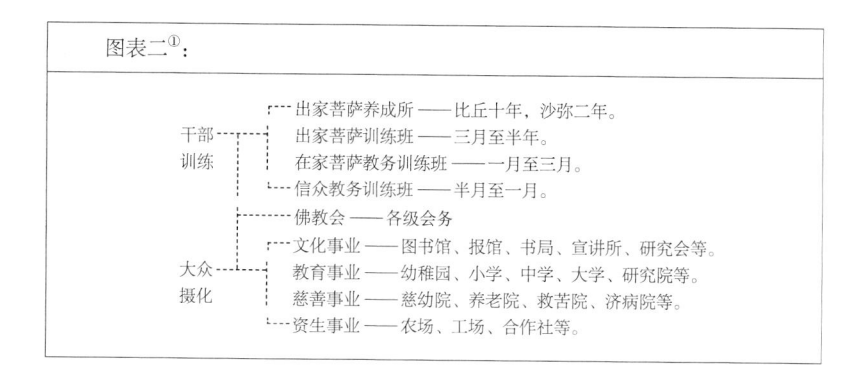

```
        ┌── 出家菩萨养成所 —— 比丘十年，沙弥二年。
干部    ├── 出家菩萨训练班 —— 三月至半年。
训练    ├── 在家菩萨教务训练班 —— 一月至三月。
        └── 信众教务训练班 —— 半月至一月。

        ┌── 佛教会 —— 各级会务
        ├── 文化事业 —— 图书馆、报馆、书局、宣讲所、研究会等。
大众    ├── 教育事业 —— 幼稚园、小学、中学、大学、研究院等。
摄化    ├── 慈善事业 —— 慈幼院、养老院、救苦院、济病院等。
        └── 资生事业 —— 农场、工场、合作社等。
```

图表的内容，展示了太虚"人生佛教"的纲要：思想指南、权位布局、组织框架、行动次第、领导者、执行者以及受众对象。这就是"人生佛教"的基本格局和各项要素，它基本上是太虚对民初以来的僧革命历程的囊括。

以上就是《太虚全书》对太虚晚期僧革命（1938 年之后，重庆缙云山汉藏教理院时期）的自我叙述和自我表现。

然而，20 世纪 40 年代回荡在缙云山之巅的太虚自我叙述和自我表现，多少呈现出梦幻般的色彩，多少也回应了民国三年（1914）闭关前《梅岑答友》中的"梦痕"诗意：

芙蓉宝剑胡桃酒，都是迷离昨梦痕。[2]

（二）太虚"僧革命"、"人生佛教"的特质："独白"的凸显与"关系"的丧失

在这场梦幻般的独白中，太虚大师仿佛站在缙云山之巅，朝门徒

---

[1] 《我的佛教改进运动略史——二十九年七月在汉藏教理院暑期训练班讲》，《太虚全书》第 29 册，第 121 页。

[2] 《梅岑答友》，《太虚全书》第 32 册，第 235 页。在《太虚全书》和《太虚年谱》的记载中，该诗存在着几个版本，文字上稍有差异。如"芙蓉宝剑葡萄酒，都是迷离旧梦痕"。

喊：来吧，来吧，顺着"人生佛教"之路，你们终将成佛；顺着"三佛主义"之路，你们终将建立"佛国"。①

不过，对于"局外人"而言——比如刘成禺这样的世俗革命者，②再如远离了缙云山情景的现代研究者——太虚的独白将会是一种怎样的图景，有什么样的意义？我们仿佛可以看见：1944年秋，当太虚以"集成"的方式向汉院门徒宣说的时候，他正以"大师""领袖"③之名，为其亲手创设的"佛国""佛世界"制定了一部名为"人生佛教"的"宪法"。该法典以"菩萨学处"为基础、理想和行动指南；以佛教会（权力）和佛学院（知识、德行）为核心组织机构；以"僧人—大众"为"官—民"；在"文化教育慈善"名义所包含的"六度四摄"精神下，将"政军学农工商"带到"菩萨"面前来皈依，转而执行菩萨之道……一幅现代佛家的"内圣外王"梦境徐徐展开，一项可以比拟"三民主义"的"三佛主义"将普及中国而"推行于全世界"④。

问题在于，这样的独白场景，缺乏与世界、他人的必要关联。

太虚是谁？谁赋予了他"大师""领袖"之名？谁赋予他"佛纲独断"的权力？谁选择了他？谁选择了他的教团？——然而，独白忽略了还有一个"对方"。对方有异议，对方以理性的知识、明文的法典、

---

① 引号内的术语，均出自《太虚全书》。

② 刘成禺的评述，可见《汉语佛学评论》第四辑《"太虚档案"一：太虚法师与民初（1912—1913）政党》，以及下文"三、（一）、1"部分。

③ "大师""领袖"均是太虚公开对自我的称呼。典型的证据可见：

（1）1944年，《海潮音》刊发了一则新闻：《大师日在成都——筹组"太虚大师学术委员会"》，新闻内容中称呼太虚为"世界新佛教运动领袖"。巧合的是，新闻的署名为"白萍"。见《海潮音》第二十五卷，第二期，第5页。

（2）见姚治华《从柏林联邦档案馆藏太虚的一封信谈起》一文。姚教授整理、考证、讨论了太虚1937年8月11日"致德国人民元首"书信一封。在该信中，太虚落款署名"中国佛教徒的领袖"。姚文载马建钊、印顺、李大华主编：《宗教的现代社会角色》，人民出版社2012年版，第119—132页，书信落款在第130—131页。

"大师""领袖"的称号所要表述的是"阶位""知识""权力""道德"等领域的绝对性和合法性。

④ 《中国佛教革命的宗旨》（1928年4月21日作），《太虚全书》第17册，第598、604页。

公共的程序为根据，写了个各种否决性的批示。

太虚在向谁说？公民、人民、国民、世界人民？家庭、社会、国家、联合国、世界？佛教社团、宗教派别？——然而，独白遗忘了一群在场或不在场的听众。听众正在看着他，正在给他以掌声和嘘声，正在给他撰写评语。

总之，太虚在独白中展示出一幅自成一统的图景。该图景的关键问题在于，它不仅过多地强调自身优越性和合法性，而且，在赋予自身绝对支配权、主导性的同时，并没有给自身之外的对象留下余地；从而丧失了本有的互动关系和理性的对话。

然而，对话是存在的，它们就存在于公文之中。公文中的批示和函复，出自现代知识精英所组成的公务执掌者之手。他们，按照公文格式和法定行政程序，以"公共理性"和"现代知识"为基础，在法律、政策、策略等的范围内，对太虚之呈请所包含的愿望、理由和计划等给予审查、会核、决断和批示。这些"以'公共'为本质和身份的他者"，不管在逻辑上还是事实上，都对太虚"人生佛教"的理论、组织和行动给予了裁决；裁决本身，就构成了一场有效的对话。因此，借助档案来还原对话，首先就给自成一统的独白带来质疑。

太虚之自成一统的问题，事实上，早在1968年，霍姆斯·维慈（Holmes Welch，1924—1981）出版《中国佛教的复兴》[1]一书的时候，就已经通过批判性的怀疑主义表达出来了。维慈对太虚的怀疑，主要可以归结为三点：学识不足[2]、组织空洞[3]、新僧形态对传统佛教形态构

---

[1] 霍姆斯·维慈著，王雷泉、包胜勇、林倩等译：《中国佛教的复兴》（*The Buddhist Revival in China*, Cambridge, MA: Harvard University Press, 1968），上海古籍出版社2006年版。

[2] 比如，太虚在巴黎演讲后所招致的批评。霍姆斯·维慈著，王雷泉、包胜勇、林倩等译：《中国佛教的复兴》，第49—50页。

[3] 比如，"在纸上创建组织"这一评语。霍姆斯·维慈著，王雷泉、包胜勇、林倩等译：《中国佛教的复兴》，第47页。

成了本质性破坏和僭越①。维慈之所以能得出这样的结论，首先在材料上得益于详细的田野调查。田野调查首先给维慈展现了相反的一面，即太虚追随者内部的自我叙述以及太虚反对者和批判者的声音；其次，作为局外人的他，并没有陷没在对太虚的绝对恭敬里，从而漠视现实宗教和文化传统所具有的复数形态。由此，对维慈来说，汉传佛教其他派系和传承的存在，直接就消解了太虚在独白中所暗示的普遍性和必然性；同时，维慈对汉传佛教传统形态和多样性的尊重，也为他的研究奠定了逻辑起点和事实依据，从而使得其轻易地越过太虚独白的藩篱，给予太虚理性的批评。

可以说，在研究方法上，借助异质性材料而对研究对象进行理性的批判，这正是维慈留给后人的慧见。这样的异质性材料——不受研究对象所控制的材料，除了能够从田野调查中获得之外，档案也是一个重要的部分。

然而，由于时代和地域的局限，维慈无法获得尚未解密的民国部委档案。这就使得维慈很大程度上被限制在汉传佛教内在的多样性中来讨论太虚，而无法具体地在世俗现代国家的法律、政策、国家策略、行政程序等脉络中来给太虚予定位和评判。②事实上，在民国佛教史上，还没有哪一个僧人能够像太虚一样，因倡导僧团入世的改革运动而产生了有关"政教关系"的诸多案例，并在国家档案中留下为数不少的、带有个人签名印鉴的案卷。这些案卷显示，当太虚以"人生佛教"将

---

① 维慈认同戴季陶对太虚的质疑，而给出他自己的叙述："假如佛教真的变为太虚所建议的那种新模样，那它也就不再是佛教了。"霍姆斯·维慈著，王雷泉、包胜勇、林倩等译：《中国佛教的复兴》，第60页。

② 霍姆斯·维慈之后，直到近几年，大批量地借助海峡两岸的档案来讨论"民国政教关系"问题的研究，最重要的就是陈金龙教授的著作。可参见陈金龙：《南京国民政府时期的政教关系——以佛教为中心的考察》，中国社会科学出版社2011年版。

有别于陈金龙教授对"民国政教关系"的全面研究，本文仅通过有限的档案而尝试对太虚作个案性质的探讨，探讨重点在于提出新的问题、开拓新的主题、涉足新的路径。

新僧抛入"人间"的同时,世俗国家的各种准则也对处于辖域内的个人、团体、行为和思想进行定性、分类、判定、规范和掌控。由是,太虚的"单边独白"就被还原为"双边关系"。"关系"还原所带来的新事物,不仅仅是新材料得到了重现,更重要的是,太虚"独白"所展现的自身性质也需要在"关系"中被重新赋予意义。

由此,作为异质性材料的档案,不仅超越了太虚的"独白",还提供了"关系"的维度,从而为"重新赋义"提供了可能。这为重估太虚法师提供了必要的条件。

(三)关系的再现与层次

在《太虚全书》或者"太虚独白"里缺失了的那些"必要的关联",恰好被部分地保存在国家某些部委的档案当中,而且为数不少。不过,正如上文所说,由于种种原因,我们目前所使用的与"太虚—汉院"相关的案卷,也基本上仅限于民国教育部和"国史馆";这部分档案,我们暂且命名为"太虚档案"。教育部档中的"太虚档案",均产生在1938年之后;也即,此时的民国教育部正好作为"他者"之一而与太虚教团产生关联。

关联本身的实质就是,作为"关系"的另一方,教育部有司对"太虚—汉院"给予了"审查""会核"和"批复"。具体而言,"太虚独白"中所包含的各种要素,如太虚本人、"太虚—僧教育""太虚—汉院组织""太虚—新僧教团"以及"太虚—人生佛教的理论和运动"等,都处于教育部、蒙藏委员会、行政院、军政部等他者的审视之下:或者接受,或者拒斥,或者置之不理。

然而,当太虚及其教团与它们/他们产生关联的时候,它们/他们的态度、思考、审断,却又被太虚的独白所漠视;不仅如此,如果仔细考究太虚"人生佛教"的建制纲领以及太虚呈文里所表述的理由,我们可以发现,对于这些部委机构、党政要员、行政程序和律令制度，太虚的建制纲领和呈文理由潜在地对它们／他们进行重行解释、赋义和逻辑蕴含。① 由此，档案所反映的"关系"与太虚独白所描述的"关系"，至少在支配地位上存在着冲突。具体来说，从档案可见，在1938年到1944年这个时间段内，在"编译处""康藏班""国立佛教学院""超秩政治之僧教育应纳入国家教育系统""僧师范科""请免兵役"等事件上，太虚的涵盖漠视与教育部的评判拒斥先后地、交互地进行着；但是，在旁若无人的侃侃而谈中，在畅想将"政军学农工商"都带到"人生佛教"面前的时候，太虚并没有从中感觉到逻辑上的不适、戒律上的冲突、法理上的疑难以及理论上的困境。

更有趣的是，从档案的细节中，我们可以确定，对于太虚的任何一条呈请，相关部委都有正式的公文函复；这些信函，也可信其绝对被寄送到太虚所在的汉藏教理院、寄送到太虚本人手中。呈文既然盖上了汉院的印鉴，院长、副（代）院长、院护等也同时署名；那么，这些函复，副院长法尊、教务长尘空、院护何北衡等人肯定也是知晓的。不过，比对档案与《太虚全书》《太虚年谱》则可知晓，《太虚全书》和《太虚年谱》对"编译处""请免兵役"这两个事件的叙述，除了对"无害的正面"有极其简略的记载之外，其余负面的、否决性的批复则完全没有被留下任何痕迹。换言之，习惯于保留个人资料的太虚、四处征集太虚素材的"《太虚全书》编纂委员会"、凡事必定注明出处的《太虚年谱》，并没有打算给那些具有极大毁伤力的他者留下足够的空间和真实的痕迹；取而代之的是叙事的简化、遮蔽、忽略乃至刻意的遗忘。

舍弃这些来自国家行政部门性质负面的材料，与其说是出于礼貌或者道义而进行保密（太虚对堂皇的请愿呈文、对来自党政要员的赞

---

① 典型的案例可参见《汉语佛学评论》第四辑《"太虚档案"三：太虚法师与汉僧兵役（1943—1944）》。在呈文里，太虚对新颁布的《兵役法》（1943年3月15日颁布）条款做出了既入其中又出其外的恣意解释。

美等从不遮掩），毋宁说是出于保护僧团的自身利益以及太虚被"大师""领袖"等光环塑造起来的合法性。实际上，档案公文所直接展现的就是，对于太虚本人、"太虚—汉院""僧教育""僧革命""'人生佛教'的组织和理论"等，它们被国家相关部委以及作为主首的知识精英在法律、政策、成效、现代理性和现代知识等层面给予了定性、定量的分析和评判[1]；但是，绝大多数评判是负面的。负面的评判，直接消解了太虚独白所建立起来的正确性、合法性和可行性，消解了太虚通过与党政要员的友谊而建立起来的政教信任关系的假象[2]。换言之，那个在国家层面为太虚的权威、名号、声望和合法性提供条件的"谁"，同时也提供了制约和否定。

---

[1] 为何说"太虚本人"也被这些部委进行定量定性地评判？

第一，关于定性评判。在档案的"函复"中，对太虚的称谓有"太虚大师""太虚法师"和"太虚法席"。然而，公文函复所草拟的"太虚大师"，均在"大"字上被涂抹，改为"法"字。（档案"5—13161，90"是一例）公文的字斟句酌和涂改表明，在现代国家的既定秩序下，公共权力机构和公共事务系统给宗教、教团主首分配了一个确定的位置。较之传统的"国师""大师"等名号，这样的位置日趋平凡和平等。这个来自他者的称谓，正与太虚对自我的称谓（"大师""领袖"）形成对照，其意义恰好也表明"关系"的倒转。

第二，何谓定量评判。这主要指国民政府在宗教首领的人选上有所平衡和选择。从档案来看，太虚仅被看作汉僧激进派的代表人物，然而，汉僧保守派的圆瑛、虚云等人并没有被放弃。在汉僧之外，喜饶嘉措、章嘉呼图克图、诺那等人也受到了国民政府的重视和礼遇；从所给予的个人封号、办学资源（"国立"的名号和经费）看，国府对喜饶嘉措和章嘉的重视程度远远超越了太虚。除了僧之外，居士中的活跃人士也得到了重视，比如李子宽等人。由此，在"中国"概念涵盖之下的本土佛教团派，太虚新僧教团约占五分（蒙、藏、汉僧保守派、汉僧激进派以及居士）之一；例如，佛教会理事人员的构成，就是明证。

[2] "友谊"一词，出自印顺法师。在评价1946年太虚落选"国民大会代表"时，他说：

初以中国宗教联谊会于斌之推荐，经蒋主席同意，圈定大师为国民大会代表。以陈立夫力持异议，致其事中变。时京沪报章，多传大师组党及出席国大之说；鉴于政视拥有广大信徒之佛教，大师殊深悒怅！蒋主席与大师之友谊，久为近侍集团所碍，日以疏远。（《太虚年谱》，《印顺法师佛学著作集》第13册，第531页）

"友谊"一词，以"私谊"替代"公义"，恰恰抹杀了在当时法律政策之下的"国家机构—宗教社团""政要主首—宗教人物""公务秉彝者—普通公民"等应有的、本质上的公共关系。同类的案例至少还有两个：太虚通过蒋介石请设"佛教学院"、通过孔祥熙请设"康藏班"；均为蒙藏委员会、教育部（部长为陈立夫）依据法律和政策婉拒。由此，毫无疑问，"友谊"这一概念，因其过多地包含"私意"，从而无法成为基本要素和结构，用以解释特定政教关系。

综上，在《太虚全书》、《太虚年谱》等基本资料之外，在田野调查的"在野"性质之外，还存在着代表国家权威与理性评判的档案材料。这些材料，不仅给重估太虚法师提供了一个新的场域、可能性和必要条件；而且，对于太虚研究乃至20世纪上半叶中国的政教关系而言，有关太虚及其教团的这些反面的攻讦，恰恰可能在原有的地理图景当中突然裂变出"平原—沟壑"与"关山—要塞"。新材料和新视野所带来的首要问题，就是"关系"的倒转。

（四）"关系"之轻重主次的倒转

在太虚"人生佛教"独白所描述的"关系"中，一方面，"人生佛教"被描述为源自太虚本人的"契理契机"；另一方面，太虚又通过含糊杂糅且颇具煽动性的文字对"机—理"赋予了自主的选择性和支配权。然而，即便仅仅从字面意义上看，"契机"至少也不完全是主动的。

具体而言，太虚以"契理契机"的格式含蓄地追溯、说明了"人生佛教"的起源和生成过程。这些说明散布在好几种重要的、反思性的、精心结构的篇章当中，这些篇章结集为《太虚自传》和《史传》。简单来说，契理有两个条件，一是太虚的两次开悟经历，二是太虚认为自己熟悉且超胜了汉传佛教八宗；[①] 契机，太虚通过"分期"来描述，各个时期的主要事件被冠以偶然的性质。[②] 这两条理由，最后又汇归在

[①] 典型案例可见《太虚自传》八《普陀山的闭关》。文中简要地叙述了太虚对世学的熟悉和辩驳、对内典和各宗的"融摄抉择"。尤其是最后一段精致描述了时贤俊彦的次第超胜：印光不服冶开、杨仁山、谛闲，却独尊"专从宗门心地工夫以上上升进"的昱山，"卒心折而反叹昱山为当世仅见的宗通"；而昱山对太虚虽然早前"亦时时以这一着子提撕，屡施毒语逼拶，不曾轻许"，但是，"后阅及这一小册（太虚的《佛学导言》——笔者注），他不禁曰'还是老兄较些子'"。（《太虚全书》第29册，第209—219页）

[②] 《我的佛教改进运动略史——二十九年七月在汉藏教理院暑期训练班讲》《我的佛教革命失败史》，《太虚全书》第29册，第67—122页以及第61—63页。

"大师""领袖"所暗示的绝对权威与合法性当中。也就是说,以"大师""领袖"之名所提供的这些理由——契合于传统的、具有本质规定性的开悟,以及随时而迁流的历史经验——是要向信徒们证明:这发源于民初年间的、属于个别教团(以太虚为统领的新僧)的特殊理念,能够成为新的、普遍的、甚至是唯一的"世界主义",从而据之以建立起战后的"平和世界机构"。

然而,问题在于,"大师""领袖"之名下所包含的绝对权威性仅仅凸显出主动、支配、自主选择等特质,而遮蔽了被选择、被规定、被支配等对立面的力量和要素。后者,正是档案所能反映的一切——来自国家、律法、行政程序以及反侵略和反分裂的时势。这些要素,虽然给太虚及其僧团提供了行动机遇和合法性,但却在更大程度上给其予约束乃至否决。

一般而言,不管是限制还是否决,其理由与方式不外四种。① 其一,在性质和名号上,将太虚僧团和僧教育的性质判定为"以研习和传播特定教义"为主的"私人讲学机关"。其二,在经费上,仅在"编译处"方面给予太虚最低额度的、象征性的补助,其余一概否决之。其三,在佛教会理事的配选上,包含了蒙藏僧团领袖,汉僧之圆瑛、虚云等以及俗家居士;这使得太虚本人试图借佛教会来推行激进僧革命的设想,受到国内僧团派系的限制,而且,僧团整体的选举和组合,也基本上由国家所主导。其四,在边疆问题或者"边教行政"的问题上,西北有章嘉呼图克图、喜饶嘉措、诺那呼图克图,西南有苗族土司高玉柱等人,而太虚只是汉僧教团中的代表之一,相比前几位高僧首领,太虚所获得的支持最少。由此,一方面,从事实上看,由教理、教育机构(以汉院为基础和样板)和僧团组织所构成的"人生佛教"系统,至少潜在地失去了教育和组织两方面的支配地位和主导权。另

---

① 资料来源详见下文讨论"太虚—政治理想""太虚—僧教育"的部分。

一方面,"人生佛教"教理所依附的僧团组织,基本上只有汉藏教理院这一实体机构,而缙云山汉院,也只是在1938年后、在抗战危局和边疆危机这两个机缘中,因有助于外交、抗战和边教行政才被国民政府默认为良性的民间宗教社团。

然而,值得注意的是,太虚似乎并没有完全清晰地意识到,汉院之能参与国家边教行政,其必要条件就是国家政策和法律的许可,同时,这个条件也对民间团体的参与划定了明确的范围。太虚—汉院僧团,正是在这个范围内获得了"编译处"这一项国家任务;随后,太虚不断以汉院有功于边教行政为理由,呈请增加汉院的合法性和功能,但屡遭批驳。这些具体案例表明,在介入国家事务的可能性上,太虚—汉院已经触及了边界;如果律法政策没有向宽限处修改,则再无前进的可能。从整个一生看,最具微言大义的是1947年6月16日由国民政府所颁发的《释太虚褒扬令》①,其中,完全没有提及太虚—僧教育。这表明,在既定的"国家—教团"的相互关系中,太虚的僧教育并没有获得国家教育系统的承认;然而,僧教育,却是被太虚本人看作最为有功于国家社会的教育、政治、文化。② 由此可见,在太虚研究中,介入以"关系"的维度和现代国家律法政策的参照系,才能在一个新的整体中恰如其分地分辨出各自的"本来面目"。

当我们通过档案将国家、法律、行政和时势的要素增补出来的时候,并不是肆意地给太虚增加不必要的负担,而是要补齐《太虚全书》的阙如,要在"太虚独白"的场景中重新呼唤他者的在场,要将太虚重新置入到原有的关系脉络当中,以此来重估太虚"志行"。这些关系

---

① 34—01828,0004。
国民政府令　三十六年六月十六日
释太虚,精研哲理,志行清超!生平周历国内外,阐扬教义,愿力颇宏!抗战期间,组织僧众救护队,随军服务;护国之忱,尤堪嘉尚!兹闻逝世,良深轸惜!应予明令褒扬以彰忠哲。此令。
(抄公报二八五二号)
② 《三十年来之中国佛教》(1937年作),《太虚全书》第29册,第50页。

脉络，一方面，不仅为太虚提供了声望和名号，还为其僧教育、僧革命的施展提供场域；另一方面，也并不是太虚本人所要回避的，更不是"人生佛教"理论所要批判的，相反，太虚将其视为正统，并且也希望成为其中一员。承认本身，就是一种约定、一种契约；同时，这也意味着太虚及其教团被置于某种理性标准和权威的评判之下。

因此，总的来说，当太虚叙述"人生佛教"的起源和合法性的时候，他在各种"契机"的理由中过多地凸显了自身的支配性、主导性和独立性；然而，当"国家""律法""危机""边疆"等要素重新在场之后，它们的轻重主次将戏剧性地倒转。相较于"契机"所包含的个人设想和行动而言，公共要素给"人生佛教"的起源和太虚的行履提供了更为广阔的空间和近乎必要的条件。

（五）小结

综上所述，太虚教团的"独立"和太虚的"独白"，遮蔽了关系的实质。这样的关系主要有：佛教内部的教团与教团之间、新僧教团与国家、佛教教育与国家教育、教团戒律与国家律法、教团领袖与国家政要、教团赖以生存的契机与国家边政问题、教团的功用与国家之间的对等外交、大师本人的慧见悲愿与国家现代知识精英，等等。

这些相互关系，《太虚全书》和《太虚年谱》并非没有说明；反而是材料相当丰富，诸如呈文、信函、会晤、日记、自传等，都在表述着太虚与外界的关联。然而，问题出在这些材料的选取原则，它们倾向于以主体和支配者的角色来塑造太虚的"大师"姿态——居高临下地汇聚因缘、宣说主张、评论时局、教导门徒或者独白式地叙说成功和失败，等等；而忽略了来自学界精英的批评[①]，遮蔽了来自国家、行

[①] 如胡适于1927年10月8日致太虚函所说的"作学生""虚怀求学"。耿云志、欧阳哲生编：《胡适书信集》（上），第401页。

再如霍姆斯·维慈通过调查，证明了太虚于1928年10月在巴黎"东方博物院"的演讲极其失

政、律法的不利的审断①,忽视了来自理性与知识(以现代知识精英为代表②)的衡量③。

这些材料的存在,有这么些作用:第一,还原了太虚教团在偶然中、在中国近代的革命进程,在国家危难中所潜存着的"被选择"的重要因素;第二,在"国家"和"知识"的映照下,还原了其"一隅""悲愿"的属性;第三,重新并置"关系"的双方;第四,将原有的"支配者"想象倒转为"被支配者"的角色;第五,将原有的主体重新放置在他者的公共性和理性当中,或者说将"一隅悲愿"交由"公共理智"来审断。

由此,"重估太虚法师"本质上是借助"太虚及其教团"这个个案,重新探讨民国时期的政教关系。这样的探讨,势必将以理性、知

(接上页)败,尤其是激起了"东方文化学会"的腊尔华(Louis Laloy)和法兰西学院的希尔筏勒肥(Sylvain Levi)对太虚"散漫无涯、业余性质的讲演"的不满。霍姆斯·维慈著,王雷泉、包胜勇、林倩等译:《中国佛教的复兴》,第49页。

又如欧阳竟无:《辨方便与僧制》,黄夏年主编:《欧阳竟无集》,中国社会科学出版社1995年版,第158—164页。

① 从档案来看,太虚向教育部、军政部、行政院所呈请的各项事务,均有对太虚本人的正式回复,而太虚肯定也收到了这些批复。但是,除了编译处的设立在《太虚全书》中有较正面的反映外,其余不利于汉院形象、太虚声誉的材料,一概不录。

② 比如,1944年"教育部学术审议委员会"审核了"世界佛学苑请照私人讲学机关设立办法备案"。(档案5—01350—001,110)

③ 汉院的僧教育勉强只能"比照"地等于世俗教育所设定的相应层次初中、高中程度,太虚本人对此很清楚。这在其"请设康藏班"和"请免汉院全院员生兵役"的档案中可以清楚反映出来。但是,最严重的问题有三。第一,太虚对僧教育的期许更着重在政治、文化和僧团的革新上——这一类的教育已经在法规上被判为"私人讲学机关"。第二,太虚对"现代知识"、对国家以教育来推进现代化的努力,所知不多——这主要可以从汉院的课程和师资中反映出来。第三,太虚对教育部试图以"现代新知"来统合"中土文化"与"边民德智"从而促进国家一体化的努力,也不曾郑重地看待——汉院偏重讲经和翻译西藏经典,轻视教育部原定的编译处任务,以至于"翻译初小教材为藏文"的任务部分不及格,这在编译处的档案中可以看出来。

总体而言,顾毓琇在1938年5月15日回复太虚的信函,可以看作教育部的导向,看作国家知识精英对太虚—汉院僧教育所做出的审断:

"……中央补助汉藏教理院之旨,本在助其编译汉藏合璧教科书,藉以发扬中土文化与现代新知,以启迪边民之德智,……至'密宗'教义,多涉幻诞,向为佛门诸子所訾言,是项迻译工作,希暂从缓议,以节省人力物力,用之于急切之途。如何?"(档案5—13162,24)

识、国家、律法、公共等作为标准和范围来进行；而新材料的整理和解读、关系的倒转、时局背景与具体位置的再嵌入、问题和逻辑困境的重新提出，则构成了重估的视角和方法。

以下将根据已有的档案材料来具体地讨论几个案例。

三、几个案例：政治理想与组织机构、僧教育、兵役

（一）重估太虚政治理想[①]与组织机构——从"类意识形态""类政党"到"超意识形态""超政党"

1. 刘成禺的判定与启示：太虚教团组织和教义的杂糅

对于太虚与民初政党、政治和政治人物之间的世俗关系，刘成禺一语道破其实质：

> 太虚法师民初元并无所见白之人：与国民党、同盟会毫无关系；跟随汤化龙、胡瑞霖来往沪、汉，以佛学为号召；武汉绅商利用之，遂露头角；实则政治研究系中一小角也。[②]

1948 年 10 月，乐观法师、陈立夫、但焘、冯自由、刘成禺等参与了考证太虚遗物中的"中华民国统一国民党""银质证章"；刘成禺做了上述的（部分）判断。[③] 从整份档案内容来看，刘成禺力图用中立的态度来审视太虚的弘法、证章和参党问题。但是，刘对太虚的定性

[①] 太虚对"政治"所发表的各种意见，在学界被称为太虚的政治思想，典型的研究有陈仪深：《太虚法师的政治思想初探》（载《"中央研究院"近代史研究所集刊》第 19 期，1990 年 6 月）。由于本文意趣较为特殊，因此拟以"政治理想"或"政治悲愿"来指涉太虚对"泛政治"的构想、言论和行动。

[②] 34（2）—00038，0009。

[③] 档案及考证可参见《汉语佛学评论》第四辑《"太虚档案"一：太虚法师与民初（1912—1913）政党》。

却异于平常的看法、异于太虚的自我解释，极富冲击力和颠覆性。对于这个评语的意涵，如果我们要获得充分的理解，那就不得不考虑刘成禺作为评论人的身份和观察问题的角度：

第一，非佛教徒的身份，这使得他能够跳出佛门一隅来看太虚的弘法活动。

第二，国民党史、国史总编纂的身份，使得他力图保持第三者的旁观角色，来解读太虚的"中华民国统一国民党""银质证章"。

第三，世俗革命者和亲历者的身份，使得他立即洞察到，在当时的历史条件下，任何一种义理或者社会理想，都具有"主义"（也即现在意义上的意识形态）的色彩。

因此，作为革命者、局外人的刘成禺，其解释所隐含的颠覆性就在于：他不仅指出了汤、胡与太虚在佛教义理、佛教组织、僧俗人物关系等方面的杂糅特质；而且，"以佛学为号召"一语，潜在地暗示了其"准意识形态"的意义，"绅商利用之"一语，又进一步表明了支持者们对于太虚而言所具有的"在其上"的地位；尤其是，特定教义、人物和组织的因缘汇聚，在当时的情形下，隐约着"准政治"、"准政党"的意涵——这就是所谓"政治研究系中一小角也"。换言之，刘成禺把"僧人""佛理"和"党人""党义""主义"等而视之。

不论刘成禺的解释和逻辑意涵是否完全正确，他都提供了三个重要的思考方向：教团性质、人物关系和整体趋向。

巧合的是，这些方向均能在太虚的实践中获得印证。其一，刘成禺首先从本质上削去了太虚教团的出世间的规定；相应地，太虚本人也试图让汉传佛教从出世间重新回到世间。在这一点上，太虚僧革命的宗趣与刘成禺的看法异曲同工，具有内在的一致性。其二，倒转了太虚与护法、居士、信众之间的关系——可能居士护法们才是真正的支配者和主导者。比如，1924年秋，太虚请辞武昌佛学院（简称"武院"）院长职一案；之所以辞职，印顺认为，主要是因为武院转向了修习密宗而脱离了太虚原定的路线。① 再如太虚创办的各种"院""会""林""苑""社"，实际上也少不了汤芗铭（汤化龙胞弟）、胡瑞霖的幕后支持和主导。② 其三，当刘成禺将太虚归入"政治研究系"，认为其"跟随汤化龙、胡瑞霖往来沪汉"③ 的时候，太虚正好也在武昌发表宣言，期待从区域性的"佛化运动"拓展为"佛化中国""佛化亚洲""佛化世界"，期待组成全国性的"佛教统一会""使民国之统一，从佛教之统一而实现"。④

由此，刘成禺对太虚早年行迹的评论，就给我们指出了一条重估太虚的新进路：重新思考太虚提出过的政治理想、言论和口号，重新思考太虚所参与的组织、机构，重新思考发生在太虚弘法过程中的各种标志性事件，重新分析太虚与教团信众的关系。

2. 国家、律法和规章的定性："私人办学机关"或"宗教团体办学"

对于太虚与这些团体、人物之间存在着的复杂关联，如何恰如其分地进行定性分析，可能各有说法，比如，太虚本人有自己的悲愿，汤化龙（或汤芗铭）、胡瑞霖等人也有自己的理想，即便刘成禺的解释

---

① 印顺说：

今谓：因病休养，亦其一因。……而办学不能如己意，实为主因。隐尘（大部分院董）对我亦渐持异议；其所以异议，一则信仰倾向密宗；隐尘同乡萧督，亦转就宝通寺求修密法。信仰异趣，经济亦转用于彼。去年"理想之佛学院计划"，今年暑期提出之办法，均以经费借口而不行。再则，佛化新青年会若此革新，与隐尘等转趋于神秘，宁无不快之感！武汉信众之日见离心，实大师突然离院之因！（《太虚年谱》，《印顺法师佛学著作集》第13册，第186页）

② 《太虚全书》记载了几十处与汤芗铭、胡瑞霖等相关的事件。

③ 刘成禺的这个判断，从时间、地点和人物来看，似乎有点问题，主要是（1）太虚在民国六年出关后可能与汤化龙没有交集；（2）太虚在武昌展开弘法活动的时候，汤化龙已经被刺杀于加拿大；（3）但太虚与汤化龙胞弟汤芗铭是有深厚交往的。详见《汉语佛学评论》第四辑《"太虚档案"一：太虚法师与民初（1912—1913）政党》。

④ 民国十二年（1923年）5月23日，佛诞纪念日，太虚说：

……故本社与武汉佛教同人等，初欲于全国中心之汉口，发起一全世界佛教联合之佛诞纪念大会，作宣传佛化之大规模运动，以开佛化之新中国、佛化之新亚洲、佛化之新全球之新纪元。……五、趁此时机，成立一全国若缁、若素、若蒙、藏、满、汉喇嘛等一切佛教徒之佛教统一会，而蒙、藏等各特别区与二十二行省，亦各各成立各该区省之佛教统一会，使民国之统一，从佛教之统一而实现。（《本社对于今年佛诞纪念会之宣言》，《太虚全书》第31册，第1073—1076页）

仍可被视作"一孔之见";但是,从更普遍的角度看,我们不能忽视由当时的国家律法、规章所做的定性。

具体来说,太虚等人所组织的佛学院、正信会、居士林等组织,对国家而言,它们将不再被直接视作"僧""佛"这样的"出世间"性质的团体;而仅仅是普通的社会团体。"普通社会团体"这样的判定,从起源的角度看,直接来自《中华民国临时约法》(孙中山南京临时政府于1912年3月8日颁布,以下简称《约法》)以及后来的《私人讲学机关设立办法》①、《宗教团体兴办教育事业办法(教育部第七号布告一八、四、二三)》②。这些律法规章的主要意义如下:

首先,《约法》中的"人民"条款,直接放弃了皇朝建制中的"官—民""四民""僧道"等之间的阶差,而用"人民"这一概念来表述各自之间的平等地位;这在现代之"国"和"法"的意义上,直接用"世间"含摄了"出世间"。

其次,在世俗之"法"的精神下,国家将传统上"阐道""牧民"的权力归于教育部,由教育部来统筹规划。教育部又将自身任务区分为"研究高深学术""高等教育""技能教育"和"义务教育"等;后两者,主要考虑如何来培养现代国民;这样的"国民"须具备公共理性、合法的行为规范、三民主义的意识形态、现代知识以及生存技能,等等。③"替天牧民"的教育权力以"天下为公"的名义被收归到具有现代知识训练的知识精英当中,这些知识精英参考西方而制定国家教育的层级体系和测评标准。④这样的背景和现实,带来了两种结果。第一,

---

① 5—01349—001,117。
② 5—13164,4。
③ 可参见民国教育部编:《第二次中国教育年鉴》,商务印书馆1948年版。另可参见教育部的内部反思《民国以来有关教育宗旨及方针重要参考资料》(见档案5[2]—000662)。
④ 教育部档案中有好多卷宗是在讨论欧美日本诸国的教育体制、课程标准等问题,以此为参照而设立适合国情的教育体系和标准。事实上,教育测评和学术审查等制度,也不是一次性建成的。初步的建立是在1927—1928年"大学院"或"教育部"时期;其次,1940年4月设立"教

绝大部分"私人讲学机关"或"宗教团体办学"因质量[①]和性质不合格而无法纳入国家教育体系。第二，就性质而言，"宗教团体办学"早已被定性为"或为捐资设学以造就人才，或为聚合徒众以研究传习其教义"；[②]这与国家教育的公共性、知识性、系统化和标准化相抵触。

由是，太虚的传法实践、教团组织、僧伽教育，至少在"法"的绝对性和命令中被革去了"出世间"的"命"，被赋予了"世间性"；同时也在政策和制度上被排除于国家教育系统之外[③]。

不过，对于国家、律法、规章等给予太虚教团的定性和赋义，我们似乎不必指责其具有过度的世俗偏向性。

面对国家、律法、规章等通过对"私人"和"宗教团体"的办学划定界限，从而在逻辑和权力上对太虚教团所进行的定性和赋义，太虚心感不满[④]，也多有抗争[⑤]。就观念而言，最重要的恐怕是这个主张：1944年8月15日太虚向教育部提出"超秩政治之教育如汉藏教理院者亦应列入教育系统中"[⑥]。

然而，在太虚的文章文字中，我们看不到有关"超秩政治之教育"的明确观念；反倒是太虚不断地要求其新僧团和僧教育具有人间性。太虚对人间性的要求是通过语言策略来实现的，也即用"观念—文字"的杂糅来消解或混杂世间与出世间之间的界限。比如，太虚通

（接上页）育部学术审议委员会"成为"全国最高学术审议机关"，这标志着制度上的进一步完善。在1945年3月，"学审会"就曾审查过太虚"世界佛教学苑"，裁定"世界佛学苑请照私人讲学机关设立办法备案"（见档案5—01350—001，110）。

① 关于质量问题，对比汉院师资、课表、入学水平、毕业水平即可知晓。比如，太虚拟办的"康藏班"，入学水平被规定为"相当小学程度为合格"。（档案5［2］—01001，0020）再如，在请免兵役的案例中，太虚坦露了汉院的实际水平：入学水平在"初中以上资格"，"其实质自等于专科以上学校"。（档案5—14808，34）

② 5—13164，4。

③ 具体可参见下节关于"太虚—僧教育"的讨论。

④ 比如兵役事件。

⑤ 比如要求设立"蒙藏班""僧师范科目"" '国立'佛教学院"等。

⑥ 5—13161，31。

过"心枢自运""巧用文字""随时变化"①的方式,仿照世俗政治术语和组织制度,设计出"人生佛教"纲要,创造出"三佛主义""佛国主义""佛国"等概念,从而直接在世间和出世间之间建立起观念与组织的桥梁。如果说"三民主义"的教育是有现实政治性,那么"三佛主义""佛国主义"的教育怎么就"超秩政治"了呢?这是太虚所无法清晰说明、甚至是尚未觉察的问题。

总之,当观念、语言和行动勾连在一起的时候,当原有的出世间意识已经"下凡",就很难再辩说组织、行动、事件仅仅是出世间的"芙蓉"而不具有世间的"杂染"。因此,太虚的个人悲愿、刘成禺的解释以及律法的定性,这三者之间基本上还是保持着世俗政治的一致性。

太虚僧革命、人生佛教的入世悲愿,具体到实践,则分布在政见、办刊、僧教育与僧团组织等问题上。或者说,它们是一个系统。接下来,我们将以太虚的"政见"为核心来讨论这个系统。

3. 太虚的政见、办刊、教育与会党组织:"类政党""类意识形态"与"超政党""超意识形态"

基于刘成禺所启示的反转性视角,我们重新来组织 1912 年到 1947 年间太虚各种具有象征性或者实质性的言论、观念、行动和事件。

我们将根据档案、《太虚全书》和《太虚年谱》重提一些事实,"重提"主要是选取这些要素:时间、地点、讲学、办刊、筹备组织,同时也涉及重要人物和重要观点。

---

① 太虚在 1945 年 7 月 5 日定稿的《太虚自传》(初稿写于 1939 年 3 月 19 日)中,对自己的文章给出了这样的评价:
故我的文章,在民三以前,多受谭、梁的影响;而民三以后,则受章、严的影响较深;此后,则说不上更受甚么的影响。但章等亦仅为增上缘,其本因仍在从佛学的心枢,自运机杼,随时变化,不拘故常以适应所宜,巧用文字而不为文字粘缚,原不着脚在文字中讨生活。

第一，民国初年间，太虚与革命党人、政党政治来往密切①，此时的政见主要是认为"无政府主义与佛教为邻"②。在佛教的全国性组织方面，太虚自组或者与其师父八指头陀（寄禅和尚）等筹组"佛教会"。③在报刊杂志方面，主要是编辑《佛教月报》和《良心月刊》。此外，在有关政府与佛教方面的事务，太虚还上书请愿，有别于时人观点（"政教分立""政教并进"或者"政教分立而并进"）而提出"政教分权"。④

第二，1915年冬，太虚在闭关中作《整理僧伽制度论》，在品阶、名号、教团、教所、教籍、教产、教规等方面给予了详细的规定；该书所认定的、首要的原则性问题，就是试图将佛教从政府中剥离出来，独立自治。因此，他将原来所提倡的"政教分权"明确为"政教分离"。⑤太虚此时的想法，在1924年被明确为"志在整兴佛教僧（住持僧）会（正信会），行在瑜伽菩萨戒本"⑥。也即，"僧"与"会"不仅在逻辑上，还在组织上被涵盖在"教"当中，同时，由"僧""会"作为基本组织而构成的"教"，在地位上与"政"平行并置。

第三，1940年5月，太虚从缅甸回到昆明后，在佛教会中接受访谈，其弟子纱钦问及"中国的佛教和政治应该合一或分离"的问题。太虚基于历史经验和东南亚、西藏等的现实，认为"政教合一"适用

---

① 按太虚自述，主要是江亢虎的社会党、沙淦的新社会党等，并不涉及汤化龙、胡瑞霖等人，也不涉及"中华民国统一国民党"。
② 《太虚自传》四《新学和革命思想的侵入》，《太虚全书》第29册，第194页。
③ 在此仅以"佛教会"替代之，实际的命名有"佛教协进会"（民国元年，南京毗卢寺，太虚主导），"中华佛教总会"（民国元年，上海，八指头陀寄禅领导）。
④ 《上参众两院请愿书》（民国二年作），《太虚全书》第17册，第658—660页。
⑤ 《整理僧伽制度论》，《太虚全书》第17册，第1—185页。
⑥ 《志行自述》（十三年春作），《太虚全书》第17册，第186页。"僧"对应于"出家佛徒"，"会"适用于"在家佛徒"。而恰恰在《志行自述》写作之前，1924年1月成立了"武昌正信会"，会长为杨选丞，太虚被奉为该会精神导师。

于锡兰、缅甸、暹罗等,而"政教分开"适用于汉地;更重要的是,太虚还巧妙地说:

> 我一向就主张:裁减僧数,提高僧格。这少数有高深智学的僧人,站于超然的地位,专门做些弘扬佛法、办理社会公益的专业。既不障碍于行政,且可补助政治之所不及;政治方面则负保护佛教的责任。如是政教不合一,亦不是截然无关系;这种不即不离、相互裨益的政教关系,是最切合于中国的环境和情形的。①

1938年之后的太虚,正是借助汉藏教理院,以"沟通汉藏文化""睦洽汉藏感情"为口号,借助边疆危机而向教育部提出让汉院参与到"边教行政"当中;在这样的现实条件下,太虚显然更愿意政教的"不即不离、相互裨益"。由此,太虚就从"分立""分离""分权"的早期激进主张,转变为较温和的、辅助政治的角色。

第四,然而,从档案上看,太虚并未甘于佛教和僧教育的在野角色。相反,一方面,他一直试图让汉院僧教育获得"国立"的正式身份;另一方面,他试图让僧人之介入政治具有合法性,这集中表现在1936、1946年的两次参选"国民大会代表"②上,尤其在1946年的"佛教组党"③事件中而达到巅峰。随后,组党不成,转而折中,提出"问政而不干治""议政而不干治";筹组"觉群社"、创办《觉群周

---

① 《由青年路向问到佛教革兴——二十九年五月在云南昆明佛教会》,《太虚全书》第27册,第827—828页。

② 《僧尼应参加国民大会代表选举》(二十五年五月在常州作),《太虚全书》第18册,第178—179页。

③ 《佛教不要组党》(三十六年二月作),《太虚全书》第18册,第184—187页。另见《太虚年谱》,《印顺法师佛学著作集》第13册,第522、536页。

报》,以做宣传阵地。①总之,组党事件标志着太虚僧团从教育、文化、边政等问题上的辅助的角色,转向"国立"的诉求,进而跃迁到向中枢权力机关的"参议"。

第五,尤其值得注意的,早在1939年或1940年,远在五台山隐修的胡瑞霖(字子笏,法名妙观,1864—1943),就已来信支持太虚类比青年党、共产党等,实行"僧伽从事政治运动",以使佛教成为一个"政治性组织"。②事实上,现在看来,在1946年的筹备"佛教组党",并非太虚的临时举措;至少,在1940年左右,他就已经有所设想和行动了。这仿佛又回到了刘成禺的断语当中。

综上五点可简略地看出,从民国初年间的参与政治、交游革命党和加入"中华民国统一国民党",到1946年参选"国民大会代表"、筹组佛教党,太虚的政治理想虽然在细节上有所变动,但宗趣未尝迁易分毫。

不过,太虚在1912—1913年左右参与政党、政治,再到1946年讨论组党的可能性、提出议政的设想,这两个事件之间毕竟相隔30余年,如何能让这两个事件具有同质性,并且也能够涵盖中期的弘法活动?我们还得简单讨论,从其"家族相似"(借维特根斯坦语)的特征来寻找观念、实践的连续性和内在关联。

从1946年前后的组党事件来看,太虚佛教组党所需要的条件有:

(1)领袖:太虚;

(2)信徒:佛教徒、居士、信佛青年、一般民众等;

---

① 《僧伽与政治(问政而不干治——觉群社)》,《太虚全书》第18册,第180—183页。另见《太虚年谱》,《印顺法师佛学著作集》第13册,第527页。

② 印顺说:

大师僧伽从事政治运动之动议,当昔共产党、青年党、民社党发表声明,获得国民政府承认之际。胡子笏五台来信,亦以此为言……(此非二十八年,即三十年春夏事)。胜利后,大师离渝顷,曾宴各党派有关人物。谈次,大师论及佛教需有一政治性组织,以代表佛教立场,维护佛教利益。(《太虚年谱》,《印顺法师佛学著作集》第13册,第522页)

（3）民间社团：正信会、居士林、佛教青年会、觉群社、佛教文化社乃至汉院学生会等；

（4）佛教会组织：佛教会、各地分会；

（5）学校与教育：世界佛学苑、汉藏教理院、大雄中学等；

（6）主义与教义：如"三佛主义""佛国主义""人生佛教"等；

（7）组织与纲要：如"人生佛教""菩萨学处"等；

（8）目标：佛化的人生、家庭、社会和佛国；

（9）宣传阵地：《海潮音》《觉群周报》等。

由之而观太虚从1917年春出关后到1938年，以及1938年后的重庆汉藏教理院这两个时期；反观太虚在这将近30年间里所筹办的苑、院、会、林、所、团、学（如佛教大学）等，我们可以断言：这些组织和事件均具备了以上这九项指标，无一缺漏。如果去除"僧"的名号和"出世间"性，则太虚教团的弘法实践，其与一般的政治社团并无本质的区别。

因此，我们尝试提出这样的观点：太虚的这些组织，看起来正是介于一般的"私人讲学机关"和严格意义上的"政党"之间，因此，完全具备了"类政党"的特征和性质；与此相关的是，太虚的"人生佛教"、"三佛主义"也具备了"类意识形态"的性质和意涵；其余的诸如弘法（从僧到居士，再到信佛青年，最后普及一般信众乃至各国人民；从个人到社会、国家，再到世界）和教学（从小学到大学，以及僧师范）顺之也具备了"类施政形态"和"类干部培训"的特质和动机。

不过，还得特别指出一点，当我们说"类……"的时候，是基于民国后期较为严格的政党观念和政党政治而言。对于民国初年[①]乃

[①] 民国初年的政党观念比较含糊，也不太严格。可参见张玉法：《民国初年的政党》，岳麓书社2004年版，第一章。

至 20 世纪 20 年代初中期，政党和政党政治还处于比较随意、自由的状态。太虚在此时期内将佛教看作类意识形态、将教团组织看作类政党，并不值得惊奇；而且，太虚从不讳言（《太虚全书》随处可见）其僧改革、僧教育和佛教会、佛化社团就是为了"使民国之统一，从佛教之统一而实现"，为了普化世界，实现"佛国"、"人间净土"。即便在三四十年代较为严格的"政党"意义下，太虚语言中的含混和"杂糅"，也能为"类……"的判定提供依据。

然而，虽然我们就世俗性来判定太虚僧团所具有的"类政党"和"类意识形态"，但是，似乎也无法完全抹去其源自佛教的一些出世间本性。首先，1946 年，在佛教是否适合组党的问题上，太虚本人及其门徒都出现过心理上的犹豫和踌躇。[①] 这表明，他们无法忽视"僧""佛"在本性上所具有的批判世间的规定。其次，太虚对"菩萨学处""人生佛教""三佛主义""佛国"的期待，与其说是为了获取狭隘的世俗利益，毋宁说是出于"觉者"[②] 的"悲愿"。作为僧人的太虚，试图通过特定的修行方式在个人、群体中发掘内在的"良知"本性，进而拓展为道德原则以适用于世俗世界，然后尝试在制度上、组织上做普遍的推广，进而确立为国家制度和全球人类的规则。因此，由于出世间本性和觉者悲愿的若隐若现，这就使得太虚的入世言论、行动和组织尚未完全丧失佛教原有的其"超

---

① 《佛教不要组政党》（三十六年二月作），《太虚全书》第 18 册，第 184—187 页。另见《太虚年谱》，《印顺法师佛学著作集》第 13 册，第 522、536 页。
② 太虚在《太虚自传》八《普陀山的闭关》中巧妙地表达了他的朗然彻悟、会通诸宗，融贯中西学、熟习内外典。太虚用一种巧妙的书写策略来表述自己的"超胜"，最典型的一段如下：

昱山在普陀闭关后，日惟端坐，以前阅过的经书及抄录等尽束高阁，专从宗门心地工夫以上上升进。印光法师对其时号称禅师如冶开等，每加訾议，对杨仁老、谛闲法师亦不无间言，唯以折服归崇净土为事，独昱山曾与大交论锋数次，卒心折而反叹昱山为当世仅见的宗通。昱山对我，亦时时以这一着子提撕，屡施毒语逼拶，不曾轻许。后阅及这一小册，他不禁曰"还是老兄较些子"！（《太虚全书》第 29 册，第 219 页）

越"、"出离"的根基命脉。换言之,在"类政党"、"类意识形态"的面相下,还存留有超越于世俗政党(笔者随文定义,简化为"超政党")、超越于世俗意识形态(同理,简化为"超意识形态")的基本内蕴。

以上是从出世间性来定义"超"的意涵。从世间性看,"超"还有另外一层意涵。就是说,虽然(笔者认为)太虚通过"类……"的"杂糅"方式来处理佛教组织和佛教义理;但是,不可否认,他也意识到,由于佛教徒所在的各个行业均已超越了单一阶层和阶级[①],因此,"佛教党"的命名不可避免地带来阶层狭隘性;这样的狭隘性,与其"佛化世界"的理想相抵触。不愿将佛教狭隘地政党化、不愿将佛理狭隘地意识形态化,同时希望佛教向任何政党、阶层、阶级、团体和个人敞开,从而使之归化,形成一个更加普遍的、具有觉悟本心的世俗共同体;这就形成"超"的另一种意义。

即便宗趣高蹈如此,我们还得仔细考虑,被"类"和"超"所修饰的观念,其在逻辑上、在实践中,如何才能不陷入悖论。

事实是,太虚已经不止一次陷溺在悖论之中!(典型案例详见下文"重估太虚与兵役")

4. 批评与辩护

这种同时置身于世间和出世间的含糊状态,当然会遭到教内外的批评。比如,"政治和尚"[②]的讽刺;再如,欧阳竟无认为"僧徒居必兰若,行必头陀"、"参预世事,违反佛制"[③]。我们就"僧尼是否应该参

[①] 《太虚年谱》,《印顺法师佛学著作集》第13册,第521—532页。

[②] 《精诚团结与佛教之调整》(二十九年七月作),《太虚全书》第17册,第635页。另,印顺《向近代的佛教大师学习》一文,较为集中地罗列了太虚所受到的批评。参见《华雨香云》,《印顺法师佛学著作集》第23册,第277—282页。

[③] 在"僧尼是否应该参选'国民大会代表'"的问题上,欧阳竟无与太虚产生了针锋相对的意见。太虚在《僧尼应参加国民大会代表选举》(二十五年五月在常州作)一文表明了肯定态度。

选'国民大会代表'"这一案例做一分析。

太虚依据《国民大会代表选举法》,要求获得法律所规定的"人民"权利——国家律法时常被太虚当作"尚方宝剑"而不断地"方便"取用,以号召僧团突破传统限制、参与世俗政治。欧阳竟无则从(汉传)佛教戒律立论,对太虚提出严厉批评。[①] 他要求严格地区分"僧—俗"、"觉悟—方便"、"出世间—世间"、"僧团戒律—世俗规制"。面对欧阳竟无的批评,印顺给予了反驳和辩护。他将太虚的举措看作"通",将欧阳的意见视为"专"。这实质上是暗示欧阳陷没于"泥执",相反,太虚则"圆融无碍"。印顺不仅巧妙地以"只字褒贬"的方式来进行"判教",而且借此来维护太虚的立场。

然而,当印顺以"通"来诠释太虚的"方便"的时候,他并没有意识到在某些问题上"世法"和"出世法"之间的不可化约。一方面,他混同了"通"的两种面相——"圆融无碍"与"世俗权变";事实上,很多时候,太虚的"方便"仅仅是临时的、切己的需要而已。另一方面,不管是印顺还是太虚,他们对"世法"都还缺乏必要的现代

(接上页) 太虚的主要根据是《国民大会选举法》,他说:
"国民大会代表选举法公布后,闻有妇女团体起而争有妇女代表者。余因索取选举法而细阅之,见其积极规定者,即第三条:'中华民国人民年满二十岁,经公民宣誓者,有选举国民大会代表之权';而年满二十五岁即得为候选人。其消极限制者,即第四条……除此之外,更无性别或宗教区别等之其他限制。由此,故年满二十之妇女,当然已在女公民之列,而妇女之为律师,医师或女工等,更可参加职业团体之代表选举,是故更不应另有妇女代表之选举也。若于此更有妇女团体代表之选举,则其反面岂不亦应另有男子代表选举乎?然由此乃确见僧尼亦为区域选举内之人民,但年满二十及经公民宣誓,即得有选举权;若年满二十五岁者,即得为候选人,而更无其他之限制,是诚全国僧尼所应深切注意热烈参加者也。二十五年五月三十一日,常州。"(《太虚全书》第18册,第178—179页)

太虚言论遭到欧阳竟无的犀利批评,欧阳致书陈立夫说"僧徒居必兰若,行必头陀"、"参与世事、违反佛制"。(欧阳竟无:《辨方便与僧制》,载黄夏年主编:《欧阳竟无集》,第158—164页)印顺则反驳欧阳竟无说:"'参预世事,违反佛制。'欧阳治佛书三十年,偏宗究极,宜其得之专而失之通!"(《太虚年谱》,《印顺法师佛学著作集》第13册,第406页)

① 相关讨论还可见龚隽:《欧阳竟无与"人间佛教"之比较——从佛教与政治、佛教研究法两方面看》,《江西社会科学》2004年第5期,第209—215页。

知识储备。前者，正是欧阳竟无批评太虚的要害所在。后者，以"太虚为汉院全院员生请免兵役"为例，就足以说明。在呈文中，太虚首先承认《兵役法》条款具有普遍性和强制性，也承认作为"国民"的僧徒应该遵守服兵役的义务；但是，在承认的同时，太虚又以汉院僧团的特殊性和"光荣任务"来否定《兵役法》的普遍性和强制性；换言之，他要求权利的同时又否定了必须履行的义务。因此，如果这也是一种"通"，那么，确实无法说得通。

从逻辑上看，之所以不通，是因为太虚触及了"罗素悖论"。当然，如果仅以现代西方的逻辑新发现来责难太虚，过于苛刻。不过，在佛教史上，"世间法"与"出世间法"的冲突并非不存在。[①] 遗憾的是，虽然太虚自信熟读内典经论和佛教史，并以此来论证"人生佛教"的合法性，但是，对于经论教史早已讨论过的这些戒律上的疑难和禁忌，太虚恰恰给忽略了；反倒是，他极端地表彰僧门中的世俗成功者——朱元璋和姚广孝[②]。这表明，在太虚意识里，他企图通过"圣一王"的身范来解决理论的疑难，通过功勋来替代原则和法度；可是，这是可能的吗？

总之，我们并不否认太虚及其僧团的一隅悲愿属于菩萨心肠；但是，当其与现代公共理性遭遇的时候，这一隅悲愿就显得过于暧昧和粗糙。无论如何，在哈姆雷特式的问题面前，在罗素式的悖论下，太

---

① "世间法"和"出世间法"冲突的问题，并非太虚个人的困境，也不是现在才出现的问题，早在原始佛教时代就已经出现了。具体可参见邓伟仁教授的文章《不害与刑罚的两难：早期佛教与婆罗门传统中的圣王想象》，《汉语佛学评论》2014年。

② 太虚有好几篇文章谈到了朱元璋、姚广孝等人。如《尊重僧界还俗人》、《佛教之中国民族英雄史》等，究其理由，太虚在《时事短言》中说得最明白，他说：

中国以孔子为文圣甚当，且今得中山先生出而继之。而武圣、昔崇关、岳，乃前代君主使武人效死愚忠者。今以民族立场，应改奉朱洪武为武圣，盖中华民族能攘外安内者，功莫盛于洪武，汉高、唐太均不过安内，秦始隋炀开攘外安内而旋即分崩，宋太力细攘外，故无有及洪武者。继起民族英雄当以洪武为法，关羽、岳飞、文天祥、史可法皆死难无功，不宜步趋！至洪武称帝传子，系当时趋势，在今日必然以领袖而传贤也。(《太虚全书》第31册，第1407—1408页)

虚浑然不觉，且过于乐观。这些悖论似乎表明：自诩"觉者"的太虚，也不容易"圆满"地解决那些复杂的、世间的临时事务；即便是其思考和倡导了大半生的"人生佛教"，也无法在理论上给予周圆的说明。

（二）重估太虚—僧教育：被边缘化、被制约与自造的敌友

上文对太虚政治思想的观察，指出了太虚—僧教育在宗旨、组织等方面所具有的"类意识形态"和"类政党"的特征。这是将太虚僧团置于国家、法律、时局等脉络中而获得的初步判定。

接下来，我们将具体来讨论教育部视角下对佛教教育的态度，尤其着重于探讨太虚—僧教育在国家"边教行政"任务中所获得的位置和被重视的程度。

1. 太虚—僧教育的整体和分期

在探讨之前，笔者需要从整体上给太虚—僧教育进行分期。目的是简单勾勒各期的任务、特质和因果。太虚也曾多次为自己的僧教育、僧革命和人生等进行分期；然而，太虚撰写分期的时间基本上集中在1940年到1944年之间，也即他没法从整体上给自己一个全局性的判断。另外，1938年后的汉藏教理院，由于承担着沟通汉藏的任务特殊，且教育部给予的阻碍过多，这似乎导致太虚的自我叙述有所禁忌。比如，在请免兵役的呈文中所叙述的汉院内涵，就是无法公而告知的。这一部分缺漏，正好由档案补全。因此，笔者参考太虚的自我分期、参照档案，从整体上来判断太虚的僧教育，并将其分为三期。

分期所依据的标准和参照系，主要有这几项：时间地点，国家局势，教学实体的改换，任务的转变，性质的跃迁，意义的差别，公私的关系，与信众、地方、国家的关联，以及内在的疑难。

第一期，从1922年武昌佛学院设立到1930年之前。此时段的大部分时间，仍处于军阀混战时期；"革命"是主要的线索；因革命需要，各种社会力量随缘重组。此时期内，在武汉、上海、北京等地，

太虚断断续续地主导过众多佛教社团，如佛学院、正信会、居士林等。它们的性质是佛教"修一学"团体或者"以佛学为号召"的"类政治"团体。幕后的主导者主要有汤芗铭、胡瑞霖、王一亭等居士。总体来看，这些院、会、林均属民间性质。然而，由于本期最有活力的部分学员（如大勇、法尊、超一等）和居士（如胡瑞霖等）都转向了密宗，这导致太虚本人所倡导的僧教育并没有想象的那么成功。在这个时段内，太虚较为排斥密宗，似乎也没有特别地注意到汉藏之间的问题；有趣的是，入藏学法团中的太虚弟子，如法尊、超一等，在20世纪30年代之后的汉藏教理院时期，却成了太虚介入边疆问题的得力助手。

第二期，从1930年太虚入川讲经、建议设立汉藏教理院（1932年8月正式开学）到1937年。这个时期，自1928年"东北易帜"后，一方面全国教育开始整体布局，另一方面国家也开始关注蒙藏问题。汉院正是刘湘（字甫澄，四川省政府主席）为解决康藏与四川的关系而设立的。由于汉院是由刘湘所主导；因此，太虚获得了四川省军政商的支持，汉院也在重庆市"立案"①。这就使得"太虚—汉院"多少具备了"准公共"的性质。该院的任务，主要是以"睦洽汉藏感情""沟通汉藏文化"为宗旨，辅助刘湘在四川省的施政。当30年代边疆危机②加剧的时候，汉院也受到了蒙藏委员会的注意，从而获得"补助"——主要是每年从汉院选派一些僧人入藏游学。可以说，从20世纪30年代初起，太虚才具备开始关注"西藏—中土"问题的条件。也即，在边疆、民族、文化、语言、宗教、政治的交汇点或真空

---

① "立案"文件曾在《海潮音》上公开发表。然而，该"立案"的所在主管单位，仅仅是重庆市教育局，而非四川省教育厅，更不是教育部。这就导致了1944年的尴尬，即太虚向四川省教育厅和教育部呈请免汉院兵役事件，有司却认为"无案可稽"，拒绝代为转咨询军政部。

② 所谓"边疆危机"，从宽泛来说，是指当时英国和日本对西藏的渗透，从而加剧了分离势力的活动；狭义来说，是民国时期的"边教行政"或者说当中央政府向边疆推行现代教育的时候遭到了极大的阻碍。具体情形，可参见《汉语佛学评论》第四辑《"太虚档案"二：太虚法师与佛教教育（1938年之后）》中的"整理者案"。

地带，太虚找到了实践"人生佛教"的场域；具体的实践，又是通过汉院这个实体机构来进行的。

第三期，从1938年国民政府西迁重庆到1945年9月太虚推请法尊出任汉院院长职。这个时期，重点是抗战，同时也尽可能在西南—西北推行和改进"边教行政"。此时，太虚的支持者是国民政府政要，如蒋介石、戴季陶、孔祥熙、陈立夫、顾毓琇等人。缙云山汉院不仅成为国民政府要员的会聚之地，而且还成为国家开展宗教活动、（有关宗教的）外事活动等的重要场所之一。此时的汉院，太虚赋予其重任。其一，跳出四川一省的范围，参与国家的"边教行政""辅助抗建""参与筹边国策"。其二，从事藏传佛教经典的翻译。其三，以汉院作为基点和样板，筹备"世界佛学苑"或者国际性的"佛教大学"，从而建立起从小学到大学、研究院、僧师范的僧教育系统，该系统完善而独立。其四，尝试为僧教育取得"国立"的名号，乃至纳入国家教育系统；然而，这个时期的僧教育矛盾在于，太虚既希望僧教育之独成一统，又想依附于国家教育体制。其五，理论的集成与系统化：该院的内部组织、外部人际关联以及各种实践，均被作为典范而精简为"人生佛教"的纲领。总之，这一期，太虚借助汉院实体、汉院僧教育模式、"人生佛教"理论以及"政—教"友谊，设想将边疆、中国、东南亚和世界关联统合起来，设想将"政—教"交汇起来，然后获得"政—教"平衡，最后达成"教"对"政"的超越和涵盖。

从这三期来看，在支持者的职权阶次方面、在任务的"国有化"和"公共化"程度方面、在个人悲愿的深广度方面，后一期总是远超前一期；尤其是太虚的僧教育紧紧追随、依附着国家时势和问题中心。总体来看，不管是哪一期，除了僧的身份外，唯一不变的，就是太虚—僧教育的世俗政治色彩，而且，这种政治色彩还在范围、对象、想象力和自信程度上逐渐加深。

然而，当太虚—僧教育紧随政局变迁而影响力愈发增加的时候，它同时也遭到压制、拒斥乃至否定（详见下文"三、[二]、3"、"三、[二]、4"和"三、[三]、2、[5]"小节）。这正是档案所反映的情况。

从档案来看（先把下文的部分结论提上来），第二期处于大学院和教育部所制定的规制范围内。第三期则比较复杂一些。一方面，虽然有"边教行政"政策的许可和鼓励，但"民间私有"和"国家公有"的界限仍旧严格。另一方面，教育部、蒙藏委员会对汉院虽有鼓励和"补助"，但公文往来表明，它们对太虚—汉院的成绩仅仅给予有限的认同，而更多的是不信任、压制和否决。

总之，即便是汉院从一开始就跟随刘文辉、刘湘参与了边疆政治，即便是后期（1938年之后）在名义上也参与了"边教行政"，但是，如果从教育部、蒙藏委员会的标准来进行定量、定性分析，那么，其功绩与社会影响的实际程度，仍须重估。

2. 太虚—僧教育的缺陷和自我褒扬

太虚对自身的僧教育相当自信。1937年，太虚作《三十年来之中国佛教》，叙述和评价了民国以来以佛为中心的社团史、办学史，以及佛教（国际）关系史。①

在这篇文章中，对于僧侣居士的办学，太虚给予了综述、定位和评价。他将佛教教育分为由居士主导和僧人主导两类。居士主导的有"祇园精舍"，僧人或者各地僧教育会主导的，在命名上有"僧师范学堂""普通僧学堂""华严大学""观宗学舍""观宗寺弘法研究社""天台宗学院"以及"天台之国清寺研究社"，等等。前者，太虚说"祇园精舍虽居士所设，而就学者比丘为多，故为高等僧教育之嚆矢"；后者，对于某些比较重要僧团的办学，太虚评价其"成为一学派"。② 较之以上这些院、堂、学、舍、社，太虚对其本人所主导的僧教育评价

---

① 《三十年来之中国佛教》（二十六年作），《太虚全书》第29册，第45—60页。
② 《三十年来之中国佛教》（二十六年作），《太虚全书》第29册，第45—60页。

最高。这个评价在 1937 年做出。他说：

> 至民十一，笔者在武昌以李开侁等之援助，设立佛学院，遂于僧教育开一新局面。不惟影响于青年僧甚大，且于学术、文化及政治、社会各方面，均有相当影响。迄今演续为世界佛学苑图书馆及研究院，则由法舫等代主持；而直属分设者，尚有法尊代主持之汉藏教理院。其仿设者，若常惺于厦门之闽南佛学院……均有以上各学院之学僧参预施教，然各学院迄今未能有一系统之学制，而世界佛学苑亦尚无使佛学世界化之效能，殊可遗憾！①

我们认为，太虚的这个总结，多少有些自囿和缺陷。其一，太虚还是一如既往地将特殊问题做普遍化的解读，当他把自身特殊僧团的僧教育从几近昙花一现泛化到各方面的时候，并没有在质和量上体现出应有的分寸。其二，当太虚把自身和各方面关联起来的时候，他并没有选取一个更为公共和普适的参照系，而是仅仅在院、堂、学、舍、社等名实和范围内来评定自身僧教育的实质与功勋。其三，过于强调僧的主导权、自主性和自由度。

总体来看，太虚将自身僧教育的功勋从"一隅"跃迁到"普遍"的时候，最大的问题是忽略了国家相关的律法规章、国家教育系统的办学标准、国家对教育所尝试的制度化，以及居士支持者的异质性力量，等等。

对太虚—僧教育而言，这些外在的、公共的教育参照系，并非无关紧要或者笔者突然强加。实际上，它们至少从 1927 年"大学院"建制时起就对佛教文化教育产生着作用；而且，它们也是被太虚承认，并尝试被纳入其中的。

---

① 《三十年来之中国佛教》(二十六年作)，《太虚全书》第 29 册，第 50—51 页。

3. 从武昌佛学院到1937年前的汉藏教理院：被边缘化

就整个国家的现代教育体制而言，它在法律和制度上都曾有过郑重的思考和尝试。辛亥革命之后，因战乱和军阀割据，在国家现代教育方面，并没有完全实现全国性的计划和布局。一直到了1927—1928年，蔡元培等建立了"大学院"（一年多之后改为"教育部"）以及中央研究院，作为掌管国家学术与教育的最高行政机构；同时，也制定了一系列规章，将国家教育制度化。1940年4月，教育部又筹设了由各科学者25人、教育部官员4人等29人所组成的"教育部学术审议委员会"，主要用于制定教育制度、审查教学机构、考核教员、授予学位等事宜。这些机构标志着国家教育制度化、标准化和系统化的逐渐完善。当然，在国家教育制度化的进程中，佛教并没有被忽视（详见下文"三、[二]、4、[2]"小节）。

有关佛教、佛学教育的地位、方式、评判标准等问题，事实上全部被置于大学院或者教育部的视野范围内。1938年以后，权力转移到教育部学术审议委员会中，其在学科、机构、职员职称等设置问题上，具有最后决定权。另外，在汉地一般性的教育之外，对于蒙藏、西南等地的少数民族地区的教育事务而言，1928年设立的蒙藏委员会也部分地参与其事。

在这个简单的且必要的背景之下，有几份档案可以印证僧教育的特殊之处。

第一，释可端的"中华佛教华严大学院"。[①] 谛闲弟子、扬州长生寺住持释可端，曾在该寺建立名为"华严大学院"（当时也被简称作"华严大学"）的佛教教育机构。按可端的自我叙述，"华严大学院"建立于1923年，这也是其游历欧洲之后有感于欧洲佛教学术研究的鼎盛状况而发心设立的。到1927—1928年大学院设立后，国家开始系统地

---

① 5—02264。

整顿全国教育，此时，可端借着其曾与蒋介石是军校同学的因缘，特地到南京，向蔡元培提出将华严大学院纳入国家教育系统。后来，几经批复，大学院（或者教育部）令华严大学院不得沿用国家教育学制内"大学"的命名，先是拟令改为"华严大学校"，后则直接令其改用"江都佛教传习所"，并且纳入江苏第四中山大学的管辖范围之内。可端的华严大学院可以看作是第一个正式遭到大学院裁撤、管制的佛教教育机构。由此，太虚在1938年后向教育部提出的各种呈请以及教育部关于"私人讲学机关"的评定，只不过是可端"华严大学"案例的翻版。

第二，太虚的汉藏教理院。1930—1931年间，四川省政府主席刘湘为了"沟通汉藏文化""睦洽汉藏感情"等，拟派僧人入藏从学。此时，应请在四川讲经的太虚，不失时机地建议刘湘改为在四川设立汉藏教理院。在刘湘等军政大员的支持下，1931年，汉藏教理院以太虚为院长，正式开学，这是太虚在实质意义上介入汉藏佛教的开始。所谓实质意义，主要有四个意思。其一，在武昌佛学院转向研究密宗的时候，太虚是反对的；其弟子大勇的学密、传密以及入藏从学，他似乎也仅仅是表面上赞成。这就是说，至少在1924年大勇入藏前，太虚都还没有意识到中土、边疆、佛教这三者在政治上、僧教育上的关联。其二，在20世纪30年代"西藏内向"（主要人物有诺那呼图克图、喜饶嘉措）、边疆危机（反英反日）中，太虚敏锐地意识到这是"新僧"实施"人生佛教"的一个可行的场域。其三，具有反讽意味的是，正是太虚弟子中入藏学密的那批僧人（主要是法尊、超一等），为太虚"沟通汉藏文化""睦洽汉藏感情"的理想提供了必要的条件。其四，抗战内迁西南，缙云山的汉藏教理院成为"政—教"汇集的场所，太虚也因声望的渐长和汉藏教理院实体机构的存在，向教育部提出了一系列僧教育建议。

问题在于，汉藏教理院从一开始就没有获得教育部或者四川教育厅的承认。所谓"承认",至少是以立案或者备案(比立案次一级)为标志。这就导致了1943年新《兵役法》颁布的时候,太虚为请免汉院兵役而四处奔走,主管机关(四川省教育厅和教育部)却因汉院没有正式身份而拒绝为其转咨军政部。可以说,从可端到太虚的案例表明,僧人所办的僧教育,已经被现代国家教育边缘化了。

第三,教育部讨论佛学会的《佛教学苑组织大纲》[①]。1933年2月,圆瑛所主持的中国佛学会(此时,太虚早已与圆瑛决裂,声明退出该会,不过,在必要的时候,还是使用"中国佛学会会长"的署名),向教育部提交了《佛教学苑组织大纲》,筹备组建从小学到大学、研究院的系统佛教教育。但是,该大纲遭到教育部的严厉驳斥,太虚僧团不仅将教育部的驳斥刊登在《海潮音》上,还加以嘲讽。[②] 教育部在驳斥的同时,还声明要请专家研讨如何开展佛教教育。[③] 事实上,这个研讨会是存在的,也有档案记录——但是仅有教育部拟邀人员的名单和事由,没有讨论会的记录。教育部发起讨论、研究的时间是1933年3月到6月。起初,教育部拟邀请如下人员讨论:

　　许崇灏、谢健、黄忏华、梅光羲、许炳堃、焦易堂。[④]

查个人履历可知,这些人员,均为当时的相关部委的职员,同时也是居士。随后,又加聘(名单后还附上单位):

　　林翔　　　碧予[⑤]

[①] 5—02208。
[②] 《教育部对佛教学苑大纲之驳斥》,《海潮音·通讯》第十四卷第四号,第87—91页。
[③] 《教育部函聘专家讨论佛教教育办法》,《海潮音·通讯》第十四卷第六号,第87—88页。
[④] 5—02208,0003。
[⑤] "碧予"为林翔的字,1933年3月3日,林翔出任考试院铨叙部部长。

周仲良	监察
姚雨平	国民政府文官处印铸局长
罗桑坚赞	班禅办事处
诺那呼图克图	蒙藏委员会
余文华	最高法院①

从人员的构成上，我们可以分析出如下结论。其一，关于佛教教育的问题，需要国家相关部委（行政院、考试院、总统府秘书处、文官处印铸局、法院、检察院、蒙藏委员会、教育部）来共同做出决定。这些决定不仅要求佛教教育符合法律、规章、政策和国家战略的需要，而且意味着其有关佛教教育的问题已经超越了一般性国家教育的职权范围。其二，所咨询的人员，有蒙藏僧团的领袖或者代表，也有"知识界—政界"（他们同时也是汉传佛教居士）的代表，但没有汉僧代表。其三，佛教教育已经被定义为超越汉僧整体、超越汉僧局部僧团的派系，而着眼于汉、藏、居士佛教的整体布局。其四，这样的佛教教育设想和佛教会布局，完全超越了圆瑛、太虚等汉僧对佛教教育、佛教组织的原有观念。其五，内政部与教育部的"行政计划"是"厉行僧道职业化"，需要"再增加职业教育课程、训练僧尼谋生技能、改良其生活、使渐变为生产分子"。②这些信息，基本上可以反映出：一方面，教育部对汉僧之"私人办学机关"的不信任；另一方面，谋求通过技能教育来使那些在传统上受供养的僧道融入现代社会。这样的"融入"，是在律法条件下，在现代国家理念中，使得"僧道"在社会秩序上、在生存能力和知识上等同于"民"。

第四，国家或者教育部对佛教文化教育的布局。③这有如下几种安

---

① 5—02208, 0013。
② 5—02208, 0006。
③ 有关事实，综述自档案：5—13161；5—13162；5—02358；5（2）—01001。

排。其一，大学哲学系设立佛教哲学和佛教史的科目，这其中，最主要的就是汤用彤、熊十力等人，他们在大学中教授和研究佛教哲学与佛教史。其二，邀请喜饶嘉措等藏传佛教领袖到北京大学、清华大学、武汉大学、中山大学、中央大学等五所大学讲学，以促进理解和交流，但因1937年抗战爆发而停止。其三，在南京、西康等地设立与蒙藏有关的中小学，培养人才。其四，在蒙藏等地设立教育系统内的中小学，主要教授现代知识和谋生技能。其五，由蒙藏委员会主导，派遣人员入藏从学。其六，中研院史语所也对佛教学术有所涉及，主要是陈垣对敦煌文献的整理，以及陈寅恪个人的研究。这些教育和研究显然不是太虚意义上的"僧教育"；而更应该被看作是与佛教、佛学有关的国家教育或学术，其关键词是知识、民族、政治与公民教育，它要剥离的恰恰是佛教或者佛学中所隐藏的"主义""宗教""宗教派系""意识形态"等。而对太虚—僧教育来说，后者才是最重要的。

　　第五，"边教行政"。[①]尤其是在20世纪30年代初中期，随着英国、日本的渗透，边疆危机的加剧，同时，国家新式教育因其过度地具有"现代感"而无法为边疆民众所适应。于是，教育部等在政策上提出，邀请民间有志于边疆建设的人士和团体参与"边教行政"，尤其在编纂教材、志愿教员、学校建设等方面给予经费和名号上的支持。在这些支持计划中，有两项重要的设想：一是通过汉僧与藏僧的交流来消除误解；二是通过汉僧参与到学校教学中去，以消除边民面对新式教学而在观感上的不适。

　　以上均是档案（南京部分）反映出来的1937年抗战爆发之前国家视野下的"佛教教育"或者"与佛教相关的教育"。这样的教育布局，着眼于高层次的知识、学术，着眼于民族语言互通、民族文化交流和民族融合，着眼于普及国民的基础教育和技能教育，着眼于国家一体

---

① 有关事实，综述自档案：5—13161；5—13162；5（2）—01001。

化与现代化;相应地,正是要消解宗派偏向以及宗派意识形态。这样的教育精神,正是顾毓琇所说的,要以"现代新知"来启迪"边民德智",达成"中土"与边疆在国家现代化、一体化进程中的有效融合。①

然而,太虚"僧教育"的问题在于,他忽视了国家教育的整体。在其叙述中,我们只能看到他借助一些特定的机缘来发展自身僧教育。其忽视外在的国家教育体系和规制的同时,又过高地对自身给予认同和期许:一方面,太虚虽然以"各宗""全国""世界"之名来暗示其僧教育的普遍性,但是,其所谋求涵盖全国与世界的僧教育,又深深地潜伏着由"新僧"来主导的"类政治""类意识形态"——这又回到了"私人讲学机关"和"宗教团体办学"的一隅中来;另一方面,当太虚期许他的僧教育能够比肩甚至涵盖国家教育系统的时候,却在僧教育的程度(无论是课程标准、师资水平,还是学生入学程度、毕业水准)上完全无法达到教育部所规定的、同级学制的最低水平②。所有这些潜在的矛盾和危机,都在1938年后汉院与教育部的关系中暴露出来了。

由是,从国家教育的整体上看,无论在视野、性质、目标还是水平、学制等问题上,均须我们跳出《太虚全书》所给予的自我叙述和自我评价,给予重新估定。

4. 1938年后的重庆汉藏教理院:受制约且不受信任

(1) 重提:1938年后太虚对僧教育的设想和困难

在经过长长的迂回之后,我们又回到了本文开头太虚的独白与分期中来。

1938年后,以重庆汉藏教理院为基点的这个时期,太虚称之为"我的佛教改进运动略史"第四期;本期有三个任务,即"旧会的整

---

① 5—13162,24。
② 在太虚致教育部的呈文中,时常会包含着对办学宗旨、招生水平、毕业水平的叙述,有时还会有师资名单;由此可以做出正文中的判断。

理""大学的改建""新制的开制"。①

然而,这是一个正在进行时,太虚的叙述也未完全。我们将之补全后,再来讨论。

"会"即"中国佛教会整理委员会"。1940年1月11日,由太虚推动设立"中国佛教会整理委员会预备处"②。后来,转由国民政府社会部主导佛教会的整理,"整理"的大致意向是纳入中国佛教的各个派系。③然而,1941年11月10日,太虚因不满"政府无诚意",发布《中国佛教会(临时办事处整理委员会预备处)结束通告》,封存档案文件、经费等,暂行退出整理委员会。④事实上,现在看来,在1939年或者1940年左右,太虚就有这样的愿望和举动——将(汉传)佛教转型为此类青年党、共产党等获得国民政府承认的"政治性组织";但是,因各种阻碍,并未实现。⑤四年之后,1945年11月17日,内政部训令:"依法组织中国佛教整理委员会",太虚、章嘉、李子宽为常务委员。⑥对于这个"会",太虚寄予六方面的厚望,总的来说可以归纳为:以中国佛教内部的统一来辅助中国的统一,由中国佛教来领导世界佛教,由佛教的和平主义来引领世界的和平。⑦此后不久,从

---

① 《我的佛教改进运动略史——二十九年七月在汉藏教理院暑期训练班讲》,《太虚全书》第29册,第113—119页。

② 《太虚年谱》,《印顺法师佛学著作集》第13册,第486、489页。

③ 就理事或委员的人选构成而言,太虚的具体意见不甚明朗。不过,居士李子宽建议"可加请章嘉、印光诸师及戴、朱诸公作名誉指导"。(《我的佛教改进运动略史——二十九年七月在汉藏教理院暑期训练班讲》,《太虚全书》第29册,第114页)

④ 《中国佛教会(临时办事处整理委员会预备处)结束通告》,《太虚全书》第31册,第1101页。印顺说,导致太虚退出的原因是"政府无诚意,中佛整委会成立无期"。(《太虚年谱》,《印顺法师佛学著作集》第13册,第486、489页)

⑤ 印顺的《太虚年谱》"民国三十五年"条,其对原委和过程叙述甚详。

⑥ "中国佛教会整理委员会"委员为:"太虚、章嘉、虚云、圆瑛、昌圆、全朗、李子宽、屈文六、黄庆澜。"(《太虚年谱》,《印顺法师佛学著作集》第13册,第519页)

⑦ 太虚于1944年底作《中国佛教会整理委员会之诞生》,主要意见有:
……今者,抗战已完全胜利,……建国开始,而为中国社会政治一环之中国佛教,自应迅速恢复中国佛教会,统摄各省县市分支会,调整其凌乱,健全其组织,俾与全国上下相协进于新中国之建设。……近年政府与社会已多注意边民问题之研究,佛教徒所办之汉藏教理院等使藏

1946年初开始,对于"院"、"苑"和"会"等宗教组织,太虚已不满其民间性,转而寻求"政治性组织","有组党之意",并比类"共产党、青年党、社会党",谋获"国民政府承认"。① 1946年,在佛教与政治、政党的关联中,太虚仿佛又回到了1940年左右"佛教—政治—组织"的设想,回到了20年代,回到了刘成禺的判定之中。

以上就是"旧会"的肯綮之处。至于"新制",就是上文所言及的"人生佛教"系统。在实体、组织和人才方面,太虚的大意是:

> 要有一个模范道场出现;训练一班中坚的干部人材,建立适合今时今地的佛教集团机构,使社会人士改善对佛教的观念,使其他的寺院仿效学习。②

这个"模范道场",就是重庆汉院。

在随同戴季陶等出访印缅期间,太虚就萌发了"大学的改建"的主意;他主要是想将"世界佛学苑"(太虚发起)和"佛教国际大学"(印度摩诃菩提会等佛教团体发起)合并,建立"世界佛教大学";学制则参照近代大学制度。③

以上就是太虚自我叙述的第四期的任务和规划。这一期有三个值得注意的特征。

(接上页)人衷心了解,近且成立汉经藏译场,复现初唐汉藏佛教之盛况。故中国佛教会,亟应整理其组织,加强其力量,由大中华完整之佛教,化成大中华完整之民族,进于共同建设大中华民国之新时代。……如此广大之佛教教区,今中国处四强之一之地位,中国佛教徒实应出而为联合领导。……在印度佛教没落下,为佛教第二祖国的中国佛教徒,自应适此全人类需要,联合世界热心探究佛法之分子,共同发扬世界永久和平要素之佛教。(《太虚全书》第17册,第445—450页)

① 印顺《太虚年谱》"民国三十五年"条对原委和过程叙述甚详,可参。
② 《我的佛教改进运动略史——二十九年七月在汉藏教理学院暑期训练班讲》,《太虚全书》第29册,第116页。
③ 《我的佛教改进运动略史——二十九年七月在汉藏教理学院暑期训练班讲》,《太虚全书》第29册,第114—115页。

首先，系统与功能。太虚的最终目的是建立佛教的"新制"，新制的两个根基就是"会"和"学"，前者主要着重于从权力、机构和组织上统一僧团，后者则从知识与德性上区分僧的阶次。

其次，关联与推进。太虚将僧团、僧制、僧教育和政治关联起来，将中国问题和世界问题关联起来。关联的趋向，主要是将特定的"会"与"学"往深广处推进：从单一到全球、从中国到世界、从私人到公共；从苑到大学，从院到学院；从教团教派到合法政党；从特定佛教义理到普适的佛国主义和世界主义。

最后，逻辑上的相互认同与相互涵盖。办学的设想表明，不管太虚对近代大学制度有多少真正的了解，他都将其作为僧教育的参照系和努力的方向。换言之，对近代大学制度的认同和模仿，是太虚办佛教大学的前提；反过来，这个前提至少在逻辑和制度上就对太虚的僧教育具有规范的作用和评判的权力。同理，不管太虚对现代国家体制和现代政治的运作机制有多少切实的了解，当他试图为僧团寻求组党的合法性的时候，他所承认的这些既定的公共体制和机制，都对太虚僧团的想法和行动具有规训的权力。

以下将通过四个案例来讨论国家部委有司对太虚僧团的规训。

（2）案例：太虚—汉院与教育部、蒙藏委员会的纠缠

对比档案与太虚的自我叙述可知，太虚的自我叙述仍有一些重要的阙如。目前所知的主要有两点：一方面，内部的自我发展应该还有另外两条线索，即"边教行政"与涉外的办学理想；另一方面，存在着外部的反制，如教育部的否决。这些阙如完全表现在《"太虚档案"二：太虚法师与佛教教育（1938年之后）》[①]的档案当中，现在综述及评论如下：

第一，太虚—戴季陶：编译处的正式设立。1938年3月至9

---

① 太虚、戴季陶、蒋介石、孔祥熙、顾毓琇、陈立夫、朱家骅等（原作），龚隽、赖岳山（整理/文）：《"太虚档案"二：太虚法师与佛教教育（1938年之后）》，龚隽、林镇国、姚治华主编：《汉语佛学评论》第四辑，第35—78页。

月,经戴季陶的建议,太虚—汉院以"沟通汉藏文化""睦洽汉藏感情"为目的,尝试参与教育部的"边教行政"计划;经由陈立夫与顾毓琇等教育部有司批准,编译处正式设立,并获得了每月四百元的经费"补助","指定为编译汉藏合璧教科书之用"。① 然而,有四点值得注意。其一,从年度报表上看,编译处重在翻译藏传佛教经典为汉文,而轻于"编译汉藏合璧教科书"②;这至少导致初期汉翻藏的五册"初小常识课本",其中三至五册被教育部审查为"未尽符合、无从修正、仰照国语意义直译,再行呈核"③。其二,教育部和以顾毓琇为代表知识精英,仅注重公共的边疆国民教育;对于太虚之轻国家任务而重教团译经,顾毓琇则提出了严厉的批评和指正。④ 其三,编译处的顺利设立,并非戴季陶、陈立夫、顾毓琇等人的私相授受,而是有确定的法规作为依据。⑤ 其四,在太虚致顾毓琇的信函中,在印顺的说法中,都将编译处的设立归因于太虚和戴季陶、陈立夫等人的商量;这表明,不管是太虚还是印顺,都没有意识到国家法规的许可程度和适用范围这两个关键问题。⑥

第二,太虚—蒋介石:"国立佛教学院"的呈请与否决。1939年10月至11月,太虚通过军事委员会委员长蒋介石而向教育部呈请设立"国立佛教学院"。⑦ 太虚期待借助佛教及佛教学院来沟通、研究边

---

① 5—13162。

② 5—13161,17—21。

③ 5(2)—01001,0049—0050。

④ 5—13162,24。

⑤ 关于法规和国策,可参考《国民党临时全国代表大会通过之战时各级教育实施方案纲要》(1938年4月)以及《教育部订定之战时各级教育实施方案》(1938),载中国第二历史档案馆编:《中华民国史档案资料汇编》第五辑第二编教育(一),江苏古籍出版社1997年版,第15、36页。

关于国府军政要员等对边疆教育、边教行政的商讨,可参见有关蒙藏教育的档案资料。(《中华民国史档案资料汇编》第五辑第一编教育,江苏古籍出版社1994年版)

⑥ 印顺《太虚年谱》"民国二十七年"条对此事有所叙述。另见太虚致顾毓琇函(5—13162,35)。

⑦ 5(1)—002358。

疆和南洋诸国。① 而教育部从宗教、边疆、哲学和文化的角度来看待此事，并叙述了自"第二届参政会议"之后的国家布局；已有的举措为：已在西康办理五明佛学院，已在五台山设立以章嘉为院长的蒙藏教理院，已在大学中列入佛教哲学课程，已请喜饶嘉措在五所"国立"大学哲学系开讲（藏传）佛教哲学，已通过其他部门来执行佛教文化的编译工作，已对太虚——汉院补助经费以设立编译处。② 对于再增设"国立佛教学院"，教育部以《宗教团体兴办教育事业办法》（教育部第七号布告一八、四、二三）③ 为依据，"谨电呈复"："另行设立佛教学院，查与学制不合，似可不必由政府设立。"④

以国家的"学制""国立"的名实和已有的措施为由，教育部回复了蒋介石，否决了太虚所请。然而，通过其他档案和细节，笔者认为，教育部对太虚的呈请另有考虑。谨举以下三案为例。

①关于在五台山设立"蒙藏教理院"一案。⑤ 该事件发生于1938年1月到1939年6月之间。因日寇进攻山西，并图谋借僧团以辅助入侵；为免宗教领袖落入敌手而遭胁迫利用，阎锡山电请行政院积极应

---

① 5（1）—002358，0018。
② 5（1）—002358，0014-0016。
③ 5—13164，4。
《八、宗教团体兴办教育事业办法【教育部第七号布告（一八、四、二三）】》："查近来各宗教团体以兴办教育事业呈报到部省。其所订规章，往往与本部公布之法令不合，推原其故，盖因宗教团体兴办教育事业，或为捐资设学以造就人才，或为聚合徒众以研究传习其教义，此二者之目的本属不同，而主张其事者每思比附牵合，遂致名实混淆，诸多舛误。本部以为欲祛此弊，必先厘订名称而后可循名以核实，兹特明定办法：（一）凡以宗教团体名义，捐资设立学制系统内之各级学校者，应遵照私立学校规程办理，其设立各种补习学校或民众学校者，应遵照教育部所定关于是项之法令办理。（二）凡宗教团体之欲传播其所信仰之宗教而设立机关，招致生徒者，概不得沿用学制系统内各级学校之名称。（三）凡宗教团体，集会社研究教义或其他学术者，得依照关于学术集会结社之手续办理。（四）上列第一及第三项；均应呈报教育行政机关立案或备案。惟第二项应由各地方政府管辖，无庸呈报教育行政机关。自经此次明白规定，嗣后各宗教团体兴办教育事业，务须认明宗旨切实办理，免遭驳斥。其以前所兴办之事业有名称不合者，亦即分别改正，是为至要。"
④ 5（1）—002358，0014。
⑤ 5（2）—00963。

对,提议将五台山原有的"蒙藏学校"改为"国立蒙藏学院",同时聘请章嘉为院长。经过行政院、教育部、蒙藏委员会往返商讨,最后以议会的形式决定:正式聘任章嘉为院长;但认为"国立蒙藏学院"与学制抵触,应改为"蒙藏教理院"。由此,在"院"与"学院"的认定上,无论是面对"太虚—蒋介石",还是面对"章嘉—阎锡山",国家教育体制都未因特殊形势和上级长官不同而改变。但是,在个人待遇上,相对于由教育部和蒙藏委员会正式给章嘉颁发院长聘书而言,太虚仍是"在野"的。在野的窘境也导致了1934—1944年太虚在请免汉院兵役事件上的困难。由于汉院教员没有被纳入国家正式教职员的行列,因此无法适用于《兵役法》免役的相应条款;为使汉院教员达到免役的条件,太虚向教育部要求"复以本院教职虽未经正式审查,但多属对于汉藏政教学术具有专长者;仍请准以本院聘书为合法证件或请另发审查证而予证明,实为公便"①。

②关于拟设"汉藏文化学院"一案。② 当时暂住锡长安寺佛学社的喜饶嘉措,为了稳定边疆康藏,于1939年4月28日呈文教育部,提出在重庆或甘青等择一合适地点,设立"国立西藏文化(或政教)学院"(另有简称为"汉藏文化学院"),"以培植藏文人材、研究西藏学术、编译汉藏图书、沟通民族文化为宗旨",每月经费预算为"六千四百九十元",如果加上临时筹建费,则全年共计经费需"约九万元"。喜饶嘉措的提议同样也经过军事委员会(蒋介石为委员长)、行政院、蒙藏委员会和教育部的往来讨论,意见纷繁不一。有建议分开而并入现时教育体系:如按教育机关定性,则纳入四川大学;如按学术团体定性,则纳入中央研究院。也有在原则上同意喜饶嘉措所请呈,但按章嘉例,改名为"西藏教理院",设在西康。由于抗战时期形势紧迫以及教育部和蒙

---

① 5—14808,34—35。

② 5—12410。

藏委员会的经费不足，喜饶嘉措的原定计划被修改。1940年10月，最后决定以"中央政治学校"为基础，令该校"在研究部或边疆学校设一汉藏教理院研究组"，经费由教育部与蒙藏委"酌量补助"。相较教育部对太虚的掣肘而言，对喜饶嘉措可谓优待至极。

③关于高玉柱与喻杰才的建议一案。① 除了章嘉、喜饶嘉措等蒙藏"民族—宗教"领袖之外，1938年12月，西南苗夷地区的土司高玉柱、喻杰才，同样也在"边疆—民族"教育的问题上有类似的看法和举措。高、喻与白崇禧、顾祝同等公函往返，商讨对策，高、喻的办学建议，获得了教育部的采纳和支持。

总之，虽然同样以辅助筹边国策、沟通汉藏文化、睦洽民族感情为办学宗旨；但是，对比章嘉、喜饶嘉措、高玉柱与喻杰才等"民族—宗教"领袖而言，作为汉僧之新僧僧团领袖的太虚，却很难得到教育部和蒙藏委员会的支持和认可。"太虚—汉院"主要在三方面遭到否决或限制：就办学的实体机构而言，在名实合法性问题上，太虚—汉院、太虚—僧教育很难越过国家既定的教育路线和边疆政策；在个人职位的合法性待遇上，太虚也次于章嘉和喜饶嘉措；就被信任程度而言，太虚也没有优势。下文关于蒙藏班的讨论可以集中反映出教育部对太虚的信任问题。

第三，太虚—孔祥熙："蒙藏班"等的呈请与否决。1940年6月至10月，太虚通过行政院副院长孔祥熙而向教育部呈请在汉藏教理院设立"蒙藏班"，附带提出的还有"延请西藏大德喇嘛到内地讲学宏扬佛教"以及"增派汉僧赴藏学习"。② 行政院、蒙藏委员会和教育部往返商讨：否决了请西藏高僧讲学一事；否决了太虚呈请增派汉院学生入藏名额，至于每年应该派出多少、如何安排名额等，蒙藏委员会认

---

① 5—12410。
② 5（2）—01001。

为自有计划和预算;同意其设立"蒙藏班",但主要经费须自筹,设立之后,教育部再补助。然而,由于汉院无法自筹经费,"蒙藏班"的设置则付诸东流。

在这个卷宗中,最有价值的信息就是,蒙藏委员会和教育部对于太虚之呈请提了具体的反对意见,同时也表达了不信任的态度。主要原因有这几点。其一,太虚所计划之事务,教育部和蒙藏委员会绝大部分早已付诸实施,而且规模、效果远超太虚所提议。其二,教育部尤其不信任部分汉僧的意志、目的和效绩。其三,对于沟通汉藏文化,教育部认为不应仅仅限于僧人,凡有志之人皆可;这实质是僧俗平等的观念,潜在地平削了太虚对僧之地位功用的高推。其四,教育部认为不能只将资源给予汉僧,而更要资助藏僧来汉地从学。其五,对于汉院所培养的蒙藏班人才,教育部阻断了其向体制内同等学校升学的可能性,这等于不认同汉院的办学水平。其六,再次声明"该班系私立性质",不能由国库拨款全部经费,而只能补助。

我们由此可以知晓,即便太虚以革命者的"侠情"[①]、以觉者的金刚勇猛、以弥合分裂和抵抗侵略的慈悲来参与"边教行政",即便也有友谊的助缘,但是,他并没有因此而获得"公共性"的信任。至于不信任的根源,可能正是来自太虚本身的政教"双运"和"人生佛教"内在的反噬。(该问题详见三、[二]、5小节)

第四,"超秩政治之僧教育如汉藏教理院者亦应列入教育系统"与"僧师范科"。1944年8月太虚呈请教育部将"汉藏教理院列入教育系

---

① 笔者认为,"侠""侠情"和"侠义"等"气质之性",对太虚而言都是相当重要的。太虚自认为,"辛亥革命的侠情朝气"引发了其僧革命的举动。当他顶撞师尊八指头陀寄禅的时候,也认为是处于"禅慧融彻"当中,而"侠情喷涌、不可一世"。当他闭关的时候,作《梅岑答友》,其中有"三年化碧书生血,千里成虹侠士魂"(也有版本作"一剑成虹侠士魂",不过与首联"芙蓉宝剑葡萄酒"意向重复。从其早年受谭嗣同的影响来看,此诗二句隐约有表彰谭嗣同的意思)。总体来看,太虚似乎是将世俗的"侠"和"义"转换为佛教的"金刚"的"无畏"精神了。这样的精神似乎为其僧革命提供了巨大的动力。

统"。① 1945年6月至7月，太虚呈请教育部拟在汉藏教理院或大雄中学添设"僧师范科"。② 这两个事件，几乎是太虚在僧教育问题上的最后努力。

两个事件在结构上内在地关联，性质也相似。当太虚请设"僧师范科"的时候，他至少是要在小学、中学、学院、学苑、大学等学制名义之外，补入"师范"这一特殊的科目；由此而形成真正完整的僧教育系统，该系统既并立于国家教育系统，又由僧侣来独立掌管。上文已经言及，对于国家而言，"师范"的角色是"替天牧民"。因此，一般而言，在师范科的课程安排中，不仅要在专深和宽泛中达到平衡，更重要的是，要求在道德、律法和意识形态上具备教学与范导的能力。前者，重在知识性和技术性；而后者，正是世俗国家的政治性和公共性所在。正如档案所言，在国家教育体制和法令中，禁止私立师范学校，更别提由"私人办学机关"来设置师范科；这正是着重于政治性的表达。

太虚显然不了解其中的政治性；反倒是，他并不认为其僧教育具有政治色彩（该问题在三、［二］、5小节来讨论），而是"超秩政治"的。在这样的整体认知下，早在1944年，太虚就正式向教育部提出"超秩政治之教育如汉藏教理院者亦应列入国家教育系统中"③。由于教育部当时因借卷还卷差错而丢失了案卷，我们不知道太虚具体的言论如何，因而无从讨论；不过，从另一份档案我们还可以知晓一些蛛丝马迹。对于太虚的这个呈请，1945年3月30—31日，教育部学术审议委员会在第二届第三次全体委员会做出了决议："世界佛学苑请照私人讲学机关设立办法备案。"④ 太虚的这次努力还是被具有现代知识的精

---

① 5—13161。
② 5—13161。
③ 5—13161, 31。
④ 5—01350—001, 110。

英们（29名委员以及其他部委的列席者）否决了。从档案中存留的汉院名单来看[①]，即便不讨论世界佛学苑的政治性，就其知识性和技术性而言，它显然也难以达到国家教育体系化和标准化之要求。

"私人"一词所暗示的政治性和知识层面的程度都表明，当太虚试图将汉院或世界佛学苑纳入他所承认的国家教育体系的时候，该体系也通过定量定性的方式来评估太虚的申请，从而判定了太虚的命运。

然而，关键的问题仍然有待继续深究，太虚—僧教育如何地"超秩政治"了呢？以下通过对本节的小结来提出问题，进而推动讨论。

5. 本节的小结及问题的再推进：太虚—僧教育的双重面向及其内在困境

本节（"重估太虚—僧教育"），我们通过太虚的自述介绍了他的僧教育分期、结构、目标和努力。所有的事件都是发生在国家反分裂与反侵略的背景当中。在与支持者的合作中，在辅助国家的筹边战略中，太虚—僧教育理想以及（尤其是）汉藏教理院这个教育机构，均包含了极其浓厚的政治化倾向。其政治性所发生的领域，来自于现实的、复杂边缘地带。具体而言，在边疆与中土的裂缝中，在语言、文化、习俗、宗教的差异中，在权力和法律的禁止与许可中，在现代与传统的冲突中，太虚—僧教育获得了特殊的生存场域，然而，当他以特定教团教义而进入他者领地，寻求认同和同化的时候，同时也遭到了反认同和反同化。

这种反对性力量似乎来自于更为强大的世俗国家，它具有政治和法律上的强制性；但是，如果就这么直接归因于世俗国家的强制性，不仅失之草率，还可能抹杀了真正的问题。因为，从同类的其他僧团教派来看，比如章嘉、诺那、喜饶嘉措等人，他们遭到的抵制和不信

[①] 例如，太虚请免兵役呈文中有1944年度的人员名单、履历；在1939年度重新提交给教育部《汉藏教理院经过概况书》中，也有汉院此时的人员名单和履历。尤其从教师履历中的毕业学校可见一斑。

任远小于太虚。基于这样的理解,我们尝试从太虚教理教制本身来做探讨。

有关教育部抵制太虚的案例,目前所见,大多发生在1938年后的汉院及其所参与的"边教行政"事件中。由是,我们还是从太虚的介入汉藏沟通谈起。先提出一个问题:太虚从何时开始介入汉藏沟通?

在太虚向行政院副院长孔祥熙的呈文当中,太虚呈文中的第三项如下:

> 三 增派汉僧赴藏学习
>
> 自民国十四年太虚大师派遣第一次学僧二十名赴西藏学习之后,国人对于研究西藏佛学渐感兴趣,民国二十四年,复由蒙藏委员会每年考送二名,似嫌过少,拟自二十九年起,每年增送十名,每名每月生活书籍费约需四十元,每名入藏川资约需四百元。①

这是太虚的自我表述,目的是彰显其沟通汉藏的历史、功绩与影响。

然而,这个叙述是有问题的。"民国十四年太虚派遣第一次学僧二十名赴西藏学习"是什么意思?"国人对于研究西藏佛学渐感兴趣"是因此而起的吗?问题还可以有以下几种转换:第一,严格地从民国佛教教派交流史来看,太虚在何时开始关注和推动西藏佛学,从而影响了"国人"乃至国家部委政策和行动?第二,太虚关注西藏佛学的实质意义何在?第三,太虚以怎样的视角来看待汉藏佛学?这些视角的性质如何?

民国十四年(1925)新历六月四日赴藏的僧团,正是由太虚弟子

---

① 5(2)—01001,0041。档案中的这段话,非出自太虚呈文原件手迹,而是由行政院秘书长魏道明转录,魏于1940年6月21日"相应钞同原件,并照录副院长批","除分函蒙藏委员会外"、"此致教育部"。(5[2]—01001,0039)因此,这是太虚的自我叙述,无疑。

大勇、法尊、超一等这批僧徒组成，并由大勇率领入藏。① 而大勇在民国十年、十一年两次东渡学东密；回国后，于民国十三年新历一月二十七日在武昌佛学院传授东密；本年暮春则到了北京"从白喇嘛学藏密"；新历十月十一日，"大勇于北京慈因寺成立'藏文学院'开学……武院之大刚、超一、法尊、观空、严定、法舫等往从之，大勇此举，得汤铸新、胡子笏……赞助"；民国十四年五月，"大勇决定改组藏文学院为留藏学法团，专学藏密"，并于"六月四日成行"。② 由此看来，就太虚门下徒众来说，东密藏密的弘传和流通很大程度上与大勇相关，恰恰是大勇，带起了武院学密的风气。然而，正是武院转向了学密、偏离太虚"理想之佛学院计划"，从而导致了太虚在民国十三年秋请辞武院院长职。③ 另外，太虚自己也说："多杰（颂咒为大勇驱赶护法神的多杰觉拔格西——笔者注）在内地的弘传藏密，及藏密的弘传内地，亦由此而起。"④

因此，从大勇的案例来看，在 1925 年左右，汉僧入藏、居士学密等与太虚的派遣无太大关联，倒是与汤芗铭、胡瑞霖等有关，此时的他们，不仅是坚定的密宗修习者，还是比较重要的资助者；相应地，20 世纪 20 年代西藏佛学在内地的传播，也与太虚无关，而更多地由多杰所引起。看起来，太虚与藏密的关联，至少不是推动信徒从学，事实上，对西藏佛教的教理，太虚多有批驳。⑤ 更有趣的是，当 1927 年常惺法师准备入藏从学的时候，太虚写信加以劝阻，此信后来公开

---

① 印顺《太虚年谱》在"民国十四年"条叙述甚详。另可见《太虚自传》一九《北京天童等处讲学与赴东亚佛教大会》的叙述。(《太虚全书》第 29 册，第 186—196 页)

② 印顺在《太虚年谱》"民国十年"条、"民国十一年"条、"民国十三年"条、"民国十四年"条有详细记述，可参。

③ 印顺在《太虚年谱》"民国十三年"条叙述甚详，可参。

④ 《北京天童等处讲学与赴东亚佛教大会》，《太虚全书》第 29 册，第 289 页。

⑤ 太虚批驳密教的文章有：《论即身成佛》第二部分"破谬"（十四年秋在庐山大林寺讲）、《即人成佛的真现实论》、《梵网经与千钵经抉隐》（载《海潮音》十五卷四期）等。

发表在《海潮音》第八卷第十二期上。①也即，至少在1927年左右，太虚对藏密的理论、对汉僧的入藏修习这两个方面都还表示反对。

不过，在20世纪30年代之后，对于藏密，太虚在批驳和拒斥的同时，又保持着特殊的兴趣。他不仅阅读密宗的经论，撰写评论密宗的文章，还接受灌顶②，而汉院任务也重在翻译密宗经典。

可以说，太虚对藏传佛教具有褒扬与贬斥、接纳与排斥、学习与超越等的矛盾性和复杂性态度。问题是，是怎样的力量支配着这些复杂性，使太虚同时纠缠在修学、弘法与理论之中？换言之，太虚对藏密的真正兴趣点和目的何在？或许，太虚的一个观察能够引发思考。

1925年秋太虚在庐山大林寺讲"中国现时密宗复兴之趋势"，其中第三节"密宗复兴之动机"比较完善系统地表达了他的看法：

> 兹且一言其动机：日本为密宗中心之佛教，其宗义亦异开元之旧，杂于国俗私见，……民国四年，欧战方酣，泰西各邦无暇东顾之时，日人乘机暴发其素蓄谋我之野心，以二十一条胁迫我政府，其第五条即要求日人在华有传教自由权；藉传教之名而行其帝国主义之实，其含有政治色彩，路人皆知也。故当时华人无分缁俗，莫不痛斥其非。……职是之故，我华缁俗虽明知其为政治利用文化侵略之计策，然以中土密教诚绝，固亦末如之何也！以故、尔时缁俗受此重大刺激，对于密教问题，渐渐注意：有陈某著中国之阿弥陀佛，历言日本密宗之宗义；予于是年著整理僧伽制度论，亦主派人留日、赴藏习密，以重兴我国之密宗。至民国七年，王弘愿将日文之密宗纲要议华传布，余时在沪主纂觉社丛书，得之广为流播，极力提倡，冀中国密教早日恢复。未久、

---

① 《致常惺法师书》，《太虚全书》第26册，第37—38页。
② 1934年5月，太虚在杭州参加金刚时轮法会，"从班禅受金刚阿阇黎灌顶，执弟子礼"。（《太虚年谱》，《印顺法师佛学著作集》第13册，第367页）

而密教之声,竟遍中国矣![1]

由是,或可认为,太虚之关注东密、藏密,本质上是在民族主义或国家主义的立场上来关注其政治色彩。

对东密的关注主要在抵抗侵略方面。在太虚看来,抵抗的策略之一就是学习对方,以拥有相同的知识。学成之后,一方面可以破斥对方的优胜心理和文化同一性,另一方面融会贯通、有助于建立起一个新的自我共同体,进而以更为强大的自我共同体为基础、涵盖对方而遍及一切。简而言之,对于"政治色彩"双面性,太虚试图入其中出其外、正反"双运";其逻辑过程就是"无知→知晓→并立或混同→自立→涵盖→普遍"。

相应地,从档案来看,太虚对藏密的关注主要是为了辅助国家,以反分裂和反侵略。在双反的过程中,以上逻辑仍旧得到了重演。重演以两条线路来进行,一是佛教内部的路线,二是世俗政治的路线。前者试图会通各地区、各国佛教,以组成反侵略联盟。首先消除差异、达成教制教理的沟通和统一。其次,在更为普遍的理由(如"人生佛教"法典)下,遍及教内教外一切世界。再次,以汉僧通藏教的双重性置身于国内政治的裂缝中,以教辅政,进而实现政教平衡并置。最后,还是在"人生佛教"所融会的凡圣双重性中走向"佛国主义"和"佛国"。在这个逻辑下,如"边疆—中国""中国—世界""世俗—宗教""世间—出世间"等,其本有的缝隙、差异、分立和矛盾,都将在"菩萨"的觉性中消融化解,进而转化为没有争端与差异的和平主义。太虚的这个思路,或可简称为"即世间而出世间"。在此过程中,从"菩萨学处"到"菩萨阶位"再到"菩萨行处",学行悲智、交叉互用。这就构成了太虚"人生佛教"法典的内蕴和外相。这就是太

---

[1] 《中国现时密宗复兴之趋势》,《太虚全书》第15册,第2878—2879页。

虚"人生佛教"的教理理想、政治悲愿、修行次第和运演逻辑。

但是，真正具有挑战性的问题，出现在普遍与特殊的双运当中。当佛教名词实际地包含着地域差距、国家差距、文化差距、语言差距和习俗差距的时候；当同有佛教信仰的国家处于侵略与反侵略状态的时候；当同有佛教信仰的一国在疆土、文化、语言、习俗等问题上因差异而产生分裂的时候；佛教某一教团（如太虚新僧）突然显现，其在佛陀名义下以特定的教义教制（如"人生佛教"）为旗帜，进入"敌—友"双方的领域、双运普遍与特殊、双运内聚与排他——这些举动毫无疑问是智慧和勇敢的表现。然而，困境在于，此时就难以分清敌我界限了。界限的模糊或消失，如果仅仅是由某种杂糅或混同所造成的假象，而不是以绝对的觉悟为基础所形成绝对的冥然同化；那么，因杂糅混同本身所带来的内在抵牾就不可避免。

以1925年太虚参与"中日佛学会"为例。太虚遭到了国内教界的猛烈批评，批判者中也有太虚弟子印顺；不过，印顺后来承认自己误解了太虚，因为，他"不知道表面文章而外，底层还有文章"。[①] 太虚文章具有表面和底层，恰恰说明其双面性的存在和相互纠缠。再以太虚参与"边教行政"、组织"世界佛学苑"为例，其以汉院僧团为基础汇聚起统一的"人生佛教"团体，这样的内聚对现实政治构成了排他，从而，如此的宗教团体将毫无疑问被"反排他"；不仅如此，对于现实政治的既认同又消解的双运策略，毫无疑问还给自身带进逻辑上的进退维谷境地。对于这样的两难，并无证据表明太虚能清醒地意

---

① 事实上，太虚在1935年参与筹组"中日佛学会"，也带有某种政治目的。虽然招致了国内教界包括印顺在内的猛烈批评，但是，后来印顺回忆说：

我不知表面文章而外，底层还有文章，就冒昧的一再向大师上书，措辞有点过火不客气。大师不理我。我一气，忘了善知识激发策勉的恩德，断然离开了大师。闭门阅藏，过着忘世生活。这要到编纂《太虚全书》，遍读一切文记，才自觉从前错误。（《华雨香云·我怀念大师》，《印顺法师佛学著作集》第23册，第302页）另外，可以参见《太虚年谱》，《印顺法师佛学著作集》第13册，第205—207页。

识到——请免兵役事件就是太虚对自身的"请君入瓮"。

总而言之,当太虚以友谊为桥梁将慈悲无限度地遍布他者的时候,就由"有限的内聚"跃迁为"内聚的无限",从而演变成绝对的排他,构造了一个绝对的敌人。就太虚教理教制革命的理论和实践来说,虽然太虚悲愿深重,以大乘菩萨为典范、倡导"人生佛教"、施展"众生无边誓愿度"的"大乘真精神",不想却同时构造了"释迦牟尼"和"提婆达多"。因此,从现实上看,正是太虚对佛教宗派政治色彩的洞察和使用,让自身陷入世俗政治的旋涡当中。

在这样的逻辑和趋向下,太虚及其教理教团,遭到教育部、蒙藏委等的警惕和反对,也就理顺成章、不难理解了。

(三)重估太虚与兵役:参与还是不参与,这是一个问题!

1. 太虚"僧革命"与"人生佛教"的两条路线及其潜在的两难

晚清预备立宪的失败,催生了各省的革命、独立和自治的风潮。革命、独立与自治的观念和行动,也影响到传统僧团;尤其是江浙、上海一带。笔者认为,所谓影响,简要地说,就是僧团从依附皇权的状态下逐步剥离出来,从"四民"之外重新回到"民"之中。影响较大的有两个事件。其一是浙江绍兴,由谛闲统领的"僧军",僧军所参与的最大的行动就是"绍兴光复"。其二是上海,由太虚的师父八指头陀寄禅所领导的僧教育会;该会最初有两个任务,一是抵御日本僧团对汉僧有组织的入侵,二是为保护庙产而"进京请愿"。八指头陀进京请愿一事,其各要素的关联性比较复杂。一方面是因为要抵御日本僧团的入侵,才呈请清廷对庙产的保护;另一方面是防止各地的自治办学风潮对庙产的占有而呈请清廷的保护。① 笔者认为,进京请愿的举动

---

① 本段与史实相关的内容,综述自《太虚全书》的相关篇章,尤其是《自传》和《史传》部分。事实上,这也可以看作是太虚本人对自身僧革命的追根溯源和反思。

表明，依附皇权的状态并未完全消失；但是，联合江浙丛林而自办僧教育会这一举动，已经萌发了僧团自成一统以自救的意识。

这两个事件，在辛亥革命和民国成立之后，并未终止，反而有所延续。僧军的最大支持者是绍兴开元寺的住持许铁岩。就"僧革命"的主题而言，在绍兴光复之后到太虚闭关前，许铁岩以及绍兴光复会的许多成员，他们对太虚都有着直接的接触和重要的影响。八指头陀所领导的僧教育会，到了民国元年之后，转而组成汉僧团的第一个全国性组织"中华佛教总会"，太虚是其中的重要助手。当时，总会的首要任务，就是继续寻求民国政府对庙产和僧团的保护。为了这个目的，八指头陀于民国元年冬"进京请愿"，试图说服袁世凯政府保护庙产、批准"中华佛教总会"成立，未竟而逝。[①] 笔者认为，较之向清廷的请愿而言，此时的寻求保护，已经在本质上有所不同，因为，此时佛教团体的各种运动，多多少少已经从《中华民国临时约法》和孙中山的《复佛教会函》中寻找依据。

从总体性质来看，江浙汉僧团在光绪末年到民国前几年的各种运动，不管是反清廷还是反侵略，不管是寻求对僧团的政治保护还是庙产的保护，都标志着自我意识的觉醒，从而寻求合法与合理的身份，标志着僧团形成了一个有组织的独立统一体从而参与到社会规制的订立当中。

不过，需要特别说明的是，汉僧的各种运动，在清末和民国初却有着本质的不同。前者，由于清末的"礼崩乐坏"，僧伽的各种反应基本上是为了寻求新的秩序以获得安定。后者，民国成立后，（至少在名义上）订立了各种律法、规章，比如《中华民国临时约法》（孙中山，中华民国临时政府，民国元年三月十一日颁布）、《寺庙管理条例（三十一条）》（袁世凯北京政府，民国四年颁布）、《中华民国训政时

[①] 本段与史实相关的内容，亦综述自《太虚全书》的相关篇章，尤其是自传和史传部分。显然，这也可以看作是太虚本人对自身僧革命的追根溯源和反思。

期约法》(南京国民政府,民国二十年六月一日颁布),等等。这使得僧伽的反应直接处于现代国家的各种律法、规章之下,此时僧团的各种请愿,要么是要摆脱各种规制对僧团利益的剥夺,要么是寻求在法律之下实现僧团的权益。

太虚本人,是这个"传统—现代"历史时期的参与者或继承人。具体来说,就太虚而言,从光绪末年与革命党往来到民国三十六年逝世,其"僧革命"或"僧改革"的设想始终贯穿着两方面的内容。其一,力图厘清(汉传)佛教的身份、地位、权利和义务;并由之而确定佛教与国家的关系。其二,试图通过"僧革命"和"人生佛教"的设想,在"坚执地保持"僧的特殊性的同时,又"方便地介入"到公共性当中,也即参与到国家社会事务中。因此,对于太虚而言,这两条线索的关键词就是既"独立"又"参与"。

太虚这些设想和行动,淋漓尽致地表现在太虚的各种呈文、建议当中。典型的案例有《上参众两院请愿书》[1]《呈五次中央执监会国民政府请愿文》[2]《上国民会议代表诸公意见书》[3]《僧尼应参加国民大会代表选举》[4]《呈行政院维护佛教寺僧》[5]《僧伽与政治(问政而不干治——觉群社)》[6],等等。所有这些建议,其所征引的依据,除了具体的法律法规比如选举法之外,主要有这些:《中华民国临时约法》、《中华民国训政时期约法》、孙中山的"三民主义",以及孙中山《复佛教

---

[1] 《上参众两院请愿书》(二年作),《太虚全书》第17册,第658—660页。
[2] 《呈五次中央执监会国民政府请愿文》(十七年夏呈),《太虚全书》第17册,第661—663页。
[3] 《上国民会议代表诸公意见书》(二十年五月作),《太虚全书》第24册,第18—24页。
[4] 《僧尼应参加国民大会代表选举》(二十五年五月在常州作),《太虚全书》第18册,第178—179页。
[5] 《呈行政院维护佛教寺僧》(三十一年呈),《太虚全书》第17册,第664—668页。
[6] 《僧伽与政治(问政而不干治——觉群社)》(三十五年七月作),《太虚全书》第18册,第180—183页。

会函》①。前两者是民国不同时期的宪法,"三民主义"是民国国家意识形态,后者是孙中山对"佛教会"②的合法性所做的判断,其根据是宪法和"三民主义"的精神。无论如何,比起清末的无序而言,民国之后的太虚,注意到了现代国家律法所赋予"僧"的各种可能性。换言之,现代国家的律法规章等,不仅构成了太虚或汉僧各种运动、言论的合法性基础,还构成了各种制约。

然而,值得注意的是,在太虚的呈文、建议当中,其征引国家元首言论以及引各种律法的落脚点均在权利上的平等;对于义务上的平等,太虚并无关注。

着重选取与刻意忽略,两者给太虚的这两条线索造成了重重矛盾。上文第一条线索的矛盾在于,对于太虚来说,"僧"不仅要获得"人民"的公共性,同时也必须分离出"僧"的特殊性,或者说保持某种同一性而获得独立形态;而对于律法来说,却因其普遍性而不允许存在法外的特殊形态。第二条线索的矛盾在于,一方面,当律法将"僧"涵盖在"人民"概念下,直接赋予其"人民"的权利和义务的时候,并不考虑"僧"的自我规定;另一方面,由僧的戒律义理所规定的特殊性,却又在根本上限制着僧团的世俗参与权。在太虚向民国政府发出的各项呈请中,最为激烈的冲突就是,他希望"僧"获得"人民"权利的同时,尽可能地免除"僧"所应承担的"人民"的义务。

---

① 孙中山《复佛教会函》。全文如下:
敬复者,顷读公函暨《佛教会大纲》及其余二件,均悉。贵会揭宏通佛教、提振戒乘、融摄世间出世间一切善法,甄най进行,以求世界永久之和平、及众生完全之幸福为宗旨。道衰久矣,得诸君子阐微索隐、补弊救偏,既畅宗风,亦神世道,曷胜瞻仰赞叹!近世各国政教之分甚严:在教徒苦心修持,绝不干预政治;而在国家尽力保护,不稍吝惜。此种美风,最可效法。《民国约法》第五条载明:"中华民国人民一律平等,无种族、阶级、宗教之区别。"第二条第七项载明:"人民有信教之自由。"条文虽简,而含义甚宏,是贵会所要求者,尽为《约法》所容许。凡承乏公仆者,皆当力体斯旨,一律奉行,此文所敢明告者。所有贵会大纲,已交教育部存案;要求条件,亦一并附发。复问道安!孙文谨肃。(《孙中山集外集》,上海人民出版社1990年版,第350页)
② 该会由李翊灼、欧阳渐等在家居士发起,时间是1912年3月。另外,1912年1月,太虚在南京毗卢寺发起"佛教协进会"。

太虚的这些言论和意见，一方面，其言说对象是"僧"和"国"——各种理由总是堂而皇之，因为不涉及自身的僧团；另一方面，由于"国—僧"两者之间的关系很大程度上仅处于可以言辩、商讨和修改的境地，尚未具体地涉及某一固定的僧团、寺院或者佛学院，因此，来自律法的各种许可和制约总是会在行政协调的范围内给僧团以相当大的自由——这就给了太虚以言辩和商讨的余地。无论怎样的疑难，似乎"太虚—汉院"都能从容地辗转腾挪。具体到《太虚全书》和《太虚年谱》而言，我们也只能看见太虚引用各种律法条款、国家局势、佛教史案例，给新僧提供"人生佛教"的理想和依据，给新僧参与世事提供各种合法性的证明；却从未看见《太虚全书》《太虚年谱》中出现过某种极端的两难案例。也即，尚未出现一个临界性事件来考验国家（律法、政治）与僧团的关系，尚未出现一个极端事件来考验太虚的各种设想，尚未出现一个具有绝对强制性的事件来检验具体僧团参与世事的困难程度。

然而，这样的事件是存在的。这就是太虚在1943年底到1944年6月之间为汉藏教理院全院教职员学员请免兵役的案例。这个极端的、临界性的案例，给太虚对兵役乃至对世事的"参与"还是"不参与"，造成了两难。

2. 请免汉院兵役案：参与还是不参与，这是一个问题！

（1）《修正兵役法》的相关条款和概念

1943年3月15日，（重庆）国民政府颁布了新的兵役法——《修正兵役法》（以下简称《新兵役法》）。《新兵役法》共七章三十二条；与本文相关的几个条款，今罗列如下：

第一章　总则

第一条　中华民国男子，依本法皆有服兵役之光荣义务。

第二条　兵役，分为国民兵役，常备兵役二种。

第三条　男子自年满十八岁之翌年一月一日起役，至届满四十五之年十二月三十一日除役。

第四条　凡身体畸形残废，或有痼疾不堪服役者，免服兵役。

第五条　凡判处无期徒刑，或褫夺公权终身者，禁服兵役。

第二章　服役

....

第四章　征集

第二十条　现役及龄男子，有左列情形之一者，得延期征集称为缓征。

一、因公出国，在三年以内未能回国者。

二、身体疾病，不堪行动，经证明确实者。

三、直系血亲尊亲，或配偶死亡，未满一个月者。

四、专科以上学校肄业学生，年未满二十五岁者。

五、独负家庭生计责任，无同胞兄弟者。

六、犯罪在追诉中者。

前项缓征原因消灭时，仍受征集。

第五章　召集

....

第二十二条　预备役及甲种国民兵，有左列情形之一者，得延缓动员召集，称为缓召。

一、现任小学以上教师，经审查合格者。

二、现任荐任以上官职，经铨叙合格者。

三、现任军需工业，或国防工程交通之专门技术员工，经审查核定者。

四、现任正规警察者。

五、合于第九条各款，或第二十条各款者。

前项缓召原因消灭，有召集必要时，仍受召集。①

总则提出了"服兵役"、"除役"、"免服兵役"和"禁服兵役"等四个概念。必须"服兵役"的群体由年龄、国籍和性别来规定。这个规定，对适龄的"中华民国男子"一律平等，没有宗族、宗教、阶级、职业等的差别。"服""除""免""禁"这四个概念处于同一层级而平行。

在"服兵役"的范围中，对于如何"征召"，有具体的区分。在"征集"条款中，给出了"缓征"的概念和条件；在"召集"条款中，给出了"缓召"的概念和条件。当这些条件消失时，仍在征集或召集的范围内。进一步，即便是缓征、缓召，其仍处于服兵役的概念之下，而不在免服兵役（简称"免役"）的范围内。换言之，缓征、缓召不是与免役平行地处于同一层级，更不等同于免役，也没有缓役的概念。笔者之所以不厌其烦厘清这些概念，是因为，对于正确解读太虚的杂糅的呈文和含混的要求而言，它们非常重要。

对于《新兵役法》，社会各界都有宣传、解读和评论；主要的评论集中在《新兵役法》体现了"平等、平均、平允"的"三平原则"。② 关于僧尼是否应该免役或者缓征、缓召，内政部则早在《新兵役法》颁布的半月之前就已经向社会各界明确"蒙藏僧人仍予缓征，内地僧人则应依法征集"。③

在兵役与僧团的关系，尤其是汉僧是否能"免服兵役"的问题上，

---

① 《修正兵役法》（三十二年三月十五日修正公布），《浙江省政府公报·法规》第三三八一期，第5—8页。

② 笔者选取了如下这些文章，既有兵役局高级官员的解释，也有一般专家的解读，还有普通杂志投稿人的说法。
（1）《新兵役法之特点》，《宣传通讯》1943年第112—113期。
（2）方秋苇：《吾人对于新兵役法应有之认识》，《文化先锋》1943年第2卷第18期。
（3）方秋苇：《新兵役法之研究》，《服务月刊》1943年第7卷第10期。
（4）《释新兵役法》，《宣传通讯》1943年第111期。
（5）陈润泽：《新兵役法要义》，载《西南实业通讯》1943年第8卷第3期。

③ 《准内政部电以蒙藏僧人仍予缓征内地僧人则应依法征集》（三十二年二月十九日本府省户字第一一〇九号训令），《湖北省政府公报》1944年第492期。

不管是《新兵役法》还是之前的旧《兵役法》，都以"国民"的普遍性而否决了"僧"的特殊性，也即在逻辑上不存在僧侣免役这个可能。同时，行政院也发出行政训令："汉僧不得免役"。①

在"汉僧不得免疫"的强制性条款下，事实上，却从未有过大批量征集汉僧正式服役的情况。原因就在于，由于僧团的反对，国民政府通过行政法规，将汉僧的直接服役（国民兵役和常备兵役两种）改为其他形式的服役，如"僧众救护队"等。"僧众救护队"的形式，是一种时刻准备着的代征状态。也即，在概念上，汉僧仍然属于服役的状态，绝对不属于免役的范围。

不过，太虚一方面将"僧众救护队"的组建归功于自身的提议，另一方面将"僧众救护队"的性质看作"免僧普通兵役"，后者显然是错误的。我们先来讨论太虚对兵役的态度，再来讨论太虚关于汉院免兵役的问题所在。

（2）太虚对"汉僧服兵役"的一般性态度和内在的疑难

一直以来，对于（汉）僧徒是否可以突破戒律、参加具有暴力性质或者杀戮可能性的兵役，太虚持宽容和肯定的态度。② 比如，1933年太虚在《覆余乃仁居士电》说：

余乃仁居士台鉴：电悉，发起救国僧军事，甚佩！虚适旅行

---

① 可参见这些政令或者参差不齐的民间报刊文章：
（1）南京市政府训令：《汉僧不得免役》，《南京市政府公报》1947年第2卷，第4期。
（2）江西省政府训令：《准国防部代电以汉僧不能缓服常备兵役等由电仰遵照》，《江西省政府公报》1947年第1475期。
（3）江苏省政府代电：《解释汉僧服兵役疑义》，《江苏省政府公报》1947年第2卷第1—2期。
（4）胡宝蟾：《评僧道尼姑应服国民兵役》，《妇女月报》1936年第2卷第7期。
笔者选取这些报刊文章和政府训令的理由在于，可以从中建立起一个从政府到平民的参照系，由此反观太虚对于"汉僧—兵役"事件的理解程度。

② 关于宗教与暴力、僧团与兵役的问题，可参这两份著作。（1）学愚：《佛教、暴力与民族主义——抗日战争时期的中国佛教》，香港中文大学出版社2011年。（2）刘宇光：《佛教宗教暴力：问题意识·案例与研究回顾》，《台大佛学研究》2011年6月第21期，第83—174页。

他处，致稽覆为歉！用我不入地狱谁入地狱之大无畏精神，作民皆救国家、僧亦救国家之真有力行动，此其时矣。但以"佛教救国军"或"僧伽救国军"为善。如何组织，如何出发，当在伟筹详画中耳！太虚。①

不过，他建议将兵役中所可能存在的直接杀戮转变为救护：

二十二年春间，曾提出"佛教青年护国团"办法，以赴救严重之国难，即提及出家僧众办救护看护等事。后来请训练总监部，免僧普通兵役，另受救护等训练，即为现今各地僧众救护队的滥觞。②

太虚也曾对"僧众救护队"给予训导，关键词就是"从国民立场上去服务国家"、"宣扬佛教"，以"勤苦精神去到灾地难区救护被难军民，也就是完成了佛教的救世责任，达到了利人的目的"。③对于这样的参与，太虚概括为"降魔救国"、"抗战建国"。这些言论有其基本设想：首先，糅合了佛教"阿罗汉"的"杀贼"、"降魔"精神与世俗功勋精神；其次，将佛教语境中的（心）"贼"和（心）"魔"挪移为（现实的）敌人或者（国家的）公敌，由此"降魔成佛"就直接迁移为佛教徒的"救世"参与而"成佛"。④

在太虚的这些建议中，我们可以知晓：将佛法和世法融通起来，是太虚的理想。然而，一方面，由于太虚对世法缺乏严格精确的了解，而导致"心枢自运"式的恣意解释；另一方面，太虚不仅放弃了佛法

---

① 《覆余乃仁居士电》，《太虚全书》第26册，第243—244页。
② 《我的佛教运动改进略史》，《太虚全书》第29册，第106页。
③ 《服务国家宣扬佛教》，《太虚全书》第24册，第200—204页；以及《抗战四年来之佛教》，《太虚全书》第24册，第230—239页。
④ 《降魔救世与抗战建国》，《太虚全书》第24册，第167—174页。

本质上的批判世俗，还直接将之倒转为进入世俗。问题在于，当杂糅本相替代了圆融实质的时候，当"僧"具体为自身所领导的僧团的时候，太虚的无碍就不可避免地变成了阻碍。

（3）太虚请免汉院兵役的最初三种方案

从1933年的旧《兵役法》开始，一直到1943年《新兵役法》颁布之前，在《兵役法》的涵盖下，汉僧以"僧众救护队"的方式来完成服役。不仅僧众的戒律规定得到了同情和维护，而且，国家律法的普适性也得以保全。

然而，在1943年的《新兵役法》颁布之后，原有的相安无事立即被打破。僧徒是否可以免兵役以及如何服役的问题重新摆到眼前；僧众请求免除兵役的呈请以及国府行文"汉僧不得免除兵役"，两者交互冲突。更重要的是，1943年抗战的危急关头，征兵行动被更加严格地实施；也即，对"僧"这个群体的在名义上的征召，很快就被各军管区落实到辖区内的僧寺当中。

征兵工作严格执行，首当其冲的就是位于重庆缙云山的"太虚—汉院"僧团。征召汉院僧团，这导致了太虚奔走各方，提出各种建议。《太虚年谱》和《太虚全书》均有简略的记载：

其一，《太虚年谱》，"民国三十三年"（1944）条：

> 三月十五日，太虚访教育部长陈立夫，商汉院员生缓役事，得其允可。大师访军政部长，以全国僧侣免役以事救护工作为请（与海定书七）。①

其二，《太虚大师全书·第十七编 酬对·与海定等书（十四通）》之七：

---

① 《太虚年谱》，《印顺法师佛学著作集》第13册，第512页。

尊院长、尘、海主任览：今日晤教部陈部长，谈本院员生缓役事，陈答应可缓，嘱即备一文到部——此文另抄一分由我直函陈部长，并教职员学僧名册一份，当可办到在本院员生免役之地步，而全国僧众作救护队的免役，已访军政部长，亦可办到矣。专此，即问院众近佳！太。三、十五。（自重庆发）[1]

其三，《太虚大师全书·第十七编　酬对·与海定等书（十四通）》之八：

海定：一、关本院员生免役，已晤教育陈部长，仍呈教育部转便可。昨函尊院长令办，呈军委稿未妥暂不改，可还妙钦暂存。……太。三、十七。（自重庆发）[2]

这是民国三十三年（1944）三月十五、十七日的说法，是太虚对汉僧兵役和汉院兵役之结果的预计。但是，最后的真实结果如何，《太虚年谱》阙如；反倒是记载了行政院《汉僧免服常备兵役》的指令：

六月……十二日，行政院指令军政部，准免汉僧服常备兵役（海二十五、九—十《汉僧免服常备兵役》）。由此清定（黄埔军校生，新从澄一出家）及吴致诚，以四川省佛教会及重庆市佛教会名义请求而成。大师于三月中，叠访军政部，后感免役为难，乃作"丛林、学院免役，小庙服役"之呈请。大师呈上（中间搁置而取回），适清定等要求成功。缘斯引起川僧一时之误会。[3]

---

[1]《太虚全书》第26册，第96页。
[2]《太虚全书》第26册，第96页。
[3]《太虚年谱》，《印顺法师佛学著作集》第13册，第513页。

由此可见，在僧侣与兵役的问题上，太虚三管齐下：第一，向军政部提出以"救护工作"以达成"全国僧侣免役"。第二，尝试向军政部提出"丛林、学院免役，小庙服役"。第三，通过教育部陈立夫而向军政部何应钦咨请本院员生免役。这三个建议，一方面是对全国僧侣而言，另一方面是对汉院员生而言。在逻辑上，如果全国僧侣免役则汉院免役；如果丛林、学院免役则汉院也免役；如果都办不到，则经由教育部陈立夫而向军政部何应钦申请本院员生免役。

然而，居于怎样的理由，汉院员生可以免役？又是居于怎样的理由，丛林、学院免役而小庙服役？《太虚全书》和《太虚年谱》均阙如。事实上，并非没有材料留下——太虚的呈文至少还有一份保存在妙钦处。不过，部分失载的材料，还是幸存下来了。民国教育部保留了太虚向陈立夫的呈请原件、部门之间的往复函以及对太虚的批复。

（4）太虚请免汉院兵役的理由与谬误

从《太虚全书》和《太虚年谱》中，我们可以知道，太虚在1944年3月份左右向军政部、教育部提出各种主张。

然而，事实是，早在1943年底，太虚就已经向四川省教育厅和四川省政府提出过请免汉院兵役的要求。由于征兵的权力在"渝江师管区"，因此，四川省并未有免汉院兵役的权力。相反，根据《新兵役法》，四川省政府主席张群有义务协助征兵。对比《新兵役法》的相关条款可知，汉院之所以不能免除兵役，是因其不属于国家教育系统。

对于汉院免役的可能性，太虚所提出的法令根据是：

> 据世界佛学苑汉藏教理院呈，请指定该院比于专科以上学校，转咨军政部核准员生适用兵役法第廿条第四款及廿二条第一款以便申请一案，咨请查照赐复由。①

---

① 5—14808，32。

不过，当太虚以汉院参与"边教行政"的特殊性质和事实向四川省教育厅提出要求的时候，四川省则转录太虚呈文，请教育部给予审查和认可。教育部于"卅三年一月十日"收到该咨文、又于"一月十二日上午"转到"高等司主办处"；[①] 最后在"三十三年元月廿二日拟稿"、"陈立夫二月一日"签章，复四川省政府咨。复文如下：

> 咨
>
> 　案准
>
> 　　贵府三十二年十二月廿四日教一字第一六一四号咨：以据世界佛学苑汉藏教理院呈，请指定该院比于专科以上学校，转咨军政部核准员生适用兵役法第廿条第四款及廿二条第一款以便申请一案；请查核复该院已否立案，如已立案，并请转商军政部核示；等由。查该院未经本部核准立案，其办理一切情形，亦无案可稽，所示转商军政部适用兵役法之规定一节，未便遵办，相应咨复查照，并请饬知为荷！此咨
>
> 　四川省政府[②]

由此，从时间上看，在1944年2月初，太虚商请教育部转咨军政部而免汉院兵役一案，已经被教育部否决。但是，太虚并未放弃努力。于是才有《太虚全书》《太虚年谱》等记载的3月份的各种努力。

真正的问题在于，当汉院被判定为"无案可稽"的"私人办学机关"的时候，太虚不再通过公共渠道来寻求汉院的免役。而是通过走访军政部和陈立夫；最后陈立夫不仅口头"允可"，还嘱咐太虚"备一文到部"。也就是说，公言私意已经交织在一起了。

---

① 5—14808，32。
② 5—14808，31。

太虚似乎是为了谨慎起见，除了按照陈立夫建议呈文教育部之外，还另行函送陈立夫本人。在太虚呈文函件中，其对汉院性质和事实的原有看法，并未改变。对比四川省教育厅所录的太虚呈文（1943 年 12 月底）与太虚向教育部的呈文（1944 年 3 月 24 日），两种稍有差异，但并无本质区别。具体内容，读者可参见《"太虚档案"三：太虚法师与汉僧兵役（1943—1944）》①档案录文。以下分析太虚在这两份呈文所提出之理由的实质，分析的方式是逐句来讨论。

①四川省教育厅所录的太虚呈文（1943 年 12 月底）②

从第八、九句来看，太虚显然知道，由于汉院非"立案"的身份，才导致缓免资格的丧失。于是，他试图通过"性质等同"的策略来满足《新兵役法》的条款。但是，从严格的意义上说，其所适用的概念和逻辑几乎仅仅是他的一家之言。具体分析如下：

第一句，使用了"国民"概念，并对国民义务以及抗战时局做出了肯定性的判断，"凡""应"两字暗示了国民义务的普遍性和必然性。但是，呈文所述各种理由又将自身独立开来。

第二句，将国家事务二分处理，直接指导政府在政治和军事上应该如何作为，这个"指导性建议"一方面预留了自身的安立地，另一方面通过关联性来暗示政治比军事更具有基础性和优先性。

第三句，叙述汉院历史之源于党政权威，描述其高远目标。

第四句，叙述治藏功勋，并且，在逻辑上，认为治藏功勋可以当作军事胜利的前提和补充。

第五句，以汉院的人少事多而暗示汉院人员的不可减免，同时将

---

① 太虚、陈立夫、何应钦等（原作），龚隽、赖岳山（整理/文）：《"太虚档案"三：太虚法师与汉僧兵役（1943—1944）》，《汉语佛学评论》第四辑，第 79—95 页。

② 5—14808, 32-35。值得注意的是，四川省教育厅向教育部寄发咨文，却由四川省政府兼理主席张群签章——这不能解读为张群对太虚的支持、对权责的僭越。张群的签章，也有法律和行政程序的根据。因为，《兵役法》第十三、十四条规定，省市主官对征兵负有协助和监督的责任；所以，这个签章，正是公文合法性的表现。

汉院"殊功"比肩抗战。

第六句，以汉院利益、功能、倒闭的风险以及人员的能力专长、精神特质来表达重要性，暗示此军可以替代彼军。

第七句，要求政府以行政命令替代法律。

第八句，以汉院的身份不合《新兵役法》的缓免条例，转而诉诸实质，寻求在性质上的等同，以满足《新兵役法》的相关条款。

第九句，要求教育部在"立案"的法定程序之外，重新"认定"该院性质。

第十句，进一步要求教育部给予合法证件。

总之，在权与法、名与实、公与私、普遍与特殊、权利与义务、利益与道义、长策与短政、国家与集团、国家与个人等方面，太虚呈文中所使用的概念、所包含的逻辑，可谓几近望文生义、向壁凭空。也许，他确实不那么了解现代社会的"法"与"政"。但是，所有这些不了解都是为了向教育部解释汉院的"特殊"身份。

②太虚向教育部的呈文（1944年3月24日）[①]

较之上一个呈文，该呈文有所修改，较为精简，也修正、增删了一些内容；但是，同样经不起推敲。

第一句，揣度《新兵役法》"缓"、"免"条款的理由和用意；但是，这样的解释，比起《新兵役法》条文所包含的严密逻辑和用语，差距很大。

第二句，意义同上文。

第三句，增加了"编译工作"一事。该事件，即汉藏教理院在1938年6月成立了编译处，由教育部每月补助400元[②]，用以编订汉藏教科书，编译处曾在教育部立案。但是，事实上，这个立案也不代表

[①] 5—14808，10—11。
[②] 1938年5—7月，清华大学吴宓教授的工资均为每月280元。参见吴学昭整理：《吴宓日记》（1936—1938），生活·读书·新知三联书店1998年版，第342页。

公立的性质，反而仅仅是"鼓励"的意思——号召私人、民间机构代替教育部编撰中小学边民教科书，对符合质量要求者，教育部给予补助。另外，编译处的立案也与汉院的整体立案无关。

在"选派"汉院学生入藏的单位方面，增加了中央研究院。事实上，从国家角度来说，早已建立了固定的"国立"学校，以培养治藏人才。而太虚的办学（主要是汉藏教理院），在教育部看来，实际上只属于宗教领袖、边疆的主要少数民族首脑等的个人行为。这些案例，是教育部在国家教育系统之外的一项准备工作和补充。除了太虚之外，教育部实际上还支持另外一些宗教领袖、少数民族首脑尝试办理边疆教育。这些教育据点，从职权和管辖的角度看，属于社会教育的一部分。除了代表汉僧的太虚汉藏教理院之外，西藏的班禅喜饶嘉措、蒙古的章嘉呼图克图、西南苗夷土司高玉柱等人，也受到了教育部的支持。这些支持，本质上属于边疆教育、社会教育，带有"护国宣化"的意味。[①] 因此，太虚的理由还是无法成立。

第七句"加以人数甚微、无妨役政"的逻辑，则显荒谬，兹不赘述。具体可见下文的对汉院人员年龄、职务等的分析。

第八句，"免征"的用词，不仅完全脱离了《兵役法》"缓免"的概念，也超越了"国民"的概念，从而具备了超国民待遇。因为，从汉院职员名册来分析，即便汉院获得了正式身份、获得了特殊恩准，

---

① 关于太虚汉藏教理院的"实际"，基本上可以如此察照：太虚的汉藏教理院从办学到终结，本质上属于"私人办学机关"，在国家边疆、边政、民族、文化、语言、宗教等边界处、在特殊时期国家权力和行政无法顺利达致的地方，获得生存之地；作为各类"边界"的缝合剂、自有其积极意义，但远不像他们自称、暗示那样——宗旨宏阔、目标高远、程序严格、人才鼎盛、功勋卓著。教育部对这些学校的管制或者默认支持，实际上也有严格的法律和行政法规作为基础，而且，教育部从未逾越这些规章。就教育部之规范宗教教育的动机而言，我们认为，教育部对普及现代国民教育的兴趣、对中土一边疆一体化以使整个国家进入现代化的使命，对防止政治、国土分裂的危机感，远远超越了其对知识、宗教和宗教知识的兴趣。由此，教育部的角色以及汉僧、藏僧、土司的性质，基本上可以用"护国宣化"来描述。而"护国宣化"恰恰是国家、教育部对班禅喜饶嘉措的尊号。

使得其有资格比照《新兵役法》的相关条款来获得缓征、缓召；却也还有部分僧人需要服役。免征的提出，不仅得寸进尺，更重要的是，直接否定了《新兵役法》的有效性，也否定了太虚呈文本身所认同的国民义务。

由此，通过具体的分析，我们可以大致触及太虚对《新兵役法》乃至世俗规则的理解程度和边界。也即，即便是对于明文的律法条文，太虚的认知也颇为有限；同样，对于国家有司的行政程序、批复的律法依据等，太虚则更难以知晓。对于后者，教育部的两份复文可见一斑。即，当太虚不仅呈文教育部而且还直接呈文陈立夫的时候，他也收到了两份批复；但是这两份批复绝然地矛盾；① 这导致了太虚再次发文责问教育部有司，要求"部长转嘱司科免后滋误"②。

那么，是否真的如同太虚所说"司科尚未知"呢？这显然是否定的。因为，档案中的会核、签名、私章、公章以及公文编号，足以说明一切。如此迥异的结果，原因何在？这仍旧值得进一步探讨。

（5）迥异的结果及其成因：两种意见、两种角色以及汉院的边缘性质

实际上，经由不同渠道往来的两份公牍，既有相关司科的会核，也有陈立夫的签名、签章。因此，这在程序上都是合法的。唯一的问题是，陈立夫本人在事件中所扮演的角色——公私兼有，这也正是这两种相反结论的成因。甚至是，这样的结论，也在陈立夫的掌握之中；因为，正是他给太虚出的主意。

在否决性批复中，陈立夫代表了部长的公共角色。在肯定性的批复中，陈立夫基本上代表了私人的角色，何应钦也以私函并将私函加盖公文编号的方式回复陈立夫以及太虚所请；总体上，这样的公私兼

---

① 详见《汉语佛学评论》第四辑《"太虚档案"三：太虚法师与汉僧兵役（1943—1944）》。
② 5—14808，30。

顾，是特殊形势下的特权所在。特殊案例下的特权，也有其内在的合理性，也即现实中的裂缝和边缘性。换言之，国家、民族、边疆、文化、敌友的裂缝之处，需要并且存在着一些弥合缝隙的"石"。这样的要素有其一整套生存的系统和理由。

而太虚及其汉院，正是当时的补缝石之一。具体来说，汉院请免兵役之事及其获得事实上免役的结果，是在法律和行政法规的边缘处做出的。而这样的边缘性，同样也是当时政治与法律未能完全覆盖全国的结果。太虚似乎非常理解这样一种局面，但他寻求对"边缘"的"正名"——这也是他毕生的努力——显然是过度了。最简略且核心的原因，可能是太虚对国家以致走向"现代"没有太多深刻的理解，甚至是，他压根无法正确理解建立在法律之上的现代政治和建立在契约之上的现代公民社会，尽管他读过严复、康有为、梁启超、章太炎和孙中山等人的著作。另外，对《新兵役法》的恣意解释，也表现了太虚对"法"的实质、程序等并无多少了解，甚至比不上一般人员，比如一般的杂志撰稿人、法律公署的职员、非专家级的《新兵役法》解释者，等等。

但是，这样的"私人请托"性质，部长之亦公亦私的身份，太虚显然无法适应。同样，他似乎也不明白，如果通过正式的、公开的行为来满足太虚所期待的"呈请钧部准予本院员生与专科学校员生作同等待遇，转咨军政部、饬令兵役主管机关对于本院全体员生概予免征"，将会产生怎样的影响。毫无疑问，具有法律效力和普遍性的正式、公开行文，将对现有的法律、规章、各种团体及其辖区带来直接的颠覆。事实上，1944年2月19日（太虚于2月25日呈文教育部），内政部还下发训令《准内政部电以蒙藏僧人仍予缓征内地僧人则应依法征集》[①]。由此可见，很难说太虚、陈立夫等不知道国家法令、公文、

---

① 《准内政部电以蒙藏僧人仍予缓征内地僧人则应依法征集》（三十二年二月十九日本府省户字第一一〇九号训令），《湖北省政府公报》1944年第492期。

公告等。但伪装在国家公义中的僧团利益，仍旧此起彼伏。

此时，太虚之圆融无碍、"心枢自运"的"一隅悲愿"，着实倒转为一种阻碍。

不过，我们仍旧需要考虑，即便是按照何应钦的意见"准其比照'行政院卅二年十月七日仁贰字第二二三九六号指令'，核定国内'国立'公立学术研究机关、各大学附设研究所等员生在选入研究期间，准暂免征召之规定办理"①。汉院是否能够"全院员生免役"？

（6）从名册看太虚僧团具有多少"缓征缓召"乃至"免征免役"的可能性，以及由此而探讨太虚对"法"的观念

在呈文之外，还附有汉院教职员名册。下文，我们将做个数据分析，看看《修正兵役法》对汉院构成何种程度的影响。

①汉院名册数据的总体情况

太虚呈文所附《世界佛学苑汉藏教理院三十三上期教职员并学生名册民国三十三年三月》显示，连太虚在内，汉院共有112人；其中教职员22人，无职衔的5人，为"属寺管理"的毕业或肄业生，其余为学员。②学员年龄最小者18岁，最大者32岁。教员中，最大者为"国文教授"陈耕石，62岁；其次为院长太虚，55岁；最小者"佛学教授"纱钦，26岁。职员中，最大者"招待"超明，42岁，最小者"庶务"圆光，22岁。

②汉藏教理院的教学程度

汉院负责教学的人员，教职分两种，即"教授"和"教员"。在太虚的僧教育设想当中，层次从高到低有"世界佛学苑"，"汉藏佛学院"，中学（比如"大雄中学"）和"僧师范科"（计划培养小学教员）。

因此，从系统、层次和命名的角度看，太虚拟将汉院等同于国家

---

① 5—14808，23—24。
② 5—14808，12—19。

体制内的学院一级。但是，在其请免兵役的理由中，又希望将汉院降低为专科来处理。那么，汉院真正的程度到底如何？是否能等同于专科？我们通过教员的名单来一窥究竟。

世界佛学苑汉藏教理院三十三年上学期教职员并学生名册（民国三十三年三月）①					
职衔	姓名	年龄	籍贯	履历
院　　长	释太虚	五五	浙江	曾任武昌佛学院院长 现兼中国佛学会主席
代 院 长	释法尊	四二	河北	武昌佛学院毕业，在西藏修习十年
教务主任	释尘空	三五	湖北荆门	武昌佛学院毕业
藏文教授	释常光	四二	四川彭县	四川昭觉佛学院毕业，赴康藏七年
佛学教授	释纱钦	二六	福建慧安	闽南佛学院肄业
佛学教授	释正果	二七	四川中江	本院专修科毕业
佛学教授	释开一	三四	四川华阳	本院专修科毕业
国文教授	陈耕石	六二	浙江绍兴	前清邑痒生 历充南京女中、台州中学等教授十有六年
国文兼科哲学教授	金北溟	三四	北平	北大毕业 成都学校教员 中央庚款委员会科学研究员
文牍兼常识教员	释慧明	四四	湖北当阳	湖北省立十四中学毕业， 武昌艺术专科、本院普通科毕业
藏文教员	释悟开	四二	四川新都	赴西康学习多年
佛学教员	释昌厚	二八	四川新都	本院专修科毕业
佛学教员	释心月	二八	贵州贵定	本院专修科毕业

　　履历一栏几乎说明了一切。按照当时国家普通教育层次的划分，分为大学（有三个学院——文、法、理、工等——以上，才能称为大学）、学院（比如工学院、商学院、师范学院等）、专科（比如艺术专科）、高中、初中、小学和幼稚园。

---

① 5—14808，13—14。后勤等行政人员还有9人，其余为两类人员，即"属寺管理"与"学员"。前者共5人，学员共85人。名单均略去。（5—14808，14—19）

以此为参照系，以陈耕石和金北溟的学历和任职经历为依据，可以判断，汉院所能达到的教学层次，仅相当于国家教育体制下的中学。如果将学生本身的学力层次考虑在内，汉院也无法超过世俗高中的水平。

③从"比照"法律条款到寻求超国民待遇

太虚最初通过四川省教育厅呈请教育部时，其要求比照《新兵役法》第二十条第四款（"专科以上学校肄业学生，年未满二十五岁者"）、第二十二条第一款（"现任小学以上教师，经审查合格者"），给汉院以"缓征或缓召"。这还是依照既定的律令而寻求缓征、缓召。不过，其后，太虚在得到何应钦、陈立夫两位部长的私人支持后，又分别呈文教育部，呈请教育部转咨军政部，直接要求给汉院整体以免征的待遇。对比前后两次呈文的措辞，太虚的"思虑"可见一斑。

然而，按照《新兵役法》，即便汉院比照"专科以上学校"条款，却也仍有学员和职员要服兵役。

我们先做两个假定：其一，假定汉院教员等同于"现任小学以上教师，经审查合格者"（第二十二条第一款）；其二，假定院长、代院长、教务长等同于"现任荐任以上官职，经铨叙合格者"（第二十二条第二款）。

那么，除了院长、代院长、教务长以及教师外，其余职员还有9人，姓名职务和年龄如下：

释宏道，学　监，三八
释海定，事务主任，三三
释月空，会　计，三〇
释诚行，书　记，三二
释永生，出　纳，二五
释超明，招　待，四二

释通明，助 出 纳，三三

释圆光，庶　务，二二

释佛性，图书管理，三八①

另有5人非职员、学员，只是"属寺管理"：

释妙虚，五〇

释续光，三二

释大章，二九

释续远，二四

释真容，二五②

学员中，共85人，年龄分布如下：

汉藏佛教学院三十三年度上学期学员人数及年龄分布③													
年龄	18	19	20	21	22	23	24	25	26	27	28	29	32
人数	1	2	3	9	9	10	19	10	4	7	8	2	1

那么，按照《新兵役法》第三条"男子自年满十八岁之翌年一月一日起役，至届满四十五岁之年十二月三十一日除役"、第二十条第四款"专科以上学校肄业学生，年未满二十五岁者"、第二十二条第一款"现任小学以上教师，经审查合格者"以及第二十二条第二款"现任荐任以上官职，经铨叙合格者"；即便将汉院等同"专科以上学校"，汉院职员和学员中也还有这些人员必须服兵役：职员9人，"属寺管理"

---

① 5—14808，14。

② 5—14808，14。

③ 5—14808，15—19。

者4人，学员满25岁以上的有32人。

由此，当太虚与教育部和军政部斡旋并获得首肯之后，即便仍在呈文中说"呈请钧部准予本院员生与专科学校员生作同等待遇"；但是，其要求"对于本院全体员生概予免征"，这免征的要求，显然已经超越同等待遇。

从事件的整个过程来看，当法令颁布的时候，太虚在呈文中先是质疑《新兵役法》的立法合理性，接着比照法内条款而寻求同等待遇以部分地豁免；当其获得权威人物首肯之后，进而寻求法外的"概予免征"。这时候，曾为太虚所征引和认同的律法，已经无法阻止太虚"本于佛学的心枢、自运机杼"了。

总之，从1943年3月15日《新兵役法》颁布到1944年6月12日行政院指令军政部"准免汉僧常服兵役"[①]这一段时间内，"太虚—汉院"陷入僧规戒律与《新兵役法》的冲突当中，或者说陷入"出世间法"与"世间法"的冲突当中。这个冲突，纠缠了以下这些因素：国民的兵役义务—僧的戒律、杀戮—和平、生存—死亡、国民普遍义务—个别僧团的特殊权利、国家裂缝中的任务—特殊僧团的辅助性参与、全国僧尼的共性—太虚—汉院僧团的特殊性，等等。这些问题，如果我们不过于从理论上追溯其本质或者逻辑的一致性；那么，从实践上，约法、《新兵役法》与行政法令可以理解为不同层次、逐次涵盖而又逐步宽容的系统规定。然而，问题在于，太虚以其过度的理论自信，将自身陷入多重肯定和否定当中：其一，他既承认律法的普遍性，又以恣意的解释否定之；其二，他既承认国民义务的普遍性，又寻求自有僧团的义务免除；其三，他既对抗日降魔责任给予肯定，又害怕汉院因入役而解体；其四，他既承认道义的理所当然，又以汉院的功勋利益为之推脱；其五，他既号召僧团能以超然的姿态、

[①] 《太虚年谱》，《印顺法师佛学著作集》第13册，第513页。

具足的知识进入世间，却又对真正的世法了解不多；其六，他既认同某些绝对原则，却又希望获得例外；等等。简单来说，太虚陷入出世间—世间、普遍性—特殊性、道义—利益、权利—义务、存—亡、国民—僧侣、认同—否定等的冲突当中；也即，从思想史经典案例来看，太虚触及到了苏格拉底在《格黎东》（王太庆译本）中的问题、孟子的义利之辨问题以及哈姆雷特的生死存亡问题。

这些问题，如果是太虚私人的悲愿，那么，当然没有太多值得探讨的地方；然而，当"人生佛教"被倡导或者论证为普遍性的、综合性的原理而行化世间的时候，当"人生佛教"被规定为"公共理念"的时候，那么，在"存—毁"的现实面前，在逻辑的悖论下，参与还是不参与，这着实是一个问题。

四、结论

本文借助民国教育部、"国史馆"的部分档案，对太虚法师的主要行迹做了简略的重估。以下做几点总结。

第一，重估，最主要的是发现了《太虚全书》和《太虚年谱》中模糊、简化或者阙如了的事件，进而重新勾勒出一份太虚图景。在这个图景中，太虚原有的忽略他者的独白倾向不仅遭到颠覆，还被重新置入到应有的公共关系当中。这些关系曾经存在并且发生过作用，因为：一方面，太虚主动与国家部委发生关联，也即在太虚以呈文的形式表达僧团悲愿的同时，也直接地承认了这些部委以及国家律法的有效性；另一方面，行政程序、部委职员依据特定律令对太虚的呈请做出会核和批复，并将最后的意见送达太虚本人。这样的互动是有效的、公共的。在具体的公共场景中，太虚及其僧团的悲愿与现代国家的组建理念、律法条文和原则产生了冲突，也即"一隅悲愿"与"公共理智"的冲突。在这两种力量之间，太虚显然处于被支配、被引导和被判定的地位，这大大地有别于《太虚全书》《太虚年谱》中所弥漫的主导性、支配性和命令性。简略地说，"太虚—政要""太虚新僧—现代国家""僧团规戒—现代律法""一隅悲愿—公共理智"等关系，其在结构上的重新并置、在主次上的倒转，就是"重估太虚法师"课题的开端。

第二，档案解封所带来的另一个问题，就是引发了我们对《太虚全书》和《太虚年谱》这些基本材料的谨慎态度。首先，从对比中，我们可以发现，有关"太虚研究"的这两部基本材料，看起来，似乎如实地描述了时空事件以及太虚的喜怒哀乐等，且事无巨细皆历历分明，证言证词也详有所出；然而，事实上，《太虚全书》《太虚年谱》对否定性事件所采取的简化叙事乃至直接阙如，本质上仍旧回到了传统僧传或灯录的叙事方式上来。尤其是，在《太虚全书》的《史传》和《自传》中，即便太虚一再强调这是凡人的传记，但是，在新材料这面镜子里，仍然倒映着"圣徒传"的浓重痕迹。其次，当太虚要表述其内在的"禅慧融彻"和诗文上的"心枢自运"的时候，他巧妙地通过自身与昱山、印光、冶开、谛闲、杨仁山等人的次第臣服来超胜之，从而暗示自身对汉传佛教八宗的融贯与超越。这样的叙事，实际上也充满了策略性和技巧性。再次，刘成禺的评价，意外地将《太虚全书》中沉寂了的重要人物，如汤化龙、汤芗铭、胡瑞霖、梁启超等人凸显了出来。也就是说，《太虚全书》中所记载的各种人名，其在现实中的地位并非平等的，有些人可能在太虚的行履和思想中占据着极其重要且是支配性的地位。由人物和事件的重新勾勒，也可以对太虚行迹中的事件给予重新的定性和评判。

第三，太虚的政治理想或者政治悲愿，实际上可能比太虚的自述复杂得多。首先，出世间性与世间性本来就杂糅在太虚"心枢自运"的各种言论当中；相对于出世间性而言，其"人生佛教"更愿意强调世间性。其次，当太虚通过佛教义理、佛教组织和佛教教育介入世间的时候，世间的观念和行为规则不仅淡化了原有的出世间性，而且还加强了世间性。这两种因素，导致了关系的倒转，即世间性支配和主导了原有的出世间性。更加复杂的问题在于，民国时期，尤其是1928年之前，政党观念和意识形态观念并没有后来的严格和苛刻，形形色色的社会活动家和革命人士，习惯从西方或者传统中寻找救世的理论资源。在这样的社会风气下，佛教的义理也成了选项之一。因此，当激进的佛教徒以特定的佛教义理与国家独立运动相结合而成立组织的时候，一种具有世俗性质的"类政党"和"类意识形态"就诞生了。然而，由于太虚本人对"人生佛教"的完全世俗化仍怀有谨慎的态度，因此出世间性尚未完全丧失，这样的矛盾也导致了在"类"与"超"之间存在着的并行和次第的双重形式；也即在"类政党"和"类意识形态"的性质中并存着具有出世间性的"超政党"和"超意识形态"，或者在世间性中具备了以"超政党""超意识形态"来超越取代"类政党""类意识形态"的趋向。不过，需要注意的是，一旦出离了具体的历史时空，本文的判断就未必普遍地有效。

问题在于，当"超政党""超意识形态"在逻辑上对佛理的"善"普遍化的时候，其未曾预留缝隙的"绝对慈悲"，就挤压了人类群体和政治中的多样性与差异性的生存空间，从而，普遍的慈悲反而给自身制造出抵抗者，乃至绝对的反对者。从现实来看，基于理性、商讨和论辩的律法与政策，其相对于佛教教团之一隅悲愿而言，至少在实践上更具有合法性和约束力。

太虚对其政治悲愿的实践，很大程度上是通过佛学苑、佛学院、居士林、正信会、佛化青年社等教育—弘化组织来实现的，这也连带着导致这些组织具备了一定的"类施政"的功能。在1928年以后，当国家通过律法和规章来给社会赋予秩序的时候，各种民间社团也就因其内在的杂糅性而被边缘化了。太虚为僧教育而筹备的佛学院，也自然被判入到边缘化的行列当中。

第四,"太虚—汉院"僧教育的边缘化还可以从两方面来解读。其一,汉院的立足场域是国家在20世纪30—40年代所出现的"边疆—中土危机";也即,在国家、民族、文化、语言、疆土、风俗、僧团、现代、传统等的狭缝中,"太虚—汉院"获得了律法和国策的许可,以弥合缝隙的姿态参与到国家的边教行政当中。然而,真正的问题在于,这样的功勋,实际上被《太虚全书》的各种文字所泛化了。对比起国家对边教行政的其他安排,对比起那些与太虚并立的几种社会力量,我们可以发现,"太虚—汉院"不仅最受制约,而且不被信任。其二,正是太虚对参与边教行政功勋和能力的泛化理解,导致其一而再地希望在汉院基础上扩充僧教育的规模与功能,最重要的是使之获得"国立"的身份,进而建立起独立且平行于国家教育体制的僧教育系统。然而,在既定的法律和国家现代教育的布局下,除了编译处获得立案与补助之外,太虚—汉院再难获得进一步的支持。这样的冲突,本质上可这么来看,即在政治、律法、教育与知识等方面的现代化进程中,国家对传统宗教的身份和地位重行刷新与再配置。这样的进程,其最大的特点就是系统性、制度化、可量化、现代理性与现代知识;在这样的特点下,对于太虚所倡导和实践的佛教教育,如果从其师资和课程来定性定量分析,这样的僧教育形态,尚未从传统的讲经中蜕变出来。

第五,当太虚借助"契理契机"的模式来论证"人生佛教"合法性的时候,一方面,他实际上时常忽略了契理本身所具有的批判世间的纯粹特质;另一方面他也无法很好地警觉到契机本身的差异性和相对性。当杂糅着世间性与出世间性的"人生佛教"向他的门徒发出绝对命令的时候,契机中的各种世俗规则给其带来了二难的悖论。这样的矛盾,在汉院请免兵役的案例中表现得淋漓尽致。也即,当"太虚—汉院"以本院的特殊性和功勋来否定自身所认同的国民普遍义务的时候,其"人生佛教"世间性的充盈满溢,径直将原有的出世间性淹没得无踪无影。在这临界事件的映照下，太虚对政教关系的各种想象，如"分离""分立""分权""相辅"等，其内在原则或根据就相当明确了，即契机中包含着丛林式的生存法则。

总之，重估太虚法师，本文仅仅还是个粗浅的开始，一个引论而已。

后　记

　　这本书所收录的文稿，是陈继东教授与我近十几年来有关近代中国佛教学术史问题思考的一些成果。这些论文虽然大都在国内外不同的学刊发表或部分发表过，但是这次我们整理出版时，都做了一些修改与补充。而且由于不少论文发表时受到篇幅的限制，一些有价值的内容都不得不暂时割舍。所以我们这次汇集成专书，力图把论文的完整内容呈现出来，并提供给读者批判。

　　有关近代中国佛教史的研究逐渐成为国际有关东亚佛教学研究的热点之一，海内外近年来发表的研究成果也相当多。随着新资料（如民国报刊文献的出版、新档案材料的发现等）的出现，近代中国佛教史的研究在选题与方法论方面都有了不少的突破。特别是北美学界所带动的社会科学方法的应用，使得近代中国乃至东亚佛教史的研究，走出了过去单向地以思想、观念为主轴的研究路线，呈现出许多新的面貌。我们主张对于近代佛教史研究的这些新动向与成果，需要抱持乐观与开放的态度去学习与运用。

　　这本以近代中国佛教知识与学术史为主题的文集，在选择的议题和处理的方法方面，大致可以说是既有别于传统以观念为主的思想史，也与当代流行的社会政治史的方式有很大不同，而更类似于一种佛教史研究的中层地带。佛教学术史的研究是佛教学研究中一个长期被忽略的领域，而对于学术史的重新反思，不仅有助于我们看清当代汉语佛教学的处境，而且对于佛教史的研究也将提供有益的借镜。如我们通过对近代佛教学术史的省察，较易于理解我们有关佛教史视域与观念框架的形成，从中意识到我们对于佛教的历史知识，其实很多都是经过近代佛教学术史的建构而成立的。于是，对于近代佛教知识史的批判性省察，让我们关注到那些至今还在无形中影响和左右着我们佛教史理解与书写的前理解与前结构。

学术不必因应时流而兴替，我们注重于从思想史的角度，重新审查近代中国佛教学术史的形成及其重要的问题。我们认为，典范的建立与学术史的自察是密不可分的。学术史的工作必须建立在有批判性的反思前提下，才有可能产生突破。我们现代汉语佛教学术生产，很大程度上都是在缺乏历史批判与学术史反省的情况下，习焉不察地沿袭着某些既成的论述规矩，因而较少造就有效的知识增长。可以说，这也是我们以知识为中心来重新考察近代中国佛教学术史的用心所在。

几年前，我与学界好友陈继东、张志强教授曾相约分工合作，完成一到两部有关近代中国佛教史的专题性著述。虽然我们于佛教学的研究各有擅长，但是，我们对于佛教学术志业都存在许多共同的看法，同时对近代中国佛教思想史与学术史也下过不同程度的功夫。志强对于欧阳竟无研究多年，并形成了相当独到的理解，而且他从晚明以来的学术思想史来照察近代佛教学术史的嬗变，提出了相当有深度的洞见。可惜他因其他学术事情缠身，一直没有时间系统整理他的想法。我个人对于近代中国佛教史的关注已经有一段时间，但关注的焦点比较集中在学术史的方面。除了阅读中文相关著述，我也花了一些时间去消化北美有关中国近代佛教史研究的成果，个人认为，近代中国佛教学术史的理解不能够仅从佛教史内部，而应该放置到近代中国学术史的大脉络下去加以审查，才可以获得更全面深入的认识。于是，我特别希望透过晚清以来中国学术史中经史之学的脉络，去深入考察近代中国佛教学术史的沿革流变。沿着这一方向，确实也从中发现了许多学界的未发之覆。只是个人学术兴趣颇为繁杂，无法长时间专注于一个领域来持续性地研究写作，而经常游移于不同议题中，这使得我有关近代佛教学术史的讨论，没有能够完全照原有的想法，系统完整地进行下去。这里所发表的几篇论文，大体照顾到了近代中国佛教学术史上一些重要而被学界忽略的面向，但还是有些重要的学术史议题，虽在心中盘旋很久，而这次未能完成付梓。我们几位当中，当属继东兄是真正意义上东亚近代佛教史的专家，他几十年一直耕耘在这一领域，成果斐然，而成为当前近代东亚佛教研究史中最重要的国际学者之一。这次为了配合我们拟定的以知识史为主题的近代佛学研究，他在过去发表的相关论文基础上做了修改补充，这些研究可以肯定地说是相关议题中最值得重视的成果。本来他这次想就近代中国佛教学术史中的论题再撰写两篇新论，我也颇为兴奋地听他讲述过他新近的材料发现与思想洞见，遗憾的是，这次也因各种原因未能在截稿前完成，我们只能期待在不久以后能够看到他的新作问世。

最后对本书的分工以及各篇文稿出处略作说明。

第一、四、五、六、七、十二、十三、十四章为陈继东所撰。

一、《探寻释迦原典——近代佛学的形成与中日互动》，该文最初发表于《汉语佛学评论》（龚隽、林镇国、姚治华主编）第三辑，上海古籍出版社2013年版。此次发表略有增补。

四、《有关在日本举行的杨文会居士追悼会之资料》，本文原载于《原学》第四辑，中国广播电视出版社1996年版。

五、《清末日本传来佛教典籍考》，本文原载于《原学》第五辑，中国广播电视出版社1997年版。

六、《日本〈大藏经报〉中杨文会之资料考》，该文为首次发表。

七、《从〈訄书〉初刻本（1900年）看章炳麟的早期佛教认识》，本文曾刊登于《言语·文化·社会》（学习院大学外语教育研究中心发行）第7号（2009年3月），此次再刊之际，依照香港中文大学刘笑敢教授的意见，做了部分修改。

十二、《逆转的历史是如何开始的——小栗栖香顶〈中国传教前景〉之考察》，此篇是向台湾"中研院"近史所黄自进研究员主持的"近代中日关系多重面向（1849—1949）"（2012—2015）研究计划提交的研究报告。尚未见诸论文集。

十三、《近代东亚佛教共同体之构想——小栗栖香顶〈北京护法论〉之考察》，该文最初发表在《汉语佛学评论》（龚隽、林镇国、姚治华主编）第二辑，上海古籍出版社 2011 年版。

十四、《章炳麟与〈大乘起信论〉真伪之辨》，曾以《〈大乘起信论〉伪撰说与章炳麟》发表于《东亚佛教学论集》第 4 卷，东洋大学国际哲学中心，2016 年，第 140—170 页。

《附录　重估太虚法师（引论）——以"中国第二历史档案馆"所藏民国教育部档案为中心》，为我与学生赖岳山合作，该文最初发表于《汉语佛学评论》（龚隽、林镇国、姚治华主编）第四辑，上海古籍出版社 2014 年版。

导论部分，由我撰写，陈继东补充修改。

其他部分由本人独立完成。

二、《近代经史之学与佛典研究：一种思想史的解读》，该文部分内容最初以"近代中国佛教经学研究：以内学院与武昌佛学院为例"为题，发表在《中国哲学史》2015 年第 3 期上，这次收录全文，内容大有增广。

三、《宏观佛教知识的建构：民国时期的佛学概论与通史》，该文曾以"民国时期佛学通史的书写"为题，部分发表在《世界宗教研究》2013 年 6 期，此次收录文字有较大扩充。

八、《欧阳竟无内学思想中的几个论题》，该文曾以"欧阳竟无思想中的三个论题"为篇名，发表在《哲学研究》1999 年第 12 期，此次出版略有修改与增补。

九、《胡适与近代知识形态禅学史的书写》，该文最初以"胡适与近代形态禅学史研究的诞生"为题，发表在《中国哲学与文化》（刘笑敢主编）第5辑，广西师范大学出版社2009年版。

十、《太虚的世界佛教运动与文明论述：以20世纪20年代为中心》，该文最初发表于《开放时代》2017年第5期，此次出版略有增补。

十一、《经史之间：印顺佛教经史研究与近代知识的转型》，该文最初部分发表在《中国哲学史》2013年第1期，此次为完整全文发表。

十五、《译经中的政治：李提摩太与〈大乘起信论〉》，该文最初发表在《新史学》（杨念群主编）第2辑，中华书局2007年版，此次发表略有修正。

十六、《铃木大拙与近代东亚大乘观念的确立：从英译〈大乘起信论〉（1900年）到〈大乘佛教纲要〉（1907年）》，该文最初发表在《台大佛学研究》2012年第23期。此次发表略有修改。

在本书的写作过程中，中山大学哲学系年轻学者张德伟、王磊以及华南师范大学哲学研究所的赖岳山诸位分别在资料提供、本书的结构及部分内容的修改建议等方面，都给予过很大的帮助。文稿完成后，岳山花了很多时间帮助整理编排与校对，付出了大量劳动，在此我一并致谢。

龚 隽
2017年7月于羊城